〔大阪市立大学法学叢書⑹3〕

会社法の継受と収斂

高橋英治 著

有斐閣

はしがき

　本書は，筆者のこれまで発表した論文の中から，会社法の「継受」と「収斂」に関する問題を扱った論文を集め，編集した論文集である。

　本書の第1のテーマは，会社法の「継受」である。ここでは，外国法，その中でも特にドイツ法からいかなることを学ぶことができるのかという点に重点がおかれている。会社法の競争が行われている世界の中で，日本法が発展を続けていくためには米国法を模倣するだけでなく，ドイツ法からも学んでいかなければならないと思われる。「会社法の継受」に収められたすべての論文はドイツ法の日本法への批判的「継受」を目指している。すなわち，これらの論考は，ドイツ法を金科玉条のように模倣するというのではなく，失敗も含めて，その経験から学ぼうとするものである。

　本書の第2のテーマが，会社法の「収斂」という現象である。近時，ドイツ法と日本法が相互に無関心となり，互いにそれぞれの経験を共有しないまま，米国化しつつあるという現象が生じている。本書の「会社法の収斂」の部の最初の章は，これをドイツと日本の会社法の「収斂」と位置づけ，この「収斂」から「相互対話」へと向かわせるべく，経営判断原則を素材として日独比較法研究を行っている。また，本書の「会社法の収斂」の部の後半では，開業の自由に関するヨーロッパ裁判所の判例の発展を取り上げ，ヨーロッパ裁判所判例等を契機として，EUの加盟国の会社法が「収斂」していく過程を分析する。

　本書を執筆するにあたり，各章を構成するすべての論文に，大幅に加筆・修正を加えた。旧論文発表後に法律や法務省令が変更された場合，最新のものに対応して各論文を修正した。また，旧論文発表後に発表された新しい裁判例や学術論文についても積極的に引用した。旧論文発表後，2015年9月11日現在まで，版が変わった教科書についても最新版で引用した。

　本書には国際シンポジウムでの筆者の報告を基にした書き下ろし論文も含まれている。

　大阪市立大学大学院法学研究科の諸先生には，自由で学問的雰囲気に溢れた理想的な研究環境を提供して下さり，心から感謝している。京都大学商法研究

会，早稲田大学商法研究会，関西商事法研究会，関西企業法研究会の諸先生方からは，常に多くのことを学ばせて頂いている。本書の出版を機に，これらの先生方に深く感謝申し上げたい。

　林田光弘君（大阪市立大学大学院法学研究科後期博士課程）並びに山田泰輔君は，本書の校正を引き受けて下さった。ドイツ語の校正は，Oliver Kirchwehm 博士（弁護士）並びに Christopher Vogl 氏（弁護士）が担当して下さった。ここに謝意を表したい。

　最後に，本書の刊行に多大な御配慮を頂いた有斐閣の一村大輔氏に厚く御礼申し上げる。

　本書は，平成26〜30年度日本学術振興会科学研究費基盤研究（C）「日本・ドイツ・EUにおける会社法の継受と収斂の研究」（課題番号26380125）による研究成果の一部である。

　また，本書の出版にあたっては，瀬川学術振興基金（大阪市立大学証券研究センター）の助成を頂いた。

　2016年2月

高　橋　英　治

目　　次

はしがき

《第1部　総　　論》

日本とドイツの会社法の継受と収斂……………………………………2
  I　はじめに………………………………………………………………2
  II　日本によるドイツ会社法の継受……………………………………2
      1　日本とドイツの会社法の伝統的関係──ドイツ会社法の制度継受と学説継受 (2)　2　日本の会社法上のドイツ法由来の概念 (3)　3　日本の立法上の課題としてのドイツ法理論の継受 (11)
  III　日本とドイツ会社法の収斂………………………………………15
      1　日本とドイツ法の新しい関係 (15)　2　日本法 (15)　3　ドイツ法──株主代表訴訟の導入と経営判断原則の法定化 (19)　4　ドイツと日本の会社法の収斂とその課題 (20)
  IV　おわりに……………………………………………………………22

《第2部　会社法の継受》

第1章　ドイツ・オーストリア法における企業法論の発展…26
　　　──日本の商法典の現代化へ向けて
  I　はじめに……………………………………………………………26
  II　ドイツ法における発展……………………………………………26
      1　ドイツ普通商法典までの展開 (26)　2　ドイツ商法下の展開 (29)
  III　オーストリア法における法発展…………………………………36
  IV　結語──日本の商法典現代化へ向けて…………………………39
      1　企業法論からの帰結と日本の商法典現代化に関する保守

主義（39）　2　営業類型の限定列挙か一般的営業概念の設定か（41）　3　自由業者を商法の規定に服させる必要性（43）

第2章　ドイツ法における株主平等原則 …………… 46

I　はじめに ………………………………………………… 46
II　ドイツ法における株主平等原則の発展 ……………… 47

1　判例法による株主平等原則の確率（48）　2　株式法上の立法化（57）　3　株主平等に関する戦後の判例と学説（61）

III　結語——日本法に対して与える示唆 ………………… 67

第3章　日本法における株主平等原則の発展と課題 …… 75

I　はじめに ………………………………………………… 75
II　商法典の編纂と株主平等原則 ………………………… 75
III　ドイツ法の学説継受 …………………………………… 78
IV　判例法の発展 …………………………………………… 80

1　戦前の大審院判例——株式の消却と併合（80）　2　戦後の株主平等原則のリーディングケース——株主と会社との取引における平均的正義の実現（82）　3　株主平等と総会運営（83）　4　ブルドックソース事件（84）

V　今後の課題——ドイツ法から何を学ぶべきか ……… 85

1　司法上の課題（85）　2　立法上の課題（88）　3　企業結合法制の補完原理としての平等原則（89）

第4章　ドイツ法における株主および会社の誠実義務の発展 … 91
——誠実義務の時代依存性と普遍性

I　はじめに ………………………………………………… 91
II　ドイツにおける株主および会社の誠実義務の発展 … 92

1　会社に対する株主の誠実義務と共同体思想（92）　2　戦後の反発（97）　3　株主相互間の誠実義務（98）

4　近時の展開（99）
　　Ⅲ　結語──日本の会社法は株主および会社の誠実義務を
　　　　認めるべきか……………………………………………………107
　　　　1　株主の誠実義務を認める必要性（107）　2　会社の誠
　　　　実義務を認める必要性（111）

第5章　ドイツにおける「事実上の取締役」の発展と日本法への示唆……………………………………………118

　　Ⅰ　はじめに………………………………………………………118
　　Ⅱ　ドイツにおける判例の展開…………………………………119
　　Ⅲ　ドイツにおける学説の展開…………………………………125
　　　　1　伝統的学説──事実上の機関の否定（125）　2　ヨーロッパ法の影響（127）　3　事実上の機関を認める近時の見解（129）　4　事実上の機関の責任の根拠（129）
　　　　5　ドイツ法上の事実上の業務執行者の責任の成立要件（130）
　　Ⅳ　日本の下級審判例における事実上の取締役……………132
　　Ⅴ　おわりに──日本における事実上の取締役理論への示唆………135
　　　　1　ドイツ法が日本法に与える示唆（135）　2　比較法的
　　　　見地からの示唆（137）

第6章　日本とドイツにおける会社法の問題としての株式の評価……………………………………………139
　　　　──日本法の株式買取請求権とドイツ法の代償の機能比較を
　　　　中心として

　　Ⅰ　はじめに………………………………………………………139
　　Ⅱ　ドイツ法における代償と株式評価…………………………140
　　　　1　発展史概観（140）　2　ドイツ法における株式評価
　　　　（145）
　　Ⅲ　日本法における株式評価……………………………………156
　　　　1　2つの主要問題（156）　2　1950年改正の立案担当者

の見解（157）　3　非上場株式の評価（159）　4　株式買取請求権制度における上場株式評価の基準時（169）　5　支配権プレミアムとマイノリティー・ディスカウント（178）　6　非流動性ディスカウント（180）　7　シナジーの分配（182）　8　反対株主の株式買取請求権行使の方法（185）

  Ⅳ　結語――日独法比較からの示唆……………………………186

    1　ドイツ法に対する示唆（186）　2　日本法に対する示唆（189）

第7章　ドイツ法における影響力利用者の責任規制と日本の会社法改正の課題……………195

  Ⅰ　はじめに……………………………………………………195

  Ⅱ　ドイツ法における影響力利用者の責任規定の発展…………196

    1　1937年株式法における影響力利用者の責任導入の背景（196）　2　株式法における影響力利用者の責任規制の成立（197）　3　影響力利用者の責任規定の利点と欠点（198）

  Ⅲ　日本の会社法改正における親会社等の責任規制の問題点………………………………………………………200

    1　親会社等の責任規定の立法過程（200）　2　日本の将来の企業結合法制の基本理念の問題点（201）　3　中間試案におけるA案の問題点（203）

  Ⅳ　日本における親会社の責任を基礎づける一般条項のあり方………………………………………………………204

    1　一般条項創設の提言（204）　2　純粋の行為責任・株主代表訴訟併置の必要性（204）　3　因果関係の推定と経営判断原則の適用（205）　4　東アジアの法制度との調和（206）

  Ⅴ　結語――提言……………………………………………207

第8章　現代日本における企業結合と法 …………………… 208

 Ⅰ　はじめに——本章の目的 ……………………………………… 208

 Ⅱ　日本の企業結合の実態 ………………………………………… 209

   1　日本における法人持株比率の現状（209）　2　日本の企業結合の現状（210）

 Ⅲ　日本の企業結合法の現状と将来 ……………………………… 217

   1　株式持合規制（217）　2　企業集団規制（218）
   3　親子会社規制（219）

 Ⅳ　結語——本章の結論 …………………………………………… 239

第9章　持分会社と企業結合法制 ……………………………… 241

 Ⅰ　はじめに ………………………………………………………… 241

 Ⅱ　ドイツ法における従属的有限会社の規制の現状 …………… 242

   1　従属的有限会社における少数派社員の保護（242）
   2　従属的有限会社の債権者保護（244）

 Ⅲ　ドイツ法における従属的人的会社の規制の現状 …………… 246

 Ⅳ　日本法における従属的持分会社における
  社員・債権者の保護 …………………………………………… 251

   1　従属的持分会社の社員の保護（251）　2　従属的持分会社の債権者の保護（258）

 Ⅴ　おわりに ………………………………………………………… 259

第10章　日本における閉鎖的資本会社の発展と法 ………… 261

 Ⅰ　はじめに ………………………………………………………… 261

 Ⅱ　日本における閉鎖的資本会社の歴史 ………………………… 262

 Ⅲ　2005（平成17）年会社法が閉鎖的資本会社法制
  および実務に与えた影響 ……………………………………… 267

 Ⅳ　将来の閉鎖的株式会社法制のあり方 ………………………… 271

   1　日本の法制はドイツ・ヨーロッパ法にとって参考となる

のか（271）　2　ドイツ・ヨーロッパ法制から日本法が学びうる点（274）

第11章　会社法上の手段による労働者保護 …………………278
　　　　──ドイツ法からの示唆

Ⅰ　はじめに…………………………………………………………278
Ⅱ　労働者利益を会社法はどのように取り扱ってきたのか……278
　　1　伝統的商法学の思考方法の確立（278）　2　企業自体の思想の日本の会社法学に対する影響（279）　3　会社立法と従業員──会社立法の発展過程と現状（281）
Ⅲ　会社法は労働者利益にどのように向き合っていくべきか…283
　　1　「企業の利益」の概念（283）　2　従業員株主の優遇と株主平等原則（287）　3　取締役の労働者類似の地位の保障（290）　4　企業買収法と労働者利益（294）　5　企業再編と労働者利益（295）　6　企業結合法と労働者利益（303）　7　会社の解散と労働者利益（306）
Ⅳ　会社法による労働者利益の保護と所有権概念の変遷………308
Ⅴ　おわりに………………………………………………………311

第12章　ドイツにおける民法上の組合の規制の現状と課題 ……………………………………312
　　　　──日本の債権法改正への示唆

Ⅰ　はじめに………………………………………………………312
Ⅱ　ドイツにおける組合契約の利用の実態……………………312
Ⅲ　ドイツの組合の2つの原型…………………………………314
Ⅳ　ドイツの組合規制の成立過程………………………………315
Ⅴ　ドイツの組合規制の内容……………………………………316
　　1　組合の概念と法的性質（316）　2　組合と法人（319）　3　組合の内部関係（322）　4　組合の外部関係（324）　5　組合員の脱退・除名・交替（328）　6　組合の終了（329）

Ⅵ　おわりに………………………………………………………330
　　　　──どのようにして日本の改正にドイツ法の経験を
　　　　　生かすことができるのか
　　　　1　日本の民法上の組合に権利能力を認める必要性（330）
　　　　2　組合訴権の欠如の問題──今後の民法改正の課題（334）

《 第3部　会社法の収斂 》
第1章　ドイツと日本における経営判断原則の発展と課題…338
　　Ⅰ　はじめに………………………………………………………338
　　Ⅱ　ドイツにおける経営判断原則の発展過程…………………339
　　　　1　判例法理確立前の状況（340）　2　判例法理としての
　　　　経営判断原則の確立（342）　3　経営判断原則の立法化
　　　　（343）
　　Ⅲ　ドイツ法上の経営判断原則の内容…………………………345
　　　　1　企業家的決定（346）　2　会社の福利のための行為
　　　　（348）　3　利益相反のないこと（349）　4　適切な情
　　　　報を基礎とした行為（349）　5　善意なる行為（351）
　　Ⅳ　ドイツ法上の経営判断原則と取締役の注意義務違反
　　　　の類型………………………………………………………351
　　　　1　投機取引（351）　2　無担保融資（352）　3　企業
　　　　買収（353）　4　会社に帰属する請求権の行使（354）
　　　　5　会社財産の浪費（355）　6　金融危機（355）
　　Ⅴ　ドイツの経営判断原則に関する近時の判例………………357
　　　　1　2012年2月7日連邦通常裁判所決定（357）　2　2013
　　　　年1月15日連邦通常裁判所判決（359）　3　2014年7月
　　　　8日連邦通常裁判所判決（361）
　　Ⅵ　日本法における経営判断原則の発展過程…………………362
　　　　1　立法上の枠組みの変遷（362）　2　経営判断原則に関
　　　　する判例の展開（369）
　　Ⅶ　おわりに──日本法における経営判断原則の立法化の可能性……376

第2章　ヨーロッパにおける開業の自由の発展················381
　　　　──ヨーロッパ連合における基本的自由の相互作用

Ⅰ　はじめに··381
Ⅱ　ヨーロッパにおける基本的自由の発展··················382
　　1　ヨーロッパ法の効力強化の過程（382）　2　概念の変遷──物品移動の自由の発展と後退（386）
Ⅲ　開業の自由の発展··387
　　1　効力の強化──直接的第三者効力を巡るヨーロッパ裁判所と学説の対立（387）　2　概念の変遷（393）　3　会社設立に関するヨーロッパ裁判所判例の発展（396）　4　会社設立に関するヨーロッパ裁判所判例の発展の帰結（404）
Ⅳ　おわりに──開業の自由の発展の意義··················405
　　1　ヨーロッパの基本的自由の相互作用（405）　2　ヨーロッパにおける開業の自由と会社法の競争（406）

第3章　企業結合法と開業の自由··························409
　　　　──2013年6月20日ヨーロッパ裁判所
　　　　　インパクト・アズール判決を中心に

Ⅰ　はじめに··409
Ⅱ　インパクト・アズール判決·······························410
　　1　事実の概要（410）　2　判決の要旨（411）
Ⅲ　ドイツの学説の反応······································413
　　1　インパクト・アズール判決の評価（413）　2　ドイツの株式コンツェルン法は開業の自由に反するのか？（414）
Ⅳ　ヨーロッパコンツェルン法の将来像······················415
Ⅴ　一人有限会社指令案······································417
Ⅵ　2015年2月3日ヨーロッパ裁判所判決··················418
　　　　──ヨーロッパ委員会対連合王国および北アイルランド

人名索引・事項索引

本書の基となった初出論文は以下の通りである。

第1部　総論
「日本とドイツの会社法の『継受』と『収斂』」商事法務 1984 号 pp. 23-34（2012 年）

第2部　会社法の継受
第 1 章　「ドイツ・オーストリア法における企業法論の発展――わが国商法典の現代化へ向けて」奥島孝康先生古稀記念論文集編集委員会編『現代企業法学の理論と動態――奥島孝康先生古稀記念論文集　第 1 巻《上篇》』pp. 29-50（成文堂，2011 年）

第 2 章　「ドイツ法における株主平等原則」民商法雑誌 138 巻 2 号 pp. 199-234（2008 年）

第 3 章　「日本法における株主平等原則の発展と課題」松本博之 = 野田昌吾 = 守矢健一編『法発展における法ドグマーティクの意義――日独シンポジウム』pp. 263-280（信山社，2011 年）

第 4 章　「ドイツ法における株主および会社の誠実義務の発展――誠実義務の時代依存性と普遍性」吉原和志 = 山本哲生編『変革期の企業法――関俊彦先生古稀記念論文集』pp. 43-79（商事法務，2011 年）

第 5 章　「ドイツにおける『事実上の取締役』の発展と日本法への示唆」法学雑誌 59 巻 2 号 pp. 205-230（2012 年）

第 6 章　「日本とドイツにおける会社法の問題としての株式の評価――日本法の株式買取請求権とドイツ法の代償の機能比較を中心として」法学雑誌 60 巻 2 号 pp. 416-487（2014 年）

第 7 章　「ドイツ法における影響力利用者の責任規制と日本の会社法改正の課題」北村雅史 = 高橋英治編『グローバル化の中の会社法改正――藤田勝利先生古稀記念論文集』pp. 324-338（法律文化社，2014 年）

第 8 章　「現代日本における企業結合と企業結合法」商事法務 2075 号 pp. 64-84（2015 年）

第 9 章　「持分会社と企業結合法制〔上〕〔下〕」商事法務 1968 号 pp. 21-27，1969 号 pp. 4-10（2012 年）

第 10 章　「日本における閉鎖的資本会社の発展と法」商事法務 1914 号 pp. 4-15（2010 年）

第 11 章　2012 年 3 月 24 日日独シンポジウムの筆者報告（高橋英治「日本における会社法と労働者保護――財産権保障と社会国家原則との調和を目指して」髙田昌宏 = 野田昌吾 = 守矢健一編『グローバル化と社会国家原則――日独シンポジウム』pp. 131-155（信山社，2015 年）に収録）を基にした書き下ろし

第 12 章　「ドイツにおける民法上の組合の規制の現状と課題――日本の債権法改正への示唆」商事法務 2026 号 pp. 12-26（2014 年）

第 3 部　会社法の収斂
第 1 章　「ドイツと日本における経営判断原則の発展と課題〔上〕〔下〕」商事法務 2047 号 pp. 16-29, 2048 号 pp. 37-49（2014 年）
第 2 章　「ヨーロッパにおける開業の自由の発展——ヨーロッパ連合における基本的自由の相互作用」法学雑誌 59 巻 1 号 pp. 1-35（2012 年）
第 3 章　「企業結合法と開業の自由——2013 年 6 月 20 日ヨーロッパ裁判所インパクト・アズール判決を中心に」法学雑誌 60 巻 3＝4 号 pp. 1214-1225（2014 年）

● 著者紹介

高橋　英治（たかはし　えいじ）

- 1962 年　神奈川県に生まれる
- 1987 年　東北大学法学部卒業
- 1989 年　東北大学法学修士
- 1992 年　ゲッチンゲン大学法学修士
- 1994 年　ゲッチンゲン大学法学博士（Doktor der Rechte）
- 1995 年　大阪市立大学法学部助教授
- 1997 年　東北大学博士（法学）
- 2007 年　大阪市立大学大学院法学研究科教授

《主要著作》

『従属会社における少数派株主の保護』（有斐閣，1998 年）
『ドイツと日本における株式会社法の改革』（商事法務，2007 年）
『企業結合法制の将来像』（中央経済社，2008 年）
『ドイツ会社法概説』（有斐閣，2012 年）
『会社法概説〔第 3 版〕』（中央経済社，2015 年）
『入門会社法』（編著，中央経済社，2015 年）
『企业集团与少数股东的保护』（法律出版社，2014 年）
Konzern und Unternehmensgruppe in Japan―Regelung nach dem deutschen Modell? Max-Planck-Institut, Studien zum ausländischen und internationalen Privatrecht Bd. 38, J. C. B. Mohr (Paul Siebeck), (1995)

本書のコピー，スキャン，デジタル化等の無断複製は著作権法上での例外を除き禁じられています。本書を代行業者等の第三者に依頼してスキャンやデジタル化することは，たとえ個人や家庭内での利用でも著作権法違反です。

第1部 総　論

日本とドイツの会社法の継受と収斂

I はじめに

　日本とドイツの会社法の伝統的関係は，前者による後者の会社法の「継受」と呼ばれてきた。しかし，近年，日本とドイツの会社法は，米国法をモデルにして発展している。本章は，日本とドイツの会社法において，米国法をモデルに，その内容が近接していく現象を両国の会社法の「収斂」と呼び，この新現象の問題点を指摘する。

　本章は，まず，日本によるドイツ会社法の「継受」とその課題を明らかにする（II）。続いて，ドイツと日本の会社法の新しい関係である両国の会社法の「収斂」の現象を株主代表訴訟と経営判断原則を素材に論じ，日本とドイツの会社法の「収斂」の問題点を指摘したい（III）。最後に，本章から得られた考察を提言の形で示す（IV）。

II 日本によるドイツ会社法の継受

1 日本とドイツの会社法の伝統的関係
―― ドイツ会社法の制度継受と学説継受

　日本の民法に対するドイツ法の影響はしばしば前者による後者の「学説継受（Theorie-Rezeption）」という言葉で表現される[1]。これに対して，従来の日本の商法に対するドイツ法の影響は，理論面よりも制度面が注目されてきた。たとえば，そもそも日本の旧商法草案がドイツ人ヘルマン・ロェスレルにより起草され，ロェスレルの商法草案は，内容面では1861年ドイツ普通商法典（ADHGB）から規定の多くを受け継いでいた[2]。あるいは1938（昭和13）年に制定された旧有限会社法は

---

[1] Kitagawa, Rezeption und Fortbildung des europäischen Zivilrechts in Japan, Frankfurt a. M. 1970, S. 67 ff.

[2] Bartels-Ishikawa (Hrsg), Hermann Roesler: Dokumente zu seinem Leben und Werk,

その内容においてドイツ法の影響が顕著であった[3]。しかし、ドイツ法は、現在でもなお、理論面で日本の会社法学に対して大きな影響を及ぼしている。

2　日本の会社法上のドイツ法由来の概念

(1)　株式会社の本質

ドイツ法は、1861年ドイツ普通商法典以来、株式会社を定義する規定を有している。すなわち、1861年ドイツ普通商法典207条は、「全社員が出資によってのみ参加し、会社の債務に責任を負わない場合、かかる商事会社は株式会社である（同条1項）。会社資本は株式あるいは株式持分に分かたれる（同条2項）」と株式会社を定義していた[4]。1897年ドイツ帝国商法典（HGB）は、「会社資本」の用語を「出資資本（Einlagekapital）」ないし「資本金（Grundkapital）」に代えただけで、1861年ドイツ普通商法典207条の定義をほとんどそのままの形で受け継いだ（1897年ドイツ帝国商法典207条1項・2項）。

ベルリンにおいてオットー・フォン・ギールケの下で学んだ日本の会社法学の創始者である岡野敬次郎博士は、1861年ドイツ普通商法典の株式会社の定義を、日本法上の株式会社の学術上の概念として採用した。同氏は、1929（昭和4）年、日本の株式会社の特徴を次の3点に置いた。すなわち、第1に「社員ノ出資ヲ以テ成ル確定基金」であり、第2に「資本ハ之ヲ一定ノ株数ニ分割ス」であり、第3に「各社員ノ責任ハ有限ナリ」である[5]。

岡野敬次郎博士の学説は、鈴木竹雄博士に受け継がれた。鈴木博士は、カール・レーマンの学説[6]に従い、株式会社の本質を、株式・有限責任・資本によって説明した[7]。この説は、現代の伝統的学説によって受け継がれている[8]。

Berlin 2007, S. 62.
3)　酒巻俊雄『閉鎖的会社の法理と立法』238頁（日本評論社、1973年）、鴻常夫『有限会社法の研究』70頁（文久書林、1965年）、Harald Baum/Eiji Takahashi, Commercial and Corporate Law in Japan, Legal and Economic Developments after 1868, in: Wilhelm Röhl (Edit.), HISTORY OF LAW IN JAPAN SINCE 1868, 343 (Brill, 2005).
4)　ドイツの現行株式法の株式会社の定義は、より洗練されており、同法1条1項は「株式会社は固有の法人格を持つ会社である。会社の債務については、会社財産のみが債権者に対して責任を負う」、同条2項は「株式会社は、株式に細分化された資本を有する」と規定する。株式法の邦訳として、早川勝「1965年株式法の改正と展開」同志社法学63巻6号200頁以下（2012年）参照。
5)　岡野敬次郎『會社法』207頁以下（有斐閣、1929年）。
6)　Karl Lehmann, Das Recht der Aktiengesellschaften, Band 1, Berlin 1898, S. 158 ff.
7)　ただし、鈴木竹雄博士は、資本については、株主有限責任制度から生ずる結果を考

(2) 資本三原則

19世紀末のドイツ法学においては，株式会社の資本金について2つの原則が重視されていた。1898年，カール・レーマンは，株式会社の資本金については「確定した資本金の法則（Prinzip des festen Grundkapitals）」が妥当し，「供出すべき財産の確定額が厳密に示されなければならない」とした[9]。また，同氏は，株式会社には「資本金安定の法則（Prinzip der Beständigkeit des Grundkapitals）」が妥当し，「一度決めた資本金の額は恣に変更されてはならない」と説いた[10]。

当初，日本法学はレーマンの学説をそのまま受け継いだ。松本烝治博士は，1916（大正5）年，株式会社の資本金については，資本確定の原則および資本維持の原則が妥当すると説き，資本維持の原則については，レーマンの „Prinzip der Beständigkeit des Grundkapitals"（資本金安定の法則）の説明を受け継ぎ，「資本ハ恣ニ変更スルコトヲ得ストノ意味ヲ有スル」と説いた[11]。

その後，ミュラー＝エルツバッハは，1928年，株式会社の資本の特徴として，「資本金の充実（Aufbringung des Grundkapitals）[12]」および「資本金の継続的維持（dauernde Erhaltung des Grundkapitals）」を強調し[13]，資本金の全額に相当する出資義務を資本充実の観点から，また，出資の払戻しの禁止や自己株式の取得禁止を資本維持の観点から説明した。

資本金の原則については，岡野敬次郎博士は，レーマンの理論を基に，ミュラー＝エルツバッハの説に配慮し，会社の資本の全額に対する株式引受があることを必

慮して立法政策的に定められたものであり，その意味で二次的特質であるとする（鈴木竹雄『會社法〔改訂版〕』19頁注（弘文堂，1956年））。

8) 森本滋『会社法・商行為法手形法講義〔第4版〕』25頁以下（成文堂，2014年），前田庸『会社法入門〔第12版〕』18頁以下（有斐閣，2009年），大隅健一郎＝今井宏＝小林量『新会社法概説〔第2版〕』19頁以下（有斐閣，2010年），高橋英治『会社法概説〔第3版〕』37頁（中央経済社，2015年）。これに対して，江頭憲治郎教授と神田秀樹教授は，株式・有限責任・資本の中，有限責任のみを，株式会社の本質的特徴として認める（江頭憲治郎『株式会社法〔第6版〕』35頁以下（有斐閣，2015年），神田秀樹『会社法〔第17版〕』26頁（弘文堂，2015年））。

9) Karl Lehmann, Das Recht der Aktiengesellschaften, Band 1, S. 167.

10) Karl Lehmann, Das Recht der Aktiengesellschaften, Band 1, S. 168.

11) 松本烝治『会社法講義』206頁以下（厳松堂書店，1916年）。当時の松本博士の「資本維持の原則」はレーマンのいう「資本金安定の法則」すなわち，現在の「資本不変の原則」に対応するものであった。

12) Müller-Erzbach, Deutsches Handelsrecht, 2./3. Aufl., Tübingen 1928, S. 247 f.

13) Müller-Erzbach, Deutsches Handelsrecht, 2./3. Aufl., S. 249 f.

要とするという原則を資本確定の原則とし，資本確定の原則から資本不変の原則と資本維持の原則が生ずるとし，資本維持の原則につき，「資本ノ額ニ相當スル財産カ会社ノ経済的基礎トシテ保存セザルベカラザルヲ謂フ」と説明した[14]。ここにおいて日本の会社法における資本三原則の基礎が築かれた。以上の資本三原則を，体系化して会社法上の通説として普及させたのが，鈴木竹雄博士であり[15]，鈴木説は，2005（平成 17）年前において通説的地位を占めていた[16]。

2005（平成 17）年会社法の立案担当者は，発起人等の引受担保責任（平成 17 年改正前商法 192 条 1 項）および払込担保責任（平成 17 年改正前商法 192 条 2 項）が廃止されたこと等を根拠にして，伝統的意味での資本充実責任は，2005（平成 17）年会社法においては，採用されていないと説明した[17]。以来，2005（平成 17）年会社法の下での株式会社の資本金の制度についても，資本三原則により説明するべきかについては，争いが生じ，一致をみない。日本の多くの学説は，資本三原則が，2005（平成 17）年会社法の下でもなお妥当すると説明するが[18]，神田秀樹教授は，2005（平成 17）年会社法の下で，株式の払込みや給付がなければ失権するということになっているのであるから，資本三原則の内，存在するといえそうな原則は，資本維持原則だけであると説く[19]。

日本法がドイツ法から学んだ資本三原則は，会社法のファイナンスの原理を示す理念型として，有効な説明のための道具であった。しかし，2005（平成 17）年会社法成立により，資本三原則の妥当する領域が狭まっている。現在の日本の会社法学は，その成立の精神に立ち返って，会社法のファイナンス構造に内在する新しいプリンシプルを発見し育てていく必要に直面している。

(3) 社員権論

日本の通説・判例の立場を代表する社員権論は，ドイツの法学上の概念を継受したものである。ベルリンにおいてオットー・フォン・ギールケの下で研究した岡野敬次郎博士は，日本における社員権論の最初の提唱者であった。同博士は，株式とは株主としての権利のみを示すものではなく，株主としての資格において有する権

---

14) 岡野・前掲注 5) 208 頁以下。
15) 鈴木・前掲注 7) 24 頁以下。
16) 西原寛一『会社法』76 頁以下（岩波書店，1969 年）。
17) 郡谷大輔＝岩崎友彦「会社法における債権者保護〔上〕」商事法務 1746 号 52 頁（2005 年）。
18) 江頭・前掲注 8) 37 頁以下，前田・前掲注 8) 21 頁以下，高橋・前掲注 8) 38 頁以下。
19) 神田・前掲注 8) 294 頁。

利義務の集合であり，これを社員権という一種固有の団体的権利であると説明した[20]。

かかる立場は，岡野敬次郎博士を指導したオットー・フォン・ギールケが採っていた立場であった。フォン・ギールケは，1887年の『団体理論とドイツの判例』において，人的会社を念頭に置いて業務執行権，違法行為差止権等の諸権利および会社の本質を変更する等の権利および義務は「すべて商法典により個々の社員の個々の社員に対するそれとしてそれ自体個々の社員に帰属する[21]」と説いていた。

松本烝治博士は，1916（大正5）年の『会社法講義』においては，フォン・ギールケの学説を引用し，社員が社員として法人に対して有する権利義務関係は，法人とこれを組織する分子たる一員との関係であり通常の対等な二当事者関係とは異なるとしたうえで，社員が社員たる資格において会社に対して有する権利には，議決権のような法人自身の目的を達成するために社員に与えられた権利すなわち共益権と，配当請求権や残余財産分配請求権のような社員自身の目的を達成するために与えられた権利すなわち自益権があると説いた[22]。その上で，松本博士は，株主の権利も，その目的により自益権と共益権とに分類できると論じた[23]。1916（大正5）年の段階では，松本博士は，未だ株式の本質が社員権であるとは直接論じていなかった。

1931（昭和6）年に発行された『日本会社法論』において松本烝治博士は，株主権は一個単一の社員権であり，社員権はその目的により自益権と共益権とに分類できると説くに至る[24]。ここにおいて，現在の日本の判例・通説である株式＝社員権論が確立した。

日本における団体の構成員の法的地位を共益権と自益権とに分類する思考方法は，レーゲルスベルガー等のドイツ法学の影響下で形成された[25]。1893年，レーゲル

---

20) 岡野敬次郎『会社法講義』129頁以下（有斐閣，1920年），岡野敬次郎『会社法』311頁以下参照（有斐閣，1929年）。後者は岡野敬次郎博士の死後，田中耕太郎博士等によりまとめられた岡野敬次郎博士の遺稿である。
21) Otto Gierke, Die Genossenschaftstheorie und die Deutsche Rechtsprechung, Berlin 1887, S. 525.
22) 松本・前掲注11) 53頁以下。
23) 松本・前掲注11) 286頁。
24) 松本烝治『日本会社法論』189頁（巌松堂書店，1931年）。
25) 松田二郎『会社法の理論』19頁（岩波書店，1962年），泉田栄一「自益権と共益権」法律時報83巻12号91頁（2011年），新津和典「19世紀ドイツにおける社員権論の生成と展開——社員権論の歴史性と現代的意義」法と政治59巻1号202頁（2008年）参照。

スベルガーは、「団体の権利は、個々の構成員が団体の意思に参加するのか、あるいは、団体の私的利益に与るかにより、前者を共益権（gemeinnützige Rechte）、後者を自益権（selbstnützige Rechte）として区別される[26]」と説き、共益権としては総会における参加権および議決権、機関選任権などを挙げ、自益権としては構成員の個人的利益を満足させるのに資する権利を挙げていた[27]。

最判昭和45年7月15日民集27巻4号804頁は、自益権につき「社員が直接会社から財産的利益を受けることを内容とする」権利であるとし、共益権については、「社員が会社の経営に関与し、不当な経営を防止しまたはこれにつき救済を求めることを内容とする」権利であるとする。現在の通説も、株主が会社から直接に経済的利益を受ける権利を自益権、株主が会社経営に参与しあるいは取締役等の行為を監督是正する権利を共益権と定義する[28]。かかる判例・通説の定義からすると、自益権を財産権、共益権を管理権と呼ぶ方が、各概念にあった適切な分類方法となる。現在のドイツ会社法上の通説は、もはや株式を自益権と共益権とに分類せずに、「財産権（Vermögensrechte）」と「管理権（Verwaltungsrechte）[29]」とに分類する。日本の会社法も、ドイツの学説上の発展に対応して、これまで自益権と呼んでいた権利を「財産権」、共益権と呼んでいた権利を「管理権」と呼ぶべきである。

(4) 設立中の会社

初期のドイツの学説では、会社の成立前の法律関係につき発起人組合を用いて説明する学説が有力に唱えられていた。すなわち、パウル・ラーバントは、1864年、会社設立前の株式の引受関係につき、会社の成立前に株式会社の発起人を組合員とする組合（Sozietät）が少なくとも存在し、この組合に対して、株式引受人は株式を払い込む義務を負うと説明した[30]。

これに対して、オットー・フォン・ギールケは、1887年、「成立したケルパーシャフト[31]それ自体の法が認められるならば、成立しつつあるケルパーシャフトそ

---

26) Regelsberger, Pandekten, Erster Band, Leipzig 1893, S. 331.
27) Regelsberger, Pandekten, Erster Band, S. 332.
28) 江頭・前掲注8) 128頁。
29) Kübler/Assmann, Gesellschaftsrecht, 6. Aufl., Heidelberg 2006, S. 197; Raiser/Veil, Recht der Kapitalgesellschaften, 5. Aufl., München 2010, S. 64; Hirte, Kapitalgesellschaftsrecht, 7. Aufl., Köln 2012, S. 279; Wiesner, in: Hoffmann-Becking (Hrsg.), Münchener Handbuch des Gesellschaftsrechts, Bd. 4 Aktiengesellschaft, 3. Aufl., München 2007, S. 87.
30) Laband, Rezension: Recht der Actiengesellschaften, ZHR 7 (1864), 620.
31) 「団体」とも訳される。高橋英治『ドイツ会社法概説』6頁（有斐閣、2012年）参

れ自体の法も否定することができないはずである。ケルパーシャフトの内的生活を規律づける法原則の固有の領域は，ケルパーシャフトの胎児としての生活状態にも及ぶ[32]」と説き，かかるケルパーシャフトとして株式会社を念頭に置いた。

　田中耕太郎博士は，オットー・フォン・ギールケ[33]らの学説を引用しつつ，自然人の出生前に胎児の状態が存在することとの対比で，会社にも胎児の状態が存在するものとして，かかる状態を「設立中の会社」と呼び，設立中の会社を中心に，会社の設立関係を説明した[34]。田中耕太郎博士は，「設立中の会社」という概念を提唱した動機につき，後に「株式会社というような一つの組織体が誕生するのは一つの，また一回の行為だけで足りるものではないので，はじめ発起人が定款を作成し，それから株式の申込があり，それに対する割当てがあり，払込があり，創立総会が開かれ，……というようないろんな段階を経て会社が誕生するのであつて，それは恰も胎児が母体に宿つて段々成長していき，出生によって完全な人格者となる過程と非常に似ておるので，従つて設立の過程に於ける発起人の地位を，会社の胎児の機関というふうに概念構成して，発起人の責任を基礎づけようとした」と回顧している[35]。そして同氏は，かかる方法を，「一種の社会学的なものの見かた。法人を生物学的，有機体的に見る観察方法。或いは，ローマ法的，個人主義的な私法理論でなくて，ゲルマン法的団体理論的な概念構成[36]」と位置づけている。田中耕太郎博士が日本法に初めて導入した「設立中の会社」の理論は，現在でも日本の下級審判例[37]・通説[38]において支持されている。

　しかし，日本の通説上の「設立中の会社」の理論は，ドイツ法のように，最初に，発起人による会社を設立するという合意に基づく「発起人組合（Vorgründungsgesellschaft）」があり，これが定款の確定という目的の達成（ドイツ民法726条）[39]により解散し，その後，発起人組合の権利義務は「設立中の会社（Vorgesell-

---

　　照。
32)　Otto Gierke, a. a. O. (Fn. 21), S. 135 f.
33)　Otto Gierke, Deutsches Privatrecht, Bd. 1: Allgemeiner Teil und Personenrecht, Leipzig 1895, S. 486 ff.; Otto Gierke, a. a. O. (Fn. 21), S. 135 ff.
34)　田中耕太郎『合名会社社員責任論』376頁以下（有斐閣，1919年）。
35)　田中耕太郎述『生きて来た道』121頁（世界の日本社，1950年）。
36)　田中・前掲注35) 122頁。
37)　東京高判昭和51年7月28日判時831号94頁，東京高判平成元年5月23日金融法務事情1252号24頁。
38)　江頭・前掲注8) 105頁注2，神田・前掲注8) 55頁以下。
39)　ドイツ民法726条は民法上の組合は目的の達成により終了すると規定する。

schaft)」に受け継がれ，設立登記により成立した会社が設立中の会社の権利義務を引き継ぐというように，段階的に会社が成長すると説くのではなく[40]，設立中の会社と発起人組合が観念上競合して存在すると説明する。すなわち，日本の通説は，「民法上の組合たる発起人組合は，……設立中の会社へと発展するものではなく，設立中の会社とは別個に併存するのである。ただ，設立中の会社の構成員であり機関たる発起人と，設立中の会社の創立後における発起人組合の構成員とは，前述のように，その人的範囲を同じくすると解され，かつ設立中の会社と発起人組合とは密接な関係を有する。すなわち，発起人による定款の作成・株式の引受・設立事務の執行等は，設立中の会社にとっては，その根本規則の制定・設立行為・機関の活動であるが，発起人組合にとっては，組合契約の履行行為である[41]」と説明する[42]。日本の下級審判例においても，発起人組合と設立中の会社は併存すると解されている[43]。

1970年代以降，フルーメが，民法上の組合の本質をゲザムトハントであると解し，民法上の組合の構成員が集団として組合の権利義務の帰属主体になるとする解釈を提示し[44]，これがドイツの学説上の通説となった[45]。これは，民法上の組合をゲルマン法由来の団体形態と位置づけるものであった。

1994年組織再編法が人的会社から資本会社への法形式の変更を認めたことを契機として（同法214条1項），民法上の組合が法人格を有すると解する説が有力に主張された[46]。さらに，2001年1月29日には，民法上の外部組合につき権利能力を認める連邦通常裁判所判決が出された[47]。カールステン・シュミットは，フルーメの100歳記念シンポジウムにおいて，「もしかしたらケルパーシャフトと人的外部会社とは別々に規制された法人にすぎないのかもしれないということを考え始め

---

[40] Kübler/Assmann, Gesellschaftsrecht, 6. Aufl., S. 377 f.
[41] 北沢正啓「設立中の会社と発起人組合」契約法大系刊行委員会編『契約法大系 V（特殊の契約第1）』（有斐閣，1963年）116頁。
[42] 同旨，鈴木竹雄＝竹内昭夫『会社法〔第3版〕』（有斐閣，1994年）56頁。
[43] 東京地判平成4年4月21日判時1434号54頁。
[44] Flume, Allgemeiner Teil des Bürgerlichen Rechts, Erster Band, Erster Teil Die Personengesellschaft, Berlin 1977, S. 56.
[45] カールシュテン・シュミットによると，民法上の外部組合はゲザムトハント・ゲゼルシャフトである（Karsten Schmidt, Gesellschaftsrecht, 4. Aufl., Köln 2002, S. 1697）。
[46] Thomas Raiser, Gesamthand und juristische Person im Licht des neuen Umwandlungsrechts, AcP 194 (1994), 505, 511; Timm, Die Rechtsfähigkeit der Gesellschaft bürgerlichen Rechts und ihre Haftungsverfassung, NJW 1995, 3210 ff.
[47] BGHZ 146, 341.

ている[48)]」としている。発起人組合の法的性質は民法上の組合であると考えられているが，民法上の組合の権利能力を認めるドイツ判例法の新しい理論を，組合に権利能力を認めない日本法へ導入することができるのであるならば，会社の設立中に生じた法律関係は発起人組合に帰属し，その法律関係は設立登記によって完全に成立した会社に承継されると構成すれば足り，発起人組合に加えてこれと理念的に併存する「設立中の会社」という概念が必要であるのか，改めて検討する必要が出てくるであろう[49)]。

(5) 取締役の選任行為と任用契約との分離説

ドイツ法は，取締役の選任 (Bestellung) と任用 (Anstellung) とを区別する（分離説 (Trennungstheorie)，株式法 84 条 1 項 5 文参照）[50)]。ドイツ法上，「選任」とは，会社法上の行為であり，当該者の承認により当該者が取締役という機関に就任する行為を指し，「任用」とは会社との契約により個々の取締役が会社との債務関係を有することになる行為を指す。任用関係を終了させる場合には，任用契約を解消しなければならない[51)]。この場合，期間の定めを置かない解雇を行う場合には，ドイツ民法 626 条に従い重大な事由が存在しなければならない。

日本法上の通説は，取締役の選任行為は，被選任者の承認を法定条件とする単独行為であって，総会の選任決議と被選任者の承諾により効力を生じると解する[52)]。これに対して，大隅健一郎博士および今井宏博士は，ドイツの分離説の影響の下で，取締役の選任には，被選任者を会社機関の構成員と定める社団法的な側面とともに，被選任者に取締役としての労務の給付をなす義務を負わせる個人法的な側面があり，通説の単独行為説では，個人法的な側面が説明できないと批判した[53)]。

日本の会社法は，通説である「取締役の解任＝単独行為」説を前提とした規定を置く。すなわち，会社法上，会社は取締役をいつでも解任することができる。ドイツの分離説の前提とは異なり，取締役が解任されると同時に会社との任用契約も効力を失う。取締役は解任されると，「得べかりし報酬」等の解任によって生じた損害の賠償請求権を有する（会社法 339 条 2 項）。ただし，解任に正当事由がある場合

---

48) Karsten Schmidt, Die Personengesellschaft als Rechtsfigur des „Allgemeinen Teils", AcP 209 (2009), 202.
49) 髙橋・前掲注 8) 44 頁。
50) 詳細については，本書第 2 部第 11 章参照。
51) BGHZ 79, 41.
52) 鈴木＝竹内・前掲注 42) 270 頁注 9。
53) 大隅健一郎＝今井宏『会社法論中巻〔第 3 版〕』（有斐閣，1992 年）149 頁以下参照。

には解任された取締役は失われた報酬についても損害賠償請求権を失う（同項）54)。

ドイツ法の影響下で主張されている分離説は，取締役の労働者類似の地位を適切に保護するのに有効である。ドイツ法では，取締役は解任されても，任用契約上の解除事由がなければ，任用契約は有効に存続し，取締役は報酬請求権を失うことはない。日本法は，取締役の解任に際し，報酬請求権を「得べかりし利益の喪失」として損害賠償規制の中で保障しようとしている。しかし，この規制方法は，「得べかりし利益」の額の立証責任を取締役に課す点で，ドイツ型の分離説に比べて，取締役の報酬受給者としての保護に薄い。取締役がストック・オプション（会社法361条1項1号・3号）や業績連動型報酬のような不確定報酬（同項2号）を受けていた場合55)，取締役は解任により自己がこうむる損害（「得べかりし利益」）を立証しなければならないが，これはオプションの設定の仕方によってあるいは連動させる業績の指標の設定の仕方によっては困難となる。ドイツ法の考え方を受け継ぐ大隅健一郎博士および今井宏博士に従い，分離説を徹底するならば，会社法339条2項を改正して，取締役の地位を解任されても，任用契約はそれにより自動的に解除されたとはいえず，これが解除されうるためには任用契約上の特別の解除原因を必要とし，取締役は解任によってはただちに報酬請求権を失わないとすべきである56)。

3　日本の立法上の課題としてのドイツ法理論の継受

(1)　株主の誠実義務

日本における株主の誠実義務の研究は，日本におけるナチス法学研究とともに誕生した57)。当時，ナチス法学の影響下で株主の誠実義務の導入を積極的に説く学説も存在した58)。しかし，通説は株主の誠実義務を認めなかった。田中耕太郎博

---

54)　会社法339条2項は，株主に解任の自由を保障する一方，取締役の任期に対する期待を保護し両者の利益の調和を図る趣旨で一種の法定責任を定めたものである（大阪高判昭和56年1月30日下民集32巻1～4号17頁）。したがって，賠償すべき利益の額は，取締役が解任されなければ在任中および任期満了時に得られた利益の額であると解されている（江頭・前掲注8) 395頁注7)。

55)　酒巻俊雄＝龍田節編集代表『逐条解説会社法　第4巻　機関1』465頁以下（中央経済社，2008年）〔高橋英治〕参照。

56)　高橋・前掲注31) 150頁参照。

57)　詳細については，本書第2部第4章参照。

58)　Vgl. Eiji Takahashi, Gleichbehandlung und Treuepflicht im japanischen Gesellschaftsrecht, in: Stürner (Hrsg.), Die Bedeutung der Rechtsdogmatik für die Rechtswissenschaft, Tübingen 2010, S. 270 f.; 高橋英治「日本法における株主平等原則

士は、「株主の義務は株主の出資義務に外ならない。……株金額を完納したる後に於ては其の株主及び其の株式を取得したる者は何等義務を負うことがなく、合名会社の社員の如く社員相互間に損失の分担関係をも生じない。है れ仏蘭西商法典に依り始めて明言せられるに至つた株主有限責任と云う株式会社の一大原則である[59]」と論じた。大隅健一郎博士も、株主有限責任の原則に従い、「株主権は通常何らの義務も包含しない[60]」と論じた。

昭和期の会社法学をリードした鈴木竹雄博士は、法形式的にみた場合、「株式会社は社員間の契約的結合ではなく、団体を軸とする会社対社員の関係によって結合される」[61]と論じ、民法上の組合と社団たる株式会社との峻別を説き、共益権も株主個人の利益を守るために導入されたものであるが、「株主がかかる共益権を行使するにあたって、自己の利益のみを主張して他の株主の利益をいかに不当に侵害してよいものとは到底考えられず、株主相互間の信頼関係がたとい実質的な組合における如く濃厚でないにしても、少なくともこの程度の顧慮は当然要請されなければならないであろう。私は、ドイツの近時の学説が認める株主の誠実義務は、右の理由にもとづき右の範囲内において承認することができ、また、承認すべきものであると考える」[62]と論じた。

かかる鈴木竹雄博士の考えは、1981（昭和56）年改正により、「多数決濫用法理」として結実した。すなわち、同年改正商法247条1項3号は、「決議ニ付特別ノ利害関係ヲ有スル株主ガ決議権ヲ行使シタルコトニ因リテ著シク不当ナル決議ガ為サレタルトキ」には総会決議取消事由が存在するとした[63]。しかし、多数決濫用法理を越えて、株主の誠実義務を認めることに、学説は当初消極的であった。

ドイツにおいて、1970年代以降、株主の誠実義務を認めるべきであるという考えが学説上支配的になり[64]、1988年2月1日連邦通常裁判所ライノタイプ判決[65]

の発展と課題」松本博之＝野田昌吾＝守矢健一編『法発展における法ドグマーティクの意義』268頁（信山社、2011年）参照。

59) 田中耕太郎『改正会社法概論』459頁以下（岩波書店、1939年）。
60) 大隅健一郎『全訂会社法論 上巻』265頁（有斐閣、1964年）。
61) 鈴木竹雄「会社の社団法人性」同『商法研究Ⅱ 会社法(1)』17頁（有斐閣、1971年）。
62) 鈴木・前掲注61) 21頁。
63) 1981（昭和56）年改正商法247条1項3号は、会社法831条1項3号に相当する。会社法831条1項3号につき、Harald Baum/Eiji Takahashi, Klagen gegen fehlerhafte Hauptversammlungsbeschlüsse im japanischen Aktienrecht, Zeitschrift für Japanisches Recht/Journal of Japanese Law, Nr. /No. 32 (2011), 158 f. 参照。
64) Vgl. Verse, Treuepflicht und Gleichbehandlungsgrundsatz, in: Habersack/Bayer

により株主相互間に誠実義務が認められると，かかるドイツ法の理論的発展を，日本法も継受すべきであると説く学説が登場するに至った[66]。

2011（平成23）年12月の法制審議会会社法制部会「会社法制の見直しに関する中間試案」は，親会社の子会社に対する責任規定とともに，「その有する議決権の割合等に鑑み，親会社と同等の影響力を有すると考えられる自然人の責任」に関し明文の規定を設けることを，提案していた[67]。

株主の誠実義務には，多層的構造を有するコンツェルンの頂上にある自然人がその支配する会社の子会社（あるいはその子会社）の利益を侵害した場合に，両者は会社と株主との関係に立たないため，コンツェルンの頂点にある自然人のグループ会社に対する損害賠償責任を基礎づけることができないという欠点がある[68]。日本法は，企業結合法制を補完する立法上の規制として，株式法117条をモデルとしてこれに修正を加え，①影響力行使者に過失がある場合にも責任を認め，かつ②株主総会決議に基づく場合にも免責を認めない形で，影響力行使者の責任を法定するべきではないか[69]。

(2) コンツェルン指揮義務の継受

1982年，ホメルホフは，子会社に対する出資は親会社の財産であるから，親会社の取締役には子会社を指揮する権限と義務があるとし，かかる親会社の権限ないし義務を「コンツェルン指揮義務（Konzernleitungspflicht）」と呼んだ[70]。ホメルホフは，この義務は子会社取締役の義務と権限（株式法76条参照）との衝突を来すため，親会社取締役と子会社取締役との双方がそれぞれいかなる権限を有するのか，

(Hrsg.), Aktienrecht im Wandel, Band II: Grundsatzfragen des Aktienrechts, Tübingen 2007, S. 595 ff.

[65] BGHZ 103, 184. 本判決の詳細について，潘阿憲『会社持分支配権濫用の法理』（信山社，2000年）214頁以下，ペーター・シュレヒトリーム＝ヴェルナー・バッハマン＝クラウス・バッハー（海老原明夫訳）「会社法における最近の発展」日独法学14号97頁以下（1990年）参照。

[66] Vgl. Eiji Takahashi, a. a. O. (Fn. 58), S. 272.

[67] 法制審議会会社法制部会「会社法制の見直しに関する中間試案」14頁（2011年12月）。

[68] Lakner, Der mehrstufige Konzern, Köln 2005, S. 196; 高橋英治「持分会社と企業結合法制〔下〕」商事法務1969号5頁（2012年）。

[69] 高橋英治「ドイツ法における支配企業の責任規範の発展」北村雅史＝高橋英治編『（藤田勝利先生古稀記念論文集）グローバル化の中の会社法改正』331頁以下（法律文化社，2014年）参照。

[70] Hommelhoff, Die Konzernleitungspflicht, Köln 1982, S. 419.

その権限分配につき,親会社の株主総会で決められなければならないと説いた[71]。

この「コンツェルン指揮義務」の影響下で,日本において,親会社の取締役会に子会社の業務を監督する義務の導入の要否が議論された[72]。すなわち,会社法制部会資料23「親子会社に関する規律に関する残された論点の検討」は,「取締役会は,その職務として,株式会社の子会社の業務を監督するものとする」という規定の導入を検討した。

このコンツェルン指揮義務の規定は,多重代表訴訟が立法化しない場合の代替案として提案されたものであり,多重代表訴訟が立法化される見通しがつき,このコンツェルン指揮義務の立法化は見送られた。私見としては,日本がコンツェルン指揮義務の理論の継受をしなかった点は,積極的に評価できると考える。

日本の会社法が導入しようとしていたコンツェルン指揮義務に対する疑問は,コンツェルン指揮義務が子会社の取締役の忠実義務と衝突する点にある[73]。会社法における義務は権限を伴う。子会社の取締役は子会社の利益の最大化のために業務執行を行う義務を負う(会社法330条,355条,民法644条)。他方,親会社にとって子会社に対する出資は親会社の財産の一部を構成するものであるから,親会社の取締役は,親会社に対する忠実義務から,かかる子会社への出資の価値を高める義務を負う。親会社の取締役が,親会社の利益の最大化の観点からある措置をとることを命じ,子会社の取締役は,かかる措置をとることが子会社の利益を害すると判断する場合,親会社取締役会の監督義務が優越し,子会社の取締役は,かかる措置を実行するように義務づけられるのか,あるいは,子会社の取締役はあくまで,子会社の利益の最大化を義務づけられているのであるから(会社法330条,355条,民法644条),かかる措置の遂行を拒絶できるのであろうか。日本の会社法が導入を検討したコンツェルン指揮義務は,この問題に適切に答えることができない。そもそも,かかる問題が生じたのは,コンツェルンにおける機関の権限分配に関する定めが存在しないためであると考えると,ホメルホフが考えたように,親会社の株主総会に,親子会社における機関の権限分配につき決定させるべきであるということになろう。しかし,ホメルホフの学説に従って,日本の会社法が,親会社の株主総会にコンツェルンの権限分配を決定する権限を与えることは,親会社の株主総会の能力を超えるといわざるを得ない[74]。株主総会はいわば「巨大な船」のようなも

---

71) Hommelhoff, a. a. O. (Fn. 70), S. 500.
72) 詳細については,本書第2部第8章参照。
73) 齊藤真紀「企業集団内部統制」商事法務2063号23頁(2015年)。
74) Kropff, Zur Konzernleitungspflicht, ZGR 1984, 124 f.

のである。そもそも，株主総会には，コンツェルン内の各機関の権限の適切な分配を決する情報が欠けている。また，刻々変化するコンツェルンを取り巻く環境の変化に対応して，株主総会はコンツェルン内の機関の権限分配の変更を素早く決定することができない。したがってコンツェルン指揮義務の学説継受は，日本の会社法上，望ましくないと考えられるのである。

III 日本とドイツ会社法の収斂

1 日本とドイツ法の新しい関係

近年，日本とドイツの会社法は相互の交流なしに，その内容が接近しつつある。この両国における会社法の「収斂」の中心に存在するのが，米国法である。以下では，経営判断原則および株主代表訴訟を素材として，この新しい現象を説明したい[75]。

2 日 本 法

(1) 米国の経営判断原則の日本における紹介

日本法において米国の経営判断原則は早くから比較法の研究対象とされてきたが，日本の法学者は，日本と米国の司法制度の違いを理由として，この法理の継受に対しては，懐疑的であった。懐疑論の大筋は次のようなものであった。すなわち，川濱昇教授は，1983（昭和58）年，米国の経営判断原則は，「取締役は正直乃至は誠実な判断の誤りに対しては責任を負わないし，裁判所は判断の誤りに介入しない」という原則であるとし[76]，経営判断原則を日本に導入して，経営判断の問題を司法審査の対象から排除することは，妥当なのか疑問を提示した。同氏は，米国の経営判断原則における経営判断事項についての司法審査の抑制は，米国の民事訴訟制度と密接な関連性を有するが，米国と民事訴訟制度を異にする日本においては，経営判断原則と呼ばれているものは，実は単に過失責任を確認したものにすぎず，これ

---

[75] 他に，日本とドイツの会社法の収斂現象としては，両国におけるストック・オプション制度の導入が挙げられる。ただし，ドイツ法上，ストック・オプション制度が米国法をモデルにしたとみることについては，疑問も提起されている。Vgl. von Hein, Die Rezeption US-amerikanischen Gesellschaftsrechts in Deutschland, Tübingen 2008, S. 233 Fn. 1222.

[76] 川濱昇「米国における経営判断原則の検討（1）」法学論叢114巻2号79頁（1983年）。

を経営判断原則と呼ぶことは,不必要な混乱を招くだけであると論じた[77]。

これに対して近藤光男教授は,1989(平成元)年,経営にはリスクを伴い,専門的な知識や能力を必要とするため,このような知識や能力に欠けている裁判所が,取締役の経営判断の是非を論じて取締役に厳格な責任を課すことは適切でなく,裁判所は取締役に一定範囲の裁量を認め,その経営判断を尊重するべきであると主張した[78]。この提言は,その後のわが国の経営判断原則の基盤を形成した。

(2) 日米構造協議

1989(平成元)年9月,日米構造協議が開催され,当時の日米間に存在していた貿易の不均衡を是正するために,系列制度,流通パターン,貯蓄パターン等のさまざまな米国の貿易赤字を生み出す諸要因が問題視され,それを改善させるため,アメリカ政府は対日提案リストを作成し,その改善を求めた[79]。米国側は,日本の会社法に対しては,株主保護の強化を主張し,株主が経営者に対して訴訟ができる範囲を拡大することを提案した[80]。

(3) 1993(平成5)年改正

1993(平成5)年改正は,株主代表訴訟につき「訴訟ノ目的ノ価額ノ算定ニ付イテハ財産上ノ請求ニ非ザル請求ニ係ル訴ト看做ス」という明文規定を置いた(平成5年改正商法267条4項)。その結果,株主代表訴訟の訴額は95万円となり,裁判手数料は8,200円とされることになった(民事訴訟費用等に関する法律4条2項,別表第1,1項)。この改正について,中野貞一郎博士は,「外圧によって齎らされた部分的突出」[81]であると評価した。また,北沢正啓博士も,この株主代表訴訟提起の容易化は平成元年に始まった日米構造協議を契機として実現したと明言した[82]。

1993(平成5)年の商法改正により株主代表訴訟の手数料は,住民訴訟などと同じ,非財産的争訟に準じて扱われることになり,株主であれば,その請求額の大小にかかわらず,一律8,200円(当時)[83]で,株主代表訴訟を提起できることとなっ

---

77) 川濱昇「米国における経営判断原則の検討(2・完)」法学論叢114巻5号59頁(1984年)。
78) 近藤光男『会社経営者の過失』180頁以下(弘文堂,1989年)参照。
79) アメリカ政府の対日提案リスト(要約)は,NHK取材班『NHKスペシャル 日米の衝突』305頁以下(日本放送出版協会,1990年)に収録されている。
80) NHK取材班・前掲注79)315頁参照。
81) 中野貞一郎「訴訟物の価額」判例タイムズ833号28頁(1994年)。
82) 上柳克郎=鴻常夫=竹内昭夫編集代表『新版注釈会社法第2補巻 平成5年改正』32頁(有斐閣,1996年)〔北沢正啓〕。

た。

(4) 株主代表訴訟の急増と経営判断原則の発展

一律8,200円（当時）ですべての株主が株主代表訴訟を提起できることは，立法者も予期し得なかった株主代表訴訟の著しい増加という現象を生み出した。1993（平成5）年までは，平均して2年に1件の株主代表訴訟が提起される程度の頻度であった。しかし，1993（平成5）年の法改正のあった年にはすでに39件の株主代表訴訟が提起された。1999（平成11）年には220件の株主代表訴訟が裁判所に係属し，訴訟数は頂点に達した[84]。

これとともに，取締役の責任が裁判上判断される事例が多数現れるようになった。株主代表訴訟の爆発的増加と同時期に，日本の裁判例は，善管注意義務ないし忠実義務違反の判断において，米国法上の考え方を継受し明確に定式化することになる[85]。

下級審裁判所は，1993（平成5）年の判決例においては，経営判断の原則に明確に言及することなく，取締役には経営判断上の裁量があるとし，その裁量権を逸脱した場合には，取締役は会社に対して損害賠償責任を負うとしていた[86]。

今日の下級審判例の経営判断原則の定式を確立した判決が，東京地判平成8年2月8日資料版／商事法務144号115頁のセメダイン判決であった。本件は，「セメダイン」と日本では呼ばれる接着剤を製造・販売するA社が，米国会社（B社）と合弁で米国においてA社の製品を販売するためのC社を設立して事業を開始したが，業績が低迷したため，B社の全株式を取得して，B社の出資額および融資残高を肩代わりしたという事件であった。

本判決において，東京地裁は，取締役は，「その前提となった事実の認識に重要かつ不注意な誤りがなく，意思決定の過程・内容が企業経営者としてとくに不合理・不適切なものといえない限り」，善管注意義務ないしは忠実義務を負わないと判示した。この判示部分は，セメダイン公式と呼ばれ[87]，多くの下級審判決[88]に

---

83) 現在では株主代表訴訟の手数料は，一律1万3,000円である（民事訴訟費用等に関する法律4条2項・別表第1）。

84) 以上の数値につき，Eiji Takahashi, Corporate Governance in Japan: Vorgriff auf künftige Reformen in Deutschland?, in: Leipold (Hrsg.), Verbände und Organisationen im japanischen und deutschen Recht, Köln 2006, S. 89.

85) 詳細については，本書第3部第1章参照。

86) 東京地判平成5年9月21日判時1480号154頁。

87) 高橋英治「関連会社に対する支援金供与と経営判断原則」商事法務1747号56頁（2005年）。

よって踏襲された。

その後,最高裁は,刑事事件において,経営判断原則を正面から認めるようになった。すなわち,最判平成21年11月9日刑集63巻6号1117頁は,回収可能性がないことを知りながら財政難の取引先に無担保融資を行った銀行の代表取締役らに対し特別背任罪の成立が認められた事案において,一般論として,「銀行の取締役が負うべき注意義務については,一般の株式会社取締役と同様に,受任者の善管注意義務(民法644条)及び忠実義務(平成17年法律第87号による改正前の商法254条の3,会社法355条)を基本としつつも,いわゆる経営判断の原則が適用される余地がある」と判示した。

最判平成22年7月15日判時2091号90頁のアパマンショップHD事件最高裁判決[89]は,最高裁が民事事件においても経営判断原則を認めつつあることを示している。本最高裁判決は,非上場会社である子会社の株式買取の価格決定に関する親会社の責任が問題になった事案につき,「事業再編計画の策定は……経営上の専門的判断に委ねられている……その決定の過程,内容に著しく不合理な点がない限り,取締役としての善管注意義務に違反するものではない」と判示した。本最高裁判決は「経営判断の原則」という言葉を用いてはおらず,正面から経営判断原則を認めたものではない。アパマンショップHD事件最高裁判決以降の下級審裁判例は,従来の下級審判例の公式に基づき判決を下すものも存在するが[90],他方,アパマンショップHD事件最高裁判決で示された「決定の過程・内容が著しく不合理でない」という判断公式を,新しい経営判断原則の公式として採用するものもあり[91],下級審判例の立場は統一されていない。

---

88) 大阪地判平成14年2月20日判タ1109号226頁,東京地決平成17年7月29日判時1909号87頁等。

89) 評釈として,Puchniak/Nakahigashi, Case Nr. 21, in: Bälz/Denauer/Heath/Peterson-Padberg (Edit.), BUSINESS LAW IN JAPAN—CASES AND COMMENTS, 215-226 (Wolters Kluver, 2012).

90) 福岡地小倉支判平成23年4月14日LEX/DB25481284は「企業の経営に関する判断は,不確実かつ流動的で複雑多様な諸要素を対象にした専門的,予測的,政策的な判断能力を必要とする総合判断であることなどからして,取締役の業務についての善管注意義務違反又は忠実義務違反の判断に当たっては,取締役によって当該行為がなされた当時における会社の状況及び会社を取り巻く社会,経済,文化等の情勢の下において,当該会社の属する業界における通常の経営者が有すべき知見及び経験を基準として,前提としての事実の認識に誤りがなかったか否か及びその事実に基づく行為の選択決定に不合理がなかった否かという観点から,当該行為をすることが著しく不合理と評価されるか否かによるべきである」と判示した。

(5) 経営判断原則の継受の背景の分析

日本法において，経営判断原則が導入された契機としては，株主代表訴訟の著しい増加が挙げられる。株主代表訴訟の手数料が下げられ，1994（平成6）年には，株主代表訴訟は急激に増加した。それとともに，判例上，経営判断原則が明確に定式化されるようになった。経営判断原則は，取締役の経営上の判断のミスが，ただちに株主代表訴訟を通じた取締役の損害賠償責任の追及につながらないように，取締役に経営上の裁量権を認め，リスクをおそれずに新事業に挑戦する企業家精神を抑制しないようにする機能を持った法理である。

近藤光男教授は，日本法における経営判断原則の定式化の背景として，「平成になって時が経ていくと，代表訴訟が提起され取締役の責任が追及される事例の数が多くなった，そして，代表訴訟の存在が脅威になるという認識が広まっていくと，社会一般においても経営判断原則についての認識が高まり，それにつれて，裁判所は，次第に経営判断原則の定式化へと進んでいった。たとえば，そのような例として，前提となった事実の認識に重要かつ不注意な誤りがなく，意思決定の過程・内容が不合理，不適切でない限り，善管注意義務違反でないといった判示をするものである」と論じている[92]。

3 ドイツ法——株主代表訴訟の導入と経営判断原則の法定化

2005年に成立した「企業の誠実性及び取消権の現代化のための法律（UMAG）」[93]は，学説上，古くから導入が主張されてきた株主代表訴訟を立法化するとともに，判例法上認められてきた経営判断原則を立法化した。

UMAGにより導入された株主代表訴訟[94]によると，1パーセント以上あるいは10万ユーロ以上の券面額の株式を有する株主のみが株主代表訴訟を提起できる（株式法148条1項）。株主代表訴訟は許可手続を前提とする。裁判所は次の4つの条件のすべてが満たされる場合，訴訟を許可する。すなわち，①株主が（株式を包括承継した者については，前の株主が），申し立てられている義務違反もしくは主張されている損害を公告により知るはずであった時点以前に株式を取得したことを証

---

91) 東京地判平成23年1月27日 LEX/DB25470380，東京地判平成23年11月24日判時2153号109頁。
92) 近藤光男編『判例法理 経営判断原則』12頁（中央経済社，2012年）〔近藤光男〕。
93) Gesetz zur Unternehmensintegrität und Modernisierung des Anfechtungsrechts (UMAG) vom 22. 9. 2005, BGBl. I S. 2802.
94) 制度導入の背景および制度の概観について，高橋均『株主代表訴訟の理論と制度改正の課題』191頁以下（同文舘出版，2008年）参照。

明すること，②株主が会社に対し適切な期間を付して提訴を要求したにもかかわらず，効果がなかったことを証明すること，③不誠実な行為または法律もしくは定款の重大な違反により会社に損害が生じたと疑うべき事実が提示されること，および④会社の福利の観点からして損害賠償請求権の行使に反するこれに優越する理由が存在しないことである。

裁判所が株主代表訴訟を許可する場合，前記株主は株主代表訴訟を提起することができる（株式法148条3項1文）。この株式法148条3項1文に基づく訴訟が，株主代表訴訟である。

UMAGは，経営判断原則については，「取締役構成員が企業家的決定において適切な情報を基礎として会社の福利のために行為したと合理的に認められる場合，義務違反はない」と規定した（株式法93条1項2文）[95]。ホプトとマークス・ロートは，経営判断原則が立法化された背景につき，「経営判断原則の規範目的は，株式法147条～149条により株主が取締役の責任を追及することが緩和化されたことに伴い，その対抗として，取締役にとって法律上認められたセーフ・ハーバーおよび責任から自由な領域の創設である」[96]と論じている。

ドイツ法においても，日本法と同様に，経営判断原則の定式化と株主代表訴訟とでは機能的連関性を有していた。株主代表訴訟の導入に伴い，株主が取締役の経営上のミスに対し損害賠償責任追及訴訟を提起する事例が増加し，それが会社経営の萎縮，ひいては経済の停滞をもたらすのではないかという不安が立法者にあり，この不安が経営判断原則の立法による定式化をもたらした。

4　ドイツと日本の会社法の収斂とその課題

一般に，会社法の「収斂」には，その契機によって，3つの型が認められる。

第1に挙げられるべき収斂の代表例は，その本来的意味の収斂であるが，各国会社法の競争により，収斂が生ずる場合である。たとえば，EUにおいて，本拠地準拠法主義が廃棄されたことを契機として，EU加盟国会社法の競争が生じ，最低資本金制度が，各EU加盟国の有限会社法において廃棄された事例がある[97]。この

---

95) ドイツ法における経営判断原則の発展につき，高橋英治『ドイツと日本における株式会社法の改革——コーポレート・ガバナンスと企業結合法制』212頁以下（商事法務，2007年）参照。

96) Hopt/M. Roth, in: Hopt/Wiedemann (Hrsg.), AktG: Großkommentar, 4. Aufl., Berlin 2006, §93 Abs 1 Satz 2, 4 nF Rdnr. 8.

97) ダニエル・チマー（高橋英治訳）「ヨーロッパにおける会社法の競争」同志社法學59巻4号215頁以下（2007年）参照。

型の収斂には，国内への会社設立の誘致のため，各国の会社法が，その内容を会社および起業家にとって魅力のあるものとしようとするあまり，競争する各国の会社法の質が全体として低下してしまうという問題があると指摘されてきたが（„race to the bottom" と呼ばれる現象の発生），各国会社法が投資家保護および債権者保護を適切に実現することは，当該国の資本市場を魅力あるものにし，当該国に設立された会社の国際的信用を増大させるという長所を有するため，各国会社法の競争による規制緩和は際限なく続けられるものではなく，規制緩和の短所が長所を上回るようになる一定の水準で終了する。

第2が，国際条約・国際的共同体の枠組みで，その条約によって設立された機関により各加盟国の会社法が調整される結果として，会社法の内容の同一化が実現される場合である。この代表例は，ヨーロッパ連合において，ヨーロッパ委員会により，指令ないし勧告が出され，英国法では Ultra Vires の法理が廃棄され[98]，あるいは，ドイツ法では，取締役の個別報酬の開示が義務づけられた事例が挙げられる[99]。最初に挙げた競争による会社法の収斂とは異なり，かかる「管理化された」会社法の収斂は，指令を出す機関による綿密な計画と適用される法域の全体を見渡した周到な検討の下でなされる。2003年 EU 行動計画書[100]のような形で，有識経験者（会社法ハイレベルグループ）の提言を契機に，行われる場合もある。

第3が，第1の型の収斂と同じく，各国の会社法の立法者が自国の経済競争力を上げようとすることを契機とする場合もあるが，各国が，世界経済において成功した国を模倣し，その国の会社法をそれぞれが継受した結果，両国の会社法が同一内容になるという現象である。日本とドイツの会社法の収斂は，日本とドイツ法がそれぞれ相互に交流なしに経済的に成功したモデルとされてきた米国の会社法を継受した結果，それぞれの会社法が同内容になってきているという，この最後の型に当たる。

日本の会社法および会社法学は，ドイツ法の継受から米国モデルへの収斂へと向かっている。この最後の型の収斂には，同一の法規範をそれぞれ別々に継受し，継受を行っている日本とドイツにおいては相互の交流がなくそれぞれの法システムの

---

[98] Paul L. Davies/Sarah Worthington, GOWER AND DAVIES' PRINCIPLE OF MODERN COMPANY LAW, Ninth Edition, 139 (Sweet & Maxwell, 2012).

[99] 高橋英治＝山口幸代「EU における企業法制改革の最新動向〔下〕――行動計画の実現過程およびドイツの改革状況」国際商事法務34巻4号448頁（2006年）。

[100] 2003年 EU 行動計画書につき，高橋英治＝山口幸代「欧州におけるコーポレート・ガバナンスの将来像――欧州委員会行動計画書の分析」商事法務1697号101頁以下（2004年）参照。

経験が共有化されないという問題点がある。

　日本とドイツの会社法の比較から、次の点が指摘できる。日本では、経営判断原則は、判例法理にとどまり、その内容が明確になっていない。下級審判例では独自にその公式が発展してきたが、最高裁の判例上、未だその公式は確立していない。現在下級審判例では、近時出された最高裁判決の基準に従い取締役の注意義務違反について判断するものと、従来の下級審判例に従い同注意義務違反の有無を判断するものとが混在し、統一的な判断枠組みを見出せない状態にある。かかる法的に不安定な状況下では、法の予見可能性の向上という観点からも、会社の法的リスクの管理にとって重要な経営判断原則を公式として示すことが望まれる。ドイツ法のような経営判断原則の会社法上の立法化は、そのための選択肢として考慮されてよい。

　ドイツの株主代表訴訟の問題点は、日本法と比べて、その利用がきわめて少ないという点に求められる[101]。株主代表訴訟には、会社のコーポレート・ガバナンスの向上という点で積極的な機能があり、本来もっと利用されてもよいはずである。今後、ドイツ企業のよりよいコーポレート・ガバナンスを目指すため、違法な経営を行った場合には責任追及される可能性があるという適度な緊張の下で取締役に経営を行わせるという法政策的な見地からは、ドイツ法は、株主代表訴訟の提訴要件の緩和ないし提訴前許可手続の廃止等に取り組んでもよいのではなかろうか[102]。

Ⅳ　おわりに

以下において、本章の考察から得られた結論を提言の形で示す。
① 　資本の原則の継受の過程が示したように、日本におけるドイツ会社法の学説継受は、日本の会社法にとって、株式会社法に内在するプリンシプルを明確にするという機能を有した。ドイツ法が形成した概念の力を借りて、日本法は、

---

[101] 　その原因の分析として、Schmolke, Die Aktionärsklage nach §148 AktG, ZGR 2011, 406 ff.

[102] 　Habersack, Staatliche und halbstaatliche Eingriffe in die Unternehmensführung, Gutachten E zum 69. Deutschen Juristentag, München 2012, E. 106. 2012年9月21日のドイツ法律家会議経済法部会の決議では、ドイツにおける株主代表訴訟の少数株主要件と許可手続を撤廃するというハバーザックの提案は、圧倒的多数により否決された（少数株主要件の撤廃につき、賛成14票、反対51票、棄権15票。許可手続の廃止につき、賛成8票、反対57票、棄権11票）。この点につき、高橋英治「ドイツのコーポレート・ガバナンスの将来像」国際商事法務40巻11号1669頁（2012年）参照。

複雑な株式会社の基本原理およびそのファイナンス理論を説明してきた。しかし，戦後，かかるドイツ法の理論では説明できない制度が数多く日本の会社法に導入された。日本の会社法学は，日本の株式会社法に内在する新しいプリンシプルを明らかにすることを，新たな課題としている。

② 取締役の保護の観点から，ドイツ法の分離説の考え方を継受し，日本の会社法339条2項を改正して，取締役の地位を解任されても，任用契約はそれにより自動的に解除されたとはいえず，取締役は報酬請求権を失わないとすべきである。

③ 解釈論上は，株主の誠実義務が，日本におけるドイツの会社法理論の継受の新しい課題として注目されている。しかし，株主の誠実義務は，多層型コンツェルンに適用した場合に問題があるため，コンツェルン関係にある従属会社の少数派株主の保護規範としてはむしろ株式法117条を改善して継受すべきである。

④ コンツェルン指揮義務が子会社の取締役の忠実義務と衝突する可能性を考えると，日本の会社法がコンツェルン指揮義務の理論を継受することは望ましくない。

⑤ 日本法では，法の予見可能性の向上という観点からも，会社の法的リスクの管理にとって重要な経営判断原則を立法化することを検討してよい。

⑥ ドイツ法では，訴訟提起を促進し，コーポレート・ガバナンスを向上させる見地から，株主代表訴訟の少数株主要件の緩和や許可手続前置の見直し等が検討されてよい。

第2部　会社法の継受

第1章　ドイツ・オーストリア法における企業法論の発展
―― 日本の商法典の現代化へ向けて

I　はじめに

　実質的意義の商法を企業法とする考え方（以下「企業法論」という）は，日本では西原寛一博士により本格的に提唱されて以来[1]，日本の商法学において重要な地位を占めているが，そのヨーロッパにおける源流は，スイスのバーゼル大学教授のカール・ヴィーラントに遡る。2007年，オーストリア企業法典[2]が施行され，ドイツ・オーストリアにおいて企業法論は新しい発展段階を迎えている。本章では，ドイツ・オーストリアにおける企業法論の発展を総括し（II，III），ここから日本法が何を学ぶことができるのかについて言及したい（IV）。

II　ドイツ法における発展

1　ドイツ普通商法典までの展開

　ドイツ法においては，企業（Unternehmen, Unternehmung[3]）という語の歴史は

---

[1]　西原寛一博士の代表作として，西原寛一『日本商法論 第1巻〔改訂版〕』（日本評論社，1950年）が挙げられる。なお，日本における企業法論の嚆矢は山尾時三博士であり，同氏は，1924（大正13）年，「純粋営利組織たる企業が其の技術的生産——人対物の関係——完了後，最終の目的である貨幣価値獲得のため人対人の関係に表れた範囲を律する法が商法である……商事法を以て企業法，営業法と解」すると主張された（山尾時三「『商』について——商的事象の法律的認識の指導概念としての商」同『手形法研究』250頁以下（岩波書店，1935年））。

[2]　正式名称は「企業のための特別私法規定に関する連邦法（Bundesgesetz über besondere zivilrechtliche Vorschriften für Unternehmen (Unternehmensgesetzbuch—UGB)）」である。オーストリア企業法典の概観として，遠藤喜佳「商法から企業法へ——オーストリア企業法典（UGB）概観」法学新報114巻11＝12号25頁以下（2008年）。

[3]　ドイツ語における „Unternehmen" あるいは „Unternehmung" という語は多義的であり，両者ともに企業活動あるいはその主体という2つ意味で用いられるが，一般的

古く，1794 年，プロイセン一般ラント法第 2 部第 6 章 483 条は，「工場の企業者 (Unternehmer) は，事業自体およびそこで製造された商品の売上に対し商人としての権利を有する[4]」と規定した。また，同法第 2 部第 6 章 525 条は，「事業 (Handlungsunternehmung) が複数の行為からなる場合で，代理関係にある本人がある 1 つの行為から利益を享受したい場合，本人はその他の行為から生ずる不利益も引き受けなければならない[5]」と規定した。

　企業が法律用語として本格的に定着するのは，19 世紀であった。1839 年のヴュルテンベルク王国商法典草案は，商行為概念と商人概念の両者を商法適用の基礎に置く折衷主義の立場からの法案であったが，商人概念を商業 (Handelsgewerbe) の概念から導き（同草案 4 条），商業を「営業税義務を負う者の事業 (Unternehmung) および取引と工場の営業」と定義していた（同草案 9 条 1 項）。また同草案 3 条は，商行為として，運送事業 (Unternehmungen in Lieferungen)（同条 4 号），公的競売，通信・問屋および取引所等の事業 (Unternehmungen)（同条 5 号）を挙げていた[6]。同草案 3 条における事業 (Unternehmung) という言葉は，1807 年フランス商法典第 4 部第 2 章 18 条等にみられる entreprise の翻訳語であった[7]。

　ドイツ普通商法典に大きな影響を及ぼした 1856 年プロイセン商法典草案[8]は，

　　には，企業活動という意味では „Unternehmung" が，その主体という意味では „Unternehmen" が用いられる。本章は，„Unternehmen" を「企業」，また „Unternehmung" を「事業」と訳する。

4) Hattenhauser (Hrsg.), Allgemeines Landrecht für die Preussischen Staaten von 1794, Textausgabe mit einer Einführung von Hans Hattenhauser, 3. Aufl., Neuwied 1996, S. 473.

5) Hattenhauser (Hrsg.), a. a. O. (Fn. 4), S. 475.

6) Schubert (Hrsg.), Entwurf eines Handelsgesetzbuches für das Königreich Württemberg mit Motiven (1839/40), 1. Teil: Entwurf, Nachdruck 1986 Frankfurt a. M., S. 2.

7) この点につき，Bergfeld, Einzelkaufmann und Unternehmen, Person und Organisation im Handelsrecht, in: Coing/Wilhelm (Hrsg.), Wissenschaft und Kodifikation des Privatrechts im 19. Jahrhundert, Band VI: Zur Verselbständigung des Vermögens gegenüber der Person im Privatrecht, Frankfurt a. M. 1982, S. 127. なお，ヴュルテンベルク王国商法典草案理由書においては，同条項がフランス商法典を参考にして起草されたことが明らかにされている。Schubert (Hrsg.), Entwurf eines Handelsgesetzbuches für das Königreich Württemberg mit Motiven (1839/40), 2. Teil: Motive, Nachdruck 1986 Frankfurt a. M., S. 18 ff. フランス法律用語の „entreprise" を „Unternehmung" と翻訳するものとして，Daniels, CODE DE COMMERCE: Handlungs= Gesetzbuch, S. 279.

8) プロイセン商法典草案につき，服部榮三「商人主義・商行為主義とドイツ旧商法」

商行為を商人の行為と定義し（同草案219条1項），商人法主義を基本とする立法案であったが，非商人の行為について商行為とみなされるもの（日本法の絶対的商行為に当たる）も列挙し（同草案220条），厳密には折衷主義に立っていた。事業概念については，同草案5条は，人の運送の事業（Unternehmungen）を営業として商人的に営む者（同条5号）および他の者との間の行為の営業として仲介をする事業（Unternehmungen）を設立または維持する者（同条7号）も，商人とみなすとした[9]。

1861年のドイツ普通商法典[10]は，営業として商行為を営む者を商人とみなすとし（同法4条），基本的には商行為概念から商人概念を導く商行為法主義を採るが，「その企業（Unternehmen）の対象が商行為にある株式会社[11]」にも本法が定める商人の規定が適用されると規定し（同法5条），法主体の法形態から商人の規定が適用される者も認められていたため，実質的には折衷主義に立っていた[12]。また，ドイツ普通商法典は，商行為として，非商人が1回だけ行っても商法が適用される絶対的商行為（同法271条），営業として行った場合に商行為となる営業的商行為（同法272条）および同行為を業として行うことにより商人となった者が営業として行う場合に商行為とされる附属的商行為（同法273条）を定めており，日本の現行商法典に大きな影響を与えた[13]。

ドイツ普通商法典を主たる前提として企業法論を唱えたのがヴィーラントであった。同氏は，1921年，当時の経済学説を基礎として，「事業（Unternehmung）」を「不定量の財産増加を実現するため経済力を投じること[14]」と定義し，事業の主体

鈴木禄弥＝五十嵐清＝村上淳一編『概観ドイツ法』127頁以下（東京大学出版会，1971年）参照。

9) Schubert (Hrsg.), Entwurf eines Handelsgesetzbuchs für die Preußischen Staaten und Protokolle über die Beratungen mit kaufmännischen Sachverständigen und praktischen Juristen (1856), Nachdruck 1986 Frankfurt a. M., S. 2.
10) Nachdrucke Privatrechtlicher Kodifikationen und Entwürfe des 19. Jahrhunderts, Band 1 Allgemeines deutsches Handelsgesetzbuch, Allgemeine deutsche Wechselordnung, Nachdruck 1973 Aalen, S. 1.
11) 本条では，„Unternehmen"という語は営業（Gewerbebetrieb）と同じ意味で用いられている。
12) 竹内昭夫「企業法の地位と構成」竹内昭夫＝龍田節『現代企業法講座1 企業法総論』10頁（東京大学出版会，1984年）。
13) 西原寛一『近代的商法の成立と発展』43頁（日本評論新社，1953年）。
14) Wieland, Handelsrecht, Erster Band: Das kaufmännische Unternehmen und die Handelsgesellschaften, München 1921, S. 145.

である企業（Unternehmen）が実質的意味での商法の中心であるという立場から，企業を中心とした新しい商法学の体系を構築した[15]。しかし，当時の商法学の水準からすると革新的とも言える同氏の企業法論は，企業法としての商法の学問的体系の構築に止まり，企業概念を用いた解釈論あるいは立法論は提唱しなかった。かかるヴィーラントの学問的態度は，日本の西原寛一博士の企業法論のあり方に大きな影響を与えた[16]。

2　ドイツ商法下の展開

(1)　1897年ドイツ商法の発展

　1897年5月10日に成立したドイツ帝国商法典（以下「ドイツ商法」という）は，ドイツ商法の新しい発展段階を画する立法であった。ドイツ商法は，商行為を商人の行為であると定義し（同法343条），商人法主義に基づく立法であるが，1998年以前においては，その中心となる商人概念はかなり複雑に定義されていた。すなわち，1998年改正前ドイツ商法においては，商人の基本類型として，「営業による商人」（Musskaufleute 同法1条），「強制的登記による商人」（Sollkaufleute 同法2条），「任意的登記による商人」（Kannkaufleute 同法3条）および会社などの「形式商人」（Formkaufleute 同法4条）を定めていた[17]。ドイツ商法は，「営業による商人」に

---

15)　高橋英治「ドイツコンツェルン法における企業概念の変遷――連邦通常裁判所の判例を中心として」平出慶道＝小島康裕＝庄子良男編『(菅原菊志先生古稀記念) 現代企業法の理論』356頁以下（信山社，1998年）。

16)　山手正史教授は「西原の商法＝企業法論は，あくまで商法典をはじめとする所与の状況における商法学の体系構築を企図するもの」であったと論じる（山手正史「西原寛一の商法学――商法＝企業法論の一般化の是非」倉沢康一郎＝奥島孝康編『昭和商法学史』134頁（日本評論社，1996年））。ただし，西原寛一博士は，商人資格の取得時期に関しては，「商人資格の取得というのは理論的には企業の成立を意味する……企業の成立は，企業主体側だけの問題ではなくて，対外的関係のある社会現象である。だから，一般経済社会が企業的要素の存在を認め得る何らかの事実がなくてはならない。……営業意思が客観的に認識できる状態は少なくとも必要であり，かつ，これをこれで足りると解すべきであろう」と論じ，営業意思客観的認識可能説を支持した（西原寛一『商行為法〔第3版〕』87頁以下（有斐閣，1973年））。また，西原寛一博士は，労働契約関係は実質上独立化した企業そのものに属するとし，営業譲渡に際しての労働者の承継に関し労働者の同意（民法625条1項）は必要ないと主張した（西原寛一「会社の解散と不当労働行為」同『商事法研究 第3巻』366頁（有斐閣，1968年））。これらは，西原寛一博士が企業法論を，法解釈の正当化根拠として用いた例である。

17)　Brüggemann, in: Canaris Schilling/Ulmer (Hrsg.), Staub Großkommentar HGB, 4.

ついては，これを「商業を営む者」であると定義し（1998年改正前ドイツ商法1条1項），商業の類型として投機売買を行う者など9つの業を限定列挙していた（同法1条2項）。以上の完全商人の他に，小商人（Minderkaufleute）の規定があり，「商号，商業帳簿および支配権に関する規定はその種類および範囲からして商人として行われる事業を必要としない営業を営む者に対しては適用しない」と定められていた（同法4条1項）。

商法をもって商人の特別私法[18]としたドイツ商法に対して，クラウゼは，1938年，ZHRに発表した論文「商人法と企業者法（Unternehmerrecht）」において，中世の階級法から発達した商人法は企業者法へと発展すべきであり，営業を営む者はすべて商人であるとすべきであると説いた[19]。

戦後，企業法論の立場からドイツ商法の批判的検討が本格的になされた。その代表的論者は，ライシュとその弟子のカールステン・シュミットであった。ライシュは，戦後のドイツ商法学を代表する著作である『商法の歴史的前提，解釈論上の基礎および意味の変遷[20]』において，商法が企業法へと発展する過程を比較法制史的に明らかにし，商法の規定の非商人である企業への類推適用を主張した[21]。例えば，同氏は，商事売買に適用される瑕疵の検査通知義務（ドイツ商法377条）を，

Aufl., Berlin 1983, Vor § 1 Rdnr. 4 ff. 邦語文献としては，松本烝治「商人の意義に関する立法主義」同『商法解釈の諸問題』41頁以下（有斐閣，1955年），岩崎稜「商法の適用範囲と商人概念」竹内昭夫＝龍田節編『現代企業法講座1 企業法総論』92頁以下（東京大学出版会，1984年），烏賀陽然良（河本一郎補遺）「商法総則」神戸大学外国法研究会編『独逸商法〔I〕』43頁以下（有斐閣，1938年，1956年復刊）参照。

18) Hopt, in: Baumbach/Hopt, Handelsgesetzbuch, 36. Aufl., München 2014, Einl v § 1 Rdnr. 1; Capelle/Canaris, Handelsrecht, 21. Aufl., München 1989, S. 1; Hoffmann, Handelsrecht, 7. Aufl., Frankfurt a. M. 1990, S. 7; Jung, Handelsrecht, 5. Aufl., München 2006, S. 1; Lettl, Handelsrecht, München 2007, S. 3. なお，ヴルフ＝ヘニング・ロートは，ドイツ商法には公法的規制も含まれるから，商法を商人および経済的に活動する企業の特別法とみるのが妥当であると論じる（Wulf-Henning Roth, in: Koler/Roth/Morck, Handelsgesetzbuch, Kommentar, 6. Aufl., München 2007, in: Einleitung vor § 1 Rdnr. 1)。同様の見解として，Horn, in: Heymann, Handelsgesetzbuch, Kommentar, Band 1, Berlin 1995, Einleitung I Rdnr. 1.

19) Krause, Kaufmannsrecht und Unternehmerrecht, ZHR 105 (1938), 9. クラウゼの学説の詳細につき，鈴木竹雄「商人概念の再検討」同『商法研究I』105頁以下（有斐閣，1981年）参照。

20) Raisch, Geschichtliche Voraussetzungen, dogmatische Grundlagen und Sinnwandlung des Handelsrechts, Karlsruhe 1965.

21) Raisch, Zur Analogie handelsrechtlicher Normen, FS Stimpel, Berlin 1985, S. 45.

商人ではないが企業である農業を営む者および自由業者に対しても拡張して適用すべきことを主張した[22]。ライシュの業績を基礎に，企業法論の立場からの法解釈を本格的に展開したのが，カールステン・シュミットであった。同氏は，1999年，その体系書たる『商法論〔第5版〕[23]』において，商法を企業の特別私法と位置づけ，企業法論の立場からドイツ商法の解釈を体系的かつ詳細に展開した[24]。カールステン・シュミットは，ライシュの類推適用説を支持し，ドイツ商法の規定は，法取引上企業を前提としかつ強行的な保護思想に反しない場合，非商人たる企業者に対して類推適用されると説いた[25]。2014年，カールステン・シュミットは，『商法論：企業法論Ⅰ〔第6版〕[26]』において，伝統的な商法は商人という19世紀の営業概念を基礎としていたのに対し，21世紀の商法学の課題は，かかる古き企業法への萌芽を発展させ，企業の外部関係を規律する一般法としての新しい企業法を確立することにあると説く。

この企業法論に対しては，商行為を商人の行為と定義するドイツ商法343条1項その他商人概念を前提とするドイツ商法の規定ぶりを前提とする限り，解釈論としては商法を企業法とみることはできないのであり，商法の適用基準を商人ではなく企業にすることは，基本法20条3項の法律拘束性の原則および法的安定性の観点から受け入れられないとする伝統的学説からの反批判もなされた[27]。

(2) 1998年ドイツ商法改正

1998年，ドイツ商法は，商人概念に関し画期的な改革を行った[28]。改正法は，完全商人に関する従来の3種の商人類型の提示という方法を廃棄し，商人を統一的に定義する一般条項を置いた[29]。すなわち，改正法は，「商人とは商業を営むものである」とし（ドイツ商法1条1項），「商業とはすべての営業を指す。ただし，企業が種類と範囲からして商人的事業として行われる営業を必要としない場合を除

---

[22]　Raisch, Geschichtliche Voraussetzungen, dogmatische Grundlagen und Sinnwandlung des Handelsrechts, S. 277 ff.
[23]　Karsten Schmidt, Handelsrecht, 5. Aufl., Köln 1999.
[24]　カールステン・シュミットの企業法論の詳細につき，正井章筰「商法とは何か」ジュリスト1155号65頁（1999年）参照。
[25]　Karsten Schmidt, Handelsrecht, 5. Aufl., S. 55.
[26]　Karsten Schmidt, Handelsrecht: Unternehmensrecht I, 6. Aufl., Köln 2014, S. 14 f.
[27]　Capelle/Canaris, Handelsrecht, 21. Aufl., S. 8 f.
[28]　1998年ドイツ商法改正後の商人概念につき，大山俊彦「改正後のドイツの商人概念について」明治学院論叢法学研究67号65頁以下（1999年）参照。
[29]　Karsten Schmidt, Das Handelsreformgesetz, NJW 1998, 2162.

く」と定義した（同法1条2項）。こうして，改正法は，営業による商人と強制的登記による商人を統合して統一的商人概念を定めた[30]。

　1996年7月15日のドイツ商法改正参事官草案は，営業を基礎とする統一的商人概念を導入した理由について，第1に，改正前ドイツ商法の商人概念の定め方が複雑であることを挙げる[31]。第2に，改正前ドイツ商法1条が行っていた商業登記なしに商法典の規制が適用される商業の業種を限定列挙するという方法では，時代の新しい要求に応えることができない点を指摘する[32]。すなわち，商業のカタログは19世紀の商人概念を基礎としているため，今日商業活動として圧倒的に重要となっているサービス業の多くはこのカタログに該当せず，改正前ドイツ商法2条に従い商業登記されることによってはじめて商法典が適用されるにすぎない。かかるサービス業は商業登記される営業の約85パーセントもの割合を占める[33]。参事官草案によると，商業の業種の限定列挙という方法は常に欠落を生み出すのであり，時代が新しい業種を生み出していく度に立法者がカタログを作り直していたのではその時代に対応できない[34]。

　改正法により，商人概念の存否の決め手となるのは，営業（Gewerbe）の概念であるが，これについては，旧法下での判例[35]・通説[36]により，営業とは「市場に

---

[30]　Bydlinski, Zentrale Änderung des HGB durch das Handelsreformgesetz, ZIP 1998, 1170; Ring, Das neue Handelsrecht, Bonn 1999, S. 18.

[31]　RefE Handelsrechtsreform—Kaufmannsbegriff, ZIP 1996, 1401. 1992年に設置された商法改正に関する連邦州研究会も，1998年改正前の「商人概念が内容的に時代に適合せず，法適用の実務にとって不必要に複雑である」と述べ，強制的登記による商人を廃止し，営業概念を基礎とする商人に商人概念を統一することを提案していた（Reformvorschläge der Bund-Länder-Arbeitsgruppe zum Handelsrecht, ZIP 1994, 1407 f.)。

[32]　1998年ドイツ商法改正の最初の契機となった1977年のドイツ商工会議所の提案も，1998年改正前ドイツ商法1条が「時代遅れである」と指摘し，商人概念に関し統一的定義規定を置き，「営業を営む者」を商人と定義することを提案していた（DIHT, Kaufmann und Handelsregister, 1977, S. 17)。

[33]　RefE Handelsrechtsreform—Kaufmannsbegriff, ZIP 1996, 1401.

[34]　RefE Handelsrechtsreform—Kaufmannsbegriff, ZIP 1996, 1403.

[35]　営業概念に関する1979年5月10日連邦通常裁判所判決によると，営業とは「継続的利益獲得の意図に支配された職業的事業」であると理解されるべきである（BGHZ 74, 276）。同趣旨の判示として，RGZ 66, 148; BGHZ 33, 324; 36, 276; 49, 260; 53, 223; 57 199; 63, 33; 83, 386; 95, 157 ff.

[36]　Könige/Stranz/Pinner, Staub's Kommentar zum Handelsgesetzbuch, 8. Aufl., Erster Band, Berlin 1906, S. 29; Karl Lehmann, Das Handelsgesetzbuch für das

現れる,独立した,一定の期間置かれた計画的営業活動であり,法律または良俗に違反せず,利益を獲得する意図を伴ったものである37)」と解する立場が確立していた。1998年改正ドイツ商法下の通説は,旧法下での営業概念を原則としてそのまま新法の営業概念として採用するが38),近年,利益獲得意図を営業概念の必要要件としないとする考えが有力になりつつある39)。例えば,ホプトは,ドイツ商法の規制対象である公企業（1998年改正前ドイツ商法36条参照）は利益獲得意図を要件としていないことから,営業概念にとって利益獲得意図の要件は必要ないと論じた40)。カナーリスも,営利性および職業性の要件は営業概念にとって必要条件ではないと説き41),その根拠として,利益獲得の意図を有するか否かは企業の内部事情であり,ある者が利益獲得意図を有しないという理由で,商法上の計算書類の規定を免れたり,あるいは支配人を選任できなかったり,あるいは合名会社や合資会社の形態を採れなかったりすることは,合理的でないと論じる42)。また,ブラウロックも,例えばフライブルク市が市民のために庭園を貸し出すいわゆるガー

Deutsche Reich, 2. Aufl, Erster Band, Berlin 1914, S. 4; Müller-Erzbach, Deutsches Handelsrecht, 2. und 3. Aufl., Tübingen 1928, S. 53; Julius von Gierke, Handelsrecht und Schifffahrtsrecht, 4. Aufl., Berlin 1933, S. 38; Brüggemann, in: Canaris/Schilling/Ulmer (Hrsg.), Staub Großkommentar HGB, 4. Aufl., § 1 Rdnr. 6 ff.; Hopt, in: Baumbach/Hopt, Handelsgesetzbuch, 28. Aufl., München 1989, S. 32 f.

37) Ring, Das neue Handelsrecht, Bonn, 1999, S. 18.
38) Kindler, in: Ebenroth/Boujong/Joost/Strohn, Handelsgesetzbuch, Kommentar, Band 1, 2. Aufl., München 2008, § 1 Rdnr. 10; Hopt, in: Baumbach/Hopt, Handelsgesetzbuch, 36. Aufl., § 1 Rdnr. 13 ff.; Karsten Schmidt, in: Karsten Schmidt (Hrsg.), Münchner Kommentar zum Handelsgesetzbuch, Band 1, 2. Aufl., München 2005, § 1 Rdnr. 26 ff.; Canaris, Handelsrecht, 24. Aufl., München 2006, S. 20 f.; Roth, in: Koler/Roth/Morck, Handelsgesetzbuch, 6. Aufl., § 1 Rdnr. 4 ff.; Hofmann, Handelsrecht, 11. Aufl., Neuwied 2002, S. 10 ff.
39) Karsten Schmidt, in: Karsten Schmidt (Hrsg.), Münchner Kommentar zum Handelsgesetzbuch, Band 1, 2. Aufl., § 1 Rdnr. 31; Karsten Schmidt, Handelsrecht, 5. Aufl., München 1999, S. 289; Hopt, in: Baumbach/Hopt, Handelsgesetzbuch, 36. Aufl., § 1 Rdnr. 16; Oetker, in: Canaris/Habersack/Schäfer (Hrsg.), Staub Großkommentar HGB, 5. Aufl., Berlin 2009, § 1 Rdnr. 39.
40) Hopt, Handelsgesellschaften ohne Gewerbe und Gewinnerzielungsabsicht—Abgrenzungsprobleme zum handelsrechtlichen Gewerbebegriff, ZGR 1987, 178. 同様の見解として,Ruß, in: Heidelberger Kommentar zum Handelsgesetzbuch, 7. Aufl., Heidelberg 2007, § 1 Rdnr. 33.
41) Canaris, Handelsrecht, 22. Aufl., München 1995, S. 23 ff.
42) Canaris, Handelsrecht, 24. Aufl., München 2006, S. 23.

デン業を営む場合，利益獲得意図の有無により，市の商人性が決まるというのは，明らかに不合理であると論じる[43]。

現在，利益獲得意図という判例の基準に代えて「市場に給付を提供し対価を得ること[44]」という基準を置く考えが有力となっている。ホプトは，判例の利益獲得意図の基準に代えて「市場における経済活動」を営業概念の要件とすることを主張する[45]。すなわち，同氏によると，①取引通念，②経営学的原則に基づく経営，③他の私企業と競争して市場で活動することの3要素の存在により営業の有無が判断されるべきである。カールステン・シュミットは，1999年においては「市場における対価活動」を営業概念の要件とすることを主張していたが[46]，2014年に発表した『商法論：企業法論Ⅰ〔第6版〕』においては，企業概念を構成する営業につき「市場における対価活動」より広い「市場における提供活動」と定義すべきと説いている[47]。

商法の教育現場においては，1998年改正法による商人概念の単純化は一定の積極的効果を生み出している。フライブルク大学法学部のブラウロックの「商法」の講義においては，商人概念の説明は1998年改正前，少なくとも270分必要とされていたが，現在では90分以内で終了している[48]。

1998年ドイツ商法改正をめぐる議論は，企業法論の立場からの具体的立法論を生み出した。カールステン・シュミットは，1994年，「商法典の改正に関する意見と提案──『商的地位』の法から『企業』法へ」と題する論文において，ドイツ商法を企業法典へと改正するための具体的立法提案を行った[49]。同氏は，ドイツ商

---

[43] フライブルク大学法学部ウベ・ブラウロック（Uwe Blaurock）教授の2009年2月17日の筆者との議論における発言。

[44] Röhricht, in: Röhricht/Graf von Westphalen (Hrsg.), Handelsgesetzbuch, Kommentar, 3. Aufl., Köln 2008, § 1 Rdnr. 48. 同様の見解として，Canaris, Handelsrecht, 24. Aufl., S. 20; Karsten Schmidt, in: Karsten Schmidt (Hrsg.), Münchner Kommentar zum Handelsgesetzbuch, Band 1, 2. Aufl., § 1 Rdnr. 28 ff.

[45] Hopt, in: Baumbach/Hopt, Handelsgesetzbuch, 36. Aufl., § 1 Rdnr. 15 f.

[46] Karsten Schmidt, Handelsrecht, 5. Aufl., S. 288 f.

[47] Karsten Schmidt, Handelsrecht: Unternehmensrecht I, 6. Aufl., S. 353.

[48] 2002年度のブラウロックの商法の講義案は44頁からなるが，その中で商人概念の説明は僅かに4頁を占めるに過ぎない（Blaurock, Vorlesung Handelsrecht: Übersicht, Sommersemester 2002）。

[49] Karsten Schmidt, Bemerkungen und Vorschläge zur Überarbeitung des Handelsgesetzbuches—Vom Recht des „Handelsstands" (Erstes Buch) zum Recht der „Unternehmen", DB 1994, 515 ff.

法第一編を「企業法典（Unternehmensgesetzbuch）」とすることを提案し，「本法典はすべての企業の担い手（Träger von Unternehmen）および目的対象にかかわらず本法に服するすべての人的合意に妥当する」という条文を企業法典1条1項として置き，「本法典の意味での企業は計画的かつ継続的に市場において対価としての給付を申し込む場合に存在する」という規定を本条2項として置くことを提案した[50]。カールステン・シュミットによる，営業による商人と強制的登記による商人を統一的概念にまとめるという提案は，その内容に差異があるものの，1998年ドイツ商法改正に反映された[51]。

憲法論から1998年改正前ドイツ商法の商人概念を批判する論考も現れた。すなわち，ノイナーは，商人に対する特別の取扱を商法によって定めることは合理性を欠く恣意的取扱であり，ドイツ商法における商人概念は憲法上の平等原則（基本法3条）に違反すると主張し，旧来の商人概念に代えて商法の名宛人を「企業」ないし「商人に類似する者」とすることが立法者に要請されていると論じた[52]。

ウィーン大学の教授であり法哲学者としても世界的に知られるフランツ・ビドゥリンスキは，1990年3月7日，ベルリン法律家協会において「特別私法としての商法あるいは企業法――体系的かつ方法論的基礎議論の模範事例として」と題する講演を行い，企業法論をめぐる従来の議論を総括し，企業法論における解釈論と立法論の2つのレベルを区別すべきであると説き，解釈論は商法の機能の変遷を基礎としているが，ドイツ商法の解釈としては，ドイツ商法は企業一般に適用されるものではなく，ドイツ商法2条以下の企業に対してのみ適用されるというのが現行法の立法者意思であり，他の法領域において企業が法規制の対象として重要になっているということは，企業法論を支持する理由にはならないと論じた[53]。しかし，ビドゥリンスキは，商法の対象に関する議論は，政治的立場を超えた純粋に学問的な立場から行われており，今後はそれぞれの理論的立場が望む結果についての具体的議論がなされる必要があると論じた[54]。

企業法論の立場からのドイツ商法改正論はオーストリアが企業法典を制定する際

---

50) Karsten Schmidt, DB 1994, 516.
51) ドイツ商法改正法参事官草案は，本草案が結論的にはカールステン・シュミットの立法提案と一致するであろうと述べる（RefE Handelsrechtsreform—Kaufmansbegriff, ZIP 1996, 1402）。
52) Neuner, Handelsrecht—Handelsgesetz—Grundgesetz, ZHR 157 (1993), 286 ff.
53) Bydlinski, Handels- oder Unternehmensrecht: Ein Modellbeispiel für die systematische und methodische Grundlagediskussion, Berlin 1990, S. 26 f.
54) Bydlinski, a. a. O. (Fn. 53), S. 29 f.

の議論に方法的基礎を与えた。

Ⅲ　オーストリア法における法発展

　オーストリア企業法典成立前のオーストリア商法典はドイツ商法そのものであった[55]。オーストリア商法典は，ドイツ帝国によるオーストリア併合下の1939年，ドイツ商法がドイツ民法典とともに施行されることにより成立した[56]。しかし，ドイツ商法を継受したオーストリア商法典の商人概念に対しては，批判が提起された。第1に，商人概念は，過度に複雑であり，かつその基準は恣意的である。すなわち，ドイツ商法上の商人概念は19世紀に確立した概念であり，現代社会の発展に取り残されたものである。第2に，商法典の現実の規制対象は，商人を超え，職業上独立し市場において経済的対価を得て活動する主体に拡大している。第3に，商人を規制の対象とするオーストリア商法典は，企業を規制対象とする会社法，競争法，カルテル法，知的財産法と調和し難くなってきている[57]。

　オーストリア経済会議所では，2001年4月27日，将来のオーストリアの商法改正へ向けて講演会が開催された。ドイツにおける企業法論を代表する論者であるカールステン・シュミットは，「ドイツにおける企業法と商法典改正──オーストリアに対するモデルとなるのか？」と題する講演を行い，1994年に，同氏がドイツ商法改正案として提起した立法提案とほぼ同じ案を，オーストリア企業法典の案として，オーストリア経済会議所に提示した[58]。

　クレイチは，商法典上の商人概念とは訣別されなければならず，商人法たる商法典は企業法へと改革されるべきであると提案した[59]。同氏は，消費者保護法1条2項[60]の企業概念を企業法典上の企業概念として採用することを提案した[61]。すな

---

[55]　オーストリアの商法典の発展につき，高田晴仁「『商法典とは何か──法典化・脱法典化・再法典化』岩谷十郎＝片山直也＝北居功編『法典とは何か』251頁以下（慶應義塾大学出版会，2014年）参照。

[56]　Straube, in: Straube (Hrsg.), Kommentar zum Handelsgesetzbuch, 2. Aufl., Wien 1995, Einführung Rdnr. 31; Entwurf, Handelsrechts-Änderungsgesetz─HaRÄG, S. 4.

[57]　以上の批判につき，Entwurf, Handelsrechts-Änderungsgesetz─HaRÄG, S. 4.

[58]　Karsten Schmidt, Unternehmensrecht und HGB-Reform in Deutschland─ein Modell für Österreich?, in: Heinz Krejci/Karsten Schmidt, Vom HGB zum Unternehmensgesetz, Wien 2002, S. 108.

[59]　Krejci, Unternehmensrecht und HGB-Reform in Österreich, in: Heinz Krejci/Karsten Schmidt, a. a. O. (Fn. 58), S. 8 ff.

[60]　消費者保護法1条2項は，「1項1号の意味での企業とは，独立した経済活動を行

わち，クレイチによると，企業法典上の企業とは，独立した経済活動を行う一定期間置かれた組織であり，利益獲得を企図していなくともよい。以上のクレイチの提案は，2003年8月のオーストリア企業法典草案1条2項として，そのままの形で採用された。

　オーストリア企業法典は，2005年9月28日，国民会議で可決され，オーストリア連邦議会は2005年10月13日，これに同意した。本法典は，2007年1月1日より施行されている。

　オーストリア企業法典1条1項によると，「企業者とは企業を営む者である」。また，同条2項によると，「企業は独立した経済的な活動を継続的に企図している組織（Organisation[62]）であり，利益獲得を目指していなくともよい」。本条項における企業の概念は消費者保護法1条2項の企業概念を基にしたものであり，クレイチの提案に基づく。また，本条項において企業とは組織であると定義されているが，オーストリアの注釈書によると，ここに言う組織とは，「一定の集団により形成された行為システムであり，手段を合理的に投下しつつ比較的厳密に提示された一定の目標を追求するもの[63]」である。右注釈によると，企業は一応集団であると定義されるが，これはあくまでも類型であり[64]，補助者を全く有しない個人も企業

　　う一定の期間置かれた組織であり，営利を企図しなくともよい。公法人は企業者となる」と規定する。以上の点につき，遠藤・前掲注2）40頁注12参照。

61) Krejci, a. a. O. (Fn. 59), S. 20.

62) 企業を組織と見る見解として，Thomas Raiser, Das Unternehmen als Organisation, Berlin 1969. なお，シュマーは，オーストリア企業法典1条2項の企業を組織と解する考え方がトーマス・ライザーの学説を継受したものであると説く（Schummer, Allgemeines Unternehmensrecht, 6. Aufl., Wien 2006, S. 11）。前記トーマス・ライザー論文の分析検討として，西尾幸夫「システムとしての企業（論）――トーマス・ライザーの組織論に関する若干の検討」奥島孝康教授還暦記念論文集編集委員会編『（奥島孝康教授還暦記念 第1巻）比較会社法研究』343頁以下（成文堂，1999年），正井章筰『共同決定法と会社法の交錯』63頁以下（成文堂，1990年），庄子良男「企業法の現在と課題――T・ライザーの企業法論」月刊監査役159号42頁以下（1982年），163号43頁以下（1982年）参照。

63) Dehn, in: Krejci (Hrsg.), Kommentar zu den durch das HaRÄG 2005 eingeführten Neuerungen im Unternehmensgesetzbuch und im Allgemeinen bürgerlichen Gesetzbuch, Wien 2007, §1 Rdnr. 21. 同様の定義を採るものとして，Straube, in: Straube (Hrsg.), Wiener Kommentar zum Unternehmensgesetzbuch, Wien 2009, §1 Rdnr. 64; Schauer, in: Kalls/Schaer/Winner, Allgemeines Unternehmensrecht, 2. Aufl., Wien 2014, S. 63.

64) Schauer, in: Kalls/Schaer/Winner, Allgemeines Unternehmensrecht, 2. Aufl., S. 63.

たりうる65)。

　オーストリア企業法典における企業概念において特徴的な点は，企業概念に利益獲得意図を必要としない点である。これは営業概念についてのドイツ法上の現在の有力学説の見解と一致する。企業たりうるためには利益獲得意図を必要としないがために，社団形態を採った非営利組織（Non-Profit-Organisation）も，市場における対価を伴った活動を行うことにより，オーストリア企業法典１条２項の企業となる66)。

　本来，企業を名宛人とすることの利点は，企業を営む弁護士・公証人・会計士等の自由業者に規制を及ぼすことができる点にあった。当初オーストリア司法省は，自由業者を企業概念に組み入れることを検討した。しかし，この点については，自由業者の協会の頑強な抵抗に遭った。オーストリア企業法典草案（以下「草案」という）は，自由業はその社会的責任，高い教育水準，専門知識および最高度の職業

　　私見によれば，ドイツ商法の商人概念の基礎にある「営業」が概念として確定されているのに対し，オーストリア企業法典の企業概念の基礎にある「組織」が類型概念に過ぎないとされている点に，オーストリア企業法典の法技術的弱点が存在する。なぜなら，かかる類型を基礎にする企業法典はその適用基準につき不明確性が生じるからである。

　　オーストリア企業法学の第一人者であるマンフレッド・シュトラウベも，オーストリア企業法が組織を類型概念としてしか示せない点は，法的安定性の観点から，オーストリア企業法典の弱点であることは認めているが，しかし「組織」という類型概念はそれに該当しない者を排除する機能は高くないため，実務上は「組織」ではないということで，オーストリア企業法典１条１項の「企業者」ではないと認定されない事例は極めて少ないのではないかと説く。同氏によると，オーストリア企業法典の企業者概念の源となった消費者保護法の企業者概念につき，オーストリア最高裁が，家主は，その持ち家から５戸を超える住居を賃貸していない場合には，企業者ではないと判示しているため，かかる消費者保護法上の判示がオーストリア企業法典の企業者概念にも影響を及ぼすかが注目されるという（筆者のメールでの照会に対する，2015年６月29日のウィーン大学法学部マンフレッド・シュトラウベ（Manfred Straube）教授の回答）。

65)　Dehn, in: Krejci (Hrsg.), Kommentar zu den durch das HaRÄG 2005 eingeführten Neuerungen im Unternehmensgesetzbuch und im Allgemeinen bürgerlichen Gesetzbuch, §1 Rdnr. 22; Straube, Wiener Kommentar zum Unternehmensgesetzbuch, Wien 2009, §1 Rdnr. 64.
66)　Dehn, in: Krejci (Hrsg.), Kommentar zu den durch das HaRÄG 2005 eingeführten Neuerungen im Unternehmensgesetzbuch und im Allgemeinen bürgerlichen Gesetzbuch, §1 Rdnr. 53 ff.; Schummer, a. a. O. (Fn. 62), S. 15; Schauer, in: Kalls/Schaer/Winner, Allgemeines Unternehmensrecht, 2. Aufl., S. 65.

性から，自由業者の人格と能力が発揮される職業であり，工業生産をなす企業とは異なると位置づけ，市場への参加は本質的要素ではないとし[67]，草案は自由業者を企業法典の規制から原則として除外するという方針を採った（草案2条）。しかし，これによって自由業者が商号や支配権の制度を利用できなくなることは妥当でないので，草案は，自由業者は任意的に商号登記をすることにより企業法典の規制に服するとした（草案4条1項[68]）。オーストリア企業法典は，以上の草案の規制方針を受け継いだ（同法4条2項）。

なお，ドイツ法において，自由業者が商法の適用を免れている背景には，自由業者が営業税を免除されるべきであるという価値判断が存在する。ブラウロックは，例えば，一方において自動車の運転を教える教師と，他方において各地の農場を回ってひよこの雄と雌を仕分ける業者とを想定すると，前者が営業税を免れるが後者がこれを免れないとするのは税法の見地からは合理的であろうが，前者が自由業者であるという理由から商法の適用を免れ，反対に後者が営業を営むという理由からこれに対して常に商法が適用されるというのは，商法適用の見地からは明らかに合理的でないとする。以上の例が示すように，ドイツ法においては，本来法概念の相対性の見地から[69]，税法上の営業概念と商法上の営業概念が区別されるべきであろうが，現在のところ両者は必ずしも区別されていないため，営業税を免れる自由業者は常に商法の適用も免除されるという不合理な結果が生じている。

Ⅳ　結語——日本の商法典現代化へ向けて

1　企業法論からの帰結と日本の商法典現代化に関する保守主義

日本において商法は企業に関する法であるという立場が通説的地位を占めるが[70]，ドイツ・オーストリアにおける企業法論と日本のそれとの間には大きな差異が見られる。すなわち，日本の企業法論が商法典の対象の確定および商法の体系

---

67) Entwurf, Handelsrechts-Änderungsgesetz—HaRÄG, S. 7 f.
68) 草案は，かかる選択的規定を „Opting-In" と呼ぶ。
69) 法概念の相対性につき，Müller-Erzbach, Relativität der Begriffe und ihre Begrenzung durch den Zweck des Gesetzes: Zur Beleuchtung der Begriffsjurisprudenz, Jena 1913, S. 1 ff.
70) 田邊光政『商法総則・商行為法〔第3版〕』6頁（新世社，2006年），鴻常夫『商法総則〔新訂第5版〕』6頁（弘文堂，1999年），蓮井良憲＝森淳二朗編『商法総則・商行為法〔第2版〕』2頁（法律文化社，1998年）〔蓮井良憲〕。

化という認識のレベルで主張されているのに対し，ドイツ・オーストリアにおける企業法論は，商法の規範の名宛人に関する実践的課題を解決する使命を有する。

将来の日本法においても，企業法論は商法典の現代化のため，積極的役割を担うべきである。ドイツ・オーストリアにおいては，企業法論は，解釈論として発展し，その発展形態ともいうべき立法論を生み出し，それを基礎にしてオーストリアで企業法典が生み出された。日本においては，1938（昭和13）年に擬制商人（商法4条2項）の制度が創設され，従来の商行為中心主義は破綻し[71]，日本の商法は商人法主義に近づいたと言われているが，商人概念の体系化を試みる本格的立法論は未だ存在しない。日本の現行商法典においては，1861年ドイツ普通商法典と同じ折衷主義が今なお墨守されているが[72]，一般人にとって商法の体系は大変解りにくいものとなっており，主観主義の立場からの商法典の現代化が求められる[73]。民法とはすべての人を規範の名宛人とする一般法であるから，その特別法たる商法については，規範の名宛人の属性によって適用範囲を定めるというのが，最も理論的に明快な適用範囲の決め方である[74]。その際，商法の対象が企業であるという日本の通説の立場からすると，規範の名宛人が営業を営むか否かによって決するということが，首尾一貫した立場ではないかと思われる[75]。かかる日本の商法典の現代化に向けた議論に対しては，ドイツにおける企業法論の立場からの立法論があり，それがオーストリアで実現したという事実が，大きな示唆を与える。フェアゼは，今日EU私法においては，企業あるいは消費者という概念が一般私法とは異なる特別

---

71) 鴻・前掲注70) 104頁。

72) 西原寛一博士によると，日本の商法はドイツ普通商法典を母法とし，絶対的商行為を認め（商法501条），商行為の定め方につき折衷主義を採用する（西原・前掲注13) 124頁以下）。

73) 田邊光政教授は，「立法論としては，ドイツ新商法のように主観主義が優れている」と論じられる（田邊・前掲注70) 55頁）。服部榮三博士は，「資本主義が高度に発展し，さまざまな新しい営業が資本主義的方法で経営されている今日においては，個々的に商行為を列挙し，それを中心に商法を体系化する客観主義または商行為主義は，すでに時代的意義を失っているものと認められる」と論じられた（服部榮三『商法総則〔第3版〕』172頁（青林書院，1983年））。同旨，服部・前掲注8) 134頁。

74) Raisch, a. a. O. (Fn. 20), S. 21. 小町谷操三博士は，「立法論としては主観主義を最良とする。蓋し特定の行為が一般民法の原則と異つた取扱をうける必要があるのは，その行為が営利の目的をもって反復せられる場合だからである」と論じられる（小町谷操三『商法講義 巻二 商行為・保険』6頁（有斐閣，1945年））。

75) 関俊彦博士は，「商人概念の定めに関しては，形式的に商人的方法で営業を行う者を商人とする商人主義の方が妥当である」と論じられる（関俊彦『商法総論総則〔第2版〕』107頁以下（有斐閣，2006年））。

規制の適用の基礎として重要であるという見地から，ドイツおよびオーストリアにおける企業法論の立場を支持し，日本法が商法典を現代化する場合，古い商人概念をその基礎とするよりは企業ないし企業者を基礎とするべきであろうと論じる[76]。

しかし，日本法の商行為概念（商法501条以下）あるいはこれを規定する商人概念（商法503条参照）は，商事消滅時効（商法522条)[77]および商事法定利息（商法514条）の成否を決する基準でもあり，形式的かつ画一的な有無の判定が可能な概念である必要がある。日本の商法典の現代化によって，日本の商法が主観主義に移行するには，立法者が独自の学問的見地に従い商人あるいは企業の概念を定め，実務に対して服従を強いるのではなく，現行商法典の規制内容を最大限尊重し，その変更は絶対的商行為の廃止[78]等の必要最小限度に止めることで満足するべきであろう（商法典現代化に関する保守主義）。

2 営業類型の限定列挙か一般的営業概念の設定か

日本の商法典が，その現代化に際して，営業類型の限定列挙という方針を採るべきか，あるいは営業概念に関する一般的定義規定を置くべきか，という問題がある。ドイツおよびオーストリアにおける商法典の現代化が約1世紀に及ぶ旧法下での法実務と判例の蓄積によって可能になったという点は重要である。1998年改正前のドイツ商法および2005年改正前のオーストリア商法典においては，商人概念の基礎となる商業の類型を具体的に限定列挙する規定（「営業による商人」(Musskaufleute 同法1条)）が1世紀近く存在し，商人あるいは企業概念の基礎にある営業概念についての判例の見解が確立していた。日本も，1998年改正前のドイツ商法および2005年改正前のオーストリア商法典に倣い，営業概念の一般的定義による商人概念の設定という方法ではなく，その前段階としての商人概念の基礎となる営業類型の限定列挙という方法を採るべきか，あるいは2005年オーストリア企業法典に倣い，企業ないし営業の一般的定義規定を設けるべきかについて，将来の立法方針を定めなければならない。

この問題と関連して，商法502条および特別法による営業的商行為を例示的列挙

---

[76] マインツ大学法学部ディルク・フェアゼ（Dirk A. Verse）教授（当時オスナブルク大学法学部教授）の2009年2月9日の筆者との議論における見解。

[77] なお，現在，国会で審議されている民法改正に関連し，商事消滅時効の廃止が企図されている。

[78] 西原・前掲注16）商行為法64頁以下，田邊・前掲注70) 55頁以下，関・前掲注75) 117頁（有斐閣，2006年）。

と解する少数説がある。その代表的論者である小町谷操三博士は，営業的商行為につき，「立法者は，立法当時の社会状態を前提として，各種の行為を列挙したに過ぎない。然るに，商事現象は変遷極りないから，立法者が，企業の進化発展を予想することは不可能である。……社会生活の進歩に伴ひ，立法者の予想せざりし行為が，営利の目的を以て反復せられるやうになつた場合には，之を営業的商行為と解釈するのが，立法精神に合致し，取引の安全をも保護する所以である。通説の如く解することは，商法から全く其の弾力性を奪ふものであつて，私の賛成しえないところである[79]」と論じた。かかる少数説の指摘するように，日本の商法の通説的見解によると商法502条および特別法による営業的商行為は商法適用上の明確性の見地から限定列挙であると解されているが[80]，かかる限定列挙説により，時代の発展によって生ずる様々なサービス業が商法典の規制対象からはずれてしまっている[81]。右限定列挙説の欠点は，日本の商法が採用する折衷主義に起因すると認識され，商法の基本的立場の再検討が求められてきた[82]。

ブラウロックによると，1961年ドイツ普通商法典が折衷主義を採っていた理由は，ドイツ民法典が未だ成立していないという状況下で，唯一の私法典であったドイツ普通商法典の適用範囲を可能な限り拡げるためであった。その際，当時のフランス商法典が客観主義の立場を採り，当時のプロイセン商法典草案が主観主義の立場を採っていたことが考慮された。したがって，1961年ドイツ普通商法典によって折衷主義が選択されたのは，歴史上の偶然であった。ブラウロックによると，日本の商法典が絶対的商行為をなお認めているのは合理性が乏しいと言わざるを得ず，少なくとも絶対的商行為は廃止されるべきである。しかし，日本法が，1998年改正前ドイツ商法に倣い，商業を営む者を商人と定義した上で商業の類型を限定列挙するという方法を採ることも推奨できない。なぜなら，かかる限定列挙という方法では，商法を適用すべき新しい業種が生じた場合，商法が時代に適応できないからである。ブラウロックによると，日本法は，商法の観点から定義された営業概念あるいは企業概念から出発するべきである[83]とする。

---

79) 小町谷操三『商行為法（1）』22頁（日本評論社，1938年）。
80) 石井照久＝鴻常夫『商法総則 商法I』68頁（勁草書房，1982年）。
81) 西原・前掲注16) 65頁，関・前掲注75) 107頁，石井＝鴻・前掲80) 68頁。
82) 鴻・前掲注70) 90頁注（1）。平出慶道博士は，これを日本法が主観主義を採用しないことに伴うやむをえない結果であると論じる（平出慶道『商行為法』53頁（青林書院，1980年））。平出慶道博士は，前掲書の第2版においては，絶対的商行為を定める商法の規定は，その適用範囲を縮小するか，削除すべきであると説く（平出慶道『商行為法〔第2版〕』30頁（青林書院，1989年））。

小町谷博士およびブラウロックが指摘されるように，時代の変遷が生み出す様々な営業類型を商法典が予め限定列挙することは不可能なのであり，ここに営業概念を確定する必要性が生ずる。営業概念に関する判例の蓄積のない日本においては，将来的には，オーストリア企業法典の立法方法に従い，立法により営業に関する一般的定義規定を設け，営業を行う主体を商人ないし企業とする方向で立法を進めるべきではないか。その際，前述の商法典現代化に関する保守主義の立場から，新しい法典における商人あるいは企業概念の基礎となる営業概念については商法4条1項の「業とする」の解釈[84]を基に営利性，反復継続性および計画性を要求するべきであろう。

　従来，日本の通説においては，商法4条1項の「業とする」という要件を満たすためには，利益を得る目的が必要であると解されてきた[85]。しかし，日本においても，近年，ドイツの企業法論の影響下で，商人概念の基礎としての営利性が存するというためには，利益獲得意図は必要なく[86]，収支適合または費用充足を目標とすれば足りるとし[87]，営利性要件を広く解する説が有力に唱えられている。将来の日本の立法の方向としては，この傾向を推し進めて，ドイツの近時の有力学説およびオーストリアの立法に倣い，商人ないし企業の要件としての営利性が存するためには，利益獲得意図は必要なく，市場における対価活動がそのための必要十分要件であると言うべきであろう。

3　自由業者を商法の規定に服させる必要性

　日本の商法の伝統的な考え方によれば，医師，弁護士，建築家，画家，音楽家のような自由職業は，商人としての営業とは認められていない。石井照久博士は，国

---

83)　以上，フライブルク大学法学部ウベ・ブラウロック（Uwe Blaurock）教授の2009年2月17日の筆者との議論における発言。

84)　鴻・前掲注70）102頁以下，森本滋編『商法総則講義〔第3版〕』34頁以下（成文堂，2007年）〔洲崎博史〕，関・前掲注75）110頁，神崎克郎『商行為法Ⅰ』6頁（有斐閣，1973年），近藤光男『商法総則・商行為法〔第6版〕』19頁以下（有斐閣，2013年）。

85)　大隅健一郎『商法総則〔新版〕』91頁以下（有斐閣，1978年），田邊・前掲注70）39頁。

86)　田中誠二『全訂商法総則詳論』187頁（勁草書房，1976年），来住野究「法人の商人性」慶應義塾大学法学部編『(慶應義塾創立150年記念法学部論文集)慶應の法律学　商事法』82頁注1（慶應大学出版会，2008年）。

87)　森本編・前掲注84）35頁〔洲崎博史〕，近藤・前掲注84）19頁以下，青竹正一『改正商法総則・商行為法〔第3版〕』13頁（成文堂，2012年）。

家が，政策的に，自由業者の行為を，それを営む個人の主観的意図にかかわりなく，非営利的事業として，商法の適用から排除しているとみる[88]）。田中耕太郎博士は，「医師，書家，音楽家，弁護士等の職業は，假令其れが通常利益を得る目的をもって行はれるにしても，其の性質が学問的，芸術的なものであって，商業とは云はれ得ぬ[89]）」と論じる。大隅健一郎博士は，「医師・弁護士・画家・音楽家などの行為は，たとえ実際上は営利の目的をもって行われているにしても，営業とは認められない。……その業務の著しい個性的特徴のゆえにその歴史的発展と関連して，現在の一般取引の見解においてはこれを営業と認めないからである[90]）」と論じ，自由業者の商人性を否定する。

下級審判例も医師が商人であることを明確に否定する。那覇地判昭和3年9月1日法律新聞2940号15頁は，「元来医師ノ業務タルヤ専門的技術及学識ヲ要スル精神的労務ニシテ其薬品ヲ調合スルカ如キハ其医療方法ニスキス普通ノ観念ニオイテ之ヲ営業ト称スルヲ得サルモノトス左スレハ控訴人ニ対シテハ商法ノ適用スベカルハ論ヲ俟タ」ずと判示して，医師がなした消費貸借について商事時効を適用しなかった。なお，長野地判大正元年11月11日法律新聞836号28頁は，印紙税上の裁判例ではあるが「医業の如き専門の技芸又は学識を要する精神的労務を給付する業務及原始産業の如きは，之を営業と称せざるを以て通常の観念とす」と判示していた。

ドイツ法においては，伝統的には，自由業者は営業を営まないため商人ではないとする見解が通説であるが[91]），弁護士や公認会計士などの自由業者を商法の規定に服させるべき見解が近時有力に唱えられている。ドイツのマックプランク外国私法国際私法研究所所長のホルガー・フライシャーは，弁護士や公認会計士らなどの自由業者も商人としてドイツ商法の規定に服させるべきであると説く[92]）。フンボルト大学教授のハンス＝ペーター・シュヴィントフスキ[93]）もマインツ大学教授のディルク・フェアゼ[94]）も，フライシャーの見解を支持する。ただし，ミュンヘン

[88) 石井照久『商法総則 商法 I』15頁（勁草書房，1967年）。
[89) 田中耕太郎『改正商法総則概論』255頁（有斐閣，1933年）。
[90) 大隅健一郎『商法総則〔新版〕』92頁（有斐閣，1978年）。
[91) Hopt, in: Baumbach/Hopt, Handelsgesetzbuch, 36. Aufl., §1 Rdnr. 19.
[92) マックスプランク外国私法国際私法研究所所長のホルガー・フライシャー（Holger Fleischer）教授の2015年5月30日の発言。
[93) 筆者のメールでの照会に対するフンボルト大学法学部ハンス＝ペーター・シュヴィントフスキ（Hans-Peter Schwintowski）教授の2015年6月12日の回答。
[94) 筆者のメールでの照会に対するマインツ大学法学部のディルク・フェアゼ（Dirk

大学教授のマティアス・ハバーザックは、自由業者が商人として取り扱われるとすると、自由業者が合名会社や合資会社を設立できる結果となるとして、フライシャーの考えに慎重な立場を示す[95]。

日本における商法＝企業法説の代表的論者である西原寛一博士は、自由職業労務の商化につき次のように論じる。

「学術及び芸術の如きものまでも、企業家の現象と全然無関係でなくなっている。固より学術上及び芸術上の労作そのものは、商業の如く営利を予想すべきものではないけれど、ここにも資本家的経営方法が存することは、私立大病院・多数の弁護士を擁する法律事務所等においてこれを認めうるであろう。特に大都市においては、かようないわゆる自由職業の商化（Kommerzialisierung der freiberuflichen Arbeit）が、容易にみられるのである[96]」。

西原博士の考えを引き継ぎ解釈論上発展させた鴻常夫博士は、カール・ヴィーラントを引用しつつ自由職業的労務を対象とする企業が存在する可能性を認め、ペーター・ライシュを引用しつつ「商法規定の修正的適用をみるべき自由職業の企業的特色は、その独立性、継続性、サービスの公共性、活動範囲について外形的にはっきりと認められる組織（病院、事務所、工房のごとし）などのうちに、これを認めることができよう[97]」と論じる。服部榮三博士も、医師が原則的に商人ではないといいきれるか疑問であるとし、営業意思ないし企業意思の存在が客観的に認められる場合、医師も商人と認めうると説く[98]。

解釈論上の不明瞭性を排除し、商法＝企業法説を日本において立法上推し進める上でも、自由業者も市場における対価活動を行う限りにおいて、商人となりうることを条文上明確に規定すべきである。そして、商法典ないし企業法典の適用のある自由業種を例示列挙し、商法典ないし企業法典の規定の中で、いかなる規定が自由業者に適用となるのか、明確に規定すべきであろう。

A. Verse）教授の 2015 年 6 月 10 日の回答。
[95] 筆者のメールでの照会に対するミュンヘン大学法学部のマティアス・ハバーザック（Mathias Habersack）教授の 2015 年 6 月 9 日の回答。ハバーザックによると、2016 年のドイツ法律家会議経済法部会のテーマは人的会社法の改正であり、同部会においても、自由業者が人的商事会社を利用する可能性について論じられるであろうとする。
[96] 西原寛一『日本商法論 第 1 巻〔第 2 版〕』13 頁（日本評論社、1950 年）。
[97] 鴻常夫「自由職業と商法」鴻常夫＝北沢正啓編『体系商法辞典』28 頁（青林書院新社、1974 年）。
[98] 服部榮三『商法総則〔第 3 版〕』175 頁注 3（青林書院新社、1983 年）。

46　第 2 部　会社法の継受

第 2 章　ドイツ法における株主平等原則

I　はじめに

　日本の会社法学に対しドイツ法が影響を与えてきた領域として株主平等原則がある。日本において，株主平等原則は，これに関する明文の規定はなかったが，長年にわたり会社法上の原則として判例・学説上認められてきた。ドイツ法でも，株主平等原則は，半世紀以上にわたり株主の法関係を支配する最高の原理として判例法上認められてきた。また，日本の判例・通説上，株主平等原則の根拠は法の理念たる衡平（Billigkeit）に求められているが[1]，この理論構成は 19 世紀のドイツ法学が生み出したものであった。

　日本では，2005（平成 17）年の会社法制定により，株主平等原則につき，歴史上初めて明文の規定が置かれた（会社法 109 条）。日本では，近時のブルドックソース事件[2]を契機に，株主平等原則が企業買収の局面において持つ意味が問題となっているが，この原則を定める会社法 109 条が，いかなる意味を有し，いかなる機能を果たしうるのかについては，未だ十分には明らかにされていない[3]。ドイツにお

---

1)　最決平成 19 年 8 月 7 日判時 1983 号 56 頁，鈴木竹雄「株主平等の原則」同『商法研究 II 会社法 (1)』245 頁（有斐閣，1971 年）。
2)　最決平成 19 年 8 月 7 日判時 1983 号 56 頁。
3)　近時，2005（平成 17）年会社法における株主平等原則の意味および機能を解明することを目的とした優れた論文が多数発表されている。代表的なものとして，森本滋「会社法の下における株主平等原則」商事法務 1825 号 4 頁以下（2008 年），山下徹哉「株主平等原則の機能と判断構造の検討」私法 75 号 265 頁以下（2013 年），大杉謙一「新会社法における株主平等の原則——株主優待制度・買収防衛策・長期株式保有の奨励策などを題材に」新堂幸司＝山下友信編『会社法と商事法務』3 頁以下（商事法務，2008 年），吉本健一「ポイズンピルと株主平等原則」阪大法学 55 巻 3 = 4 号 73 頁以下（2005 年），村田敏一「会社法における株主平等原則（109 条 1 項）の意義と解釈」立命館法学 316 号 400 頁以下（2007 年），村田敏一「株主平等原則の謎——会社法 109 条 1 項の解釈論として」私法 74 号 280 頁以下（2012 年），村田敏一「会社法の解釈と法概念の統一性」立命館法学 357 = 358 号 292 頁以下（2015 年），木俣由美「株主平等の原則と株式平等の原則」『(森本滋先生還暦記念) 会社法の課題と展

いても,1979年以来,株主平等原則を定める明文の規定が設けられ(株式法53a条),現在,特に企業買収の局面を念頭に置いて株主平等原則の積極的活用が主張されている[4]。日本法とドイツ法は,株主平等原則に関し制定法を根拠とする新時代を迎え,その企業買収において持つ意味の解明が求められているという点において,学問上の課題を共有している[5]。

本章は,ドイツ法における株主平等原則の発展の過程を明らかにすることにより,日本の株主平等原則に対し示唆を得ることを目的とする。ドイツ法は株主平等原則に関し常に日本法をリードしてきた。ドイツ法は,初めにこの原則を判例法上の原理として認めた点においても,後にこの原則を立法化した点においても,日本法に対して先例を提供してきた。日本における株主平等原則の意味および機能を解明するにあたり,ドイツ法の経験は大いに示唆を与える。本章では,まずドイツ法上の株主平等原則の発展を概観し(Ⅱ),最後に日本法における株主平等原則の発展の可能性を探求する(Ⅲ)。

Ⅱ ドイツ法における株主平等原則の発展

ドイツ法において,株主平等の原則は,3つの段階を経て発展している。

第1期は,株主平等原則がドイツ法上の確立した原理として学説上認知され,1898年5月7日ライヒ裁判所判決によって判例法理として確立する時期である

望』55頁以下(商事法務,2009年),柳明昌「株主平等原則の現代的意義とその射程——わが国における議論の整理と分析(その1)」西南学院大学法学論集40巻3=4合併号217頁以下(2008年),末永敏和「株主平等の原則」森淳二朗=上村達男編『会社法における主要論点の評価』103頁以下(中央経済社,2006年),南保勝美「新会社法における株主平等原則の意義と機能」法律論叢79巻2=3合併号337頁以下(2007年),出口正義「会社法109条1項(株主平等の原則)の規定の趣旨とその適用範囲に関する一考察」出口正義=吉本健一=中島弘雅=田邊宏康編『(青竹正一先生古稀記念)企業法の現在』197頁以下(信山社,2014年)他。

4) Verse, Der Gleichbehandlungsgrundsatz im Recht der Kapitalgesellschaften, Tübingen 2006, S. 171 ff. 以下 „Verse, Gleichbehandlung" と引用する。Verse, Treuepflicht und Gleichbehandlungsgrundsatz, in: Bayer/Habersack (Hrsg.), Aktienrecht im Wandel, Band II: Grundsatzfragen des Aktienrechts, Tübingen 2007, S. 621 f. 以下 „Verse, Treuepflicht" と引用する。

5) Eiji Takahashi, Unternehmensübernahmen in deutschem und japanischem Kontext —Betrachtung von Eignerstrukturen, externer Corporate Governance und Unternehmensverständnis in Japan, in: Assmann/Isomura/Kansaku/Kitagawa/Nettesheim (Hrsg.), Markt und Staat in einer globalisierten Wirtschaft, Tübingen 2010, S. 67 ff.

(1794年から1937年)。第2期は,第二次大戦期以降しばらく立法化の動きはなかったものの,ヨーロッパ法を契機として,1979年にドイツ株式法において明文規定が設けられる時期である(1937年から1979年)。第3期は,株主平等原則違反に関わる事例で「正当な理由の理論(Die Lehre vom sachlichen Grund)」が説かれ,それに対する批判から,株主平等原則の活用が説かれる時期である(1979年から現在)。

以下においては,この時代区分に従い,ドイツ法における株主平等原則の発展を概観する。

1 判例法による株主平等原則の確立

(1) 学説および立法上の株主平等原則

団体法上の平等原則は教会法を起源とすると言われるが[6],その本格的な立法化は18世紀に遡る。すなわち,1794年のプロイセン一般ラント法は,コーポラチオーン(Corporation[7])における構成員の平等原則について,「構成員全員ではなく1人のあるいは一部の構成員に構成員の地位として帰属する組合上の権利は,当該構成員の意思に反して単なる多数決によって剥奪されもしくは制限されてはならない(プロイセン一般ラント法第2部第6章会社,コーポラチオーンおよび団体について68条)。構成員全員についてではなく,ある1人のあるいは少数の構成員につき,新しい負担ないし債務を課す場合,同様である(同法第2部第6章69条)」と規定していた[8]。この条項の中,第69条がプロイセン一般ラント法における構成員平等取扱の原則を明確に述べたものであると理解されている[9]。この規定により,単に不平等な負担を構成員に対して課すだけではなく,利益を不平等に分配することも許されないと解されていた。1875年のコッホ編の注釈『プロイセン一般ラント法』

---

6) Müller-Erzbach, Das private Recht der Mitgliedschaft als Prüfstein eines kausalen Rechtsgedankens, Weimar 1948, S. 74.

7) „Corporation" とは継続的な公共の利益のために国家が設立を許可した団体を指す(プロイセン一般ラント法第2部第6章25条)。„Corporation" の概念につき, Wieske, Über Corporationen nach römischen und deutschen Rechtsbegriffen, Leipzig 1847, S. 1 ff.;伊藤雄司「会社財産に生じた損害と株主の損害賠償請求権(1)——ドイツにおける反射損害の議論との対比において」法学協会雑誌123巻9号1778頁以下(2006年)。

8) II 6 §68 f. Allgemeines Landrecht für die Preussischen Staaten von 1794, in: Hattenhauser (Hrsg.), Textausgabe mit einer Einführung von Hans Hattenhauser, 3. Aufl., Neuwied 1996, S. 434.

9) Verse, Gleichbehandlung, S. 16.

は，プロイセン一般ラント法第2部第6章69条が，「構成員の権利に関する法律上の平等10)」を定めたものであり，多数決によっても奪うことのできない固有権（iura singulorum11)）の一内容であり，多数決によりある構成員が別の構成員と比べ，法律上認められている権利よりも多くの不利益を新たに課せられあるいは新たに利益を得る場合，この多数決に対して異論を唱えることができると論じた。1872年10月10日，ライヒ上級商業裁判所判決は，多数決の限界について規定するプロイセン一般ラント法第2部第6章68条および69条が，公的コーポラチオーンかあるいは私的コーポラチオーンかを問わずこれらに対し適用されることを明言した12)。

　このプロイセン一般ラント法を根拠として，19世紀において，構成員平等取扱の原則は，すべての団体に妥当する普遍的原則であると認められていた。

　ラーバントは，平等原則は自然の衡平（Billigkeit）および自明に基づくものであり，あまりにも当然であるため，従来明文規定が設けられなかったと論じた13)。すなわち，ラーバントは，多数決によっても奪うことのできない固有権について論究した1874年の論文「ドイツ帝国法上の固有権の概念」において，次のように論じた。まず，奪うことのできない固有権の本質につき，同氏は「奪うことのできない固有権の実際上の意義は，この権利が多数決によっても停止，排除されえないという点のみにある。したがって，奪うことのできない固有権は多数決が基準となっている団体において適用される14)」と論じた。ラーバントは，団体が多数決をもってある構成員に不利益を与えることができるのは，不利益を受ける当該構成員が承認した場合に限られるという原則がドイツ法には存在し，かかる原則が従来特に強調されなかったのは，あまりにも自明であったからであると論じた15)。ラーバントは，団体において構成員が同じ基準によってはからなければならないという原則があると論じたが，この適用上の平等原則とも言うべき原則は，多数決によっ

---

10) Koch (Hrsg.), Allgemeines Landrecht für die Preußischen Staaten, Dritter Band, Fünfte Ausgabe, Berlin 1875, S. 454, Fn. 95.

11) 特別権とも訳される。固有権論に関しては，田中耕太郎「固有権の理論に就て——社員権否認論（4）」法学協会雑誌46巻3号408頁以下（1928年），竹田省「株主の固有権を論ず」同『商法の理論と解釈』48頁以下（有斐閣，1959年）参照。

12) ROHG 8, 189 f.

13) Laband, Der Begriff der Sonderrechte nach Deutschem Reichsrecht, Annalen des deutschen Reichs 1874, Sp. 1487 ff.

14) Laband, Annalen des deutschen Reichs 1874, Sp. 1489.

15) Laband, Annalen des deutschen Reichs 1874, Sp. 1503.

ても奪うことのできない固有権とは別の表現を用いて論じられるべき問題であった。なぜなら，ラーバントによると，適用上の平等原則はすべての人間に適用される普遍的原則であるからであった。すなわち，ラーバントは，「個々の構成員には他のすべての構成員と同じ基準による請求権が存在するという場合には奪うことのできない固有権という表現は用いられない。なぜなら，これはすべての人間に妥当する原則であるからである[16)]」と論じた。その上で，ラーバントは，「多数派が少数派を直接的に侵奪する決議を下す権限を有しないことは疑う余地がない。かかる原則が法源および学説で明言されることがほとんどなかったのは，かかる原則がその内容からして『自然の衡平と自明（natürliche Billigkeit und Selbstständigkeit）』であるからであろう[17)]」と論じた。

　この最後の１節において平等原則の根拠を「自然の衡平と自明」に求めるラーバントの説は，フォン・ビューローの学説[18)]に影響を与え，田中耕太郎博士の学説[19)]を経て，日本の鈴木竹雄博士により継受され[20)]，今日の日本法における株主平等原則の根拠に関する判例・通説の立場に多大な影響を与えた。

　以上のように，ラーバントは，平等原則を奪うことのできない固有権よりも普遍的な内容を持つものとして理解し，奪うことのできない固有権と平等原則に，多数派社員による多数決の濫用から少数派社員の利益を保護する機能を与えていた。

　ラーバントと同時代人であったオットー・フォン・ギールケは，その代表的著作である 1873 年の『ドイツ団体法論』において，平等原則とは表現しなかったが，「団体構成員は，その承認なしに，団体の行為により，他の構成員またはその階級の他の構成員よりも不利に取り扱われてはならず，判決と法による法的事例の場合を除いて，その受益を奪われてはならならないことにつき，個々の構成員は確立した個人権を有した[21)]」と論じた。また，オットー・フォン・ギールケは，1887 年

---

16) Laband, Annalen des deutschen Reichs 1874, Sp. 1503.
17) Laband, Annalen des deutschen Reichs 1874, Sp. 1503 f.
18) フォン・ビューローは，民法上の社団を念頭に置いて，平等な取扱を求める権利はドイツ民法典に規定されていないが衡平の原則（Grundsatz der Billigkeit）から社員の奪うことのできない権利であると論じた（von Bülow, Das Vereinsrecht des Bürgerlichen Gesetzbuches, Berlin 1902, S. 59）。
19) 田中・前掲注 11) 434 頁。
20) 鈴木・前掲注 1) 245 頁。
21) Otto Gierke, Das deutsche Genossenschaftsrecht, Zweiter Band, Geschichte des deutschen Körperschaftsbegriffs, Berlin 1873 (Nachdruck: Graz 1954), S. 231. 本書の第１巻については，庄子良男博士の邦訳がある（オットー・フォン・ギールケ（庄子良男訳）『ドイツ団体法論 第１巻 第１〜４分冊』（信山社，2014〜2015 年））。

の『団体理論とドイツの判例』においては，より明快に「株式会社においても，すべての協同組合において見られるように構成員を他の構成員と平等に取り扱う特別権が認められなければならない[22]」とし，「配当の分配は株主総会の自由な裁量に委ねられてはいるが，株主総会は不平等な配分を決議しえない。……同様にそれ自体は許される仕方で議決権行使の条件を変更して，個々の株主を他の株主よりも優越的に取り扱いまたは不利益に取り扱うことも不可能である[23]」と論じた。

　オットー・フォン・ギールケにあっては，団体における平等原則はドイツ法上確立した個人権であったのであり，その中でも株主平等原則は具体的な内容を持つ確立した法理であった。

　このように平等原則は，自明の理と認められたため，19世紀後半における株式法および有限会社法の立法化においても，この原則に関する規定が設けられることはなかった。1884年ドイツ普通商法典215条2項改正条項は「定款が決議の対象としての定款規定の変更に関し特別の要求を課す規定を設けていない場合，定款変更決議は総会を代表する資本金の4分の3の多数によってなされなければならない[24]」と規定して，特別決議によって定款変更ができることを明文で定めた。しかし，1884年改正においては，ドイツ普通商法典上株主平等原則に関し明文の規定を設けることにより，株式会社の多数派株主が定款変更により少数派株主の利益を害する場合につきこれを禁止するべきかについては，全く議論が行われなかった。

　1892年ドイツ有限会社法は，「定款変更は社員決議によってのみ行うことができる」と規定した（1892年ドイツ有限会社法54条）。この規定を前提として，一部の社員に不利益を課すことも多数決によって可能かということが争われたが[25]，1892年のドイツ有限会社法の公式理由書は，「定款に基づく社員関係が一部の社員にとって不利益に変更しえないことは，法律上特別の規定が存在しなくとも自明である……すべての社員に対し平等に社員権を縮小させるのでないことを内容とする定款変更は，いかなる社員も行うことができないことは原則として堅持されなければならない[26]」とした。

---

22) Otto Gierke, Die Genossenschaftstheorie und die deutsche Rechtsprechung, Berlin 1887, S. 258.

23) Otto Gierke, a. a. O. (Fn. 22), S. 259 Fn. 1.

24) 1884年株式法改正によるドイツ普通商法典215条2項。Schubert/Schmiedel/Krampe (Hrsg.), Quellen zum Handelsgesetzbuch von 1897, Band 1 Gesetze und Entwürfe, Frankfurt a. M. 1986, S. 162

25) Wieland, Handelsrecht, Zweiter Band: Die Kapitalgesellschaften, München 1931, S. 193.

19世紀末のドイツ資本会社法において社員平等原則は当然であり，規定の必要がないとの態度が終始一貫して採られていたのである。

(2) ライヒ裁判所判例における平等原則の確立

団体における平等原則について言及した最初の裁判例は，協同組合に関する1896年10月23日ライヒ裁判所判決[27]であった。本件では有限責任の登記された協同組合であるシュテッティン新酪農協同組合（Die Neue Molkereigenossenschaft zu St.）の総会決議の取消の可否が争点となった。この協同組合において組合員は，大量の牛乳については鉄道あるいは水路で，少量の牛乳は車で運び込むようになっていたが，当該協同組合の1895年4月3日の総会決議は，15対3で，①運ばれた牛乳は1割が差し引かれ，②牛乳は夏には午前6時半まで，冬には午前7時までに運び込まれなければならず，③時間内に車により運び込まれた場合には牛乳1キロ当たり4分の1ペニヒが支払われるが，上記の時刻に遅れた場合罰金として3マルクが科される，と決議した。原告は，議事に反対しそれを議事録に留め，本決議が1889年5月1日の営業および経済協同組合に関する法律第49条に違反するとして総会決議の取消の訴えを提起した。

第1審のグライフスヴァルト地裁は，原告の訴えを斥けた。第2審のシュテッティン上級地方裁判所は判決の変更を認めた。被告協同組合は上告し，最終審のライヒ裁判所は，被告協同組合の決議につき営業および経済協同組合に関する法律第49条違反がないとする会社の主張を斥けた。すなわち，ライヒ裁判所は，「法律によると，個々の組合員の協同組合に対する法的地位は，定款に別段のこれと異なる定めがない限り，原則として平等である。かかる平等性は，時間どおりに供給しなかった一部の組合員に決議によって罰金が科される場合に侵害される。組合員は罰金で威嚇されており，時間内に供給すれば利益があるが，かかる状況は罰金の威嚇により生じた組合員の協同組合に対する不平等な地位をなくすことはできない。……したがって決議は法律に反し無効である[28]」と判示した。上記判示は，ライヒ裁判所が歴史上初めて団体法上の平等原則に言及した例とされる。

後に団体法上の平等原則は，株式会社における株主と会社との関係においても認められるようになった。歴史上最初にライヒ裁判所が株主平等原則を適用した判例

---

26) Begründung zu § 54 GmbHG, Stenographishe Berichte über die Verhandlung des Reichstages, VIII. Legislaturperiode, 1. Session 1890/1892, Nr. 660, S. 3753, bei: Verse, Gleichbehandlung, S. 17.

27) RGZ 38, 14.

28) RGZ 38, 16.

は，1882年2月19日ライヒ裁判所判決[29]であった。上記判決は，株主平等原則自体について直接言及することはなかったが，判決理由において，この決議が「他の株主に対して一部の株主を許されない仕方で有利に取り扱う結果になる[30]」から株主総会の決議は取り消されるべきであると判示した。

株主平等原則を正面から認めた判決が，1898年5月7日ライヒ裁判所判決[31]であった。事案は，ある株式会社の株主総会が，監査役会の発議により，その会社の優先株主に対し追加融資義務を定め，追加融資義務を果たさなかった優先株主は，その優先株につき優先権を失うばかりでなく，優先株3株につき普通株1株の割合で普通株に転換されるという内容の決議を4分の3を超える多数で行ったことに対して，優先株主であった者が，総会決議の無効確認の訴を提起したというものであった。ライヒ裁判所は，「本決議が株主の平等取扱の原則（Grundsatz der Gleichbehandlung aller Aktionäre）に違反する[32]」と判示した。この判示は，ライヒ裁判所が歴史上初めて株主平等原則を正面から認めたものであった。

その4年後の1902年10月15日，ライヒ裁判所[33]は，すべての株主を平等に取り扱う原則につき「株主の法関係を支配する……最上位の原則[34]」と表現した。かくして，株主平等原則は，会社法上の原則として確立した。

以上の判例の発展を契機に学説は株主平等取扱の原則を一般会社法の法理として認めるに至る。1863年のルノーの株式会社法の体系書[35]および1898年のカール・レーマンの株式会社法の体系書[36]には，未だ株主平等の原則について論じる章はなかったが，1931年のヴィーラントの体系書『商法論 第2巻』は，「平等権の原則」という節を設けて，「多数決により社員権を取消し変更しあるいは資本参加の状態に変更がないのにもかかわらず縮小する場合，これはすべての社員に平等になされる[37]」という意味の平等原則が株式会社には認められると論じ，会社は恣意に一定の株主を有利に取り扱ってはならず，また，総会の多数決によって優先株式

---

29) RGZ 3, 123.
30) RGZ 3, 136.
31) RGZ 41, 97.
32) RGZ 41, 99.
33) RGZ 52, 287.
34) RGZ 52, 293 f.
35) Renaud, Das Recht der Actiengesellschaften, 1. Aufl., Leipzig 1863.
36) Karl Lehmann, Das Recht der Aktiengesellschaften, Band 1, Berlin 1898; Karl Lehmann, Das Recht der Aktiengesellschaften, Band 2, Berlin 1904.
37) Wieland, Handelsrecht, Zweiter Band: Die Kapitalgesellschaften, S. 198.

の保有者を他の株主より厳しく取り扱う措置が執られる場合には平等取扱の原則に違反するなどと論じた[38]。

20世紀の初頭,ドイツ法は,有限会社に対して社員の平等取扱の原則を認めた。すなわち,1908年4月4日ライヒ裁判所判決[39]は,「一般的社員権がすべての社員につき平等に縮小されるのでない場合,かかる定款変更を社員は甘受する必要はない」と判示した。これはライヒ裁判所が有限会社につき社員の平等原則を認めた判決であると位置づけられている[40]。ただし,この判決においても,またその後の判例[41]においても,ライヒ裁判所は,社員の平等取扱の原則が有限会社法上存在するとは明言せず,個々の問題につき社員を会社が平等に取り扱う必要性が認められると述べるに過ぎない[42]。

しかし,学説は平等取扱原則が有限会社にも妥当すると主張した。ファイネは,1929年,有限会社法に関する歴史上最初の本格的体系書において,「社員の平等取扱の原則」という節を設け,「社員が定款の規定により特別権(=優先権)を持つあるいは特別の義務に服する場合を除いて,有限会社と社員との関係においてはすべての構成員を平等に取り扱う原則が支配する[43]」として,かかる平等原則は主として多数決から社員を保護する機能を有し,多数決により一定の社員を不平等に取り扱う場合,不平等取扱を受ける社員からの同意を得ない場合,かかる決議は当該社員に対しては拘束力を持たないと論じた[44]。ショルツも,1928年,有限会社法に関するドイツ法史上最初の本格的注釈書において,ライヒ裁判所判決を引用しつつ,「一般的考えによると構成員平等取扱原則は有限会社に対しても妥当する[45]」と論じた。本章で後に論じるように,戦後の判例・通説は,かかるファイネおよびショルツの説に従い,社員の平等取扱の原則を有限会社に対しても明確に認めるに至る(本章Ⅱ3(1)参照)。

---

38) Wieland, Handelsrecht, Zweiter Band: Die Kapitalgesellschaften, S. 201 f.
39) RGZ 68, 210.
40) Verse, Gleichbehandlung, S. 19; Verse, Treuepflicht, S. 584.
41) RGZ 80, 90.
42) 戦後の連邦通常裁判所の判決は,会社法上の構成員平等取扱の原則が,有限会社にも当然適用されると判示している(BGHZ 116, 373)。
43) Feine, Die Gesellschaft mit beschränkter Haftung, Leipzig 1929, S. 274.
44) Feine, a. a. O. (Fn. 43), S. 276.
45) Scholz, Kommentar zum GmbH-Gesetz in seiner neuesten Fassung, Köln 1928, S. 169.

(3) 平等原則が機能しなかった理由と背景

　ライヒ裁判所判例において，平等原則は，少数派社員保護の手段としては重要な機能を果たさなかった。ライヒ裁判所が株主平等原則違反を認めた事例は4件に過ぎない[46]。ライヒ裁判所下で株主平等原則が少数派株主の保護機能を果たさなかった理由は，第1に，ライヒ裁判所が平等原則を形式的平等，すなわち一定の基準に基づく形式的平等取扱のみに限定して理解していたからであった。今日ドイツ法[47]およびヨーロッパ労働法において見られる実質的不平等取扱の事例に平等原則が拡張して適用されるという現象は[48]，20世紀前半においては知られていなかった。

　ライヒ裁判所が平等原則を形式的に捉えた代表例とされる事例は，有限会社の社員総会決議により，少数社員による有限会社定款変更の総会招集の最低持分数を，10パーセントから20パーセントに引き上げた事例であり，この決議は12.5パーセントの持分を保有する少数派社員の反対の下，断行された。1908年4月4日ライヒ裁判所判決は，この事例についても，社員の平等原則違反の存在を否定した。その理由は，当該決議が，その内容からして，特段の事由を考慮したもので，個々の社員を不平等に取り扱うものではない，というものであった[49]。ライヒ裁判所

---

46) 株主平等原則違反を認めたライヒ裁判所判決は，RGZ 41, 97 (99); 52, 287 (293 f.); 80, 81 (85); 112, 14 (18 f.) の4件である。

47) ドイツでは，2006年8月18日，雇用および職業ならびに民法上の取引の一部における差別禁止に係る一般平等取扱法（Allgemeines Gleichbehandlungsgesetz）が施行されているが，その禁止は間接差別まで及ぶ（いわゆる間接的不利益賦与（mittelbare Benachteiligung)，同法3条)。一般平等取扱法における間接差別につき，Schrader/Schubert, in: Däuber/Bertzbach (Hrsg.), Allgemeines Gleichbehandlungsgesetz, Handkommentar, 1. Aufl., Baden-Baden 2007, § 3 Rdnr. 40 ff.; Gregor Thüring, Arbeitsrechtlicher Diskriminierungsschutz, München 2007, S. 103 ff. ドイツ労働法上の雇用平等法制の概観として，根本到「雇用における差別禁止と平等規制の国際的状況」連合総合生活開発研究所『雇用における公正・公平――「雇用における公平・公正に関する研究委員会」報告』69頁以下（コンポーズ・ユニ，2008年）参照。

48) Verse, Gleichbehandlung, S. 24 f. 男女間の間接差別禁止がドイツおよびヨーロッパの労働法において判例上確立する際しては，1971年の合衆国最高裁の判決が大きな影響を与えた。この点につき，Wisskirchen, Mittelbare Diskriminierung von Frauen im Erwerbsleben, Berlin 1994, S. 29 ff. また，間接差別禁止に関する欧米の立法状況に関して，浅倉むつ子「労働法とジェンダー――「女性中心アプローチ」の試み」日本労働法学会編『講座21世紀の労働法学 第6巻 労働者の人格と平等』48頁注26（有斐閣，2000年）参照。なお，間接差別の概念については，西原博史『平等取扱の権利』141頁以下（成文堂，2003年）参照。

は，以上のように平等原則を形式的意味に限定して解釈する根拠については判示しなかった。

　また，1912年11月12日ライヒ裁判所判決[50]は，有限会社定款を変更して，競争会社を経営する社員については，社員総会へ参加することができないと定めた事案につき，本件では，定款変更により総会への参加が不可能になる社員は1人しかいなかったにもかかわらず，かかる社員に対する平等原則違反を認めなかった。

　さらに，ライヒ裁判所は，第三者に対する新株発行についても，①すべての既存の株主につき新株引受権が排除されている，②新株を割り当てられる第三者は新株発行前には未だ「株主」でないため，この者を有利に取り扱ったとしても株主の平等原則違反の問題は生じない，という形式的理由で株主平等原則違反を否定する[51]。すなわち，1927年9月20日ライヒ裁判所判決[52]は，ガス会社たる株式会社が総会決議により新株引受権を排除し一定の大株主に新株を発行した事案に関し，「総会は新株引受権を一定の種類の株主それどころか個々の株主に対してのみ認め，かつ法律上の新株引受権を奪いまたは制限して第三者に与えることができる。これは株主平等原則に違反しない。なぜなら，新株は法律上の新株引受権を奪い制限した上で第三者に発行できるのであり，この場合新株は第三者としての株主に対して発行されているからである[53]」と判示した。

　さらに，1928年10月23日ライヒ裁判所判決[54]は，多数派社員に経済的利益を与えようとの意図の下に行われた疑いのある有限会社の増資の社員総会決議につき，「新しい持分の引受権の排除は，従来の2名の社員に対して形式的には平等に行われている。決議が鉱石取引会社の主要株主であるLに経済的な特別の利益を間接的にもたらそうとしていたことは，それ自体決議の有効性に疑問を投げかけるものではない[55]」と判示し，平等原則は形式的に解されるべきであり，決議の実質が多数派を利する反面少数派を害する場合であっても，それ自体が平等原則に違反するものではない，という立場を明確にした。この判決により資本会社の平等原則が，少数派社員保護のための実質的平等原理と訣別され，形式的意味に解されるようになったと言われている[56]。

---

49) RGZ 68, 213.
50) RGZ 80, 385.
51) RGZ 118, 71.
52) RGZ 118, 67.
53) RGZ 118, 71.
54) RGZ 122, 159.
55) RGZ 122, 163.

ライヒ裁判所判例において，株主平等原則が少数派株主保護の機能を十分に果たさなかった理由の第2は，当時において，良俗違反（ドイツ民法138条，826条）が，少数派株主の保護のための援用規範として，頻繁に用いられたからであった[57]。戦前のドイツの判例・学説においては，平等原則違反は，民法上の一般条項たる良俗違反の陰に隠れた存在であった。

株主平等原則についてその違反が生じる場合をできるだけ少なくしようとする裁判所の消極的態度の背景としては，第二次世界大戦前のドイツにあって，団体の自治（Verbandsautonomie）および多数決原理が重視され，少数派株主の保護の理念は，それを前に後退を強いられていたという点も挙げられる[58]。かかる時代状況下においてライヒ裁判所は，平等原則を形式的平等の要請であると理解し，これを民法上の良俗違反の補助原理として位置づけ，内容的審査が必要不可欠な著しい形式的平等違反が存在する場合に限定して，総会決議に対する事後的内容審査を行った[59]。かかる平等原則の形式的理解により総会決議が平等原則違反とされる例は少なくなるが，これとのバランスをとるため，ライヒ裁判所は，少数派利益の犠牲の下故意に自己の利益を追求する場合，決議は良俗違反（ドイツ民法138条，826条）であり効力を失うという解釈を採用した[60]。

2 株式法上の立法化

(1) 1937年および1965年の株式法制定時の状況

1937年にドイツにおいて株式法が成立したが[61]，当時株主平等原則は既に判例法理として確立していたため，株主平等原則自体を法定化しようという機運は現れなかった。1937年株式法の立案担当者は，良俗違反の総会決議につき，明確な条文上の根拠を与えることを欲した。すなわち，1937年株式法197条2項（現行株式法243条2項）は，「取消は，株主が議決権行使により，自己または第三者のため

---

56) Verse, Gleichbehandlung, S. 21.
57) 龍田節「資本多数決の濫用とドイツ法（3・完）」法学論叢69巻1号29頁以下（1961年），神田秀樹「資本多数決と株主間の利害調整（2）」法学協会雑誌98巻8号1098頁（1981年）。
58) Wiedemann, Gesellschaftsrecht I, München 1980, S. 408 f.
59) Verse, Gleichbehandlung, S. 24.
60) Verse, Gleichbehandlung, S. 25.
61) 1937年株式法の成立の背景につき，神戸大学外国法研究会編『獨逸商法〔Ⅲ〕〔復刻版〕』6頁以下（有斐閣，1991年），大隅健一郎『新版株式会社法変遷論』94頁以下（有斐閣，1987年）。

故意に会社または株主の損害において会社と関係なき特別利益の取得を企図し，かつ決議がこの目的を助成するに適するものなることを理由として，またこれをなすことができる」と規定した[62]。1937年株式法立法者は，本条項の制定過程において，本条項と株主平等原則との関係について言及しなかったが，立法後，本条項の新設に関わらず，株主平等原則は従前と変わりなく妥当すると学説上認められた[63]。1948年のミュラー＝エルツバッハによる名著『因果的法思考の試金石としての社員権の私法』は，「社員の強制的状態に対する保護のための相当な平等取扱の要請」という節を設けて，「すべての社員が社員権を保持し行使するに際し客観的に平等な可能性が与えられている場合，社員権および社員としての権利は相当の平等取扱の保護を享受する[64]」という議論を展開した。また，1956年のバウムバッハとフックの注釈書は，「すべての会社と同じように株式会社には平等取扱の原則が妥当する。すべての株主は同じ前提の基では他のすべての株主と同じように取り扱われることを要求することができる[65]」と論じた。

戦後最大の株式法改正であった1965年株式法制定時においても，株主平等原則の立法化の機運は高まらなかった。その理由は，ライヒ裁判所判例により株主平等原則の資本会社への適用は，疑問の余地なく認められると考えられていたことにあった。

1960年10月6日のミニマックスⅡ判決[66]は，新株引受権を排除した上での増資の事案であったが，連邦通常裁判所はライヒ裁判所判例の立場を受け継ぎ，株主平等原則が株式会社に適用されることを明確に示し，この原則を疑う余地のないものとした。すなわち，連邦通常裁判所は，判決理由の中で，「取締役は，通常の増資において新株を発行するよう委任されている場合あるいは増資の授権権限を行使する場合，株主を平等に取り扱うよう義務づけられる……株主に対する不平等取扱は，これが事の性質上正当化されかつ恣意の性格を持たない場合許される[67]」と

---

62) 1937年株式法の邦語訳として，大隅＝八木＝大森・前掲注61) 参照。

63) Vgl. Gessler, Zur Anfechtung wegen Strebens nach Sondervorteilen (§243 Abs. 2 AktG), FS Barz, Berlin 1974, S. 102; Flume, Allgemeiner Teil des Bürgerlichen Rechts, Erster Band, Zweiter Teil Die juristische Person, Berlin 1983, S. 213; Karsten Schmidt, in: Hopt/Wiedemann (Hrsg.), AktG: Großkommentar, 4. Aufl., Berlin 2004, §243 Rdnr. 51.

64) Müller-Erzbach, a. a. O (Fn. 6), S. 75.

65) Baumbach/Hueck, Aktiengesetz, 9. Aufl., München 1956, §11 Anm. 1.

66) BGHZ 33, 175. 本判決につき，福島洋尚「損害回避のための自己株式取得——ドイツ株式法を中心として」一橋論叢109巻1号133頁（1993年）参照。

判示した。

　1965年株式法においては，立法者が株主平等の原則に言及し，この原則が立法者により認められていることを示す条文がある。1965年株式法は，総会以外の場で与えられた情報については，株主が求める場合，次の株主総会で他のすべての株主にも知らせるべきであると定めた。すなわち，1965年株式法131条4項1文は，「株主に対しその株主としての資格によって株主総会以外において解説を与えたときは，取締役は，その解説が議事日程の目的事項の適切な判断のため必要でない場合においても，他の各株主に対して，その請求により，株主総会において解説を与えなければならない[68]」と定めた。この規定の趣旨につき，株式法政府草案理由書（1960年）は，「取締役は，その解説が議事日程の目的事項の適切な判断のため必要でない場合，あるいは会社に対して重大な不利益を与えるような場合においても，解説を与えなければならないが，これは全株主の平等取扱の原則（Grundsatz der Gleichbehandlung aller Aktionäre）が求めるものである[69]」と述べた。この説明は，1965年株式法の立法者が株主平等原則を当然の前提として草案を起草したことを示していた。

(2)　1979年株式法改正

　株式法立法者は，株主平等原則が判例法上確立しているため，これに関する法律上の規定は必要ないと考えていた。したがって，株式法上，株主平等原則が定められるためには，外部からの契機が必要であった。その契機を与えたのが，ヨーロッパ法であった。

　1976年の第2指令は，「この指令の適用領域において，加盟国の法規定は，株主の平等取扱につき同じ状態になるように確保しなければならない[70]」と定めた（1976年第2指令42条）。これを契機として，1979年7月1日に株式法53a条が設

---

67)　BGHZ 33, 186.

68)　1965年株式法の邦訳として，早川勝「1965年ドイツ株式法の改正と展開」同志社法学63巻6号200頁以下（2012年），八木弘＝河本一郎＝正亀慶介「ドイツ株式法邦訳（3）」神戸法学雑誌16巻3号684頁以下（1966年）参照。

69)　Kropff, Textausgabe des Aktiengesetzes, Düsseldorf 1965, S. 187.1960年政府草案および理由書の邦訳として，慶應義塾大学商法研究会訳『西ドイツ株式法草案および理由書（1960年）』250頁以下（慶應義塾大学法学研究会，1966年）参照。

70)　1976年第2指令の条文は，Lutter, Europäisches Unternehmensrecht, 4. Aufl., Berlin 1996, S. 114 ff.; Hopt/Wymeersch (Edit.), EUROPEAN COMPANY AND FINANCIAL LAW: TEXTS AND LEADING CASES, THIRD EDITION, 284-302 (Oxford University Press, 2004).

けられ,「株主は,同一の条件の下においては,同一に取り扱われなければならない」と定められた。

当初第2指令では,株主平等原則は,フランス法にならって,自己株式取得と特別の資本減少の場合についてのみ認めようとしていたようであるが[71],第2指令の最終草案においては,株主平等の原則は,第2指令の全適用領域にまで広げられた。その理由は,株主保護の最低限の水準をヨーロッパレベルで確保したいという点にあったようである[72]。

1979年株式法改正においても,株主平等原則は,株式法上の一般原則として定められた[73]。すなわち,株主平等の原則は,資本充実・維持,資本上の行為および自己株式取得のみに限られず,株式法全体に及ぶとされた。

株式法53a条の政府草案理由書は,株主平等原則につき,1976年第2指令の枠を超えて一般会社法上の原則として定めた理由の詳細については言及していないが,規定の趣旨につき,次のように述べた。

「第2指令42条は『同じ状態にある』株主の平等取扱の原則を確定したものである。かかる原則はドイツ法において数多くの最高裁判決によって認められてきた。第2指令の規定はかかる判例および基本法3条の恣意禁止[74]に関する連邦憲法裁判所判例に基づく。株式法の文言を第2指令に適合させるために,株式法第3部の最初の条項として明確に定立することを提案する。この新しい規定の導入により現行法の内容を変更することは意図していない[75]」。

なお,2006年,第2指令は改定され,その19条において,「同じ状態にあるすべての株主の平等取扱原則に反しない限りにおいて」,加盟国が会社に対して自己株式の取得を認めることができると定められた[76]。しかし,既に1976年第2指令

---

71) Verse, Gleichbehandlung, S. 28.
72) 1976年第2指令は,本指令導入の理由につき「株式会社の設立,維持および資本の増減に関し個々の加盟国の規定を調整することは,株主と債権者の保護の同質性に関し最低基準を確保するために重要である」と述べる (Lutter, Europäisches Unternehmensrecht, 4. Aufl., S. 114)。
73) 以上の点につき,森本滋『EC会社法の形成と展開』114頁(商事法務研究会,1984年)参照。
74) 基本法3条はいわゆる法律の前の平等を定めた規定であり,何人も,性別等により差別されまたは優遇されてならないと規定する(同条3項)。基本法の邦訳として,阿部照哉=畑博行編『世界の憲法集〔第4版〕』281頁以下(有信堂高文社,2009年)参照。
75) BT-Drucks. 8/1678, S. 13.
76) Richtlinie 2006/68 EG des Europäischen Parlaments und des Rates vom 6. 9. 2004,

42条において，株主平等原則が会社法の全領域を対象として設けられている以上，2006年改定第2指令19条によって，新たに平等原則に関し立法する義務が加盟国に生じることはないと考えられている[77]。

3 株主平等に関する戦後の判例と学説

(1) 株主平等に関連した戦後の判例

株主平等原則に制定法上の表現を与えることに対しては，平等原則の制定過程および制定直後には疑問も提起された[78]。ヘファーは，株主平等原則が従来から判例・学説上認められており，新法はこれに変更を加える意図を有しないのであるから，明文の規定は不必要であると論じた[79]。ルッターも同様の理由から明文の規定は不必要であると論じた[80]。しかし，現在では，制定法上の表現を与えることが，平等原則の正当性，透明性および法的安定性を高めると肯定的に評価されている[81]。

その中で平等原則の将来における在り方について大きな意味を有する判決が出されている。

1977年，平等原則の意味を従来の形式的意味での平等に限定して理解する立場を脱して，実質的意味での平等に拡げたと解される判決が登場した。すなわち，マンネスマン事件[82]においては，事後的な定款変更により最高議決権制度を導入したことが株主平等原則に違反するか否かが争われた。1975年3月24日，マンネスマン株式会社の株主総会では，436万3063票の賛成，50万2686票の反対，26万8792票の棄権で，5パーセントを超える持分を有する株主の議決権を一律5パーセ

Abl. L 264 vom 25. 9. 2006, S. 34.

77) Verse, Treuepflicht, S. 590.
78) 1980年代においても，株式法53a条は不必要な誤った規定であるとの意見は非常に少数ながら見られる。Fritsche, Rezension, WM 1984, 859.
79) Hüffer, Harmonisierung des aktienrechtlichen Kapitalschutzes, NJW 1979, 1068.
80) Lutter, Zur Europäisierung des deutschen Aktienrechts, FS Ferid, München 1978, S. 606.
81) Fleischer, in: Karsten Schmidt/Marcus Lutter (Hrsg.), Aktiengesetz, Kommentar, 1. Band, 3. Aufl., Köln 2015, § 53a Rdnr. 1; Henze/Notz, in: Hopt/Wiedemann (Hrsg.), AktG: Großkommentar, 4. Aufl., § 53a Rdnr. 5 f.; Bungeroth, in: Kropff/Semler (Hrsg.), Münchner Kommentar zum Aktiengesetz, Band 2, 2. Aufl., München 2003, § 53a Rdnr. 2.
82) BGHZ 70, 117. マンネスマン事件の詳細につき，山下徹哉「株主平等原則の機能と判断構造の検討（3）」法学論叢172巻1号9頁（2012年）。

ントに制限する旨の定款変更が可決されたが，同社の株主は右決議の無効確認の訴を提起した。一定の割合の議決権を持つとその行使しうる議決権の最高限度が設定される制度は，すべての株主に同じように適用されるため，ライヒ裁判所判例以来の形式的平等の法理からすると，裁判所は，形式的に平等原則に違反しないと判示すれば足りた。しかし，連邦通常裁判所は，最高議決権制度の導入は，実質的に考えて正当性および必要性があるという理由から平等原則に反しないと判示した。すなわち，1977年12月19日連邦通常裁判所判決は，増資の局面での議決権行使に関しても株主平等原則は適用されるとし，「十分な数の多数派株主が企業全体の利益から必要であると判断し，立法者がこれによって追求される目的を保護に値すると認め恣意が排除されている場合，1人の株主につき社員権への侵害が他の株主よりもその株主に不平等に不利益を与えても，その不利益を受ける株主はそれを甘受しなければならない[83]」と判示した。この一般論を前提に，連邦通常裁判所は，当該最高議決権制度は，①株式法の文言と体系に反するものでなく，②大株主の議決権を完全に奪うものではなく本制度により議決権を制限される株主もその導入に際しては決議に参加する機会が与えられているため，適切な利益較量の見地からも正当化され，③企業買収防衛のためにも必要であると判示し，総会決議を適法とした[84]。本判決は，形式的平等が保たれているという理由から最高議決権制度の導入を適法と判断したのではなく，最高議決権制度の必要性と最高議決権制度により議決権を制限される株主の利益が適切に保護されているかという見地から平等違反はないと判断した[85]。

学説は，本判決を契機に，判例上株主平等原則には形式的平等とともに実質的平等の意味も含まれるに至ったと理解する[86]。実質的平等違反の措置とは，形式的にはすべての株主に平等に適用されるが，その基準を適用すると株主の社員権に異

---

83) BGHZ 70, 121.
84) BGHZ 70, 121 ff.
85) Verse, Gleichbehandlung, S. 33.
86) Koch, in: Hüffer, Aktiengesetz, 11. Aufl., München 2014, §53a Rn. 9 mwN.; Fleischer, in: Karsten Schmidt/Marcus Lutter (Hrsg.), Aktiengesetz, Kommentar, 1. Band, 3. Aufl., §53a Rdnr. 29; Cahn/v. Spannenberg, in: Spindler/Stilz (Hrsg.), Kommentar zum Aktiengesetz, Band 1, 3. Aufl., München 2015, §53a Rdnr. 25; Henze/Notz, in: Hopt/Wiedemann (Hrsg.), AktG: Großkommentar, 4. Aufl., §53a Rdnr. 64 ff.; Verse, Gleichbehandlung, S. 33. 近時の反対説として，Grigoleit/Rachlitz, in: Grigoleit, AktG, München 2013, §53a Rdnr. 13 f.; Wandrey, Materielle Beschlusskontrolle, München 2011, S. 144, 148 ff. 学説の状況の詳細につき，山下徹哉「株主平等原則の機能と判断構造の検討（2）」法学論叢170巻2号6頁以下（2011年）参照。

なった結果を生じさせる措置を意味する87)。その上で，学説は，最高議決権制度の事後的な導入はすべての株主に平等に適用されるため，形式的には平等な措置と言えるが，その限界を超える株式を有する株主にとっては実質的に不平等な取扱であり，正当な理由があってはじめて平等原則違反がないと解する88)。

戦後，平等原則を再評価すべきであるという議論の契機となっているのが，新株引受権を排除した上での増資に関する1978年3月13日の連邦通常裁判所のカイ・ザルツ判決である89)。この判決において，連邦通常裁判所は，「株主に対する不平等取扱は，これが事の性質上正当化されかつ恣意の性格を持たない場合許される」と判示する前記ミニマックスII判決から，「資本金の増加が事柄自体からして必然的に会社の目的に，したがって必然的に会社の利益に関連しているか90)」という基準を導き出し，新株引受権の排除は会社の利益から事の性質上正当化されるかという，目的と手段の相当性の基準により判断されるとした91)。すなわち，カイ・ザルツ判決において連邦通常裁判所は，ツェルナーの基準に従い92)，新株引受権排除は，①会社の利益に資すること，②会社利益の増大という目的にとって必要であること，③新株引受権を排除される株主と相当性を欠く関係にないこと，という実質的条件を充足しなければならないと判示した93)。連邦通常裁判所がかかる相当性の基準を採る理由は，新株引受権排除による増資が資本参加および議決権の希釈化効果を有し，社員権に対する重大な侵害となりえ，かかる基準を満たした場合にのみ許容されると考えられるからであった94)。

この事件で展開された判例理論は「正当な理由の理論」と呼ばれたが95)，新し

---

87) Hüffer, Aktiengesetz, 11. Aufl., §53a Rdnr 9.
88) Henze/Notz, in: Hopt/Wiedemann (Hrsg.), AktG: Großkommentar, 4. Aufl., Berlin 2004, §53a Rdnr. 66; Fleischer, in: Karsten Schmidt/Marcus Lutter (Hrsg.), Aktiengesetz, Kommentar, 1. Band, 3. Aufl., §53a Rdnr. 29.
89) BGHZ 71, 40.
90) BGHZ 71, 44.
91) BGHZ 71, 46.
92) ツェルナーは，会社が社員の利益を配慮する義務から，会社が社員権を侵害することが許されるか否かについて判断する基準として，団体の利益への拘束性の原則および相当性・必要性の原則が導かれると論じていた（Zöllner, Die Schranken mitgliedschaftlicher Stimmrechtsmacht privatrechtlicher Personenverbände, München 1963, S. 350 f.)。
93) BGHZ 71, 44 ff.
94) Verse, Gleichbehandlung, S. 36.
95) Wiedemann, Minderheitsrechte ernstgenommen, ZGR 1999, 867 ff.

い学説は，この理論が裁判所による内容上の審査を前提としており裁判官に大きな裁量権を与えるとともに，実務上判断が困難な判定の問題をも提起すると批判する[96]。さらに，新しい学説は，カイ・ザルツ判決が，会社が新株引受権排除の正当化事由を説明すれば，これを反証する立証責任はすべて取消訴訟を提起する株主が負うと判示する点についても疑問を提起し[97]，正当化事由の立証責任はすべて会社に課せられるべきであると批判する[98]。新しい学説は，株主平等原則を組み合わせた，新株引受権を排除した増資の正当性を判断する新しい判断枠組の確立を提唱する。新しい基準は，2段階の審査基準から成り，第1に平等原則違反があるか否かを審査し，平等原則違反がある場合，第2段階として，当該措置が必要性と相当性の観点から合理的と認められるか否かについて審査する[99]。

また，1992年11月9日連邦通常裁判所判決[100]は，制定法化された株主平等原則と従来の判例・学説上の平等原則に関し，次のような注目すべき判示を行った。「株主の平等取扱原則は，1978年12月13日の会社法の調整に関する第2指令の実現のための法律により株式法53a条が株式法に挿入される以前に判例と学説によって既に認められていた。株主の不平等取扱は，それが適切に正当化されず，したがって恣意の性格を持たない場合には，許されるとみられた。かかる法律状態は，かかる原則が株式法53a条として株式法に受容されることによって何ら変更を受けるものではない[101]」。この判示は，株主平等原則に関する株式法上の明文の規定の導入により現行法の状態は何らの変更も受けなかったものとみなし，従来の不文の法規であった時代の判例・学説をそのまま受け継ぐという，立法者意思に従った連邦通常裁判所の立場を示したものである。

1980年末，有限会社法上の平等原則に関する注目すべき判決が現れた。すなわち，まず，1989年11月27日連邦通常裁判所判決は，有限会社の平等原則の内容そのものについては直接言及せずに，「会社が社員に対して個別に利益を与える場合，平等取扱の観点から利益を受けていない社員の会社に対して補償を求める請求権を基礎づける[102]」と判示した。続く1990年5月14日連邦通常裁判所判決は，有限会社の増資決議の効力が争われた事例につき，決議の効力が平等原則違反およ

---

96) Verse, Treuepflicht, S. 603 ff.
97) BGHZ 71, 48.
98) Verse, Gleichbehandlung, S. 37.
99) Verse, Treuepflicht, S. 606.
100) BGHZ 120, 141.
101) BGHZ 120, 150.
102) BGH ZIP 1990, 101.

び社員間の誠実義務違反を理由に認められない場合があることを暗に示した[103]。1991年12月16日連邦通常裁判所判決は,構成員平等取扱の原則が会社法上の原則であり,有限会社にも適用されることを明確に示した。すなわち,1991年判決は,有限会社において議決権の4分の3を超える多数で定款における退社に際しての持分払い戻し条項を決議した事案に対し,「会社法上の平等原則は恣意的で事柄上正当化されない社員の異なる取扱を禁止する[104]」と平等原則を定式化し,一定時に入社した社員に対しては一定額での払い戻しを定める定款条項が「事柄上正当化されないわけではない[105]」として平等原則違反認めなかった。同時に1991年判決は,平等原則違反の決議の効果が,無効ではなく,取消事由であることも明らかにした[106]。

現在では,平等取扱原則が有限会社にもその適用があることが,学説上も一般に認められている[107]。例を挙げれば,フックとファストリッヒは,平等取扱原則は「私法上の人的結合体にとって一般的法原則[108]」であり,ドイツ有限会社法上これを明示する規定は存在しないが出資に関する社員の平等取扱を定めるドイツ有限会社法19条1項を始めとする各個別規定により認められていると論じる[109]。また,トーマス・ライザーは,「正当な理由なしに社員は不平等に取り扱われてはならない[110]」という差別および恣意禁止の原則が有限会社には妥当すると論じる。

1990年代,平等原則に関する議論が沈滞化する中で,誠実義務に関する注目すべき展開が見られた。連邦通常裁判所は,1975年ITT判決[111]においてコンツェ

---

103) BGHZ 111, 227.
104) BGHZ 116, 373.
105) BGHZ 116, 373.
106) BGHZ 116, 372.
107) Merkt, in: Fleischer/Goette (Hrsg.), Münchener Kommentar zum Gesetz betreffend die Gesellschaften mit beschränkter Haftung-GmbHG, Band 1., 1. Aufl., München 2010, § 13 Rdnr. 282; Bayer, in: Lutter/Hommelhoff, GmbH-Gesetz, Kommentar, 18. Aufl., Köln 2012, § 14 Rdnr. 33; Winter, in: Scholz, GmbHG, 9. Aufl., Köln 2000, § 14 Rdnr. 40; Pentz, in: Rowedder/Schmidt-Leithoff, GmbHG, München 2002, § 13 Rdnr. 94.
108) Hueck/Fastrich, in: Baumbach/Hueck, GmbHG, 20. Aufl., München 2013, § 13 Rdnr. 31; Seibt, in: Scholz, GmbHG, 11. Aufl., Köln 2012, § 14 Rdnr. 40.
109) ファストリッヒの平等原則の考えの詳細につき,山下徹哉「株主平等の原則の機能と判断構造の検討(5)」法学論叢175巻5号2頁以下(2014年)参照。
110) Thomas Raiser, in: Ulmer/Habersack/Winter (Hrsg.), GmbHG, Großkommentar, Band 1, Tübingen 2005, § 14 Rdnr. 102 f.
111) BGHZ 65, 15. 本判決につき,早川勝「コンツェルンにおける有限会社の誠実義務

ルン関係にある従属的有限会社につき少数派社員に対する多数派社員の誠実義務を認めていたが，1994年BMW判決[112]の中で，株主に対する関係において株式会社の誠実義務が認められると判示した。すなわち，1994年9月19日連邦通常裁判所判決は，「当法廷の判例から株式会社とその株主との間には誠実義務の関係が存在する。かかる誠実義務の関係は，株主に対しその社員権の適切な遵守を可能にし，社員権を侵害するすべての措置を取りやめるとする会社の義務が含まれる[113]」と判示した。現在，かかる社員に対する会社の誠実義務によって平等原則は基礎づけられると解する説が有力に主張されている[114]。

(2) 株主平等原則の理論的根拠に関する学説

ドイツ法では今日，株主平等原則に関し，経済学的観点から，会社を成り立たせる契約の不完全性にその存在根拠を求める説が有力となってきている[115]。すなわち，会社を成り立たせる基礎となる契約関係は長期的契約関係であり，会社と構成員との関係は長期的になる。したがって，事情の変更がありうる以上，かかる会社契約は必然的に不完全契約となるわけであり，これを補完する法律上の一般条項が株主平等原則である。

株主平等原則の理念の基礎を何に求めるのかについては，学説上争いがある[116]。通説は株主平等原則の根拠を配分的正義（iustitia distributiva[117]）の原則に求める[118]。ルードヴィッヒ・ライザーによると，典型的には労働関係や独占的関係に

について」下関商経論集20巻2号63頁以下（1976年），高橋英治『企業結合法制の将来像』216頁以下（中央経済社，2008年）参照。以下において「高橋・将来像」と引用する。
112) BGHZ 127, 107.
113) BGHZ 127, 111.
114) Verse, Gleichbehandlung, S. 92.
115) Verse, Treuepflicht, S. 582.
116) Verse, Gleichbehandlung, S. 67 ff.
117) アリストテレスによると，正義とは，「『正しい人』が，自分自身と他者との関係においても，あるいは他者相互の関係においても，比例関係に基づく等しいものを，自分と他者に配分し，同様に他者相互の間でもそのような仕方で配分する，と言われる場合の『状態』」であり，「配分の正しさ」および交換関係を含む自発的交渉と非自発的交渉における「是正の正しさ」すなわち「交換的正義」とに分けられる（アリストテレス（朴一功訳）『ニコマコス倫理学』223頁以下（京都大学学術出版会，2002年））。配分的正義と交換的正義につき，加藤新平『法哲学概論』438頁以下（有斐閣，1976年）。
118) Ludwig Raiser, Rezension: Der Grundsatz der gleichmäßigen Behandlung im Privatrecht, JZ 1959, 422; Ludwig Raiser, Der Gleichheitsgrundsatz im Privatrecht,

おいて，契約関係を一方的に決める力を契約の当事者の一方が有する場合がある。同氏によると，かかる一方的契約形成力の修正原理として，私的自治の下で財の配分が公正になされるように，配分的正義の原則として平等原則に従うことが求められるのである[119]。ゲッツ・フックも，ルードヴィッヒ・ライザーの考えを発展させ，株主平等原則は私法における統一的平等原則の一局面を構成しているのであり，私法において「複数の人が共同体を形成している場合[120]」，配分的正義の原則とも言うべき平等原則が求められるようになると説明した。ゲッツ・フックによると，私法における平等原則には恣意に基づく取扱の禁止が含まれる[121]。

これに対して，近年の有力説は，平等原則の最も重要な局面は，会社と社員との間の取引において交換的正義（iustitia commutativa）を実現することにあると説く[122]。

平等原則は，機能する局面により，ある局面では交換的正義として現れ，別の局面では，配分的正義として現れる。すなわち，会社と大株主との間の取引を規律する局面では，交換的正義として，かかる取引が原則として独立当事者間取引の条件の下に行われることが要請される。しかし，一株一議決権の原則や利益配当など，会社に対する株主の権利確保の局面においては，配分的正義の原則として現れる。ドイツの学説が試みるように，平等原則の機能するあらゆる局面を配分的正義と交換的正義とのどちらかに還元して統一的に説明する必要はない。

Ⅲ 結語——日本法に対して与える示唆

最後に，ドイツ法における株主平等原則の発展が日本法に対して与える示唆を総括する。

少数派株主の保護は，株式会社が小資本を吸収し資本集中の機能を果たすために重要な機能を果たす。会社法が少数派株主保護の機能を十分に果たさない場合，小

　ZHR 111 (1948), 91.
119) Ludwig Raiser, JZ 1959, 422; Ludwig Raiser, ZHR 111 (1948), 94.
120) Götz Hueck, Der Grundsatz der gleichmäßigen Behandlung im Privatrecht, München 1958, S. 127 ff.
121) Götz Hueck, Der Grundsatz der gleichmäßigen Behandlung im Privatrecht, S. 173 ff. 平等原則の理論上の根拠を団体関係に求め，その内容を恣意禁止とするゲッツ・フックの学説は，出口正義教授の平等学説に大きな影響を与えた。出口正義「株主平等の原則」同『株主権法理の展開』129頁以下（文眞堂，1991年）。
122) Verse, Gleichbehandlung, S. 80.

資本家は株式会社に投資をすることをためらいかねない。これは株式会社の資本集中機能を害し，一国の経済を弱体化させる。経済の持続的発展を遂げるためにも，一国の会社法は，取締役や大株主の機会主義的な行動を抑制し，少数派株主の保護を実現しなければならない。会社設立の誘致の国際的競争という点からも，少数派株主保護の実現は立法および司法の重要課題である。

ドイツ法における少数派株主保護の歴史は，3つの段階を経て発展してきている。

第1の段階は，19世紀末から第二次世界大戦前の時期であり，経済活動の自由を重視する時代環境の中で，会社の定款自治が強調された時期である。この時代においては多数派株主の意思決定の自由を尊重する傾向が強く少数派株主保護の理念は希薄であった。しかし，民法上の信義誠実の原則あるいは多数決によっても奪うことのできない特別権等の議論において示されているように，判例・学説は，一般条項または株主の権利の本質等の観点から，少数派株主の保護を会社法理論の中に組み入れようとしていた。

第2の段階は，第二次世界大戦後から1965年株式法の成立までの時期である。この時期は，コンツェルン利益の前に少数派株主の利益の後退を強いる条項（1937年株式法101条3項[123]）に対する反省などから[124]，従属会社の少数派株主のための立法（コンツェルン法）が1965年株式法291条以下に結実する時期である[125]。

第3の段階は，コンツェルン立法の実現しなかった有限会社法の領域において，社員間の誠実義務という概念が再発見され[126]，これが少数派株主に対する大株主の誠実義務として株式会社法へと伝播し[127]，少数派株主保護の理論的支柱が形成される時期である[128]。

---

[123] 1937年株式法101条3項は，「保護すべき利益」に有益な利益を取得するために影響力を利用したときは，影響力利用者の損害賠償責任（1937年株式法101条1項）が生じないと規定していたが，1937年株式法立案担当者により，コンツェルン利益が「保護すべき利益」に該当すると説明され，当時の通説は支配企業等がコンツェルン全体の利益の追求を理由として従属会社の利益を害することを認めた。この点につき，山口賢「会社の支配・従属関係と取締役の責任——ドイツにおける立法の変遷と学説（報告者草案から1965年株式法まで）の考察」法学論叢83巻3号45頁以下（1968年），高橋・将来像20頁以下参照。

[124] 高橋・将来像23頁以下。

[125] 高橋・将来像34頁以下。

[126] 1938年5月27日ライヒ裁判所判決は，株主間に誠実義務が存在することを認めていた（RGZ 158, 254）。

[127] 戦後のドイツ会社法上の誠実義務理論の判例・学説上の展開につき，潘阿憲『会社持分支配権濫用の法理』194頁以下（信山社，2000年）参照。

ドイツ法では，特別法としてのコンツェルン法が株式法中に存在し，従属会社の少数派株主保護に大きな役割を果たしている。少数派株主保護の機能を持つ一般条項として，株主平等の原則は十分な活用がなされていないが，株主の誠実義務は，制定法における少数派株主保護の欠陥を補完する役割を果たしている[129]。日本においては少数派株主の保護が，立法においても，判例による一般条項の活用という面においても希薄である。コンツェルン立法のない日本の状況下においては，ドイツ法のように，一般条項を活用することが求められる。

　19世紀の後半以降，ドイツでは判例法上，株主平等原則が確立するに至るが，この原則は少数派株主保護の機能を十分に果たすことがなかった。その理由は，株主平等原則の意味を形式的平等の意味に限定して解していたためであった。日本においても，現在の株主平等原則の条文上の表現を形式的に理解すると，例えば，従来，株主平等原則上問題があると解されてきた，大株主に対する株主優待券の交付でさえ，株式数という一定の形式的基準に従いすべての株主に平等に優待券を受ける権利を与えており，これは株式数に応じた平等の取扱であり，株主平等原則に抵触する可能性はない，という結論になりかねない。かかる例が示すように，株主平等原則の意味を形式的平等の意味に限定的に理解することは，少数派株主の保護規範としての株主平等原則の保護機能を著しく低下させる。したがって，平等原則は実質的に理解されるべきであって[130]，一定の基準に基づく取扱であっても，その基準が恣意的であって一定の株主に対する差別的取扱と事実上認められる場合（いわゆる間接差別）は，実質的不平等取扱として，平等原則違反（会社法109条1項）となりうると解すべきである。

　ブルドックソース事件において，会社が賦与した新株予約権にはスティール側関係者は「非適格者」として行使できないという差別的行使条件が付されていた[131]。この差別的行使条件は，これを導入した会社側の立場からすると，「濫用的買収者」を排除するためのものであるが，スティール側関係者の立場からすると形式的にも

---

128) 近年では，ドイツ株式コンツェルン法が社員の誠実義務の具現化であると主張する説も現れている。Zöllner, Treupflichtgesteuertes Aktienkonzernrecht, ZHR 162 (1998), 235 ff. 本論文の分析検討として，別府三郎「W・ツェルナー見解と会社法上の誠実義務の動向」鹿児島大学法学論集37巻1=2合併号83頁以下（2003年）。

129) Verse, Treuepflicht, S. 621.

130) 大杉謙一教授は，「株主平等の原則違反の有無の判断は，種々の要素を考慮しつつ形式的にではなく実質的になされるべきである」と論じる（大杉・前掲注3）21頁）。

131) 弥永真生『会社法実践トピックス24』221頁（日本評論社，2009年）。

実質的にも不平等な恣意的取扱である。かかる事案に対し，最高裁は，新株引受権の賦与の局面においても「株主平等原則の趣旨」は及ぶと判示した上で，必要性と相当性の合理性基準に従って判断している[132]）。仮に，本件新株予約権の行使条件につきスティール側関係者がこの権利を行使しえないと規定されているのではなく，一定数以上の議決権を有するものはこの権利を行使しえないと定めてあったならば，ブルドックソース事件最高裁決定につき株主平等原則を実質的平等の意味に理解した判例としてみることが可能であったろうが，本件新株予約権行使条件は株主の有する議決権数を基準とするものではなかった[133]）。日本法では未だ会社法109条1項が定める株主平等原則には実質的平等が含まれると解しうる裁判例は存在しない。

ドイツ法の新しい見解[134]）を前提とすると，ブルドックソース事件では，特定の株主に対する差別的取扱の存在が認められるのであるから，必要性および相当性の見地からの正当化事由の立証責任は会社側に課せられると判示すべきであっただろう[135]）。しかし，最高裁が，ブルドックソース事件の事実認定において本件新株予約権行使条件を差別的条項であると認めた上で，合理性基準を適用して株主平等原則の趣旨に違反しないと判示した点は妥当である[136]）。今後日本においては，会社法109条1項が定める株主平等原則には実質的平等が含まれることが明らかにされる必要がある[137]）。株主平等原則に実質的平等が含まれるとの立場を採る場合，その実質的平等の内容に関しなお議論がなされなければならないが，ドイツ法の経験

---

132) 松井秀征「新株予約権の無償割当てによる買収防衛策の適法性」ジュリスト1354号110頁（2008年），中東正文「ブルドックソース事件と株主総会の判断の尊重」ジュリスト1346号20頁（2007年）。

133) 髙橋英治「ドイツ法における株主平等原則」民商法雑誌138巻2号229頁（2008年）の叙述は，ブルドックソース事件における新株予約権行使条件が一定の議決権数の者について特別の取扱を定めたものであるという前提の下に書かれているが，この前提は誤りである。本書は本文のように訂正する。

134) Verse, Gleichbehandlung, S. 37.

135) 村田敏一教授は，株主平等「原則から乖離した取り扱いがなされた場合の，その違法性阻却事由としての合理性については，訴訟規範上，会社側が平等取り扱いからの乖離取り扱いを行ったことに関する合理性についての立証責任を負うものと解すべきであ」ると論じる（村田・前掲注3）立命館法学316号404頁）。

136) Eiji Takahashi/Tatsuya Sakamoto, Japanese Corporate Law: The Bull-Dog Sauce Takeover Case of 2007, Zeitschrift für Japanisches Recht/Journal of Japanese Law Nr. /No. 25 (2008), 228 ff.

137) 出口正義教授は正当にも「持株数に応じた平等取扱いという形式的平等を貫くことが，結果として株主間の不平等を生ぜしめる場合には，なお株主平等の原則の適用があることを認める」べきであると論じる（出口・前掲注3）207頁）。

からすると，少なくとも極端に形式的解釈が採られることにより，株主平等原則の意味が減退することは避けられるべきである。その理由は，日本において少数派株主の保護が，立法上または一般条項においても希薄であるからである。

　ドイツ法上，株主平等原則と誠実義務の理論は相互補完の関係にある。ドイツでは，判例の主流は，株主平等原則を形式的平等の意味に解したために少数派株主の保護が十分に行われなかったが，戦後，連邦通常裁判所は少数派株主保護の機能を補う機能を有する「誠実義務」という考えを再発見し，これを株主相互間の関係だけではなく，会社の株主に対する関係においても認めるに至った[138]。ドイツ法においては，現在，株主平等原則を誠実義務の一内容とする見方も提起されている[139]。日本において，信義誠実の原則（民法1条2項）は，民法総則中に置かれ，私法の一般原則として規定されており[140]，株主と会社との法律関係にもこの原則が適用されると解される。ブルドックソース事件東京高裁判決は，「抗告人関係者（スチール・パートナーズ側関係者を指す・引用者注）がした前記の経緯，態様による本件公開買付け等は，前記の企業価値ひいては株主共同の利益を毀損するものとして信義誠実の原則に抵触する」と述べて，株主と会社との関係において信義誠実の原則が適用されると判示する[141]。日本においても，会社法109条の定める株主平等原則は，会社の株主に対する取扱の公正を要求するものとして，信義誠実の原則（民法1条2項）を会社・株主間関係において具体化した規定であると解すべきである[142]。

　ドイツ法では，新株引受権の排除の下での新株の第三者割当の公平性の基準として，「正当な理由の理論」が採られている。しかし，この基準は，新株発行が認められるか否かを，裁判官の内容審査に完全に委ねるものであり，学説の批判の対象となっている。そこで，近年は，株主平等原則の活用が説かれ，正当な理由の理論に平等原則を組み合わせた新基準の定立，すなわち，第1段階で平等原則違反の有無を審査し，平等原則違反が認められる場合，第2段階で会社に必要性と相当性に関する立証責任を課すという基準を採るべきことが説かれている。日本では，主要

---

138) BGHZ 127, 107.
139) Verse, Gleichbehandlung, S. 92.
140) 谷口知平＝石田喜久夫編『新版注釈民法 第1巻』83頁（有斐閣，2002年）［安永正昭］。
141) 東京高決平成19年6月28日商事法務1806号51頁。
142) 森本滋教授は「団体の法律関係を規律する正義・衡平の理念ないし信義誠実の原則から，会社はすべての株主を，公正妥当に取り扱わなければならないという原則が導かれる」と論じる（森本・前掲注3) 5頁）。

目的ルールが，ニッポン放送事件[143]において，新たな展開を示し，東京高裁は，支配権維持目的での第三者発行であってもこれが正当化される場合を例示的に列挙した[144]。敵対的買収に対する防衛策としての差別的条件付新株予約権の無償割当の株主平等原則違反が争われたブルドックソース事件[145]では最高裁は会社法109条1項の判断枠組として必要性と相当性の合理性基準を定立した[146]。日本においては，ドイツ法とは異なり（株式法186条1項参照[147]），増資に際し既存の株主に対し新株引受権が原則として保障されていないため，新しいドイツの学説と同じ意味で会社は増資に際しすべての株主を平等に取り扱うことを原則とすると考えることはできない。企業買収防衛策等が一定の基準による画一的取扱であってもその基準が恣意的であり特定の株主に対する事実上の差別的取扱であると認められる場合，かかる防衛策は実質的に見て不平等な取扱であり，会社が当該防衛策につき必要性と相当性を立証できない場合[148]，会社法109条1項に違反し，不公正な方法による新株発行または新株予約権の発行となると認められてもよいであろう[149]。

---

143) 東京高決平成17年3月23日判時1899号56頁。

144) 高橋英治「第三者割当による新株予約権発行の差止め」江頭憲治郎＝岩原紳作＝神作裕之＝藤田友敬編『会社法判例百選〔第2版〕』201頁（有斐閣，2011年），松中学「主要目的ルールの検討（2・完）——主要目的ルールとは何か，そしてなぜ裁判所はそれを採用したのか」阪大法学58巻1号121頁以下（2008年）。

145) 最決平成19年8月7日判時1983号56頁。

146) 前掲注132)の文献参照。なお，山田剛志教授は，ブルドックソース基準を発展させ，「当該敵対的買収者の買収による株主価値の毀損が明白であれば，何らかの理由で株主総会決議取得が困難な場合であっても，必要性及び相当性の要件を満たす限りは，取締役会の権限で敵対的買収者の持ち株比率低下をもたらすような新株予約権の発行も許される」と主張する（山田剛志「株主総会決議のない買収防衛策は不公正発行となるか」金融・商事判例1290号15頁（2008年））。

147) 第2指令29条1項および株式法186条1項によりドイツ法では資本増加に際し原則として株主に対し新株引受権が与えられる。連邦憲法裁判所判例によると，新株引受権は基本法14条1項（財産権の保障）によって保護される株主の財産的地位である（BVerfGE 100, 302 „DAT/Altana"）。Hirte, Kapitalgesellschaftsrecht, 8. Aufl., Köln 2016, S. 432. 本連邦憲法裁判所決定（„DAT/Altana"）につき，高橋英治『ドイツと日本における株式会社法の改革——コーポレート・ガバナンスと企業結合法制』14頁以下（商事法務，2007年）参照。

148) 柳明昌教授は，敵対的企業買収防衛策の適法性の判断には，経営判断の原則は適用されないと説く（柳・前掲注3) 268頁参照）。

149) 高橋英治『会社法概説〔第3版〕』78頁（中央経済社，2015年）参照。吉本健一教授は，「敵対的企業買収の対する企業防衛の局面では，取締役の利益相反の問題があるため，通常の業務執行とは異なる要素があり，むしろ株主平等の原則を厳格に適

第 2 章　ドイツ法における株主平等原則　73

　ドイツでは，株主平等原則が立法化される以前から判例法上の確立した法理として認められており，判例・学説の積み重ねがあった。かかる判例・学説上の議論の蓄積と法的安定性を重視し，ドイツの連邦通常裁判所は，株主平等原則に関する法律状態はその立法化により変化しないと判示した[150]。日本においても，会社法 109 条と株主平等原則に関する従来の判例・学説との関連性が議論されている。日本においては，株主平等原則の条文上の表現が，ドイツ法と異なっており，ドイツ法の議論がそのまま日本に通用するとは考えられないが，ドイツの判例の立場を考慮すると，会社法 109 条の制定に関わらず，株主平等に関する従来の判例の蓄積は 2005（平成 17）年会社法においても重視されるべきであるとする立場[151]も，一定の説得力を持ちうる。少なくとも，会社側が従業員株主を一般株主よりも先に入場させた事例につき，これが不適切であったことを最高裁は認めているが[152]，すべての株主を株主として平等に取り扱わなければならないとする頭数基準での株主平等は[153]，会社法においても，従来どおり認められていると解すべきである[154]。すなわち，会社法 109 条 1 項における「株式」とは会社に対する株主の権利を意味し，株主が総会に参加する権利を行使するにあたり，会社は全株主をかかる株主の一般的権利の内容に応じて平等に取り扱わなければならないと解される。また，2005（平成 17）年改正前商法下でのリーディングケース[155]において，最高裁は，大株主に対する贈与に関しても株主平等原則違反を認めたが，かかる事案に関し一定の持

　　　用するべきである」と説く（吉本・前掲注 3）82 頁以下）。
[150]　BGHZ 120, 150.
[151]　南保勝美教授は，新会社法における株主平等原則も，伝統的な株主平等原則の理解を基礎として考察されるべきであると説く（南保・前掲注 3）361 頁）。
[152]　最判平成 8 年 11 月 12 日判時 1598 号 152 頁。本判決の詳細につき，高橋英治「判批」法学教室 377 号 106 頁以下（2012 年）参照。
[153]　これを株主平等原則の問題と考えるべきかについては争いがある。森本滋教授は，頭数の平等取扱は，団体の法律関係を律する衡平ないし信義誠実の原則から導かれるものであり，株主の持分権を確保するための平等原則と趣旨を異にすると論じる（森本滋「株主平等原則と株式社員権論」商事法務 1401 号 3 頁以下（1995 年））。これに対し，鈴木竹雄博士は，従業員株主を前方に着席させた措置が，本来公平であるべき会社が自分に都合のよい決議の招来を導くような攻撃的積極的なものであった場合，株主平等原則に違反しうると論じた（鈴木竹雄「株主総会の設営と株主平等の原則」商事法務 1289 号 3 頁（1992 年））。
[154]　山本爲三郎教授は，「株主平等には，株主を会社社団構成員として平等に扱う頭数での平等も考慮しなければならない」と論じる（山本爲三郎『会社法の考え方〔第 9 版〕』66 頁以下（八千代出版，2015 年））。
[155]　最判昭和 45 年 11 月 24 日民集 24 巻 12 号 1963 頁。

株割合に「応じて」平等に取り扱っているとは解すべきではないという意味において形式的解釈の排除および株主平等原則には恣意禁止が含まれるとする基本態度は，現行会社法の下においても，受け継がれているものと解すべきである。

第3章　日本法における株主平等原則の発展と課題

I　はじめに

　現代株式会社法において，少数派株主の保護は重要な立法および司法の課題である。グローバル化した国際資本市場において，各国の会社法立法者は，自国に投資を呼び込もうと競争を繰り広げているが，少数派株主保護は，かかる「会社法の競争」の勝敗を決する一要素である[1]。少数派株主を適切に保護しない資本市場は，投資家の信頼を失い，資本吸引力を失う。2002年の会社法ハイレベルグループ報告書においては，少数派株主の保護は，ヨーロッパにおけるコーポレート・ガバナンス改正の目標として位置づけられていた[2]。本章は，少数派株主保護に大きな役割を果たす一般条項としての株主平等原則が日本において生成・発展していく過程を分析・検討し，日本の会社法の課題を示すことを目的とする。

　この考察に当たり，本章は，日本におけるドイツ法の影響に着目する。近代商法の成立・発展に際し，日本はドイツ法から多くのことを学んできた。本章では，日本の会社法に対するドイツ会社法学の影響を総括し（II，III，IV），今後日本の会社法学がドイツ法から何を学ぶべきかについて提言したい（V）。

II　商法典の編纂と株主平等原則

　日本の会社法の成立に際して，ドイツ法の影響は大きかった。会社一般に関する日本の最初の制定法ともいうべき1890（明治23）年旧商法の草案[3]は，1884（明治17）年，ドイツ・ロストック大学教授であったヘルマン・ロェスレルによって起草された[4]。ロェスレルは，ロストック大学では国民経済学・行政法各論などを

---

1) ヨーロッパにおける会社法の競争について，ダニエル・チマー（高橋英治訳）「ヨーロッパにおける会社法の競争」同志社法学323号215頁以下（2007年）参照。
2) Report of the High Level Group of Company Law Experts on a Modern Regulatory Framework for Company Law in Europe, Brussels, 4. November 2002, Chapter III, 1.
3) Roesler, Entwurf eines Handels-Gesetzbuches für Japan mit Commentar, Tokio 1884.

講義しており、ドイツでは経済学者または公法学者[5]として知られていたが[6]、ローマ法上の商事会社の財産関係の法的性質を主題とする博士論文[7]を公表しており、商法についての造詣も深かった。ロェスレルは、日本の商法典の体系を構築するに当たりフランス法を基礎としたことに示されているように[8]、ドイツ法の原理のみに従うことをせず、フランス法・英国法を始めとした6カ国の商法を参照し、比較法の手法により、当時の最先端の会社法を作りあげようとしていた[9]。日本の民法上の法継受の特徴が「学説継受 (Theorien-Rezeption)[10]」という言葉で表現されているのとは異なり、会社法の場合、ドイツ法の影響は単に解釈論上のものに止まらず、立法の面においても顕著であった[11]。

株式会社法の制定に際しては、ロェスレルは、ドイツにおいて普仏戦争 (1870-71年) 後に一時社会問題ともなった詐欺的設立 (Gründungs- und Aktienschwindel)[12]に対する対処に力点を置いていたが、株主の重要な権利である議決権

---

4) Harald Baum/Eiji Takahashi, Commercial and Corporate Law in Japan: Legal and Economic Developments after 1868, in: Röhl (Hrsg.), HISTORY OF LAW IN JAPAN SINCE 1868, 355 (Brill, 2005).

5) 代表的著作として、Roesler, Zur Kritik der Lehre vom Arbeitslohn: Ein volkswirtschaftlicher Versuch, Erlangen 1861; Roesler, Über die Grundlehren der von Adam Smith begründeten Volkswirtschaftstheorie, Erlangen 1871; Roesler, Das sociale Verwaltungsrecht, Erlangen 1872.

6) Siemes, HERMANN ROESLER AND THE MAKING OF THE MEIJI STATE, 3-4 (Charles E. Tuttle Company, 1968); 海老原明夫「ロエスレル」ジュリスト1155号38頁以下 (1999年)。

7) Roesler, Die rechtliche Natur des Vermögens der Handelsgesellschaften nach römischem Recht, ZHR 4 (1881), 252 ff.

8) 菅原菊志『企業法発展論』11頁 (信山社、1993年)。

9) Eiji Takahashi, Rezeption des Aktienrechts in Japan, FS Schott, Bern 2001, S. 320.

10) Kitagawa, Rezeption und Fortbildung des europäischen Zivilrechts in Japan, Frankfurt a. M. 1970, S. 67 ff.; 北川善太郎『日本民法学の歴史と理論』24頁以下 (日本評論社、1968年)。

11) ロェスレルは、会社法においてドイツ法の占める地位について、「各国の商法典の中にあっても、……ドイツの商法典は、その完全性と徹底性において第一の地位を占めるであろう」と記す (Roesler, Entwurf eines Handels-Gesetzbuches für Japan mit Commentar, S. 192)。

12) Assmann, in: Hopt/Wiedemann (Hrsg.), AktG: Großkommentar, 4. Aufl., Berlin 1992, Einl. Rdnr. 84. 当時のドイツのバブル現象とドイツ株式法の改正について、新山雄三「19世紀におけるバブル対策としての会社法改正——1884年ドイツ株式法改正草案理由書管見」石山卓磨＝上村達男編『(酒巻俊雄先生還暦記念) 公開会社と閉鎖

および利益または残余財産の分配の局面においては，株主平等取扱の原則を明文で定め，少数派株主の保護に一定の配慮をしていた。すなわち，ロェスレル草案244条1項前段は，「株式の保有者は通常1株につき1個の議決権を有する」と定めた。この条文の注釈において，ロェスレルは，一株一議決権が株式会社の一般的原則であると論じた[13]。また，利益配当については，ロェスレル草案272条は，「利息および利益の分配は，株式の払込額に応じてすべての株主に対し平等に行う」と定め，利益配当の局面における株主平等取扱の原則を定めた。本条項の注釈において，ロェスレルは，「すべての株式は平等であるから，すべての株主は利益と配当に関し株式の内容に相じて同じ権利を有する」として，ロェスレル草案272条が株式の平等を意識した条項であることを示した。さらに，残余財産の分配に関しても，ロェスレル草案302条は，「会社のすべての負債を支払った後，なお積極財産が残る場合，かかる残余財産は株主に対しその株式保有に応じて平等に現金で分配されなければならない」と規定した。1890（明治23）年旧商法は，以上のロェスレル草案の内容を受け継ぐ規定を有していた（1890（明治23）年旧商法204条，221条，249条1項）。

ロェスレルは，株主平等原則それ自体ついては，明文の規定を設けなかった。これは当時のドイツ普通商法典の規制の仕方に従ったものであると考えられる。日本の1890（明治23）年旧商法および1899（明治32）年新商法も，株主平等原則それ自体を正面から規定することはなかった。これは，2005（平成17）年会社法が株主平等原則に関して明文の規定を設けるまでの日本の立法の基本方針であり，株主平等原則の展開は判例・学説に委ねるという態度が採られていた。ドイツ法は，第2指令に基づく1979（昭和54）年株式法改正までは，株主平等の原則に立法上の表現を与えず，これを判例・学説の展開に委ねていたのであり，日本の平等原則に対する立法者の態度にはドイツ法が大きな影響を与えていたといえる。

ロェスレル草案は，1890（明治23）年旧商法および1899（明治32）年新商法と同じく，株式総会の決議方法として多数決を原則とすることを定めたが（草案242条），多数決に破れた少数派株主をいかに保護するのか，とりわけ多数決によっても奪うことのできない特別の権利が認められるかについては，規定を設けなかった。かかる少数派株主保護における法の欠缺の克服は，次に述べる固有権論の発達を待たなければならなかった。

会社の法理』521頁以下（商事法務研究会，1992年）。
13) Roesler, a. a. O. (Fn. 3), S. 333.

III ドイツ法の学説継受

　日本における少数派株主保護のための解釈論は，固有権論によって始められた。会社法学上，株主総会の多数決によっても奪うことができない権利を「固有権」といい，固有権概念は多数決の濫用から少数派株主を保護する機能を有する。固有権理論は，ドイツのラーバント等の iura singulorum の議論[14]にその源があり，田中耕太郎博士[15]や竹田省博士[16]によってドイツ法の議論が紹介され，日本法への導入が提唱された。今日においては，総会の多数決で決定される事項は法律で定められている場合が多く，固有権概念が用いられる場合はほとんどないとされているが，日本の通説は，株式会社は株主総会の多数決によっても固有権を侵害する決議をすることはできないとする[17]。

　ドイツ法学上，平等取扱原則は固有権論の一部として発達を遂げたが，日本においても，ドイツ法学の影響下で株主平等原則に関する学説形成がなされた。戦前および戦後の日本を代表する商法学者である田中耕太郎博士と鈴木竹雄博士は，ドイツの学説を継受され，株主平等原則が法の理念たる衡平（Billigkeit）に基づき認められるべきことを説かれた[18]。田中耕太郎博士は，株主平等原則は，同一のものを同一に取り扱うという自然法的な正義の理念が，株式が定型化され，株主が財産上の点のみで会社に参与しているという社会的事実に具体的に適用されたものであると説かれた[19]。鈴木竹雄博士は，株主平等原則の内容につき分析を深め，本原則が次の２つの内容を有すると説かれた[20]。第１は，各株式の内容が原則として同一であることであり，第２は，各株式が同一である限り同一の取扱がなされるべ

---

14) Laband, Der Begriff der Sonderrechte nach Deutschem Reichsrecht, Annalen des deutschen Reichs 1874, Sp. 1487 ff.

15) 田中耕太郎「固有権の理論に就て――社員権否認論（4）」法学協会雑誌46巻3号408頁以下（1928年）。

16) 竹田省「株主の固有権を論ず」同『商法の理論と解釈』48頁以下（有斐閣，1959年）参照。

17) 神田秀樹『会社法〔第17版〕』194頁（弘文堂，2015年）。

18) 鈴木竹雄「株主平等の原則」同『商法研究II』245頁（有斐閣，1971年），田中・前掲注15）434頁。田中耕太郎博士以前の日本会社法学においては，株主平等原則を正面から説く論者は存在しなかった。岡野敬次郎『會社法』311頁以下（有斐閣，1929年）参照。

19) 田中耕太郎『改訂会社法概論 下巻』303頁（岩波書店，1955年）。

20) 鈴木竹雄＝竹内昭夫『会社法〔第3版〕』106頁以下（有斐閣，1994年）。

きことである。戦後ドイツ法上立法化された株主平等原則（株式法53a条）が取扱の上での平等のみを定めるのに対し、2005（平成17）年会社法成立前の通説における株主平等原則は、前述のロェスレル草案および当時のヨーロッパの通説[21]の影響を受け、株式の平等もこれに含まれると解する点に特色がある。

これに対する批判は2つの観点からなされた。第1の批判は、団体の自治（Verbandsautonomie）を重視する立場からの批判であった。松本烝治博士は、定款自由の観点から株主平等原則を批判された。松本博士は、定款自由の原則についてはその存在を認めてよいが、株主平等原則は解釈上の原理としては存在せず、かかる法律解釈上根拠の乏しい原則を高調するのは有害であると論じられた[22]。松本博士によると、従来の判例が取り上げている株主平等原則違反の問題は、公序良俗の観点からの定款自由の原則の限界づけの問題として説明できる[23]。

全体主義的国家観を基礎として株主平等原則を批判する立場も存在した。1938（昭和13）年、高田源清博士は、その『独裁主義株式会社法論』において、「今や本原則（株主平等の原則を指す・引用者注）の地盤たりし、民主主義的株式会社法は、全面的に再吟味されるべきこと上述の如くなる以上、従来極端に重視されて来た民主主義的色彩を代表する本原則の修正乃至否定が主張さるべきことは自然の勢いと言わねばならぬ[24]」とされ、株主平等原則がいわゆる企業の利益のためには一歩譲るべきであると論じられた。高田源清博士は、株主平等原則の修正原理として、株主の誠実義務を主張された。高田源清博士は、1943（昭和18）年の著作である『企業の国家性』において、子が今日日本国家の、そして陛下の子供であることが明らかになった以上、親が子に生殺与奪の権を有さないように、会社は今や国家のものであり、それを生み出した株主の利己的な主張は制限されなければならないと主張され、「株主はその権利の行使に際しても、義務の履行にあたっても強度の誠実義務の下に立たされている[25]」と論じられた。

しかし、高田源清博士の株主平等原則の修正および株主の誠実義務の主張は、判例・通説により採用されなかった。

戦後、ドイツの学説に影響された平等原則理論も展開された。例えば、出口正義

---

21) Wieland, Handelsrecht, Zweiter Band: Die Kapitalgesellschaften, München 1931, S. 201 f.
22) 松本烝治「株式会社に於ける定款自由の原則と其例外」同『商法解釈の諸問題』223頁（有斐閣、1955年）。
23) 松本・前掲注22) 217頁。
24) 高田源清『独裁主義株式会社法論』145頁（同文館、1938年）。
25) 高田源清『企業の国家性』20頁（東洋書館、1943年）。

教授は、ゲッツ・フックの教授資格論文[26]を引用しつつ、株式会社が団体関係（Gemeinschaftsverhältnisse）であることに平等原則の根拠は求められると説き[27]、平等原則は恣意禁止を一般基準とすると主張された[28]。また、フェアゼの教授資格論文の影響の下、①株主平等には実質的平等を含むと解すべきである、②株主平等原則の下、第1段階で、当該措置が不平等なものでないか審査し、不平等な取扱と認められる場合、第2段階で、必要性と相当性の合理的基準を満たしているか審査する、という解釈論も提起されている[29]。

近年には、ドイツ法学の影響を脱した日本独自の平等原則理論も展開されている。森本滋教授は、株主平等原則の根拠を株主の財産権の確保にあるとし、平等原則の適用事例を、①株主の持分権を確保するための、持分に比例した厳格な平等原則、②株主の監督是正に係る株主の平等取扱、および、③団体の構成員が公正妥当に取り扱われるべきであるという一般的な正義・衡平の理念から導かれる株主平等取扱の3つに区分することを提唱される[30]。

Ⅳ 判例法の発展

1 戦前の大審院判例——株式の消却と併合

日本の会社立法の出発点において、株主平等原則自体に関する明文上の規定は商法典に置かれていなかった。しかし、戦前から、判例は株主平等原則を株式会社法上の原理として位置づけていた。大審院昭和4年12月23日判決[31]は、資本減少に伴う株式の強制的併合に関する事案に対して、「株主平等ノ原則ハ株式会社ニ関

---

26) Götz Hueck, Der Grundsatz der gleichmäßigen Behandlung im Privatrecht, München 1958, S. 128.
27) 出口正義『株主権法理の展開』140頁以下（文眞堂、1991年）。
28) 出口・前掲注27) 148頁以下。出口正義「株主の平等」江頭憲治郎＝門口正人編集代表『会社法大系 第2巻 株式・新株予約権・社債』51頁（青林書院、2008年）。
29) 高橋英治「ドイツ法における株主平等原則」民商法雑誌138巻2号231頁（2008年）。〔本書第2部第2章〕
30) 森本滋「会社法の下における株主平等原則」商事法務1825号4頁（2008年）、森本滋「株主平等原則と株式社員権論」商事法務1401号2頁以下（1995年）、森本滋「会社法のもとにおける株主平等原則の機能について」学術創成研究通信（京都大学）2号13頁以下（2008年）、森本滋「株主平等原則の理念的意義と現実的機能——株主の平等扱いと公正取扱い」民商法雑誌141巻3号301頁（2009年）。
31) 大判昭和4年12月23日民集8巻974頁。

スル商法ノ諸規定ヲ一貫スル原理ニシテ株式会社ニ於テ之ニ違背スルコトヲ得サルハ言ヲ俟タサルトコロナ[32])」りと判示した。本大審院判決は，株主平等原則を「株主の法関係を支配する最上位の原則[33])」であるとする 1902 年 10 月 15 日ライヒ裁判所判決と類似の表現を採っていた。また，大審院昭和 6 年 7 月 2 日判決[34])は，商法はある株主に対し特に優先の権利を与えまたはその権利を制限する特別の規定を設けている場合の他は「株主ハ其ノ資格ニ於テ有スル権利義務ニ付平等ナル待遇ヲ受クヘキ原則ヲ認メタルモノト謂フベ[35])」きであるとし，株主総会において平等原則に違反する株式消却の方法を決議した場合，かかる総会決議は無効となると判示した。

戦前において，株主平等には実質的平等を含み，また，その最終的違反の判断には合理性基準（必要性と相当性）が採用されるべきであるとの判断の萌芽が現れている大審院裁判例も存在した。

まず，株主平等原則が結果の平等をも考慮する点について，大審院大正 11 年 10 月 12 日判決[36])は「株主間ニ不平等ノ結果ヲ惹起シ得ヘキ株式消却ノ方法ヲ決議シタルトキハ其ノ決議ハ株主平等ノ原則ニ反スルモノトシテ無効タルヲ免レス[37])」と判示した。この判決は，減少株の指定を取締役に一任する株主総会の決議を無効と判示するものであり，実質的平等が平等原則に含まれると正面から認めたものではなかった。また，不平等な結果を惹起する決議であっても株主の利害関係に与える影響が軽微である場合，平等原則に反しないとする点について，大審院昭和 2 年 10 月 7 日判決[38])は，「株主間ニ不平等ノ結果ヲ惹起シ得ヘキ株式消却方法ヲ決議シタルトキハ之カ為惹起スヘキ不平等ノ結果カ軽微ニシテ株主ノ影響スルコト僅少ナル場合ハ格別其ノ他ノ場合ニ於テハ其ノ決議ヲ株主平等ノ原則ニ反スルモノトシテ無効[39])」となると判示した。この判示は，不平等な結果を惹起する措置であっても，その結果が軽微なものである場合，平等違反は生じないとするものであり，軽微な優遇措置は平等原則に違反しないとする戦後の株主優待券に関する通説の判断

---

32) 大判昭和 4 年 12 月 23 日民集 8 巻 980 頁以下。
33) RGZ 52, 293 f.
34) 大判昭和 6 年 7 月 2 日民集 10 巻 543 頁。同旨，大判昭和 6 年 9 月 12 日新聞 3313 号 10 頁。
35) 大判昭和 6 年 7 月 2 日民集 10 巻 548 頁。
36) 大判大正 11 年 10 月 12 日民集 1 巻 581 頁。
37) 大判大正 11 年 10 月 12 日民集 1 巻 586 頁。
38) 大判昭和 2 年 10 月 7 日新聞 2771 号 12 頁。
39) 大判昭和 2 年 10 月 7 日新聞 2771 号 13 頁。

2 戦後の株主平等原則のリーディングケース
——株主と会社との取引における平均的正義の実現

　戦前の大審院判例が，株式の消却や併合の局面における株主平等を取り扱ったものであるのに対し，戦後の株主平等原則のリーディングケース[41]は，大株主と会社との間の取引の公正に関するものであった。事案は，無配の会社が，会社の株式の約3.4パーセントを有する大株主に対し，その要求により毎月および半期毎の現金の贈与を行ったというものであった。最高裁は，本件贈与契約は，当該大株主のみを特別に有利に待遇し，利益を与えるものであるから，株主平等原則に違反し無効であると判示した原審判断を首肯した。

　本件がドイツ法の事案であったなら，株主に対する出資の返還を禁じる株式法57条違反となり，会社は大株主に対して利益の返還を請求できるが（株式法62条），これと並んで株主の誠実義務違反が問題となりうる[42]。日本法では株主の誠実義務という概念が存在しないため，本件が株主平等の事例として取り扱われていることが注目される。機能比較という観点から見ると[43]，平等原則と誠実義務とは機能的には相互補完の関係にある。すなわち，ドイツ法では，誠実義務が平等原則の不完全性を補う法理として広い適用領域を有するのに対し[44]，日本法では，株主平等原則が株主の誠実義務の概念の欠如を補う機能を有している。本判決は，株主平等原則が，大株主と会社との取引において当該大株主を有利に取り扱うことを禁止する行為規範すなわち株主と会社間の取引における独立当事者間取引の基準となりうることを示した。

---

40)　落合誠一「株主平等の原則」上柳克郎ほか編『会社法演習 I』212頁（有斐閣，1983年）。

41)　最判昭和45年11月24日民集24巻12号1963頁。解説として，関俊彦「株主平等の原則」江頭憲治郎＝岩原紳作＝神作裕之＝藤田友敬編『会社法判例百選』28頁以下（有斐閣，2006年）参照。

42)　Hüffer, Aktiengesetz, 11. Aufl., München 2014, §53a Rdnr. 20 ff.

43)　機能比較の方法について，Zweigert/Kötz, Einführung in die Rechtsvergleichung, 3. Aufl., Tübingen 1996, S. 33 ff.

44)　Verse, Treuepflicht und Gleichbehandlungsgrundsatz, in: Bayer/Habersack (Hrsg.), Aktienrecht im Wandel, Band II: Grundsatzfragen des Aktienrechts, Tübingen 2007, S. 621. 以下 „Verse, Treuepflicht" と引用する。

3 株主平等と総会運営

ドイツの株主総会においては，通常，株主席の最前列は障害者と報道関係者のための席として空けられており[45]，運動家株主と従業員株主とが，最前列の席確保を巡り争う例は見られない。しかし，日本の上場会社においては，総会会議場最前列の席は「総会の天王山」とも呼ばれ，その確保を巡り，熾烈な争いが繰り広げられていた。それは，最前列の席が議長に対して質問もしやすく，また，運動株主にとっては議長を始めとした経営陣に対し無言の圧力をかけることができるからであった。総会会議場最前列の席の確保を巡る，運動家株主と従業員株主との争いが法律上の争いに発展したものが，平成8年11月12日四国電力事件最高裁判決[46]であった。事案は次のとおりである。原告は原発反対団体に属する運動株主であるが，ある電力会社〔被告〕の総会にあたり，最前列の席を確保すべく，前日から会議場近くの寺院に宿泊し早朝から入場者の列に並んだが，会社が総会開始に先立ち従業員株主を先に会議場に入らせた結果，原告が会議場に到着した時は，最前列から五列までは従業員株主が既に着席していた。そこで，原告は，希望する席を確保することができずに精神的苦痛を被り，宿泊料相当額の財産的損害を被ったとして，民法上の不法行為に基づく損害賠償を被告会社に求めた。

最高裁は「株式会社は，同じ株主総会に出席する株主に対しては合理的理由のない限り，同一の取扱いをすべきである[47]」として，従業員株主を先に入場させた会社の行為には合理的理由がなく適切なものではなかったと判示する。しかし，本件において，原告等株主は希望する席に座る機会を失ったとはいえ，議長から指名を受けて動議を提出しているのであって，原告株主の法的利益は侵害されたとはいえないとして，被告会社の損害賠償責任を認めなかった。

四国電力事件は，株主平等原則に関する理論的問題を提起した。この最高裁判決は，株主平等の原則の一部として位置づけられていた頭数での平等を株主平等原則以外の法理によって基礎づける学問上の試みを生み出した。すなわち，森本滋教授は，本件は，一般の団体法理における衡平ないし信義誠実から導かれる頭数の平等原則に関するものであり，これは株主の持分を確保する平等原則とは趣旨を異にし，会社は状況に応じて弾力的な取扱をすることができると論じた[48]。

---

45) 高橋英治「ドイツBASF社の株主総会——日本の総会への示唆」商事法務1662号83頁以下（2003年）。
46) 最判平成8年11月12日判時1598号152頁。
47) 最判平成8年11月12日判時1598号154頁。

4 ブルドックソース事件

2007年8月7日のブルドックソース事件最高裁決定[49]では、海外投資ファンドによる敵対的企業買収に対し、会社が新株予約権を用いた防衛策を採ったことが、株主平等原則に違反するかが争われた。事案は次のとおりである。スチールパートナーズという米国系投資ファンドが、同社が約10パーセントの株式を保有するブルドックソース株式会社に対して、株式公開買付を敵対的に行ったのに対し、ブルドックソース株式会社は、これに対する防衛策として新株予約権を無償で株主に割り当てる議案を株主総会で議決権総数の83.4パーセントの賛成をもって可決した。本件新株予約権にはスチールパートナーズを名宛人とする差別的行使条件が付せられており[50]、スチールパートナーズ関係者は非適格者として行使できなかった。また本件新株予約権には差別的取得条項も付せられており、会社は金員を交付することによりスチールパートナーズ関係者の新株予約権を強制的に取得することもできた。

スチールパートナーズは、本件新株予約権の無償割当は株主平等原則に違反するとして、差止の仮処分を申請した。最高裁は、会社法109条1項に定める株主平等原則の趣旨は新株予約権の無償割当にも及ぶとした上で、特定の株主による経営支配権取得により株主共同の利益が害される場合、当該株主を差別的に取り扱ったとしても、当該取扱が衡平の理念に反し、相当性を欠くものでない限り、平等原則違反とはならないと判示し、①本件新株予約権無償割当等が議決権総数の83.4パーセントの賛成を得て可決されたこと、②スチールパートナーズには本件新株予約権の強制取得に伴いその価値に見合う対価が支払われること等に鑑み、本件新株予約権無償割当が株主平等原則の趣旨に反するものではないとして、差止の仮処分を認めなかった。

本判決は株主平等の原則が「衡平の理念[51]」に基づくことを前提に判示しているが、かかる判示は、ラーバント以来のドイツ法学の伝統を継受するものである。学説は、この判決が学説により主張されてきた平等原則に関する必要性と相当性の

---

48) 森本・前掲注 30) 商事法務 1401 号 3 頁以下。
49) 最決平成 19 年 8 月 7 日判時 1983 号 56 頁。Eiji Takahashi/Tatsuya Sakamoto, Japanese Corporate Law: The Bull-Dog Sauce Takeover Case of 2007, Zeitschrift für Japanisches Recht/Journal of Japanese Law Nr. /No. 25 (2008), 221 ff.
50) 弥永真生『会社法の実践トピックス24』221頁（日本評論社、2009年）参照。
51) 最決平成 19 年 8 月 7 日判時 1983 号 60 頁。

基準に従うものであると解し52)，株主間で差異ある取扱であっても，必要性と相当性が認められれば，平等原則違反は生じないと解する53)。なお，ブルドックソース事件最高裁決定において，最高裁が取り扱った差別的行使条件等は，スチールパートナーズ関係者に直接向けられていた条項であったため，本決定は株主平等原則に実質的平等が含まれると直接判示したものではない54)。

V 今後の課題——ドイツ法から何を学ぶべきか

1 司法上の課題

日本の 2005（平成 17）年会社法は，株主平等原則に関し明文の規定を設けた。すなわち，会社法 109 条 1 項は，「株式会社は，株主を，その有する株式の内容及び数に応じて，平等に取り扱わなければならない」と規定する。今日，日本法とドイツ法は，株主平等原則に関し立法上の根拠規定を有する新時代を迎えている55)。

かかる新時代において，日本の会社法学は，まず，2005（平成 17）年改正法以前において判例・学説上認められてきた株主平等原則と会社法 109 条 1 項によって明文化された平等原則との関係について検証しなければならないであろう。ドイツ法における株主平等原則は「株主は，同一の条件の下においては同一に取り扱われなければならない」（1979 年改正株式法 53a 条）と非常に抽象的に規定されているため，その関係等が問題となる。本規定の成立後，旧来の判例によって認められてきた株

---

52) 松井秀征「新株予約権の無償割当てによる買収防衛策の適法性」ジュリスト 1354 号 110 頁（2008 年），中東正文「ブルドックソース事件と株主総会の判断の尊重」ジュリスト 1346 号 20 頁（2007 年）。

53) 最高裁は，四国電力事件判決において，株主平等原則につき，会社が「合理的理由のない限り」株主を平等に取り扱うべきという原則であると判示し，株主平等原則につきいわゆる合理性基準を採用することを明らかにしていた（最判平成 8 年 11 月 12 日判時 1598 号 154 頁）。

54) 髙橋・前掲注 29) 229 頁は，ブルドック側の差別的行使条件が一定の株式数に基づいたものであるという前提のもとに，ブルドックソース事件最高裁決定が株主平等原則を実質的平等の意味に解することを排除しないものであると論じているが，その議論の一部を本文記載のように訂正する。

55) Eiji Takahashi, Unternehmensübernahmen in deutschem und japanischem Kontext—Betrachtung von Aktionärsstrukturen, externer Corporate Governance und Unternehmensverständnis in Japan, in: Assmann/Isomura/Kansaku/Kitagawa/Nettesheim (Hrsg.), Markt und Staat in einer globalisierten Wirtschaft, Tübingen 2010, S. 84.

主平等原則の内容は新法によっても変わることなく受け継がれている，と連邦通常裁判所は判示するに至った[56]。しかし，日本では，2005（平成17）年改正前において学説上議論されていた株主平等原則が包括的かつ広範囲にわたっていたのに対し，会社法109条1項は株式の内容および種類に基づく平等取扱のみに限定した規定ぶりとなっているため，かかる会社法109条1項の規定の仕方によると，頭数の平等あるいは株式の平等はこの条文に包摂されるのか，という問題が生ずる。新会社法における株主平等原則についても伝統的な株主平等原則の理解を基礎として考察すべきである[57]，あるいは，「(会社法109条) 1項に実質的な意義を認める必要はなく，公開会社については，従来の株式会社における株主平等原則が妥当すると解することが合理的である[58]」という理解が存在する一方で[59]，会社法109条1項をこれが新法であるという意味に即して厳密に文言解釈する試み[60]も存在する。私見としては，株主平等原則は，信義誠実の原則（民法1条2項）が会社・株主間関係において具体化されたものであり[61]，会社法上の正義に関わる原則である以上[62]，新法の成立の有無によって，平等原則の内容が異なると考えるのは妥当ではなく，新法においても，旧来の平等原則の内容を会社法109条1項に可能な限り包摂して解釈するべきであると考える。すなわち，会社法109条1項の「株式」と

---

56) BGHZ 120, 150.
57) 南保勝美「新会社法における株主平等原則の意義と機能」法律論叢79巻2=3合併号361頁（2007年）。
58) 森本・前掲注30) 学術創成研究通信2号13頁。
59) 木俣由美教授は，「会社法109条1項の平等原則とは別の，従来からの『株主平等の原則』が，明文はないが，いまなお存在すると解するしかない」と論じられる（木俣由美「株主平等の原則と株式平等の原則」川濱昇ほか編『(森本滋先生還暦記念) 企業法の課題と展望』81頁以下（商事法務，2009年))。
60) 村田敏一「会社法における株主平等原則（109条1項）の意義と解釈」立命館法学316号425頁以下（2007年)
61) 髙橋・前掲注29) 230頁。ドイツ法においては，近年株主平等原則が株主に対する会社の誠実義務より導き出されうると解する見解が有力である（Verse, Der Gleichbehandlungsgrundsatz im Recht der Kapitalgesellschaften, Tübingen 2006, S. 92. 以下 „Verse, Gleichbehandlung" と引用する)。広中俊雄博士によると，信義則は，正義・衡平の要請に反するとでもいうべき不当な権利行使をしりぞける機能をも営む（広中俊雄『民法綱要 第1巻 総論 上』124頁以下（創文社，1989年))。
62) 判例・通説によると，株主平等原則は正義・衡平の理念を基礎とする（最決平成19年8月7日判時1983号60頁，西原寛一『会社法』100頁（岩波書店，1969年)，鈴木・前掲書注18) 245頁，酒巻俊雄＝龍田節編集代表『逐条解説会社法 第2巻 株式1』106頁（中央経済社，2008年)〔森本滋〕参照)。

は会社に対する株主の権利を意味し，株主として平等に取り扱われるべしという頭数の平等は，株式の内容に応じた平等取扱として会社法109条1項に含まれると解すべきである[63]。これに対し，株式平等は持分の単位化としての株式の技術的性格から導かれる原則であり，取扱の平等を定める会社法109条1項の「趣旨」に包摂することは不可能であり，株式平等原則を含む従来の平等原則は会社法の下でも依然として妥当すると解すべきである[64]。ただし，株式平等原則が機能する場合として，従来から，法律によって許された種類以外の株式を会社が定款によって創設する場合が挙げられてきたが，会社法108条の反対解釈によりこれが本条に違反し無効であるとの結論を導くことができるため，不文の強行法理たる株式平等原則が機能する余地は現在のところ大きくない。ドイツ法においても株式平等原則は，株主の権限における平等の原理とも呼ばれ[65]，株主平等取扱の前提となる原理であると解され，多様な種類株式が導入されて以来，株式平等原則が解釈論上機能する余地は縮小したといえるが，なお，会社法上の原理としてその存在価値が認められると考えられている。

　日本法とドイツ法の少数派株主保護の発展過程を概観すると，一般条項である株主平等原則と誠実義務とが相互補完関係にあることが示されている。ドイツ法においては，ライヒ裁判所判例により，株主平等原則が形式的平等取扱の原則，すなわち一定の基準の下での形式的平等取扱の要求であると解されたために，この原則は少数派株主保護には限定的な機能しか果たすことができなかった[66]。これを補完

---

[63] 会社法立案担当者は，保有株式数にかかわらず，株主を平等に扱うべき場合を，「数に応じて」の平等取扱の場合であると理解するようである（相澤哲＝葉玉匡美＝郡谷大輔『論点解説 新会社法』107頁（商事法務，2006年））。

[64] 松尾健一教授は「一般には株主平等原則の内容とされてきた株式の均等性の要請は，会社法においても存在して」いると論じる（松尾健一「種類株式と株主平等原則に関する一考察」同志社法学60巻7号1242頁（2009年））。ただし，株式の内容の同一性は，平等原則と無関係であると解する見解もある。神田・前掲注17) 71頁，出口・前掲注27) 31頁参照。かかる見解につき，松尾健一『株主間の公平と定款自治』57頁以下（有斐閣，2010年）参照。

[65] Götz Hueck, Der Grundsatz der gleichmäßigen Behandlung im Privatrecht, München 1958, S. 2 ff.

[66] Verse, Gleichbehandlung, S. 24; Verse, Treuepflicht, S. 585 f. ただし，連邦通常裁判所は，1977年，平等取扱原則は一定の基準に基づく形式的平等取扱の要請に止まらず，実質的平等の要請が含まれると解しうる判決を出している（BGHZ 70, 117）。この判決を受けて，学説も平等原則は実質的平等を含むと解する。Fleischer, in: Karsten Schmidt/Marcus Lutter (Hrsg.), Aktiengesetz Kommentar, 1. Band, 3. Aufl., Köln 2015, §53a Rdnr. 29; Hüffer, Aktiengesetz, 11. Aufl., München 2014, §53a Rdnr. 9;

したのが，誠実義務であり，株主の誠実義務は少数派株主保護の原理として現在ドイツ法においては最も重要な機能を果たしている。逆に日本においては，株主の誠実義務という構成には，株主有限責任の原則（会社法104条）との関係で理論的問題があると考えられ[67]，誠実義務に代わり，株主平等の原則が大きな役割を果たすと期待される。今後，日本法は，株主平等原則につき，実質的平等を含むとするドイツの学説の継受を図るとともに，形式的に平等原則に違反する場合，会社側が必要性と相当性の立証責任を負うとする審査基準を導入するべきである[68]。

2　立法上の課題

日本がドイツ法から立法上学ぶべき点も多い。ドイツは従属的株式会社の少数派株主保護につき体系的な立法を有する（株式法291条以下）。従属会社の少数派株主の保護は憲法上の財産権保護という見地からも求められる[69]。ドイツ・コンツェルン法は，その機能面につき株式法制定当初から疑問が提起されているが[70]，少数派株主の財産権の保護という見地から，日本はドイツ法に倣い従属会社の少数派株主保護を立法上強化すべきである[71]。それは，少数派株主保護として機能する

Cahn/Senger, in: Spindler/Stilz (Hrsg.), Kommentar zum Aktiengesetz, Band 1, 1. Aufl., München 2007, §53a Rdnr. 25; Henze/Notz, in: Hopt/Wiedemann (Hrsg.), AktG: Großkommnentar, 4. Aufl., Berlin 2004, §53a Rdnr. 64 ff.; Verse, Gleichbehandlung, S. 33; Cahn/v. Spannenberg, in: Spindler/Stilz (Hrsg.), Kommentar zum Aktiengesetz, Band 1, 3. Aufl., München 2015, §53a Rdnr. 25. この点について，高橋・前掲注29）民商法雑誌138巻2号215頁以下参照。

67)　服部榮三博士の指摘。服部榮三「『大株主権力の抑制措置の研究』の刊行に寄せて」別府三郎『大株主権力の抑制措置の研究』序2頁（嵯峨野書院，1992年）参照。高橋英治『ドイツと日本における株式会社法の改革──コーポレート・ガバナンスと企業結合法制』135頁（商事法務，2007年）。

68)　高橋英治『会社法概説〔第3版〕』68頁以下（中央経済社，2015年）。

69)　Eiji Takahashi, Japanese Corporate Groups under the New Legislation, ECFR 2006, 309. 契約コンツェルンにおける従属会社の少数派株主保護につき，連邦憲法裁判所は，「少数派株主がその法的地位を侵害された場合，基本権はその法的地位が完全に補償されることを要求している」と判示する（BVerfG, ZIP 1999, 534 „SEN"）。本決定につき，高橋・前掲注67）12頁以下。

70)　Mestmäcker, Zur Systematik des Rechts der verbundenen Unternehmen im neuen Aktiengesetz, FS Kronstein, Karlsruhe 1967, S. 129 ff. 本論文の邦訳として，早川勝訳「新株式法における企業結合法の体系化について」上柳克郎＝河本一郎監訳『（メストメッカー教授論文翻訳集）法秩序と経済体制』235頁以下（商事法務研究会，1980年）。

71)　Eiji Takahashi, Konzern und Unternehmensgruppe in Japan—Regelung nach dem

と期待される一般条項が，日本においては十分に整備されておらず，かつ現在認められている一般条項もコンツェルン関係においては十分に機能しえないと考えられるからである。日本においては，現在のところ大株主の少数派株主に対する誠実義務という観念は判例法上認められていない。また，株主平等原則によって大株主の従属会社に対する損害賠償責任を基礎づけることは不可能である以上，株主平等原則が従属会社の少数派株主保護に果たす役割は非常に限定される。コンツェルン立法のない日本においては，企業集中を回避し経済の持続的発展を可能にするという見地からも，体系的立法による従属会社の少数派株主の保護は今後強化されるべきである[72]。

3 企業結合法制の補完原理としての平等原則

学界では日本において本格的な企業結合規制の導入が議論され[73]，これを契機として，2010（平成22）年2月24日，法制審議会第162回会議において，法務大臣から出された諮問第91号に基づき，「親子会社に関する規律等を見直す必要がある」との基本認識に立ち，その要綱策定への審議が開始された。日本の企業結合立法の必要性は従来から学説により説かれてきたが[74]，経済界の反対により，実現されなかった。2014（平成26）年，日本の会社法は新たに企業結合規制を導入したが，この立法措置は従属会社少数派株主保護の観点からは不十分であった[75]。このため，一般条項によって，従属会社の少数派株主を保護する必要性が生ずる。その場合，日本では，先に述べた理由から，株主の誠実義務という観念を導入することに対しては，学界の反発が強いため，株主平等原則の活用が求められることになるであろう。今後は，株主平等原則（会社法109条1項）から，結合企業間の取引に関する独立当事者間取引の原則を導くことができないかについて，検討を進める

---

deutschen Modell?, Tübingen 1994, S. 92 ff.
- 72) 髙橋英治『企業結合法制の将来像』135頁以下（中央経済社，2008年）。
- 73) 2008年10月23日に開催された日本私法学会のシンポジウムのテーマは，企業結合法の総合的研究であった。シンポジウムでの報告は，商事法務1841号2頁以下（2008年），森本滋編『企業結合法の総合的研究』（商事法務，2009年）参照。シンポジウムでの議論は，私法71号123頁以下（2009年）参照。
- 74) 森本滋「企業結合」竹内昭夫＝龍田節編『現代企業法講座2 企業組織』132頁（東京大学出版会，1985年），江頭憲治郎『企業結合法の立法と解釈』328頁以下（有斐閣，1995年）。
- 75) 髙橋英治「会社法における企業結合規制の現状と課題〔下〕――平成26年改正を踏まえて」商事法務2037号36頁以下（2014年）参照。

必要がある。戦後の最高裁のリーディングケース[76]にその萌芽が現れているように，株主平等原則から，大株主と会社との間の取引に関して独立当事者間取引の原則を導くことができるのであれば，かかる原則は従属会社の取締役の会社に対する注意義務・忠実義務（会社法330条，民法644条，会社法355条）の一内容となり，従属会社取締役の会社に対する損害賠償（会社法423条1項）というサンクションをもって，結合企業間取引において本原則が実行されることを一定程度担保することができる。私見としては，支配会社と従属会社間の取引において，従属会社が受け取る対価が従属会社の与えた給付に比して著しく相当性を欠き支配会社を特別有利に待遇しこれに利益を与える場合，支配会社に対し利益を与える部分に関し当該契約は会社法109条1項に違反し無効となり[77]，従属会社はその違法な利益につき支配会社に対しその返還を請求することができる（民法703条）と解すべきである。しかし，株主平等原則は，従属会社に対する侵害行為を理由とする支配会社の損害賠償責任を基礎づけると考えられていない。支配会社の責任を定める立法が実現しなかった現在，司法が積極的役割を果たし，不法行為責任・株主の誠実義務・影の取締役[78]等の支配会社の損害賠償責任の基礎づけのための法理[79]を導入する必要性は高まっている。

---

[76] 最判昭和45年11月24日民集24巻12号1963頁。

[77] 最判昭和45年11月24日民集24巻12号1965頁。

[78] 影の取締役に関する優れた比較法研究として，坂本達也『影の取締役の基礎的考察——イギリスにおける会社法形成史および従属会社の債権者保護の視点からの考察』（多賀出版，2009年）。また，高橋英治＝坂本達也「影の取締役制度——支配会社の責任の視点から」企業会計62巻5号107頁以下（2010年）参照。

[79] 以上の法律構成の問題点につき，江頭憲治郎「企業結合における支配企業の責任」清水湛ほか編『（味村治最高裁判事退官記念論文集）商法と商業登記』69頁以下（商事法務研究会，1998年），江頭・前掲注74）101頁以下。

第4章　ドイツ法における株主および会社の誠実義務の発展
―― 誠実義務の時代依存性と普遍性

I　はじめに

　日本の 2005（平成 17）年改正前の商法および旧有限会社法においては，会社を社団とする規定が存在し（平成 17 年改正前商法 52 条 1 項，旧有限会社法 1 条 1 項），通説上，社団とは法形式上構成員が団体と構成員間の社員関係により間接的に結合する団体であると解されていた[1]。かかる伝統的社団概念の下では，株主は他の株主とは相互に法律関係に立たないと解されるため，株主相互間の誠実義務を論じる余地はなかった[2]。しかし，近年，伝統的社団概念には変化が現れており，商法が制定された 1899（明治 32）年当初の解釈に従い[3]，社団とは単に複数人が結合する団体を意味すると説く見解が有力となりつつある[4]。2005（平成 17）年会社法上，会

---

1) 鈴木竹雄＝竹内昭夫『会社法〔第 3 版〕』8 頁（有斐閣，1994 年）。
2) 服部榮三「『大株主権力の抑制措置の研究』の刊行に寄せて」別府三郎『大株主権力の抑制措置の研究』序 3 頁（嵯峨野書院，1992 年）参照。
3) 1897（明治 30）年当初社団は単に人的結合の意味に用いられていたことにつき，松田二郎『株式会社の基礎理論――株主関係を中心として』91 頁（岩波書店，1942 年）参照。1893（明治 26）年当時，民法学説上，自然人の集合体が社団であると理解されていたことにつき，藤田祥子「法典編纂期における会社の概念」奥島孝康教授還暦記念論文集編集委員会編『（奥島孝康教授還暦記念 第 2 巻）近代企業法の形成と展開』133 頁（成文堂，1999 年）参照。
4) 江頭憲治郎『株式会社法〔第 6 版〕』26 頁（有斐閣，2015 年），龍田節『会社法大要』54 頁（有斐閣，2007 年），前田庸『会社法入門〔第 12 版〕』25 頁（有斐閣，2009 年），大隅健一郎＝今井宏＝小林量『新会社法概説〔第 2 版〕』4 頁（有斐閣，2010 年），泉田栄一『会社法論』4 頁（信山社，2009 年），弥永真生『リーガルマインド会社法〔第 14 版〕』7 頁（有斐閣，2015 年），新山雄三著『会社法講義　会社法の仕組みと働き〔第 5 版〕』23 頁（日本評論社，2014 年），伊藤靖史＝大杉謙一＝田中亘＝松井秀征『会社法〔第 3 版〕』12 頁以下（有斐閣，2015 年）〔大杉謙一〕，近藤光男＝柴田和史＝野田博『ポイントレクチャー会社法〔第 2 版〕』4 頁（有斐閣，2015 年）〔近藤光男〕。江頭憲治郎教授は，近時，会社法上の社団とは出資者である社員を構成員とする組織体であるとしている（江頭憲治郎「会社の社団性と法人性」浜田道代＝岩原紳作編『会社法の争点』9 頁（有斐閣，2009 年））。

社を社団とする規定はもはや存在しないが、会社は依然として社団法人であると解されている[5]。社団を複数人が結合する団体とみる新しい社団概念からすると、ドイツ法のように、株主相互間において、誠実義務が認められる余地がある。

ドイツ法では、現在、株主の誠実義務は、会社法上の少数派株主保護のための一般条項として、重要な地位を占めている。また、ドイツ法では、近年、株式会社の誠実義務に言及する判例も登場している。これに対して、日本では株主の誠実義務は学説上の概念にとどまり、これを認める裁判例は存在しない[6]。

本章は、ドイツにおける株主および会社の誠実義務の発展過程を総括し、日本がこの概念を導入するべきかについて展望を示すことを目的とする。本章では、まず、ドイツの戦前期における株主の誠実義務概念の生成を示し（Ⅱ1）、戦後期の誠実義務概念に対する反発の後（Ⅱ2）、株主相互間に誠実義務が判例上認められていく過程を示す（Ⅱ3）。続いて、ドイツにおける株式法上の誠実義務の新しい展開を示し（Ⅱ4）、最後に、日本が株式会社法上の誠実義務をどのように受容するべきかについて論じたい（Ⅲ）。

Ⅱ　ドイツにおける株主および会社の誠実義務の発展

1　会社に対する株主の誠実義務と共同体思想

ドイツにおいて株主の誠実義務が判例上認められた背景には、株式会社を共同体とみる思想が存在した。1930年株式法草案[7]は、「近代株式会社はもはや個人的営利体ではなく、様々な段階で国民の一般的利益にも資するべきことを株主は自覚するべきである[8]」と論じ、株式会社の公共性を強調した。

---

5) 酒巻俊雄＝龍田節編集代表『逐条解説会社法 第1巻 総則・設立』85頁〔森本滋〕（中央経済社、2008年）、江頭憲治郎編『会社法コンメンタール1 総則・設立(1)』83頁（商事法務、2008年）〔江頭憲治郎〕、関俊彦『会社法概論〔全訂第2版〕』27頁（商事法務、2009年）、田邊光政『会社法読本』4頁（中央経済社、2008年）、吉本健一『会社法〔第2版〕』8頁（中央経済社、2015年）、高橋英治『会社法概説〔第3版〕』18頁（中央経済社、2015年）。

6) 森本滋教授は、日本では、会社法上の支配株主の誠実義務に関する理論が不十分であると指摘する（森本滋「支配株式の取得と取締役会・株主総会」商事法務1882号13頁（2009年））。

7) 株式法第1草案とよばれる。その成立の背景につき、山口賢「会社の支配・従属関係と取締役の責任ドイツにおける立法の変遷と学説（1937年株式法制定前後の時期）の考察」民商法雑誌61巻1号43頁以下（1969年）参照。

第4章　ドイツ法における株主および会社の誠実義務の発展　　93

　ドイツの会社法学は，1929年頃から，株主の誠実義務について言及し始め，これを当時の企業自体の思想あるいは共同体思想によって基礎付けようと試みた[9)]。企業自体の思想の代表的論者であり株式会社を企業共同体として捉えたネッターは[10)]，1929年，企業自体の思想の発展状況等からして，株主の誠実義務が認められるべきであり，「会社に関係する利益相反がある場合，株主の個人的利益により企業の利益が害されてはならない[11)]」と論じた。また，デゲンも，1929年，「株式を保有する限り，株主相互間には信頼・誠実関係が存続し，株主は相互に完全に公明正大で正直であるよう義務付けられる[12)]」と論じ，簡素・実直を旨とする共同体の論理を株式法に導入しようとした。

　法律家協会委員であったゴルトシュミットは，1929年，「すべての共同体構成員は必然的に，その人個人から派生する個人的利益の局面および共同体の目的の社会的局面という2つの局面で経済活動を行う。この2つの局面は多くの点で交錯する。ここから生ずる利益相反は，共同体への拘束に際し共同体に対する誠実義務を制定することにより解決する。すなわち，個人的局面と社会的局面とが交錯する場合，共同体構成員として行動する者にとって，社会的局面が優先すると認められるべきである[13)]」とし，「かかる個人的局面と社会的局面との対比を基礎として，会社に対する株主の誠実義務が基本的には肯定される[14)]」と論じた。株主の誠実義務を

---

8)　Entwurf eines Gesetzes über Aktiengesellschaften und Kommanditgesellschaften auf Aktien sowie Entwurf eines Einführungsgesetzes nebst erläuternden Bemerkungen, veröffentlicht durch das Reichsjustizministerium, Berlin 1930, S. 95, bei: Schubert (Hrsg.), Quellen zur Aktienrechtsreform der Weimarer Republik (1926-1931), Band 2, Frankfurt a. M. 1999, S. 937.

9)　Stelzig, Zur Treuepflicht des Aktionärs unter besonderer Berücksichtigung ihrer geschichtlichen Entwicklung, Münster, 2000, S. 48.

10)　新津和典「『企業自体』の理論と普遍的理念としての株主権の『私益性』(1)——ドイツとアメリカにおける株式会社の構造改革」法と政治59巻4号177頁以下（2009年）。ネッターによる企業自体の思想による株主の誠実義務の基礎づけに関し，大隅健一郎『新版株式会社法変遷論』425頁（有斐閣，1987年），出口正義『株主権法理の展開』42頁以下（文眞堂，1991年）。ドイツにおける企業自体の思想の発展史に関し，正井章筰『西ドイツ企業法の基本問題』117頁以下（成文堂，1989年）。

11)　Netter, Die Fragebogen des Reichsjustizministeriums zur Reform des Aktienrechts, Zentralblatt für Handelsrecht (ZBH) 1929, 323.

12)　Degen, Gegenseitiges Treuverhältnis zwischen Gesellschaftern einer GmbH oder Aktionären einer AktG, JW 1929, 1346.

13)　A. Goldschmidt, Die „Generalklausel", in: Festgabe für den 24. Deutschen Anwaltstag: Überreicht von Hanseatischen Juristen, Mannheim 1929, S. 213.

会社の共同体としての局面から導く同氏の解釈論は，後述のライヒ裁判所の判決に大きな影響を与えた。また，1934年，ナチスの法律諮問委員会であるドイツ法アカデミー株式法委員会報告書は，「株主と会社とは人的関係に立つべきである。……議決権を有する株主は決議したことに対し責任を負い会社とは誠実関係に立つべきであり，従来の無名無人格の資本の支配に変わり，今後は株式会社を生気ある人間の組合としなければならない15)」と主張した。

株主の誠実義務は，ナチスの政権獲得後の1934年，株式法の改正作業の中で活発に論じられた。1934年2月9日午前10時より開始された，株式法改正に係るドイツ法アカデミー株式法委員会において，銀行家の代表として出席していたフォン・フィンクは，株主の誠実義務について次のように発言した。

「近年，取締役，監査役会および株主が自己の企業に奉仕すべきであり誠実義務を果たさなければならないという原則は，背後に押しやられてしまっている。多くの場合会社が個人の目的に対する手段となってしまっている。これは変革しなければならないのであり，再び取締役，監査役，株主総会および個々の株主が企業に奉仕し企業の福祉を第1目標としなければならない。これらの者は企業，経済そして国家のために働かなければならない16)。」

ナチス政権下で参事官を務めたツァーンは，同委員会において，株主間に誠実義務を認めるためには，株式会社を株主相互間に契約関係がある組合のように理解し，株主相互間の契約関係には信義誠実の原則が支配すると考えるべきであると提案した17)。

1934年2月10日午前10時より再開されたドイツ法アカデミー株式法委員会では，ナチス政権下で国家秘書を務めていた当時の会社法学の権威であるシュレーゲ

---

14)　A. Goldschmidt, in: Festgabe für den 24. Deutschen Anwaltstage, S. 214.

15)　Kißkalt, Reform des Aktienrechts: Bericht des Vorsitzenden des Ausschusses für Aktienrecht der Akademie für Deutsches Recht, Zeitschrift der Akademie für Deutsches Recht, 1. Tg. (1934), Heft 1, S. 20 f. 以上のナチスの主張につき，西原寛一「株式会社法に於けるナチス思想（2）」法学協会雑誌54巻9号1743頁以下（1936年）参照。

16)　von Finck, in: Akademie für Deutsches Recht/Ausschuß für Aktienrecht, Bericht über die Sitzung des Ausschusses vom 9. Feburar 1934, 10 Uhr vormittags im Gebäude der Münchener Rückversicherungs-Gesellschaft in München, in: Schubert/Schmidt/Regge (Hrsg.), Akademie für Deutsches Recht 1933-1945, Protokolle der Ausschüsse, Schubert (Hrsg.), Bd. 1: Ausschuß für Aktienrecht, Berlin 1986, S. 55.

17)　Zahn, in: Akademie für Deutsches Recht/Ausschuß für Aktienrecht, Bericht über die Sitzung des Ausschusses vom 9. Feburar 1934, a. a. O. (Fn. 16), S. 43, 47.

ルベルガーが，次のように発言した。

「ここでも一般的誠実義務が思い浮かぶ。取締役は特別の誠実義務を負う。団体の構成員となった者も弱い誠実義務を負う。ここから，信義誠実に反した行為をなした団体構成員は賠償責任を負うのであり，その影響力を濫用した場合にはその議決権やその他の権利の行使が認められなくなるという結論を導かなければならない。ここで我々は『良俗』という概念から解放され，単に『信義誠実』という概念を導入する勇気を持たなければならないのであり，これは根本的にはすべての立派な企業家や取締役が今日望んでいることである。経済生活で不公正な決定をなしたすべての者に対し責任が課され得るならば，我々の良く統制された社会の指導者達は，これに対して感謝するであろう。[18]」

以上のように株主が誠実義務を負うという考え方は，ナチスの株式会社の人格化の要望が影響していたのであり[19]，この考えに直接基づく制度こそ創設されなかったが，ナチスの会社法改正を指導する理念の1つとなっていた。

ドイツの会社法史上初めて株主の誠実義務を認めた判決は，1934年12月4日ライヒ裁判所判決[20]であった[21]。本件では，株主総会において，会社の99パーセントの株式を所有する銀行コンソーシアムが議決権を行使して，監査役会に対し損害賠償請求の決議をなすための検査委員会設置の動議を否決したことが当時のドイツ商法266条1項2文[22]に違反するかが争点となった。本銀行コンソーシアムを構

---

18) Schlegelberger, in: Akademie für Deutsches Recht/Ausschuß für Aktienrecht, Bericht über die Sitzung des Ausschusses vom 10. Feburar 1934, 10 Uhr vormittags im Gebäude der Münchener Rückversicherungs=Gesellschaft in München, in: Schubert (Hrsg.), a. a. O. (Fn. 16), S. 89.
19) ナチスの株式会社の人格化の要望について，大森忠夫「ナチスの株式法改正論」法学論叢35巻2号446頁以下（1936年）参照。
20) RGZ 146, 71. 本判決の詳細について，豊崎光衛「株式会社に於ける多数決の濫用（4）」法学協会雑誌58巻5号670頁（1935年），潘阿憲『会社持分支配権濫用の法理——多数派社員の誠実義務』177頁以下（信山社，2000年）（以下「潘・法理」と引用する）参照。
21) Stelzig, a. a. O. (Fn. 9), S. 50.
22) 「株主総会は単純多数決をもって設立または業務執行を検査するための検査役の選任を決議することができる。決議に際して，同時に取締役または監査役会の構成員である株主は，その検査が取締役または監査役会に与えられるべき責任免除または取締役もしくは監査役会の構成員と会社との間の訴訟の遂行に関連する場合には自己または他の者のために議決権を行使することができない」（1931年ドイツ商法266条1項）。Schubert/Hommelhoff (Hrsg.), Die Aktienrechtsreform am Ende der Weimarer Republik, Die Protokolle der Verhandlungen im Aktienrechtsausschuß des vorläufigen

成する株式会社の取締役および同コンソーシアムを構成する合名会社の社員は被告会社の監査役会の構成員であった。本判決において、ライヒ裁判所は、「改正ドイツ商法266条1項2文は今日の国家に貫徹している共同体思想に基づく。すなわち、共同体とその構成員の誠実関係（Treueverhältnis）は従来よりも強調されかつ個々の構成員の基準とされるべきである。したがって、株式会社の機関は、共同体の利益においてその福祉のためだけに行動し、その際利己的な個人的利益によって妨げられないように配慮しなければならない[23]」という一般論を展開し、本総会決議が当時のドイツ商法266条1項2文の議決権禁止規定に違反し効力を有しないと判示した。本判決は、株主の誠実義務という表現こそ用いていないが、株式会社を共同体の一種と位置付け、共同体の利益が構成員たる株主の私的利益に優先するとし、共同体の機関たる株主は機関としての行動の際に個人の利益に共同体の利益を優先させなければならないとした。会社と株主との関係を共同体とその構成員との誠実関係と位置づける本判決は、株式会社をすべての株主から構成される共同体とみる世界観に立っていた[24]。

1935年1月22日ライヒ裁判所判決[25]は、判決理由中において株主の誠実義務という表現を用いた最初の判例であった。本件では、ドイツ法上取締役に責任免除を与える決議において責任免除を受ける当該取締役は議決権を有しない旨が定められているが、取締役に責任免除を与える総会決議において当該取締役の息子が設立した新会社が議決権を行使して責任免除が可決された総会決議の取消訴訟において、原告株主の訴訟提起が取消権の濫用に当たるかが争点となった。この判決において、ライヒ裁判所は、「株主の総会決議取消権は、株式法全体を支配しかつ1931年9月12日株式法令において特に強調されている、すべての株主が会社に対して負う誠実義務（Treuepflicht）に反する場合には制約を受ける。株主は自己が属する共同体の一員として自覚を持たねばならず、かかる共同体に対する誠実義務はその行動の最高の指針とされなければならない。本件において被告会社が主張するように、もし株主が自らの意思を会社に恐迫的に押しつけるために、すなわち会社外の目的のためにドイツ商法271条によって与えられた取消権を行使するならば、それは誠実義務の重大違反であり、その権利の行使は法秩序によって容認されえない権利濫

Reichswirtschaftsrats unter dem Vorsitz von Max Hachenburg, Berlin 1987, S. 844.
23) RGZ 146, 76.
24) Stelzig, a. a. O. (Fn. 9), S. 52 ff.
25) RGZ 146, 385. 本判決の詳細につき、龍田節「資本多数決の濫用とドイツ法（1）」法学論叢68巻1号97頁（1960）、潘・法理177頁以下参照。

用となる26)」と判示し，本件の原告株主の訴訟提起が取消権の濫用に当たるかについて原審が審理を十分尽くしていないとして，原判決を破棄し事件を差し戻した。本件では，ドイツ法では株主の誠実義務違反が，株主権の濫用の存否の判断の前提とされている点が，日本法との比較において注目される。

1938年9月21日ライヒ裁判所判決27)は，株主は会社との関係においてのみ誠実義務を負うとし，他の株主との関係については誠実義務の存在を否定した。すなわち，ライヒ裁判所は，原告および被告会社らが共同で設立した子会社の経営不振は被告会社が共同株主としての誠実義務に違反したことによるとして原告が被告会社に株価の下落による損害賠償を請求した事案につき，従来の判例が会社に対する株主の誠実義務を認めたにすぎず，「株式会社においては人的要素が希薄であり，株主は相互に個人的に知ることがなく，かつ相互の利害を知ることもできずかつ知る必要もないため28)」，株主相互間には誠実義務を認めることはできないという一般論の下で，被告会社の誠実義務違反を認めなかった。

以上のように，戦前のドイツの判例において，株主の誠実義務は，会社に対する関係においては認められていたが，株主相互の関係においては否定されていた。

2 戦後の反発

第二次大戦直後，ドイツの学説は，戦中期のナチスの共同体思想に対する反発から，株主の誠実義務という考えを拒絶した。アルフレッド・フックは，1947年の著作『近代私法における誠実思想』において，「私は，近年の誠実概念の肥大化の下で特に3つのライヒ裁判所判決が行ったように，株主の誠実義務について論じることは正しくないと思う。株主相互間に誠実関係があると考えるのは幻想にすぎない。なぜなら，株主相互間には，事実上であれ法律上であれ，直接の関係が存在することを要しないからである。会社に対する株主の誠実義務も否定されるべきである。真正の誠実義務が要求するように，株主が会社の利益を積極的に促進する義務を負うと解することは不可能である。株主が配当のみに興味を持ちその他の局面においては会社の運命に配慮しないとしても，かかる株主を非難することはできない。出資によってのみ会社に参加する株主の集合体は，真正な共同体でもなく人法上の共同体ではない29)」と論じた。すなわち，同氏は，株主の誠実義務を，会社に対

---

26) RGZ 146, 395.
27) RGZ 158, 248. 本判決の詳細について，潘・法理179頁以下参照。
28) RGZ 158, 254.
29) Alfred Hueck, Der Treuegedanke im modernen Privatrecht, München 1947, S. 14 f.

する関係においても，また株主相互の関係においても否定した。

オッペンホフは，1959年，株主の誠実義務を否定する見解を示し，「株主の誠実義務の概念は，一時的に会社法の全領域において判例・学説上大きな地位を占めていたが，今日これを喜んで聞く者はもはやだれもいない[30]」と論じた。

3 株主相互間の誠実義務

戦後，株主の誠実義務は，会社との関係だけでなく，他の株主との関係においても認められるにいたる。構成員相互の関係が株式会社よりも密接であるため人的資本会社（personalistische Kapitalgesellschaft）[31]ともよばれる有限会社の判例が，株主相互間における誠実義務受容の準備のための役割を果たした。すなわち，連邦通常裁判所は，1975年6月5日のITT判決[32]において，有限会社社員相互間に誠実義務を認めた。事案は被告会社が頂点にあるITTグループの経営ノウハウを利用させてもらう代わりにその収益の一部（プレミアム）を別子会社に納める契約を締結した子会社の少数派株主が本プレミアムの子会社への返還を求めたというものであった。連邦通常裁判所は，有限会社社員が会社の機関構成と経済活動に対し直接的な影響を与えることができるという点で有限会社の内部関係は人的会社に近いということができ，多数派社員が会社の業務執行に影響を与えて他の社員の会社上の利益を害することができることとの均衡において，有限会社の多数派社員は他の社員の会社上の利益に配慮する義務があるという一般論の下[33]，本プレミアムの子会社への返還を命じた。

1988年2月1日連邦通常裁判所ライノタイプ判決[34]は株主相互間の誠実義務を認めた最初の判例であった。事案は，96パーセント以上の株式を有する大株主の賛成により会社解散決議がなされたのに対し，本会社の4個の議決権を有する少数

株主の誠実義務に関するアルフレッド・フックの見解の詳細につき，南保勝美「ドイツにおける株主の誠実義務の理論」法律論叢66巻6号6頁以下（1994年）参照。

30) Oppenhoff, Die Anfechtung von Beschlüssen der Hauptversammlung, in: Hengler (Hrsg.), Beiträge zur Aktienreform, Heidelberg 1959, S. 155.

31) Immenga, Die personalistische Kapitalgesellschaft, Bad Homburg 1970.

32) BGHZ 65, 15. 本判決の詳細について，早川勝「コンツェルンにおける有限会社の過半数社員の誠実義務について――ITT事件を手がかりとして」下関商経論集20巻2号63頁以下（1976年），マークス・ルッター＝木内宜彦編著『日独会社法の展開』184頁以下（中央大学出版部，1988年），高橋英治『企業結合法制の将来像』216頁以下（中央経済社，2008年）参照。

33) BGHZ 65, 19.

34) BGHZ 103, 184 „Lynotype". 本判決の詳細について，潘・法理214頁以下参照。

派株主が，多数派株主の行為は議決権の濫用に当たるとして総会決議の取消を求めたものであった。連邦通常裁判所は，従来の判例が株主間の誠実義務を否定したのは，法律関係が会社と株主との関係にのみ存在するという観念の過大評価に基づくものであり，株式会社と人的会社との組織変更が可能であるという点からしても，株式会社の構成員の相互関係も特別の結合関係の性質を持ち得ることが承認されなければならないとして[35]，「会社法上の誠実義務は株主間にも存在する[36]」と判示したが，本件に関しては，多数派株主の誠実義務違反を認定するには審理が不十分であるとして原判決を破棄し事件を差し戻した。本判決は，株主間に誠実義務が認められるべき根拠に関し，先のITT判決に従い，「株式会社においても，多数派社員が業務執行に対する影響力の行使により他社員の会社上の利益を害する可能性を有するため，その均衡として，他社員の利益に配慮するという会社法上の義務を要求しなければならない[37]」と判示した。本判決の株主間に誠実義務が存在するという判示事項は後続の1992年6月22日連邦通常裁判所判決[38]においても再確認されている。

今日の通説において，株主は会社との関係および株主相互の関係において誠実義務を負うのであり，大株主は会社の利益および少数派株主の利益に配慮する義務を負うと解されている[39]。

4 近時の展開

(1) 会社の誠実義務

1994年9月19日連邦通常裁判所BMW判決[40]は，会社の誠実義務を認めた。す

---

35) BGHZ 103, 194 f.
36) BGHZ 103, 194.
37) BGHZ 103, 195.
38) BGH WM 1992, 1812. 本判決の詳細について，潘・法理220頁以下参照。
39) Windbichler, Gesellschaftsrecht, 22. Aufl., München 2009, S. 417 f.; Raiser/Veil, Recht der Kapitalgesellschaften, 6. Auf., München 2015, S. 112 f.; Fleischer, in: Karsten Schmidt/Marcus Lutter（Hrsg.）, Aktiengesetz, Kommentar, 1. Band, 3. Aufl., Köln 2015, § 53a Rdnr. 56; Hüffer, Aktiengesetz, 11. Aufl., München 2014, § 53a Rdnr. 24; Cahn/Senger, in: Spindler/Stilz （Hrsg.）, Kommentar zum Aktiengesetz, Band 1, 3. Aufl., München 2015, § 53a Rdnr. 49 f.; Bungeroth, in: Kropff/Semler （Hrsg.）, Münchener Kommentar zum Aktiengesetz, Band 2, München 2003, Vor § 53a Rdnr. 19; Henze/Notz, in: Hopt/Wiedemann （Hrsg.）, AktG: Großkommentar, 4. Aufl., Berlin 2004, Anh § 53a Rdnr. 27.
40) BGHZ 127, 107.

なわち，BMW 株式会社（被告）の定時総会において質問をした原告株主が総会の模様を録音したテープ等を原告株主に渡すことを被告会社に対して請求したのに対し，連邦通常裁判所は，結論として，原告株主には自己がなした質問とそれに対する答えに関する録音テープのコピーを，そのための費用を支払うことにより，自己に引き渡す請求権が認められると判示したが，その前提として，連邦通常裁判所は，株式会社とその株主との間には誠実義務の関係が存在するが，かかる誠実義務の関係には，株主に対しその社員権の適切な遵守を可能にし，社員権を侵害するすべての措置を取りやめるという会社の義務が含まれるとした[41]。その上で，連邦通常裁判所は，「社員関係ないし会社の誠実義務から，株主の質問やコメントおよびそれに対する答弁と理由が含まれる部分の速記録または録音テープを株主に引き渡す義務が生じる[42]」と判示した。

　ドイツ法においても，株主が株主総会の模様を総会指揮者および他の参加者の許可なく隠れて録音することは，他の参加者の人格権を侵害するという理由から認められていない[43]。連邦通常裁判所は，発言株主が自己の発言やそれに対する答弁をその場で書き記すのは事実上不可能であり，取締役の答弁を基に株主が株主権を行使しようとする場合，その適切な行使は，当該株主に当該総会の記録をアクセスさせることなしには，不可能となり，株主は会社と比べて不利に立たされてしまうとした[44]。この理由から，連邦通常裁判所は，株主は会社に対し議事速記録あるいは録音テープから作成した自己の発言部分のメモ書きを引き渡す請求権があると

---

41) BGHZ 127, 111.
42) BGHZ 127, 113.
43) BGHZ 127, 116; Max, Die Leitung der Hauptversammlung, AG 1991, 83. 1958 年 5 月 20 日連邦通常裁判所判決は，相手方の承認がなく，録音機を用いて会話を録音することは原則的に基本法 1 条・2 条の保障する当該人の固有の領域を保護する人格権を侵害すると判示する（BGHZ 27, 284）。また，1973 年 1 月 31 日連邦憲法裁判所決定は，基本法 2 条 1 項は，個人の人格の自由な発展の権利を保障するとし，かかる人格権には発せられた言語に対する権利も含まれると判示する（BVerfGE 34, 246）。1980 年 6 月 3 日連邦憲法裁判所決定（BVerfGE 54, 154）および 2002 年 10 月 9 日連邦憲法裁判所決定（BVerfGE 106, 39）は，発せられた言語に対する権利を一般的人格権として承認する。1980 年 6 月 3 日連邦憲法裁判所決定につき，押久保倫夫「一般的人格権の性質と保護領域——エップラー事件」ドイツ憲法判例研究会編『ドイツの憲法判例〔第 2 版〕』54 頁（信山社，2003 年），2002 年 10 月 9 日連邦憲法裁判所決定につき，川又伸彦「相手方の同意のない通話傍聴に基づく証言の証拠能力と人格権（ドイツ憲法判例研究 122）」自治研究 80 巻 2 号 136 頁以下（2004 年）参照。
44) BGHZ 127, 117 f.

し，本請求権は，株主と会社の社員関係あるいは会社の誠実義務の両者によって基礎づけられると判示した[45]。

BMW判決を受けて，今日，実務上，株主には議事速記録のすべての記録を受け取る請求権は帰属しないが，その株主の総会における自己の発言とそれに対する役員の答弁部分を受け取る請求権が帰属すると解されている[46]。また，学説上は，BMW判決によって言及された社員に対する会社の誠実義務によって平等原則は基礎付けられると解する説が有力に主張されている[47]。

会社の誠実義務という観念を認めるべきか否かというドイツ法上の論点は，株主平等原則（株式法53a条）につき実質的平等がこれに含まれると解すべきかという論点と密接に関連している。株主平等原則に実質的平等が含まれると解する説には，実質的平等違反に関する明確な客観的基準が欠如しているという問題が内在している。平等原則の根拠が会社の誠実義務にあると解することで，実質的平等違反に当たる事例の一部につきこれを会社の誠実義務違反の問題とすることができ[48]，平等違反の判断基準の不明確性という問題は一部解消される。

(2) 小株主の誠実義務

1995年3月20日連邦通常裁判所ギルメス判決[49]は，小株主が他の株主との関係において誠実義務を負うと判示した。すなわち，経営不振の会社の再建計画が総会において否決されたのは，多数の株主の議決権を代理行使して反対した被告の責任であるとして，原告株主は投下資本の回収不能による損害の賠償を被告に求めたのに対し，連邦通常裁判所は，「株式会社においては，多数派株主が少数派株主または小株主に対して誠実の義務を課されているだけでなく，多数派株主あるいは他の少数派株主・小株主に対する少数派株主・小株主の誠実義務も存在する[50]」とい

---

45) BGHZ 127, 118 f.
46) Gröhmann, in: Henn/Frodermann/Jannott, Handbuch des Aktienrechts, 8. Aufl., Heidelberg 2009, S. 538.
47) Verse, Der Gleichbehandlungsgrundsatz im Recht der Kapitalgesellschaften Tübingen 2006, S. 92.
48) Blaurock, Gleichbehandlungsgrundsatz und Treuepflicht im Gesellschaftsrecht, in: Stürner (Hrsg.), Die Bedeutung der Rechtsdogmatik für die Rechtsentwicklung, Tübingen 2010, S. 257 f.
49) BGHZ 129, 136 „Girmes". 本判決の詳細について，潘・法理223頁以下，別府三郎「ドイツにおける『会社法上の誠実義務』の判例——第2 Girmes事件判例の紹介を中心として」鹿児島大学法学論集32巻1＝2号63頁以下（1997年），田中裕明「Girmes判決にみる小株主の誠実義務」南山法学20巻3＝4号377頁以下（1997年）。
50) BGHZ 129, 142.

う一般論を展開し,本件被告は株主ではないとして誠実義務を負わず誠実義務違反に基づく損害賠償責任がないとした原審判決を正当とした。ただし,連邦通常裁判所は,本件被告が議決権行使の代理人としてドイツ民法179条1項の責任を負うべきであるとし,この点に関し本件原告の主張を考慮しなかったことに審理不尽,理由不備の違法があるとして,原判決を破棄し事件を差し戻した。

誠実義務とは団体において力を有する者がその力の行使に当たり他の構成員の利益に配慮する義務であるが,かかる力は単に多数派株主が有する支配的影響力に限定されるべきでなく,少数派株主も会社に対する訴訟等の局面で一定の力を有する。したがって,誠実義務を,少数派株主に対しても認めた本判決は妥当な判決であると評価できる。

(3) コンツェルン形成規制

競業禁止は,本来人的会社における社員の義務である。ドイツ商法112条は,合名会社社員が他の社員の同意なく会社の事業の部類に属する行為等をなすことを禁止する。1980年代のズッセン判決[51]およびホイマン・オギルビー判決[52]は,人的資本会社である有限会社において支配社員および支配企業(株式法17条1項)は競業禁止(ドイツ商法112条)に服することを明らかにした。これらの判決の支配企業の競業禁止は,支配的社員の誠実義務を基礎としている。株式会社においても,社員たる株主は,相互に誠実義務を負っているため,これを出発点にすると,支配企業の競業禁止は原則として株式会社にも及ぶと考えられる。しかし,他方,株式会社には,事実上のコンツェルン規制があり(株式法311条以下),支配企業の競業により従属会社が損害を被った場合にはじめて支配企業は従属会社に対して損害賠償責任(株式法317条1項)を負うと解されるため,単に会社と競争関係に立つ株主との間に支配従属関係が生じた場合につきこの状態を解消する義務は不要であるとも考えられる。

---

51) BGHZ 80, 69 „Süssen". 本判決の詳細について,早川勝「競業禁止と会社の従属関係——Süssen事件を中心として」産大法学17巻1=2号117頁以下(1983年),金田充広「ドイツ法におけるコンツェルン形成規制」阪大法学43巻1号238頁以下(1993年),ルッター=木内編著・前掲注32) 185頁以下参照。

52) BGHZ 89, 162 „Heumann/Ogilvy". 本判決の詳細について,江頭憲治郎『結合企業法の立法と解釈』164頁以下(有斐閣,1995年),神作裕之「商法における競業禁止の法理(3)」法学協会雑誌107巻10号1585頁以下(1990年),大和正史「支配社員の義務競業取引を中心にして」関西大学法学部編『(関西大学法学部100周年記念論文集)法と政治の理論と現実(下)』377頁以下(有斐閣,1987年),ルッター=木内編著・前掲注32) 195頁参照。

近時，競業禁止が株式会社を従属会社とする支配企業にも及ぶべきかについて，注目すべき法発展があった。この問題が争点となったのが，2008年6月25日連邦通常裁判所ツェブリン決定[53]であった。事案は次のとおりであった。Y_1 (Züblin AG) はドイツにおける最大の建設会社の1つであるが，従属的株式会社であり，2005年末以後，その株式の53.6パーセントは，ヨーロッパにおいて最大の建設会社の1つであるヨーロッパ株式会社の形態を採った Y_2 (Strabag SE) に保有されていた。Xは，LenzGbRという民法上の組合であり，Lenz家は別に民法上の組合の形態を採った財産管理会社を通じて42.7パーセントの Y_1 の株式を所有していた。Y_1 は，監査役会において，Y_2 がその約66パーセントの株式を保有するS（株式会社）にコンツェルンのすべての道路工事事業を集中させ，Sの高層および技術建設事業を，これを行うSの子会社の持分とともにSから譲り受けるという企業再編措置を決議した。これに反対であったXは，Y_2 に対してコンツェルン親会社として右企業再編措置の差止だけでなく，その従属会社である Y_1 に対して右企業再編措置の差止および予備的にその排除を求めた。

　連邦通常裁判所は，Y_1 と Y_2 の競争状態が，Y_2 が Y_1 の過半数参加をする以前に生じていたとして，「このような事例の場合，当法廷の見解によると，誠実義務に基づくとされる『新』多数派株主の競業禁止は適用を排除される[54]」と判示し，「原告から提起された根本問題である，事実上のコンツェルンにおける支配株主が不文の誠実義務のみに基づく競業禁止規範の名宛人となるかについては，当事案を契機としては一般的基本決定を下す必要がない[55]」とした。その上で，連邦通常裁判所は競業関係が生ずる以前に支配関係が存在していた場合には支配関係を解消する義務を支配企業が負うというXの主張を次のような理由で斥けた。

　「すでに過半数を取得する前に競争状態にある競争者のコンツェルン阻止を内容とする株式法上の競業禁止を，現行株式法は知らない。株式法は，従属性および事実上のコンツェルンを企業結合形態として認めており，予防コントロールではなく株式法311条以下の行為規制によってコンツェルンの危険に対処しようとしている。包括的な『コンツェルンを阻止する』競業禁止は，株式会社がコンツェルンを基本的には自由に形成し得るとしていることだけでなく，事実上の株式コンツェルンにおいて取締役が自由に指図できることと矛盾する。誠実義務の観点も，コンツェル

---

53) BGH ZIP 2008, 1872 „Züblin". 本件の控訴審判決は，OLG Stuttgart, Urteil v. 30. 5. 2007, ZIP 2007, 1210 である。
54) BGH ZIP 2008, 1874.
55) BGH ZIP 2008, 1874.

ン化が始まる以前に存在していた競争を禁止するのに十分ではない。なぜなら，現状を維持することは原則的に価値中立的であるからである。価値判断の観点からは，従来は（支配関係がなく）許された競争関係にあったが今や支配関係にある支配株主に対して，業務部門から撤退するという不当な要求をしてはならない[56]」。

本件のように会社と競業関係にある者が会社の過半数株式を取得する場合，会社の少数派株主に対する危険を理由にコンツェルンの解体を命ずることは国民経済的に合理的でない。だからといって，支配株主に競業関係にある事業からの撤退を義務付けることは，支配企業に過大な負担を強いる[57]。ツェブリン決定は，すでに競争関係にある社員と会社との間に支配従属関係が形成された場合，支配社員に事業からの撤退を求めることも，また支配従属関係の解消を求めることも，妥当ではないため，この意味で競業禁止を基礎とするコンツェルン形成規制は有効ではないと考え[58]，従属会社の利益は株式法311条以下が規定する不利益補償・損害賠償責任により事後的に保護されるべきであるとした。競争関係にある株主と会社との間に支配従属関係が形成される場合，従属会社の保護は原則として従属会社に対する支配会社の損害賠償責任によりなされるべきであるという本決定の判断は正当であるが，損害賠償責任制度が機能しない場合，支配会社が少数派株主に対して負う誠実義務を根拠として，支配会社が従属会社の株式を買い取る義務を負うと解すべきである[59]。しかし，株主の誠実義務を基礎としたドイツコンツェルン法の発展

---

56) BGH ZIP 2008, 1874.

57) Pluskat, EWiR 2009, 38; Wiedemann/Hirte, Die Konkretisierung der Pflichten des herrschenden Unternehmens, ZGR 1986, 171 f.

58) 小松卓也教授は，企業グループ内における支配企業と従属会社との間の競業活動の規制として，当該競業行為自体を禁止するという方法は，グループ内競業の持つ利点をも考慮した場合，十分な説得力をもって論拠づけることが容易ではないと論じる（小松卓也「結合企業の競業規整にかかる問題点」神戸学院法学34巻2号110頁（2004年））。

59) ドイツ法上，変態的コンツェルンが形成された場合，株式法305条の類推適用により従属的有限会社の少数派社員に対する支配企業の持分買取義務を認める見解として，Hirte, Kapitalgesellschaftsrecht, 8. Aufl., Köln 2016, S. 595; Liebscher, Konzernbildungskontorolle, Berlin 1995, S. 375. 日本法上の立法論として従属会社の少数派株主に対する支配会社の株式買取義務を認める見解として，江頭・前掲注52) 317頁以下，高橋・前掲注32) 184頁，高橋英治『ドイツと日本における株式会社法の改革――コーポレート・ガバナンスと企業結合法制』208頁（商事法務，2007年）（以下「高橋・改革」と引用する），Eiji Takahashi, Japanese Corporate Groups under the New Legislation, ECFR 2006, 309; Eiji Takahashi, Konzern und Unternehmensgruppe in Japan—Regelung nach dem deutschen Modell?, Tübingen 1994, S. 104.

は，これまでのところ支配会社の株式買取義務のような実効的な少数派株主の保護手段を生み出すには至っていない[60]。

(4) 「清算せよ，さもなければ退出せよ」判決

会社の経営危機の状況下で，社員の誠実義務を根拠として，会社の清算計画に参加するか，あるいは会社から離脱するかの選択権を社員に与える内容の社員総会決議に賛成する義務が，決議に賛成しなかった社員において生ずるとした連邦通常裁判所判決[61]が2009年10月19日に出され，注目を集めている。この連邦通常裁判所判決は，「清算せよ，さもなければ退出せよ」判決とよばれる。

事案の概要は次のとおりである。Xは，閉鎖的不動産ファンドであり，有限合資会社が社員となっている合名会社（GmbH & Co OHG）である。Yらは，Xの社員である。Xが財務上危機的状況にいたったため，Xの社員総会は，Xの資本金を減少させ，その後に，任意に合意した社員が新たに出資をすることにより会社の資本を増加させるという清算計画を決議すると同時に，会社の資本増加に同意しない社員は，会社から退出させるという内容の会社契約の変更を決議した（以下「本件決議」という）。しかし，Y_3およびY_4は，本件決議に賛成せず，また，資本増加にも同意しなかった。判例・多数説の採る確定性の原則によると，社員の除名を含む本件決議は，Xの会社契約において個別に多数決で決しうると定められていない場合を除いて，Xの総社員の同意が必要であると解される[62]。Xの会社契約においては，会社契約の変更は特別多数決によるとする一般的条項は存在したが，除名等を定めるにつき特別多数決で決しうると定める個別かつ明確な条項はなかった。そこで，本件決議の有効性が争点となった。連邦通常裁判所は，Xの本件会社契約の変更にXの総社員の同意が必要であることを前提として，「Y_3およびY_4は本件決議に賛成したとみなされるべきである。なぜなら，社員の誠実義務から，これらの者は賛成する義務を負うからである[63]」と判示し，ギルメス判決[64]を引用しつつ，次のような議論を展開した。

「社員決議に賛成しなかったY_3およびY_4に対して本件決議は有効である。なぜ

---

60) 高橋・改革 67 頁，Eiji Takahashi, Market-Organisation-Corporate Groups: An Economic Analysis of the Law of Corporate Groups, The Journal of Interdisciplinary Economics Vol. 22 No. 1 & 2 (2010), 57.
61) BGH ZIP 2009, 2289.
62) Goette, in: Ebenroth/Boujoung/Joost/Strohn, Handelsgesetzbuch, Kommmentar, Band 1, 2. Aufl., München 2008, § 119 Rdnr. 46 ff.
63) BGH ZIP 2009, 2290.
64) BGHZ 129, 136.

なら，原審の考えとは異なるが，これらの者は清算義務には参加しないが会社に留まることを望んだという点で，誠実義務に違反して行動したからである。

　一般に社員は，社員としての自己の地位を否定する会社契約の変更に賛成する義務を負わない。しかし，本法廷は，判例により，特別の例外的場合，社員の誠実義務から，これとは反する結論が導かれ得ることを出発点として認めている。賛成する義務は，現在の会社の状態もしくは現在の社員相互の関係から緊急に必要であり，かつ社員契約の変更が社員固有の利益に配慮して無理ではない場合に考慮される。したがって，必要である会社契約の変更に賛成する個々の社員の義務は，個々の社員の保護に値する利益に反しない場合にのみ認められる。本件において Y_3 および Y_4 は本件決議に賛成する義務を負っていた[65]。」

　本判決は人的会社に関する判決であるが，その射程は株式会社および有限会社等の資本会社に対しても及ぶと考えられている[66]。すなわち，ドイツの実務家の見解として，資本会社が経営危機に陥り会社が社員による新たな出資による資本の増加なしには倒産するという場合，新たな出資を望まない社員は，資本増加に賛成する義務を負うと解されている[67]。経営危機に際し，株主の誠実義務を根拠に，株式会社の株主につき，総会決議において会社の定款変更に関する議案に賛成する義務は，本判決の判旨からは，①会社の状態および株主相互の関係から緊急に必要であり，かつ②社員固有の利益に配慮して無理ではないという基準を満たした場合に生ずるといえるが，具体的にいかなる場合に定款変更に関する議案への賛成義務が生ずるかについては，今後の判例の積み重ねが待たれる。

　本判決は，その後の公開人的会社（民法上の組合）の事例である2011年1月15日連邦通常裁判所判決[68]により基本的には支持された。しかし，2011年11月7日

---

[65] BGH ZIP 2009, 2291.

[66] Verse, Anteilseigner im Insolvenzverfahren, ZGR 2010. 305 Fn. 33. なお，プリースターは，「清算せよ，さもなければ退出せよ」判決の射程は有限会社法に対しても及び，本判例上の原則により，有限会社につき清算して資本金額を零にする場合，会社側は清算計画を示しこの計画が必要かつ可能で説得力のあるものであることを示し，同時に除名する社員に対し適切な代償を与えなければならないと論じる（Priester, „Sanieren oder Ausscheiden" im Recht der GmbH, ZIP 2010, 497 ff.）。カールステン・シュミットも，「清算せよ，さもなければ退出せよ」判決の射程が資本会社に及ぶことを当然の前提としている（Karsten Schmidt, Sanieren oder Ausscheiden, JZ 2010, 127）。

[67] Bacina/Redeker, „Sanieren oder Ausscheiden" —Die Treuepflicht des Gesellschafters in Sanierungsfällen, DB 2010, 1001.

[68] BGH NJW 2011, 1667.

の「企業清算手続緩和法（Gesetz zur weiteren Erleichterung der Sanierung von Unternehmen（ESUG））」によるドイツ倒産法改正により，本判決の意味につき若干変更があった。すなわち，アイデンミュラーとエンゲルト[69]およびフェアゼ[70]の立法提案に基づき本法により追加されたドイツ倒産法225a条3項により，清算計画において，社員が清算に反対である場合につき，清算に反対する社員は持分を譲渡して会社から退出するか，あるいは，社員が清算に反対であるにもかかわらず会社を存続するか，これを決定する会社法上許される解決方法につきあらかじめ規定を設けておくことが可能になった[71]。

III 結語──日本の会社法は株主および会社の誠実義務を認めるべきか

1 株主の誠実義務を認める必要性

株主の誠実義務には時代環境に依存した面と普遍的な面とが存在する。ドイツにおいて株主の誠実義務が最初にライヒ裁判所により受容された背景には，当時の共同体思想が存在した。しかし，戦後，株主の誠実義務が，再発見されたのは，株主の誠実義務という考えに権利一般に関する普遍的な面──団体において力を有する構成員は，その均衡として他の構成員の利益に配慮する義務を負うという命題──が反映しているからにほかならない。構成員が団体における力の行使に当たり他の構成員の利益に配慮するという行為義務は，あらゆる団体・社会において認められるもっとも根源的なルール（共生のルール）の1つである[72]。

株主の誠実義務とは，力を持つ者はその力を行使する際に利害関係人の利益に配慮するべきであるという一種の配慮義務であって，一定の不作為を主内容とする行

---

69) Eidenmüller/Engert, Reformperspektiven einer Umwandlung von Fremd-in Eigenkapital (Debt-Equity Swap) im Insolvenzverfahren, ZIP 2009, 541 ff.
70) Verse, ZGR 2010, 316 ff.
71) Braun/Frank, in: Braun, InsO: Insolvenzordnung, Kommentar, 5. Aufl., München 2012, § 225a Rdnr. 2; Thole, Gesellschaftsrechtliche Maßnahmen in der Insolvenz, Köln 2014.
72) 米国においては，会社（場合によっては役員等）と株主との関係は一種の契約関係であると解されており，義務違反の結果株主に損害等が生じた場合も一般条項による処理でなく，契約違反の議論として処理される。この点については，宮崎裕介「アメリカ法における直接訴訟制度株主のフィデューシャリーに対する直接的な責任追及」神戸法学雑誌58巻3号168頁以下（2008年）参照。

為規範である。したがって，有限責任を享受する株主についても，かかる行為規範としての義務を負うと解釈することは可能である。周知のように，金融商品取引法は，株券や新株予約権付社債券等（株券関連有価証券）の保有割合が5パーセントを超えた株式保有者に大量保有報告書の提出義務を課す（金融商品取引法27条の23第1項[73]）。また，金融商品取引法は有価証券報告書を提出しなければならない会社が発行者である株券等について，発行者以外の者が行う買付のうち，一定のものは公開買付によらなければならないと定める（金融商品取引法27条の2第1項）。また，ドイツ法においても，ドイツ企業買収法3条1項[74]は，「目的会社の有価証券保有者は，その者に同じ種類の有価証券が帰属する限り，平等に取り扱われなければならない」と平等取扱原則を定めるが，この資本市場法上の平等取扱義務が課されるのは，有価証券買付者であると解されている[75]。一定の保有割合を満たした株主が一定の行為義務を負うことはすでに金融商品取引法上認められているのであり，株主が一定の行為規範に従うべきであるとすることは[76]，株主有限責任制度（会社法104条）に反するものではない[77]。株主有限責任の原則は，株主と会社

---

73) 山下友信＝神田秀樹編『金融商品取引法概説』231頁以下（有斐閣，2010年）〔加藤貴仁〕，近藤光男＝吉原和志＝黒沼悦郎『金融商品取引法入門〔第4版〕』392頁（商事法務，2015年）。

74) 有価証券の公開買付と企業買収の規制に関する法律，Gesetz zur Regelung von öffentlichen Angeboten zum Erwerb von Wertpapieren und von Unternehmensübernahmen (WpÜG) vom 20. Dezember 2001 (BGBl. IS. 3822). 本法の2007年1月5日改正を踏まえた条文の邦語訳として，早川勝「ドイツ有価証券取得法と公開買付法（試訳）」同志社法学59巻4号175頁以下（2007年），佐藤文彦「ドイツ改正『有価証券取得及び支配獲得法』（試訳）」獨協ロー・ジャーナル3号125頁以下（2008年）。ドイツの公開買付規制の概要につき，加藤貴仁「ドイツの企業結合形成過程に関する規制」商事法務1832号19頁以下（2008年）。また，第13公開買付指令のドイツ法における実現状況に関し，佐藤文彦「ドイツ改正有価証券取得及び支配獲得法上の敵対的企業買収阻止措置規制 EU支配獲得指令の移植」獨協ロー・ジャーナル3号21頁以下（2008年）参照。

75) Versteegen, in: Hirte/von Bülow (Hrsg.), Kölner Kommentar zum WpÜG, Köln 2003, §3 Rdnr. 16; Wackerbarth, in: Kropff/Semler (Hrsg.), Münchener Kommentar zum Aktiengesetz, München 2004, §3 WpÜG Rdnr. 8.

76) ただし，5パーセントルールは，大量保有により影響を受ける潜在的投資家も保護の対象者としており，従来の株主対株主の誠実義務の範疇には属さない。また，公開買付に関する義務付けについても，従来その会社の株主でない新規の株式取得者にもこの義務が及ぶため，株主の誠実義務の範疇に属さない。

77) 服部榮三博士は，大株主の誠実義務の法理に対しては，株主は会社に対して出資義務のみを負い，これ以外になんらの義務を負わないとする株主有限責任法理からの

または会社債権者との関係に関する規範であり，株主間の関係を律する規範ではない[78]。他の株主の利益に配慮する株主の義務を認めなければ，他の株主の利益の犠牲の下に自己の利益を追求するという不当なインセンティブが大株主において生じてしまう[79]。法理論的見地からも，株主と会社の法律関係には信義誠実の原則（民法1条2項）が適用されるから，そこから株主の誠実義務も派生すると考えられる。

日本においても，戦時，当時のファシズムの思想の下での株主の誠実義務が強調されたことがあった[80]。しかし，団体における力は他の構成員を害さない限りにおいて行使しうるという権利概念に内在する限界は普遍的法理としても日本の会社法学上継受しうる。

日本の法律および下級審判例上，株主代表訴訟の濫用の法理が認められている。すなわち，会社法847条1項ただし書は，代表訴訟提起権の濫用に関し，代表訴訟が「当該株主若しくは第三者の不正な利益を図り又は当該株式会社に損害を加えることを目的とする場合は」，これを提起し得ないと規定する。下級審判例としては，三井鉱山事件において，東京高裁は，株主代表訴訟の提起が権利の濫用（民法1条3項）に当たる場合を株主権の濫用の場合と捉え，「代表訴訟の提起が徒らに会社ないしその取締役を恫喝し困惑させることに重点を置いたものであって，結局それによって会社から金銭を喝取するなど不当な個人的利益を獲得する意図に基づくものであるとか，当該代表訴訟によって追及しようとする取締役の違法事由が軽微又はかなり古い過去のものであるとともに，その違法行為によって会社に生じた損害も甚だ少額であって，今更その取締役の責任を追及するほどの合理性，必要性に乏しく，結局会社ないし取締役に対する不当な嫌がらせを主眼としたものであるなどの特段の事情のある場合に限り[81]」，これが株主権の濫用となると判示した。また，

疑問があるとする（服部・前掲注2）序2頁）。同旨，洪済植「事実上の取締役の法的責任」島大法学55巻4号116頁（2012年）。

78) フンボルト大学法学部ハンス・ペーター＝シュヴィントフスキ（Hans-Peter Schwintowski）教授の2010年4月23日の見解。

79) フンボルト大学法学部ハンス・ペーター＝シュヴィントフスキ（Hans-Peter Schwintowski）教授の2010年4月23日の見解。

80) Eiji Takahashi, Der Gleichbehandlungsgrundsatz im japanischen Aktienrecht als Aufgabe der Rechtswissenschaft, Zeitschrift für Vergleichende Rechtswissenschaft (ZVglRWiss) 108 (2009), S. 108; Eiji Takahashi, Gleichbehandlungsgrundsatz und Treuepflicht im japanischen Gesellschaftsrecht, in: Stürner (Hrsg.), a. a. O. (Fn. 48), S. 270 f.

81) 東京高判平成元年7月3日金融・商事判例826号6頁。

長崎相互銀行事件において，長崎地裁は，株主代表訴訟の提起が権利の濫用（民法1条3項）に当たる場合を会社訴権の濫用の場合と捉え，「会社の利益ひいては他の株主の利益の犠牲ないしは侵害の下に，株主たる資格とは関係のない純然たる個人的利益を追求するための取引手段として，その権利を行使するならば，それはもはや株主の権利の濫用であって許されない[82]」と判示した。これらの事例は，ドイツで起こったものと仮定すれば，株主の誠実義務違反も問題になったと考えられ，この下級審判例は，ドイツ法における少数派株主の誠実義務の事例が，日本法では，株主権濫用の法理の枠組内で解決されていることを示す。しかし，日本の判例法上，多数派株主による株主権の濫用は，決議取消に関し法定されている場合（会社法831条1項3号）を除き，これを一般法理として取り上げるものは少ない[83]。日本法の裁判例においては，少数派株主の保護を目的とする一般条項が十分に整備されていない[84]。長崎相互銀行事件において示されたように少数派株主に関し株主権の濫用が認められるならば，多数派株主に関してもその権力の濫用から少数派株主の利益を守るために株主の誠実義務という観念が認められてもよい[85]。

今日，日本においては，株主が誠実義務を負うことを前提にして解決されるべき立法上の問題が存在する。まず株主の誠実義務は，支配会社の従属会社に対する損害賠償責任を基礎付けるために必要である[86]。ドイツ法において，支配企業が支配的影響力を行使して従属会社に対して損害を与え，これに対して不利益補償（株式法311条）を実行しない場合，支配企業は従属会社に対して損害賠償責任を負うものとされている（株式法317条）。日本においても支配株主が会社に対し影響力を濫用した場合についての会社に対する支配株主の損害賠償責任を基礎付ける法理

---

82) 長崎地判平成3年2月19日判時1393号144頁。
83) 岩原紳作教授は，従来の多数決濫用に関する判例はきわめて少ないと指摘する（上柳克郎＝鴻常夫＝竹内昭夫編集代表『新版注釈会社法（5）』324頁（有斐閣，1986年）〔岩原紳作〕）。
84) 神田秀樹教授は，多数決の濫用から少数派株主を保護する法理として多数決によっても奪うことのできない権利（固有権）を挙げるが，これが実際に機能する場面は少ないと論じる（神田秀樹『会社法〔第17版〕』70頁以下（弘文堂，2015年））。
85) 小松卓也教授は，株主の権利濫用と誠実義務とが代替性を持ち得る概念であると論じる（小松卓也「株主の誠実義務による結合企業規整に関する一考察」六甲台論集（法学政治学篇）47巻3号109頁（2001年））。
86) 宍戸善一教授らによる共同研究も，近時，とくに親子会社関係を念頭に置いて，米国法に倣い，支配株主の忠実義務を会社法によって導入すべきであると主張している（宍戸善一＝新田敬祐＝宮島英昭「親子上場をめぐる議論に対する問題提起（下）法と経済学の観点から」商事法務1900号43頁（2010年））。

として株主の誠実義務が有用である[87]。かかる株主の誠実義務を認める場合，支配株主が企業ではなくよって企業結合法の規制が及ばない場合についても，支配株主の責任を基礎付けることが可能である。ただし，従属会社に対する支配会社の損害賠償責任を基礎づけるためには支配株主の行動基準としての会社の利益という概念を確立し，かつ会社に対する株主の誠実義務を認めれば足りるのであり，株主間に誠実義務を認めるべきであるということには必ずしもならない。

株主間に誠実義務を認めるべき根拠は，支配株主による少数派株主に対する株式買取請求義務にある。かかる買取義務については，ドイツ法上は契約コンツェルンにおける支配企業の義務（株式法305条参照）として，その法的根拠が支配・従属企業間の契約に求められているが[88]，日本において，コンツェルン契約が締結されていない事実上のコンツェルンの支配会社の義務として従属会社株式の買取義務を法定する場合[89]，その根拠として支配会社と従属会社少数派株主との間に何らかの法的関係——従属会社少数派株主に対する支配会社の誠実義務——を観念せざるを得ない。近時のドイツ有限会社法の解釈論として，フェアゼは，従属会社に対する個々の侵害行為が分離し得ない状態に至る場合，支配企業は従属会社に対して持分買取義務を負うというべきであるが，この義務は従来のように株式法305条の類推適用という方法によってではなく，社員間の誠実義務から導かれると論じる[90]。

2 会社の誠実義務を認める必要性

株主の誠実義務とともに，会社の誠実義務についても，日本の会社法上認められるべきか検討されてよい。

現在，日本の会社法上，少数派株主保護の法理として機能しうる一般条項として，

---

87) 米国の判例法上，支配株主は会社および少数派株主に対して信任義務を負うことにつき，森まどか「アメリカにおける子会社の少数株主・債権者保護」森本滋編著『企業結合法の総合的研究』332頁（商事法務，2009年）。米国法上，支配株主が受任者と位置付けられ，会社に対し信任義務を負っていると解されていることにつき，宮崎・前掲注72) 164頁以下，玉井利幸「少数株主に対する取締役と支配株主の義務と責任少数株主の締出を中心に」布井千博＝野田博＝酒井太郎＝川口幸美編『（川村正幸先生退職記念論文集）会社法・金融法の新展開』299頁（中央経済社，2009年）。
88) Hüffer, Aktiengesetz, 11. Aufl., § 305 Rdnr. 2 ff.
89) 本章前掲注59) の文献参照。
90) Verse, in: Henssler/Strohn (Hrsg.), Gesellschaftsrecht, 1. Auf., München 2011, Anh. § 13 GmbHG Rdnr. 59.

株主平等原則（会社法109条1項）がある[91]。その戦後のリーディングケース[92]においては、ドイツ法では誠実義務違反として扱われる事例が、日本では株主平等原則の事例として取り扱われている[93]。しかし、会社法109条1項は株主平等原則に関しドイツ法と比べてもきわめて限定的な表現となっている[94]。日本の会社法では少数派株主保護を目的とした一般条項が株主平等原則以外存しないため、あらゆる少数派株主保護の問題にその適用が要求され、適用の基準が不明確なものとなるという危険がある。かかる法技術上の危険を回避し、少数派株主保護のための法解釈を進めていく上でも、株主平等原則の上位概念としての会社の誠実義務を判例法理として認める必要性は高い。すでに述べたように、会社と株主との関係には信義誠実の原則（民法1条2項）が適用され、そこから株主の誠実義務だけでなく、もう一方の当事者である会社の誠実義務も派生すると考えられる。

誠実義務を会社法の基本原理として理解するドイツ会社法学の理解を日本法の解釈に導入すると、会社法109条1項が規定する株主平等原則の根拠は、株主に対する会社の誠実義務にあるということになる。日本の会社法学も会社の誠実義務の観念を導入し、これを会社法上の基本原理として認め、少数派株主の保護にこの概念を積極的に活用していくべきである。

また、会社の誠実義務を認めるべきか否かという問題は、実質的平等違反の事例をどのように法的に処理するのが妥当であるのかという問題と関連がある。この問題について、ドイツでは学説上争いがある。多数説が株主平等原則には実質的平等が含まれると解するのに対し[95]、ブラウロックは、実質的平等という観念につき

---

91) 株主平等原則を不平等ないし不公正な取扱となる会社行為を禁止する一般条項として理解する見解として、森本滋「株主平等原則の理念的意義と現実的機能――株主の平等取扱いと公正取扱い」民商法雑誌141巻3号295頁（2009年）。
92) 最判昭和45年11月24日民集24巻12号1963頁。
93) 髙橋英治「わが国会社法学の課題としての株主平等原則」商事法務1860号6頁（2009年）。
94) ドイツ株式法53a条が「株主は、同一の条件の下においては、同一に取り扱われなければならない」と抽象的に規定するのに対し、日本の2005（平成17）年会社法109条1項は「株式会社は、株主を、その有する株式の内容及び数に応じて、平等に取り扱わなければならない」と規定する。
95) Fleischer, in: Karsten Schmidt/Marcus Lutter (Hrsg.), Aktiengesetz Kommentar, 1. Band, 2. Aufl., Köln 2010, §53a Rdnr. 29; Hüffer, Aktiengesetz, 11. Aufl., München 2014, §53a Rdnr. 9; Cahn/v. Spannenberg, in: Spindler/Stilz (Hrsg.), Kommentar zum Aktiengesetz, Band 1, 3. Aufl., §53a Rdnr. 25; Henze/Notz, in: Hopt/Wiedemann (Hrsg.), AktG: Großkommentar, 4. Aufl., Berlin 2004, §53a Rdnr. 64 ff.; Verse, a. a. O.

その基準が明確性を欠き法的安定性の観点から問題があるという理由から株主平等原則には形式的平等のみが含まれると解し、従来の実質的平等違反の問題と見られた事例は BMW 事件[96]等で認められている「会社の誠実義務」の問題として処理されるべきであると説く[97]。これに対して、フェアゼは、たしかに実質的平等概念に基準として不明確な点があることは認められるが、輪郭のはっきりしない誠実義務概念よりも、実質的平等概念を含んだ株主平等原則の方が、実質的平等違反の事例をより的確に把握しこれに対する法的救済を与えることができると考える[98]。

　日本においても、会社の誠実義務が、実質的平等の問題をそのすべてにつき適切に解決できるかについては、疑問である。仮にブルドックソース事件[99]における新株予約権の無償割当につき、会社が付した差別的行使条件が、一定の議決権比率を満たす大株主が行使し得ないと定められていた場合、かかる差別的行使条件は、いかなる規範に違反するのか。株主平等原則（会社法 109 条 1 項）に実質的平等が含まれると解する立場からすると[100]、かかる議決権数に着目した新株予約権の行使条件も会社法 109 条 1 項に違反するということになるが、会社法 109 条 1 項はその規定ぶりから形式的平等のみを含むと解する立場から、こうした新株予約権行使

(Fn. 47), S. 33.

96) BGHZ 127, 107.

97) Blaurock, a. a. O. (Fn. 48), S. 256.

98) しかし、フェアゼも株主平等原則の基礎が会社の誠実義務にあるとみているため（Verse, a. a. O. (Fn. 47), S. 92）、問題を実質的平等違反と捉えるのか、それとも会社の誠実義務違反と捉えるのかで、大きな違いが生じないと考える。以上、マインツ大学法学部ディルク・フェアゼ（Dirk A. Verse）教授の 2009 年 9 月 14 日の見解。

99) 最決平成 19 年 8 月 7 日民集 61 巻 5 号 2215 頁。Eiji Takahashi/Tatsuya Sakamoto, Japanese Corporate Law: The Bull-Dog Sauce Takeover Case of 2007, Zeitschrift für Japanisches Recht/Journal of Japanese Law Nr. /No. 25 (2008), 221 ff.

100) 関俊彦博士は、例えば、多くの株主は取締役や従業員として報酬や給与を受けているが少数の株主はこれらの地位にないため無配であり結果的に不平等に扱われることとか、特定の有力な株主に対してだけ相談役としての報酬を支払うというような場合等、形式的に平等原則を貫いているだけで実質的には不平等な扱いをしていると認められる場合には、株主平等の原則違反を構成すると解されると論じる（関・前掲注 5) 61 頁以下）。ほかに株主平等原則（会社法 109 条 1 項）に実質的平等が含まれると解する立場として、高橋・前掲注 93) 7 頁、高橋英治「ドイツ法における株主平等原則」民商法雑誌 138 巻 2 号 229 頁（2008 年）（本書第 2 部第 2 章）。なお、大審院判例は、株主平等の原則が結果の平等を顧慮した原則であることを明確にする（大判大正 11 年 10 月 12 日民集 1 巻 581 頁、大判昭和 2 年 10 月 7 日法律新聞 2771 号 12 頁）。この点につき、高橋・前掲注 93) 5 頁参照。

条件設定に関しては，会社法 109 条違反は生じないと説く見解も存在する[101]。私見としては，このような議決権数に着目した新株予約権行使条件の設定は，事柄の性質上実質的平等原則違反の一事例と考えられるべきであり，これを会社の誠実な行為の要求の問題と解するのは困難であると考える。

　本章は，以下の理由から，株主平等原則に実質的平等が含まれると解するとともに，会社の誠実義務も認められるべきであると考える。

　まず，会社の誠実義務という概念を認めた場合，従来の頭数の平等原則とよばれる原則を，この会社の誠実義務に包摂できるという法技術上のメリットがある。すなわち，四国電力事件[102]で問題になったように株主総会に先立って従業員株主を一般株主よりも先に入場させたことが，新会社法の下で問題になった場合，これをいかなる規範に違反した行為と解するかは困難な問題である。かかる事案に適用される頭数平等原則は平成 17 年会社法以前においては，株主平等原則に含まれていたことを前提に，かかる旧来の不文の強行法規たる株主平等原則が新会社法の下でも依然として妥当し[103]，頭数平等違反はこの不文の強行法規たる株主平等原則違反となると解する見解も一方では可能である[104]。しかし，他方，株主平等原則が会社法 109 条 1 項として条文化された以上，旧来の株主平等原則も可能な限り，この条文に包摂することが望ましいとして，株式とは会社との関係での株主の地位ないし権利を意味するのであるから，頭数に応じた平等取扱は「株式の内容」に応じた平等取扱を意味すると解する見解も存在する[105]。しかし，前者の見解では，株

---

[101] 石綿学弁護士は，誰でも一定の要件を満たした場合には一定の負担が発生する信託型ライツプランは不平等取扱とはいえないと論じられる（石綿学「敵対的買収防衛策の法的枠組みの検討（下）——事前予防のための信託型ライツプラン」商事法務 1721 号 25 頁（2005 年））。この点につき，北村雅史「買収者に対する差別的取扱いを内容とする新株予約権の無償割当てと株主平等原則——ブルドックソース対スティールパートナーズ事件」私法判例リマークス 37 号 2008 年下 93 頁（2008 年）参照。

[102] 最判平成 8 年 11 月 12 日判時 1598 号 152 頁。

[103] 木俣由美教授は，「会社法 109 条 1 項の平等原則とは別の，従来からの『株主平等の原則』が，明文はないが，いまなお存在すると解するしかない」と論じる（木俣由美「株主平等の原則と株式平等の原則」川濱昇＝前田雅弘＝洲崎博史＝北村雅史編『（森本滋先生還暦記念）企業法の課題と展望』81 頁以下（商事法務，2009 年））。また南保勝美教授は，新会社法における株主平等原則も，伝統的な株主平等原則の理解を基礎として考察されるべきであると説く（南保勝美「新会社法における株主平等原則の意義と機能」法律論叢 79 巻 2＝3 号 361 頁（2007 年））。

[104] 北村雅史「株主平等の原則」浜田道代＝岩原紳作編『会社法の争点』46 頁（有斐閣，2009 年）。

[105] 高橋・前掲注 93) 7 頁，高橋・前掲注 100) 民商法雑誌 138 巻 2 号 231 頁。関俊

主平等原則を会社法 109 条として法定化した会社法立案担当者の見解に反し[106]，後者の見解は，会社法 109 条における「株式」をそのように一般的概念と解することは立法者意思に抵触する可能性があるという問題がある[107]。もしも，解釈論上，会社の誠実義務が認められれば，頭数の平等原則をこの概念に包摂することができ，そうした問題は解消するであろう。

　ドイツ法において会社の誠実義務が認められた契機が，自己の質問に関する総会の一部の録音テープの提供義務を基礎付ける点にあった[108]。日本においても，ドイツ法と同様に議事録（会社法 318 条）は会議の速記録とは異なり[109]，そこに議事の経過の要領およびその結果ならびに一定の事項に関わる株主・役員の発言内容の概要が簡潔に記載されるに止まるため（会社法施行規則 72 条 3 項 2 号・3 号）[110]，議事内部での総会の模様の録音禁止の実務が採られかつ議事経過を会社が録音していた場合，当該録音記録に関し株主の質問と取締役の答弁に関する部分の提出を株主が求めることもあり得る。この場合，株主の質問と取締役の答弁に関する当該録音記録が，株主の質問権行使のための情報としての基礎をなし（会社法 314 条），株主の総会決議取消の訴え（会社法 831 条 1 項 1 号）および取締役に対する損害賠償責任訴訟（会社法 847 条 3 項）を提起するための重要な資料となりうることから，当該録音記録の提出請求を質問株主に認める必要性は高い。そもそも個人は自己が

　　彦博士は，頭数平等原則を会社法 109 条 1 項に包摂し，「会社法に設けられた株主平等に関する一般原則の規定（109 条 1 項）は処遇の平等を含むと解される」と論じる（関・前掲注 5）59 頁以下）。

106）　会社法立案担当者は株主平等の原則について一般に適用されるべき明文の規定として会社法 109 条 1 項が設けられているとする（相澤哲＝葉玉匡美＝郡谷大輔『論点解説 新会社法』107 頁（商事法務，2006 年））。

107）　会社法立案担当者は，保有株式数にかかわらず，株主を平等に扱うべき場合を，「数に応じて」の平等取扱の場合であると理解するようである（相澤＝葉玉＝郡谷・前掲注 106）107 頁）。

108）　BGHZ 127, 107.

109）　株式法 130 条の議事録（Niederschrift）は簡易議事録ともよばれているが，議事速記録とは異なり，すべての株主の発言とそれに対する会社側の答弁が記録されるわけではない（Semler, in: Hoffmann-Becking (Hrsg.), Münchner Handbuch des Gesellschaftsrechts, Band 4 Aktiengesellschaft, 3. Aufl., München 2007, §44 Rdnr. 1; Gröhmann, in: Henn/Frodermann/Jannott, Handbuch des Aktienrechts, 8. Aufl., S. 532 f.）。

110）　商事法務編『株主総会ハンドブック』644 頁（商事法務，2008 年）〔中西敏和〕における記載例 1 参照。酒巻俊雄＝龍田節編集代表『逐条解説会社法 第 4 巻 機関 1』180 頁（中央経済社，2008 年）〔浜田道代〕。

発する言葉に対し権利を有し、これは一般的人格権を構成している[111]。したがって、会社が総会の議事録とは別に総会の議事経過を録音等していた場合、録音記録における株主の発言部分は当該株主の一般的人格権を構成するものとして本来当該株主に帰属すべきものである。また、質問株主は、当該株主の質問に対する会社側の答弁の録音記録についても、会社の誠実義務から派生する当該質問株主の権利として、会社に対して、その提出を求めることができると解すべきである。したがって、株主に対する会社の誠実義務を法解釈上の一般条項として認めた上で、株主の質問に関連した部分の総会の録音記録提出請求をドイツ法の場合と同じように会社の誠実義務を基礎に認めるべきである。

日本においても、総会の招集手続あるいは総会決議の局面において、会社の誠実義務は、立法上その文言こそ用いられていないが、判例上既に認められていると言ってよい。すなわち、従来下級審判例上も決議方法の「著しい不公正」の典型例として挙げられていた[112]、出席困難な時刻・場所への招集[113]や不公正な議事運営[114]は、会社が株主に対し公平誠実に総会を招集しこれを運営するという義務の存在なくしては、その不公正性を観念し得ないものである。今後は、法解釈上、総会の招集手続あるいは総会決議の以外の局面においても、会社が株主に対し誠実義

---

[111] ドイツ法につき、前掲注43)の連邦憲法裁判所決定参照。日本法においても、秘密録音はプライバシー権の侵害であると一般に認められている（五十嵐清『人格権法概説』210頁以下（有斐閣、2003年）、五十嵐清『人格権論』90頁以下（一粒社、1989年））。大分地判昭和46年11月8日判時656号82頁は、「相手方の同意なしに対話を録音することは、公益を保護するため或いは著しく優越する正当利益を擁護するためなど特段の事情のない限り、相手方の人格権を侵害する不法な行為と言うべき」であると判示する。

[112] 江頭・前掲注4)株式会社法343頁、上柳克郎＝鴻常夫＝竹内昭夫編集代表『新版注釈会社法(5)』321頁以下（有斐閣、1986年）〔岩原紳作〕、柴田和史『会社法詳解〔第2版〕』179頁（商事法務、2015年）。

[113] 大阪高判昭和30年2月24日下民集6巻2号333頁は、有限会社の社員間に対立がある状況下で、対立派の1人が町会議員に立候補し、その選挙活動により忙殺されている間に、別の派の社員が中心となって社員総会を招集し、同人の社員総会延期の申出も拒絶して総会を開催し総会決議を得た場合に、これを社員総会の招集手続が著しく不公正であると判示した。

[114] 最判昭和58年6月7日民集37巻5号517頁は、水俣病の原因物質を排出していたチッソ株式会社の株主総会で、水俣病患者に対する補償金支払を要求する1株株主を含め約1400名の株主が押しかけたため、約300名の株主が会場から締め出されたにもかかわらず、株主の修正動議を無視して決議を強行した場合につき、株主の入場制限および修正動議無視が総会決議取消事由にあたると判示した。

務を負うことが正面から認められるべきであろう。

第5章　ドイツにおける「事実上の取締役」の発展と日本法への示唆

I　はじめに

　ドイツ法上，事実上の機関（faktisches Organ）とは，①適法に選任されなかった機関の行為が会社等に帰属する場合，あるいは，②会社の機関ではない者が会社に対して責任——多くの場合は倒産惹起責任——を負う場合につき本来会社の機関ではない者を指す[1]。本章では，後者のそもそも選任行為がない場合の事実上の機関を「固有の意味での事実上の機関（取締役・業務執行者・監査役会構成員）」という。

　かつてドイツ法では，選任手続に瑕疵があった場合の取締役は別として，純粋に支配その他の「事実」を基に法律上の一定の手続を経て選任されるべき取締役の責任を認めることは矛盾であり，これを認めることはできないという考えが通説的地位を占めていた。ところが，近年，ドイツ法において，事実上の取締役・業務執行者を認める考えが，主流となりつつある。ドイツ法では，連邦通常裁判所が固有の意味での事実上の機関を認めるに至り，立法上もかかる事実上の機関に関する判例が承認されている。2008年10月23日「有限会社法の現代化と濫用対処のための法律（MoMiG[2]）」の立法者は，その立法理由書において事実上の業務執行者の概念を認めるに至った。すなわち，2008年 MoMiG 政府草案ドイツ倒産法[3] 15a条

---

[1] Ursula Stein, Das faktische Organ, Köln 1984, S. 3. 本書につき，南保勝美「事実上の機関——西ドイツ法を中心として」法律論叢60巻4＝5号553頁以下（1988年），青木英夫「事実上の機関——Ursula Stein の所論」独協法学26号1頁以下（1988年）参照。

[2] Gesetz zur Modernisierung des GmbH-Rechts und zur Bekämpfung von Missbräuchen vom 23. 10. 2008, BGBl. I S. 2026. 本法律の邦訳として，早川勝「（試訳）有限会社法の現代化と濫用をなくすための法律（MoMiG）（BGBl. I S. 2026）（2008年10月23日）による改正有限会社法」同志社法学61巻5号261頁以下（2009年）参照。本法律につき，早川勝「中小規模会社法制のあり方——ドイツ有限会社法の規制緩和と現代化（MoMiG）をめぐって」奥島孝康先生古稀記念論文集編集委員会編『〈奥島孝康先生古稀記念論文集 第1巻《上篇》〉現代企業法学の理論と動態』587頁以下（成文堂，2011年），池田良一「2008年ドイツ有限会社法改革——『EU域内での会社法形態間の競争』の視点から」国際商事法務37巻2号164頁以下（2009年）参照。

（執行者のいない会社においては社員が倒産申立義務を負う旨の規定）理由書は、「ここで導入しようとしている、執行者のいない会社の事例グループに関する規制によって、事実上の業務執行者の判例とその他の法発展は変更を受けることはない[4]」と説明している。

本章は、ドイツにおける事実上の取締役・業務執行者に関する判例・学説の発展を概観し、その日本法への示唆を得ることを目的とする。

Ⅱ　ドイツにおける判例の展開

事実上の機関が問題になった戦前のライヒ裁判所の判決例は、固有の意味での事実上の機関に関するものではなく、そのすべてがその選任手続に瑕疵があった機関に関するものであった。

事実上の機関が現れたドイツ法史上最初のライヒ裁判所判決例は、1887年10月14日ライヒ裁判所判決[5]であり、刑事事件であった。本件は、協同組合の事例であったが、ドイツ協同組合法[6]違反を理由とするドイツ破産法の刑罰規定の適用にあたり、適正な帳簿の記載を懈怠した者が、適法な選任手続を経ていない取締役であったことが争点となり、ライヒ裁判所は、ドイツ破産法上の刑罰規定が、その文言から、単に適法に選任された取締役だけでなく、選任上の瑕疵があった取締役あるいは資格要件を欠く取締役にも及ぶと判示した[7]。

---

3) ドイツ倒産法につき、吉野正三郎『ドイツ倒産法入門』（成文堂、2007年）参照。
4) Begr. MoMiG, BT-Drucks. 16/6140, S. 56.
5) RGSt 16, 269.
6) ドイツ協同組合法の翻訳として、関英昭＝小林群司＝オラフ・クリーゾフ「ドイツ協同組合法（1）」青山法学論集35巻3＝4号3頁以下（1994年）、協同組合法研究会「ドイツ協同組合法（2）～（6完）」青山法学論集36巻1号208頁以下（1994年）、36巻4号1頁以下（1995年）、37巻1号1頁以下（1995年）、37巻2号1頁以下（1995年）、38巻2号61頁以下（1996年）参照。ドイツ協同組合法の概説として、ロルフ・シュテリング（多木誠一郎＝道野真弘＝矢澤久純訳）「共同組合法概説」商学討究（小樽商科大学）57巻1号239頁以下（2006年）参照。ドイツ協同組合制度の歴史につき、G・アショホフ＝E・ヘニングセン（関英昭＝野田輝久訳）『新版 ドイツの協同組合制度——歴史・構造・経済的潜在力』7頁以下（日本経済評論社、2001年）参照。ドイツ協同組合法の成立史につき、畑尚治「近代ドイツにおける協同組合法の成立——シュルツェ＝デーリッチュとプロイセン協同組合法の成立」阪大法学50巻1号109頁以下（2000年）参照。
7) RGSt 16, 270 f.

選任行為に瑕疵があった業務執行者が民事事件で現れた最初のライヒ裁判所判決例は、1909年7月2日ライヒ裁判所判決[8]であった。本判決は、ライヒ裁判所民事判決集（RGZ）に掲載される例とは異なり、事案の詳細も示されず、判示事項についても、その要約が知られているにすぎない。ゼルゲル編集の雑誌「レヒト（法）」の1909年版によると、本件では事務管理について規定するドイツ民法677条以下の適用の可否が争点となり、ライヒ裁判所は「法律的に有効でない方法で有限会社の業務執行者に選任され、多年にわたり業務執行者の地位に事実上就いていた者は、事実上の事務管理関係に基づき無責任な業務執行につき責任を負う」と判示した。本要約版においては、業務執行者の選任に瑕疵があった場合、当該業務執行者がドイツ有限会社法の業務執行者の責任規定に基づいて責任を負うとは書かれていない。本判決が「無責任な業務執行につき責任を負う」と要約されていることからすると、これを認める趣旨の判決であったとも一応考えられるが、本責任が「事実上の事務管理関係に基づき」負うものだと限定されていることからすると、本責任は有限会社法上の業務執行者のそれではなく、おそらくは現在のドイツ民法677条の事務管理者の義務違反に基づく債務不履行責任を指していたと推定される。そうであるならば、本判決は事実上の機関に関するものではなかったことになる。

1936年10月9日ライヒ裁判所判決[9]も選任手続に瑕疵があった機関の責任を認めた。本判決は、組合員の事業活動に融資を行う協同組合に関するものであり、当該協同組合の定款規定によると、監査役会構成員は3年の任期で選任されるべきであるにもかかわらず、被告は、1920年から1929年末までの9年間にわたり、監査役会構成員として事実上活動していた。この間に再任の手続はとられなかった。この協同組合は、支払不能の状態に陥った。当該協同組合の決議で、当該協同組合は3万ライヒマルクまで融資できることが決められていたが、実際には総額60万ライヒマルクを超える融資が行われていた。そこで、被告の監査役会構成員としての責任が問われた。ライヒ裁判所は、次のように判示して、被告の責任を認めた。

「控訴審裁判所は、正当にも、被告の責任を、監査役会構成員として事実上活動していた事実を基礎に認めている……（ライヒ裁判所判例によると・引用者注）法律的に有効でない方法で有限会社の業務執行者に選任されたが、多年にわたって、事実上業務執行者の地位に就いていた者は、この事実上の関係に基づいて、その無責任な業務執行に関して責任を負う。……協同組合の機関として事実上活動し、かつ内部関係において、契約に基づいた報酬権が認められている場合、この者は、結論

[8]　RG Recht 1909, Nr. 2938.
[9]　RGZ 152, 273.

の妥当性から，機関上の地位から生じる義務を負うのであり，この義務に違反した場合，適法に選任された機関構成員と同様の損害賠償責任を負う[10]。」

本件においては，ライヒ裁判所は，本件被告が「機関上の地位から生じる義務を負う」と判示しているのであり，本判決こそが，事実上の機関につき機関としての民事責任を認めたドイツ法史上最初のライヒ裁判所判決例であるというべきである。

本件は，監査役会構成員としての任期満了後に再任の手続がとられなかったという意味で，その選任手続に瑕疵があったといえる事実上の監査役会構成員の責任が争点になった事例であるが，本判決は，被告の機関としての事実上の活動および報酬を受けていた事実を基に被告の監査役会構成員としての責任を認めており，この責任が認められる根拠および再任手続がなかった事実に着目すれば，後述の固有の意味での事実上の機関の責任を認める戦後の連邦通常裁判所判例の嚆矢と位置づけられる。

その後，30年近く，事実上の機関に関する重要判例は存在しなかった。戦後になり，1973年10月24日連邦通常裁判所判決[11]は，固有の意味での事実上の業務執行者を認めた。事案は，倒産した有限会社の社員でありかつ弁護士として会社の法務を担当していた被告に対し，会社に融資していた銀行が，被告の事実上の業務執行者としてドイツ有限会社法64条1項[12]の責任——業務執行者の支払い不能後の貸付禁止に反して支払った額を賠償する責任——を追及したというものであった。本判決は，事実上の業務執行者の要件事実の存否の決め手は，「被告の業務執行者による業務執行への影響が事実上どれだけ大きいのかではなく，あたかも業務執行者のように会社の業務を執行したか否かにある[13]」と判示したが，結論的には被告を事実上の業務執行者であるとは認めなかった。

1979年7月9日連邦通常裁判所判決[14]も，株式合資会社[15]について，事実上の業務執行機関の責任追及の可能性を検討したが，結論的には認めなかった。事案は，株式合資会社が倒産状態に陥り，本会社における管理委員会の長でありかつ監査役

---

10) RGZ 152, 277.
11) BGH WM 1973, 1354. 本件の詳細につき，伊藤雄司「事実上の取締役の責任——ドイツ法を参考にして」出口正義＝吉本健一＝中島弘雅＝田邊宏康編『〔青竹正一先生古稀記念〕企業法の現在』388頁以下（信山社，2014年）参照。
12) ドイツ有限会社法の邦訳として，早川・前掲注2) 261頁以下（2009年）。
13) BGH WM 1973, 1355.
14) BGHZ 75, 96.
15) 株式合資会社につき，高橋英治『ドイツ会社法概説』302頁以下（有斐閣，2012年）参照。

会構成員であったY₁と、単なる監査役会構成員であったY₂とが、いわゆる事実上の業務執行機関として、取締役の支払不能後の貸付禁止を定める株式法92条2項に違反した責任を追及されたというものであった。本判決は、特にY₁について、「無限責任社員を法律的に与えられた業務執行権限から排除し、これに代わり、あたかも業務執行権限のある当該無限責任社員であるかのような地位に一般的に就くまでには至っていない[16]」と判示して、Y₁が定款上広範な指図権を与えられていたのにもかかわらず、Y₁を事実上の業務執行機関とは認めなかった。

固有の意味での事実上の業務執行者に関する基本判例であると位置づけられている 1988 年 3 月 21 日連邦通常裁判所判決[17]の事案も、有限合資会社[18]の倒産に関わり、当該会社に無限責任社員として参加している有限会社の事実上の業務執行者の損害賠償責任の存否が争われた事件であり、この者は当該有限合資会社の従業員であった。1988 年 3 月 21 日連邦通常裁判所判決は、1979 年 7 月 9 日連邦通常裁判所判決に修正を加え、事実上の業務執行者となるには、法律上の業務執行者を排除したという要件は、必要ではないと判示した[19]。1988 年 3 月 21 日連邦通常裁判所判決は、1973 年 10 月 24 日連邦通常裁判所判決を踏襲して、事実上の業務執行者の要件事実の存否の決め手は、「会社における支配的地位を基にして、会社の業務執行機関の決定に影響力を行使したことにあるのではなく、あたかも業務執行者であるかのように、自身が業務を執行したことが必要である[20]」と判示した。

1988 年 3 月 21 日連邦通常裁判所判決は、固有の意味での事実上の業務執行者の要件につき、後に学説上の批判を受ける次のような判示を行った。すなわち、本判決は、「（事実上の業務執行者の責任要件につき・引用者注）決定的であるのは、次の実質的考察である。すなわち、当該者が、定款上の業務執行者に対する内的な影響だけではなく、外部に向かって生じる業務執行に帰すべき行為によって、その者に

---

16) BGHZ 75, 106.
17) BGHZ 104, 44. 本件の詳細につき、伊藤・前掲注11) 389 頁以下参照。
18) 有限合資会社につき、大原栄一「西ドイツにおける閉鎖会社としての有限合資会社（GmbH & Co. KG）」竹内昭夫編『（鈴木竹雄先生古稀記念）現代商法学の課題 下』1251 頁以下（有斐閣、1975 年）、吉永栄助「GmbH & Co. の効用とわが商法上の問題点——海外商事法務と国内商事法務の両側面より」海外商事法務 122 号 6 頁以下（1972 年）、増田政章「西ドイツにおける有限合資会社（GmbH & Co.）について」比較法政八号 141 頁以下（1976 年）、高橋・前掲注15) 372 頁以下参照。優れた実証的研究として、泉田栄一「GmbH & CO. とわが商法上の問題点」富山大学紀要（富大経済論集）21 巻 2 号 152 頁以下（1975 年）参照。
19) BGHZ 104, 44 Leitsatz.
20) BGHZ 104, 46 f.

破産申請を行う法的地位についての責任が生じるほど，会社の運命を手中に掌めているか否かである21)」と判示した。後にみるように，本判決は「外部に向かって生じる業務執行」を事実上の業務執行者の要件としており，この点が，業務執行者としての外観の存在を事実上の業務執行者の要件事実としているように読めるため，後に学説による批判の対象となった。

　2001年6月25日連邦通常裁判所判決22)は，有限会社がその一人社員に対して行った預金の支払につき，当該有限会社の支配人として，これを行った者の事実上の業務執行者としての責任が問われた事例につき，任用契約に基づかずに「公的義務」として，相応の機能を行使することにより，ドイツ有限会社法30条が定める出資返還禁止命令が課される場合があるが，支配人が有限会社の業務を事実上業務執行者であるかのように執行しない限り，支配人にはかかる命令から生じる義務は課されないと判示した23)。本判決は，事実上業務執行者であるかのように行為したことを，事実上の業務執行者の要件とすることを再確認した。

　2002年2月25日連邦通常裁判所判決24)は，固有の意味での事実上の業務執行者のドイツ有限会社法43条2項（「義務に違反した業務執行者はこれにより生じた損害につき会社に対し連帯して責任を負う」）の責任を認めたが，本判決は，1988年3月21日連邦通常裁判所判決に従い，定款上の業務執行者に対する内的な影響だけでは，事実上の業務執行者のドイツ有限会社法43条2項の責任を認めるのに十分ではなく，外部に向かって生じる業務執行に帰するべき行為が必要であるとした25)。本判決は，業務執行者としての外観の存在が事実上の業務執行者の要件事実であることを再確認した。

　2013年2月19日連邦通常裁判所判決26)は，瑕疵ある選任行為によって選任された監査役会構成員の事案（広義の事実上の機関）に関するものであった。本件控訴審裁判所が，かかる監査役会構成員をいつの時点まであたかも有効に選任された監査役会構成員として取り扱ってよいかという問題につき，「瑕疵ある選任行為によって選任された機関の理論（Lehre vom fehlerhaft bestellten Organ)27)」を適用し，

---

21) BGHZ 104, 47.
22) BGHZ 148, 167.
23) BGHZ 148, 169 f.
24) BGHZ 150, 61.
25) BGHZ 150, 61 Leitsatz c.
26) BGHZ 196, 195.
27) 監査役会構成員に適用した「瑕疵ある選任行為によって選任された機関の理論」とは，一旦選任された監査役会構成員は，選任行為を取り消す判決が有効に成立

選任の撤回等があるまでは，有効に選任された監査役会構成員として取り扱ってよいと判示したのに対し[28]，連邦通常裁判所は，監査役会構成員の選任に対し，本理論を適用する可能性は認めたものの，本理論を適用するために必要な事実の主張・立証がないと判示した[29]。本判決以降，従来取締役を念頭にその適用が認められてきた「瑕疵ある選任行為によって選任された機関の理論」の監査役会構成員への適用の可否が議論されるようになっている[30]。多数説は，瑕疵ある選任行為によって選任された監査役会構成員は，この者が解任または選任行為の無効が宣言されるまでは，原則として有効に監査役会構成員の地位に留まることができることを認める[31]。

2014年12月18日連邦通常裁判所刑事部の決定[32]では，有限会社の事実上の業務執行者が，ドイツ倒産法15a条4項の倒産惹起の行為者となり得ることを示した。これまで本章で示したように，連邦通常裁判所民事部は，有限会社の事実上の業務執行者が倒産惹起責任あるいはドイツ有限会社法64条の責任の主体となることを認めてきた[33]。2014年12月18日連邦通常裁判所刑事部決定は，有限会社の事実上の業務執行者が倒産惹起者である場合にその刑事責任を認めてきた連邦通常裁判所刑事部の判例[34]に従う。2008年10月28日にドイツ倒産法が改正され，法人の代表機関構成員に倒産申立義務を認め（ドイツ倒産法15a条1項），これを怠った法人代表機関構成員に刑罰が下され得ることをドイツ倒産法15a条4項は定めているが，本決定は，かかる法人代表機関構成員に事実上の業務執行者が含まれることを

まで，適法に選任されたものとして取り扱ってよいという内容の法理である（Schwab, Die Freigabe der angefochtenen Aufsichtswahl analog § 104 Abs. 2 AktG, AG 2015, 197）。

[28] OLG Düsseldorf, Urteil vom 20.1. 2012 - 6 U 168/10, Juris Rdnr. 41.
[29] BGHZ 196, 198.
[30] Vgl. Schwab, AG 2015, 197 Fn. 7.
[31] Habersack, „Kirch/Deutsche Bank" und die Folgen—Überlegungen zu § 100 Abs. 5 AktG und Ziff. 5. 4, 5. 5 DCGK, FS Goette, München 2011, S. 132 ff.; Bayer/Lieder, Die Lehre vom fehlerhaften Bestellungsverhältnis, NZG 2012, S. 6 f.; Schürnbrand, Noch einmal: Das fehlerhaft bestellte Aufsichtsratsmitglied, NZG 2013, 482 f.; Schürnbrand, Zur fehlerhaften Bestellung von Aufsichtsratsmitgliedern und fehlerhaften Abberufung von Vorstandsmitgliedern, NZG 2008, 610; Happ, Zur Wirksamkeit von Rechtshandlungen eines fehlerhaft bestellten Aufsichtsrats, FS Hüffer, München 2010, S. 305 ff.
[32] BGH, NJW 2015, 712.
[33] BGH 104 44.
[34] BGHSt 3, 37 f.; BGHSt 21, 103; BGHSt 31, 122; BGHSt 46, 64 ff.

明言した。本決定は，2008年10月28日ドイツ倒産法改正によっても，事実上の業務執行者に倒産惹起責任を認めてきた従来の連邦通常裁判所刑事部の判例の態度には変化がないことを示したものとして先例的意義がある[35]。

III ドイツにおける学説の展開

1 伝統的学説──事実上の機関の否定

ドイツの伝統的な解釈学説は，事実上の機関を認めることに対して批判的であった。カールステン・シュミットは，2002年，ドイツを代表する会社法の体系書において，いわゆる「事実上の機関」は法律学的に厳密でない考えへと誘惑すると説いた[36]。ヘファーも，2012年の段階では，選任行為に瑕疵のある取締役は──当該取締役が事実上会社のために活動した限りにおいて──株式法93条2項（「自己の義務に違反した取締役は，会社に対し連帯債務者として，これにより生じた損害を賠償する義務を負う[37]」）の責任を負うことは判例・支配説に基づき認めることができるが，「選任行為のない取締役が株式法93条2項の責任を負うという考えには従うことができない。なぜなら，単なる事実上の状態は法的な特別の結合関係を基礎づけることができないからである[38]」と論じていた。ヴィースナーも単に事実上取締役として行動した者は株式法93条2項1文の責任は負わないと説いた[39]。

フルーメも，1983年，支配的地位を有する社員が会社のために業務を執行し会社を指揮した場合でも，これによって社員に会社機関としての地位が生じるというわけでなく，この問題は機関概念からのアプローチによる解決を目指すべきではないと説いた[40]。同氏は，外部からの指揮の下で業務執行が行われた場合の当該指

---

35) Priebe, Anmerkung, EWiR 2015, 337; Kleindiek, Anmerkung, BB 2015, 397.
36) Karsten Schmidt, Gesellschaftsrecht, 4. Aufl., Köln 2002, S. 419.
37) 株式法の邦訳として，早川勝「1965年株式法の改正と展開」同志社法学63巻6号200頁以下（2012年）参照。
38) Hüffer, Aktiengesetz, 10. Aufl., München 2012, § 93 Rdnr. 12. ただし，Hüfferの没後ボン大学法学部イェンス・コッホ（Jens Koch）教授が改訂したHüffer, Aktiengesetz, 11. Aufl., München 2014, § 93 Rdnr. 38においては，「支配説によると正当にも選任行為のない取締役による純粋に事実上の行為も，株式法93条2項の責任を基礎づける」となっている。
39) Wiesner, in: Hoffmann-Becking (Hrsg.), Münchener Handbuch des Gesellschaftsrechts, 2. Aufl., München 1999, S. 279.
40) Flume, Allgemeiner Teil des Bürgerlichen Rechts, Erster Band, Zweiter Teil Die

揮者の責任の問題を，事実上の機関という概念を用いることなく，株式法上の契約コンツェルン規制の類推適用（いわゆる変態的事実上のコンツェルンの責任[41]）または良俗違反の不法行為責任の規定（ドイツ民法826条[42]）によって基礎づけようと試みた[43]。フルーメの弟子のヤン・ヴィルヘルムも，1981年，その教授資格論文『法人の法形態と責任』において，事実上の機関を認める学説に対し，批判的議論を展開した[44]。

ツェルナーとノアックは，2010年，「一般的に使われている『事実上の業務執行者』という表現は，残念ながら自由な法発見の源泉として神秘的な力を内蔵している[45]」と皮肉を込め，有限会社の事実上の業務執行機関につき，「具体的な規範適用問題の解決のために援用できる統一的な法的存在とは未だいえない[46]」と批判した。

ディンクホーフは，2003年に公刊された博士論文『有限会社における事実上の

---

  juristische Person, Berlin 1983, S. 89 f.

41) 変態的事実上のコンツェルンを認めたドイツの代表的裁判例は，BGHZ 95, 330 „Autokran" および BGHZ 115, 187 „Video" である。前者のアウトクラン判決の詳細につき，早川勝「変態的事実上の有限会社コンツェルンについて」産大法学24巻3＝4合併号158頁以下（1991年），金田充広「ドイツ法における特殊な事実上の有限会社コンツェルン」阪大法学41巻4号1195頁以下（1992年），マークス・ルッター＝木内宜彦編著『日独会社法の展開』197頁以下（中央大学出版部，1988年）。後者のビデオ判決の詳細につき，早川勝「変態的事実上の有限会社コンツェルンにおける支配企業の責任——近時における連邦通常裁判所の判例を中心として」同志社法学45巻1＝2合併号46頁以下（1993年），丸山秀平編著『ドイツ企業法判例の展開』236頁以下（中央大学出版部，1996年）〔梶浦桂司〕。変態的事実上のコンツェルンの法理の展開の概観として，高橋英治『ドイツと日本における株式会社法の改革——コーポレート・ガバナンスと企業結合法制』111頁以下（商事法務，2007年），高橋英治『企業結合法制の将来像』219頁以下（中央経済社，2008年），高橋・前掲注15）443頁以下参照。

42) ドイツ民法826条は，善良の風俗に反する方法で故意に他人に損害を加えた者は，その他人に対して損害を賠償する責任を負うと規定する。ドイツ民法の邦訳として，神戸大学外国法研究会編『独逸民法』（有斐閣，1988年復刻）参照。

43) Flume, Allgemeiner Teil des Bürgerlichen Rechts, Erster Band, Zweiter Teil Die juristische Person, S. 85 ff.

44) Jan Wilhelm, Rechtsform und Haftung bei der juristischen Person, Köln 1981, S. 335 ff.

45) Zollner/Noack, in: Baumbach/Hueck, GmbHG, 20. Aufl., München 2012, § 43 Rdnr. 3.

46) Zollner/Noack, in: Baumbach/Hueck, GmbHG, 20. Aufl., § 43 Rdnr. 3.

業務執行者』において，有限会社の事実上の業務執行者に業務執行者としての責任を負わせることは，有限会社の業務執行者の責任を定める規定の類推適用であるといえるが，類推適用は一般に法の欠缺がある場合に可能であるのに対し，事実上の業務執行者の事例では，任用契約が黙示に成立していると構成して解決することもできるため，その限りで法の欠缺は存在しないため，類推適用の基礎を欠いていると論じた[47]。

2 ヨーロッパ法の影響

ドイツ法において，近時，事実上の取締役・業務執行者を認める見解が有力となってきているが，この契機となったのが，1984年改訂第9指令案[48]であった。その9条は，次のように規定していた。

「会社に対して事実上の業務執行者として自ら行為をする企業は，もし会社の指揮機関の構成員であれば会社利益を配慮する義務を負わなければならない場合と同一の条件のもとで，影響力の行使および誤った業務執行によって生じた個々の損害について会社に対して責任を負う（1項）。会社の指揮機関の決定に対して直接的または間接的に決定的影響力を行使する個々の企業は，1項の意味における事実上の指揮機関とみなす（2項）。企業が服する法規定により企業の指揮について責任を負う者は当該企業と連帯して無限責任を負う。しかし，この者が，損害をもたらす行為を自己に帰責できないことを証明するときは免責される（3項a）。責任が指揮機関構成員に及ぶ場合，その構成員は企業および本条3項aにより責任を負う者と共同して連帯責任を負う（3項b）」。

1984年改訂第9指令案9条を解説するドイツ語文献では，この規定の立法上の形式が加盟国の特定の外国法に基づくと論じるものはないが，本条項が規定する支配企業の責任規制の立法形式が，ヨーロッパ諸国に存在する「事実上の取締役」ないし「影の取締役」に関する判例または立法例に配慮したものであることは明白である[49]。

---

47) Dinkhoff, Der faktische Geschäftsführer in der GmbH, Baden-Baden 2003, S. 99 f.
48) 1984年改訂第9指令案は，Lutter, Europäisches Unternehmensrecht, 4. Aufl., Berlin 1996, S. 239 ff. に収録されている。1984年改訂第9指令案の邦訳として，早川勝「企業結合に関するEC第九ディレクティブ草案（試訳）」産大法学23巻2号1頁以下（1989年）参照。なお，1984年改訂第9指令案は，事実上，不採用となっている。
49) ヨーロッパ諸国の事実上の機関の法制につき，Fleischer, Zur aktienrechtlichen Verantwortlichkeit faktischer Organe, AG 2004, 519 ff.

2003年のEU行動計画書[50]3・1・3において、欧州委員会は、いわゆる倒産引き延ばし責任の規制の導入を唱え、「取締役がその会社の支払不能が予見されるにも関わらず、会社を救済して遅滞している債務を履行しようともせず、あるいは、破産申請もしない場合についての規制」を導入することにつき、中期的課題として指令の提案を出すことを予定していた。この倒産引き延ばし責任の規制モデルは英国法上の不当取引（wrongful trading）であり[51]、欧州委員会は、これを行う主体として「影の取締役（Schattendirektor[52]; shadow director）」も念頭に置いていた[53]。

2014年4月9日、ヨーロッパ委員会が採択した「単独社員の有限会社に関する指令案[54]」（以下「指令案」という）は影の取締役制度を法定化した[55]。すなわち、ある者の指示あるいは指図に従うことが常態化している場合、その者は「影の取締役」とみなされ、形式的に業務執行者としての選任手続を経ていなくとも、業務執行者のすべての義務を負担する（指令案22条7号）。

以上の「会社の機関は会社法上の選任手続を経た場合にのみ存在しうる」という考えにとらわれないヨーロッパ法上の制度導入の草案ないし行動計画書により、ドイツ法の法的思考の厳密性を追求するドグマが崩され、新しい学説が広まる契機が

---

50) 2003年のEU行動計画書は、EG-Kommission: Aktionsplan, Sonderbeilage zu NZG Heft 13/2003に収録されている。2003年のEU行動計画書につき、髙橋英治＝山口幸代「欧州におけるコーポレート・ガバナンスの将来像――欧州委員会行動計画書」商事法務1697号101頁以下（2004年）参照。

51) Fleischer, Erweiterte Außenhaftung der Organmitglieder im Europäischen Gesellschafts-und Kapitalmarktrecht, ZGR 2004, 455; Habersack/Verse, Wrongful Trading-Grundlage einer europäischen Insolvenzverschleppungshaftung?, ZHR 168 (2004), 174 ff.

52) ハバーザックとフェアゼによると、英国法上の事実上の取締役（de facto director）と影の取締役（shadow director）との相違は、事実上の取締役が外部に対して会社のために行動し、あたかも有効に選任された取締役であるかのような外観を惹起するのに対し、影の取締役はあたかも取締役であるかのような外観は惹起しないという点にある（Habersack/Verse, ZHR 168 (2004), 189）。

53) Fleischer, AG 2004, 517; Schürnbrand, Organschaft im Recht der privaten Verbände, Tübingen 2007, S. 298. 以下 „Schürnbrand, Organschaft" と引用する。

54) Vorschlag für eine Richtlinie des europäischen Parlaments und des Rats über Gesellschaften mit beschränkter Haftung mit einem einzigen Gesellschafter, COM/2014/0212 final-2014/0120 (COD).

55) 指令案につき、新津和典「ヨーロッパにおける一人会社（Societas Unius Personae, SUP）指令案の現状――EU理事会決議を受けて」国際商事法務43巻9号1317頁以下（2015年）、久保寛展「EUにおける一人有限責任会社（Societas Unius Personae）指令案の行方」福岡大学法学論叢59巻4号661頁以下（2015年）参照。

生まれた。

3 事実上の機関を認める近時の見解

ドイツ法上事実上の機関を認める見解においては，これを認めるための要件事実の内容について争いがあり，統一的な方向性を見出しえない。

最狭義説の代表的見解は，前述の伝統的批判的見解に立つディンクホーフが採っている。同氏は，2003年，法的安定性の見地から固有の意味での事実上の業務執行者は認められるべきでないという見解を唱えた。同氏は，例外的に「選任手続に瑕疵がある場合の業務執行者は，機関の責任規定に直接服するべきである。なぜなら，すべての業務執行者の選任に瑕疵がある場合，当該会社は業務執行に責任を負う機関を持たないことになるからである[56]」と論じた。同氏によると，選任に瑕疵がある場合の業務執行者の場合とは異なり，固有の意味での業務執行者は，機関の成立要件である選任行為を全く欠くわけであるから，業務執行者としての刑事責任だけでなく，民事責任も認められるべきではないという。

これに対して，2007年，シェルンブラントは，その教授資格論文『私的団体法上の機関』において，固有の意味での事実上の業務執行者も認めるべきであると説き，「あたかも業務執行者であるかのように，会社の運命を相当程度決定している者は，直接的倫理的説得力に基づいて[57]」，事実上の業務執行者としての責任を負うと論じた。

最広義説をとるウヴェ・シュナイダーは，2007年，単に，あたかも業務執行者のように業務を執行した者だけではなく，業務執行に継続的に影響を与えた者も事実上の業務執行者の責任を負うべきであると説いた。すなわち，同氏は，「あたかも有限会社の業務執行者であるかのように有限会社の業務を執行した場合」だけではなく，業務執行者に対して継続的に影響を与えた者は，ドイツ有限会社法43条に基づいて対会社責任を負うと説いた[58]。

4 事実上の機関の責任の根拠

既にみたように連邦通常裁判所は，事実上の業務執行者の責任の根拠を引受責任説に置く。すなわち，連邦通常裁判所判例によると，事実上あたかも業務執行者であるかのように行動する者は，業務執行者としての責任を負う。近時の通説となり

---

56) Dinkhoff, a. a. O (Fn. 47), S. 112.
57) Schürnbrand, Organschaft, S. 294.
58) Uwe H. Schneider, in: Scholz, GmbHG, 10. Aufl., Köln 2007, § 43 Rdnr. 22.

つつある見解は，この判例の立場を支持して，事実上の取締役は取締役としての機関上の地位を占有することによって取締役としての責任を負うと説く[59]。これに対して，現在，事実上の業務執行者の責任の根拠をオルド・リベラリズムの基本原則たる「支配と責任の一致」に求める見解[60]も発表されている[61]。

マックス・プランク外国私法国際私法研究所の所長であるホルガー・フライシャーは，2011年，事実上の業務執行者に関する近時の最も優れた論文において，事実上の業務執行者の責任は矛盾的行為の禁止に基づき，適用される規範の目的論的拡張解釈により導かれると説いた[62]。同氏によると，かかる法解釈学上の根拠づけは厳密でないともいえるが，「事実上の業務執行者」が後述するように「類型概念（Typusbegriff）」である以上，かかる厳密性に欠ける根拠づけも許容されるべきであるという。

5　ドイツ法上の事実上の業務執行者の責任の成立要件

(1) 業務執行者としての外観は必要か？

連邦通常裁判所判例上，事実上の業務執行者は外部に業務執行者として現れなければならない[63]。しかし，この事実上の業務執行者の要件事実の認定にあたって業務執行者として外観の存在を要求するとも解される考えは，次のような学説上の批判を受けている[64]。

---

59) Spindler, in: Goette/Habersack (Hrsg.), Münchener Kommentar zum Aktiengesetz, 3. Aufl., München 2008, § 93 Rdnr. 17; Fleischer, AG 2004, 523 f.; Fleischer, Zur GmbH-rechtlichen Verantwortlichkeit des faktischen Geschäftsführers, GmbHR 2011, 340.

60) Klöhn, in: Bork/Schäfer (Hrsg.), GmbHG, Kommentar, 2. Aufl., Köln 2012, § 43 Rdnr. 9.

61) オルド・リベラリズムの思想と「支配と責任の一致」の原則につき，Eucken, Grundsätze der Wirtschaftspolitik, Tübingen 1952, S. 279 ff.; Immenga, Die personalistische Kapitalgesellschaft, Bad Homburg 1970, S. 414; Wiedemann, Gesellschaftsrecht I, München 1980, S. 543; Blaurock, Einfluß im Unternehmen und gesellschaftsrechtliche Haftungsstruktur, FS Stimpel, Berlin 1985, S. 555. なお，支配と責任との関係については，戦前におけるドイツ商法・会社法の代表的学者であったミュラー＝エルツバッハによっても論じられていた。Müller-Erzbach, Das private Recht der Mitgliedschaft als Prüfstein eines kausalen Rechtsdenkens, Weimar 1948, S. 114 ff.; Müller-Erzbach, Herrschaft und Haftung, Leipziger Zeitschrift für Deutsches Recht (LZ) 1933, 145 ff.

62) Fleischer, GmbHR 2011, 340.

63) BGHZ 104, 47.

64) Fleischer, GmbHR 2011, 342.

第1に，会社の社員あるいは債権者保護にとって，当該者が外部に現れたか否かは関係がないといえる。事実上の業務執行者の責任は権利外観法理とは異なり，社員または債権者が該当者を事実上の業務執行者であると誤認したことを基礎にして認められる責任ではない。第2に，外観責任と事実上の業務執行者の責任は責任原理を異にするため，両者を厳格に区別するべきである。すなわち，事実上の業務執行者の責任は，取引における信頼保護の理論と全く関係がない。第3に，事実上の業務執行者の責任を追及する側の立場からすると，該当者が外部に出現していたか否かは，偶然的な要素であり，会社の社員または債権者にとって，該当者が外部に現れていたか否かで，これらの者の利益が害される危険性が変動するべきものではない。第4に，英国法上の影の取締役の責任の事例が示すように，比較法上も，事実上の取締役（業務執行者）の責任追及には，該当者が外部に現れているか否かとは関係なしに，責任の成否が決定されている。すなわち，事実上の取締役（業務執行者）の責任追及を可能とするために，取締役（業務執行者）としての外観を不要とする考えは，ヨーロッパの標準となりつつある。

(2)　事実上の業務執行者は自然人に限定されるか？

　会社のような法人が事実上の業務執行者となりうるのかについては，ドイツ法上，判例・学説において争いがある。連邦通常裁判所判例は，法人は事実上の業務執行者とはなりえないという立場をとる。その根拠は，有限会社の業務執行者は自然人に限定されるという点にある。すなわち，2002年2月25日連邦通常裁判所判決[65]は，「有限会社は事実上の業務執行者になりえない。なぜなら，ドイツ有限会社法6条2項1文によると，業務執行者になりうるのは，行為能力に制限がない自然人に限られるからである[66]」と判示する。

　しかし，この判例の立場に対しては，スイス法上，法人が事実上の機関となりうると解されていることからしても[67]，なぜ行為者を自然人に限定してその責任を追及しうると解さなければならないのか，ドイツの学説上疑問が提起されている[68]。

---

[65]　BGHZ 150, 61.
[66]　BGHZ 150, 68.
[67]　スイスの会社法学者ベックリは，「法人も――自然人を通じてのみ形式的には機関責任を負うとはいえ――事実上の影響を及ぼし，かつ，機関責任を負う」と論じる（Böckli, Schweizer Aktienrecht, 4. Aufl., Zürich 2009, § 18 Rdnr. 109b）。
[68]　Fleischer, GmbHR 2011, 343.

IV 日本の下級審判例における事実上の取締役

　日本の下級審判例においても，会社経営に対して事実上の影響力を有する支配株主等につき，会社の「事実上の（代表）取締役」として，2005（平成17）年改正前商法266条ノ3第1項（会社法429条1項）の責任が認められている。すなわち日本法では，本章のいう「固有の意味での事実上の取締役」が「事実上の（代表）取締役」と呼ばれている。事実上の取締役が認められた下級審裁判例としては，以下のものが挙げられる。

　東京地判平成2年9月3日判時1376号110頁は，Y_1およびY_2による刑事事件にも発展した違法な経営があったと発覚し，会社が倒産して原告が売掛金債権を回収できないという損害を被ったという事案につき，「重要な事項については全てY_1が掌握しており，Y_2も主要な点はY_1に相談し，その指示を仰いだうえで行っており対外的にもY_1が代表者のように振る舞うことが多かった」とし，「Y_1は登記簿上Y_3の取締役にはなっていないものの，Y_3社の実質的経営者（事実上の代表取締役）であったものというべきである」として，平成17年改正前商法266条ノ3（会社法429条1項）の類推適用による損害賠償責任をY_1について認めた。かかる事実上の取締役の概念構成は，ドイツの判例上の事実上の業務執行者の概念構成（「あたかも業務執行者のように業務を執行する」）と類似する点も見られるが，Y_1を事実上の取締役と認定する上での決定的な要素が，Y_1がY_3社において最高責任者として決定権を有していたかという点に求められており，この点ではY_1の支配の程度の高さにも責任の根拠が求められている。

　大阪地判平成4年1月27日労働判例611号82頁は，Y_1がY_2社を倒産状態に陥らせ債権者たるXの給与の不払いという損害を生じさせたとして平成17年改正前商法266条ノ3（会社法429条1項）の責任が問われた事案につき，「Y_1は，Y_2社において監査役たる地位に止まるが，実質的な所有者として『オーナー』を自称し，従業員は社長と呼び，XもY_1をY_2社の代表者と信じていた」と認定し，他方では「Y_2社及びゴールデンドアの運営，業務執行について余人の容嘴する余地はなかった」と認定し，「以上の事実によると，Y_1は，事実上の代表取締役として，Y_2社の業務の運営・執行を行っていたと認められる」と判示した。本判決では，①外見上，事実上の取締役であると外部の者から認められていたこと，②Y_2社を完全に支配していたこと，③法律上代表取締役の権限であるとされている業務執行を行っていたこと，を考慮して，法律上監査役にすぎないY_1を事実上の代表取締

役と認定した。本判決では，代表取締役としての外観の存在，および，代表取締役であるかのような行為を基に事実上の代表取締役の認定を行っているが，これに加えて，業務執行に対する高度な支配の要素も，事実上の代表取締役を認定するための決め手となっている。

京都地判平成4年2月5日判時1436号115頁は，子会社（A社）を支配していた親会社（B社）の代表取締役（Y）がA社の事実上の取締役にあたるとして2005（平成17）年改正前商法266条ノ3（会社法429条1項）の責任が認められた事案であるが，「Yは，A社の経営と相当深い関係をもっており，親会社であるB社の代表取締役として，また，会社創設者であるCの相続人で，A社の実質的所有者として，事実上A社の業務執行を継続的に行ない，A社を支配していたものであって，A社の事実上の取締役に当たるというべきであ」ると判示して，子会社倒産によって子会社の債務が支払い不能となったことにつき子会社に売買代金を有していた者につき代金回収不能による損害が発生したと認定し，B社の代表取締役の当該損害についての賠償責任を認めた（4割の過失相殺）。本判決は，主として「支配」を根拠として親会社の代表取締役を子会社の事実上の代表取締役としてその責任を認めた点に特徴がある。

名古屋地判平成22年5月14日判時2112号66頁は，請負人である株式会社（C社）との間で建物建築工事を目的とした請負契約を締結した注文者らが，C社の実質的な経営者である被告（Y）に対して建物の瑕疵によって被った損害の賠償を求めた事案において，「Yが息子のAからBに代表者を変えていることからすれば，Yは，C社の主たる業務自体も実質的に被告の意思で運営していたものと認めるのが相当である。C社の従業員となるDやアルバイトのEの採用面接をYが行い，その採用を決めていることからしても，Yは，C社の経営の実務も実際に行っていたというべきである」と認定し，「Yは，C社の事実上の（代表取締役）であったと認められる」と判示した。本判決は，Yがあたかも会社の代表取締役であるかのように活動していたことを根拠に，Yの事実上の代表取締役としての責任を認めたものであった。

東京地判平成23年6月2日判タ1364号200頁は，BからA社の株式を購入したところ，A社の売上の約99パーセントは架空循環取引に関するものであり，真実は無価値であるとして，A社の代表取締役（後に社外取締役）であるBに対し，会社法429条に基づく損害賠償等を求めるとともに，Bの父であるYに対し，事実上のA社の取締役であるとして会社法429条に基づく損賠償等を求めた事案であったが，①Yは，A社の支配的株主であるBの父であり，A社の会長と呼ばれ，

A社の最高実力者であったこと，②A社の代表取締役を指名したのもYであること，③Yは相談役としてA社の取締役会に参加し，京都営業所の閉鎖を提案し，A社の投資活動に関して取締役会からA社の代表取締役とともに一任されるなど代表取締役と同等の活動をしていたこと，④A社の資本政策・持株比率等はYが決定していたこと，⑤本件株式譲渡の際は，Yが独断で決定し，事後的に取締役会の承認を得たこと，⑥Xと本件株式譲渡契約を締結する際にも，Bは立ち会わず，Yが交渉していたこと，⑦Xからの責任追及がないように本件文案を作成したことに照らすと，Yは，A社の事実上の代表取締役であると認定した[69]。

大阪地判平成23年10月31日判時2135号121頁は，取締役の退任登記を経た後も，破産会社の経営を支配していた事実上の取締役（Y）が，破産会社の役員および従業員による過当営業行為を防止するための社内体制の構築その他適切な措置を講じるべき職務上の注意義務を重大な過失によって怠り，その任務を懈怠した結果，破産会社において，多数の顧客との間で，継続して，適合性原則等に違反する取引や無意味な反復売買といった過当営業行為を行い，顧客に損害を与えた場合には，事実上の取締役は顧客に対し損害賠償義務を負うと判示したが，「Yは，取締役の退任登記を経た後も，その実質において，同社の経営を支配していた」ことを根拠にYを事実上の取締役であると認定した。本判決は「支配」を根拠にして事実上の取締役を認定した。

近時における事実上の取締役が認められなかった事案としては，静岡地判平成24年5月24日判時2157号110頁がある。本件は，A社との間で建物建築請負契約を締結した注文者であるXら127人が，A社が多額の債務超過に陥り工事を完成することが不可能な状態であるのに，この事実を粉飾会計処理により隠蔽してXらからの請負代金の前払金を受領した後に破産したことによってXらが損害を被ったとして，A社の代表取締役Y_1の会社法429条1項の損害賠償責任およびA社でかつて取締役であったY_2およびY_3に対してこれらの者がA社の事実上の取締役であったとして，会社法429条の類推適用によりこれらの者の損害賠償責任を追及するものである。本章との関係で重要な点は，Y_2およびY_3を事実上の取締役と認めるべきであるか否かという点であるが，本判決は，「取締役として登記されていない者について事実上の取締役たる立場を肯定するためには，その者が，実際に会社の業務の運営，執行について取締役に匹敵する権限を有し，継続的にかかる権限を行使して会社の業務執行に従事していることを必要とすると解すべきであ

---

69) ただし，Yの責任については，会社法429条の責任ではなく，民法上の不法行為責任を認めた。

る」という一般論を展開し，Y_2およびY_3については，取締役に匹敵する程の権限が与えられていなかったとして，両被告を事実上の取締役とは認めなかった。事実上の取締役は法律上の機関としての資格を有していないのであるから，本判決のいうところの「取締役に匹敵する権限」を有するというのは誤解を生じさせうる表現であり，かかる権限は法律上の権限ではなく，事実上，あたかも取締役であるかのように活動することが会社において認められていたことを意味すると考えられる。かかる意味において，本判決は，主としてY_2およびY_3が取締役であるかのように活動していたか否かを検討し，かかる事実がなかったことを主たる根拠に，両被告の事実上の取締役としての責任を否定した裁判例であった。

V　おわりに——日本における事実上の取締役理論への示唆

1　ドイツ法が日本法に与える示唆

　日本の下級審判例では，「あたかも取締役であるかのように活動したこと」を根拠にして事実上の取締役を認定する裁判例と，会社に対する「支配」を根拠に事実上の取締役を認定する裁判例とがあり，裁判所が事実上の取締役の存在を認めるための要件事実は統一されていない。

　また，日本の裁判例においては，法律上の手続きを経た上で選任されていない取締役がいかなる理由から「事実上」存在するといえるのか，その根拠についての理由づけが明らかでない。すなわち，事実上の取締役の法理論上の根拠が明らかにされていない。今後，日本の会社法学は，事実上の取締役の責任の法的根拠およびその個別の要件事実のあり方について議論を進めていくべきである。なぜなら，事実上の取締役の責任をいかに法的に基礎づけるかが，その要件事実の確定に大きな影響を与えるからである。ドイツ法においては，事実上の機関の法的根拠としては，当該者が機関の地位を引受けたことにより，法的に当該機関の責任を負うという引受責任説が有力である。日本法においても，かかる事実上の取締役の法的基礎を明らかにする上で，この理論構成は参考になる。日本の裁判所が，この引受責任説をとる場合，「あたかも取締役であるかのように振る舞ったか否か」が，かかる引受責任を認めるか否かの決め手となるが，私見としては，事実上の取締役の法的基礎は1つに限定する必要はなく，事実上の取締役（「影の取締役」）の法的責任は，後述のように支配から生じる危険を基礎とする場合（一種の危険責任）もありうるべきであると考える。すなわち，事実上の取締役の責任の根拠は，日本の下級審裁判

例に現れているように，多元的であるべきである[70]。

　筆者らは，会社の事実上の機関が会社法429条1項の対第三者責任を負う場合，これを「影の取締役」と呼び，その責任の基礎は「支配」にあるべきであると説き，外観上取締役であるかのように振る舞ったか否かは責任の成否に関係がないと解すべきであると説いた[71]。会社債権者等の第三者を侵害者個人の責任負担によって保護すべきか否かの判断において，侵害者があたかも会社の機関のように行動したかのような外観を呈していたか否かを，当該侵害者個人の責任の成否の判断要素とすることは適当ではないからである。ドイツ法においても，事実上の業務執行者の責任の基礎を「支配と責任の一致」にあると説く論者が現れていることは注目に値する。この立場からすると，事実上の取締役の責任は危険責任の一種であり，支配から生じる危険が実現した場合，危険を適切に管理しうる立場にある支配者たる事実上の取締役が責任を負うという構成で，事実上の取締役が責任を負う場合も存在すべきことになる。

　事実上の取締役が自然人に限定されるのか否かは，ドイツ法上，判例と学説[72]の立場が対立する困難な問題である。日本法においても，法人取締役は認められていないため，ドイツの判例法のように，事実上の取締役は自然人に限定されると解する余地はある。しかし，日本法では法人でも持分会社の業務執行者となりうるため[73]，法人が事実上の取締役になりえないというドグマは破綻しつつある。会社法上，支配会社の責任規定が導入されていない状況下では，法人たる支配会社を事実上の取締役として，従属会社を継続的に指揮した場合，これによって生じた損害を賠償させる必要性は高い[74]。

　日本法においても，事実上の取締役の要件として，取締役としての外観の要素が必要であるのか否かについては争いがある[75]。ドイツの判例は，外観の要素を必

---

[70]　高橋美加教授は事実上の取締役の理論の解決の決め手は実質的な利益較量にあると説く（高橋美加「事実上の取締役の対第三者責任について」岩原紳作＝山下友信＝神田秀樹編集代表『会社・金融・法 上巻』373頁（商事法務，2013年））。

[71]　高橋英治＝坂本達也「影の取締役制度――支配会社の責任の視点から」企業会計62巻5号108頁（2010年）。

[72]　Schürnbrand, Organschaft, S. 234 ff.

[73]　高橋英治『会社法概説〔第3版〕』30頁（中央経済社，2015年）参照。

[74]　洪済植「事実上の取締役の法的責任」島大法学55巻4号115頁（2012年）参照。

[75]　事実上の取締役の成立要件として，取締役としての「外観」を要求する見解として，石山卓磨「事実上の取締役概念の多義性」石山卓磨＝上村達男編集『（酒巻俊雄先生還暦記念）公開会社と閉鎖会社の法理』55頁（商事法務研究会，1992年）参照。

要とすると判示している。ドイツ法との比較の視点からは，日本法上の事実上の取締役の責任の成立にも外観の要素を必要とするという立場も，十分に成り立つ。しかし，日本では，事実上の取締役の理論を，従属会社の少数派株主および債権者保護のための企業結合法制，特に支配会社の責任規制が整備されていない状況下での補助的一般条項としても機能させる必要性が高いため，取締役としての外観がなくとも支配会社に取締役の責任を課す必要性は高い。この場合，英国法にならい，事実上の取締役と影の取締役とを区別する観点からは，支配のみを要件として認められる取締役を「影の取締役」と呼ぶべきであろう[76]。

2 比較法的見地からの示唆

世界各国においては，事実上の取締役（業務執行者）の責任について，その要件事実を明確化して制定法としている国と，判例法の状態に置いている国とに分かれる。周知のように1917年以降，英国法は「影の取締役」についてその概念を簡略に定義した規定を置く（1917年英国会社法3条後段[77]）。韓国商法も，1998年，影の取締役（背後取締役ないし業務執行指図人）の責任につき明文の規定を新設した（韓国商法401条の2第1項1号[78]）。2010年スペイン資本会社法も，事実上の取締役の対会社責任および対第三者責任につき明文の規定を置く（スペイン資本会社法

---

76) 坂本達也『影の取締役の基礎的考察——イギリスにおける会社法形成史および従属会社の債権者保護の視点からの考察』321頁（多賀出版，2009年）参照。
77) 坂本・前掲注76) 126頁以下参照。
78) 韓国商法401条の2（業務執行指図人等の責任）
「次の各号に掲げる者は，指図行為を行いまたは執行した業務に関し，第399条（会社に対する責任），第401条（第三者に対する責任）および第403条（株主の代表訴訟）の適用において，これを取締役とみなす。
 1 会社に対する自己の影響力を利用し，取締役の業務執行を指図した者
 2 取締役の名称をもって直接，業務を執行した者
 3 取締役ではないが，名誉会長・会長・社長・副社長・専務・常務・取締役その他会社の業務を執行できる権限を有するものと認められる名称を付し，会社の業務を執行した者
前項の規定において，会社または第三者に対し，損害を賠償すべき責任を負う取締役は，前項の各号に規定された者と連帯してその責任を負う。」
韓国商法上の業務執行指図人の責任の詳細につき，中村信男＝鄭世喜「経営指揮者とその会社・第三者に対する責任——韓国商法上の背後理事規制と日本の判例における事実上の主宰者の責任法理」比較法学38巻1号207頁以下（2004年），高橋英治＝洪済植「韓国法上の業務執行指図人等の責任」法学雑誌58巻2号207頁以下（2011年）参照。

236条1項[79]）。

　これに対し，ドイツ法は，事実上の取締役について明文規定を置いていない。1997年2月2日バイエルン最高裁判決[80]は，有限会社の事実上の業務執行者の倒産引き延ばし責任（2008年改正前ドイツ有限会社法84条1項2号・64条1項[81]）につき，当該者が，以下の8項目の要件の中，少なくとも6項目を満たしている場合に，認められると判示した。すなわち，①企業政策の決定，②企業組織の決定，③従業員の選解任，④当該有限会社の取引相手との間の業務関係の形成，⑤資金提供者との交渉，⑥業務執行の対価としての報酬の受領，⑦税務事項の決定，⑧帳簿および計算書類の管理，である。このバイエルン最高裁の判示を根拠に，フライシャーは，事実上の業務執行者は「類型概念」であるとし[82]，その要件事実を明確に定義できるものとはなっておらず，これを構成する複数の要素の存否につき全状況を考慮して実質的に判断しその存在が認定されると主張し，ドイツが事実上の業務執行者の責任を立法化するには時期尚早であると説く[83]。今後，ドイツ法において，事実上の取締役・業務執行者に関する判例・学説が変遷し，これに関する制定法上の規定が置かれるか否かについて，日本は注視していく必要があろう。

---

[79] スペイン資本会社法236条1項「法律上または事実上の取締役は，法令もしくは定款に反する行為もしくは懈怠または職務の遂行に係る義務の不履行により生じた損害につき，会社，社員および会社の債権者に対し責任を負うものとする。」以上のスペイン資本会社法の訳文につき，黒田清彦「スペイン資本会社法（5）」国際商事法務41巻1号65頁（2013年）参照。
[80] BayObLG NJW 1997, 1936.
[81] これらの規定は，有限会社の債務超過等の場合の有限会社業務執行者の倒産申立義務および当該義務が果たされなかった場合の罰則について定める。
[82] Fleischer, GmbHR 2011, 341. 同様の見解として，Schürnbrand, Organschaft, S. 308.
[83] Fleischer, GmbHR 2011, 346.

第6章　日本とドイツにおける会社法の問題としての株式の評価
—— 日本法の株式買取請求権とドイツ法の代償
の機能比較を中心として

I　はじめに

　日本の2005（平成17）年会社法は，合併の際の株式買取請求権制度の基本思想を，合併がなかったならば株主が得るはずであった経済的利益の確保（いわゆる「ナカリセバ価格」の保障）から，これとともに合併シナジーが生じた場合については合併シナジーを公正に分配するということとした（いわゆる「シナジーの分配[1]」）。かかる合併等の組織再編の際の株式買取請求権制度の基本思想の転換については，近時，これを批判する論文が発表され[2]，今後の日本の解釈論や立法論への影響が注目されている。また，上場株式の株式買取請求権については，上場株式買取にかかる株式評価の基準時について争いが生じ，楽天対TBS事件最高裁決定を契機に，組織再編にかかるシナジーの発生の有無を問わず，株式買取請求権行使時を基準時とする考えが判例として定着しつつある。

　頻繁に引用されるデラウェア最高裁判所の有名な判決に「評価はサイエンスというよりはアートである[3]」という一節がある。株式評価は，価値判断に関わる問題であり，適用される規範が求める局面によって，採用されるべき評価の方法が異なるのは当然である。しかし，株式評価は，企業成果等の認識にかかわる学問である会計学と密接に結びついた普遍性のある問題でもある。この領域における比較法研究は，日独両国の株式評価を巡る法律上の問題を解決するのに役立つ。

　本章は日本とドイツにおける株式評価の方法の比較を考察対象とする。日本の従来の株式評価論の研究においては，ドイツ法上の株式評価の問題が総括的に分析・検討されることはなかった。日本の株式評価研究の基礎を築かれた関俊彦博士の

---

1) 神田秀樹「会社紛争に係る民事裁判の展望と課題——上場会社における株式の公正な価格の決定」司法研修所論集121号5頁以下（2011年）。
2) 飯田秀総「株式買取請求権の構造と買取価格算定の考慮要素（5・完）」法学協会雑誌129巻7号1515頁（2012年），飯田秀総『株式買取請求権の構造と買取価格算定の考慮要素』348頁（商事法務，2013年）。
3) *In re Shell Oil Co.,* 607 A. 2. d 1213, 1221 (Del. 1992).

『株式評価論』でも，米国法とフランス法の株式評価は取り上げられているが[4]，ドイツ法の株式評価に関する判例・学説は取り上げられていない。

本章は，日本法における株式買取請求権制度と機能を同じくするともいえるドイツ法の代償[5]の局面での株式評価を主たる比較考察の対象として，日独それぞれの会社法への示唆を得ることを目的とする[6]。

II　ドイツ法における代償と株式評価

1　発展史概観

(1)　1962年フェルトミューレ判決

ドイツの判例法上，株式の評価は，支配契約もしくは利益供与契約等の企業契約の締結（契約コンツェルン形成）や組織再編に伴い，少数派株主の株式と引換えに「代償」が与えられる場合に問題になることが圧倒的に多い。

1962年6月7日連邦憲法裁判所フェルトミューレ判決[7]では1956年組織再編法の合憲性が争われた。1956年組織再編法15条によれば，株式会社の資本金の4分の3を超える株式が多数派株主によって保有されている場合，少数派株主が反対する場合であっても，会社は総会決議により，この株式会社の全財産を多数派株主に譲渡して会社を解散させることができる。この場合，全ての少数派株主は強制的に

---

4)　関俊彦『株式評価論』18頁以下（商事法務研究会，1983年）。

5)　「代償（Abfindung）」は「持分払い戻し」とも訳されるが，会社が株主に対して「持分を払い戻す」だけではなく，企業契約の相手方たる支配企業等が従属会社の少数派株主の持分と引換えに相当な対価を提供する場合にもこの語が用いられ，また，„Abfindung"として支配企業の株式を与えることもできるため（株式法305条2項参照），本章では統一して „Abfindung" を「代償」と呼び，代償が特に現金で行われる場合には「現金代償」と呼ぶ（高橋英治『ドイツ会社法概説』37頁（有斐閣，2012年）参照）。

6)　比較法における機能比較研究の重要性について，Zwigert/Kötz, Einführung in die Rechtsvergleichung, 3. Aufl., Tübingen 1996, S. 33 ff. なお，本章のIIの叙述は，高橋英治「ドイツ法における株式評価論」商事法務2013号4頁以下（2013年）を基礎にする。

7)　BVerfGE 14, 263 „Feldmühle". 本事件の詳細につき，岩崎稜「株式に対する憲法の財産権保障と西独組織変更法――Feldmühle AG事件」會社實務の友第71輯3月号10頁（1961年），第72輯4月号37頁（1961年），フェルトミューレ判決の概要につき，岩崎稜「転換法による転換の合憲性」我妻栄編集代表『ドイツ判例百選』141頁（有斐閣，1969年）。

会社から追い出されることになるが，少数派株主は会社に対して「相当な代償」を請求する権利を有する（1956年組織再編法12条）。1956年組織再編法15条が基本法14条[8]の所有権保障に反するか否かが本件における最大の争点となった。

　連邦憲法裁判所は，「法的地位を失う少数派株主に対して経済的に完全な補償が行われるよう配慮されなければならない[9]」と判示した。連邦憲法裁判所は，「組織再編法12条は退出する株主に対して『相当な』代償を請求する権利を与えている。ワイマール憲法153条2項2文とは異なり，より少ない代償は完全な代償とは理解されない。学説によると，退出する株主は『活動する企業に対する社員上の持分に相当する価値のあるものを』得るべきであることについては一致している。この解釈は基本法14条に合致する[10]」とし，「組織再編法15条が，株式会社がその会社財産を会社の株式の額面総額の4分の3を超える株式を所有する株式会社に移転することを許容する点は，基本法に合致している[11]」と判示した。

(2)　1965年株式法の成立

　1965年株式法は，その第4編結合企業に関する規定の中で，会社からの退出に伴う代償の権利を定めた。すなわち，まず，第1に，ドイツでは，株式会社を指揮する場合あるいはその全収益を契約の相手方に移転する場合には企業契約によりコンツェルンを形成しなければならないというコンツェルン法上の契約主義[12]が原則になっているが，企業契約に関し，株式法305条1項は「支配契約または利益供与契約は，第304条による補償の義務のほか，契約の相手方が，局外株主（少数派株主を指す・引用者注）の請求があるときは，契約の定める相当な代償と引換えにその株式を取得する義務を負うことを含まなければならない」と規定している。

　第2に，ドイツ法には，日本法にはない制度として，株式会社（A社）が法人格を有したままその包括的な指揮権を他の株式会社（B社）に移転し，同時にB社がA社のすべての株式を保有する状態を形成する制度があり，これは「編入（Eingliederung）」と呼ばれる[13]。株式会社の全株式を他の株式会社に保有されている場

8）　基本法14条1項は「所有権と相続権は保障される。その内容および限界は法律でこれを定める」と規定している。

9）　BVerfGE 14, 283.

10）　BVerfGE 14, 284.

11）　BVerfGE 14, 264.

12）　コンツェルン法上の契約主義につき，高橋英治『企業結合法制の将来像』8頁以下（中央経済社，2008年）参照。

13）　編入制度の詳細につき，神作裕之「株式交換・編入・会社分割」岩原紳作＝神田秀樹編著『(竹内昭夫先生追悼論文集)商事法の展望──新しい企業法を求めて』278

合(株式法319条1項)あるいはその全株式の95パーセントを保有されている場合(株式法320条1項),当該株式会社が当該他の株式会社(主会社)への編入を決議することができ,後者の方法(多数決による編入)が採られる場合,編入される会社(被編入会社)から離脱させられる株主は,編入に際して,「相当な代償を求める請求権を有する(株式法320b条)」。この株式法320b条(1965年株式法320条5項1文)の規制目的は,被編入会社の株主に対して,その社員権の喪失に対する補償を実現する点に求められる[14]。

以上で示したように,会社の組織上の変化に伴い会社から退出した少数派株主に対して給付する「代償」は,1965年株式法が世界に先駆けて創設したコンツェルン規制(株式法291条以下)によって本格的に導入された制度であった。

(3) 1965年株式法下での裁判実務

ドイツの裁判実務は,当初,株式の市場価格に対して非常に懐疑的であった。株式の市場価格を1965年株式法305条の定める代償の基準とすることに重大な疑問を表明した旧リーディングケースである1967年3月30日連邦通常裁判所判決は,株式会社の組織再編に伴い少数派株主が会社からの退出を余儀なくされ,それに伴う相当な代償の給付を請求した事案に関するものであった。連邦通常裁判所は,「株価は株式の真の価値と一致する場合もあるが,それより低いあるいは高いこともありうる。株価がまさに形成される時点の需要と供給,市場の大小,偶然の収益,投機の影響,およびその他の価値とは関係のない要因,例えば政治的出来事,噂,多様な情報,心理的要素あるいは一般的な傾向に依存する。これ以外にも,過去数年の株式市況が特に顕著に示したように,株価は絶えず変動し発展する。ここから,株価は相当な代償の算定から除外されるということになる[15]」と判示した。本判決は1999年までドイツの下級審裁判例に対して絶対的影響を及ぼしていた。

しかし,次の3つの1999年の連邦憲法裁判所決定により,株式法が定める企業契約締結または編入に伴い支配企業が従属会社の少数派株主に対して与える代償や配当保証の額の算定に関し,株式の市場価格を考慮しないことは基本法14条1項の財産権保障に違反するという法理が確立した。

1999年4月27日連邦憲法裁判所 DAT/Altana 決定[16]では,支配契約および利益供与契約の締結にあたり,支配企業が従属会社の少数派株主に対して申し出た配

頁以下(商事法務研究会,1998年),高橋・前掲注5) 433頁以下参照。

14) Hüffer, Aktiengesetz, 11. Aufl., München 2014, §320b Rdnr. 1.
15) BGH NJW 1967, 1464.
16) BVerfGE 100, 289 „DAT/Altana".

当保証と代償が基本法 14 条に照らして合憲であるか否かが争われた。

　原審である 1994 年 8 月 2 日デュッセルドルフ上級地方裁判所決定は，前記 1967 年 3 月 30 日連邦通常裁判所判決に従い，「株価は，その株式の価値とは関係のない外的要因に依存する。例えば，政治的出来事，一般的株式市場の傾向あるいは心理的要因である。株価は，市場の大小にも影響を受けるため，株式の真の価値であると言うことができず，株式の真の価値より高いこともあればまた低いこともあるし，たまたま一致することもあると言いうるにすぎない[17]」と判示した。

　これに対して，1999 年 4 月 27 日連邦憲法裁判所 DAT/Altana 決定は，前記デュッセルドルフ上級地方裁判所決定による規定の解釈と適用は基本法 14 条 1 項に違反するとして，「株式の市場価格を無視することは基本法 14 条 1 項に合致しない。……小株主が企業契約もしくは編入により被る財産上の損失は株式の流通価値の損失として表される。これは株式の市場価格と常に一致する。しかしながら，流通価値が，基本法 14 条 1 項が持分権の価値低下ないし価値喪失につき要求している『経済的に完全な補償』の最低限度を形成しているため，株式の市場価格よりも低い価格での現金代償を株式法上の裁判手続で確定することは，この基本権と原則的に調和しない。そうでないと，少数派株主は，自己の株式に対して，補償を義務づけている少数派株主の侵害がなかったときに売却により救済された状態よりも，より少ない額しか得られなかったことになるからである[18]」と判示し，「代償にあたり株式の市場価格を考慮することを原則的に拒絶した上級地方裁判所の決定は，憲法上の基準に耐えられない[19]」と結論づけた[20]。

　これに続く 1999 年 9 月 8 日連邦憲法裁判所 Hartmann & Braun 決定[21]も，「企業契約を締結している企業の株価を，必要な企業評価に際しての原則的考察から排除することは，所有権保障が相当な補償と相当な代償の規定について要求するところに一致しない[22]」とした。1999 年 12 月 10 日連邦憲法裁判所決定においても，同様の決定が繰り返され[23]，企業契約締結に伴い支配企業が従属会社の少数派株

---

17)　OLG Düsseldorf AG 1995, 86.
18)　BVerfGE 100, 307 f.
19)　BVerfGE 100, 311.
20)　本決定につき，受川環大「株式買取請求権制度の再構築――ドイツ法上の金銭代償制度を参照として」大野正道先生退官記念論文集編集委員会編著『(大野正道先生退官記念) 企業法学の展望』139 頁（北樹出版，2013 年）参照。
21)　BVerfG ZIP 1999, 1804 „Hartmann & Braun".
22)　BVerfG ZIP 1999, 1805.
23)　BVerfG ZIP 2000, 408.

主に対して相当な代償を支払う義務（株式法305条）を負う局面において，企業契約を締結している企業の株価を考慮しないで代償額を決定することは基本法14条1項に反するという憲法判例が確立した。

株主の退出に伴う代償の額を算定するには株式の評価が必要になる。ドイツでは憲法判例上，基本権の私人間効力が認められている[24]。このため，ドイツ法では，株式評価は，「相当な代償」を株主に支払う義務を課す各法律の解釈問題として争われるだけでなく，株主の財産権保障（基本法14条1項）の観点からも憲法上の問題となっている。

(4) 2001年以降の立法の動向

2001年株式法改正は，「締め出し（Squeeze-out）」の制度を導入した[25]。この制度は，株式会社の95パーセント以上の株式を有する主要株主が，少数派株主を，その意思に反しても，会社から締め出すことができるというものである（株式法327a条以下）。ここでも主要株主は締め出しに際して少数派株主に相当な代償を供与しなければならないと定められている（株式法327条1項1文参照）。

2006年ドイツ企業買収法（WpÜG）は，買付者が公開買付ないし義務的買付により95パーセント以上の対象会社の株式を買い付けた場合，相当な代償と引換えに，残余株主からその株式を強制的に自己に移転できると定める（ドイツ企業買収法39a条1項1文）。この「ドイツ企業買収法上の代償」は，買付者が資本金の90パーセントの買付に成功した場合，その買付価格が「相当な代償額」であるとみなされる点で（ドイツ企業買収法39a条3項3文），「締め出し」における代償とは異なっている[26]。

---

24) BVerfGE 7, 204 ff. „Lüth". 基本権に私人間効力を認めるべきか否かについては学説上争いがある。基本権の直接的第三者効力すなわち私人間効力を限定的にではあるが認めるものとして，Zippelius/Würtenberger, Deutsches Staatsrecht, 32. Aufl., München 2008, S. 192. 基本権に私人間効力を認めることに反対する見解として，Stein/Frank, Staatsrecht, 21. Aufl., Tübingen 2010, S. 223 f.

25) 締め出しの規制の概要につき，Moritz, „Squeeze out": Der Ausschluss von Minderheitsaktionären nach § 327 a ff. AktG, Baden-Baden 2004, S. 86 ff. 福島洋尚「株式会社法における少数株主の締め出し制度――ドイツ株式法を中心として」柴田和史＝野田博編著『会社法の現代的課題』200頁以下（法政大学出版局，2004年），齊藤真紀「ドイツにおける少数株主締め出し規整（1）（2・完）」法学論叢155巻5号1頁以下・6号38頁以下（2004年），加藤貴仁「ドイツの企業結合形成過程に関する規制」商事法務1832号21頁以下（2008年），伊藤靖史「少数株主の締出しに関する規制のあり方について――ドイツにおける少数株主締出し制度を参考に」同志社法学56巻4号74頁以下（2004年）。

2　ドイツ法における株式評価

(1) 原則的評価方法としての収益価値方式

　ドイツ法において，株式評価はその解決に会計学や鑑定実務の専門的知識を必要とする問題ではあるが，基本的には法律問題であると認識されている[26]。ドイツ法においても，米国のボンブライト[28]の有名な定式である「評価方法は評価目的に依存する」が妥当すると考えられ，株式評価はこれを要求する法律上の規定の目的に依存して決定されると解されている[29]。

　株式法305条により，契約コンツェルン形成（企業契約の締結）に際して，支配企業は従属会社の少数派株主に対して「相当な代償」を与える義務を負うが，この「代償」の額を定める際，株式の評価は典型的に問題になる。連邦通常裁判所判例によると，株式法305条による代償に際しては「少数派株主に対して，賠償を義務づけられる主要株主による侵害行為あるいは自己の有する株式の売却を強いられる組織の変更がなかったら有したであろうものを補償しなければならない[30]」。ここでは「完全補償の原則」が妥当し，少数派株主は，自己の法的地位を失いかつ財産法上の地位を侵害されたことに対し，経済的に完全に補償されなければならない[31]。この場合の補償は，連邦憲法裁判所の判例によると，持分所有権の「実際の価値」ないし「真実の価値」を反映するものでなければならない[32]。1984年9月24日連邦通常裁判所判決は，「本法廷の判例の立場によると，持分価値は，（準備金およびのれん代を含む）生きる企業の実際の価値を基礎に算出されるべきであり，一般には企業を一体として売却した場合に支払われるであろうと仮定される売却価格を基に算出される[33]」と判示する。ここで補償されるべき基準となる株価は，学説上株式の「限界価格（Grenzpreis）」と呼ばれているものであり[34]，少数

---

26) Hasselbach, in: Hirte/Bülow (Hrsg.), Kölner Kommentar zum WpÜG, 2. Aufl., Köln 2010, §39a Rdnr. 2.
27) Hüffer, Aktiengesetz, 11. Aufl., §305 Rdnr. 21.
28) ボンブライトの学説につき，関・前掲注4) 18頁以下参照。
29) Holger Fleischer/Stephan Schneider/Marlen Thaten, Unternehmensbewertung bei aktienrechtlichen Abfindungsansprüchen in Deutschland und den Vereinigten Staaten, Der Konzern 2013, 64.
30) BGHZ 138, 140.
31) BVerfGE 100, 304 f.; BVerfG NJW 2012, 3021.
32) BVerfGE 100, 306; BVerfG NJW 2012, 3021.
33) BGH NJW 1985, 193.
34) この「限界価格」は，その算定の目的において，日本法の「ナカリセバ価格」の

派株主が何らの不利益も受けずに会社から退出できる価格である[35]。この株式の限界価格は，会社の企業としての取引価格（客観的企業価値[36]）を算定し，この額を個々の持分所有者の持分割合に応じて算出する[37]。

　ドイツの株式法は，株式の評価方法について何らの規定も置いていない。株式の評価方法として判例・学説上標準的に採るべきとされている方法が，収益価値方式（Ertragswertmethode）である[38]。収益価値方式は，ドイツの裁判実務において支配的である[39]。連邦憲法裁判所は，収益価値方式につき，「憲法上疑義のない評価方法である[40]」と判示する。1984年9月24日連邦通常裁判所判決は，「株式の評価を行う際には，ドイツ民法738条2項[41]に基づき，これを評価することも可能であり，この場合，具体的な資料を基にして評価がなされるため，専門家による鑑定が必要になるであろうが，今日の支配的見解によると収益価値が出発点になるべきである」と判示する。

　収益価値方式によると，将来経営に必要な資産がいかなる利益を生み出すか仮定し，その収益額を求め，これを基に当該会社の企業価値を算定する。この方法による場合，ある特定の時点の経営に必要な資産価値を決める必要があるが，株式法305条3項3文は，相当な現金代償は支配契約ないし利益供与契約を承認する株主総会の決議時を基準時として求められるべきであると定めているから，収益価値方式の基準時は裁判実務上これらの契約の締結を承認する従属会社の株主総会の決議時であると解されている[42]。ヴュルディンガーは，「代償額算定の基準時は企業契

　　　求めるものと共通するが，算定の方法において両者は大きく異なる（最決平成23年4月19日民集65巻3号1311頁（楽天対TBS事件）参照）。
35) BGHZ 138, 140; Veil, in: Spindler/Stilz (Hrsg.), Kommentar zum Aktiengesetz, Bd. 2, 3. Aufl., München 2015, §305 Rdnr. 46; Großfeld, Recht der Unternehmensbewertung, 7. Aufl., Köln 2012, Rdnr. 150.
36) これと対立する概念である主観的企業評価論は，一企業については客観的に正しい企業価値が唯一存在するとは限らないと考える。主観的企業評価論につき，柴田和史「機能的企業評価論」岩原紳作編『（竹内昭夫先生還暦記念）現代企業法の展開』444頁以下（有斐閣，1990年）参照。
37) Vgl. Großfeld, Recht der Unternehmensbewertung, 7. Aufl., Rdnr. 138 ff., 148 ff.
38) OLG Düsseldorf WM 1992, 990; Hüffer, Aktiengesetz, 11. Aufl., §305 Rdnr. 24; Seetzen, Die Bestimmung des Verschmelzungswertverhältnisses im Spruchverfahren, WM 1994, 46.
39) Großfeld, Recht der Unternehmensbewertung, 7. Aufl., Rdnr. 1076 ff.
40) BVerfG NZG 2011, 237.
41) 「組合（会社）財産の価値は，必要な場合，推定の方法により，算定すべきである」（ドイツ民法738条2項）。

約を承認する従属会社の株主総会の決議時である（株式法293条1項）」と明確に論じる[43]。

収益価値方式を用いた企業価値算定方法が具体的にどのような方法であるべきかについては，裁判実務上統一した見解が存在しない。収益価値方式によると，理論的には，基準時から将来に向けていかなる収益が期待できるかという将来の数値に基づき当該会社の企業価値を算出するべきであるが，実際上，将来の企業の収益予測を行うのは不可能である。会計学上，「分析方式（analytische Methode）」あるいは「段階方式（Phasenmethode）」という方法が，将来の収益予測に用いられるべきであると主張されている[44]。すなわち，会計学上，例えば基準時から3年間は詳細な経営計画に基づき収益を予想し，次の5年間は，平均的に期待できる収益を算出し，それ以降は代替の収益を大まかに予想するべきであると主張されている。しかし，この学術上の算定方法も，詳細な経営計画が明らかでなければ用いることができない。そこで，過去の収益結果から基準時以降に期待できる年平均収益を算出するという方法が採られる。この方法は「一括方法（Pauschalmethode）」と呼ばれ，これを採用する裁判例も存在する[45]。理論上主張されている「分析方式」ないし「段階方式」と実務上しばしば採用されている「一括方式」を折衷し，例えば，過去5年間の収益実績と将来2～3年の収益予測を組み合わせて，企業価値を算定するという方法を採るべきであると裁判実務上有力に主張されており[46]，これは「組み合わせ方式（Kombinationsmethode）」と呼ばれる[47]。

最近の研究によると，現在の実務・裁判上採用すべきといわれている方法が「ディスカウント・キャッシュ・フロー方式」あるいは「DCF方式」と呼ばれる評価方法である。ドイツ企業評価論の第一人者であるベルンハルト・グロースフェルトは，DCF方式を「キャッシュ・フロー，すなわち企業に出入りする余剰資金を割り引いて当該企業の企業価値を算定する方法である」と定義する[48]。

裁判実務上，非上場株式の評価に事実上非常に強い影響力を有するといわれるド

---

42) Seetzen, WM 1994, 46.
43) Würdinger, in: Gadow u. w. (Hrsg.), AktG: Großkommentar, 3. Aufl., Berlin 1975, § 305 Anm. 13.
44) Donner, in: Institut der Wirtschaftsprüfer (Hrsg.), Wirtschaftsprüfer-Handbuch 1992: Handbuch für Rechnungslegung, Prüfung und Beratung, Düsseldorf 1992, S. 31 f.
45) OLG Celle AG 1981, 234; OLG Düsseldorf WM 1984, 733.
46) Seetzen, WM 1994, 47 f.
47) Hüffer, Aktiengesetz, 10. Aufl., München 2012, § 305 Rdnr. 19.
48) Großfeld, Recht der Unternehmensbewertung, 7. Aufl., Rdnr. 1100.

イツ経済検査人研究所（Institut der Wirtschaftsprüfer; IDW）の標準は，企業価値の評価方式として，金融上の余剰金が一定の割合で増大することを前提に企業価値を算定するべきとしており，この IDW 標準の企業価値算定方法によると，DCF 方式による評価と事実上同じ結果が得られるといわれている[49]。

(2) 最低限を画する価格としての市場価格

ドイツでは，判例[50]・通説[51]上，株式の市場価格は株式評価額の最低限を画すると解されている。株式法305条3項2文では，相当な現金代償は企業契約を決議する会社の株主総会決議がなされた時点の会社の諸関係を考慮しなければならないとされているから，文言解釈により，市場価格の基準時も，組織上の行為が当該会社の株主総会で決議された時点とすべきであるということになり，かつ，収益価値方式による企業価値算定の基準時が決議時とされていることとの均衡からも，かかる解釈が論理的であると考えられる。また，予測可能性および法的安定性の見地からも企業価値算定の基準を特定の時点の株価とすることは支持される。しかし，連邦通常裁判所は，特定の時点の株価が少数派株主に与えられる代償額の基準とされると，基準時が会社によって操作されてしまうことを危惧した。そこで，2001年3月12日連邦通常裁判所決定は，株価の操作可能性という現実的問題を考慮して，原則を修正し，基準となるのは一時点ではなく，一定の期間の株価であるとするべきであり，決議の3ヶ月前から決議時までの3ヶ月間の株価をもって，代償額の基準とするべきであるとした[52]。しかし，2010年7月19日連邦通常裁判所決定は，株式評価の基準となる「期間」に関し，近時の学説上の批判を受けて，資本市場の調査がより適切な手掛かりを与えない場合には，企業契約締結等の組織上の行為の公表前の3ヶ月間の株価を基礎とするべきであると判示した[53]。2011年6月28日連邦通常裁判所決定は，株主総会決議と組織上の行為の公表との間に相当に長い時間的隔たりがあり，その間に市場価格の発展があるため，これを考慮した調整が必要になる場合につき，組織上の行為の公表前の3ヶ月間の株価を基礎とするべきで

---

49) IDW 標準は，「収益価値方式と DCF 方式は概念上同じ基礎に基づく。……特に資金調達に関して同じ推定ないし簡略化を行う場合，両方式からは同じ企業価値が導かれる（IDW Standard 1 Rdnr. 101)」という。

50) BVerfGE 100, 307 f.

51) Hopt, in: Baumbach/Hopt, Handelsgesetzbuch, 36. Aufl., München 2014, Einl v § 1 Rdnr. 37; Fleischer/Maugeri, Rechtsfragen der Unternehmensbewertung bei aktienrechtlichen Abfindungsansprüchen in Deutschland und Italien, RIW 2013, 28.

52) BGHZ 147, 118.

53) BGHZ 186, 236 f. Tz. 20; BGH ZIP 2011, 1709.

あると判示した[54)]。
(3) 支配権プレミアムとマイノリティー・ディスカウント
(i) 支配権プレミアムの禁止

上場会社の企業契約締結にかかる代償（株式法305条）や締め出しにかかる現金代償（同法327a条）における相当な代償額の決定において，多数の株式が代償・現金代償の対象となっている場合に，その価額の決定に際して支配権プレミアムを加算することについては，連邦憲法裁判所判例・ほとんどの下級審裁判例および多数説が反対している[55)]。その理由として，1999年4月29日連邦憲法裁判所決定は，「多数派株主が会社の株式を有する複数の少数派株主に対して支払う用意のある額は，当該少数派株主が所有する持分所有権の『真の』価値と常に無関係である。当該額は，多数派株主が得ることのできる限界利用価値を示すものにすぎない[56)]」と判示した。本決定は，かかる理由から支配権プレミアムを代償額算定に当たって加算することは憲法上要請されていないとした。パウルセンは，多数の株式に対し代償の手続外で，一定の支配権プレミアムが支払われることが慣行化していても，株主が手にする代償額と支配権プレミアムの額との合計額は企業の客観的価値とはなんら関連性を有しない，という[57)]。

これに対して，エメリッヒは，市場外で多数の株式を取得する場合，これに対して支配権プレミアムが支払われるのは，かかる多数の株式について，その「市場価格（Marktpreis）」がかかる支配権プレミアム付きの価格であることを示しているのであるから，大量の数の株式に支払われる支配権プレミアムは代償算定にあたって考慮の対象に置かれるべきであると論じる[58)]。ヒルテとハーゼルバッハは，かかる理由に加えて，ドイツ企業買収法39条によると，公開買付または義務的買付に際し，実際の買付申込価格が市場価格よりも高い場合，企業買収法とコンツェルン法とが特に比較法的観点から同一の少数派株主保護機能を果たしていることからすると，支配権プレミアム付きの価格を買取価格と考えるべきであるという[59)]。

---

54) BGH ZIP 2011, 1709.
55) BVerfGE 100, 306; OLG Stuttgart NZG 2007, 113; OLG Hamburg AG 2002, 408; Koppensteiner, in: Zollner/Noack (Hrsg.), Kölner Kommentar zum Aktiengesetz, 3. Aufl., Köln 2004, §305 Rdnr. 73; Hüffer, Aktiengesetz, 11. Aufl., §305 Rdnr. 31.
56) BVerfGE 100, 306.
57) Paulsen in: Goette/Habersack (Hrsg.), Münchener Kommentar zum Aktiengesetz, 3. Aufl., München 2010, §305 Rdnr. 82.
58) Emmerich, in: Emmerich/Habersack, Aktien- und Konzernrecht, Kommentar, 7. Aufl., München 2013, §305 AktG Rdnr. 50.

しかし、これらの説は少数説に止まっている。

(ii) マイノリティー・ディスカウントの禁止

少数の株式が代償ないし現金代償の対象となっている場合に、企業契約締結に係る代償（株式法305条）や締め出し（同法327a条）にかかる現金代償の額の決定において、これらの株式の所有者である少数派株主が会社経営に対して影響力を有することはないという理由で、いわゆるマイノリティー・ディスカウントを行うことは、株主平等原則を定める株式法53a条に違反するとして否定されている[60]。

1964年4月28日ベルリン上級地方裁判所判決は、組織再編法12条に基づき会社から離脱する株主に対して法律が定める「相当な代償」が与えられたか否かが争われた事例において、「代償は退社する株主に対して平等に与えられなければならない。すべての株主を平等に取り扱う原則は、疑問の余地がない[61]」と判示している。

1973年6月8日デュッセルドルフ上級地方裁判所決定は、ある株式会社が他企業へその会社の指揮権を与える支配契約が締結され、当該株式会社の少数派株主が会社から離脱するにあたって現金代償を請求し、それが法律の定める「相当な現金代償」に該当するか否かが争われた事案において、「代償すべき持分が少数派の持分である、あるいは、ほんのわずかな持分所有権であるということを根拠にして、一旦計算された額からディスカウントすることは許されない[62]」と判示した。

学説は、マイノリティー・ディスカウント禁止の根拠を株主平等取扱原則について定める株式法53a条および代償制度（株式法305条）の目的に求めた。ヴュルディンガーは、1975年、代償制度は、配当保証制度（株式法304条）と異なり、従属会社から退出する少数派株主の財産上の地位を保障するものであるから、その制度趣旨からして、少数派株主に対して与える代償を算定する際にマイノリティー・ディスカウントを行うことは許されないと論じた[63]。エメリッヒは、「株式法53a条はその持分の割合を考慮せずに株主を平等に取り扱うことを出発点としているため、代償額算定に際して、全体の企業価値から個々の持分の価値を算出するには、資本金に対する各株式の額面金額の割合から、これを単純比例して求めるという方式が

---

59) Hirte/Hasselbach, in: Hopt/Wiedemann (Hrsg.), AktG: Großkommentar, 4. Aufl., Berlin 2005, § 305 Rdnr. 145.
60) OLG Düsseldorf AG 1973, 284; KG Berlin AG 1964, 219; Hüffer, Aktiengesetz, 11. Aufl., § 305 Rdnr. 32.
61) KG Berlin AG 1964, 219.
62) OLG Düsseldorf AG 1973, 284.
63) Würdinger, in: Gadow u. w. (Hrsg.), AktG: Großkommentar, 3. Aufl., § 305 Anm. 13.

とられる。したがって，マイノリティー・ディスカウントも（その反対の関係にある大株主の持分に支配権プレミアムを付与することも）禁止される64)」と明確に論じる。コッペンシュタイナーは，マイノリティー・ディスカウント禁止の根拠を株式法53a条が定める株主平等取扱原則に置くとともに，代償制度の目的は，少数派株主に対して，彼が自由な取引条件の下で売却しえた自己の持分価値（離脱価値）を与えることではなく，当該株主が会社に留まり続けられたなら得られたであろう状態を保障することにあると論じ，かかる代償制度の目的論の見地からも，マイノリティー・ディスカウントに反対する65)。

(4) 非流動性ディスカウントと株式の種類に着目したディスカウント

ドイツ法においては，非上場株式につき，上場株式に比べて流動性が低いことを理由として，株式の評価額をディスカウントするべきか否かについては，下級審判例法上，争いがある。

2006年3月31日デュッセルドルフ上級地方裁判所決定66)は，編入に際しての相当な代償額決定につき，対象会社の株式につき非上場であることを理由とした非流動性ディスカウントが行われるべきであるとした。

これに対して，下級審裁判例の多数は，株式評価にあたって非流動性ディスカウントを行うことに対して反対する。2006年9月20日デュッセルドルフ上級地方裁判所決定67)は，支配契約および利益供与契約締結に際しての代償額決定につき，対象となる従属会社が非上場会社であるにもかかわらず，非流動性ディスカウントを行わなかった。また，2010年9月3日フランクフルト上級地方裁判所決定68)も，合併比率について，合併当事会社の企業評価は原則として収益価値法によるべきであるとして，合併当事会社の株式が上場されていないことを理由とした非流動性ディスカウントを行うことを否定した。2012年4月2日フランクフルト上級地方裁判所決定も，合併比率決定に際して非流動性ディスカウントを行うことが許されないことを前提とした決定を下した。

学説上，非流動性ディスカウントの可否について言及しているものは従来少なく，唯一，2005年，ヒルテとハッセルバッハが，特に根拠を提示せずに，非流動性デ

---

64) Emmerich, in: Emmerich/Habersack, Aktien - und Konzernrecht, Kommentar, 7. Aufl., § 305 AktG Rdnr. 75.
65) Koppensteiner, in: Zöllner/Noack (Hrsg.), Kölner Kommentar zum Aktiengesetz, 3. Aufl., Köln 2004, § 305 AktG Rdnr. 95.
66) OLG Düsseldorf (26. Zivilsenat) BeckRS 2006, 07149.
67) OLG Düsseldorf (19. Zivilsenat) BeckRS 2007, 06689.
68) OLG Frankfurt AG 2010, 751, 755.

ィスカウントを認める注釈をしていた[69]。2013年,フライシャー等は,特に編入行為あるいは支配契約および利益供与契約の締結に際して従属会社の少数派株主に与えるべき代償の額の決定に非流動性ディスカウントを行うことは,強制的に会社から退出せざるをえなくなった少数派株主の保護の方法として正当ではなくかつ株式法の体系にも反するとして,非流動性ディスカウントに反対した[70]。

譲渡制限が付された株式についてもディスカウントが行われるが,ドイツ法上,かかるディスカウントは,非流動性ディスカウントと位置づけられておらず,株式の種類に着目したディスカウントであるとされている[71]。ドイツでは,株式譲渡制限が付されている株式は,株式譲渡制限が付されていない株式と比べて,20パーセントのディスカウントが行われるといわれている。

(5) 企業結合効果(シナジー効果)の分配の可否

判例・通説は,以下のように,企業契約締結に伴い支配企業が代償を支払う義務を負う場合,企業結合効果を考慮した分配を従属会社の少数派株主に対して行うことを拒絶する。

すなわち,1998年3月4日連邦通常裁判所決定は,「企業契約締結の結果として被支配会社に生ずる企業結合効果は考慮しない[72]」と判示し,その理由として,株式法305条が定める代償制度の目的は,企業契約締結に伴い従属会社の少数派株主の退出を可能にし,従属会社の少数派株主が経済的不利益を受けないように,当該株主に対して限界価値(Grenzwert)を保障することにあるからであると説いた。ヘファーも,株式法305条の目的は,退出の際に従属会社の少数派株主に限界価格を保障する点にあるという理由から,代償額の確定にシナジー効果を考慮することに反対した[73]。ファイルは,企業結合効果は代償額算定の基準時には未だ基礎づけられていないという理由から,代償額算定にあたり企業結合効果を考慮することに反対した[74]。

ドレスナー銀行の主席監査役であり,同時にゲッチンゲン大学法学部の名誉教授であったヴィンフリード・ヴェルナーは,次の3つの根拠を挙げて,代償額確定の際に企業結合効果(シナジー効果)を考慮することに反対した[75]。すなわち,同氏

---

69) Hirte/Hasselbach, in: AktG: Großkommentar, 4. Aufl., § 305 Rdnr. 213.
70) Holger Fleischer/Stephan Schneider/Marlen Thaten, Der Konzern 2013, 70.
71) Großfeld, Recht der Unternehmensbewertung, 7. Aufl., S. 373 f.
72) BGHZ 138, 140.
73) Hüffer, Aktiengesetz, 11. Aufl., § 305 Rdnr. 33.
74) Veil, in: Spindler/Stilz (Hrsg.), Kommentar zum Aktiengesetz, Bd. 2, 3. Aufl., § 305 Rdnr. 81.

によると，第1に，代償額の確定の基準時は企業契約締結にかかる従属会社の株主総会決議時であり，この時点で存在する，または発生すると予想される企業価値を算定する。企業結合は企業契約の登記によって初めて成立するものといえるから，前記総会決議時においては，その源（Wurzel）となるものは，未だ存在するとはいえない。第2に，代償については，「他の会社の株式が代償として供与される場合，合併の場合にその会社の株式一株に対し相手方会社の株式が割り当てられる割合によって株式が供与されるときは，その代償を相当とみなす（株式法305条3項1文）」という規定が存在する。しかし，特に多数の企業が1つの企業に合併される場合に，合併シナジー効果を合併比率算定に際して考慮することが不可能である以上，株式法305条3項1文を根拠に，現金代償に際しても，企業結合効果は考慮されないというのが正しい。第3に，シナジー効果はその額を定量的に評価することが不可能である[76]。企業結合からいかなる結果が生ずるのかは支配企業の計画に依存しているのであり，その計画の結果を定量的に測定するのは単なる推測の域を出ない。さらに，代償を義務づけられている支配企業は，自己が計画している企業経営計画の開示を拒むであろう。また，同氏によると，仮にシナジー効果を定量的に確定できたとしても，その効果の帰属を，支配企業と従属会社との間でいかに配分するか，その基準が明確でない。

しかし，学説上，株式法305条の代償の額の確定にあたりシナジー効果を考慮すべきであるという立場も近年有力である。この立場を代表するマックス・プランク外国私法国際私法研究所所長のホルガー・フライシャーは，シナジー効果を金額として算定することは不可能であるという立場に対して，会計学の立場からは，シナジー効果が定量化しうることについては，定説となっていると反論する。また，フライシャーによると，多くの場合，シナジー効果は困難なく具体的に算定できる。例えば，法人税法上，利益供与契約により支配企業の利益と合算するために従属会社の損失を提供できた場合，その租税節約効果は，両企業の貸借対照表を閲覧すれば確認できる。また，事実上のコンツェルンが契約コンツェルンとなったため，従属報告書（株式法312条）の作成・検査が不要になった場合にも，その費用削減効果は容易に確認できる。フライシャーによると，会計学も近年大きな進歩を遂げ，すべての重要なシナジー効果は測定可能であるとされているという[77]。また，フ

---

75) Winfried Werner, Die Behandlung von Verbundeffekten bei Abfindungen nach den §§ 305 und 320 AktG, FS Steindorf, Berlin 1990, S. 315 f.

76) Winfried Werner, FS Steindorf, S. 317.

77) Fleischer, Die Barabfindung außenstehender Aktionäre nach den §§ 305 und 320 b

ライシャーは、ヴェルナーが指摘したシナジー効果算定は支配企業による開示拒絶により不可能となるという議論に対しては、多くの場合は、少なくともシナジー効果の手掛かりは得られるものであり、代償額算定にかかる裁判手続（Spruchstellenverfahren）における情報提供義務を拡張することで少数派株主と支配企業の情報の格差を埋めることが可能であると説く[78]。フライシャーは、シナジー効果の支配企業と従属会社との間での分配は、会計学上様々なモデルが構築されているが、どのモデルに従っても、恣意的という批判は免れないが、最終的には裁判所の裁量に委ねられている領域であると説く。

フライシャーは、代償額の確定の基準時は企業契約締結にかかる従属会社の株主総会決議時であるから、この時点で未だ発生していないシナジー効果は、代償額の算定にあたっては考慮することができないという批判に対しては、判例・通説上、株式評価は収益価値方式が採られ、連邦通常裁判所の判例[79]では、評価の時点でその源が存在さえしていれば、後の展開も考慮することができるという立場が採られている以上、評価の時点で既にシナジー効果の源は存在しているといえるから、（企業結合運営過程で生じるシナジーは把握できないにせよ）少なくとも企業結合形成時点でのシナジーは、株式法305条の解釈上考慮することができるはずであると答える[80]。また、1965年株式法の立法者はシナジー分配のルールを形成していないためシナジーの分配は株式法305条の解釈の枠組みの中では不可能であると批判するのに対して、フライシャーは、1965年株式法制定当時は、未だ会計学上のシナジー効果の認識が確たるものとなっていなかったが、その後の会計学および会社法学の発展により会計学上企業結合に伴うシナジーの存在が確認されている以上、なんらかの解釈論上の対処がなされてよいはずであると説く[81]。

(6) 裁判手続法

ドイツ法では、財産権保障について規定する基本法14条1項を根拠として、少数派株主が代償額の相当性を裁判所に判断させることができると憲法判例上解されている[82]。すなわち、2012年5月16日連邦憲法裁判所決定は、「裁判所による企業価値の算定方法を再検討する可能性を与えることは……憲法上要請されてい

AktG: Stand-alone-Prinzip oder Verbundberücksichtigungsprinzip?, ZGR 1997, 380.
[78] Fleischer, ZGR 1997, 381.
[79] BGH NJW 1973, 511.
[80] Fleischer, ZGR 1997, 384.
[81] Fleischer, ZGR 1997, 384.
[82] BVerfGE 100, 304; BVerfGE, NZG 2012, 909 Tz. 18.

る[83]」と明確に判示する。ドイツは，2003年に裁判手続法（SpruchG[84]）を特別法として制定し，これまで株式法および組織再編法に散在していた代償価格決定のための裁判手続の諸規定を統一的に規制した[85]。

　裁判手続法によると，会社のすべての少数派株主が，契約コンツェルン形成（企業契約の締結）あるいは編入に際しての代償額決定を裁判所に申し立てることができる（裁判手続法3条1号・2号）。かかる少数派株主は，組織再編措置が商業登記簿へ登記されてから3ヶ月以内に，裁判上の代償額決定を求める申立を行わなければならない。その際，代償額の不相当性に関し具体的に異議を述べなければならない（裁判手続法4条）。この際，代償額については，「原告の不利に判決を改めること（reformatio in peius）の禁止」の原則が妥当する[86]。代償額の裁判所による確定の申請は，一定の株主によってなされるが，この裁判手続に参加しない株主の権利を保護するため，裁判所は，これらの裁判手続に非参加の株主の利益を代表する共同代理人を選任しなければならない（裁判手続法6条）。裁判手続により代償額の決定を得た場合，この裁判所の決定は，すべての株主に対して及ぶのであって，裁判所の代償額決定前にすでに別の額の代償を得て会社から離脱した株主に対しても及ぶ（裁判手続法13条2項）。裁判手続の申請が可能な場合，その90パーセント近くが裁判手続を実際に利用しているといわれ，代償額がより高額になる場合が多々存在する[87]。しかし，このための裁判手続が長期間に及ぶことが常に批判されてきた。2011年11月17日連邦憲法裁判所決定は，支配契約および利益供与契約が締結された場合に従属会社の少数派株主に対して与えられる代償の額の裁判所による決定のための裁判手続が，第1審裁判所で18年かかりその後2年間放置された事案につき，「私人間の紛争に対しては，（人格の自由な展開を保障する・引用者注）基本法2条1項が，法治国家原則（基本法20条3項）との関係で効果的な法的保護を

---

83) BVerfG NZG 2012, 909 Tz. 18.
84) 正式名称「会社法上の裁判手続に関する法律」。Gesetz über das gesellschaftsrechtliche Spruchverfahren (Spruchverfahrensgesetz SpruchG) vom 12. 6. 2003, BGBl. I S. 838. 本法における裁判手続とは日本法における会社非訟事件手続に相当する。裁判手続法の邦訳と詳細につき，早川勝「迅速な裁判手続による少数株主保護の確保——ドイツにおける Spruchverfahrensneuordnungsgesetz の制定」同志社法学55巻7号1頁以下（2004年）参照。
85) 裁判手続法の下における現金代償価額決定の方法につき，受川・前掲注20）147頁以下参照。
86) Fleischer/Maugeri, RIW 2013, 30.
87) Drescher, in: Spindler/Stilz (Hrsg.), Kommentar zum Aktiengesetz, Bd. 2, 3. Aufl., SpruchG § 1 Rdnr. 6.

保障する。ここから，専門裁判所には，裁判所における手続を相当な期間内に終了させる義務が生じる[88]」と判示し，かかる長期間にわたる裁判手続が効果的な法的保護にかかる基本権を侵害すると判示した。

Ⅲ　日本法における株式評価

1　2つの主要問題

日本の会社法上，株式評価は，ドイツ法上の代償と類似の制度である株式買取請求権においてだけではなく，新株の第三者割当においても問題となる。これら新株の第三者割当と株式買取請求権は，1950（昭和 25）年改正により米国法の影響下で新たに導入された制度である。その後，1966（昭和 41）年改正により，株式譲渡制限が認められるようになり[89]，株式譲渡制限に伴う株式価格決定（昭和 41 年商法 204 条ノ 4）のための株式評価も，非上場株式の評価に関する新しい問題として登場した。

日本の判例法上，株式評価については 2 つの主要問題が存在する。非上場株式の評価方法および上場株式買取請求権にかかる株式評価の基準時の問題である。

以下においては，戦後の米国法の継受とともに日本の会社法に導入された株式の評価が必要となる 2 つの制度（新株の第三者割当および株式買取請求権）に関し，両制度導入当時の株式評価に関する立法者意思を示した上で，日本法においては，新株の第三者割当の制度においてどのような形で株式評価が問題になるのかを明らかにし（*2*），特に株式買取請求権の局面において判例・学説上の争点となっている非上場株式の評価の問題（*3*），および上場株式買取請求権の株式評価の基準時の問題について分析・検討し（*4*），マイノリティー・ディスカウント，非流動性ディスカウントならびにシナジーの分配等の各論的問題を順に分析する（*5*～）。

---

88)　BVerfG NZG 2012, 345, 346.

89)　Eiji Takahashi, Zur Reform des Gesellschaftsrechts in Japan und deren Wirkung auf geschlossene Kapitalgesellschaften in der Praxis, AG 2010, 819; Eiji Takahashi, Zur Reform der geschlossenen Kapitalgesellschaften in Japan: die Aufhebung des GmbH-Gesetzes und ihre Wirkung, in: Bälz/Baum/Westhoff (Hrsg.), Aktuelle Fragen des gewerblichen Rechtsschutzes und des Unternehmensrechts im deutsch-japanischen Rechtsverkehr, Zeitschrift für Japanisches Recht/Journal of Japanese Law, Sonderheft/Special Issue 5 (2012), 33.

2　1950年改正の立案担当者の見解

(1)　新株の第三者割当

　1950 (昭和25) 年改正による米国法上の授権資本制度 (authorized capital) の導入により新株発行が可能となり[90]，既存株主保護の要請から，発行する新株の価格の公平性を要求する規定が商法に導入され，新株発行が「著しく不公正な価額」によって行われた場合には，既存株主は新株発行を差止めることができると定められた (昭和25年商法280条ノ10[91])。すなわち，1950 (昭和25) 年商法280条ノ10は「会社ガ法令若ハ定款ニ違反シ又ハ著シク不公正ナル方法若ハ価額ニ依リテ株式ヲ発行シ之ニ依リ株主ガ不利益ヲ受クル虞アル場合ニ於テハ株主ハ会社ニ対シ其ノ発行ヲ止ムベキコトヲ請求スルコトヲ得」と定めた。

　本条における「著シク不公正ナル価額ニ依リテ株式ヲ発行スル」とは，旧株の市場価額または会社の業績・財産の状況から考えて著しく低い価額をもって新株を発行する場合が，その典型であると考えられていた。1950 (昭和25) 年改正の立案担当者によると，本条では発行価額が「著シク不公正」な場合に新株発行の差止事由に該当すると規定しているが，その趣旨は，発行価額が公正か否かの客観的判断は困難であるから，場合によっては，多少の不公正ありとするのも実際上やむをえないとする趣旨であると説明されていた[92]。当時は，この規定において，単なる「不公正ナル発行価額」ではなく「著シク不公正な価額」での新株発行が新株発行差止事由となるとされており，差止事由の存否の判断には「広い幅」が設けられていた。

　この新株発行の局面では，裁判所が，公正な発行価額を示すために，株式を正確に評価しその真の価値を明らかにすることが，その前提として問題になる。

　最判昭和50年4月8日民集29巻4号350頁は，「普通株式を発行し，その株式が証券取引所に上場されている株式会社が，額面普通株式を株主以外の第三者に対していわゆる時価発行をして有利な資本調達を企図する場合に，その発行価額をい

---

90)　Matsuda, Das neue japanische Aktienrecht, RabelsZ 24 (1959), 127.
91)　1950 (昭和25) 年改正立案担当者は，会社が定款規定により新株引受権を特定の第三者に与える方法で新株を発行する場合を認めており (鈴木竹雄＝石井照久『改正株式会社法解説』240頁以下 (日本評論社，1950年))，著しく不公正な価額による発行の例として，「ある者に不当に低い価額で発行する場合」を挙げていた (鈴木＝石井・同上242頁)。これにより昭和期の会社法学上最大の問題の1つである新株第三者割当の諸問題発生の端緒が形成された。
92)　大隅健一郎＝大森忠夫『逐條改正会社法解説』376頁 (有斐閣，1951年)。

かに定めるべきかは，本来は，新株主に旧株主と同等の資本的寄与を求めるべきものであり，この見地からする発行価額は旧株の時価と等しくなければならないのであつて，このようにすれば旧株主の利益を害することはないが，新株を消化し資本調達の目的を達成することの見地からは，原則として発行価額を右より多少引き下げる必要があり，この要請を全く無視することもできない。そこで，この場合における公正発行価額は，発行価額決定前の当該会社の株式価格，右株価の騰落習性，売買出来高の実績，会社の資産状態，収益状態，配当状況，発行ずみ株式数，新たに発行される株式数，株式市況の動向，これらから予測される新株の消化可能性等の諸事情を総合し，旧株主の利益と会社が有利な資本調達を実現するという利益との調和の中に求められるべきものである」と判示し，第三者割当の場合に標準となる新株の「公正な発行価額」は，当該新株の評価額だけではなく，新株の消化可能性をも考慮し，旧株主の利益と会社の資金調達を実現する利益との調和の中に求められるべきものであると判示した。本最高裁判決では，「公正な発行価額」は，上場会社にあっては，単に当該上場株式の市場価格そのものではなく，当該会社の市場価格を基礎に諸事情を総合的に考慮して「形成」されるものであるという立場が示されていた。

その後の下級審裁判例には，非上場会社について，公正な発行価額は，当該会社の株式の評価を基礎として決定されるべきことを示しているものもあった。例えば，東京地決平成6年3月28日判時1496号123頁は，ニッポン放送株式会社の新株の第三者割当に関し，本件新株がゴードンモデルと呼ばれる配当還元方式で算定された価額で第三者に発行され特に有利な発行価額による新株発行であるとして仮処分が申請された事案につき，公正な発行価額の算定の問題を専ら非上場株式の評価の問題として取扱っていた。

(2) 株式買取請求権

1950（昭和25）年改正は米国法の „appraisal remedy" に倣い，合併等に反対した株主の株式買取請求権の制度を導入した（昭和25年商法245条ノ2）。すなわち，1950（昭和25）年商法245条ノ2第1文は，「前條第1項ノ決議（営業譲渡等の決議を指す・引用者注）ヲ為スベキ株主総会ニ先チ会社ニ対シ書面ヲ以テ同項ニ掲グル行為ニ反対ノ意思ヲ通知シ且総会ニ於テ之ニ反対シタル株主ハ会社ニ対シ自己ノ有スル株式ヲ決議ナカリセバ其ノ有スベカリシ価格ヲ以テ買取スベキ旨ヲ請求スルコトヲ得」と規定し，営業譲渡等や合併（昭和25年商法408条ノ2）の場合に反対株主に株式買取請求権を認めた。

本条文は，会社に当該決議がなかったとすれば有したであろう公正な価格での株

式買取を命じているため，本条文を巡っても株式評価の問題が生じうる。当時は決議時を基準として株式の評価を行うのが主流であった。1950年改正立案担当者は，「買取価格は当該決議がなかったとしたら有したであろう公正な価格である。その価格が何時を標準とするものなりや明かでないが，決議のあった日を標準とするものと解するのが規定の趣旨に合するであろう。その価格は，決議が問題となったことによって生じた価格の変動を考慮に入れないで，その他の一切の事情を斟酌した上その株式が有したと考えられる客観的価格[93]」であるとし，株式評価の基準時を決議時であるとした。この見解において，決議の日における市場価格は公正な価格を導く上で有力な資料であるが，これのみが決定的基準ではない[94]。また別の立案担当者も，この見解に賛同し，「単に市場価格にすぎないならば，とくに買取請求権を認める必要はなく，その株式を他に譲渡しても同じことである[95]」と論じた。

かかる議論が示すように，1950 (昭和25) 年改正立案担当者は，株式買取請求権制度における公正な買取価格の問題につき専ら上場株式を念頭に置いた解釈を展開し，非上場株式の公正な買取価格という問題については，全くといってよいほど，意識していなかった。また，1950 (昭和25) 年改正法成立当時，市場価格絶対主義，すなわち，上場会社の株式について，ある時点の株価あるいはある期間の平均株価をもって買取価格の基準とする考え方も採られていなかった。市場価格は公正な価格を決定する上での1つの参考資料にすぎなかった。

3 非上場株式の評価

(1) 非上場株式評価の日本法の特色

ドイツ法と比較した上での，現在の日本の株式評価論の特色としては，① 上場株式については，市場価格を基準として用いなければならないという考え方が，判例・学説上，支配的である点 (市場価格絶対主義)，および，② 株式の価格は1つでなければならないという前提から (一物一価の法則)，非上場株式の評価方法につき，課税実務が初期の会社法上の株式評価の下級審判例において大きな影響を有した点，③ 日本法では，ドイツ法上導入すれば違憲となりかねない単元株式の制度があり[96]，単元未満株主の株式買取・売渡請求権制度 (会社法192条・193条) に

---

93) 大隅＝大森・前掲注92) 223頁。
94) 大隅＝大森・前掲注92) 223頁。
95) 鈴木＝石井・前掲注91) 138頁。
96) ボン大学ヨーロッパ経済法センター所長マルクス・ルター (Marcus Lutter) 教授

おいても株式の評価が問題となる点，④ 2001（平成13）年改正法以降始まったファイナンスの柔軟化によって日本の会社法では多数の種類株式が存在し，特に2005（平成17）年会社法により導入された「全部取得条項付種類株式」の取得価額の決定（会社法172条）においても株式評価が問題となる点等が挙げられる[97]。

(2) 下級審判例と学説の展開
(i) 相続税法上の基本調達に基づく株式評価

株式買取請求権が行使された場合の非上場株式の評価に関するリーディングケースは，大阪地裁堺支決昭和43年9月26日下民集19巻9＝10号568頁である。本件は上告され，憲法上疑義がないことが確認されている（最決昭和48年3月1日民集27巻2号161頁）。右事件は，クラッカー等菓子の製造販売で当時全国的に有名であった前田製菓株式会社（非上場）（以下「本件会社」という）がその株式に譲渡制限を付す旨の定款変更を決議するにあたり，決議に反対した株主が会社に対し公正な価格でその有する株式の買取を請求し，商法所定の非訟手続を経て，裁判所が買取価格を決定したものである。

大阪地裁堺支部の決定内容は以下のとおりである。

「株式買取請求権は，会社の営業譲渡，合併，株式譲渡制限等会社の経営，支配に関する重要事項についての決議が多数決によつて決定された場合に，その決議に反対した少数株主に認められるものであり，右の経営，支配面で，その主張を否決された反対株主に，株主権の経済的利益を還元することによつて，これを補償せんとする制度である。」

1961（昭和36）年改正商法第349条第1項は譲渡制限株式の買取価格につき，「譲渡制限の決議なかりせば，その有すべかりし公正な価格」と規定し，また，すでに譲渡制限のある株式の売買価格の決定に関して，1966（昭和41）年改正商法第204条の4第2項は「株式売買請求時における会社の資産状態その他一切の事情を斟酌することを要す」と規定していることに鑑み，「右両規定の趣旨に照らし，買取請求時点における会社の資産状態その他一切の事情を斟酌し，かつ譲渡制限の決議なかりせば，その有すべかりし公正なる価格をもつて，これを決定すべきものである。」

は，もしも単元株式のような制度がドイツ法上導入されれば，憲法上の株主の財産権（基本法14条1項）侵害として違憲となる可能性があると論じる（Marcus Lutter教授に対する2003年10月28日の筆者のインタヴューにおける発言）。

[97] Saito, Squeeze-out and Appraisal Rights in Japan, FS Hopt, Bd. 2, Berlin 2010, S. 3311 ff.

株式買取請求の行使は投下資本回収の方法であり，株式買取請求において株式は主として株主としての経済的利益の補償という観点からその算定基準を考慮すべきものであり，「株主としての経済的利益とは，主として，議決権，利益配当請求権，利息配当請求権，残余財産分配請求権，株式自由処分権等をいうのであり……株式価格は，観念上一応右の支配面，投資面および投機面での価格により形成されるということができる。そして，右の支配，投資，投機の面での価格は，会社の現有純資産，営業成績（特に収益力，配当率）および流通価格（市場価格ないし取引先例価格）に由来するものであるから」，株価算定の基準が，会社の純資産額・会社の収益力・類似業種の上場会社の市場価格を考慮した多元的な基準である。

　「株価は，元来前掲3個の基準とその他の無形の要因とが融合して形成されているのであつて，そのそれぞれが独立して直ちに株価となるものではないからである。そこで，如何なる算定方式を採用すべきかが問題となる。これには，種々の方式が考えられようが，株価の算定といつても，常に一律に一定の同一算定方式に依るのは必ずしも妥当でなく，会社の規模，個人会社性や同族性の有無，上場非上場の別等の如何に応じて，これに適応した算定方式を採用するのが，合理的と思われる。当裁判所は，以上の見地から，本件につき，「国税庁長官通達直資56直審（資）17昭和39年4月25日付相続税財産評価に関する基本通達」（303丁）に基く株価の算定方式を相当として，これを採用する。」

　以上の判示を経て，大阪地裁堺支部は，相続税法上の基本通達によると，本件のような同族株主所有にかかる大会社に関する株式の価格の算定は，類似業種比準方式を採用すべきであるとして，類似業種比準方式により，本件会社の株式を一株8940円と評価した。

　その後，上場株式についても，相続税法上の基本通達に依拠して決定した下級審判例が現れた。すなわち，東京地決昭和46年4月19日下民集22巻3＝4号446頁は，王子製紙株式会社を存続会社とし，北日本製紙を解散会社とする吸収合併に反対した王子製紙の株主が会社に対し株式買取請求権を行使し，商法所定の非訟手続を経て，裁判所が買取価格を決定した事件である。

　本件において，東京地裁は，「北日本製紙は上場会社であつたからその株式については公開市場における取引価格が存在するわけであるが，市場価格は投機性を有する株式市場で形成される関係上，株式の実質的な価値とは必ずしも一致しないと考えられるので，これのみをもつて買取価格を決定するのは相当とはいえない」として，市場価格を基準とせずに「『国税庁長官通達直資56・直審（資）17昭和39年4月25日付相続税財産評価に関する基本通達』（以下「相続財産評価基本通達」

という。引用者注)にもとづく非上場株式の価格の算定方式(類似業種比準方式)を,本件に最も適するものとしてこれを採用する」と判示した。

国税庁の相続財産評価基本通達が定める「取引相場のない株式の評価」の算式では,会社を規模により3種類に区分し,かつ取得者が同族株主か否かで区分した上で,類似業種比準方式,純資産方式,配当還元方式と呼ばれる算式を使い分けていた[98]。この通達の概要は以下のとおりである[99]。まず,同通達は,市場価格のない株式の発行会社を,従業員数・総資産(帳簿)価額・取引高によって,大会社・中会社・小会社の3種類に分ける。その上で,原則として大会社の株式は類似業種比準方式,中会社の株式は類似会社比準方式と純資産価額方式(相続税評価額によって計算した金額)との併用,小会社の株式は純資産方式で価額を算定するとしながら,同族株主以外が譲渡制限株式を取得する場合は,配当還元方式によって価額を算出する。そして,税の公平性を確保する観点から,これらの方式には,それぞれ一定の算定式が定められている[100]。

1980年初頭までの下級審裁判例では,国税庁の相続財産評価基本通達に基づき類似業種比準方式を採用するものが多数を占めた[101]。

学説は,上場株式の買取価格については市場価格のみによって判断してもよいと主張した。他の評価方法に比べて,評価費用が安価で,評価額は明瞭であるし,豊富な投資判断の集積から成立する値であると考えられることからも,1人の裁判官が判断するより信頼度が高いというのが,その理由であった[102]。関俊彦博士は,非上場株式の評価については,米国においてデラウェアブロック方式[103]と呼ばれ

---

[98] 江頭憲治郎「譲渡制限株式の評価」江頭憲治郎=岩原紳作=神作裕之=藤田友敬編『会社法判例百選〔第2版〕』44頁(有斐閣,2011年)参照。

[99] 大阪地堺支決昭和43年9月26日下民集19巻910号568頁,東京高決昭和46年1月19日下民集22巻12号9頁,東京地決昭和46年4月19日下民集22巻34号446頁,名古屋高決昭和54年10月4日判時949号121頁,東京高決昭和59年10月30日判時1136号141頁,京都地決昭和62年5月18日判時1247号130頁,福岡高決昭和63年1月21日判タ662号207頁他。

[100] 久保田安彦「株式評価の基礎」法学教室362号8頁(2010年)参照。

[101] 広島地決昭和51年3月5日竹中正明=今井武志=河本一郎『非公開株式の評価と税務』334頁(商事法務研究会,1981年),広島高決昭和55年3月28日竹中正明=今井武志=河本一郎『非公開株式の評価と税務』338頁(商事法務研究会,1981年)。

[102] 関・前掲注4) 259頁以下。

[103] Delaware Block Method (DBM). Holger Fleischer/Stephan Schneider/Marlen Thaten, Der Konzern 2013, 65.

る「折衷評価方式」を取り入れて，その上で評価実務を積み重ねていくことが望ましいとした[104]。

(ii) 配当還元方式の台頭

江頭憲治郎教授は，国税庁の相続財産評価基本通達による株式の評価を大量発生的な事象を画一的に処理するための「腰だめ的」基準であると批判し[105]，1つ1つが信頼に値しない数値を複数寄せ集めたからといって，信頼できる数値が算出できるわけでもないとし[106]，理論的には株式の評価方法は原則として1つでなければならないと主張した。そして裁判実務が，国税庁の基本通達による株式の評価に頼るようになってしまったのは，学説が本来の任務を放棄して，進むべき道を裁判所に対して明らかにしてこなかった点にその理由があるとした。そして，江頭教授は，①会社は営利社団法人，すなわち対外的事業活動によって得た利益を構成員に対して利益配当または残余財産分配の方法で分配することを目的とする団体であり，株式の売買は将来の利益配当・残余財産に対する期待の売買であるから，株式は原則として配当還元方式で評価されることが理論的には正しく[107]，ただし②解体価値の方が配当還元方式により算出される株式価値よりも大であれば，かかる会社は即時に解体されるべきであるから，純資産方式での評価額が株価の最低限を画すると主張した[108]。

大阪高決平成1年3月28日判時1324号140頁は，江頭教授の学説と路線を同じくする。本件では，ダスキン共益株式会社の発行している譲渡制限株式の買取が争われた。本判決は「一般少数非支配株主が会社から受ける財産的利益は利益配当（特段の事情あるときは会社の純資産価値）のみであり，将来の利益配当に対する期待が一般株主にとっての投資対象と解される。したがって，少なくとも会社の経営支配力を有しない（買主にとって）株式の評価は右将来の配当利益を株価決定の原則的要素となすべきものというべきであるが，他方，現在及び将来の配当金の決定が多数者の配当政策に偏ってなされるおそれがないこともなく，右配当利益により算出される株価が1株当りの会社資産の解体価値に満たないこともありうるので，多数者と少数者の利害を調整して公正を期するため，右解体価値に基づき算出され

---

104) 関・前掲注4) 256頁以下。
105) 江頭憲治郎「取引相場のない株式の評価」法学協会編『法学協会百周年記念論文集 第3巻』448頁（有斐閣，1983年）。
106) 江頭憲治郎『株式会社法〔第6版〕』16頁注2（有斐閣，2015年）。
107) 江頭・前掲注105) 452頁以下。
108) 江頭・前掲注105) 470頁。

る株式価格は株価の最低限を画する意義を有するというべ」きであると判示し，譲渡制限株式をゴードンモデルに基づく配当還元方式で評価した。この判決は，①配当に対する期待が株主にとっての投資の対象であることを理由にゴードンモデルによる配当還元方式を本件における譲渡制限株式の適切な評価方法として採用した点，および，②配当還元方式によって算出された時価が会社の1株当たりの会社資産の解体価値に満たない場合には，解体価値に基づき算出した時価が株価の最低限を画するとしている点で，江頭教授の学説を採用している。

1980年初頭以降，類似業種比準方式は，公表された裁判例において，非上場会社の株式の評価方法としては採用されなくなった[109]。このように，日本の裁判例においては，租税法上の基準を会社法上の非上場株式の評価額とするという立場は，採られなくなった。しかし，日本における非上場会社の株式の評価については，全ての事案について妥当する絶対的な基準があるというわけではない。江頭教授の見解は，いくつかの裁判例に対しては絶対的な影響力を有しているが，全ての裁判例が採用しているというわけではない。日本の裁判実務は，理論的に正しい1つの方式に基づき非上場株式を評価するという立場は採らずに，非上場株式の買取価格算定に際しては「会社ノ資産状態其ノ他一切ノ事情」（平成17年改正前商法204条ノ4第2項）あるいは「株式会社の資産状態その他一切の事情」（会社法144条3項）を考慮すべきであることを条文上の根拠として，事情に応じてその事案に最も適合した評価方法を選択する，あるいは，いくつかの方式を併用して評価するものが多い。

譲渡制限株式を収益還元方式で評価した下級審裁判例としては，東京高決平成20年4月4日判タ1284号274頁がある。本件は，デジタルコンテンツ配信事業を営むベンチャー企業である株式譲渡制限株式会社において株式買取請求権が行使された事案であるが，東京高裁は，「本件会社は，創業してさほど年月が経過しておらず，資産に含み益がある不動産等は存在しないこと，ベンチャー企業として成長力が大きく，売上は順調に推移しており，その事業の進展の経緯からすれば，平成18年3月期，平成19年3月期と同様に，その後も同程度の利益が確実に見込まれるものである。以上を考慮すると，前記のとおり純資産方式を採用すると株式価値を過小に評価するおそれがあり，純資産方式は併用することを含め採用するのは相当ではなく，収益還元方式によって評価するのが相当である」と判示した。

収益還元方式と配当還元方式を併用した近時の裁判例として，大阪地決平成25年1月31日判時2185号142頁は，不動産賃貸を主たる業とする譲渡制限株式を発

---

[109] 関俊彦「株式評価をめぐる論争点」法学54巻2号32頁（1990年）。

行する株式会社の株式を，対象会社が資産管理会社であるという特色を考慮して，不動産の収益価格を基礎とする収益還元方式が，「資産の価値と収益力の双方をバランスよく配慮している点で合理的である」として収益還元方式を80パーセント，配当還元方式を20パーセントの割合で加重平均した価格とした。

また，東京地判平成26年9月26日金融・商事判例1463号44頁は，譲渡制限株式につき，譲渡承認を求めた株主と指定買取人とのそれぞれが当該株式の価格決定を裁判所に求めたところ，裁判所はDCF方式，純資産方式，配当還元方式で求められた価格の加重平均を，当該株式の価格とした。

2000（平成12）年前後には配当還元方式と純資産方式との併用事例が増加した[110]。かかる併用方式を採る利点としては，配当還元方式では，会社の経営者が配当額を意図的に低く抑えてきた場合，配当還元方式によって算出される株式の価値は不当に低額となるために[111]，条文上の根拠のある会社の資産状態を考慮した評価方法である純資産方式を組み合わせることにより，結論的に妥当な評価額を導きうるという点にあった。近時の日本の裁判例においても，収益還元方式および配当還元方式は，有力な非上場株式評価方法である。

(iii) DCF方式の登場

近時の日本におけるM&A事例の増加および会計理論の発展は，新しい非上場会社の株式評価の学説・実務を生み出した。近時は，DCF方式が非上場会社の株式評価の方法として理論的に最も優れていると説く説が多数を占める[112]。DCF方式は，将来のフリー・キャッシュ・フロー（＝企業の事業活動によって得られた収入から事業活動維持のために必要な投資を差し引いた金額）を見積り，年次毎に割引率を用いて求めた現在価値の総和を求め，当該現在価値に事業外資産を加算した上で企業価値を算出し，負債の時価を減算して株式価値を算出する方法である[113]。日本の学説では，DCF方式は，2008（平成20）年カネボウ株式買取価格申立事件東京

---

[110] 以上の2000年前後までの非上場株式評価の実務につき，川上博英「非上場会社の株式の評価」企業法研究（名古屋経済大学）15号174頁以下（2003年）。

[111] 柴田和史「配当還元法に関する一考察」黒沼悦郎＝藤田友敬編『（江頭憲治郎先生還暦記念）企業法の理論（上巻）』227頁（商事法務，2007年）。

[112] 久保田・前掲注100）9頁，伊藤達哉「取引相場のない株式の評価方法選択のあり方——感度分析に優れたDCF法の問題点を中心として」商事法務1892号41頁（2010年）。

[113] 江頭・前掲注98）45頁，神田秀樹『会社法〔第17版〕』116頁（弘文堂，2015年）。DCF方式の詳細につき，河本一郎＝濵岡峰也『非上場株式の評価鑑定集』11頁以下（成文堂，2014年）参照。

地裁決定以降，本格的に認知され始めた[114]。その理由としては日本において企業買収が盛んになり，通常企業買収で企業評価のために用いられるDCF方式の考え方が裁判実務に浸透したことが挙げられる[115]。

DCF方式の株式評価方法としての位置づけについては，学説と裁判例の立場が対立している。神田秀樹教授によると，配当還元方式はDCF方式の1つであるという[116]。しかし，裁判実務上は，DCF方式は，「収益方式」あるいは「インカムアプローチ」と呼ばれ，従来のゴードンモデル等に代表される配当還元方式と対峙する評価方法として位置づけられている[117]。

DCF方式が採用された2008（平成20）年以降の裁判例としては，次のものが挙げられる。

まず，会社関係における基礎の変動が株主総会で決議され，これに反対した株主が株式買取請求権を行使した裁判例として，次の近時の2つの下級審決定が挙げられる。

東京地決平成20年3月14日判時2000号11頁（カネボウ株式買取価格申立事件）は，公正な株式買取価格が「承認ノ決議ナカリセバ其ノ有スベカリシ公正ナル価格」とされていた2005（平成17）年改正前商法下で，旧カネボウ株式会社が，取締役会において，その主要事業を営業譲渡することを決議したところ，これに反対する旧カネボウ株式会社の普通株式を所有する申立人が，事前に相手方に対し当該営業譲渡に反対する旨を通知し，さらにその所有する株式の買取を請求したが，相手方との間で協議が整わなかったために，裁判所に対し，相手方の普通株式の株式価格の決定を求めた事案において，「裁判所は，『公正ナル価格』，すなわち，営業譲渡が行われずに会社がそのまま存続すると仮定した場合における株式の価値の算定に当たっては，一切の事情を斟酌して，反対株主の投下資本回収を保障するという観点から合理的な価格を算定することになる。……本件において，継続企業としての価値の評価に相応しい評価方法は，収益方式の代表的手法であるDCF法ということができ，相手方の株式価格の評価に当たっては，DCF法を採用することが相当である」と判示した。

---

114) 神田秀樹『会社法〔第11版〕』107頁（弘文堂，2009年）。
115) 江頭・前掲注98) 45頁。
116) 神田・前掲注113) 116頁。
117) DCF方式を「収益方式」と呼ぶものとして，広島地決平成21年4月22日金融・商事判例1320号49頁。DCF方式を「インカムアプローチ」と呼ぶものとして，福岡高決平成21年5月15日金融・商事判例1320号20頁。

第6章　日本とドイツにおける会社法の問題としての株式の評価　167

　東京高決平成22年5月24日金融・商事判例1345号12頁も，ゴードンモデルに代表される配当還元方式とは異なる評価方法としてDCF方式を理解し，非上場株式の評価方法としてDCF方式を採用した。この裁判例も，公正な株式買取価格が「（営業譲渡の・引用者注）承認ノ決議ナカリセバ其ノ有スベカリシ公正ナル価格」とされていた2005（平成17）年改正前商法下で，営業譲渡承認決議に反対した株主が株式買取を請求し，当事者間の協議が整わず，裁判所が買取価格を決定したものである。東京高裁は，「本件のような営業譲渡や合併，会社分割などの場合において，株式買取請求権が認められるのは，特別決議という多数決等によってそれらが決められ，少数派の反対株主としては株式を手放したくないにもかかわらずそれ以上不利益を被らないため株式を手放さざるを得ない事態に追い込まれるということに対する補償措置として位置付けられるものである。そして，本件のような営業譲渡や合併，会社分割は，会社の財産処分としてこれを捉えることができるから，少数派の反対株主は，会社が清算される場合と同様，会社の全財産に対する残余財産分配請求権を有すると観念的には捉えることができるところ，その価値は，清算に際し事業が一体として譲渡される場合を想定した譲渡価値，すなわち，その事業から生ずると予想される将来のキャッシュ・フローの割引現在価格に一致すると考えるのが合理的である。これに対し，配当還元方式は，将来予想される配当の割引現在価値にだけ着目していくもので，残余の部分は支配株主に帰属することになるから，相当性を欠く。したがって，本件では，理論的観点からして，配当還元方式よりDCF法を採用する方が適切であるということができる」と判示した。

　DCF方式と純資産方式とを併用して評価した裁判例としては，福岡高決平成21年5月15日金融・商事判例1320号20頁がある。この裁判例では，訪問介護等を目的として設立された株式会社の譲渡制限株式の売買価格決定が争点となった。福岡高裁は，売買価格の算定にあたっては，対象会社の特性に応じた株価算定をするほかなく，1つの評価方法だけを選択して算出した場合，その評価方法の短所が増幅される危険があるので，対象会社に適合すると思われる複数の算定方法を適切な割合で併用することが相当であるとして，本件にあらわれた諸事情を勘案して，本件における株価の算定にあたっては，DCF方式と純資産方式とを併用したうえ，その併用の割合は前者を3，後者を7とするのが相当である等として，同株式の1株あたりの売買価格を10万3261円と定めた。福岡高裁は，純資産方式を併用する理由として，「上記アプローチ（純資産方式を指す・引用者注）は，貸借対照表記載の純資産に着目して価値を評価するもの，すなわち，特定の一時点における個々の資産価値に基礎を置く静的な評価方法であって，一般には，会社が近い将来解散す

る可能性が高いなどの特段の事情のない限り採用すべきではないとはいわれるものの，1口に高齢化社会の到来といっても介護事業のあり様はさまざまであるうえ，介護保険制度の見直し等によっては必ずしも楽観視できない状況等に鑑みると，当該時点において，客観的資料である貸借対照表上の純資産に着目して，会社価値を算定することは無意味でないし，他の評価方式に依存することに少なくない危険性が認められる場合には，むしろ，同方法を基本にして算定するのが相当であるといわなければならない」とした。

非上場株式の評価にあたりDCF方式と配当還元方式とを併用した近時の裁判例としては，大阪地判平成25年1月25日判時2186号93頁がある。本判決では，会社保有の他社の非上場株式を，取締役が著しく廉価で自己の関係者に売却したことにより会社に損害を被らせたとして，取締役の会社に対する任務懈怠による損害賠償責任（会社法423条1項）が認められたが，非上場株式売却に際して会社が被った損害の認定の際に被告たる取締役が売却した非上場株式の評価が争点となった。本判決において，大阪地裁は，本件非上場株式発行会社は本件株式譲渡当時，企業として継続することを当然の前提としており，本会社の株価を算定するにあたっては，本会社の純資産価格や清算価格等の所有財産の価格のみに着目するべきでなく，本会社の事業が持つ収益力を基礎とするのが相当であり，事業の継続によって得られるキャッシュ・フローに着目したDCF方式を基本とするべきであるが，譲受人等が譲り受けた株式に期待できるのは毎年の1株当たり10円の利益配当にすぎないことからすると，本件株式譲渡によっても株式譲受人の利益状態は事実上少数派株主と変わらないということができるから，配当還元方式も無視できないとして，本件株式の評価にあたりDCF方式を85パーセント，配当還元方式を15パーセントの割合で併用した。

(iv) DCF方式の問題点

近時公表された下級審裁判例および通説[118]をみる限り，日本の裁判実務において，非上場株式の評価方法として学説上理論的に最も正しいといわれるDCF方式が主流になりつつあるようにみえる。しかし，日本では，多くの非上場の中小株式会社は，そもそもDCF方式を用いるのに必要である具体的事業計画を有していないため，会社実務上，DCF方式がその株式の評価に利用できる会社は非常に限定される[119]。また，DCF方式ではその数式に算入する数値が仮定値であり，その値

---

[118] 江頭・前掲注98) 45頁，神田・前掲注113) 116頁。
[119] 以下，2013（平成25）年5月25日関西商事法研究会における村田敏一教授・阿多博文教授・村中徹教授の発言。

によって大きく評価額が変化してしまう点で，これを一般的な評価方法として中小株式会社の非上場株式の評価に用いることはできないと考えられている。会社実務の観点からは，具体的事業計画を有していない中小株式会社の非上場株式の評価方法としては，学説上理論的根拠の乏しいとされる類似業種比準方式の方が，類似業種の株価という客観値に基づいているという意味においては，DCF方式よりも信頼性があるという指摘もある[120]。裁判所は，非上場株式の評価にあたっては，株式評価が求められる具体的局面において結果として導かれる評価額の妥当性を重視する。日本の近時の下級審裁判例においては，非上場株式につき，唯一の理論的に正しい評価方法を確立しようという意識はなく，会社毎にあるいは株式評価が求められている状況毎に，各評価方法が各局面に適用された場合のデメリットを考慮し，事案毎に結論の妥当性を重視して，適用されるべき算定方法を決定するという傾向がみられる。

4 株式買取請求権制度における上場株式評価の基準時

(1) 2005（平成17）年会社法成立と株式評価

2005（平成17）年会社法成立により，反対株主の株式買取請求権の制度が変更され，株主が株式買取請求権を行使した場合の会社による買取価格は，「決議ナカリセバ其ノ有スベカリシ公正ナル価格」（平成17年改正前商法408条ノ3第1項等）から，「公正な価格」（会社法785条1項）へと条文の文言が変更された。この改正の趣旨は，組織再編によりシナジーが生じた場合に，そのシナジー分配を可能にすることにあった[121]。この条文の変更により，会社が上場会社である場合に株式買取請求権が行使された場合の買取価格の基準時は決議時であるとする見解は絶対的なものではなくなり，上場株式について，いかなる時点の時価を基準として「公正な価格」を算定すべきかという問題が，判例・学説上の争点となった。

2005（平成17）年会社法の立案担当者は，「『公正な価格』について，会社法では具体的な算定方式が定められていないが，通常であれば，株式買取請求権の効力発生時における時価が基準となり，組織再編行為等により株価が下落した場合には，組織再編行為等がなかったものと仮定した場合の価格となり，組織再編行為等によりシナジーが生じて株価が上昇した場合には，そのシナジーを織り込んだ価格となるものと解される[122]」と解説していた。

---

120) 2013（平成25）年5月25日関西商事法研究会における村田敏一教授の発言。
121) 江頭憲治郎「会社法制の現代化に関する要綱案の解説」商事法務1725号9頁（2005年）。

かかる立案担当者の解説を前提とすると，2005（平成17）年会社法の立法者の主観的意思は，上場株式の「公正な価格」は，原則として株式買取請求権の効力発生時が基準となるが，シナジーが発生した場合には，そのシナジーを織り込んだ価格であるということになる。

(2) 楽天対 TBS 事件最高裁決定

最決平成23年4月19日民集65巻3号1311頁（楽天対 TBS 事件）は，吸収合併等によりシナジーその他の企業価値の増加が生じない場合につき，上場株式の買取価格の基準時を示した最初の最高裁決定であり，本問題についてのリーディングケースである。

楽天対 TBS 事件最高裁決定は，次のような事案であった。

X社（楽天株式会社）は，各種マーケティング・小売業務の遂行およびコンサルティング等を目的とする株式会社であり，Y社株式3777万700株（約19.8パーセント）を有する株主である。Y社（株式会社東京放送ホールディング）は，放送法による一般放送事業，及びその他放送事業等を営む会社等の株式等を所有することにより，当該会社等の事業活動を支配および管理するとともに，これらの会社等の事業活動の支援等を行うことを目的とする株式会社であり，その株式は東京証券取引所第一部に上場されている。本件は，Y社の株主であるX社等が，Y社の株主総会（以下「本件株主総会」という）において，Y社のテレビ放送事業及び映像・文化事業に関して有する権利義務を，Y社の完全子会社であるA社（TBSテレビ）に承継させることを内容とする吸収分割（以下「本件吸収分割」という）の契約を承認する議案に反対した上，買取請求権行使期間の最終日にY社に対して本件株式の買取を請求したが，法の定める期間内に買取価格の決定について当事者間に協議が調わなかったことから，Y社およびX社が，裁判所に対し，それぞれ会社法786条2項に基づき本件株式について買取価格の決定を求めた事案である。

最高裁は，「反対株主に『公正な価格』での株式の買取りを請求する権利が付与された趣旨は，吸収合併等という会社組織の基礎に本質的変更をもたらす行為を株主総会の多数決により可能とする反面，それに反対する株主に会社からの退出の機会を与えるとともに，退出を選択した株主には，吸収合併等がされなかったとした場合と経済的に同等の状況を確保し，さらに，吸収合併等によりシナジーその他の企業価値の増加が生ずる場合には，上記株主に対してもこれを適切に分配し得るものとすることにより，上記株主の利益を一定の範囲で保障することにある。以上の

---

122) 相澤哲 = 葉玉匡美 = 郡谷大輔『論点解説 新・会社法』682頁（商事法務，2006年）。

ことからすると，裁判所による買取価格の決定は，客観的に定まっている過去のある一定時点の株価を確認するものではなく，裁判所において，上記の趣旨に従い，『公正な価格』を形成するものであり，また，会社法が価格決定の基準について格別の規定を置いていないことからすると，その決定は，裁判所の合理的な裁量に委ねられているものと解される」として，シナジーの分配という目的が新たに付与された2005（平成17）年会社法の下で「公正な価格」を決めるということは，単に買取請求権の対象となっている株式を「評価」するという問題ではなく，裁判所の裁量に委ねられた株式の公正な価格の「形成」の問題であると判示した。

最高裁は，前記公正な価格形成の基準時については，次のように判示した。
「上記の趣旨に照らせば，吸収合併等によりシナジーその他の企業価値の増加が生じない場合には，増加した企業価値の適切な分配を考慮する余地はないから，吸収合併契約等を承認する旨の株主総会の決議がされることがなければその株式が有したであろう価格（以下『ナカリセバ価格』という）を算定し，これをもって『公正な価格』を定めるべきである。そして，消滅株式会社等の反対株主が株式買取請求をすれば，消滅株式会社等の承諾を要することなく，法律上当然に反対株主と消滅株式会社等との間に売買契約が成立したのと同様の法律関係が生じ，消滅株式会社等には，その株式を『公正な価格』で買い取るべき義務が生ずる反面（前掲最高裁昭和48年3月1日第1小法廷決定参照），反対株主は，消滅株式会社等の承諾を得なければ，その株式買取請求を撤回することができないことになる（会社法785条6項）ことからすれば，売買契約が成立したのと同様の法律関係が生ずる時点であり，かつ，株主が会社から退出する意思を明示した時点である株式買取請求がされた日を基準日として，『公正な価格』を定めるのが合理的である。仮に，反対株主が株式買取請求をした日より後の日を基準として『公正な価格』を定めるものとすると，反対株主は，自らの意思で株式買取請求を撤回することができないにもかかわらず，株式買取請求後に生ずる市場の一般的な価格変動要因による市場株価への影響等当該吸収合併等以外の要因による株価の変動によるリスクを負担することになり，相当ではないし，また，上記決議がされた日を基準として『公正な価格』を定めるものとすると，反対株主による株式買取請求は，吸収合併等の効力を生ずる日の20日前の日からその前日までの間にしなければならないこととされているため（会社法785条5項），上記決議の日から株式買取請求がされるまでに相当の期間が生じ得るにもかかわらず，上記決議の日以降に生じた当該吸収合併等以外の要因による株価の変動によるリスクを反対株主は一切負担しないことになり，相当ではない。

そうすると，会社法782条1項所定の吸収合併等によりシナジーその他の企業価値の増加が生じない場合に，同項所定の消滅株式会社等の反対株主がした株式買取請求に係る『公正な価格』は，原則として，当該株式買取請求がされた日におけるナカリセバ価格をいうものと解するのが相当である。」

(3) 楽天対TBS事件最高裁決定以前の下級審決定

楽天対TBS事件最高裁決定が出される以前，「公正な価格」は，上場会社については市場価格を基準とするという点については，下級審裁判例では一致していたが，いかなる時点での時価あるいはいかなる期間での平均時価を基準とするべきかについては，下級審決定の立場は錯綜していた。以下の見解がみられた。

第1に，上場会社にあっては市場価格を基準とするが，株価の投機的思惑等の偶然的要素による株価の変動を排除するため，「公正な価格」を組織再編行為の公表前の1ヶ月間の平均値とした裁判例があった[123]。

第2に，2005（平成17）年改正前商法408条ノ3第1項が規定していた「決議ナカリセバ其ノ有スベカリシ公正ナル価格」につき基準時を総会決議時とする見解があり，この見解は平成17年改正前には下級審決定の主流を占めていた。すなわち，東京地決昭和58年10月11日下民集34巻9～12号968頁および東京地決昭和60年11月21日金融・商事判例752号26頁においては合併に際しての株式買取価格が争点となっていたが，両決定は，株式買取制度の趣旨から，合併承認決議当日の交換価格（市場価格）をもって原則的な買取価格とすると判示していた。これは，2005（平成17）年改正前商法408条ノ3第1項の文言に忠実な解釈である。2005（平成17）年会社法成立後公表された裁判例では，この決議時説に立脚した決定は存在しない。

第3に，2005（平成17）年会社法の「公正な価格」の基準時を株式買取請求権行使時とするものがあった[124]。神戸地決平成21年3月16日金融・商事判例1320号59頁は，「本件において市場価格を基に『公正な価格』を算定するについては，反対株主が会社に対して，株式買取請求の意思表示を行い，それが会社に到達したとき（平成20年3月31日）に，株式の所有権の移転自体は代金支払時であるとしても当該株式についての売買契約が成立したのと同様な関係が形成されるのであるから，その時点での市場価格（同日の終値である287円）をもって，本件における『公正な価格』とするのが相当である」としていた。

第4に，基準時を株式買取請求期間満了時とする裁判例があった。楽天対TBS

---

123) 東京地決平成22年3月31日資料版商事法務314号20頁以下。

124) 東京高決平成21年7月17日金融・商事判例1341号31頁など。

事件東京高裁決定[125]は、「公正な価格を評価する基準時は、反対株主の平等という観点から、同一の時点とされるべきである」という前提の下で、会社に株式買取義務が生ずるのは、買取請求権を行使した時点であるから、この時点と接着した時点を基準時とするべきであるが、基準時を、買取請求権行使時とすると株主はこれを前提として株価変動を見込んで買取請求権を行使するという一種の投機的行動が可能になるため、この時点は取りえず、「投機的行為の余地が制限される買取請求期間満了時を公正な価格を評価する基準日とするのが相当である」とした。

　第5に、組織再編の効力発生時とする裁判例があった[126]。この立場を採る東京地決平成22年3月29日金融・商事判例1354号28頁は、「株式交換完全子会社の株主は、株式交換においてその有する株式を取得されて対価を交付される立場であって、株式交換自体により同社の企業価値が毀損されたり、又は、株式交換の条件（株式交換比率等）が同社の株主にとって不利であるために、株主価値が毀損されたり、株式交換から生ずるシナジーが適正に分配されないこともあり得ることから、株式交換に反対する株主に、株式交換完全子会社に対して自己の有する株式を『公正な価格』で買い取ることを請求できる権利を付与することとしたものであり、これにより株主の保護を図ることをその趣旨としている」とし、株式買取請求権制度の株主保護という制度趣旨および理論的見地から、「株式交換完全子会社の株主による株式買取請求に係る『公正な価格』は、裁判所の裁量により、株式買取請求が確定的に効力を生ずる（会社法785条7項参照）株式交換の効力発生日を基準と」するとした。

　以上を総合すると、楽天対TBS事件最高裁決定が出る以前の2005（平成17）年会社法下での下級審決定においては、①反対株主の平等、②無償のプット・オプションの賦与の阻止、③株式買取請求権の行使によりいつ株式の売買契約が成立したといえるのか、④投機的思惑等の株価の偶発的変動排除の要請を巡って、見解の相違が生じた。しかし、③についての下級審決定および楽天対TBS事件最高裁決定のアプローチに対しては、売買契約類似の法律関係の成立時点と、その対象物の評価の基準時とは理論的に異なる問題であるという批判がなされていた[127]。

---

[125]　東京高決平成22年7月7日金融・商事判例1346号14頁。
[126]　東京地判平成21年4月17日金融・商事判例1320号31頁、東京地判平成21年5月13日金融・商事判例1320号31頁、東京地決平成22年3月29日金融・商事判例1354号28頁、東京地決平成22年3月31日金融・商事判例1344号36頁。
[127]　石綿学「判批」金融・商事判例1368号1頁（2011年）、小出篤「判批」私法判例リマークス44号上96頁（2012年）。

(4) 株式買取請求権制度における上場株式の評価の基準時に関する学説

楽天対 TBS 事件最高裁決定が出される以前の学説の状況は次のようなものであった。

初期の学説は、株主の買取請求権を行使した場合の会社による買取価格は、「決議ナカリセバ其ノ有スベカリシ公正ナル価格」（平成 17 年改正前商法 408 条ノ 3 第 1 項等）から、「公正な価格」（会社法 785 条 1 項）に変更されたが、これは前述のように、組織再編に伴うシナジーの分配を可能にするための文言の改正であり、組織再編に伴ってシナジーが生じない場合には、2005（平成 17）年改正前商法 408 条ノ 3 第 1 項等が規制していた「決議ナカリセバ其ノ有スベカリシ」という文言がなお意味を有していると理解し、決議時説を支持していた[128]。

これに対して、藤田友敬教授は、結論的には決議時説を支持したが、決議時説を採ると、株主は、組織再編に反対しさえすれば、株式を決議時の価格で買い取ってもらう権利すなわちプット・オプションを与えることになり、この無償のオプションを得るためだけに決議にはとりあえず反対するという誘因が生じることを指摘した[129]。これは、基準時の問題を、株主の経済合理的な行動へ与えるインセンティブ効果を計算に入れて、法政策的に考えるべきであるという提言となった。

弥永真生教授は、株主がどの時点で株式を取得したのかを考慮に入れて裁判所は価格を決定すべきであり、場合によっては、内部的な意思決定時ないし計画公表時を基準時となすことができ、2005（平成 17）年会社法の下では、株式買取価格の決定について審問・裁判を併合するという規律は廃止されているのだから、少なくとも、裁判所毎に決定額が結果的に異なるということはありうると説いた[130]。この説は、基準時を組織再編公表時とする下級審裁判例に影響を与えるとともに、株式買取価格は株主毎に異なることもありうるという解釈を示した点で重要な意義があった。

神田秀樹教授は、株式買取請求権制度の趣旨につき、シナジー分配機能とともに、「ナカリセバ価格」の保障という面ももつと明確に指摘し、後者の目的はいわば多数派株主の忠実義務違反に基づく損害の塡補にあるとしたが[131]、株主毎に買取価

---

128) 高橋英治『ドイツと日本における株式会社法の改革——コーポレート・ガバナンスと企業結合法制』40 頁注 136（商事法務、2007 年）が挙げる文献参照。

129) 藤田友敬「新会社法における株式買取請求権制度」黒沼＝藤田編・前掲注 111）294 頁。

130) 弥永真生「反対株主の株式買取請求権をめぐる若干の問題」商事法務 1867 号 10 頁（2009 年）。

131) 神田秀樹「株式買取請求権制度の構造」商事法務 1879 号 5 頁（2009 年）。

格が異なるという事態を避けるために,基準時は買取期間満了時とするべきであると主張した[132]。この説は,楽天対 TBS 事件東京高裁決定に大きな影響を与えた。また,この説は,株式の「公正な価格」には,「シナジー分配価格」と「ナカリセバ価格」との2つがあることを明確に指摘した点で,楽天対 TBS 事件最高裁決定の基礎となる思考方法を確立した。

鳥山恭一教授は,株主の平等は買取請求権の行使時の同一性を前提とする概念であり,「株式は株式買取請求権の行使により個別的に買い取られる以上,買取請求権の行使時を異にすれば買取価格に相応の差違を設けることがむしろ平等の観念に合致すると考えられる[133]」と論じ,買取請求権行使時説を支持した。この説は,反対株主の平等という楽天対 TBS 事件東京高裁決定から本件最高裁決定へ転換するために乗り越えなければならない株主平等原則からの要請を克服する役割を果たした。

(5) 楽天対 TBS 事件最高裁決定以後の最高裁判例

楽天対 TBS 事件最高裁決定は,第1に,裁判所が決定すべき「公正な価格」には「ナカリセバ価格」と「シナジー分配価格」との両方がありうるとした点,第2に,シナジーが発生しない場合の「公正な価格」は,上場株式については市場価格によることを前提とし,その基準時を買取請求権行使時とした点に意義が認められ,この2点の判示事項は,その後のインテリジェンス事件最高裁決定によって受け継がれた(最決平成23年4月26日金融・商事判例1367号16頁)。

インテリジェンス事件の事案は次のとおりである。すなわち,ジャスダック証券取引所に株式を上場していた人材紹介事業等を営む株式会社(インテリジェンス株式会社)の株主総会において,放送事業・カラオケ事業等を営む株式会社 USEN を株式交換完全親会社とし,インテリジェンス株式会社を株式交換完全子会社とする株式交換を行うこと等を内容とする株式交換契約を承認する旨の決議がなされたため,これに反対したインテリジェンスの株主が会社に対し株式買取請求権を行使した。

インテリジェンス事件において最高裁は,楽天対 TBS 事件最高裁決定を引用しつつ,「反対株主がした株式買取請求に係る『公正な価格』は,原則として,当該株式買取請求がされた日における,同項所定の吸収合併契約等を承認する旨の決議がされることがなければその株式が有したであろう価格(以下『ナカリセバ価格』という)をいうものと解するのが相当である」と判示した。同時に,最高裁は,株

---

132) 神田・前掲注131) 11頁。
133) 鳥山恭一「判批」金融・商事判例1358号17頁 (2011年)。

式買取請求にかかる公正な価格形成にあたり裁判所の裁量が認められるべきことを示した。

　学説は，楽天対 TBS 事件において最高裁が「売買契約が成立したのと同様の法律関係が生ずる時点であり，かつ，株主が会社から退出する意思を明示した時点である株式買取請求がされた日を基準日として，『公正な価格』を定めるのが合理的である」という理論的見地から買取請求権行使時を基準時としていることから考えると，最高裁はシナジーが発生する場合についても基準時は買取請求権行使時になると考えていると解釈した[134]。

　最決平成 24 年 2 月 29 日民集 66 巻 3 号 1784 頁（テクモ株式買取事件）は，株式移転によりシナジー効果その他の企業価値が増大する場合についても，株式買取請求権の基準時は買取請求権行使時であるとの立場を採った[135]。

　このテクモ株式買取事件は，次の事案を基礎とする。すなわち，テクモ株式会社はゲーム用娯楽機器およびゲーム，娯楽関連ソフトウェアーの製造・販売等を目的とする会社であったところ，テクモ株式会社を完全子会社とする株式交換決議に反対したテクモの株主が株式買取請求権を行使した。

　テクモ株式買取事件において最高裁は，楽天対 TBS 事件最高裁決定を引用しつつ，「『公正な価格』の額の算定に当たっては，反対株主と株式移転完全子会社との間に売買契約が成立したのと同様の法律関係が生ずる時点であり，かつ，株主が会社から退出する意思を明示した時点である株式買取請求がされた日を基準日とするのが合理的である」と判示した。その上で，最高裁は，シナジー効果が発生する場合でも，「株式移転後の企業価値は，株式移転計画において定められる株式移転設立完全親会社の株式等の割当てにより株主に分配されるものであること（以下，株式移転設立完全親会社の株式等の割当てに関する比率を『株式移転比率』という）に照らすと，上記の『公正な価格』は，原則として，株式移転計画において定められていた株式移転比率が公正なものであったならば当該株式買取請求がされた日におい

---

[134]　鳥山恭一「株式の買取請求と強制取得における『公正な価格』」山本爲三郎編『企業法の法理』93 頁（慶應義塾大学出版会，2012 年），飯田秀総「判批」民商法雑誌 145 巻 3 号 394 頁以下（2011 年），松尾健一「平成 22 年度会社法関係重要判例の分析〔上〕」商事法務 1942 号 7 頁（2011 年），久保田安彦「判批」判例評論 638 号 181 頁（2012 年），高橋英治「判批」金融・商事判例 1401 号 10 頁（2012 年）参照。

[135]　本決定につき，弥永真生「株式買取請求における公正な価格」ジュリスト 1441 号 2 頁（2012 年），石綿学「テクモ株式買取価格決定事件最高裁決定の検討〔上〕——株式買取請求権制度における『公正な価格』の判断枠組み」商事法務 1967 号 12 頁以下（2012 年）参照。

てその株式が有していると認められる価格をいうものと解するのが相当である」と判示した。その上で，最高裁は，「原審は，本件株式移転により企業価値が増加することを前提としながら，以上と異なり，本件株式移転比率は企業価値の増加を適切に反映したものではなく，公正なものではないとして，本件株式移転の内容が公表された平成 20 年 11 月 18 日より前の 1 か月間の市場株価の終値を参照して『公正な価格』を算定した点において，その判断には，裁判に影響を及ぼすことが明らかな法令の違反がある」と判示し，原決定を破棄し，本件を原審に差し戻した。

テクモ株式買取事件最高裁決定において須藤正彦裁判官は，次のような補足意見を付した。

「上場された株式の市場株価は，企業の客観的価値が投資家の評価を通して反映され得るとされる。……市場株価にはその公正な株式移転比率も織り込まれ得る。そうすると，このような場合の市場株価は，シナジー効果等による企業価値増加分の公正な分配を反映した価格であるといえることになる。したがって，このような場合に，裁判所が株式の「公正な価格」を形成するに当たって，市場株価を基礎資料として参照することは十分に合理的なことといえる。しかも，それはさしたる困難を伴わず，かつ，高額な鑑定費用も要さず迅速な買取価格の決定に資するから，方法において適切であるということになる[136]」。

テクモ株式買取事件最高裁決定によって，株式会社の基礎的変動を総会で決議する場合に認められている反対株主の株式買取請求権が行使された場合の株式買取価格の決定は，単なる株式評価の問題ではなく，裁判所が上場株式につき「公正な価格」をその裁量により形成することを意味し，公正な価格形成にあたっては，株式会社の基礎的変動がシナジーを生じさせるものであるか否かにかかわらず，買取請求権行使時における当該上場株式の市場価格が，公正な価格決定の基準となるが，裁判所が市場価格を基礎に補正を加えることも許されるということが，日本法の判例として定着した。

最高裁が採る反対株主の株式買取請求権が行使された場合の株式買取価格につき「買取請求権行使時における時価」を基準とする説には次のような欠点がある。第 1 の欠点は，上場会社の株主は，特に買取請求権の対象たる株式の数が大量でない限り証券市場でいつでもその株式を時価で売却することができるため，「買取請求権行使時における時価」を基準として株式を買い取ってもらう権利を反対株主に与えても，その株主にとってメリットにならないという点である。第 2 の欠点は，

---

[136] 最決平成 24 年 2 月 29 日判時 2148 号 7 頁。

「買取請求権行使時における時価」を基準とする説の下では，反対株主は買取価格を恣意的に選ぶことができるという点である。第3の欠点は，現実の証券市場は不完全であり，時価は株式の客観的価値を完全には反映していないと考えられるという点である。

楽天対 TBS 事件最高裁決定は，「買取請求権行使時における時価」を基準とする説に基づき株式買取請求権が行使された平成 21 年 3 月 31 日の終値を公正な価格とした。しかし，楽天対 TBS 事件最高裁決定以後の下級審決定は，買取請求権行使日前1ヶ月の終値の平均値をもって公正な価格としている[137]。これらの下級審決定では，株式買取請求権制度は株主にとって行使する意義をもつ制度になるとともに，反対株主による買取価格の恣意的な決定を排除し，証券市場の価格形成の不完全性に対処できる制度となっている。

ドイツ法では，決められた代償額はすべての株主に及ぶとされている。かかるドイツ法の視点からすると買取請求権行使時によって代償額が異なるとする日本の株式買取請求権の運用は，紛争の1回的解決の必要性という観点からは望ましくないようにも思える。しかし，日本の会社法の株式買取請求権制度の下においては，ドイツ法における代償制度の場合とは異なり，合併等を承認する株主総会に先立って当該合併等に反対する旨を会社に通知し，かつ，当該株主総会において合併等に反対した「反対株主」（会社法 785 条 2 項 1 号イ等）のみが株式買取請求権を行使できるのであり，株式買取請求権を行使できる株主の範囲は限定されている。したがって，多数の株主が様々な時点で株式買取請求権を行使して，それぞれの時点での株式の「公正な価格」を裁判所が個別に決定しなければならないという問題は，日本法の下では生じにくい。

5 支配権プレミアムとマイノリティー・ディスカウント

日本では，公開買付の方法により企業買収が行われる場合には，買収者（公開買付者）は，買収対象会社の株主に対し，従前の市場価格に比して平均 20 数パーセント上乗せした価格を「支配権プレミアム[138]」として支払うものとされている。

---

[137] 大阪地決平成 24 年 2 月 10 日判時 2152 号 139 頁，大阪地決平成 24 年 4 月 27 日判時 2172 号 122 頁。

[138] 江頭憲治郎教授は，支配株式を取得するものが，当該支配株式の市場価格より高い価格を上乗せする場合の上乗せ額（差額）を支配権プレミアムと呼び，この場合の差額を「マイノリティー・ディスカウント」と呼ぶ。江頭教授によると，支配権プレミアムとマイノリティー・ディスカウントとは裏表の関係にあり，同額である（江頭憲治郎「支配権プレミアムとマイノリティー・ディスカウント」吉原和志＝山本哲生

第 6 章　日本とドイツにおける会社法の問題としての株式の評価　179

　本章の主要な考察対象である株式買取請求権にかかる株式買取価格についても，日本の下級審裁判例の中には，株式の「客観価値」に 20 パーセント上乗せした額を，支配権プレミアムとしているものがある。日本法では，種類株式として，全部取得条項付種類株式が存在する。この株式は株主総会の特別決議で会社がその全部を取得できる種類株式であるが（会社法 108 条 1 項 7 号），株主総会の特別決議で定めた取得価額に不満な株主は，取得に反対であることを会社に通知しかつ会社の総会で反対した上で，取得価額の決定を裁判所に申し立てることができる（会社法 172 条 1 項）。日本の下級審裁判例では，この全部取得条項付種類株式の買取価格につき，支配権プレミアムを上乗せした価格が買取価格であるとされた。すなわち，東京高決平成 20 年 9 月 12 日金融・商事判例 1301 号 28 頁および大阪高決平成 21 年 9 月 1 日金融・商事判例 1326 号 20 頁は，MBO において少数派株主を排除するため全部取得条項付種類株式の取得が行われた場合に，少数派株主が申し立てた取得価格決定請求につき，MBO がなかったと仮定した場合の株式の「客観価値」に 20 パーセントのプレミアムを加算した額を取得価額とした。

　日本の通説は，株式買取請求権行使の局面における支配権プレミアム分を少数派株主に対して支払う義務を認めることに賛成する。すなわち，江頭憲治郎教授は，MBO において少数派株主を排除するため全部取得条項付種類株式の取得が行われた場合の少数派株主による株式買取請求の局面で，少数派株主に対して当該株式の

編『（関俊彦先生古稀記念）変革期の企業法』117 頁（商事法務，2011 年））。同様に，カネボウ株式買取決定申立事件抗告審決定も，非支配株主を理由とした減価をマイノリティー・ディスカウントと呼ぶ（東京高決平成 22 年 5 月 24 日金融・商事判例 1345 号 12 頁）。同様の用語法を採用するものとして，宍戸善一教授は，「支配権プレミアム（支配株の交換価値が少数株の交換価値を上回る部分）」と定義している（宍戸善一「非公開株式の評価再論」青竹正一ほか編『（平出慶道先生還暦記念論文集）現代企業と法』57 頁（名古屋大学出版会，1991 年））。同様に支配権プレミアムの部分をディスカウントすることをマイノリティー・ディスカウントすることと考える説として，田中亘編『数字でわかる会社法』38 頁（有斐閣，2013 年）〔久保田安彦〕がある。これに対して，森淳二朗教授は，支配株式につき一般の株式の価値を超える価値を支配株式のプレミアムと呼ぶ（森淳二朗「支配株式の価値の法理」河本一郎ほか編『（上柳克郎先生還暦記念）商事法の解釈と展望』21 頁以下（有斐閣，1984 年））。ドイツ法は，マイノリティー・ディスカウントにつき，森淳二朗教授と同じ用語法を用いる（Fleischer/Maugeri, RIW 2013, 28 f.; Fleischer, Rechtsfragen der Unternehmensbewertung bei geschlossenen Kapitalgesellschaften: Minderheitsabschlag, Fungibilität, Abschlag für Schlüsselpersonen, ZIP 2012, 1635）。ドイツ法との比較を対象とする本章は，マイノリティー・ディスカウントの概念につき，森淳二朗教授の用語法に従う。

「客観価値」に対して20パーセント程度の支配権プレミアムを上乗せした価格を買取価格とすることを容認する。それは①支配株主が株式買取請求権行使により支配権を取得する場合，支配株主自身が会社を経営することができる，②支配株主は会社の買収後多額の利益を役員報酬の形で得ることが可能となる，③少数派株主が有する少数の株式は支配株主の有する多数の支配株式に比べて流動性が少ないという事実が公正な価格の算定に反映されているのであれば，支配権プレミアム分を少数派株主に支払わないと支配株主が不当に儲けてしまう，という理由による[139]。

宍戸善一教授は，株式買取請求権行使にかかる「公正な価格」算定の局面で，支配株も少数株も買取価格は同じであるべきだと論じる。その理由として宍戸教授は，企業の交換価値はキャッシュ・フロー還元価値か純資産価値のいずれか高い方であり，少数派株主に対しても，このようにして算定された企業価値の持分割合に応じた額が，株式買取価格として認められるべきであり，この観点からは支配株も少数株も経済価値は均しいからであると論じる[140]。

東京高決平成22年5月24日金融・商事判例1345号12頁（カネボウ株式買取価額申立事件）は，産業再生措置法に基づく事業譲渡に反対の通知をなした株主が株主買取請求権を行使した事案につき「本件の株式買取請求権は，少数派の反対株主としては株式を手放したくないにもかかわらずそれ以上不利益を被らないため株式を手放さざるを得ない事態に追い込まれることに対する補償措置として位置付けられるものであるから，マイノリティー・ディスカウント（非支配株式であることを理由とした減価）や非流動性ディスカウント（市場価格のないことを理由とした減価）を本件株式価値の評価に当たって行うことは相当でないというべきである」と判示している。

大阪地決平成25年1月31日判時2185号142頁は，財産管理会社の譲渡制限株式の評価に際して，収益還元法を80パーセントにして，それに少数派株主が配当を重視することに着目して（収益還元方式よりも通常は低く算定される）配当還元方式を20パーセント加重平均したが，「これに重ねてさらに少数株主であることを理由とした減額を行うべきではない」として，マイノリティー・ディスカウントを行うことは相当でないと判示している。

6 非流動性ディスカウント

国税庁の相続財産評価基本通達では，非上場株式については基本的に類似業種比

---

[139] 江頭・前掲注138）137頁。
[140] 宍戸・前掲注138）55頁。

準方式——評価会社に類似する業種の上場会社の株式の取引相場を基準として，これに当該会社と標本会社との1株当たりの配当金額・年間利益額・帳簿上の純財産額の比率による修正を加えて算出する方式——が採られている。国税庁の相続財産評価基本通達では類似業種比準方式により評価対象会社に類似する上場会社の株式の市場価格に，大会社については0.7，中会社については0.6，小会社については0.5をかけて算出された数値を，当該株式の評価額とする。このように，非上場株式については，上場会社の株式に比べて割引がなされている。ここにおいて大会社の30パーセントのディスカウントは，評価対象となる株式に流通性がないことを主たる理由とする割引であるが，評価の安全性確保をも意図したものである[141]。1980年代初頭までの下級審裁判例は，国税庁の相続財産評価基本通達に則り類似業種比準方式に基づく株式評価方法を採るものが多数を占めていた[142]。なおドイツ法では，類似業種の上場会社の株式の時価を標準に非上場会社の株式を評価することはないため，かかる意味での非流動性ディスカウントは存在しない。

　日本では実務上，市場性のない株式は，類似会社の上場会社に比準した値を30パーセント割引し，譲渡制限株式は，類似会社の上場会社に比準した値を50パーセント割引くべきであるという主張がみられ[143]，非流動性ディスカウントは，学説上原則的な割引方法として支持されている[144]。大阪地決平成25年1月25日判時2186号93頁も，非上場株式の非流動性ディスカウントを30パーセントとしている。

　近年の日本の下級審判例は譲渡制限株式についての特別の非流動性ディスカウントを認める。すなわち，大阪地決平成25年1月31日判時2185号142頁は，譲渡制限株式の非流動性ディスカウントは通常30パーセントであるが，対象会社が資産管理会社であることを考慮して，当該会社の譲渡制限株式の非流動性ディスカウントを，15パーセントとした。

　最決平成27年3月26日判時2256号88頁は，収益還元方式で算定された非上場株式の株価につき非流動性ディスカウントを行うことを禁止する旨判示した。すな

---

141) 関・前掲注4) 229頁。
142) 広島地決昭和51年3月5日竹中正明＝今井武志＝河本一郎『非公開株式の評価と税務』334頁（商事法務研究会，1981年），広島高決昭和55年3月28日竹中＝今井＝河本・同上338頁（商事法務研究会，1981年）。
143) 河辺雅靖「取引相場のない株式の評価 (9)」商事法務研究563号30頁（1971年），今中利明「譲渡制限株式の売買価格」関西法律特許事務所編『今中利明著作集〔上巻〕法理論と実務の交錯』573頁以下（民事法研究会，1995年）。
144) 関・前掲注4) 308頁以下参照。

わち，本件最高裁決定は，吸収合併に伴う株式買取請求の事案につき，「非流動性ディスカウントは，非上場会社の株式には市場性がなく，上場株式に比べて流動性が低いことを理由として減価をするものであるところ，収益還元法は，当該会社において将来期待される純利益を一定の資本還元率で還元することにより株式の現在の価格を算定するものであって，同評価手法には，類似会社比準法等とは異なり，市場における取引価格との比較という要素は含まれていない。吸収合併等に反対する株主に公正な価格での株式買取請求権が付与された趣旨が，吸収合併等という会社組織の基礎に本質的変更をもたらす行為を株主総会の多数決により可能とする反面，それに反対する株主に会社からの退出の機会を与えるとともに，退出を選択した株主には企業価値を適切に分配するものであることをも念頭に置くと，収益還元法によって算定された株式の価格について，同評価手法に要素として含まれていない市場における取引価格との比較により更に減価を行うことは，相当でないというべきである。

したがって，非上場会社において会社法785条1項に基づく株式買取請求がされ，裁判所が収益還元法を用いて株式の買取価格を決定する場合に，非流動性ディスカウントを行うことはできないと解するのが相当である」と判示する。

ドイツ法においても非上場株式の原則的評価方法として用いられている収益還元方式は企業の内的価値を測定するものであると考えられている。かかる原則的考察方法は日本法にも適用でき，収益還元方式は株式会社の企業としての内的価値を測定しこれに基づき株式の持分としての価値を測定するものであるから，収益還元方式で算定した株価に非流動性ディスカウントを行うことを否定した本判決は，理由づけおよび結論においても妥当である。

7 シナジーの分配

学説上，合併等に伴う株式買取請求権制度が株主保護の手段として不十分な理由の1つとして，買取価格が「承認ノ決議ナカリセバ其ノ有スベカリシ……価格」（ナカリセバ価格）とされているため（平成17年改正前商法408条ノ3第1項），合併によるシナジーが反映されない価格であることが挙げられてきた。そこで米国法にならい[145]，立法論として，合併における株式買取請求権に関する限り，シナジーを反映した価額を買取価格とするべきことが唱えられてきた[146]。すなわち，江頭

---

145) American Law Institute (ALI), PRINCIPLES OF CORPORATE GOVERNANCE: ANALYSIS AND RECOMMENDATIONS, Volume 2 (American Law Institute Publishers, 1994) (S. 315) §7.22 (c).

第 6 章　日本とドイツにおける会社法の問題としての株式の評価　183

憲治郎教授は，2005（平成17）年改正前商法408条ノ3第1項の文言を，「承認ノ決議ナカリセバ其ノ有スベカリシ公正ナル価格ニ合併カラ生ズルコトガ合理的ニ見込マレル利益ヲ加エタル価格」と変更することを，立法論として主張した[147]。

　2005（平成17）年会社法は組織再編にかかる株式買取価格請求権制度における株式の買取価格を「公正な価格」に変更した（会社法785条1項等）。これは，裁判所が合併等組織再編に伴って生じるシナジーを考慮した買取価格（シナジー分配価格）の決定を行うことを可能にする目的での改正であり[148]，2005（平成17）年会社法制定に際して主導的役割を果たした江頭憲治郎教授の前記学説を採用したものである。

　合併等により達成されるシナジー効果には，広告の共通化，ノウハウの共同等の真の意味でのシナジー効果が含まれており，これらは，利益相反規定の整備の有無にかかわらず生じるものである。合併等に伴うシナジー効果を分配する必要性は，株主の財産権保障という観点からも支持できるものである。

　それでは，日本の裁判実務では，公正なシナジー分配価格はいかにして算出されているのであろうか。

　この問題についてのリーディングケースである最決平成24年2月29民集66巻3号1784頁（テクモ株式買取事件）は，上場会社の株式移転につき完全子会社となる会社の株主により株式買取請求がなされた事案であったが，本件は，組織再編行為のシナジー効果により企業価値が増大する事例であった。最高裁は，楽天対TBS事件最高裁決定の理由づけ（株式売買契約と同様の法律関係が成立しかつ株主が最終的に会社から退出の意思表示をしたのは買取請求権行使時である）を踏襲し，「『公正な価格』は，原則として，株式移転計画において定められていた株式移転比率が公正なものであったならば当該株式買取請求がされた日においてその株式が有していると認められる価格をいうものと解するのが相当である」との一般論を展開した後，「相互に特別の資本関係がない会社間において，株主の判断の基礎となる情報が適切に開示された上で適法に株主総会で承認されるなど一般に公正と認められる手続により株式移転の効力が発生した場合には，当該株主総会における株主の合理的な判断が妨げられたと認めるに足りる特段の事情がない限り，当該株式移転

146）　江頭憲治郎『結合企業法の立法と解釈』289頁注35　（有斐閣，1995年）。
147）　江頭・前掲注146）334頁。
148）　相澤哲『一問一答 新・会社法〔改訂版〕』210頁（商事法務，2009年），神田・前掲注113）363頁，高橋英治『会社法概説〔第3版〕』246頁（中央経済社，2015年）。

における株式移転比率は公正なものとみるのが相当である」と判示した。これらの一般論を前提に、「株式移転計画に定められた株式移転比率が公正なものと認められる場合には、株式移転比率が公表された後における市場株価は、特段の事情がない限り、公正な株式移転比率により株式移転がされることを織り込んだ上で形成されているとみられるものである。そうすると、上記の場合は、株式移転により企業価値の増加が生じないときを除き、反対株主の株式買取請求に係る『公正な価格』を算定するに当たって参照すべき市場株価として、基準日である株式買取請求がされた日における市場株価や、偶発的要素による株価の変動の影響を排除するためにこれに近接する一定期間の市場株価の平均値を用いることは、当該事案に係る事情を踏まえた裁判所の合理的な裁量の範囲内にあるといえる」と判示した。

そして、最高裁は、「原審は、本件株式移転により企業価値が増加することを前提としながら、以上と異なり、本件株式移転比率は企業価値の増加を適切に反映したものではなく、公正なものではない」として、本件株式移転の内容が公表された平成20年11月18日より前の1ヶ月間の市場株価の終値を参照して「公正な価格」を算定した点において、原審の判断には裁判に影響を及ぼすことが明らかな法令の違反があるとして、原決定を破棄・差し戻した。本判決により、最高裁は、株式移転のシナジー効果その他の理由により企業価値が増大する場合についても、株式買取請求権の基準時は原則として買取請求権行使時であるが、基準時に近接する期間の株価の平均値を裁判所は裁量によって株式買取にかかる「公正な価格」としうるという立場を採ることを明らかにした[149]。

テクモ株式買取事件最高裁決定を受けて、大阪地決平成24年4月27日判時2172号122頁は、三洋電機株式会社がパナソニック株式会社の完全子会社となる株式交換について、三洋電機の株主が株式買取請求権を行使し、裁判所に買取価格決定が求められた事案につき、公正な買取価格は、シナジーにより企業価値が増加する場合には、株式交換を承認する株主総会決議がなされることがなければその株式が有したであろう価格に当該企業価値の増加の公正な分配が反映された価格を算定し、これをもって定めるのが妥当であるとした上で、楽天対TBS事件最高裁決定の理由づけ（株式売買契約と同様の法律関係が成立しかつ株主が最終的に会社から退出の意思表示をしたのは買取請求権行使時である）を踏襲し、「公正な価格」の基

---

[149] 本決定につき、弥永真生「株式買取請求における公正な価格」ジュリスト1441号2頁（2012年）、石綿学「テクモ株式買取価格決定事件最高裁決定の検討〔上〕——株式買取請求権制度における『公正な価格』の判断枠組み」商事法務1967号12頁以下（2012年）参照。

準時は買取請求権行使時であるとした。その上で，大阪地裁は，本件株式交換公表後の三洋電機の株式の市場価格には，本件株式交換によって増加した企業価値が反映されていると認めることができるとして，本件株式買取請求権行使日前1ヶ月間の三洋電機の株価の平均値をもって，シナジー分配価格であるとした。

以上のように日本法においては，上場会社におけるシナジー分配価格については，最高裁のリーディングケースが存在し，株式買取請求権行使時を基準時として，基準時の株価あるいは基準時と近接する期間の株価の平均値をもって，シナジーが織り込まれた株式の「公正な価格」とみることは許されるとする。下級審判例は，これを出発点として，上場会社についてはシナジー分配価格を株式の市場価格を基に算定しようとしている。しかし，今後，非上場会社の合併等に伴うシナジー分配価格の算定が求められるケースが生じるであろう。その場合は，発生したシナジーが具体的にいかなるものであるかを特定し，それを金銭に換算するという困難な作業に裁判所は直面する。しかし，株式の「公正な価格」とは裁判所が過去の時点の株価を確認するのではなく，裁判所が「形成」するものであり，その「形成」には裁判所の合理的な裁量が及ぶという楽天対TBS事件最高裁決定以降の最高裁の立場からすると，非上場株式につき買取請求権が行使された場合の株式の「公正な価格」についても，裁判所が扱う事案毎の特殊性を考慮した裁判所の裁量的判断が尊重されるべきであり，その算定方法が統一的な形で確定することはないであろう。

8 反対株主の株式買取請求権行使の方法

株式買取請求権を行使するにあたっての反対株主の保護は次のような5つの段階を経て行われる。以下においては，反対株主の株式買取請求手続を，吸収合併を例として説明する。

まず，第1段階として，吸収合併にあたり，消滅会社は，合併の効力発生日の20日前までに，その株主に対し，吸収合併する旨ならびに存続会社の商号および住所を通知する（会社法785条3項）。消滅会社が公開会社である場合，および既に消滅会社の承認決議を受けた場合には，株主に対する通知に代えて公告することもできる（会社法785条4項）。

第2段階として，反対株主は，合併の効力発生日の20日前の日から合併の効力発生日の前日までの間に，買い取ってもらいたい株式の種類と種類ごとの数を示して株式買取請求を行う（会社法785条5項）。株式買取請求をした株主は，消滅会社の承諾を得た場合に限り，その買取請求を撤回できる（会社法785条7項）。

第3段階として，株式買取請求があった場合，株式の価格について，株主と消滅

会社との間で協議をしなければならない。協議が調ったときは，消滅会社等は，合併の効力発生日から60日以内に，その支払をしなければならない（会社法786条1項）。

第4段階として，合併の効力発生日から30日以内に協議が調わないときは，株主または消滅会社等は，その期間満了日後30日以内に，裁判所に対して，価格決定の申立をすることができる（会社法786条2項）。この場合，合併の効力発生日から60日以内に価格決定の申立がない場合には，その期間満了後は，株主は，いつでも株式買取請求を撤回することができる（会社法786条3項）。

第5段階として，株式買取請求にかかる株式の買取は，合併の効力発生日にその効力を生じる（会社法786条6項）。

Ⅳ　結語——日独法比較からの示唆

1　ドイツ法に対する示唆

(1)　株式評価の方法

ドイツでは，株式評価が伝統的に企業価値の評価の問題とされている。ドイツ法では，代償の制度は，株式を評価してもらいそれを会社が買い取るという思考法は採られず，代償は会社の部分整理に伴う会社財産の払戻しと共通の意味で捉えられる[150]。したがって，代償額の算定は会社の企業としての価値を測定し，それを持分割合に従って分割するという方式が採られる。

ドイツでは，IDW標準の企業価値算定方法が実務上大きな意味をもっている。IDW標準は，金融上の余剰金が一定の割合で増大することを前提に企業価値を算定すべきとしており，この標準に従って企業価値を評価するとDCF方式と事実上同じ結果が得られるといわれている。したがって，ドイツ法の非上場株式評価の基本方針は，日本法上の近時公表された裁判例・学説の考え方と一致する。

会計学の現在の学問水準をもとに会計学を用いた株式評価を行うための鑑定費用を考慮すると，上場株式については一定時の株価を基準として株式買取価格を決定する日本法の立場は，基準の客観性および鑑定費用を不要とするコストの観点から優れている。東京高決平成20年9月12日金融・商事判例1301号28頁は，MBOの事例，すなわち，相手方に吸収合併された株式会社Aの株主であった抗告人等

---

[150]　Fleischer, ZIP 2012, 1641.

が，旧 A 社による全部取得条項付株式の取得に反対し，会社法 172 条 1 項に基づき，抗告人等が所有する旧 A 社発行に係る全部取得条項付株式の価格の決定を求めて申立をしたところ，原決定が抗告人等の所有する全部取得条項付株式の価格を 1 株あたり 23 万円と決定したことに対し即時抗告した事案で，「一般に，株式市場においては，投資家による一定の投機的思惑の影響を受けつつも，各企業の資産内容，財務状況，収益力及び将来の業績見通しなどを考慮した企業の客観的価値が株価に反映されている」と判示する。

江頭憲治郎教授は，近時，米国法との比較から，かかる市場価格を過度に重視する裁判実務に対し，この考えは効率的市場仮説，すなわち市場価格が全ての情報がバイアスなく迅速に反映されたものであるとする仮説に基づくが，現実の株式市場とは異なっているとして，日本の裁判実務には「現実の市場株価の『物神崇拝[151]』」が存在すると批判する。

たしかに，日本が株式の買取価格決定につき，市場価格がある場合には例外なく市場価格のみを公正な価格の基準とする慣行は改めなければならないが[152]，市場価格がある場合に，原則として市場価格を公正な価格とする実務は，その客観性および株式評価のための費用対効果の観点から，望ましい実務のあり方ではないか。それは，人智を尽くして算定した仮定値よりも，「神の見えざる手」が示す価格の方が原則としてより客観性が高いといえるからである。ドイツ法も上場会社については，代償の基準を原則として市場価格に置くべきではないか[153]。

(2) 株式評価の手続

ドイツでは，裁判所による代償額決定につき裁判手続法という特別法が存在し，そこで，① 原告の不利益に判決を改めることの禁止が妥当する点，および，② 裁判所の代償額の決定がすべての株主に及ぶ点が，法政策上の疑問点として挙げられてきた。

代償額決定のための裁判手続の利用頻度は全体の 9 割にも及ぶとも言われ，①は，

---

[151] 江頭憲治郎「裁判における株価の算定――日米比較をまじえて」司法研修所論集 122 号 60 頁（2012 年）。

[152] 高橋・前掲注 134) 11 頁参照。行澤一人教授も，「市場価格を基準とすることの公平性に疑問符がつくような場合には，本源的価値説が示唆するように，思い切ってファイナンス理論に基づき DCF 法を利用することを積極的に考えてもよいのではないだろうか」と説く（行澤一人「上場会社の募集株式の発行に係る有利発行規制と市場価格」商事法務 2076 号 35 頁（2015 年））。

[153] Welf Müller, Unternehmenswert und börsennotierte Aktie, FS Günther H. Roth, München 2011, S. 532.

代償額決定を申請した株主は後の新たな決定により不利益を受けることがないことを保障しているため、組織再編に際して代償を求める裁判手続の申請数を過剰に増加させている。2011年11月17日連邦憲法裁判所決定は、「私人間の紛争に対しては（人格の自由な展開を保障する・引用者注）基本法2条1項が、法治国家原則（基本法20条3項）との関係で、効果的な法的保護を保障する。ここから、専門裁判所は、裁判所における手続を相当な期間内に終了させる義務が生じる[154]」とし、かかる長期間にわたる裁判手続が効果的な法的保護にかかる基本権を侵害すると判示した。①の点は、代償額決定の申請をいたずらに増加させ、ひいては代償額決定のための裁判手続を長びかせるという点で改正の必要がある。

上場株式についても企業価値方式による株式の評価の手続が採られることを前提とするドイツの上場株式の評価方法は、上場会社の株式の評価についても鑑定書合戦を引き起こし、社会コストの増加を招いている。ドイツ法も、費用対効果の観点から、上場会社の株価の算定については、市場価格を基準とするべきではないか。仮定値に基づく企業価値算定よりも、多数の投資判断が集積されて形成される市場価格を株式の評価額とする方が、評価における人為性を排除することができ、より客観性があるとみることができるからである。1999年以降、ドイツの連邦憲法裁判所は、代償額の算定につき、上場株式については、その市場価格が最低限を画すると判示している。これにより、ドイツ法は市場価格基準主義への第一歩を踏み出したとみることができるのかもしれない。

②は、改正を要する点とは認められない。ドイツ法では、株式法305条3項2文では、相当な現金代償は企業契約を決議する会社の株主総会決議がなされた時点の会社の諸関係を考慮しなければならないとされているから、文言解釈により、市場価格の基準時も、組織上の行為が当事会社の株主総会で決議された時点とされているからである。2011年6月28日連邦通常裁判所決定は、総会決議と組織上の行為の公表との間に相当に長い時間的の隔たりがあり、その間に市場価格の発展があり、これを考慮した調整が必要になる場合につき、組織上の行為の公表時前の3ヶ月間の株価を基礎とするべきであると判示している[155]。これらは、一定の時点を基準時とするものである。いずれにせよ、現金代償について、日本法のような「請求権行使時における時価説」がドイツ法上導入されない限り、代償の基準となる時価が株主の権利の行使時に従って変動するという事態はドイツ法では生じない。したがって、代償額の決定がすべての株式に妥当するとする裁判手続法13条は、ドイツ

---

[154] BVerfG NZG 2012, 346.
[155] BGH ZIP 2011, 1709.

法の文脈では，少数派株主保護の特別規定として一応の合理性があると認められる。

2　日本法に対する示唆

(1)　非上場株式の評価の指針の策定

　日本法はとりわけ非上場株式の評価方法の実務に大きな問題を抱える。日本法の非上場会社の株式評価の法実務は，明確な基準が確立していない点に，実務上柔軟な妥協的解決方法を採る余地を生んでおり，それは，反面として，株式買取等の価格決定に際しての法的安定性の欠如を同時に生み出している。非上場株式の確立した評価方法の不在は，非上場株式の買取価格を裁判官が妥当であると判断した「落としどころ」に落とすことを可能にしている。現在，裁判実務では，いかなる評価方法が採られるべきかについて，各評価方法につき，その方法を当該事案に具体的に適用した場合いかなる点で利点・難点が生じるのかを示し，あたかも評価の方法が客観的に決定されたかのような装いを凝らして，1つの評価方法を用いて，あるいは複数の評価方法を組み合わせて非上場会社の株式評価額を出しているようにもみられる[156]。通説によると，非上場会社の株式の評価方法としては，DCF方式が採られるべきであるという。DCF方式は，無配当の会社にも適用できるという点で，適用範囲が広く，かつ，同族会社などでは，経営とは直接関係のない土地などを会社名義で保有させているケースが多く，純資産方式よりも，評価額が高くならず，経営者にとって有利な評価方法である。しかし，DCF方式は，算定式があるという点では客観的な基準による評価方法であるかのようにみえるが，算定する数値が仮定値であるため，実務の信頼を得ていない。また，非上場会社では，DCF方式が前提とする将来の事業計画を持たない中小企業が大部分であり，この方式が適用できる場面は非常に限定されている。DCF方式が，将来において，日本の非上場会社の株式評価方法として，実務上も信頼される評価方法となるためには，その算定の基礎となる数値の算出方式についても，会計学上，信頼できる方法が確立されなければならない。そのためには，会計学の株式評価論のさらなる発展とともに，問題になっている非上場株式の評価の局面毎の，最高裁判所の裁判例の蓄積も求められる。

---

[156]　柴田和史教授は，日本の公表下級審判例においてDCF方式が主流とはなっていなかった2009（平成21）年の段階で，「裁判所は評価すべき会社の特徴に着目し，適宜工夫しながらさまざまな評価方法を単独でまたは組み合わせて採用している。現状において裁判例に一定の方向性があるとは認めがたい」と論じている（柴田和史「非上場株式の評価」浜田道代＝岩原紳作編『会社法の争点』61頁（有斐閣，2009年））。

ドイツではIDW標準157)が，株式評価実務に大きな影響を与えており，ドイツの特異な現象であると認識されている158)。ドイツの下級審判例が指摘するように，IDW標準は法源ではなくそれ自体が裁判所を拘束する効力を持たず，あくまでもその勧告は申立てられている代償の相当性を審査するための企業価値の算定として，方法論的にいかなる方法が採られるべきかの認識の源となるにすぎない159)。株式の「評価はサイエンスというよりはアートである」が，単なるアートではなく，会計学と密接に結びついたアートである。かかる法律学と会計学との学際的領域である株式評価の問題については，会計学の専門家集団が形成した基準が，裁判所に提出される鑑定書および裁判官の評価方法の選択に事実上大きな影響力を持つことが望ましくないとまではいえない。

　日本においても，日本公認会計士協会が「株式価値評価ガイドライン160)」をとりまとめているが，裁判実務に対する影響力は大きくない。日本法では，例えば株式評価論を専門とする会計学者および会計実務家の団体等と法学者および法実務家の団体が，非上場会社の株式の評価方法の基準を共同で作成し，これを法務省の指針とすることも考えられる。かかる指針が策定されれば，裁判実務に対して事実上大きな影響力を有し，法的安定性の改善に資するところが大きいであろう。

　日本においては，近時，非上場株式の評価につき確固たる基準を欠いているため，専門家の判断に委ねるべきとする裁判例が存在する。すなわち，東京地判平成26年6月26日金融・商事判例1450号27頁161)は，非上場会社において著しく不公正な価格での新株第三者割当が株主総会決議なしに行われたことにつき，これを実行した取締役の対会社責任が問われた。東京地裁は，当該会社が委託した税理士事務所が，新株の発行価額を，会社の解散を前提とした場合であるなど判例法上極めてまれにしか用いられない時価純資産方式による評価に基づき「公正な価額」を決定

---

157) ヴェルフ・ミュラーは，株式の評価において，「外国ではほとんど用いられていない，特殊ドイツ的な1つの基準（IDW標準を指す・引用者注）が支配しているが，この基準は何度も改訂されているため，一貫性をほとんど欠いている」と指摘する（Welf Müller, FS Günther H. Roth, S. 518）。
158) Fleischer/Maugeri, RIW 2013, 31 f.
159) OLG Stuttgart AG 2011, 420. Eiji Takahashi/Holger Fleischer/Harald Baum, Unternehmensbewertung im Recht der Aktiengesellschaft: Ein japanisch-deutscher Rechtsvergleich, Zeitschrift für Japanisches Recht/Journal of Japanese Law, Nr. /No. 36 (2013), 20.
160) http://www.hp.jicpa.or.jp/specialized_field/files/2-3-32-2-20070516.pdf.
161) 本件の評釈として，鳥山恭一「判批」法学セミナー721号113頁（2015年），尾形祥「判批」金融・商事判例1466号2頁以下（2015年）参照。

したことにつき,「本件発行価額が特に有利な発行価額に当たるか否かは,新株発行当時の補助参加人の株式の公正な価額と比べて特に低い価額か否かにより決すべきところ,非上場会社の株式については,市場価格が存在しないため,市場価格によらずに公正な価額を算定する必要がある。しかしながら,非上場会社の株式価値算定方法には,配当還元法,収益還元法,類似会社比準法及び純資産価額法等(これらを加重平均して併用する方法を含む。) 様々なものがあって,選択する方式によって算定結果が異なる可能性があり,株式価値の算定が容易ではない。また,発行価額は払込期日よりも前に決定しなければならないため,取締役らは,特に有利な発行価額か否かについて,発行価額決定時点の事情を基礎として判断しなければならない。

このようなことを考えると,非上場会社において行われた新株発行の公正な価額の算定は,当該新株発行の発行価額の算定が専門家による株式価値算定書に基づいていた場合,新株発行当時の会社の資産や収益の状況等を踏まえた上で,その算定の方法及び結果に不合理な点があるか否かを検討し,不合理な点がないときは,当該株式価値算定書に記載された株式価値の金額が公正な価額であるというべきである」と判示した。

かかる判示は,非上場会社が新株の第三者発行等を行う場合,当該会社が,委託した税理士事務所等が行った非上場株式の評価についてその評価額の正しさにつき経験則上の強い推定力を与えるということを意味する。これにより会社経営者にとって都合のよい評価方法の採用が恒常化し,株主側に不利な株式評価が導かれる危険がある。

最判平成27年2月19日金融・商事判例1464号22頁[162])は,非上場会社が株式の第三者発行をした場合の発行価額が「特ニ有利ナル発行価額」(平成17年改正前商法280条ノ2第2項) に該当するのかが争われた事案であるが,最高裁は「非上場会社の株価の算定については,簿価純資産法,時価純資産法,配当還元法,収益還元法,DCF法,類似会社比準法など様々な評価手法が存在しているのであって,どのような場合にどの評価手法を用いるべきかについて明確な判断基準が確立されているというわけではない。また,個々の評価手法においても,将来の収益,フリーキャッシュフロー等の予測値や,還元率,割引率等の数値,類似会社の範囲など,ある程度の幅のある判断要素が含まれていることが少なくない。株価の算定に関する上記のような状況に鑑みると,取締役会が,新株発行当時,客観的資料に基づく

---

[162] 本判決を基にした論文として,久保田安彦「アートネイチャー株主代表訴訟事件最高裁判決の検討」商事法務2071号15頁以下 (2015年) 参照。

一応合理的な算定方法によって発行価額を決定していたにもかかわらず，裁判所が，事後的に，他の評価手法を用いたり，異なる予測値等を採用したりするなどして，改めて株価の算定を行った上，その算定結果と現実の発行価額とを比較して『特ニ有利ナル発行価額』に当たるか否かを判断するのは，取締役らの予測可能性を害することともなり，相当ではないというべきである。

したがって，非上場会社が株主以外の者に新株を発行するに際し，客観的資料に基づく一応合理的な算定方法によって発行価額が決定されていたといえる場合には，その発行価額は，特別の事情のない限り，『特ニ有利ナル発行価額』には当たらないと解するのが相当である」と判示し，公認会計士に依頼し配当還元方式で算定された株価を基礎として本件新株発行価額は「特に有利ナル発行価額」には該当しないとした。

本最高裁判決は，非上場会社における新株発行の発行価額の局面において，合理性基準を基礎にした経営判断原則類似の思考方法を採用した判決であり，会社にとって都合のよい判決である。黒沼悦郎教授は，本最高裁判決に対し「判旨の一般論からは，少数株主が新株発行の有利発行可能性を争うことが著しく困難になると予想されるため，判旨の判断枠組みは，結果として，有利発行規制の機能を損なうおそれがある[163]」として正当にも判旨反対の評釈を発表している。

本最高裁判決の「事後的に……」の下りは，取締役らが選択した評価方法において，客観的資料に基づき下した現場の判断に対して裁判所が事後的に干渉することの不合理性を訴えている。本最高裁判決は，取締役の責任（会社法423条1項・429条1項）の有無を直接的に取り扱った事例ではない。しかし，本最高裁判決は，取締役らに新株の評価方法の選択に関する第1次的判断を行う「裁量」を与えた判決であったという意味では，非上場新株発行にかかる評価方法の選択という限られた局面において経営判断原則と類似した思考方法を採用したといえる。

日本の裁判官は通常，非上場株式の評価方法の適正に関する知識や経験を有しない。本章が主張するように，日本において非上場会社の株式の評価についてのガイドラインが確立しているならば，裁判所がそのガイドラインに沿って株式を評価することができ，本件最高裁判決のように，会社の依頼した公認会計士が算定した非上場株式の評価につき，「特に有利な発行価額」ではないという強い経験則上の推定力を与える必要はなかったはずである。会社側が取締役会を通じて依頼した公認会計士は，依頼者である会社に有利な評価を行うことが多いと推察される。本最高

---

[163] 黒沼悦郎「判批」金融・商事判例1471号16頁（2015年）。

裁判決によって，株主が訴えを起こさない限り，会社に有利な評価方法が採用され[164]，株主の利益が害される傾向が生じている。

(2) 支配権プレミアムとマイノリティー・ディスカウント

日本法においては MBO の局面での株式買取請求において少数派株主に対してその株式の買取につき支配権プレミアムを支払う下級審判例が存在し，これを通説が容認している。ドイツ法においては，判例・通説上，支配権プレミアムの支払を禁止する見解が圧倒的であるが，企業買収の局面では支配権プレミアムの支払を認める学説も有力であり，日本法の下級審判例・通説の見解は，比較法的視点からも，特に大きな問題はないと思われる。

ドイツでは少数の株式が代償ないし現金代償の対象となっている場合に，これらの株式の所有者である少数派株主が会社経営に対して影響力を有することはないことを理由に，企業契約締結にかかる代償（株式法 305 条）や締め出しにかかる現金代償（同法 327a 条）における相当な代償額の決定において，マイノリティー・ディスカウントを行うことは，株主平等取扱原則を定める株式法 53a 条に違反するとして否定されている。日本法では，学説上マイノリティー・ディスカウントの禁止が株式の本質論から導かれているのに対し，ドイツ法では，株主平等取扱原則（株式法 53a 条）にその根拠が求められている。日本法も，マイノリティー・ディスカウントの禁止について，株式本質論からの議論から脱却して，2005（平成 17）年会社法制定後も会社法下で妥当すると考えられているかつての不文の強行法規たる株主平等原則から[165]，これを導くことができるか否かについて今後検討がなされてよい。

(3) 非流動性ディスカウント

日本の近時の下級審判例[166]では，株式が譲渡制限株式であることを理由としたディスカウントを「非流動性ディスカウント」と呼ぶ。たしかに，株式が譲渡制限株式であることは，当該株式の流通を困難にするものであり，このために譲渡制限

---

164) 柴田和史教授は，特別支配株主による株式売渡請求権制度につき，裁判所は株式の公正な価格を定めなければならない場合，合理的な評価方法によって合理的な根拠をもつ評価価値が複数存在することがありうると説く（柴田和史「株式等売渡請求制度——その骨格と問題点」法律時報 87 巻 3 号 34 頁（2015 年））。

165) 2005（平成 17）年会社法成立前の不文の法理としての株主平等原則の内容とされてきた原理は，会社法の下でもなお妥当すると解する説として，北村雅史「株主平等の原則」浜田＝岩原編・前掲注 156）46 頁，南保勝美「新会社法における株主平等原則の意義と機能」法律論叢 79 巻 2 ＝ 3 号 346 頁（2007 年）がある。

166) 大阪地決平成 25 年 1 月 31 日判時 2185 号 142 頁。

株式の価値は普通株式よりも低くなることは認められる。しかし，株式が譲渡制限株式であることを理由とするディスカウントは，非上場株式の流通をさらに困難にするディスカウントであり，株式の非上場を理由とするディスカウントとは区別されるべきである。日本法も，ドイツ法にならって，株式が譲渡制限株式であることを理由としたディスカウントを「株式の種類に着目したディスカウント」と整理し，その標準的な数値を確立するべきである。

第7章 ドイツ法における影響力利用者の責任規制と日本の会社法改正の課題

I はじめに

2010（平成22）年に着手された日本の会社法改正において，親会社の責任について明文の規定を設けることは最終的に断念された[1]。このため，親会社を含めて会社に影響力を有する者がその影響力を利用して会社に損害を与えた場合に，かかる影響力利用者の責任を会社法上の一般条項として設けることを検討する必要性がなお生じている。

ドイツは，1965年株式法において世界で最初に体系的企業結合規制を導入した[2]。ドイツにおいてコンツェルンに初めて法律上の定義を与えてこれを規制したのは，ナチス政権期に成立した1937年株式法であった[3]。

本章は，1937年株式法により導入された影響力利用者の責任規定（同法101条1項）をモデルとして，日本法上の親会社の責任規制を形成する可能性を検討するものである。

本章は，まず，ドイツ法における，会社において影響力を利用した者の責任を定める規範の発展過程を示す（II）。次に，日本で現在進行している会社法改正における親会社等の責任規定に関する議論を批判的に検討し（III），日本法において親会社等の責任を基礎づけうる一般条項のあり方を示す（IV）。最後に本章の考察の結果を提言の形式で示す（V）。

---

1) 岩原紳作「『会社法制の見直しに関する要綱案』の解説〔III〕」商事法務1977号12頁（2012年）参照。
2) 現在のドイツの企業結合規制の概要につき，高橋英治『ドイツ会社法概説』410頁以下（有斐閣，2012年）参照。
3) 高橋英治『ドイツと日本における株式会社法の改革——コーポレート・ガバナンスと企業結合法制』86頁（商事法務，2007年）（以下「高橋・改革」と引用する）。

II　ドイツ法における影響力利用者の責任規定の発展

1　1937年株式法における影響力利用者の責任導入の背景

　1937年株式法成立前，コンツェルンにおける支配企業による従属会社の侵害に対して理論上適用可能と考えられた規範は，ドイツ民法の一般条項であった。しかし，支配企業による従属会社の侵害事例について，ドイツ民法826条（「善良の風俗に反する方法により故意に他人に損害を与えた者は，その他人に対して損害を賠償する義務を負う」）に基づく不法行為責任が認められた裁判例は存在しなかった。

　1926年の第34回ドイツ法律家会議によって設置された，マックス・ハッヒェンブルクが代表を務める株式法改正委員会の報告書は，「会社の少数派株主および会社の保護のため，会社の多数派がその力を濫用して少数派株主を侵害しないよう限界が設けられる必要があるが……しかし，会社と株主との誠実関係から生ずる株主の誠実義務の規定の導入は……望ましくない。なぜなら，かかる責任規制は株主の有限責任の原則に違反するからである4)」として，どのような形で多数派株主の権力濫用に対処する規定を設けるべきかについて問題提起をした。この問題に関する議論の過程で，ドイツ民法826条は，株式会社において多数派株主による権力の濫用が行われている状態を解消する規範としては不十分であると明確に認識された5)。これが次節で述べる1937年株式法における影響力利用者の責任規定の新設への出発点となった6)。

---

4)　Ständige Deputation des Deutschen Juristentages (Hrsg.), Bericht der durch den 34. Juristentag zur Prüfung einer Reform des Aktienrechts eingesetzten Kommission, Mannheim 1928, S. 27 ff.
5)　Vgl. Voigt, Haftung aus Einfluss auf die Aktiengesellschaft (§§ 117, 309, 317 AktG), München 2004, S. 8.
6)　1937年株式法101条の成立過程に関する詳細な邦語研究として，山口賢「会社の支配・従属関係と取締役の責任（1）（2）（3・完）──ドイツにおける立法の変遷と学説（1937年株式法制定前後の時期）の考察」民商法雑誌61巻1号29頁以下（1969年），61巻4号527頁以下（1969年），61巻6号897頁以下（1970年），山口賢「ドイツ株式法における従属会社の保護の制度としての『会社の支配・従属関係における責任規範』の沿革」経済理論（和歌山大学）104号47頁（1968年）参照。

2　株式法における影響力利用者の責任規制の成立

　1937年株式法101条は，ドイツ法制史上，影響力利用者の責任を初めて定めた明文規定であり，「自己または他人のために会社に関係ない特別利益を取得する目的をもって，故意に，自己の会社に対する影響力を利用して，取締役または監査役会構成員をして会社または株主の損害において行為をさせた者は，これによって生じた損害を賠償する義務を負う（1項）。……保護すべき利益に有益なる利益を取得するために影響力を利用したときは，賠償義務は生じない（3項）」と規定していた[7]。

　1937年株式法の公式理由書は，1937年株式法101条3項がいう「保護すべき利益」として，「コンツェルン利益も考慮されうる[8]」と解説した。このため，第二次世界大戦前の多数説は，本条3項においてコンツェルン利益の前に子会社の利益が後退することが示されていると説明し，コンツェルン利益のために影響力の利用がなされ会社に損害が発生しても影響力利用者には損害賠償責任が生じないと解釈した[9]。しかし，第二次世界大戦後，1937年株式法101条3項がいう「保護すべき利益」には「コンツェルン利益」は含まれず，コンツェルン利益の前に子会社の利益が後退することはないと解されるようになった[10]。

　1937年株式法101条は，「保護すべき利益」に関する同条3項の規定が削除されたことを除いては，ほぼそのままの形で現行1965年株式法117条へと受け継がれた[11]。

　1965年株式法117条1項は，「故意に，会社に対する自己の影響力を利用して，取締役または監査役会構成員，支配人または代理人に会社または株主の損害において行為をさせた者は，これによって会社に生じた損害を賠償する義務を会社に対して負う。その者は，これによって株主が被った損害を賠償する義務を株主に対して

---

7)　1937年株式法の邦訳として，大隅健一郎＝八木弘＝大森忠夫（大隅健一郎補遺）『独逸商法〔III〕株式法』（有斐閣，1956年復刊）参照。

8)　Amtliche Begründung zum AktG von 1937, §§ 100, 101, in: Klausing, Gesetz über Aktiengesellschaften und Kommanditgesellschaften auf Aktien (Aktien-Gesetz) nebst Einführungsgesetz und "Amtliche Begründung", Berlin 1937, S. 87.

9)　高橋英治『企業結合法制の将来像』（中央経済社，2008年）22頁参照（以下「高橋・将来像」と引用する）。

10)　高橋・将来像23頁以下参照。

11)　1965年株式法の邦訳として，早川勝「1965年ドイツ株式法の改正と展開」同志社法学63巻6号200頁以下（2012年）参照。

も負う。ただし，会社の損害を通じて株主が受けた損害を除いて，株主が損害を被った範囲に限る」と規定する。本条項のただし書きは，株主が被った間接損害は，影響力利用者の株主に対する直接責任の対象外とする趣旨である。本条による賠償の対象となる株主が被った直接損害としては，株価の下落により株主が株式を売却せざるをえなくなった場合の売却損が想定されている[12]。

多数説によると，本条項は，大株主等の会社において権力を有する者による権力の濫用に対処するための一般条項であり[13]，その責任の法的性質は不法行為責任である[14]。

3 影響力利用者の責任規定の利点と欠点

1965年株式法117条1項は，次のような利点を有している。

第1に，多数派株主だけでなく，会社に影響力を行使しうる者が，本条項による損害賠償責任の主体となりうる。特に，多層構造（ピラミッド構造）を有しているコンツェルンの頂点に位置する会社が，孫会社等に影響力を行使して損害を与えた場合，頂上会社と孫会社との間には直接の法律関係が存在しないにもかかわらず，頂上会社に孫会社に対する損害賠償責任を負わせることが可能である。この意味で，多層構造（ピラミッド構造）を有しているコンツェルンに適用する上で，株主の誠実義務を用いるよりも理論的に明快な規定である。

第2に，「会社」でない「自然人」である大株主に対しても，本条項による責任を追及することが可能である。会社外から影響力を行使した者が，「会社」または「企業」でないという理由で株式法の影響力利用者の責任を逃れることができるとすることは，責任規範の適用の公平性という点で問題がある。企業としての属性を有するか否かを問わず，損害賠償責任を追及しうるとする本条の規制方針は，従属的有限会社の債権者保護の発展からみても妥当であることが，その後のドイツ法の発展を通じて明らかとなっている[15]。

---

12) 高橋英治＝洪済植「韓国法上の業務執行指図人の責任」法学雑誌58巻2号237頁（2011年）参照。

13) Spindler, in: Goette/Habersack (Hrsg.), Münchener Kommentar zum Aktiengesetz, 3. Aufl., München 2010, § 117 Rdnr. 3; Kropff, in: Kropff/Semler (Hrsg.), Münchener Kommentar zum Aktiengesetz, 2. Aufl., München 2004, § 117 Rdnr. 3.

14) Spindler, in: Goette/Habersack (Hrsg.), Münchener Kommentar zum Aktiengesetz, 3. Aufl., § 117 Rdnr. 4; Kropff, in: Kropff/Semler (Hrsg.), Münchener Kommentar zum Aktiengesetz, 2. Aufl., § 117 Rdnr. 3.

15) 連邦通常裁判所は，当初，従属的有限会社の債権者保護のため株式法の結合企業

第7章　ドイツ法における影響力利用者の責任規制と日本の会社法改正の課題　199

　第3に，支配概念を用いていないため，アドホックな影響力行使により会社が損害を被った場合でも，本条による責任追及が可能である。支配の概念が責任の要件事実に入らないことにより，本条による責任は純粋な行為責任の形式を保っている。また，影響力行使の責任を「支配的影響力行使」についての責任であると定めると，これが「危険な」支配が実現した場合の結果責任であるのか，あるいは純粋な行為責任であるのか不明確なものとなり，その責任規定の法的性質および責任を生じさせるための要件事実に関し疑義が生じる。実際に，「支配」を責任の要件として有する1965年株式法317条1項の損害賠償責任の法的性質を巡っては，かかる解釈論上の争いが生じている[16]。その責任要件として「支配」の要素を有さず，純粋な行為責任（特殊不法行為責任）として構成されている1965年株式法117条は，規制として明快である。

　以上に対し，1965年株式法117条1項は，次のような法技術的な欠点を有している。

　すなわち，第1に，1965年株式法117条1項は「故意」の影響力行使のみを規制の対象としている点で，その適用範囲が狭い。本条の成立の過程においては，「過失」による会社利益の侵害も，本条の保護の対象とすべきであるという見解もあった[17]。1934年，当時の代表的な商法学者であるエルンスト・ハイマンは，カール・ヴィーラントの古稀祝賀論文集において，「故意の侵害行為とともに重過失の侵害行為[18]」についても影響力利用者に責任を負わせるべきであると主張した。しかし，1937年株式法101条は，ドイツ民法826条の良俗違反の不法行為と同様の発想から，故意の侵害行為のみを損害賠償責任の対象にした。本条が権力の濫用に対処する規定であると理解されたために，主観的濫用論の見地から，かかる限定が付されたものと考えられる。

　第2に，1965年株式法117条は，株主の被った「直接損害」について影響力利用者の当該株主に対する直接責任を認めている点で評価できるが，株主が「間接損

編の契約コンツェルン規制（株式法302条以下）を類推適用していたが，この方法では「企業」の属性を有しない「支配者」に対しては債権者が責任を追及できないという不合理な結果が生じるため，この方法を放棄し，最終的にはドイツ民法上の良俗違反による不法行為責任（ドイツ民法826条）という一種の行為責任による保護に，その判例を変更した（高橋・改革133頁，高橋・将来像219頁以下参照）。

16)　高橋・将来像176頁以下。
17)　Vgl. Voigt, a. a. O. (Fn. 5), S. 9.
18)　Heymann, Die Haftung der Aktionäre und Dritter für gesellschaftsschädliche Handlungen, FS Carl Wieland, Basel 1934, S. 235.

害」を被った場合に生じる影響力利用者の対会社責任に関して，株主代表訴訟の制度が設けられていない（同条1項1文参照）。

III 日本の会社法改正における親会社等の責任規制の問題点

1 親会社等の責任規定の立法過程

2011（平成23）年12月の法務省民事局参事官室の「会社法制の見直しに関する中間試案」は親会社等の責任に関し，A案およびB案を示して，意見を募集した。

A案は，親会社等の責任規定として，子会社とその親会社との利益が相反する取引によって当該子会社が不利益を受けた場合における当該親会社の責任に関し明文の規定を設け，この親会社責任を子会社の少数派株主による代表訴訟の対象とすることを予定していた。すなわち，親会社は，子会社との利益相反取引により，当該取引がなかったと仮定した場合と比較して当該子会社が不利益を受けた場合には，当該親会社は，当該子会社に対して，当該不利益に相当する額を支払う義務を負う。この場合における不利益の有無及び程度は，当該取引の条件のほか，当該子会社と当該親会社との間における当該取引以外の取引の条件その他一切の事情を考慮して判断される[19]。

B案は，基本的には，経済産業省の考え方に従い，親会社等の責任に関し明文の規定は，設けないものとした。

「会社法制の見直しに関する中間試案」に対して出された各界意見においては，親会社等の責任規定の導入によりグループ経営が困難になるとしてA案に反対する経済界とA案を支持する弁護士および学者の多数派との間で意見が対立した[20]。

法制審議会会社法制部会においては，結局，部会の最後まで意見の一致をみることができず[21]，子会社少数派株主を保護するための親会社の責任規定を要綱案に

---

[19] A案が提起された背景としては，現行会社法の枠組みの下で用意された事前的予防策と事後的救済策に係る規定だけでは，親子会社間の非通例取引から子会社の少数派株主や債権者の利益を十分に保護することは困難であるという認識が存在する（洪済植「事実上の取締役の法的責任」島大法学55巻4号125頁（2012年）参照）。

[20] 坂本三郎ほか「『会社法の見直しに関する中間試案』に対する各界意見の分析」商事法務1964号27頁以下（2012年）参照。

[21] Eiji Takahashi/Kazunori Shintsu, Einführung eines Konzernrechts in Japan: Der Zwischenentwurf und die ergänzenden Erläuterungen, Zeitschrift für Japanisches Recht/Journal of Japanese Law, Vol. 17, Nr. /No. 33 (2012), 18. 中間試案の問題点を検

盛り込むことは断念された[22]。2014（平成26）年改正を経た現行会社法においては，親会社の責任規定は存在しない[23]。

2　日本の将来の企業結合法制の基本理念の問題点

ドイツの企業結合法制の発展と日本の会社法改正の内容とを比較すると，大きな相違が存在する。ドイツの企業結合法は，戦前の支配会社の株主の保護から始まり，戦後，従属会社の少数派株主・債権者保護へと，その規制の理念を発展させた[24]。日本では，今回の改正においても未だ従属会社の少数派株主の保護という理念は大きな意味を持たず，多重代表訴訟の導入等の経済的強者である親会社の株主の利益を保護することを目的とする立法を実現しようとしている。

かかる立法が行われた背景としては，カルドア＝ヒックスの「補償原理」に代表される新しい厚生経済学の考え方[25]——ある変革によって利益を受ける人々が不利益を被る人々に所得移転の形で補償を与え，その結果すべての人々が変革以前よりも効用水準が高まる可能性があれば，そのような変革は社会的に望ましいとされるべきであるという考え方——が大きな影響を与えているように思われる。コンツェルン全体の富が増大し，これによって子会社の少数派株主・債権者も全体としては増大した富の配分を受ける可能性が増大すれば，これを実現する法制は望ましい立法政策であるというのである。筆者は，法学においては，補償原理のいう補償が現実に行われた場合にのみ，その政策は「正しい」というべきであると考える[26]。

討する優れた批判的論考として，西尾幸夫「親子会社関係規制は必要か——中間試案の問題点」龍谷法学44巻4号379頁以下（2012年）参照。

22)　岩原・前掲注1）12頁。

23)　高橋英治「会社法における企業結合規制の現状と課題〔下〕——平成26年改正を踏まえて」商事法務2037号39頁（2014年）。

24)　高橋・改革94頁，高橋・前掲注2）409頁以下参照。

25)　林敏彦『ミクロ経済学』129頁（東洋経済新報社，1984年）。

26)　カルドア＝ヒックスの基準によると，他の利益を害する結果となる政策であっても，この政策によって得られる利益の一部から被害者に補償が与えられる可能性がある限り，この政策は望ましく実行すべきものとなる（Kaldor, Welfare Propositions of Economics and Interpersonal Comparison of Utility, The Economics Journal, Sept. 1939, 549 ff.; Hicks, The Foundation of Welfare Economics, The Economics Journal, Dec. 1939, 696 ff.）。パレートの基準を厳格に適用するならば，補償が実際に与えられない限り当該政策のパレート最適は維持されない。この点につき，高橋・改革54頁，Eiji Takahashi, Market-Organization-Corporate Groups: An Economic Analysis of the Law of Corporate Groups, The Journal of Interdisciplinary Economics, Vol. 22, No. 1 & 2 (2010), 50.

子会社の少数派株主を適切に保護することは，日本国憲法29条1項が定める財産権保障の命ずるところである[27]。改正会社法の企業結合規制が，親会社の利益の保護のみに関心を奪われ，子会社の少数派株主の利益に対しては，開示規制を除き，ほとんど立法的措置を講じなかった点は，憲法上の株主の財産権保障から導かれる会社法上の正義の観点から問題がある。

近年のヨーロッパ連合（EU）においては，支配会社の責任規制を，グループ全体の利益のためにグループ内の会社が被った損失を具体的な利益によって補償することを要求するのではなく，グループへの帰属から生ずる利益による補償を認めることを最大の特徴とするフランスのローゼンブルーム原則[28]をモデルとして構築することが提案されている[29]。ドイツの近時の学説は，ヨーロッパ法上要請されるであろう「コンツェルン利益」の容認は，コンツェルン関係を考慮した新しい経営判断原則の定式化によって実現されるべきであり，会社の業務執行者が，コンツェルン利益を考慮し，他のコンツェルン会社のために，情報を十分に収集し，当該措置の根拠を十分に記録した上でなした決定については，当該決定は当該業務執行

---

[27] 高橋・将来像135頁以下参照。
[28] 清水円香「グループ内取引におけるグループ利益の追求と取締役の義務・責任——フランス法を中心に」川濵昇＝前田雅弘＝洲崎博史＝北村雅史編『（森本滋先生還暦記念）企業法の課題と展望』（商事法務，2009年）303頁。ローゼンブルーム原則の日本法への示唆を検討する優れた文献として，清水円香「グループ利益の追求と取締役の義務・責任（1）（2・完）」法政研究77巻3号454頁（2010年）以下，78巻1号49頁以下（2011年）参照。
[29] Forum Europaeum Konzernrecht, Konzernrecht für Europa, ZGR 1998, 712 ff. 早川勝「ヨーロッパ・コンツェルン法（2）——ヨーロッパ・コンツェルン法フォーラム」同志社法学54巻1号422頁以下（2002年）参照。2012年12月12日のEU行動計画書では，2014年にヨーロッパ委員会が「グループ利益（group interest）」をより良く認める措置を提示することを提言している（European Commission, Action Plan: European company law and corporate governance—a modern legal framework for more engaged shareholders and sustainable companies, COM (2012) 740/2, 15）。タイヒマンは，「グループ利益」を「コンツェルン利益」と同義とする（Teichmann, EU-Aktionsplan zum Gesellschaftsrecht: Transparenz, Aktionäre und Konzernrecht, BB 2013, Heft 3, Die Erste Seite）。ローゼンブルーム原則をEUのコンツェルン法調整の柱の1つとしようとしたクラウス・ホプトは，フランスのローゼンブルーム判決を基礎にした「グループ利益」の容認は，ヨーロッパ・コンツェルン法フォーラム等で既に主張されてきたところであり，2012年12月12日のEU行動計画書は，これを追認したものであると説き，2012年EU行動計画書の提案を歓迎する（Hopt, Europäisches Gesellschaftsrecht im Licht des Aktionsplans der Europäischen Kommission vom Dezember 2012, ZHR 177 (2013), 210 f.）。

者の企業家的裁量の中にあり，決定の結果に対しては責任を負わないと考えるべきであると説く[30]。

コンツェルン関係を考慮した新しい経営判断原則を確立するというドイツの学説上の主張は支持できる。いずれにせよ，子会社の少数派株主・債権者の実効的な保護のために，子会社侵害に対して親会社は個別の補償によって対処する義務があるという戦後のドイツのコンツェルン法の基本方針および日本の通説[31]の考え方は堅持されるべきである。

3 中間試案における A 案の問題点

A 案は，将来の日本の親会社の責任規制として十分でない。A 案は，企業結合関係における親会社の責任を，子会社とその親会社との利益が相反する取引によって当該子会社が不利益を受けた場合における当該親会社の責任に限定している。A 案の問題点としては次の点が挙げられる。

第1に，親会社の指図により子会社が行った「事実行為」たる業務執行によって子会社利益が侵害された場合も，そこに過失が認められる限り，親会社は子会社に生じた損害を賠償する責任を負うとするべきである。たとえば，子会社の利益が確実に見込まれる新事業に着手することを子会社取締役会で決定していたにもかかわらず，その報告を子会社から受けた親会社が，親会社自身が当該新事業に進出したいという理由から，あるいは既に親会社が当該事業と同じ事業を行っているという理由から，子会社取締役に影響力を行使して，当該新事業進出を断念させた場合，新事業進出断念により子会社に生じた損害についても，親会社は子会社に対し賠償する責任を負うとするべきである。かかる新規事業を断念させる事例は，A 案によっては把握できない問題である[32]。

第2に，A 案は親会社の子会社に対する責任を認めているが，これと並行して，一定の要件を満たした場合，親会社の子会社の少数派株主に対する直接の損害賠償責任を認めるべきである。たとえば，親会社が子会社の利益を侵害した事実が公になり，子会社の株価が下落して，子会社の少数派株主が株式を安価で売却せざるを得なかった場合等についても，子会社の少数派株主であった者は，子会社を侵害し

---

30) Teichmann, Europäisches Konzernrecht: Vom Schutzrecht zum Enabling Law, AG 2013, 196.
31) 江頭憲治郎『結合企業法の立法と解釈』330 頁以下（有斐閣，1995 年）。
32) Eiji Takahashi/Kazunori Shintsu, Zeitschrift für Japanisches Recht/Journal of Japanese Law, Vol. 17, Nr. /No. 33 (2012), 18.

た親会社に対して，直接，損害賠償責任を追及しうるとするべきである。かかる子会社の少数派株主の親会社に対する直接の損害賠償責任追及は，ドイツ1965年株式法317条1項2文により認められており，日本法でも認められてよい。

IV 日本における親会社の責任を基礎づける一般条項のあり方

1 一般条項創設の提言

日本法において，親会社の責任を基礎づける一般条項として，どのような内容の規範が適切であるかについて以下論じる。

日本法では子会社の利益を侵害した親会社の不法行為責任が認められた裁判例は存在しない。したがって，法的安定性の見地から，会社法上，親会社を含めた会社経営に影響を与えうる地位にある者の会社に対する損害賠償責任を明確に定める必要性は高い。しかし，子会社の少数派株主・債権者保護のための親会社の損害賠償責任規定の創設は，2014（平成26）年会社法改正では見送られた。そこで，親会社を含めた大株主を中心とする会社に対し影響力を有する者が，その影響力を行使して会社に損害を与えた場合について一般条項を設けることが新たな会社法上の課題として重要になる。

かかる影響力行使者の責任を定めた規範として本章が着目するのはドイツの1965年株式法117条である[33]。同条をモデルにして，これを発展させ，特殊不法行為責任の規定およびこの責任を追及するための株主代表訴訟制度を日本法に創設するべきである。

2 純粋の行為責任・株主代表訴訟併置の必要性

ドイツ法のモデルと異なり，影響力行使者の特殊不法行為責任を定める規定は，

---

33) 中東正文教授も，親会社の責任規制を，親会社の「影響力の行使」（「支配的影響力の行使」とは表現していない）によって子会社が損害を被った場合に適用されるものとして，その導入を提言している（中東正文「企業結合」商事法務1940号35頁（2011年）参照）。また，江頭憲治郎教授と岸田雅雄教授は，「大株主が会社に対する影響力を行使したことにより，会社または第三者に損害が生じたときは，その大株主は，会社または第三者に対し，生じた損害を賠償する責を負う」という規定の導入を提案していた（江頭憲治郎＝岸田雅雄「企業結合」商法改正研究会編『商法改正要望事項——経済界からの追加改正要望事項の検討』別冊商事法務87号61頁（商事法務研究会，1986年））。

影響力利用者の故意・過失のいずれかの存在が認められれば適用されるとすべきである。親会社が子会社にある新事業に着手するように指示したが，親会社の当該新事業に関する調査が十分でなかったために子会社の新事業が失敗し子会社が巨額の損失を受けた場合についても，過失により親会社が子会社の利益を侵害した場合に該当するものとして，影響力利用者の責任に関する一般条項により救済の対象とされるべきである。

また，大株主による会社財産の搾取等があった場合，会社の他の株主は当該搾取を行った大株主に対し，大株主の会社に対する 1965 年株式法 117 条をモデルとした特殊不法行為責任を追及するため，1965 年株式法 317 条 4 項・309 条 4 項に倣い，代表訴訟を提起しうるとすべきである[34]。

3 因果関係の推定と経営判断原則の適用

大株主との取引により会社が不利益を受け，大株主が利益を得た場合，本取引が大株主による影響力の行使の結果としてなされたという会社の損害と大株主の行為との間の因果関係の推定規定が設けられるべきであろう[35]。

また，大株主からの指図に基づき会社が新事業を行ったが，その事業が失敗し，会社に損害が発生したという場合，大株主が会社の利益になると誠実に考えかつ情報収集などの事前の調査を十分にした上で会社に指図を下した場合，かかる指図を行うこと自体は違法ではなく，また大株主と会社との間で取引がなされる場合とは異なり，両者は利益相反の関係に立たないのであるから，かかる場合に経営判断原則の適用があり，大株主の義務違反の存在が否認される場合があると考えてよい[36]。

---

34) 法制審議会会社法制部会では，A 案の代案として，親会社等の不法行為責任に基づく損害賠償責任を，株主代表訴訟の対象とする案も示されていた（岩原・前掲注 1）12 頁参照）。

35) 江頭憲治郎教授と岸田雅雄教授は，「会社が損害を被ることにより大株主が利益を得る場合には，会社の損害は，当該大株主の影響力の行使により生じたものであると推定する」という規定が新設されるべきことを提案した（江頭＝岸田・前掲注 33) 38 頁（1986 年））。しかし，その後，江頭憲治郎教授は，従属会社に損害を生じさせた従属会社の業務執行の裏側で支配会社が利益を得た事実を発見できれば，支配会社による影響力の行使は事実上推定されるかもしれないので，かかる因果関係推定規定は新設するほどの必要性はないかもしれないと論じている（江頭・前掲注 31) 159 頁）。この点につき，高橋英治『従属会社における少数派株主の保護』153 頁注 49（有斐閣，1998 年），Eiji Takahashi, Konzern und Unternehmensgruppe in Japan—Regelung nach dem deutschen Modell?, Tübingen 1994, S. 101 ff.

日本の学説上は親会社の責任規定は新たに設けられる必要がなく、民法の不法行為責任がこの問題を解決しうるという考え方も存在する。日本の法制審議会会社法制部会も最終的にはかかる立場に立ったと考えられる。しかし、本章は、以上示した諸点（①会社財産搾取等の際に他の少数派株主が会社を代表して株主代表訴訟を提起しうる点、②因果関係の推定規定が設けられる点、③義務違反の判断に経営判断原則が適用される点）において、本章が提唱するドイツの1965年株式法117条1項をモデルとした特殊不法行為責任の規定は、民法709条の一般不法行為とは異なる面があり、特別に新しい責任規定として創設する意味があると考える。

　2011（平成23）年12月の法務省民事局参事官室の「会社法制の見直しに関する中間試案」のA案においては、その有する議決権の割合等に鑑み、親会社と同等の影響力を有すると考えられる自然人の責任についても、親会社の責任規制と同様の規定を設けるものとするとされた。1965年株式法117条をモデルとした影響力行使者の責任を純粋な行為責任（特殊不法行為責任）として立法化する場合、かかる自然人の損害賠償責任と親会社の損害賠償責任との両者を併存させる必要性はなくなる。

4 東アジアの法制度との調和

　かかる影響力濫用禁止規定の創設は、近時のアジアにおける企業結合規制の潮流とも合致する。すなわち、1998年韓国商法401条の2第1項1号は、「会社に対する自己の影響力を利用し、取締役に業務執行を指図した者」は、取締役とみなされ、会社および第三者に対して損害賠償責任を負うと規定する[37]。2005年中国会社法21条は、支配株主等が影響力を利用して会社を侵害することの禁止および当該禁止規範に違反して会社を侵害した影響力利用者の損害賠償責任を定める[38]。すな

---

[36]　日本の最高裁判所は、取締役に適用される経営判断原則を、客観的違法要素としての義務違反に係るものとして捉えている（最判平成22年7月15日金融・商事判例1353号26頁（アパマンショップHD事件））。取締役に適用される経営判断原則を過失がないという抗弁と捉えるべきと主張するものとして、髙橋英治「取締役の任務懈怠責任」法学教室362号30頁（2010年）。

[37]　中村信男＝鄭世喜「経営指揮者とその会社・第三者に対する責任——韓国商法上の背後理事規制と日本の判例における事実上の主宰者の責任法理」比較法雑誌38巻1号207頁（2004年）、高橋＝洪・前掲注**12**）215頁以下参照。

[38]　2005年中国会社法20条は、支配株主の権利濫用についても、支配株主が権利を濫用して会社または株主に対して損害を生じさせた場合、会社または株主に対して損害賠償責任を負うと規定する。

わち，同条は，会社の支配株主，実質支配者，董事，監事，高級管理職がその地位を利用して会社に損害をもたらした場合は，賠償責任を負わなければならない旨規定する。2005年中国会社法21条の規定は，1965年株式法117条と同様に，「指図」等の概念を用いていないため，支配株主等の多様な形態の「影響力の利用」をこの規定により柔軟に捕捉できるという利点がある。

V　結語——提言

最後に，以上の考察の結論を提言の形式でまとめる。

① 　結合企業法制の枠組みの中で，親会社等の責任規制の創設が断念された現在，親会社等の責任を追及する枠組みとして特殊不法行為に関する一般条項の導入が検討されてよい。かかる一般条項としては，ドイツの1965年株式法117条1項の影響力利用者の責任が参考になる。

② 　ドイツの1965年株式法117条1項をモデルとした影響力行使者の責任規制を新設する場合，過失による会社への侵害行為およびそれによって生じた損害の賠償責任も定める必要がある。かかる影響力行使者の責任は，多様な形態の影響力の行使を本責任規制によって把握できるという法技術的な利点がある[39]。

③ 　本章が提唱する影響力行使者の責任は，①会社財産搾取等の際に他の少数派株主が会社を代表して株主代表訴訟を提起しうる点，②因果関係の推定規定が設けられる点，③義務違反の判断に経営判断原則が適用される点において，民法709条の一般不法行為とは異なる面があり，特殊不法行為を定める新規定として創設する法的意味がある。

④ 　ドイツの1965年株式法117条1項をモデルとした影響力行使者の責任を純粋な行為責任として立法化する場合，自然人の損害賠償責任と親会社の損害賠償責任との両者を併存させる必要性はなくなる。

⑤ 　ドイツの1965年株式法117条1項をモデルとした影響力行使者の責任規制の創設は東アジアの立法の潮流とも一致する。

---

[39] 朱大明『支配株主規制の研究——中国会社法を素材として』222頁（信山社，2012年）。

第8章　現代日本における企業結合と法

I　はじめに——本章の目的

　2014（平成 26）年会社法改正において日本の歴史上初めて本格的な企業結合規制が導入された。すなわち，支配権の異動を伴う新株等発行に関する企業結合形成規制（会社法 206 条の 2 等），多重代表訴訟等に関する企業結合状態規制（会社法 847 条の 3 等），特別支配株主の株式等売渡請求権等のキャッシュ・アウト規制（会社法 179 条以下等）である[1]。これらは，経済的強者である親会社ないし親会社の株主を保護するための規制であり，経済的弱者である子会社の少数派株主・債権者保護のための規制ではない[2]。これらの規制により，日本の企業結合法は完成したとみてよいのであろうか，それとも，今後の日本の会社法は企業結合法の領域でさらなる立法上の措置を行っていく必要があるのであろうか。

　本章の目的は，日本の企業結合法の課題を明らかにすることにある。本章は，次のような構成をとる。まず，日本における企業結合の実態を解明する（Ⅱ）。次に，日本の近時の裁判例・実務例を挙げつつ，日本の企業結合法のあり方を示す（Ⅲ）。

---

1) 高橋英治「会社法における企業結合規制の現状と課題〔上〕〔下〕——平成 26 年改正を踏まえて」商事法務 2036 号 16 頁以下，2037 号 36 頁以下（2014 年），高橋英治『会社法概説〔第 3 版〕』260 頁以下（中央経済社，2015 年）（以下「高橋・概説」と引用する），Eiji Takahashi, Die Zukunft des japanischen Konzernrechts—Die Reform des Aktienrechts von 2014, AG 2014, 493 ff.
2) 北村雅史「親会社株主の保護」法律時報 87 巻 37 頁（2015 年）。多重代表訴訟（会社法 847 条の 3）は，子会社のガバナンス向上に資する効果があるが，その目的は親会社の株主の保護にある。企業集団内部統制システムも，会社法本体の条文上は，子会社保護に配慮しない書きぶりになっているが（会社法 348 条 3 項 4 号，362 条 4 項 6 号・416 条 1 項 1 号ホ），この点については会社法施行規則により修正された（会社法施行規則 98 条 1 項 5 号，100 条 1 項 5 号，110 条の 4 第 2 項 5 号，112 条 2 項 5 号）。この点についての 2014（平成 26）年会社法改正時の批判として，高橋・前掲注 1) 商事法務 2036 号 19 頁参照。なお，親子会社間取引により子会社が損失を被らないように抑制する機能を果たす開示規定は，会社法施行規則 118 条 5 号等において導入された。

最後に本章の考察から得られた結論を提示する（Ⅳ）。

Ⅱ　日本の企業結合の実態

1　日本における法人持株比率の現状

　2015（平成27）年6月18日に発表された，2014（平成26）年度の全国4旧証券取引所（東京旧証券取引所，名古屋証券取引所，福岡証券取引所，札幌証券取引所）における上場会社3565社の株式分布状況調査によると，上場株式の保有比率は，事業法人が21.3パーセントで前年度と同水準となった。これに比べて，外国法人等の株式保有比率は31.7パーセントであり，過去最高であった前年度をさらに上回る結果となった。個人その他の株式保有比率は，17.3パーセントであり，3年連続の低下となった[3]。

　2014（平成26）年度は前年度に引き続く金融緩和政策による日本の景気回復への期待が高まり，外国法人等の持株比率が上昇した。これは，日本の会社法学が，外国会社によって支配されている日本の株式会社の少数派株主・債権者保護をいかなる準拠法理論に基づきどのように実現するべきかという国際会社法上の問題にも積極的に取り組まなければならないことを示している。

　外国法人等の持株比率の上昇における会社法上の背景としては，株式持合や敵対的企業買収防衛策の新たな導入が減少傾向にあり，市場における株式買収等の手段を用いて外国会社が日本の上場会社を支配することが可能となったことが要因の1つとして挙げられる。

　日本の会社法において，ドイツの株式法のような包括的な企業結合規制が存在しないことが，外国人投資家による日本企業に対する投資を促進する効果を有するのか否かについては，多様な要因があり，一概には断定できない。海外から日本企業を買収し支配する外国会社にとっては，子会社の少数派株主・債権者に対する保護措置を採る必要がないことは，外国親会社に日本におけるより大きな支配活動の自由を事実上保障し，投資を促進する効果を持つ。また，外国親会社に支配される日本の子会社は，例えばドイツの株式法312条の定める従属報告書を作成・検査する義務を免れているため，外国親会社はコンツェルン全体で子会社の少数派株主保護のための費用を節約できる。しかし，日本の子会社に対する指揮を正当化する手段

---

[3]　以上の数値につき，「2014度株式分布状況調査の調査結果について」（2015年6月18日）。本資料はインターネットからのアクセスが可能である（題名で検索）。

（株式法308条の支配契約締結に伴う支配企業の指揮力の獲得）が存在しないことは，外国親会社が日本企業を買収するインセンティブを弱める要因となりうる。また，海外から日本の子会社に投資する小規模投資家にとっては，日本の子会社に対して投資する際に，子会社の少数派株主保護措置が恒常的に採られないことは，その親会社から搾取されているにもかかわらず海外に住む投資家はこれに気がつかないといった危険を生み出し，海外の小規模投資家にとって日本の子会社に対する投資を躊躇させる要因となりうる。

2 日本の企業結合の現状

株式保有を基本構造としている日本の企業結合としては，①株式持合，②企業集団，②親子会社（コンツェルン）が存在する。これらの企業結合は，①から③へ進むに従って，組織化の程度が高まり，組織体としての性格がより明確に現れてくる。以下において，これらの企業結合の現状を順に概観する。

(1) 株式持合

株式持合とは，株式会社が相互に株式を持ち合う関係である。これは，もともとかつての財閥を前身とする企業集団のメンバー企業が，安定株主の確保と株価維持のため，敵対的買収の対抗策として，1949（昭和24）年独占禁止法改正により事業会社の株式保有が解禁されたことを契機として，1952（昭和27）年頃から，メンバー企業同士で相互に株式を保有し始めたことを起源とする[4]。1982（昭和57）年，法人の持株比率は72パーセントに達した[5]。このとき，株式持合は，上場会社の株主総会を形骸化させ，自然人に代わって法人である会社が日本社会のあらゆる面を支配する原因となっているとして批判されていた（法人資本主義論）[6]。

1990（平成2）年12月28日のいわゆるバブル崩壊以降，日本企業の株価は下落傾向に転じた。これが株式持合の中心である銀行の含み損を生み，かかる含み損の存在は，時価会計主義の導入により，配当可能利益の減少につながることとなった[7]。2000（平成12）年以降，日本の上場会社は株式持合の解消へと向かった。各

---

[4] 橋本寿朗＝武田晴人編『日本経済の発展と企業集団』242頁（東京大学出版会，1992年）〔宮島英昭〕, Eiji Takahashi, Konzern und Unternehmensgruppe in Japan—Regelung nach dem deutschem Modell?, Tübingen 1994, S. 24.

[5] 北島忠男「わが国における株式所有状況の推移について（その1）」明大商学論叢66巻5＝6＝7号27頁（1984年）。

[6] 奥村宏『最新版 法人資本主義の構造』7頁以下（岩波書店，2005年）。

[7] 吉川満＝伊藤正晴「株式持ち合いは何故解消したか（3・完）」月刊資本市場236号40頁以下（2005年）。

上場会社は，株式持合に代えて，ライツプラン等の敵対的買収防衛策を独自に導入し，株式持合の敵対的買収防衛策としての意義は薄れた。

　2014（平成 26）年 3 月期，三菱商事やパナソニック等の大手上場会社において，成長投資等のために，持合株式を売却する傾向が生じた。日本の上場会社の株価は近年の金融緩和策により上昇に転じているため，持合株式の評価損の発生のリスクは現在のところ低下している。しかし，近年の外国人投資家の増加とともに，外国人投資家の求めに応じて，資金効率の改善のため，経済効果の見えにくい持合株式を売却する傾向は今後も強まると予想されている[8]。また，バーゼル委員会[9]が定めた銀行が保有する株式のリスク量が 2014（平成 26）年 6 月 30 日の経過措置終了とともに 2 倍となるため，銀行の株式の受け皿としての役割は一段と低下することが予想された[10]。これらは株式持合のさらなる解消につながると考えられた。上場会社の持合比率（上場会社が所有する他の上場会社の株式が株式市場全体に占める時価ベースの比率）は，バブル崩壊前の 1989（平成 1）年前後，5 割を超えていたが，2014（平成 26）年度には，戦後最低の 16.3 パーセントにまで下落した[11]。

　2015（平成 27）年 6 月 1 日から施行されている東京証券取引所の「コーポレートガバナンス・コード[12]」は，上場会社が保有する相互保有株式につき，保有の方針，目的および合理性を説明するよう定めている（コーポレートガバナンス・コード原則 1 - 4）。これにより上場株式相互保有の解消が加速化している[13]。

　ただし，株式持合はその経済的合理性を全く失ったわけではない。業務提携に際して株式持合が行われると，業務提携した当事会社の大株主として提携先の会社がそれぞれ名を連ねることになり，それぞれの会社の取締役が，それぞれ会社の経営

---

[8]　2014 年 7 月 13 日付日本経済新聞。

[9]　バーゼル委員会は，1974 年に G-10 諸国中央銀行総裁により構成される銀行規制監督実務に関する委員会として設立された。設立当初の関心は，変動相場制導入に伴う国際問題への対応等にあったが，その後，バーゼル委員会の関心の焦点は自己資本規制に向けられている。バーゼル委員会につき，青木浩子『新バーゼル合意と資産証券化』347 頁以下（有斐閣，2003 年）参照。

[10]　2014 年 6 月 20 日付日本経済新聞。

[11]　2015 年 7 月 16 日付日本経済新聞。日本の上場会社の持合比率は，2015（平成 27）年度末で 15.8％ となる見通しである（2015 年 11 月 29 日付日本経済新聞）。

[12]　神田秀樹『会社法入門〔新版〕』206 頁以下（岩波書店，2015 年）参照。

[13]　「ほどける『株式持ち合い』上」2015 年 7 月 17 日付日本経済新聞。2015 年 11 月 6 日付日本経済新聞は，三菱 UFJ フィナンシャルグループなど 3 メガバンクが，持合などで長期的に保有する取引先の株式を 3〜5 年の間に少なくとも 3 割程度売却する方向で最終調整に入った，と報じる。

方針に対する同意を持合の相手方会社から取り付けやすくなる結果として，当事会社の経営の安定化を実現する。さらに，業務提携に伴って株式持合が行われると，それぞれの会社は提携相手方会社の株式を所有しているのであるから，その株価の上昇は双方の会社の財産価値の上昇につながる。それゆえ，株式持合が行われている会社では，当事会社が協力して収益を改善することが両社の共通の利益となる。

　株式持合は，少なくとも事業会社同士の業務提携の選択肢として，日本の経済社会において一定の機能を有し続けると予想される。2015（平成27）年2月，学研ホールディングス（HD）と河合楽器製作所は業務提携し，2015（平成27）年7月31日，約6億円を投じて発行済株式の2〜3パーセントを相互に取得すると発表している[14]。日本では，株価の一方的な下落傾向に歯止めがかかった2006（平成18）年〜2008（平成20）年，鉄鋼業界等を中心として，業務提携に伴う株式持合が活発化する動きが生じた[15]。近時でも2013（平成25）年11月8日，淀川製鉄所は取引先の韓国鉄鋼大手ポスコと株式を持ち合うと発表している[16]。鉄鋼業界では，①長期的視点に立って巨額の設備投資を行わなければならない事情もあり，経営方針に関し株主の理解を得て経営を安定化させる必要がある，また，②鉄鋼業を営む上場会社の株価は工場設備・土地等その保有する資産に比べて低いため，敵対的企業買収防衛策として，株式持合が行われる傾向が見られる[17]。

(2)　企　業　集　団

　企業集団には，旧財閥系に属していた企業を中心に形成された三井，三菱および住友といった旧財閥系企業集団と銀行が取引先企業を中心に形成した芙蓉（旧安田銀行グループ。現みずほフィナンシャルグループ等），UFJ（旧三和銀行グループ）および第一勧銀といった銀行系企業集団がある。

　企業集団は集団内部でのマトリックス型の「株式相互持合」および「社長会」というグループのメンバーの代表者によるインフォーマルな意見交換・情報収集の場をその組織構造上の特徴とする[18]。企業集団には，メンバー企業に歴史上形成さ

---

14)　2015年8月1日付日本経済新聞。
15)　高橋英治『ドイツと日本における株式会社法の改革——コーポレート・ガバナンスと企業結合法制』319頁（商事法務，2007年）参照（以下「高橋・改革」と引用する）。
16)　2013年11月9日付日本経済新聞。
17)　高橋・改革319頁。
18)　公正取引委員会事務局編『最新 日本の六大企業集団の実態』13頁（東洋経済新報社，1994年）。Eiji Takahashi, Japanese Corporate Groups under the New Legislation, ECFR 2006, 289; Eiji Takahashi, Konzern und Unternehmensgruppe in Japan-

れたアイデンティティたる「グループ意識」が存在する。また，旧財閥系企業集団では，銀行系企業集団よりも，その歴史的背景から，グループ意識が強い。旧財閥系企業集団では，グループ共通の商号・商標があり，その管理がグループの商号・商標管理委員会により行われ，グループが新会社を設立する場合当該会社がグループの商号や商標を用いることが許されるのかについて審査している[19]。

企業集団は「系列（Keiretsu）」とも呼ばれる[20]。特に経済学者からは「各系列ごとに，新興産業をワンセットずつ支配するようなビヘイビア[21]」が存在すると言われ，同じ企業グループに競合する新業種のメンバー企業が複数存在することは例外現象であった[22]。

日本経済全体において企業集団が占める比重は近年急速に低下している。終戦時点の資本金の額で，三井，三菱および住友の各企業の合計は日本全体の約22パーセント，安田などの10財閥合計では35パーセントに達し，実に日本の資本金の3分の1以上が財閥に偏在した[23]。公正取引委員会の調査では，1989（平成1）年には17.24パーセントであった6大企業グループの資本金シェアは，1999（平成11）年には13.15パーセントにまで下がった[24]。また，各グループの境目も流動化しつつある。2001（平成13）年の三井住友銀行や2006（平成18）年の東京三菱UFJ銀行の合併による成立など，相互に異なるグループに属するグループ中核企業による合併の波は企業グループ間の境目を不明確なものとしつつある[25]。企業集団のグ

Regelung nach dem deutschen Modell?, S. 29 ff.; Eiji Takahashi, Change in the Japanese Corporate Groups?, in: Baum（Edit.）, JAPAN: ECONOMIC SUCCESS AND LEGAL SYSTEM, 232（Walter de Gruyter, 1997）.

19) Hadley, ANTITRUST IN JAPAN, 250（Princeton University Press, 1970）.
20) Gerlach, Keiretsu Organization in the Japanese Economy, in: Johnson/Tyson/Zyman（Edit.）, POLITICS AND PRODUCTIVITY: THE REAL STORY OF WHY JAPAN WORKS, 141-174（HarperBusiness, 1989）; Hadley, a. a. O（Fn. 19）, 203; Eisele, Holdinggesellschaft in Japan, Tübingen 2004, S. 65 ff.
21) 宮崎義一『戦後日本の経済機構』53頁（新評論，1966年）。
22) アイゼレは，ワンセット主義は旧財閥系企業集団には比較的明確に認められるものの，銀行系企業集団では前者ほど明確には認められないと説く（Eisele, a. a. O（Fn. 20）, S. 73 f.）。「ワンセット主義」の存否の検討につき，橘川武郎『日本の企業集団——財閥の連続と断絶』192頁以下（有斐閣，1996年）参照。
23) 2013年8月25日付日本経済新聞。
24) 公正取引委員会「企業集団の実態調査——第7次調査報告書」2 (1) 第1図（2001年5月18日公表）参照。本資料はインターネットからのアクセスが可能である（題名で検索）。
25) 2013年8月25日付日本経済新聞。

ループ意識の弱体化の背景には，株式持合の解消[26]およびメインバンク制度の弱体化が挙げられるが，特に財閥系企業集団では財閥解体までは同一の企業で働いていた幹部従業員の世代交代なども，その要因として挙げられる。企業集団の経済的重要性，メンバー企業の結合の強度，グループ意識の低下に鑑み，公正取引委員会も，6大企業集団の実態調査を1999年（平成11）度の調査をもって終了させた[27]。

しかし，現在でもなお企業集団の「グループ意識」は存在している。2000（平成12）年にダイムラー・クライスラーからの出資を受け入れて同社の傘下に入ることで経営の立て直しを図った三菱自動車は，2004（平成16）年にダイムラー・クライスラーが追加支援を拒絶してからは，2005（平成17）年に三菱重工業・三菱商事・東京三菱銀行の3社が三菱自動車の優先株引受による援助で経営の立て直しを図った[28]。そして，2013（平成25）年9月12日，三菱自動車は，株価下落リスクとなるこれら優先株を普通株へと置き換えた。三菱重工業・三菱商事・東京三菱UFJ銀行らの三菱自動車のかつての優先株主は同社の大株主であり続けることになった[29]。2015（平成27）年8月19日には，東京電力と三菱重工，三菱商事など三菱グループ3社は，福島県に「石炭ガス化複合発電（IGCC）」と呼ばれる最先端の石炭火力発電所を建設すると発表した[30]。同様に，2015（平成27）年8月26日，日本生命保険は，三井生命保険を子会社化して2016（平成28）年以降80～85パーセントの株式を保有する方向で調整に入ったが，三井住友銀行，三井物産，三井不動産の三社には引き続き三井生命保険の株式を議決権ベースで15～20パーセント保有してもらうことになった[31]。住友グループでは，グループ各社の従業員に住友グループの一員であるという意識を持たせる行事や研修が行われている。住友林業では，入社2～3年目には住友グループの発祥地である別子銅山跡を訪れ，住友グループの経営理念を理解させる。5年目研修はグループ会社と一緒に行い住友林業の従業員が住友グループ各社の従業員と横のつながりをつくるようにしている[32]。住友グループでは，毎年春に，住友家の先祖代々と住友各社の物故者との合同慰霊祭を行っている[33]。

---

[26] 2015年7月16日付日本経済新聞は，2014（平成26）年度，上場企業の持合株の売却が加速化し，それが旧財閥系の企業グループにも広がったことを報じている。
[27] 公正取引委員会・前掲注24）。
[28] 平井岳哉『戦後型企業集団の経営史』417頁（日本経済評論社，2013年）。
[29] 2013年9月12日付日本経済新聞。
[30] 2015年8月20日付日本産業新聞。
[31] 2015年8月26日付日本経済新聞。
[32] 2015年4月14日付日本産業新聞。

(3) 親子会社（コンツェルン）

　日本の親子会社の特徴は，「現場の知識（on-the-spot knowledge）[34]」を生かすため，子会社の具体的業務執行に関する決定権限を大幅に認めた，「ボトムアップ」の意思決定構造にあるといわれてきた[35]。もちろん，子会社の役員の選任や子会社の再編等の親子会社全体の経営方針に関する事項は親会社が決定するが[36]，子会社の業務執行の具体的あり方は子会社で決定されることが多く，この分権型構造は，日本の親子会社が環境の微小な変化に柔軟にかつ迅速に適応する上で大きな長所であった[37]。

　現在でもなお，親子会社の分権化構造すなわち子会社の自主性の尊重は日本の親子会社の特徴である。2014（平成26）年10月25日の新聞報道によると，日本航空（JAL）の植木義晴社長は，北海道エアシステム（HAC）を再び子会社化したことに関連して，「我々のグループ経営はその会社が主体的に自立することだ」と述べた[38]。2014（平成26）年9月10日の新聞報道によると，日立製作所の東原敏昭社長兼最高執行責任者（COO）は，日立グループの将来の課題につき「半年から1年かけ組織を顧客の業界別に再編成する。金融，公共団体，製造業，電力などに分け，意思決定の権限を委譲する。……売上高営業利益率は10％以上を目指す。そのためにはトップダウンとボトムアップの両方で変革が必要だ。自ら考えて顧客に対応する人を増やし，その後ろに日立の企業集団が控えるようにする」と述べた[39]。

　しかし，日本の親会社は，子会社の自主性尊重の原則を，「うち」である日本の子会社のみに適用し，「そと」である海外の子会社には適用していない。すなわち，海外の子会社に対する日本の親会社の統制は強く，現地における「現場の知識」を

---

33) 2015年5月13日付日本経済新聞地方経済面近畿B。
34) Masahiko Aoki, Horizontal vs. Vertical Information Structure of the Firm, The American Economic Review, Vol. 75 No. 5 (December 1986), 973.
35) 伊丹敬之「日本企業の『人本主義』システム」今井賢一＝小宮隆太郎編『日本の企業』56頁（東京大学出版会，1989年），今井賢一「企業グループ」今井＝小宮編・同上138頁参照。
36) 2014（平成26）年7月，富士通株式会社は半導体事業から事実上撤退することを決め，完全子会社の「富士通セミコンダクター株式会社」の三重工場を台湾UMCに売却すること等を決定した（2014年7月18日付日本経済新聞）。かかる子会社の売却等の決定はトップダウンに行われた。
37) Eiji Takahashi, Japanese Corporate Groups, Yesterday and Tomorrow, The Journal of Interdisciplinary Economics, Vol. 9 No. 1 (1998) 8.
38) 2014年10月25日付日本経済新聞地方経済面北海道。
39) 2014年9月10日付日本経済新聞。

生かした経営は行われていないと批判されている[40]。日本を本拠地とする多国籍コンツェルンは、海外を含めて考えると、日本に本拠地を有する親会社が中心で、海外に存在する子会社の自主性を尊重した真のグローバル経営ができていない。すなわち、欧米の企業と比較して、日本企業は現地社員の裁量や昇進可能性が小さい。日本を親会社の本拠地とする多国籍コンツェルンは、日本に本拠地を有する親会社が現地子会社の業務執行の詳細についても指揮命令し、現地の経営者を信頼して任せるということをしないため、自主的に決定できる現地の幹部社員が育たず、その結果として現地の子会社に裁量権が与えられないという悪循環に陥っていると批判されている[41]。

　近時の外国人株主の増加に伴い、外国企業の傘下に入った日本企業にとって、自己のこれまでの企業文化と外国親会社の新しい企業文化との間の摩擦軋轢を克服することは重要な経営上の課題となっている。外国企業の傘下に入った日本企業5社の経営状況を実態調査したオルコットは、多くの日本企業にとって、友好的企業買収の結果として外国企業の傘下に入ることは、買収当初には、その企業の既存の企業文化との摩擦軋轢こそ生じさせるが、長期的視点からは、被買収企業である日本企業にとってマイナスとはなっていないという研究結果を示した。その代表的成功事例が、経営危機に瀕していた日産自動車が、1999（平成11）年3月フランスの自動車会社であるルノーの傘下に入り、日本人社長が解任され、新たに最高経営責任者（COO）に選任されたルノーの元副社長カルロス・ゴーン氏の指揮下で、再建に成功したというものである[42]。この事例では、日本企業が外国資本の傘下に入ることで、国際競争力を取り戻したといえる。外国人株主が上場株式の30パーセントを保有する現在、日本企業が外国親会社の傘下に入ることは、これからますます多くなると予想されるが、現在のところ、外国企業の傘下に入った日本企業の従業員は、既存の日本の企業文化にとらわれることなく、柔軟性をもって外国人経営者の新しい経営方針に対応している[43]。

---

40) 欧米企業の中国特許の中で中国において発明されたものが1.5パーセントを占めるのに対し、日本企業の中国で発明された中国特許の占める割合は0.1パーセントに満たない。これは日本の親子会社が海外に存在する英知を企業の成長に十分生かすことができていないことを示すと経済学者からは主張されている（元橋一之「製造業復活への課題上『現地化』で日本企業は後れ」2013年12月30日付日本経済新聞21頁）。

41) 元橋・前掲注40) 21頁。

42) G. オルコット、平尾光司＝宮本光晴＝山内麻理訳『外資が変える日本的経営——ハイブリッド経営の組織論』222頁以下（日本経済新聞出版社、2010年）。

III 日本の企業結合法の現状と将来

1 株式持合規制

　株式持合には，持合当事者たる株主以外の株主の影響力を遮断して，当事者たる会社が長期的視点から経営を行うことを可能にするというメリット[44]が認められる。しかし，株式持合には，株式持合の当事会社の経営者を，敵対的企業買収による圧力から解放するが，同時に，経営に対する外からの規律が欠けるという会社のコーポレート・ガバナンスにとって望ましくない状態が形成されるというデメリットも存在する。株式持合は，経営者にとって自己の会社支配の利益に資する手段であり，経営者が自らその状態を解消させるためのインセンティブは小さい。すなわち，株式持合は，その利益相反的性質によって，解消に対する硬直性があるため[45]，レッセフェール政策に任せていれば，理想的な企業のガバナンスの状態は形成されない。現在，日本の会社法では，株式の相互保有の規制として，別の株式会社（A社）に株式を25パーセント以上保有されている株式会社（B社）は，その保有するA社の株式については議決権が全面的に奪われるという規制が設けられている（会社法308条1項かっこ書）。株式会社のガバナンス向上の観点から，株式持合規制をより広範囲の株式相互保有にも及ぼしていく必要があるという立場に立つ場合，今後の会社法改正においては，25パーセント基準よりも緩やかな基準（例えば，20パーセント）を満たした相互保有株式については，ドイツ法を参考にして（株式法328条3項）[46]，総会における取締役選任決議においてのみ議決権行使が禁止されるといった規制にしていく必要があろう[47]。

43）　G. オルコット・前掲書注42) 240頁。
44）　吉原和志「株式の持合い」商事法務1466号16頁（1997年）。
45）　Eiji Takahashi, Unternehmensübernahmen in deutschem und japanischem Kontext: Betrachtung von Aktionärsstrukturen, externer Corporate Governance und Unternehmensverständnis in Japan, in: Assmann/Isomura/Kansaku/Kitagawa/Nettesheim (Hrsg.), Markt und Staat in einer globalisierten Wirtschaft, Tübingen 2010, S. 83.
46）　「第1項により相互保有を知った企業は，上場会社の総会における監査役会構成員の選挙において議決権を有しない」（株式法328条3項）。株式法の邦訳として，早川勝「1965年ドイツ株式法の改正と展開」同志社法学63巻6号200頁以下（2012年）参照。
47）　奥島孝康＝落合誠一＝浜田道代編『新基本法コンメンタール　会社法2』36頁（日本評論社，2010年）〔高橋英治〕。日本の資本市場法においても，金融商品取引法上

2 企業集団規制

　三菱グループや住友グループなどの一部の旧財閥系企業集団における集団内持合の割合は25パーセント超であるという時期も存在した。例えば，1974（昭和49）年の三菱グループの株式持合比率は，グループ全体で26.5パーセントであり，1973（昭和48）年の住友グループの株式持株比率は，グループ全体で28.1パーセントにも達していた[48]。かかる状況下では，マトリックス型株式持合に株式相互保有規制を及ぼす必要は大きかった[49]。また，上場会社の議決権の25パーセント以上を有していれば，その会社を通常支配できるため[50]，社長会が株式の相互保有を基礎に「共同」で影響力を行使した場合に備えて[51]，共同支配会社がグループの社長会等を通じて共同で支配的影響力を行使し，1つのメンバー会社に不利益を与え

の規範に違反した場合，自益権を含めた株主としての権利がすべて制限されるのではなく，ドイツ法にならって，議決権を中心とする支配権が制限されるとすることを示唆しうる立法案があるが（神作裕之「金融商品取引法の規定に違反した者による議決権行使の制限」『(前田重行先生古稀記念) 企業法・金融法の新潮流』31頁（商事法務，2013年）），この立法案も議決権を全面禁止するのではなく，株主総会等における取締役選任決議等の会社支配に関連した議決権の「支配機能」を停止する趣旨であるという意味では，議決権制限規制の柔軟化の試みである。

[48]　橋本＝武田編・前掲注4) 313頁〔岡崎哲二〕参照。1986（昭和61）年の住友グループにおけるマトリックス型株式持合につき，Kawamoto, Neue Entwicklungen im Bereich des Gesellschaftsrechts in Japan, in: Coing u. a. (Hrsg.), Die Japanisierung des westlichen Rechts, Tübingen 1990, S. 222 f.

[49]　立法案として，中島修三『株式の持合と企業法』223頁（商事法務研究会，1990年）参照。

[50]　江頭憲治郎教授は，支配会社を取締役の過半数を選任するに足りる株式を所有する会社と定義し，発行済株式の25パーセント超を保有するときは，その会社の取締役の過半数を選任するに足りる株式を保有するものと推定する（江頭憲治郎『結合企業法の立法と解釈』25頁以下（有斐閣，1995年））。会社法308条1項は議決権の25パーセント以上の保有をもって，「その経営を実質的に支配することが可能な関係にある」とみる。

[51]　1982（昭和57）年9月三井グループの社長会である「二木会」が，三井グループに属する「三越」の岡田茂社長に退陣勧告するという事件が起こった。三越岡田社長の解任は，結果的には岡田社長の腹心といわれていた重役たちのクーデターによって実現したが，その背後にあってこれを可能にしたのが二木会であった。この事件は社長会がメンバー企業の社長人事に介入した事件として注目されている。この事件における二木会の行動の詳細につき，奥村宏『新・日本の六大企業集団』97頁以下（ダイヤモンド社，1983年）参照。

た場合の損害賠償につき連帯責任を定める必要性が当時存在した[52]。しかし，現在では，企業集団の影響力は年々低下しており，株式持合比率も低下する傾向にある。かかる状況下では，マトリックス型株式相互持合の議決権規制および企業集団に属する複数のメンバー企業が社長会等を通じて共同で影響力を行使した場合についての連帯の損害賠償責任を導入する必要性は高くない[53]。

3 親子会社規制

(1) 親子会社形成規制

日本では，新株第三者発行が親子会社形成のためにも用いられてきた。新株第三者発行では通常，会社の既存株主の支配権を希釈化してしまうため，会社の資金需要と既存株主の支配にかかる利益をどのように調整するのかが問題とされてきた。会社法は株主が「著しく不公正な方法」による新株発行を差し止めることができると規定する（会社法210条2号）[54]。新株第三者発行が「著しく不公正な方法」による新株発行であるのかについて判断する基準として，裁判所は「主要目的ルール」を導入し，会社の資金需要と既存株主の支配権との調整をしようとしている[55]。しかし，この「主要目的ルール」は，既存株主の利益を十分に保護してこなかった。なぜなら，裁判所は，会社に資金需要が存在すれば，不公正発行と認定して新株等発行の差止（会社法210条，247条）を認めることは通常なかったからである[56]。

仙台地決平成26年3月26日金融・商事判例1441号57頁〔光通信事件〕も，会

---

[52] Eiji Takahashi, Konzern und Unternehmensgruppe in Japan—Regelung nach dem deutschen Modell?, S. 111.

[53] 高橋・概説116頁以下。

[54] Kansaku/Bälz, in: Baum/Bälz (Hrsg.), Handbuch Japanisches Handels- und Wirtschaftsrechts, Köln 2011, S. 103.

[55] 主要目的ルールにつき，松中学「主要目的ルールの検討 (1) ～ (2・完) 主要目的ルールとは何か，そしてなぜ裁判所はそれを採用したのか」阪大法学57巻6号1011頁，58巻1号87頁（2008年），Eiji Takahashi, Unternehmensübernahmen in deutschem und japanischem Kontext-Betrachtung von Aktionärsstrukturen, externer Corporate Governance und Unternehmensverständnis in Japan, in: Assmann/Isomura/Kansaku/Kitagawa/Nettesheim (Hrsg.), Markt und Staat in einer globalisierten Wirtschaft, S. 74; Yamaguchi, Abwehrmaßnahmen börsennotierter Aktiengesellschaften gegen feindliche Übernahmeangebote in Deutschland und Japan, Köln 2005, 232 ff.

[56] 東京高決平成16年8月4日金融・商事判例1201号4頁〔ベルシステム24事件〕ほか。

社に資金需要があることを主要な理由として，既存株主の支配権を希釈化する新株第三者発行を「著しく不公正な方法」（会社法210条2号）によるものとは認定しなかった[57]。事案は，以下のとおりである。株式会社京王ズホールディングス（以下「京王ズHD」という）は電気通信販売代理店業務を営むことなどを目的とする上場会社であった。その株主として株式会社光通信（以下「光通信」という）があり，光通信は2014（平成26）年2月7日時点で，京王ズHDの株式を持株比率21.46パーセント・議決権比率21.92パーセント保有する筆頭株主であった。京王ズHDは収益が悪化し，みずほ銀行に融資を打診したが断られたため，通信関連機器および家庭用電化製品の販売を営む株式会社ノジマ（以下「ノジマ」という）に出資をしてもらいノジマの子会社となるため，京王ズHDの取締役会は第三者割当の方法でノジマに対して新株発行することを決議した。この新株第三者発行の結果，ノジマは京王ズHDの持株比率52.09パーセント・議決権比率52.62パーセントの株主となり，光通信の京王ズHDに対する持株比率は10.77パーセント・議決権比率は10.88パーセントに下落することになった。光通信は，京王ズHDの他の株主ともに，本件新株第三者発行を差し止める旨の仮処分命令を申し立てた。仙台地裁は，京王ズHDが「安定的な経営を行うために，……一定の資金調達の必要性があったことは，否定し難い……本件新株発行が資金調達及び新たな事業パートナーの必要性等に裏付けられた1つの経営判断といい得る[58]」等と判示して，光通信らの申立を却下した。

　この事例が示すように，親子会社形成規制としての「主要目的ルール」は，会社が子会社化して子会社の少数派株主となる既存株主の利益を十分に保護できない。2014（平成26）年会社法改正は次の規制を導入している。

　「公開会社では，募集株式の引受人が総株主の議決権の過半数を有することになる場合には，そのような引受人に関する情報を払込期日等の2週間前までに株主に通知しなければならない（会社法206条の2第1項）。この通知の日から2週間以内に，総株主の議決権の10分の1以上を有する株主が反対の通知をしたときには，

---

57) 本件につき，小柿徳武「新株の不公正発行に関する裁判例の動向——仙台地裁平成26年3月26日決定（金判1441号57頁）を素材として」2014（平成26）年6月28日関西商事法研究会報告5頁以下，鳥山恭一「判批」法学セミナー717号125頁（2014年），森本滋「判批」金融法務事情2003号30頁以下（2014年），受川環大「判批」金融・商事判例1453号2頁以下（2014年），白井正和「判批」法学教室別冊附録414号21頁（2014年），松尾健一「判批」ジュリスト臨時増刊1479号99頁以下（2015年），三原園子「判批」関東学院法学24巻1号95頁以下（2014年）参照。

58) 仙台地決平成26年3月26日金融・商事判例1441号63頁以下。

当該公開会社は，払込期日の前日までに，当該特定引受人に対する募集株式の割当等について，株主総会の普通決議（会社法 309 条 1 項）による承認を受けなければならない（会社法 206 条の 2 第 4 項）。」

この規制は，会社が新株の第三者割当の方法により他の会社の支配下に置かれる場合，すなわち新株の第三者割当により子会社化される場合にも発動するという意味では企業結合形成規制である[59]。

仮に光通信事件に 2014（平成 26）年改正法が適用されていたとしたならば，光通信は新株第三者割当に反対の通知をし（会社法 206 条の 2 第 1 項参照），これにより本件新株発行に総会の普通決議による承認が必要となり（会社法 206 条の 2 第 4 項），本件仮処分申立人である他の株主の議決権と併せて，本件新株発行に反対の株主は議決権の過半数（51.08 パーセント）を確保できたため，光通信らは京王ズ HD がノジマの子会社となることを阻止することができたはずであった[60]。

法制審議会会社法部会長として 2014（平成 26）年会社法改正において主導的な役割を果たした岩原紳作教授は，2014（平成 26）年会社法における本規制（会社法 206 条の 2）につき「本当に濫用的な第三者割当増資等をチェックする機能を持つことになろう[61]」としている。光通信事件は 2014（平成 26）年改正会社法 206 条の 2 が，濫用的第三者割当に対してチェック機能を果たすことができた事案であった。

2014（平成 26）年会社法改正で導入した本規制（会社法 206 条の 2）は，明確な外国法上のモデルがない[62]。このため，規制に関する実務経験が欠けている。本規制（会社法 206 条の 2）が，主要目的ルールの欠点を完全に克服し，コンツェルン形成時における買収者側と経営者側および既存の株主の諸利益を合理的に調和する手段となり得るのかについては，疑問が提起されている[63]。

---

59) 高橋・概説 260 頁，高橋・前掲注 1）商事法務 2036 号 17 頁。
60) 森本・前掲注 57）38 頁，受川・前掲注 57）6 頁参照。
61) 岩原紳作『『会社法制の見直しに関する要綱案』の解説」商事法務 1976 号 7 頁（2012 年）。
62) ただし，田邊光政教授は，「公開買付けに直面した対象会社の取締役会は，たとえば防衛策の手段として新株発行を行う場合には，株主総会の承認を得なければならないというのがイギリスの City Code および EU の公開買付指令の立場であり，わが国の平成 26 年改正会社法は，会社の支配権の移動が伴う結果が生じることになるような新株発行については，株主の意思を問えということであった同じ方向であるといえる」と説く（田邊光政「支配権の異動を伴う新株発行」田邊光政ほか編『（今中利明先生傘寿記念）会社法・倒産法の現代的課題』25 頁（民事法研究会，2015 年））。
63) 村田敏一教授は，会社法 206 条の 2 につき，①企業価値の向上を図る戦略的提携が阻害されるケースが生じ得る，②容易に潜脱可能である，③支配権争奪や新株発行

(2) コンツェルン指揮義務

日本法において取締役の監視監督義務という考え方は，そもそも伝統的会社法学および会社法実務においては存在していなかった[64]。これを示すのが，2001（平成13）年の野村證券損失補塡株主代表訴訟事件東京地裁判決である。すなわち，野村證券株式会社の米国における 100 パーセント孫会社がニューヨーク証券取引所に対し，米国証券取引委員会規則違反を理由に合計 118 万米ドルの課徴金を納付したことに対し野村證券株式会社の取締役である被告等に責任があるとして株主代表訴訟が提起された事件につき，東京地判平成 13 年 1 月 25 日判時 1760 号 144 頁は，親子会社の法人格の別異性を根拠にして，「親会社と子会社（孫会社を含む）は別個独立の法人であって……それぞれ独自の業務執行機関と監査機関も存することから，子会社の経営についての決定，業務執行は子会社の取締役……が行うものであり，親会社の取締役は，特段の事由のない限り，子会社の取締役の業務執行の結果子会社に損害が生じ，さらに親会社に損害を与えた場合であっても，直ちに親会社に対し任務懈怠の責任を負うものではない[65]」と判示した。当時，親会社取締役の子会社に対する監視義務は認められておらず，子会社の違法行為により親会社の子会社に対する持分価値が低下する場合，子会社に対する監視義務違反を根拠にして親会社取締役は親会社に対して持分価値下落相当額の損害賠償責任が生じるという論理は学説上も認められていなかった[66]。当時，通説は次の議論を展開していた[67]。

への反対株主等が存在しない蓋然性の強いケースについても規制の入り口段階での適用が生じてしまう結果として機動的な資金調達が困難となる，等の問題があり「その立法化の意味は乏しい」と批判する（村田敏一「支配株主の異動を伴う募集株式の発行等に関する規律の新設について──『主要目的ルール』との交錯を中心に」北村雅史＝高橋英治編『（藤田勝利先生古稀記念論文集）グローバル化の中の会社法改正』112 頁以下（法律文化社，2014 年）参照）。同様の指摘として，久保田安彦「第三者割当て」商事法務 2041 号 30 頁（2014 年），中東正文「募集株式の発行等」江頭憲治郎編『株式会社法大系』424 頁注 56（有斐閣，2013 年）参照。

64) ただし，1997（平成 9）年の独占禁止法改正により純粋持株会社が解禁されたが（同法 9 条 1 項），純粋持株会社の主たる事業目的は子会社その他グループ会社の経営管理にあるため（村中徹「子会社の管理における取締役・監査役の職務と実務課題」金融財務事情研究会編『（田原睦夫先生古稀記念）現代民事法の実務と理論 上巻』695 頁（きんざい，2013 年）），学説上，純粋持株会社においては子会社の監督は親会社取締役の職務に属すると認めざるを得ないと解されていた（志谷匡史「親子会社と取締役の責任」小林秀之＝近藤光男編『新版株主代表訴訟大系』125 頁（弘文堂，2002 年）参照）。

65) 東京地判平成 13 年 1 月 25 日判時 1760 号 146 頁。

66) 当時，坂本達也教授は，「会社が親子関係にある場合でも，両会社は法人格を異に

親会社の取締役に子会社に対する監視義務を法的に負担させることは法政策的に妥当でない。なぜなら，もし親会社がそのような義務を負わされるならば，親会社としては，子会社の取締役の裁量の範囲を狭めて，子会社に対する管理を強化するなどの政策をとらざるをえなくなり，このことは企業グループの活力を削ぐ結果につながりかねないからである。

東京高決平成 17 年 1 月 18 日金融・商事判例 1209 号 10 頁は，破綻した子会社（雪印食品株式会社）の株主がその株式が無価値になった等として親会社の不法行為責任等を追及した事案において，「株主は，株主総会を通じて取締役および監査役の選任をするなどして会社の基本的な意思決定を行うにとどまり，具体的な業務執行に関与するものではない。そうすると，支配株主が取締役等に違法な働きかけをした結果，当該取締役等が違法な業務の執行をするなどした場合に初めて支配株主の不法行為責任が生じることになる[68]」と判示した。この裁判例は子会社株主が親会社の責任を追及した事例であり，親会社の株主が親会社の取締役の責任を追及した前記東京地判平成 13 年 1 月 25 日判時 1760 号 144 頁とは責任根拠を異にする。しかし，通説は，この裁判例も，親会社である支配株主が取締役等に対して違法な業務執行をなすように指示する等の「違法な働きかけ」等をしない限り，親会社は子会社の経営に対して監督責任を負わないという前提に立っていると解する[69]。

これらの判決後，2008（平成 20）年から 2009（平成 21）年にかけて，ドイツのホメルホフの「コンツェルン指揮義務[70]」論を日本法の解釈論として展開する学説[71]が発表され，親会社取締役には親会社の財産である子会社株式の価値を維持・向上させる義務があり，相当な範囲で子会社の業務を監督しその財産価値ひいては親会社の企業価値を維持・向上させなければならないと説いた。この学説に影響さ

し，……親会社の取締役は，……子会社の取締役が行った業務執行について，子会社はもとより親会社に対しても監視義務を負わない」と論じていた（坂本達也「判批」法学雑誌 50 巻 1 号 106 頁（2003 年））。

[67] 江頭・前掲注 **50**）198 頁以下，坂本・前掲注 **66**）110 頁，吉本健一「事実上の取締役概念の親子会社への適用」判例タイムズ 975 号 20 頁（1998 年），江頭憲治郎＝岸田雅雄「企業結合」商法改正研究会編『商法改正要望事項——経済界からの追加改正要望事項の検討』別冊商事法務 87 号 61 頁以下（1981 年）参照。

[68] 東京高決平成 17 年 1 月 18 日金融・商事判例 1209 号 19 頁。

[69] 神作裕之「親子会社とグループ経営」江頭編・前掲注 **63**）99 頁。

[70] Hommelhoff, Konzernleitungspflicht, Köln 1982.

[71] 後に本学説を集大成したものとして，舩津浩司『「グループ経営」の義務と責任』268 頁以下（商事法務，2010 年）参照。

れて，下級審裁判例には，親会社の取締役の子会社の業務に対する監督義務に言及するものが出てくるに至った[72]）。

すなわち，例えば，東京地判平成23年11月24日判時2153号109頁は，完全子会社による工場用不動産の取得がグループ全体に大きな利害関係を有するとし，完全子会社による当該工場用不動産の取得につき親会社の代表取締役が一定程度調査する義務があると認められ，これに違反した場合には当該親会社代表取締役の善管注意義務違反が問題になると判示している。

福岡魚市場事件福岡地判平成23年1月26日金融・商事判例1367号41頁は，完全子会社が，仕入業者から預かり期間内に売却できなかった在庫商品をいったん買い取った上で，当該仕入業者または他の仕入業者に対し一定の預かり期間内に売却出来なければ期間満了時に買い取る旨の約束をして当該諸品を売却し，その後，買主が同期間内に売却できなかった場合には同様の取引を繰り返す「グルグル回し取引」と呼ばれる循環取引を帳簿上繰り返し，在庫商品の含み損が膨らみ完全子会社が破綻したことにつき，親会社の株主たる原告が，親会社取締役でありかつ完全子会社役員でもあった被告に対し，調査を行えば損害の拡大を防止することができたという点に義務違反があったとして親会社に対する損害賠償責任を代表訴訟により追及した事案であった。

福岡地裁は，親会社取締役の注意義務違反および忠実義務違反の事実が認められるのか否かの判断において「被告らの監視義務違反」という判断項目を設定し，「グルグル回し取引」によって不良在庫を抱えて経営が破綻した子会社に対する親会社の不正融資等について，親会社の代表取締役または取締役が，子会社に対する監視義務を怠り，子会社から提供された資料のみを検討しただけで詳細な調査や検討を行うことなく，安易に極度額の定めのない連帯保証契約を締結し，また，子会社の不良在庫問題に関する調査報告書の信用性について，具体的な調査方法を確認するなどといった検証を何らすることなく，その調査結果を前提として子会社に対して高額の貸付等を行った点で，代表取締役らには忠実義務および善管注意義務違反があると判示した[73]）。原告は控訴した。

---

72) 日本の下級審裁判例の展開につき，神作・前掲注69) 98頁以下，梅津昭彦「企業グループと取締役の注意義務——裁判例の展開を素材として」上村達男ほか編『(正井章作先生古稀祝賀) 企業法の現代的課題』115頁以下（成文堂，2015年）参照。

73) 本判決の評釈において，久保田安彦教授は，舩津浩司准教授の論文（前掲注71) 230頁以下）を引用しつつ，「親会社が保有する子会社株式は親会社の資産にほかならないため，（親会社の取締役は・引用者注），子会社株式の価値が毀損しないよう，子会社を監視・監督すべきであると考えられる。……これらの意味で本判決の基本的

同事件控訴審判決（福岡高判平成24年4月13日金融・商事判例1399号24頁）は，控訴人らが，子会社の不良在庫問題の実態を解明しないまま，業績に回復の具体的目処もなく，経営破綻間近となっていた子会社に対して，子会社の会計上の損害を事実上補塡するため貸金の回収は当初から望めなかったのに貸付を実行して，その経営判断には取締役の忠実義務ないし善管注意義務違反があったとして，控訴を棄却した[74]。

日本における，2014（平成26）年会社法改正の過程においても，親会社の取締役会に子会社の業務を監督する義務の導入の要否が議論された。すなわち，会社法制部会資料23「親子会社に関する規律に関する残された論点の検討」は，「取締役会は，その職務として，株式会社の子会社の業務を監督するものとする」という規定の導入を検討した。

親会社取締役会の子会社業務監督義務を定める規定は，多重代表訴訟が立法化しない場合の代替案として提案された。しかし，多重代表訴訟が立法化される見通しがついたので，親会社取締役会の子会社業務監督義務の立法化は見送られた。これは正しい選択であった[75]。親会社取締役会の子会社業務監督義務の規定は，これを親会社取締役会の職務としていたことから明らかであるように，親会社取締役会の権限でもあった。親会社取締役会の子会社業務監督義務の規定の新設により，親会社取締役会が子会社を監督しなければ親会社取締役会を構成する各取締役は親会社に対して損害賠償責任を負ってしまうということになる（会社法423条1項）[76]。親会社取締役会の子会社業務監督義務の新設により，子会社に対する広い権限委譲による分権型構造を特色とする日本の親子会社は，親会社による強力な指揮が行われる中央集権型コンツェルンへと変貌してしまう危険がある[77]。

立場は支持されるべきであると思われる」と論じる（久保田安彦「判批」月刊監査役599号87頁（2012年））。

[74] 上告審では，親会社取締役の責任について争う論旨が上告受理決定において排除されたため，上告審判決（最判平成26年1月30日判時2213頁123頁）では，専ら遅延損害賠償金の請求に関する点のみが判断の対象となった。

[75] Eiji Takahashi, Ansatzpunkte für eine Rezeption der deutschen Gesellschaftsrechtslehre in Japan, FS Kirchner, Tübingen 2014, S. 379 f.

[76] ただし，実際上は，かかる監視義務の懈怠により親会社取締役が親会社に対して損害賠償責任を負うことは，因果関係の切断等の事情により，極めて稀にしか生じないであろう。

[77] 高橋英治「企業集団における内部統制」ジュリスト1452号31頁（2013年）参照。ただし，完全親会社については，その指図に，完全子会社の取締役は従う義務を負うと法定化するという立法論も成り立つであろう。この場合，完全子会社の取締役が完

ドイツでは，子会社の違法行為を予防する親会社取締役の義務は「コンツェルン・コンプライアンス責任 (konzernweite Compliance-Verantwortung)」と呼ばれ[78]，かかる義務ないし責任が存在することは大多数の学説の支持を得ている[79]。なぜなら，子会社が違法行為を行うことにより子会社が罰金・賠償金等を支払うことになれば，子会社の財産は減少を来たし，これを通じて親会社の子会社に対する持分の価値は減少するということになり，また子会社が違法行為を行ったという事実そのものが公になれば，親会社の信用は毀損され，親会社の利益が害されるからである。

ドイツの「コンツェルン・コンプライアンス責任」の議論に鑑み，日本法においても，親会社の取締役は，親会社の利益保護の観点からその善管注意義務の一内容として[80]，子会社の違法行為を予防する義務を負うと解すべきである。そして，この義務は親会社取締役の子会社に対する監督権限を基礎づけないと解すべきである。なぜなら，かかる親会社取締役の子会社の業務執行に対する監督権限を認めると，日本の分権型親子会社が中央集権型コンツェルンへと変化することを強いる危険があるからである。

(3) 子会社の債権者保護

子会社の債権者保護のための特別の立法措置がなされていない日本において，子会社における債権者保護の手段として最も重要なものは法人格否認の法理である。日本において，法人格否認の法理は，最判昭和44年2月27日民集23巻2号511頁により判例法理として確立した。その後の下級審判例により親子会社関係にも適用されることが認められた[81]。

最高裁によると，法人格が否認される場合としては，法人格の形骸化事例と濫用事例との2つの類型がある[82]。法人格の形骸化は，広義の一人会社の場合のよう

　全親会社の指図に従うことが常態化している場合，その指図により完全子会社の債権者の利益を害した完全親会社は「影の取締役」として会社法429条1項に基づき当該債権者に対して損害賠償責任を負うというべきである。

78) Verse, Compliance im Konzern, ZHR 175 (2011), 402.
79) Habersack, Gedanken zur konzernweiten Compliance-Verantwortung des Geschäftsleiters eines herrschenden Unternehmens, FS Möschel, Baden-Baden 2011, S. 1175 Fn. 1 が挙げる文献参照。
80) 髙橋陽一准教授は，親会社取締役の子会社監視・監督義務を親会社取締役の親会社に対する善管注意義務の一内容であると位置づけているが（髙橋陽一『多重代表訴訟制度のあり方――必要性と制度設計』213頁（商事法務，2015年）），正当である。
81) 仙台地判昭和45年3月26日判時588号38頁，大阪地判昭和47年3月8日判時666号87頁，福岡地判平成7年7月20日判時1543号3頁ほか。

に株主・社員と会社とが実質的に同一である場合のみならず，会社が会社として守るべき手続や規定を遵守していない場合に認められる。例えば，①会社と社員間における財産の混同，②会社の会計が区別されていないこと，③営業活動の混同，③総会や取締役会を開催していない等，会社の運営に関する規定を遵守していないこと等が累積した結果として，法人格の形骸化は認められる。法人格形骸化が認められるためには，濫用の意図の立証は必要でない。法人格の濫用が認められるための要件としては，社員が会社を支配していること（支配の要件），および会社形態が法秩序からみて是認されない目的で濫用されていること（濫用の要件）が必要である[83]。

子会社解散に伴って子会社従業員が解雇された場合に法人格否認の法理が適用され，子会社従業員に対する親会社の責任が認められるかについては，下級審判例上の展開があった。この問題についての嚆矢とも言える仙台地判昭和45年3月26日判時588号38頁（川岸工業事件）では，子会社の解散に伴って解雇された従業員等が親会社に対し解雇前未払賃金の仮支払を求めたが，仙台地裁は，本事例において法人格の形骸化を認め，① 親会社が子会社の業務財産を一般的に支配しうる数の株式を所有するとともに，② 親会社が子会社を企業活動の面で現実的統一的に管理支配している場合には，子会社の従業員などの受動的債権者に対する債務関係は親会社において重畳的に引き受けている法律関係にあると判示して，原告の申立を認容した。

同判決は子会社従業員の解雇前未払賃金請求の事案であったが，親会社が子会社を現実的かつ統一的に支配している状況下で，親会社が会社に対し敵対的に活動する子会社の労働組合の壊滅ないし弱体化を企図して子会社を解散し，子会社従業員を解雇したことにつき，法人格の濫用を認定し，親会社に雇用契約上の包括的責任を認める3つの裁判例が昭和50年代に存在した[84]。

---

[82] 最判昭和44年2月27日民集23巻2号511頁，最判昭和48年10月26日民集27巻9号1240頁。

[83] 高橋・概説24頁。親子会社関係において法人格の形骸化が認められた事例は少ない。それは，裁判所が法人格の形骸化を認定するために必要とされる要件が多くかつ充足困難であるからである。完全な支配が実現しているともいえる完全子会社についての総株式の保有をもってすら，それのみを根拠に子会社法人格の形骸化を認定した裁判例は存在しない。唯一次に取り上げる川岸工業事件においては，仙台地裁は子会社法人格の形骸化を認定しているが，学説上，本件は本来法人格の濫用事例とみることができると考えられている（菅原菊志『判例商法（上）』13頁（信山社，1993年）参照）。

また，子会社を偽装解散して解散した子会社の事業を別子会社に継続させた場合も，子会社の従業員は法人格否認の法理の適用により保護されるべきであると考えられているが，解散した子会社の従業員が，同法理の適用により，親会社と別子会社のいずれに雇用の継続を主張できるのかについては，学説上争いがある。通説は，会社が不当労働行為の目的で，企業廃止に見せかけて別会社において実質的に同一の企業経営を継続するような偽装解散の場合には，労働関係は解散会社と実質的に同一の会社との間で存続すると解する[85]。そして，子会社の偽装解散の場合であっても親会社に対して雇用契約上の責任を主張できるのは，親会社との関係で譲渡先の法人格が形骸化している場合に限られると解する。すなわち，通説は，子会社従業員が親会社に対して継続的・包括的な労働関係の存在を主張することは，子会社の法人格が全く形骸化しており，しかも組合を壊滅させることを目的とする解散のような法人格の明白な濫用が認められるケースでのみ問題となり得ると論じた[86]。これに対し，子会社の偽装解散の場合，法人格否認の法理の適用により原則として親会社が責任を負うとする反対説も主張されている[87]。すなわち，同反対説によると，子会社の偽装解散の場合，特定の関係において支配企業に責任を帰属させようという法人格否認の法理の趣旨からして，実質的に同一の事業が継続されるか否かにかかわりなく，原則として支配企業が使用者として労働契約法上の責任を負う[88]。

第一交通事件控訴審判決（大阪高判平成19年10月26日労判975号50頁）は反対説に従った。本件は，以下のような事実関係を基礎にする。第一交通産業株式会社（以下「第一交通」という）は，一般乗用旅客自動車運送事業等を目的とする株式会社である。御影第一株式会社（以下「御影第一」という）は，神戸市域交通圏においてタクシー事業を営む株式会社であり，第一交通の完全子会社である。2001（平成13）年3月30日，第一交通は，南海電鉄から，泉州交通圏においてタクシー事業等を営む佐野第一交通株式会社（以下「佐野第一」という）の全株式を取得した。

---

84) 徳島地判昭和50年7月23日労判232号24頁，神戸地判昭和54年9月21日判時955号118頁，大阪地判昭和57年7月30日労判393号35頁。
85) 菅野和夫「会社解散と雇傭関係——事業廃止解散と事業譲渡解散」菅野和夫＝中嶋士元也＝渡辺章編集代表『(山口浩一郎先生古稀記念論集) 友愛と法』162頁（信山社出版，2007年）。
86) 菅野和夫『労働法〔第10版〕』119頁注（弘文堂，2012年）。
87) 西谷敏「子会社解散と法人格否認の法理」労働法律旬報1561号38頁（2003年）。
88) 西谷敏『労働法〔第2版〕』569頁以下（日本評論社，2013年），藤木邦顕「本件判批」労働法律旬報1635号18頁（2006年）。

第一交通による佐野第一の買収後,佐野第一は賃金の55パーセントのカット等からなる新賃金体系を佐野南海交通労働組合(以下「X_2」という)に提案し,佐野第一と X_2 の組合員との間に労使紛争が生じた。同年4月,佐野第一の管理職が主導して,会社再建に協力する従業員の集まりとして交友会を発足させ,X_2 の組合員に対して佐野第一が提案する新賃金体系等に合意することを求めるとともに,X_2 を脱退して,交友会に加入することを求めた。2002(平成14)年2月16日,御影第一は泉州交通圏におけるタクシー事業を開始した。御影第一の泉南営業所には,開業当時69名のタクシー乗務員が在籍していたが,そのうち50数名は交友会員である第一交通の元従業員が移籍したものであった。

2003(平成15)年4月3日,第一交通の取締役会が開かれ,佐野第一を解散する旨が決議された。同日,佐野第一は,佐野第一の従業員であり X_2 の組合員である X_1 らに対し,解雇する意思表示をした。2003(平成15)年5月12日,佐野第一の株主総会が開かれ,佐野第一の解散が決議された。

X_1 らは,佐野第一の解散を理由とする X_1 らの解雇は,佐野第一の親会社である第一交通が,X_1 らが所属する労働組合である X_2 を解散させる目的で行った不当労働行為である等主張し,第一交通および御影第一に対し,法人格否認の法理に基づく労働契約上の権利を有することの確認等を求めた。

第1審の大阪地裁堺支判平成18年5月31日判タ1252号223頁は,X_1 らが御影第一に対して労働契約上の権利を有することを確認し,佐野第一の解散から本判決確定に至るまでの X_1 らの賃金を支払うこと等を御影第一に対し命じたが,親会社である第一交通の責任については,これを認めなかった。

控訴審の大阪高判平成19年10月26日労判975号50頁は,「子会社の解散決議後,親会社が自ら同一の事業を再開継続したり,親会社の支配する別の子会社によって同一の事業が継続されている場合には,子会社の従業員は,親会社による法人格の濫用の程度が顕著かつ明白であるとして,親会社に対して,子会社解散後も継続的,包括的な雇用責任を追及することができる」との一般論の下で,「X_1 らは,親会社である第一交通による法人格の濫用の程度が顕著かつ明白であるとして,第一交通に対して,佐野第一解散後も継続的,包括的な雇傭契約上の責任を追及できる」と判示し,X_1 らが第一交通に対し労働契約上の権利を有する地位にあることを確認した。

同高裁判決に対して上告もなされたが,最高裁は上告理由には違憲事由が存在しないという理由でこれを棄却した[89]。

最高裁によって是認された第一交通控訴審判決により,親会社が子会社を解散し

た後，子会社の事業を自らあるいはグループ内の他の子会社に行わせた場合には，法人格の濫用があるとして法人格の否認の法理が適用され，子会社の労働者は親会社に対し雇用契約上の責任を追及できることが明らかになった[89]。本件において偽装解散が親会社の取締役会で決議され，子会社がそれに従って解散したという事実が示すように，偽装解散を行った者は親会社である[91]。本件高裁判決によると，佐野第一に対して実質的現実的支配を及ぼしていたのは御影第一でなく第一交通であり，違法，不当な目的を有していたのも御影第一ではなく第一交通であると認定されている。したがって，過去の裁判例からしても本件では行為（有責）責任の見地から法人格の濫用が認められてよく[92]，有責に支配的影響力を行使して子会社を偽装解散した親会社が基本的には解散子会社の従業員に対して雇用上の責任を負うと解すべきであり，第一交通事件控訴審判決の結論を支持する。

　日本における法人格の否認の要件は，法人格の形骸化と濫用の事例に分かれる。法人格の形骸化論は，目的の要件が必要ないとされていることから明らかなように，ドイツ法における構造責任（すなわち一定の状態の発生を契機に生じる責任）に対応する。また，法人格の濫用は，目的の要件が必要とされることから明らかなように，ドイツ法における行為責任（すなわち一定の行為を契機として生じる責任）に対応する[93]。第一交通事件控訴審判決は，子会社の労働者を，構造責任論ではなく，行為責任論によって救済した。この立場は基本的には是認できる。川岸工業事件仙台地裁判決のように従属会社に対する統一的指揮のみを根拠にして親会社の責任を認める場合，日本におけるほとんどすべての親子会社関係において親会社は子会社労働者との関係で責任を負わされる結果となる[94]。また，通説のように，親子会社

---

89) 最決平成 20 年 5 月 1 日労旬 1689 号 15 頁。
90) ただし，学説は，この判決の評価を巡りなお対立し，近時の裁判例にもこの判決の趣旨を十分にふまえていないものがあると指摘されている（西谷敏「労働法における法人格否認法理の到達点——親会社の雇用責任をめぐって」季刊労働法 247 号 90 頁（2014 年）。
91) 西谷・前掲注 87) 38 頁。
92) 徳島地判昭和 50 年 9 月 21 日労判 328 号 47 頁，神戸地判昭和 54 年 9 月 21 日労判 328 号 47 頁，大阪地判昭和 57 年 7 月 30 日労判 393 号 35 頁。
93) Karsten Schmidt, Verlustausgleichspflicht und Konzernleitungshaftung im qualifizierten faktischen GmbH-Konzern, ZIP 1989, 546. 本文で論じたように，法人格の濫用は行為ないし有責性を契機とした責任であるのに対し，法人格の形骸化は構造ないし状態を契機とした責任である。このように両者は責任の原理を異にするため，両者を類型として大別するという判例の立場は妥当である。
94) 上柳克郎＝鴻常夫＝竹内昭夫編集代表『新版注釈会社法 (1)』87 頁（有斐閣，

関係で偽装解散がある場合に法人格否認の法理は適用されるが，原則として解散した子会社の事業を譲渡された別子会社との関係で子会社労働者は労働者としての地位が認められ，例外的に法人格の形骸化が存在する場合にのみ親会社との関係で労働者としての地位が認められるという考え方では，一方で親会社に子会社労働者を恣意的に侵害する機会を与え，他方において子会社労働者保護に欠けるためである。

最高裁によって是認された第一交通事件控訴審判決は，いかなる要件事実が満たされた場合に，親会社は子会社の一般の債権者（銀行等）に対して責任を負うのかについては明らかにしていない。第一交通事件控訴審判決は，労働組合との戦いにおいて会社側が偽装解散という特別の手段を用いた場合に自己の契約上の地位を守ることが困難であるという労働者の法的地位の弱さに配慮した労働法上の特殊な判決であると位置づけられているようであるが，子会社の一般債権者も同様の要件（親会社が子会社を解散し，子会社の事業を自らあるいはグループ内の他の子会社に行わせた場合を指す）の下で保護されるべきである。

子会社の一般債権者の債務に対し親会社が，法律上いかなる要件事実の下で責任を負うのか定めることは，今後の会社法改正の課題である。

私見としては，日本法においては，ドイツ有限会社法64条が規定する業務執行者の倒産惹起責任の考え方を発展させて，親会社が子会社の業務執行に対して指図し，子会社がこれに従うことにより倒産等の状態に陥った場合，親会社は子会社の債権者に対し連帯して責任を負うと立法すべきではないかと考える[95]。

(4) 子会社の少数派株主の保護

親会社による子会社の財産上の利益の侵害は，親会社の子会社に対する不法行為を構成し，親会社は子会社に対し損害賠償責任を負う（民法709条）というのが，通説的見解であるが，かかる親会社による子会社の侵害につき親会社の損害賠償責任が追及された事例は存在しない。ただし，裁判例にはなっていないが，親会社による子会社の財産上の利益の侵害の事例としては，以下のようなものが存在する。

「A株式会社（以下「A社」という）は上場会社であり，資本金は30億円，総資産が80億円超であり，そしてA社の株主は約600人存在した。A社の株式の52

1985年）〔江頭憲治郎〕，森本滋「法人格の否認」江頭憲治郎＝岩原紳作＝神作裕之＝藤田友敬編『会社法判例百選〔第2版〕』11頁（有斐閣，2011年）。

[95] 髙橋英治「日本における閉鎖的資本会社の発展と法」商事法務1914号11頁（2010年）。Eiji Takahashi, Zur Reform des Gesellschaftsrechts in Japan und deren Wirkung auf geschlossene Kapitalgesellschaften in der Praxis, AG 2010, 823. 2008年MoMiGは，ドイツ有限会社法64条として，社員に対する支払等が会社の支払不能を惹起した有限会社の「業務執行者」の責任を規定した。

パーセント超を所有しているのがB株式会社（以下「B社」という）である。B社は外資系投資会社であった。2008（平成20）年夏，B社はA社に対し，B社の完全子会社であるC株式会社（以下「C社」という）に対する20億円の融資を肩代わりするように要請した。これに対し，A社はB社の担保提供ないし連帯保証を要求したが，3月末までの短期融資であることを理由に押し切られ，9月末に無担保で融資を実行した。その後，C社はA社に対し融資期限を延長するように要請してきた。これに対し，A社においては，一部の取締役以外は，B社の影響から，C社からの無担保融資の延長の要請を受け入れざるをえないという方向になっていたが，A社の監査役2人が，現状のままでは，A社の取締役に善管注意義務が生じる旨の意見を監査報告書に記載するという態度を示したことから，C社は無担保融資を全額返済した。2009（平成21）年6月，前記A社監査役2人はそれぞれ，辞任・任期満了で退任し，新しくB社系の監査役3人が選任された。また前記融資回収に動いた取締役は再任されなかった[96]。その後，B社はA社に対しグループ経営管理契約[97]を締結するように要請した。」

ミュルベルトは，無利息での融資が強要された場合，融資をした会社にも損害が生じるというべきであり，損害賠償として適正な利息が支払われるべきであると説く[98]。同氏の見解を本件に適用するならば，本件においては，A社は無担保融資が結果的に回収されたことで全く損害を受けていないというわけではなく，B社の完全子会社であるC社に20億円もの融資を無担保で行うことをA社がB社によって強いられたことで，適正な利子相当額の損害がA社に生じ，無担保融資を命じたB社はA社に対し，適正な利子相当額の損害賠償責任を負う（民法709条）ものと解される。

さらに，一般に親子会社間での取引は独立の企業間の取引と同じ条件で行われて

---

[96] 藤田増夫「支配会社による不当な圧力に係る対応等の検討」2009（平成21）年7月25日関西商事法研究会報告1頁。

[97] 経営管理契約とは，親会社と子会社との間で非通例的な取引が起こる場合に備えて，あらかじめ両社の間でその場合の手続を決めておく契約書であるが，当該契約により，子会社だけで本来決めることができる事項について親会社の承認等が必要とされる場合があり，親会社の子会社経営に対する関与が高まることが伴う（高橋均『グループ会社リスク管理の法務〔第2版〕』120頁以下（中央経済社，2015年）参照）。

[98] ペーター・ミュルベルト（Peter O. Mülbert）教授（マインツ大学法学部）の2013（平成25）年10月28日東京大学における講演「ドイツにおけるキャッシュ・マネージメント・システムの会社法上の問題と限界」（神作裕之訳）5頁における見解参照。

いない場合も少なくないといわれている[99]。例えば，親会社が画期的新製品を開発するために，子会社に当分の間だけ，子会社にとって不利な取引を親会社との間で行うように求めることはあるといわれている[100]。この場合，親会社が当該取引により子会社に生じた損失を補償する約束は，当該取引時に交わされるわけではない。

　日本においても，親会社による子会社侵害の事実は存在する。しかし，2014（平成26）年会社法の立法過程においては，かかる立法事実は存在しないとして，子会社の少数派株主保護のための立法的措置は採られなかった。

　株主の誠実義務の存在が認められていない日本法において[101]，親会社の子会社に対する責任規制を実現する判例法理として最も有力であるのは，既に下級審裁判例上認められている「事実上の取締役」の責任である。過去の日本の裁判例をみる限り，親会社の子会社に対する責任が，事実上の取締役の法理を用いて追及された事例は2件存在する。そのどちらにおいても親会社は子会社の事実上の取締役であるとは認められていない。

　第1の事例は，東京高判平成20年7月9日民集64巻7号1912頁である。株式会社産業再生機構の支援によるカネボウ株式会社の再建に関し，公開買付により支配株主となったトリニティ・インベストメント株式会社らが，カネボウ株式会社をして，カネボウ株式会社の事業を安値で譲渡しカネボウ株式会社ひいてはその株主であるXに損害を与えたと主張して，Xがトリニティ・インベストメント株式会社らに対してカネボウ株式会社の事実上の取締役としての第三者責任（平成17年

---

99) 平成26年10月25日関西商事法研究会における議論。酒向真理教授は，トヨタ自動車などにみられる日本の製造業における下請等の契約関係は，英国型の「独立当事者間契約関係（arm's-length contractual Relation; ACR）」というカテゴリーの中に分類することができず，むしろ「義務的契約関係（obligational contractual relation; OCR）」という別のカテゴリーに分類すべきであり，OCRにおける信頼と相互依存を基礎にした長期的関係が企業の成功を導くのであり，OCRに基づく日本企業がACRに基づく英国企業よりも高い収益性を示していることがこれを実証すると説く。Sako, PRICES, QUALITY AND TRUST: INTER-FIRM RELATIONS IN BRITAIN AND JAPAN, 2-3 (Cambridge University Press, 1992).

100) 2014（平成26）年10月11日日本私法学会ワークショップにおける参加者の発言。高橋英治「ワークショップ　改正会社法における企業結合規制の現状と課題」私法77号146頁（2015年）参照。

101) Eiji Takahashi, Gleichbehandlungsgrundsatz und Treuepflicht im japanischen Gesellschaftsrecht, in: Stürner (Hrsg.), Die Bedeutung der Rechtsdogmatik für die Rechtsentwicklung, Tübingen 2010, S. 272.

改正前商法266条の3第1項，現行会社法429条1項）を追及した事件において，東京高裁は，事実上の取締役としての責任が認められるためには「会社から事実上取締役として任務の遂行をゆだねられ，同人も事実上その任務を引き受けて，会社に対し，取締役と同様の，善良な管理者としての注意義務を負うに至っていると評価されるような事実関係があり，かつ，実際にその者が取締役であるかのように対外的又は対内的に行動し，当該会社の活動はその者の職務執行に依存しているといえるかのような事実関係があることが必要である。しかしながら，本件被控訴人ら3ファンド（トリニティ・インベストメント株式会社ら・引用者注）につきそのような事実関係があったことを認めるに足る証拠はない[102]」と判示し，カネボウ株式会社の支配株主であると認定されているトリニティ・インベストメント株式会社の事実上の取締役の責任を否定した。

第2の事例は，広島地判平成24年10月25日（判例体系）である。A社から手形の振り出しを受けたXが，その手形が不渡りとされることにより1億円超の損害を被ったと主張し，A社の親会社であるY社に対し，会社法429条の類推適用等に基づき損害賠償責任を追及した事案につき，広島地裁は，「A社において，Y社が，実質的に業務執行を行ってA社を主宰していたという事実に関する主張はない……Y社とA社との関係は，結局，通常の親子会社においてよく見られる関係でしかないのであるから，Y社がA社を主宰していたわけでない以上，Y社をA社の事実上の取締役と解することはできず，さらにそのことを前提に会社法429条1項の責任を問うことはできないといわなければならない」として，A社の親会社であるY社をA社の事実上の取締役として，その対第三者責任を認めなかった。

日本法は法人が取締役となることを認めていないため（会社法331条1項1号），そもそも日本の裁判所が法人である会社を事実上の取締役と認定できるのかという問題がある。

過去の下級審裁判例で，事実上の取締役の存在が認められるための最も重要な要素は，対内的な業務執行の有無である[103]。この基準からするならば，親会社は法人であるから，親会社の代表機関の行為がある以外には，子会社の具体的な個別の

---

102) 東京高判平成20年7月9日民集64巻7号1948頁。
103) 藤田増夫＝髙橋健「事実上の取締役理論に関する裁判例について」2014（平成26）年10月25日関西商事法研究会報告18頁，髙橋美加「事実上の取締役の対第三者責任について」岩原紳作＝山下友信＝神田秀樹編集代表『会社・金融・法 上巻』363頁（商事法務，2013年）参照。

業務執行行為を行ったという要件事実が認定されることはない。2005（平成17）年会社法以降は，会社の代表者の行為についての会社の損害賠償責任（会社法350条）が新設された。したがって，現行法上は，親会社の代表取締役等が，例えば子会社の業務執行取締役となり，親会社代表取締役としての職務執行の過程で（例えば親会社および子会社を代表して子会社に不利益な取引を行う等），故意または過失ある行為によって子会社に損害を与えた場合には[104]，事実上の取締役の法理を介さず直接会社法350条の適用により，親会社は第三者としての子会社に対して損害賠償責任を負う。

　この点で注目されるのが，完全子会社に対する監視義務を怠ったことにより完全子会社が倒産して債権者に損害を与えたことにつき，完全子会社の実質的所有者として，事実上完全子会社の業務執行を継続的に行い，完全子会社を支配していた親会社の代表取締役を，完全子会社の事実上の取締役として，取締役の対第三者責任を認めた京都地判平成4年2月5日判時1436号115頁である。本事例が現行会社法上の事例であり，かつ本判決が認めるように親会社代表取締役の親会社に対する職務義務として「子会社に対する監視義務」の存在が認められるのであれば（争いあり）[105]，本件京都地判のようなケースについて会社法350条を根拠として親会社の子会社に対する損害賠償責任をも認めうるであろうと考えられる。しかし，現在まで，会社法350条に基づき親会社の子会社に対する責任が認められた裁判例は存在しない。

　そこで日本においても親会社の子会社に対する損害賠償責任を立法化することが，今後の会社法改正の課題となる。かかる立法を行うに際して，日本の親子会社関係の特殊性を考慮する必要がある。

　日本の親子会社関係の特徴はその分権的構造すなわち親会社が個別に業務執行を指図するのではなく，子会社に具体的な業務執行の態様の選択を任せることにある。この特徴から，親会社からの子会社に対する「はたらきかけ」の事実を明確に立証しにくいという問題が生じる[106]。

104）　会社法350条の適用要件として，代表者の加害についての故意または過失が必要である（落合誠一編『会社法コンメンタール8巻』23頁〔有斐閣，2009年〕〔落合誠一〕，江頭憲治郎＝中村直人編著『論点体系会社法3』89頁（第一法規，2012年）〔尾崎悠一〕）。会社法350条に関する裁判例の分析として，近藤光男「会社法350条に基づく会社の責任」上村達男ほか編『(正井章筰先生古稀祝賀) 企業法の現代的課題』282頁以下（成文堂，2015年）参照。

105）　通説は親会社取締役に子会社監視義務を認めることに反対である（前掲注67）の文献参照）。

親会社から子会社への明確な指示を確認することが困難な日本独特の親子会社関係に鑑みれば，日本の親会社責任規制は，親会社の利益になるが同時に子会社に不利益を与える措置を子会社が執った場合，かかる措置は親会社の影響力行使の結果によると推定する規定によってその欠点が補われるべきである[107]。

親会社の子会社に対する損害賠償責任を定める場合，その責任追及訴訟について定めることも必要である。すなわち，親会社に対する子会社の損害賠償責任追及訴訟については，子会社の株主に株主代表訴訟の提起権を認めることが必要である（株式法317条4項，309条4項参照）。かかる訴訟が実際に提起されるための情報収集の基盤となる制度として，ヨーロッパの傾向に倣い[108]，親子会社間取引等において子会社の利益が侵害された疑いのある場合に行われる裁判所による検査役選任制度を活用することが，営業秘密保護と少数派株主の利益保護の調和を図るものとして望ましい。

かかる検査役制度が利用される前提として，疑わしい取引等が親子会社間で行われたという情報が少数派株主に伝達されなければならない。現行法上，親会社との間で通例的でない取引が行われた場合にその取引の内容は注記表に記載されるが（会社計算規則112条1項4号）[109]，これは子会社の少数派株主に対しても開示される（会社法438条2項参照）[110]。また，2014（平成26）年会社法改正により，同じく

---

[106] 日本とドイツのコンツェルンの子会社管理の差異について，1990年代初頭，ドイツの代表的な化学企業の1つであるヘキスト株式会社（HOECHST AG）の完全子会社である日本法人で働いた経験を有するシャープ化学工業株式会社代表取締役社長村上幹男氏は，「日本なら曖昧な指示で現場はそれなりに上手くこなしてくれますし，なにより一緒に仕事をするということも多く，彼らが仕事しやすいように信頼関係の熟成が大事だとみたいな話が多いかと思います。ところがドイツでは常に明確な指示というのが信頼関係構築に重要となるのです」と指摘する（村上幹男「日本の現場はレアアース――ものづくりからもの売りへ」大阪大学工業会誌テクノネット2011年7月号25頁（2011年））。

[107] 江頭憲治郎教授と岸田雅雄教授は，「会社が損害を被ることにより親会社が利益を得る場合には，会社の損害は，当該大株主の影響力の行使により生じたものと推定する」という規定を設けることを提言する（江頭＝岸田・前掲注**67**）61頁以下）。

[108] ECLR, Konzernrecht für Europa, ZGR 1998, 715 ff. 邦訳として，早川勝「翻訳 ヨーロッパ・コンツェルン法（2）ヨーロッパ・コンツェルン法フォーラム」同志社法学54巻1号439頁以下（2002年）。

[109] 松井秀征「子会社株主・債権者の保護」法律時報87巻3号48頁注27（2015年）参照。

[110] 子会社の注記表は子会社の計算書類の一部を構成し，子会社の定時総会で承認を受ける（会社法438条2項）。

子会社の少数株主保護のための情報開示充実および子会社ガバナンス制度強化の観点から，子会社が親会社等と利益が相反する取引をする場合，当該取引をするに当たり子会社の利益を害さないように留意した事項（当該事項がない場合にあっては，その旨）（会社法施行規則118条5号イ），子会社の利益を害さないかどうかについての子会社の取締役（会）の判断およびその理由（会社法施行規則118条5号ロ）[111]，および前記子会社の取締役（会）の判断が子会社の社外取締役の判断と異なる場合，当該子会社の社外取締役の意見（会社法施行規則118条5号ハ）が子会社の事業報告の内容となり，これらについての子会社の監査役の意見が子会社の監査報告の内容とされた（会社法施行規則129条1項6号）[112]。

2015（平成27）年6月1日から施行されている東京証券取引所の「コーポレートガバナンス・コード」では，上場会社が主要株主等との取引を行う場合には，そうした取引が会社や株主共同の利益を害することのないよう，また，そうした懸念を惹起することのないよう，取締役会は，あらかじめ，取引の重要性やその性質に応じた適切な手続を定めてその枠組みを開示するとともに，その手続を踏まえた監視（取引の承認を含む）を行うべきであると定める（コーポレートガバナンス・コード原則1-7）。

2014（平成26年）会社法348条3項4号・4項，会社法施行規則98条1項5号等では大会社等に当該会社の子会社を含む企業集団における業務の適正を確保する仕組み（企業集団内部統制システム）を設けることが義務づけられるが，その具体的なあり方についてはソフトロー等によって具体的な指針を定めることが必要である[113]。さらに企業集団内部統制構築義務のある監査役設置会社たる大会社等に対

---

[111] 会社法施行規則118条5号ロの取締役（会）の「判断」とは，取締役会設置会社にあっては，子会社の取締役会の決議による判断を意味する。また，本条項における「その理由」は，取締役会設置会社にあっては，当該子会社の取締役会の決議による判断の理由を意味し，当該決議の審議の過程に即した内容とすることを意味する。子会社の取締役会の審議の過程に照らし，複数の理由を記載することが適当であれば，当該複数の理由を記載することが求められる。この点につき，阿多博文＝平田和夫＝熊谷善昭「平成26年会社法改正――その意義と主な改正事項について 親子会社に関する規律，その他の改正事項」自由と正義66巻4号36頁（2015年）〔阿多博文〕参照。

[112] 村中徹「親子会社関係と親会社取締役の責務」田邊光政編集代表『（今中利明先生傘寿記念）会社法・倒産法の現代的展開』120頁以下（民事法研究会，2015年）参照。

[113] 髙橋英治「親子会社法制の展開に向けて」永井和之＝中島弘雅＝南保勝美編『会社法学の省察』459頁（中央経済社，2012年）参照。

しては，当該会社が上場しているか否かを問わず，「企業集団内部統制報告」の作成を子会社取締役に義務づけ，企業集団内部統制報告において総会以外の場での親会社の影響力行使の態様や親会社の指示の下に子会社が行った措置の内容等を記載させることを義務づけ，この報告書を子会社の監査役等に監査させることも検討されてよい。いずれにせよ，親会社との関係に関する情報は，子会社の少数派株主の保護のために重要な働きをするため，かかる情報を基礎に子会社における少数派株主の保護のためのガバナンスが行われることが保障される仕組みが導入されるべきである。

さらに，親会社による包括的指揮の下で子会社の利益が継続的に侵害されている結果，損害賠償責任規制が機能しえない状態にある場合，子会社の少数派株主には，対価を得て子会社から離脱する権利が認められるべきである。なぜなら，かかる包括的な支配構造を形成したのは親会社であり，かつ，かかる支配構造から利益を得ているのも通常は親会社であるからである[114]。

(5) 小　括

日本の親子会社の実態は多様であり[115]，子会社の少数派株主保護のための法規制は，その多様性に応じて多元的に設計されなければならない[116]。すなわち，日本の親子会社には「現場の知識」を経営に生かすため子会社に経営上の自律性が大幅に与えられている「緩やかな親子会社関係」と親会社からの指揮が強力かつ包括的である「緊密な親子会社関係」とが存在し，前者に対しては，親会社の子会社に対する損害賠償責任を基礎にし，後者に対しては，親会社の子会社少数派株主に対する株式買取義務を基礎にして規制するべきである。

親子会社規制の多元性は，親子会社関係が，市場と内部組織との間に存在する「中間組織」であるという性格に基づく[117]。すなわち，「市場」に近い「緩やかな親子会社関係」に対しては，市場における取引の公正を確保する原理である独立当事者間取引[118]を基礎とした損害賠償責任をもって規制し，子会社が親会社の事業

---

114) Eiji Takahashi, Japanese Corporate Groups under the New Legislation, ECFR 2006, 306.

115) 加護野忠男＝砂川伸幸＝吉村典久『コーポレート・ガバナンスの経営学――会社統治の新しいパラダイム』269頁以下（有斐閣，2010年）〔吉村典久〕参照。

116) 高橋・改革45頁以下。

117) Eiji Takahashi, Market-Organization-Corporate Group: An Economic Analysis of Law of Corporate Groups, The Journal of Interdisciplinary Economics, Volume 22 No 1 & 2 (2010), 46-49.

118) 企業グループに独立当事者間取引基準を適用する場合の問題点として，① 親子

の一部門となっている「内部組織」に近い「緊密な親子会社関係」に対しては，組織法上の（配分的正義[119]の考えに基づく）救済手段である「出資の返還」を親会社の義務として認める必要がある[120]。

Ⅳ　結語——本章の結論

最後に本章の主要な結論を提言のかたちで示す。

① 株式持合規制として，取締役選任決議について議決権行使を禁止する新しいタイプの株式相互保有規制が，従来の株式相互保有規制の「4分の1基準」よりも低い基準で設けられてよい。

② 企業集団の結束力が低下している現在，企業集団を対象とした株式相互保有規制およびメンバー企業による共同での支配力の行使についての規制はもはや必要ない。

③ ドイツの「コンツェルン・コンプライアンス責任」の議論に鑑み，日本法においても，親会社の取締役は，親会社の利益保護の観点から，その善管注意義務の一内容として，子会社の違法行為を予防する義務を親会社に対して負うと解すべきである。

④ ドイツ有限会社法64条をモデルに，子会社の債権者保護のため，親会社等が子会社の業務執行に対し指図し，子会社がこれに従うことにより倒産した場合，親会社等は子会社の債権者に対し責任を負うとする立法上の規制が導入されるべきである。

⑤ 日本では，親会社による子会社侵害の事実はあるが，親会社の子会社に対する損害賠償責任の規定は設けられなかったため，その新設は今後の会社法改正の課題である。この損害賠償責任規制が実効性を有するように，検査役制度が活用されるべきである。同時に少数派株主保護のための子会社におけるガバナンス規制が強化されるべきである。親会社による包括的指揮の結果，子会社の

会社間取引の中にはその適用が困難な類型が存在する，②基準の内容自体に不明瞭さがある，③親子会社間に存在する複雑な事情が考慮されないという点が指摘されている（加藤貴仁「グループ企業の規制方法に関する一考察（3）」法学協会雑誌129巻10号2264頁以下（2012年））。

119) 配分的正義につき，アリストテレス（朴一巧訳）『ニコマコス倫理学』240頁（京都大学学術出版会，2002年），加藤新平『法哲学概論』442頁（有斐閣，1976年）参照。

120) 高橋・概説7頁以下。

利益が継続して侵害されている，損害賠償責任規制を中核とした規制が機能しない「緊密な親子会社関係」においては，親会社に子会社株式買取義務を課すべきである。

第 9 章　持分会社と企業結合法制

I　はじめに

　日本法において，企業結合法制は，もっぱら株式会社を念頭において，その規制のあり方が議論され，持分会社の企業結合法制に関しては，従来踏み込んだ議論はなされてこなかった[1]。ドイツ法においては，体系的な企業結合規制は株式会社が従属会社となる場合についてのみ制定法化されているが（株式法291条以下），有限会社または合名会社・合資会社が従属会社になった場合につき，それぞれの会社における社員・債権者の保護は，判例・学説に委ねられている。本章は，従属会社の社員・債権者保護の観点からドイツ法における人的会社（合名会社・合資会社）および有限会社に関する企業結合規制の現状を概観し，日本法における持分会社の企業結合法制のあり方を検討する。

　本章は，まず，日本法における従属的合同会社の規制のあり方を考える上で参考となるドイツ法における従属的有限会社の少数派社員・債権者保護に関する判例・学説を概観する（II）。続いて，ドイツ法における従属的人的会社の社員・債権者保護に関する判例・学説を概観する（III）。最後に，日本法における従属的持分会社における社員・債権者保護のあり方について検討した後（IV），本章の考察から得られた結論を提言の形式で示したい（V）。

---

1)　日本の代表的企業結合法研究である江頭憲治郎『結合企業法の立法と解釈』（有斐閣，1995年）は，従属会社として株式会社および有限会社を対象に，立法提案を行っている（同書328頁以下参照）。2012（平成24）年12月14日に公表された「会社法制の見直しに関する中間試案」においても，持分会社は新たに導入される企業結合規制の対象になっていなかった。2014（平成26）年会社法改正においても，持分会社についての改正は行われなかった。

Ⅱ ドイツ法における従属的有限会社の規制の現状

1 従属的有限会社における少数派社員の保護

　ドイツの従属的有限会社の少数派社員の保護のための規制は，契約による支配に対するもの（以下「契約コンツェルン規制」という）および議決権等による支配に対するもの（以下「事実上のコンツェルン規制」という）とに大別される。以下においては，まず，日本にとって，実現可能性の高い事実上のコンツェルン規制における従属的有限会社の少数派社員の保護のための規制を概観する。

　事実上の有限会社コンツェルンにおける従属的有限会社の少数派社員保護の基本となる法理は，多数派社員が少数派社員に対して負う誠実義務（Treuepflicht）である。有限会社における社員相互間の誠実義務は，1975年6月5日のITT判決[2]によって初めて認められた[3]。ITT判決の基礎となる事案は，ある有限会社（A社）が，その資本金額の85％に当たる持分を有する株式会社（ITT）との間で，ITTのノウハウを利用する見返りとして，A社の売上げの1％（プレミアム）を納める契約を締結したことに対し，A社の15％の持分を保有する少数派社員がプレミアムの返還を求める訴えを提起したというものであった。連邦通常裁判所は，有限会社の社員相互間の誠実義務を根拠として，支配的社員であるITTの当該従属的有限会社に対する損害賠償責任を認め，かつ，当該損害賠償責任追及のための訴訟を当該従属的有限会社の少数派社員が会社のために提起することを認めた。

　通説は，ITT判決により認められた有限会社の社員間に存在する誠実義務を基礎として，有限会社コンツェルン法は侵害禁止（Schädigungsverbot）を基本原理とすると説明する[4]。この侵害禁止原則とは，支配企業はいかなる形態であっても従

---

2) BGHZ 65, 15 „ITT". 本判決の詳細につき，早川勝「コンツェルンにおける有限会社の過半数社員の誠実義務について」下関商経論集20巻2号63頁以下（1976年），マークス・ルッター＝木内宜彦編著『日独会社法の展開』184頁以下（中央大学出版部，1988年），高橋英治『企業結合法制の将来像』216頁以下（中央経済社，2008年）（以下「高橋・将来像」と引用する）。

3) ドイツ法において，戦前には株主の会社に対する誠実義務は認められていたが，株主相互間の誠実義務は認められていなかった（RGZ 158, 248）。この点につき，高橋英治「ドイツにおける株主および会社の誠実義務の発展──誠実義務の時代依存性と普遍性」吉原和志＝山本哲生編『(関俊彦先生古稀記念) 変革期の企業法』51頁（商事法務，2011年）参照。

属会社に対して従属会社の不利益となるように影響力を行使してはならないという原則である[5]。たとえば，①支配企業が適切な対価を与えずに従属会社の物または権利を使用すること，②従属会社からその優秀な人材を支配企業に移転すること，③従属会社のビジネスチャンスを支配企業が奪い取ること[6]，④過度にリスクのある事業を従属会社に行わせてそこから生ずる利益は支配企業が享受すること，または⑤従属会社に無利子・無担保で支配企業に対して融資させることは侵害禁止原則違反の行為に該当する[7]。

支配企業が誠実義務に違反して従属会社に対して損害を与えた場合，支配企業は生じた損害を従属会社に対し賠償する責任を負う[8]。この従属会社に帰属している損害賠償請求権は，支配企業の議決権が排除された状態での従属会社の社員総会による過半数決議を経た後（ドイツ有限会社法47条4項2文，46条8号[9]），従属会社の業務執行者が行使をする。従属会社は支配企業に対し誠実義務違反の行為を差し止める請求権を有する[10]。

かかる従属会社に帰属する損害賠償請求権および行為差止請求権につき，従属会社の個々の社員は，これらを会社のために代位行使する権限を有すると解されている[11]。しかし，その法的根拠ならびに行使要件については，争いがある。多数説は，かかる従属会社の少数派社員の訴訟提起は，社員総会決議（ドイツ有限会社法46条8号）をなす権限を有する従属会社の社員が損害賠償請求権行使の決議をなす意思がない場合に，二次的に認められるべきであるとし，その法的根拠を株式法317条4項，309条4項1文[12]の類推適用ないし組合訴権（actio pro socio）に求める[13]。

---

4) Emmerich/Habersack, Konzernrecht, 10. Aufl., München 2013, S. 535 ff.; Liebscher, GmbH-Konzernrecht, München 2006, Rdnr. 339 ff.; Kuhlmann/Ahnis, Konzern- und Umwandlungsrecht, 3. Aufl., Heidelberg 2010, S. 94.
5) Emmerich/Habersack, Konzernrecht, 10. Aufl., S. 536.
6) BGH WM 1978, 1205.
7) Emmerich/Habersack, Konzernrecht, 10. Aufl., S. 537 f.
8) Emmerich/Habersack, Konzernrecht, 10. Aufl., S. 538.
9) ドイツ有限会社法の邦訳として，早川勝「(試訳) 有限会社法の現代化と濫用をなくすための法律（MoMiG）（BGBl. I S. 2026）（2008年10月23日）による改正有限会社法」同志社法学61巻5号261頁以下（2009年）参照。
10) Emmerich/Habersack, Konzernrecht, 10. Aufl., S. 539.
11) Emmerich/Habersack, Konzernrecht, 10. Aufl., S. 539.
12) 株式法の邦訳として，早川勝「1965年ドイツ株式法の改正と展開」同志社法学63巻6号200頁以下（2012年）参照。

事実上の有限会社コンツェルンにおける従属会社の少数派社員の保護のために重要な制度としては，社員の退社権があり，コンツェルンがいわゆる変態的事実上のコンツェルンの状態になり，従属会社が独立性を完全に失い支配企業により継続的に侵害される場合には，従属会社の少数派社員は，重要な事由により退社権を行使し，会社から退社することが認められるが，その際の持分取得と引替えに代償を支払う義務（持分の払戻義務）を負うのは支配企業であると解されている[14]。

誠実義務を基礎とする有限会社法上の少数派社員保護は，株式法よりも有効な保護を実現するものであると評価されている[15]。なぜなら，株式法とは異なり，有限会社の支配社員には，侵害行為を行った営業年度の末までに不利益補償（株式法311条1項）を行うことにより，損害賠償責任（株式法317条1項）を免れる機会が与えられていないからである。

2 従属的有限会社の債権者保護

従属的有限会社の債権者保護は，ドイツ有限会社法上の最大の問題の1つともいわれ[16]，連邦通常裁判所判例の立場が大きく動揺した分野である。

当初，連邦通常裁判所は，変態的事実上のコンツェルンに対する透視理論の適用を認めない立場をとった。この透視責任は，日本法上の法人格否認の法理に相当するものであり，従属会社の債権者が支配的地位を有する社員に対し債務の履行を直接請求することを認めるための判例法上の法理である。連邦通常裁判所は，1974年5月4日のフェルティヒハウス判決[17]において，有限会社の一人社員でありかつ業務執行者である者に対する透視責任を否定し，支配それ自体によって支配者が責任を追及されることはないと判示した[18]。この判決は，支配それ自体は債権者の利益を危険にさらすことはなく，支配のみを要件として有限会社の一人社員の透

---

13) Verse, in: Henssler/Strohn, Gesellschaftsrecht, 1. Aufl., München 2011, GmbHG § 13 Anh. Rdnr. 52; Assmann, Der faktische GmbH-Konzern, FS 100 Jahre GmbH-Gesetz, Köln 1992, S. 681 f.; Liebescher, GmbH-Konzernrecht, München 2006, Rdnr. 401 ff.; Casper, in: Ulmer/Habersack/Winter（Hrsg.）, GmbHG, Großkommentar, Bd. 3, Tübingen 2008, Anh. § 77 Rdnr 87.

14) Zöllner, in: Baumbach/Hueck, GmbHG, 20. Aufl., München 2013, SchlAnhKonzernR Rdnr. 89; Koppensteiner, in: Rowedder/Schmidt-Leithoff, GmbHG, 4. Aufl., München 2002, Anh. nach § 52 Rdnr. 89.

15) Kübler/Schmidt, Gesellschaftsrecht und Konzentration, Berlin 1988, S. 101.

16) Zöllner, 100 Jahre GmbH, JZ 1992, 384 f.

17) BGHZ 68, 312 „Fertighaus".

18) 高橋・将来像221頁参照。

視責任を認める必要はないという立場を採った。

　その後，連邦通常裁判所は，1985年，いわゆる変態的事実上のコンツェルンを認め，変態的事実上のコンツェルンにおける従属会社の債権者を，株式法の契約コンツェルン規制の類推適用により保護するに至った。これにより従属会社の債権者が支配企業に対し債務の履行を直接請求することが認められた[19]。そのための要件については，当初，連邦通常裁判所は，継続的かつ包括的指揮という支配の態様に求めていたが（構造責任論），その後，従属会社の利益の侵害に求めるようになり，判例を実質的に変更した（行為責任論）[20]。2002年，連邦通常裁判所は，行為責任論を発展させ，コンツェルン法の類推適用という考え方を廃棄し，従属的有限会社の債権者保護のために，支配的地位を有する社員の透視責任を認めるようになった（KBV判決）[21][22]。この透視責任は，従属会社の債権者が支配的地位を有する社員に対し債務の履行を直接請求することを認めるという点では，契約コンツェルン規制を構成する株式法303条の類推適用とその法的効果においては一致するが，透視責任が認められるためには支配社員が「企業」である必要がないという点で，責任追及のための要件が緩和されている。2007年，連邦通常裁判所は，透視責任という考え方を廃棄し，当該有限会社が民法上の不法行為責任（ドイツ民法826条）[23]を支配的社員に対して追及することにより，従属的有限会社の債権者を間接

19）　BGHZ 95, 330 „Autokran"; BGHZ 115, 87 „Video". なお，ティーフバウ判決（BGHZ 107, 7 „Tiefbau"）は，支配企業による従属会社の損失引受義務（株式法302条）が問題となった事案であり，従属会社の債権者が支配企業に対して債権の履行を直接に請求した事案ではない。これらの判決の詳細につき，早川勝「変態的事実上の有限会社コンツェルンについて」産大法学24巻3＝4号137頁以下（1991年），早川勝「変態的事実上の有限会社コンツェルンにおける支配企業の責任——近時における連邦通常裁判所の判例を中心として」同志社法学45巻1＝2号43頁以下（1993年）参照。
20）　以上の連邦通常裁判所判例の展開につき，高橋・将来像230頁以下参照。
21）　BGHZ 151, 181 „KBV "。
22）　以上の連邦通常裁判所判例の展開につき，神作裕之「ドイツにおける『会社の存立を破壊する侵害』の法理」黒沼悦郎＝藤田友敬編『（江頭憲治郎先生還暦記念）企業法の理論〔上巻〕』83頁以下（商事法務，2007年），高橋英治『ドイツと日本における株式会社法の改革——コーポレート・ガバナンスと企業結合法制』101頁以下（商事法務，2007年）（以下「高橋・改革」と引用する）参照。
23）　ドイツ民法826条は「善良の風俗に反する方法をもって故意に他人に損害を加えた者は，その他人に対し損害を賠償する義務を負う」と規定する。本条の邦訳として，神戸大学外国法研究会編『獨逸民法〔II〕』790頁（有斐閣，1955年）参照。従来から，ドイツ民法826条による解決を主張していたものとして，マーク・レオンハルト＝高橋英治「ドイツ有限会社法における債権者保護の現代的問題」法学雑誌51巻3

的に保護するという新しい考え方を採用した（トリホテル判決)[24]。

　トリホテル判決により，従属的有限会社の債権者は，従属会社が支配社員により侵害された場合，もはや支配的地位を有する社員に対し直接，自己の債権の履行を追及することはできず，侵害された従属会社に対して支配社員が不法行為責任を負うことにより間接的に保護されることとなった[25]。トリホテル判決における不法行為責任を基礎とする連邦通常裁判所の解決方法に対しては，不法行為の被害者のような「受動的債権者」については，直接責任による救済があってもよいのではないか[26]，という疑問がある。KBV判決が採る透視責任法理の基礎づけに大きな影響を与えたゲオルグ・ビッター（マンハイム大学教授）は，不法行為の被害者のような非任意的（受動的）債権者と取引相手としての銀行のような任意的債権者とで，透視責任の適用を区別することを示唆していた[27]。日本の川岸工業事件仙台地裁判決も，下請従属会社の労働者を受動的債権者と認定して，法人格否認の法理の適用により，受動的債権者の給与等の債権につき支配会社の直接責任を認める[28]。しかし，受動的（非任意的）債権者と任意的債権者とを，法律上の定義規定により区別することは困難である。支配・従属会社間においては透視責任（法人格否認の法理）の余地を残し，本責任により保護すべき受動的（非任意的）債権者については，債権者が会社を選択することができるタイプの債権者であったのか等事案ごとの事情を考慮して，裁判所が個別に判断するというのも，今後のドイツ法の1つのあり方として考えられる。

III　ドイツ法における従属的人的会社の規制の現状

　ドイツにおいて人的会社の中で従属会社となっている会社は，全体の20～50パーセントを占める[29]。以下においては，人的会社が従属会社となっている事実上

　　号656頁以下（2005年）。
24) BGHZ 173, 246 „Trihotel". 本判決につき，武田典浩「『会社の存立を破壊する侵害』法理の新動向」比較法雑誌43巻1号113頁以下（2009年）参照。
25) Jan Wilhelm, Kurzkommentar, EWiR 2007, 558.
26) 不法行為債権者に対しては有限責任を否定するべきであると説く米国の学説として，Henry Hansmann & Reinier Kraakman, Toward Unlimited Shareholder Liability for Corporate Torts, 100 YALE L. J. 1932 (1991).
27) 高橋・改革123頁以下。
28) 仙台地判昭和45年3月26日判時588号38頁。
29) Emmerich/Habersack, Konzernrecht, 10. Aufl., S. 574.

の人的会社コンツェルンの規制について概観する。

　通説によると株式法の15条～19条の企業結合の概念に関する規定は，基本的には人的会社にも適用される[30]。人的会社に対して他の企業が支配的影響力を行使しうる場合，当該人的会社は当該他企業に対して従属会社となる（株式法17条1項）。人的会社では，重要事項の決定には，社員全員の同意が必要であるため（ドイツ商法116条2項），人的会社が従属会社になることは法的には例外的な現象である。通説的見解によると，人的会社が従属会社になるための法律上の基礎としては，①ある社員が過半の持分を有し，かつ，会社契約（定款）で重要な業務執行は持分による多数決で決めると定められている場合[31]，②会社契約（定款）で特定の社員に業務執行に関する特別権が与えられている場合，③会社契約（定款）により，当該会社において支配的地位を有する株式会社以外の他のすべての社員につきその業務執行権および代表権が剥奪されている場合[32]，④その他会社契約（定款）に従属関係を形成するための特別の定めがある場合[33]等がある[34]。エメリッヒとハバーザックは，有限合資会社（GmbH & Co. KG)[35]には，通常，単一の企業が存在するにすぎないため[36]，コンツェルン法上の規制は及ばないが，有限合資会社に無限責任社員として参加している有限会社が自己の利益を追求する場合には，当該有限会社と当該合資会社とはもはや単一の企業を構成するとは認められず，コンツェルン規制に服すべきであると解する[37]。

---

30) Emmerich/Habersack, Konzernrecht, 10. Aufl., S. 576.
31) 持分多数決における社員の持分の割合は，会社に対してどれくらいの割合で財産上の出資をなしているかによって，決定される（Bayer, in: Goette/Habersack (Hrsg.), Münchener Kommentar zum Aktiengesetz, 3. Aufl., München 2008, §16 Rdnr. 13)。このような，人的会社において持分による多数決が採られる例は珍しくなく，特に有限合資会社では持分による多数決が採られるのが通常である（Löffler, Die abhängige Personengesellschaft, Heidelberg 1988, S. 13)。
32) Koppensteiner, Zöllner/Noack (Hrsg.), Kölner Kommentar zum Aktiengesetz, 3. Aufl., Köln 2004, §17 Rdnr. 81.
33) たとえば，人的会社の会社契約（定款）で，当該人的会社に包括的な影響力を行使することができる企業として特定の企業が定められている場合が，これに該当する（Löffler, a. a. O. (Fn. 31), S. 13)。
34) Emmerich/Habersack, Konzernrecht, 10. Aufl., S. 577.
35) 有限合資会社につき，高橋・改革339頁以下参照。
36) 人的構成が一致した有限合資会社（personengeleiche GmbH & Co. KG)，すなわち有限責任社員はすべて無限責任社員として参加している有限会社の社員によって構成される有限合資会社が，単一の企業体としての有限合資会社の典型例である。
37) Emmerich/Habersack, Konzernrecht, 10. Aufl., S. 575 f.

ミュルベルトは，現在のドイツの人的会社のコンツェルン規制を体系的に叙述した代表的コンメンタールにおいて，人的会社が従属会社となる場合を次のように具体的に4つに分類する[38]。第1に，ある企業が人的会社の唯一の業務執行および代表の権限を有している場合，当該企業は支配企業である。第2に，有限合資会社において無限責任社員となっている有限会社を支配している企業は当該有限合資会社の支配企業である。第3に，合資会社の会社契約（定款）規定により合資会社において通常の業務執行につき持分の過半決議による決定制度が採用されており有限責任社員が過半の持分を有する場合，当該有限責任社員は支配企業となりうる。第4に，人的会社との間に当該会社の指揮を相手方に委ねる支配契約（株式法291条1項）が締結されている場合，支配契約の相手方は支配企業となりうる。

通説によると，従属的人的会社がコンツェルン（株式法18条1項）[39]に組み込まれる，すなわち従属的人的会社が支配企業の統一的指揮の下に服するには，当該従属的人的会社のすべての社員の同意が必要であると解されている（ドイツ民法33条1項2文，311条1項，705条）[40]。なぜなら，従属的人的会社のコンツェルン化は，基本的行為（Grundlagengeschäft）に該当し，当該会社の目的（Zweck）を変更するからである。したがって，すべての社員の同意がない限り，従属的人的会社がコンツェルンに組み込まれることは許されず，かかる場合，コンツェルン状態を解消する請求権が従属的人的会社に帰属する（ドイツ民法705条，280条，249条）[41]。これに対して，これまで独立していた人的会社が新たに単純な従属関係を築く場合に

---

38) Mülbert, in: Karsten Schmidt (Hrsg.), Münchener Kommentar zum Handelsgesetzbuch, 2. Aufl., München 2008, KonzernR Rdnr. 10 ff.

39) 従属会社が支配企業の統一的指揮の下に服するとき，これらの会社はコンツェルンを形成する（株式法18条1項参照）。

40) Roth, in: Baumbach/Hopt, Handelsgesetzbuch, 36. Aufl., München 2014, § 105 Rdnr. 102; Emmerich/Habersack, Konzernrecht, 10. Aufl., S. 582. ミュルベルトも，従属的人的会社がコンツェルンに組み入れられるためには，当該従属的人的会社のすべての社員の同意の下で，当該会社の目的を，会社自身の利益の追求から第三者の利益の追求へと変更する必要があると論じる（Mülbert, in: Karsten Schmidt (Hrsg.), Münchener Kommentar zum Handelsgesetzbuch, 2. Aufl., KonzernR Rdnr. 135）。

41) Roth, in: Baumbach/Hopt, Handelsgesetzbuch, 36. Aufl., § 105 Rdnr. 102; Mülbert, in: Karsten Schmidt (Hrsg.), Münchener Kommentar zum Handelsgesetzbuch, 2. Aufl., KonzernR Rdnr. 199 ff.; Emmerich, in: Heymann, Handelsgesetzbuch, 2. Aufl., Band 2, Berlin 1996, § 105 Rdnr. 18. ウルマーはコンツェルン化決議あるいは支配契約なしに人的会社が従属会社としてコンツェルンに組み入れられた場合，統一的指揮を差し止める権限が従属的人的会社の社員に帰属すると論じる（Ulmer, in: Canaris/Schilling/Ulmer (Hrsg.), Staub Großkommentar HGB, 4. Aufl., Berlin 1988, Anh. § 105 Rdnr. 67）。

は，当該会社において特に従属関係を承認する決議は必要でない。

　人的会社の社員は会社契約（定款）に基づき共通の目的を追求し，相互に配慮をなす義務を有する（ドイツ民法705条，241条，242条）。かかる社員の誠実義務から，事実上の人的会社のコンツェルン規制の基礎である侵害禁止原則が導かれる[42]。この禁止に反して支配企業が影響力を従属的人的会社に行使して当該会社に不利益を与えた場合，支配企業は当該会社に対して損害賠償義務を負う（ドイツ民法280条，705条）。たとえば，従属的人的会社の売上げの一部を違法に支配企業に上納させていた場合[43]，あるいは，支配企業が競業禁止義務に違反した場合[44]，かかる支配企業は従属的人的会社に対して損害賠償責任を負う。従属的人的会社のなした行為が従属的人的会社を害し他方で支配企業を利する場合，かかる行為は，支配企業の働きかけの結果として行われ，かつ支配企業の責めに帰すると推定される[45]。支配企業に対して従属的人的会社が有する損害賠償請求権につき，これを行使する権限を有するのは従属的人的会社の業務執行社員であるが，従属的人的会社の業務執行権限を持たない社員も組合訴権に基づき会社のために当該請求権を行使することができる[46]。支配企業の損害賠償責任およびこれを追及するための組合訴権は，多層的コンツェルン――親会社と孫会社のように直接の社員関係が存在しない場合――にも適用される[47]。

---

42) Leuering/Rubner, Das Konzernrecht der abhängigen Personengesellschaft, NJW Spezial 2012, S. 144; Emmerich/Habersack, Konzernrecht, 10. Aufl., S. 579; Kuhlmann/Ahnis, Konzern- und Umwandlungsrecht, 3. Aufl., S. 381.

43) BGHZ 65, 15 "ITT".

44) BGH NJW 1980, 231 „Garvais-Danone"; BGHZ 89, 162 „Heumann/Ogilvy". 前者のジェルヴェ事件判決の詳細につき，早川勝「人的会社のコンツェルン法上の問題――ジェルヴェ事件判決を中心として」産大法学16巻1号1頁以下（1982年），後者のホイマン／オギルビー事件の詳細につき，江頭・前掲1) 164頁以下，神作裕之「商法における競業禁止の法理(3)」法学協会雑誌107巻10号1585頁以下（1990年），大和正史「支配社員の義務」関西大学法学部編『(関西大学法学部100周年記念) 法と政治の理論と現実（下）』377頁以下（有斐閣，1986年）参照。

45) BGH NJW 1980, 232; Emmerich, Das Konzernrecht der Personengesellschaft-Rückblick und Ausblick, FS Stimpel, Berlin 1985, S. 752 f.; Emmerich/Habersack, Konzernrecht, 10. Aufl., S. 579.

46) Ulmer, in: Canaris/Schilling/Ulmer (Hrsg.), Staub Großkommentar HGB, 4. Aufl., Anh. § 105 Rdnr. 67; Emmerich/Habersack, Konzernrecht, 10. Aufl., S. 579; Roth, in: Baumbach/Hopt, Handelsgesetzbuch, 36. Aufl., § 105 Rdnr. 103; Kuhlmann/Ahnis, Konzern- und Umwandlungsrecht, 3. Aufl., S. 381.

47) Emmerich/Habersack, Konzernrecht, 10. Aufl., S. 579; Roth, in: Baumbach/Hopt,

従属的人的会社において,支配企業以外に業務執行社員が存在する場合,支配企業が従属的人的会社と契約を締結し,その契約により利益相反あるいは従属的人的会社に利益侵害のおそれが生ずる場合,支配企業は,従属的人的会社の業務執行社員に異議権行使の機会を与えるため(ドイツ民法711条,ドイツ商法115条),かかる契約締結を事前に報告する義務を負う[48]。かかる利益相反が生ずるおそれがある行為のうち重要な契約については,これを締結する際に従属的人的会社の他の社員全員の同意が必要である(ドイツ商法116条2項)。支配企業が,かかる事前報告義務(ドイツ民法711条,ドイツ商法115条参照)等に違反する場合,業務執行権限および代表権限を剥奪されうる(ドイツ民法712条1項,715条,ドイツ商法117条,127条)。さらに,違反が重大である場合,支配企業は除名されうる(ドイツ民法737条,ドイツ商法140条)[49]。

従属的人的会社の社員は,人的会社の一般の社員の場合と同様に,質問権および閲覧権を有するが(ドイツ民法666条,713条,716条,ドイツ商法118条,166条),これらの権利は当該社員にとって重要な限りにおいて従属会社と支配企業との関係にも及ぶ[50]。

従属的人的会社がコンツェルンに組み入れられると,当該会社の目的が変更されるため,当該会社の全社員の同意が必要である(ドイツ民法33条1項2文,311条1項,705条)[51]。かかる同意は人的会社の会社契約(定款)上なされなければならない(コンツェルン化決議)。コンツェルン化決議がなされると,支配企業には従属的人的会社に対して指図を行う法的権限が与えられ,かつ株式法302条が類推適用され,支配企業は従属的人的会社に対して損失引受義務を負う[52]。

従属的人的会社の社員全員の同意なく,当該従属的人的会社がコンツェルンに組み入れられた場合,当該従属的人的会社の社員は,コンツェルン化の差止請求権および損害賠償請求権を有し,コンツェルン状態を解消する義務を負う(ドイツ民法249条,280条)。

なお,人的会社においては,支配企業が社員として直接無限連帯の責任を負うた

　　　Handelsgesetzbuch, 36. Aufl., § 105 Rdnr. 103.
48) 　Emmerich/Habersack, Konzernrecht, 10. Aufl., S. 580; Roth, in: Baumbach/Hopt, Handelsgesetzbuch, 36. Aufl., § 105 Rdnr. 103.
49) 　Emmerich/Habersack, Konzernrecht, 10. Aufl., S. 580 f.
50) 　Emmerich/Habersack, Konzernrecht, 10. Aufl., S. 580; Kuhlmann/Ahnis, Konzern- und Umwandlungsrecht, 3. Aufl., S. 381.
51) 　Emmerich/Habersack, Konzernrecht, 10. Aufl., S. 582.
52) 　Emmerich/Habersack, Konzernrecht, 10. Aufl., S. 582.

め（ドイツ商法 128 条，161 条 2 項），人的会社が従属会社となった場合，従属会社の債権者保護のための特別な規定や解釈は必要ないと考えられている[53]）。

Ⅳ 日本法における従属的持分会社における社員・債権者の保護

1 従属的持分会社の社員の保護

(1) 持分会社の従属性

ドイツの制定法上，株式会社が従属会社となることを念頭に置いて会社の支配従属関係を定義する規定が存在する（株式法 17 条）。ドイツ株式法上，会社の従属性を定める概念は実質的概念である[54]。日本の会社法においても，持分会社も子会社となり得るが（会社法 2 条 3 号，会社法施行規則 3 条 1 項），持分会社が子会社となるか否かは，当該持分会社の「財務及び事業の方針の決定を支配している」かが決め手であり（会社法施行規則 3 条 1 項），この要件を満たすか否かは，会社法施行規則 3 条 3 項により議決権保有を必要条件として，これに融資の依存性等（会社法施行規則 3 条 3 項 2 号ニ）をも考慮して決定される。

持分会社は定款自治が広く認められている点にその特色がある。したがって，持分会社が他の会社に従属する状態は，会社法施行規則 3 条 3 項が規制するように単に議決権のみを基礎に生じうるだけではなく，持分会社の定款規定だけを根拠にしても生じうる。たとえば，持分会社の定款規定により属人的に法人たる会社に持分会社の財務および事業の方針の決定権が与えられている場合，当該会社は持分会社の議決権を保有していなくとも持分会社の支配会社とみる必要がある。また，持分会社の唯一の業務執行社員が会社である場合にも，その唯一の業務執行社員と持分会社との間には，（業務執行社員の解任は，正当な事由のある限り，他の社員の一致によってのみ可能である以上（会社法 591 条 5 項），強固な支配従属関係があるとはいえないかもしれないが），会社法上の社員保護の見地から看過できない企業間の利益相反状態が生ずる危険があり，当該業務執行社員たる会社を支配会社とみる必要がある。ここから考えると，持分会社が従属的持分会社となりうる場合を限定列挙する現行会社法施行規則 3 条 3 項は，従属的持分会社の社員・債権者保護の規制の基礎としては適切でない。社員・債権者保護の規制の基準としての持分会社の従属会社

---

[53] Emmerich/Habersack, Konzernrecht, 10. Aufl., S. 581.
[54] ドイツ株式法の規定では，支配的影響力の行使可能性の有無が，会社の支配従属関係の有無の決め手となっている（株式法 17 条 1 項）。

化を判断する決め手は会社法施行規則3条1項であるべきであり，従属的持分会社については会社法施行規則3条3項がこれを例示列挙するものであると解することができるように，会社法施行規則の文言を改正するべきである。

(2) 損害賠償責任

ドイツ法においては従属的有限会社および従属的人的会社の規制の基本理念は，侵害禁止原則に求められている。ドイツ法と異なり，日本法において，持分会社は法人である。日本法においては，持分会社の社員間に誠実義務が存在するという議論は存在しない。多数説によると，現行の会社法において持分会社は社団であると解されているが，その本質についての理解は分かれている。平成17年改正前においては，社団と組合を法形式によって峻別する見解が通説的地位を占めていた[55]。これを事実上継承する形で，平成17年会社法下でも，社団とは，組合に対する概念で，法形式として，出資者が相互に契約関係を通じて直接的に結合する団体を「組合」，構成員が団体との社員関係により団体を通じて間接的に結合する団体を「社団」と呼ぶ見解が有力である[56]。かかる有力説によると，持分会社の社員間に誠実義務は認められないという結論になる[57]。

日本の会社法においても，従属的持分会社の社員の保護規制の基本理念は，支配会社は従属的持分会社を侵害してはならないという侵害禁止原則に求められるべきである。すなわち，支配会社が従属的持分会社の利益を侵害した場合，支配会社は従属的持分会社に対して損害賠償責任を負うというべきであろう。この侵害禁止原則の法的根拠は，社団の構成員相互の法律関係が判例上認められていない日本法においては，支配会社が従属的持分会社の利益を故意または過失により侵害する場合，かかる侵害行為は支配会社自身による不法行為（民法709条）を構成する，あるいは通説[58]が説くように，支配会社のはたらきかけによって従属的持分会社の業務

---

[55] 鈴木竹雄『会社法〔全訂第5版〕』8頁（弘文堂，1994年），鈴木竹雄＝竹内昭夫『会社法〔第3版〕』8頁（有斐閣，1994年）参照。

[56] 神田秀樹『会社法〔第17版〕』6頁（弘文堂，2015年），柴田和史『会社法詳解〔第2版〕』19頁（商事法務，2015年）。

[57] 服部榮三「『大株主権力の抑制措置の研究』の刊行に寄せて」別府三郎『大株主権力の抑制措置の研究』序3頁（嵯峨野書院，1992年）参照。

[58] 江頭憲治郎『会社法人格否認の法理』410頁以下（東京大学出版会，1980年）参照。柴田和史教授は，江頭教授の見解を支持され，大株主である親会社の取締役は子会社の取締役の債務不履行を引き起こしたという点で債権者である子会社に対し，債権侵害による不法行為として，親会社の取締役に故意が認められる限りで損害賠償責任（民法709条）を負い，親会社は会社法350条（平成18年改正前民法44条）の損害賠償責任を負うと解する（柴田和史「子会社管理における親会社の責任〔上〕」商

執行社員が従属会社にとって不利益な行為をなすことにより、従属的持分会社の業務執行社員が従属的持分会社に対して負っている善管注意義務・忠実義務（会社法593条1項・2項）に違反し、従属的持分会社の業務執行社員が善管注意義務・忠実義務違反という債務不履行をなすことに支配会社が加功したという意味で、支配会社は不法行為責任（民法709条）を負うと解すべきある。ドイツ法のように侵害禁止原則の法的根拠を社員相互間に存在する誠実義務に求めると、多重的構造を有するピラミッド型のコンツェルンにおいて頂点にある支配会社が、直接には社員となっていない孫会社等に支配的影響力を行使して孫会社にとって不利益となる行為を行わせた場合に、支配会社の孫会社に対する損害賠償責任を基礎づけることが、支配会社と孫会社との間には社員関係が存在しないため、法理論的に困難となるであろう[59]。

ただし、日本の会社法においては、持分会社の業務執行社員は会社に対して善管注意義務・忠実義務を負い（会社法593条1項・2項）、業務執行社員の会社に対する任務懈怠責任が法定され（会社法596条）、かつ支配会社は業務執行社員の地位を有していることが通常であるため、支配会社が従属的持分会社の利益を侵害する場合、支配会社は業務執行社員としてその地位に基づき従属的持分会社に対して任務懈怠による損害賠償責任を負う場合が多いであろう。従属的持分会社が支配会社の不法行為責任を追及する場合としては、支配会社が従属的持分会社の業務執行社員となっている場合で、当該支配会社が業務執行に当たり従属的持分会社に不利益をもたらした場合が考えられるが、この場合、支配会社は業務執行社員として従属的持分会社に対して任務懈怠責任を負うため（会社法593条1項・2項、596条）、特に不法行為責任を認める必要性は高くない。しかし、定款で会社の業務執行を持分の過半で決する旨が定められている状況下で、自らは業務執行社員ではないが、過半の大きさの持分を有する支配会社が従属的持分会社に不利益な行為をなすことを決定し、従属的持分会社の業務執行社員を通じて実行させた場合、かかる決定をなした支配会社の不法行為責任を認める必要があろう。また、定款で属人的に業務執行社員の選任権が特定の社員に与えられており、当該特定社員が、自己が有する

事法務1464号7頁（1997年））。

[59] ドイツ法においても、コンツェルンの頂点にある企業が孫会社を侵害した場合に、前者の後者に対する損害賠償責任を、有限会社の社員の誠実義務により基礎づけることは通説上認められているが（Assmann, Der faktische GmbH-Konzern, FS 100 Jahre GmbH-Gesetz, S. 710）、法理論的にはかかる構成は困難であると指摘されている（Lakner, Der mehrstufige Konzern, Köln 2005, S. 196）。

選任権を背景に影響力を行使して，自己が選任した業務執行社員に，会社にとって不利益な行為を行わせた場合にも，当該特定社員の会社に対する不法行為責任を認める必要がある。

支配会社はその従属的持分会社において通常業務執行社員の地位を有すると考えられ，持分会社の業務執行社員は，自己または第三者のために持分会社と取引をなす場合，当該社員以外の社員の過半数の承認を得なければならない（会社法595条1項1号）。この規制は，支配従属会社の取引において，従属会社の社員の保護の規定として，重要な機能を果たす。ただし，この会社法595条1項1号は任意規定であり（会社法595条1項ただし書参照），定款の規定による排除が可能である。また，承認が持分会社の総社員の同意ではなく，社員の過半数の承認である点にも，会社法595条1項1号が従属会社の社員保護のために果たす役割は限定される。従属的持分会社において業務執行社員の地位を有する支配会社が，社員の過半数の承認の下で，従属的持分会社と利益相反取引を行うことにより，従属的持分会社に損害を生じさせた場合には，たとえ事前に社員の過半数の承認を得ていたとしても，支配会社は業務執行社員としての善管注意義務・忠実義務（会社法593条1項・2項）に違反し，従属的持分会社に対し，任務懈怠に基づく損害賠償責任（会社法596条）を負うと解すべきである。

(3) 代表訴訟

支配会社が従属的持分会社の利益を侵害した場合，当該支配会社に対する損害賠償責任は，従属的持分会社の社員であれば，誰でも提起しうるとするべきである。この代表訴訟提起権は，いわゆる奪うことのできない固有権に属し，定款規定によって制限することができないとするべきである。ドイツ法上の通説・判例は，かかる支配会社に対する従属的人的会社の社員の組合訴権の法的根拠を，社員相互間の誠実義務に求めるが[60]，日本の会社法では，かかる組合訴権が判例上認められていないため，立法上の措置が，ここにおいては必要である。

(4) 開示規制

株式会社の注記表には親会社との取引等が記載されるが（会社計算規則98条1項15号，112条4項），持分会社の注記表には支配会社との取引等に関する事項は記載されない（同規則98条2項5号）。持分会社が従属会社となった場合につき支配会

---

[60] Ulmer, in: Canaris/Schilling/Ulmer (Hrsg.), Staub Großkommentar HGB, 4. Aufl., Anh. § 105 Rdnr. 67; Emmerich/Habersack, Konzernrecht, 10. Aufl., S. 579; Hopt, in: Baumbach/Hopt, Handelsgesetzbuch, 36. Aufl., § 105 Rdnr. 103; Kuhlmann/Ahnis, Konzern- und Umwandlungsrecht, 3. Aufl., S. 381.

第9章　持分会社と企業結合法制　255

　持分会社には，単独社員権として社員の計算書類の閲覧権が認められている（会社法618条1項）。しかし，かかる計算書類閲覧権は定款により制限することが可能であり（会社法618条2項），その権利自体の内容が会社の計算書類に限定され会計帳簿には及ばないという点からしても（会社法618条1項参照），任意規定としてのその法的性質からしても（会社法618条2項参照），不十分である。また，社員側からの積極的な情報収集という点に関して，持分会社の社員は業務財産状況の調査権を有する（会社法592条1項）。この調査権は定款により原則として制限可能な権利であるが，重要な事由があるときは，会社は定款によっても，この調査権を制限できない（会社法592条2項)[61][62]。

　一般に持分会社は社員も少なく会社の規模が小さいと想定される。かかる小規模閉鎖会社の場合には，そのためのコーポレート・ガバナンスの仕組みとして，監査役ないし監査役会のような第三者機関を必ずしも必要とせず，団体の構成員自身が監視・監督の機能を担うことで，会社の不正行為ないし違法行為を未然に防止し実際に不正行為ないし違法行為が行われた場合の是正措置を有効に執ることができる。持分会社の特色である自己機関制[63]とは，持分会社においては社員自身が業務執行・監督権限を担うことを意味する。持分会社の社員の業務財産状況の調査権（会社法592条1項）は，かかる社員による情報収集の手段を個々の社員に認め，自衛の機能を強化している。

---

[61]　奥島孝康＝落合誠一＝浜田道代編『新基本法コンメンタール　会社法3』21頁（日本評論社，2009年）〔今泉邦子〕参照。2005（平成17）年改正前商法68条，民法673条が定める合名会社社員の監視権の解釈としてこれを定款により奪うことのできる権利と解する説として，田中耕太郎『改正会社法概論上巻』120頁（岩波書店，1955年），上柳克郎＝鴻常夫＝竹内昭夫編集代表『新版注釈会社法（1）』230頁（有斐閣，1985年）〔米沢明〕がある。ただし，2005（平成17）年改正前商法68条，民法673条が定める合名会社社員の監視権については，会社は定款の規定によっても，この権利を剥奪または制限することはできないとする説が多数説であった（大隅健一郎＝今井宏『会社法論上巻〔第3版〕』84頁以下（有斐閣，1991年）参照）。

[62]　従属的持分会社の社員保護強化のためには，疑わしい場合に従属的持分会社の社員が調査権（会社法592条1項）を行使できるようにするため，従属的持分会社の業務執行社員が，支配会社と従属的持分会社との間の取引等の内容について，従属的持分会社の社員に対して報告する制度を立法により導入すべきであろう。

[63]　高橋英治『会社法概説〔第3版〕』102頁（中央経済社，2015年）（以下「高橋・概説」と引用する），本間輝雄＝古瀬村邦夫編『会社法〔第6版〕』429頁（法律文化社，1999年）〔吉本健一〕，岩崎稜＝吉川吉衛＝吉見研次＝山手正史『セミナー商法』111頁（日本評論社，1996年）参照。

(5) 退　　社

　持分会社において社員は「やむを得ない事由」があるときは，いつでも退社することができる（会社法606条3項）。ドイツでは，人的会社法の解釈として，人的会社が従属会社としてコンツェルンに組み込まれる場合，当該人的会社の社員全員の同意が必要であると解されているが[64]，社員全員の同意が必要となる基本行為に関する解釈が発展していない日本法においては，持分会社が従属会社としてコンツェルンへ組み込まれる場合には事前に当該持分会社の総社員の同意が必要であると解することは困難である。これに代わり，たとえば，従属的持分会社が支配会社による包括的かつ継続的指揮下で，継続的に侵害され，もはや従属的持分会社の社員の情報請求権の個別的行使によっても，支配会社とのコミュニケーションおよび結合企業間取引の実態が明らかにできず，従属的持分会社の社員による従属的持分会社の個別的な損害賠償請求権の行使によって従属的持分会社の社員の救済が期待できない状態が生じる場合，「やむを得ない事由」があるものとして，従属的持分会社の社員は退社できると解すべきである。

　持分会社の社員の退社が認められる「やむを得ない事由」は，従属会社自身に帰属する損害賠償請求権および結合企業間のコミュニケーションあるいは結合企業間取引に関する従属会社の社員の情報獲得のための制度が現実に機能するかによりその存否が左右される相対的概念である。すなわち，持分会社の社員の退社の可否は持分会社における他の社員保護制度の現実的機能可能性に依存する。業務財産状況の調査権（会社法592条1項）の個別的行使によっても，持分会社の社員が，結合企業間でなされるコミュニケーションおよび結合企業間取引の実態に関する十分な情報を得ることができないと判断される場合，支配会社による従属的持分会社の継続的侵害の事実が立証されていなくとも，持分会社の社員の退社事由たる「やむを得ない事由」が認定されてよいであろう。

　ドイツ法上，有限会社社員の一方的意思による退社は最終的な手段であると学説は認識しており[65]，かかる学説上の認識を根拠として，ドイツ法は有限会社の社員の退社権を立法化しようとした。すなわち，1971年ドイツ有限会社法政府草案[66]は，ドイツ有限会社法211条1項3文として「社員に生じるおそれがある不

---

[64] Hopt, in: Baumbach/Hopt, Handelsgesetzbuch, 36. Aufl., §105 Rdnr. 102; Emmerich/Habersack, Konzernrecht, 10. Aufl., S. 582; Mülbert, in: Karsten Schmidt (Hrsg.), Münchener Kommentar zum Handelsgesetzbuch, 2. Aufl., München 2008, KonzenR Rdnr. 135

[65] Hueck/Fastrich, in: Baumbach/Hueck, GmbHG, 19. Aufl., Anh. §34 Rdnr. 22.

利益が他の相当な方法により避け得るときは，社員は退社することができない」と
いう規定を設けることを計画していた[67]。

これに対して，ドイツ法上の合名会社については，1998年ドイツ商法改正以前，
会社契約に特別の定めがない限り，社員と会社の契約関係の社員による解除は会社
の解散事由となっていたため（1998年改正前ドイツ商法131条6号），社員の退社が
あっても会社は存続するという特別の条項が会社契約に定められていない限り，通
常でない社員の解除，すなわち重要な事由がある場合についての社員の退社は認め
られていなかった[68]。1998年改正ドイツ商法下においては，合名会社の社員の退
社は会社の解散に直結しないため，会社契約において重要な事由がある場合には社
員は退社しうるという条項が置かれている場合，かかる重要な事由があることを理
由とした社員の解除による退社を認めるべきであるという考え方が現在では学説上
支配的である[69]。カールステン・シュミットは会社契約（定款）における条項の有
無を問わず，重要な事由がある場合には合名会社の社員は退社することができると
解する[70]。合名会社の社員の退社事由は，有限会社の社員の退社事由よりもその
基準が次の意味で緩和されている。すなわち，ドイツの合名会社法の解釈において
は，社員の退社は最終手段である必要はなく，補充性の原則——他の適切な保護の
手段がない場合にのみ認められるという考え——の適用はない。

ドイツ法において，有限会社における厳格な退社事由の認定と合名会社における
緩やかな退社事由の認定とに解釈論が分かれる理由は，退社に伴う代償の支払いが
会社財産に与える影響にある。会社の債務について直接責任を負う無限責任社員が
存在する合名会社・合資会社と比べて，社員の責任が有限である有限会社では，資
本維持の原則が働くため，会社財産の払戻しを伴う退社は厳格に認定される必要が
あるのである。

日本法においても，持分会社の中で，合名会社と合同会社とでは，会社財産の維
持の厳格性において質的な相違がある。日本法における合同会社においては，会社
債権者の利益に配慮した会社財産維持の原則が存在し，①会社財産が資本金額に満

---

66) BT-Drucks. 6/3088.
67) 青竹正一『小規模閉鎖会社の法規整』310頁（文眞堂，1979年）参照。
68) Piehler, in: Rieger/Weipert (Hrsg.), Münchener Handbuch des Gesellschaftsrechts, Band 1, BGB-Gesellschaft, Offene Handelsgesellschaft, Partnergesellschaft, Partenreederei, EWIV, 1. Aufl., München 1995, S. 1169.
69) Roth, in: Baumbach/Hopt, Handelsgesetzbuch, 36. Aufl., § 131 Rdnr. 23; Windbichler, Gesellschaftsrecht, 23. Aufl., München 2013, S. 160.
70) Karsten Schmidt, Gesellschaftsrecht, 4. Aufl., Köln 2002, S. 1457.

たない状態が生じない範囲において資本の減少は可能である（会社法620条），②会社に利益が存する限りにおいて剰余金の配当は可能である（会社法628条）等の規制が存在する[71]。合同会社が持分の払戻しにより社員に交付する金銭等の帳簿価額が剰余金額を超える場合には，債権者異議手続をとらなければならない（会社法635条）。

合同会社の社員の退社に伴う会社財産の払戻しは，合同会社の債権者の債権の唯一の担保たる会社財産の減少を伴う行為である。したがって，合同会社の債権者保護の観点からの会社財産維持の要請に鑑み，合同会社の社員の退社は，合名会社・合資会社の社員の退社事由よりも厳格に判断し，他に適切な社員保護の手段が認められない場合にのみ最終手段としてこれを認めるという解釈は，ドイツ法から示唆を得た1つの解釈論として可能であろう。

2 従属的持分会社の債権者の保護

合名会社あるいは合資会社が従属会社である場合，その債権者は無限責任社員への直接責任追及によって十分に保護できると考えられるため，これらの場合についての特別な企業結合法上の債権者保護は必要ない。ただし，無限責任社員が存在しない従属的合同会社の場合，特別の企業結合法上の債権者保護が必要となる。従属的合同会社の債権者保護のための規制方針は，以下の3つに分かれよう。

第1が，ドイツ法が，現在，従属的有限会社の債権者を不法行為責任の枠組みで保護していることに鑑み，従属的合同会社の債権者に対しては，民法709条以下の不法行為の枠組みの中での保護をもって必要かつ十分であるとする考え方である。この規制方針の下においても，従属的合同会社の法人格の形骸化または濫用が認められる場合には，従属的合同会社の法人格が否認され，従属的合同会社の債権者は自己の債権の履行を支配会社に請求することができる。

第2が，ドイツ有限会社法64条[72]が規定する業務執行者の倒産惹起責任の考え方を発展させて，支配会社が従属的合同会社の業務執行に対し包括的かつ統一的に指揮命令を行い，これに従った結果として当該合同会社が倒産した場合，支配会社は従属的合同会社の債権者に対し連帯して責任を負うとするものである[73]。この

---

71) 高橋・概説289頁。
72) 「業務執行者は，会社の支払不能の発生または会社の債務超過の確定後に給付された支払いに関し会社に対し賠償義務を負う」（ドイツ有限会社法64条1項1文）。
73) 高橋英治「日本における閉鎖的資本会社の発展と法」商事法務1914号11頁（2010年）。

場合，ドイツ有限会社法64条にならい，倒産を惹起した支配会社は，従属的合同会社に対して損害賠償責任のみを負うとするのも，立法の選択肢の1つである。

　第3が，川岸工業事件仙台地裁判決[74]にならい，かつこの判決に加えられた批判（かかる実質的支配論によると従属会社の債権者との関係で支配会社が常に責任を負うことになってしまうであろうが，これは不当である）を考慮し，支配会社の従属的合同会社に対する包括的かつ統一的指揮に従った結果として従属的合同会社が倒産した場合，裁判所が法人格否認の法理を適用することにより，当該従属的合同会社の「受動的債権者」による自己の債権の支配会社への直接請求を認めるべきか，今後検討されるべきであろう。会社を選択できなかった受動的債権者は，銀行などの一般取引上の債権者に比べ，保護の必要性が特に高いと考えられるからである。

　第2の倒産惹起責任の場合，法律上の明確性の見地から，かかる直接請求権を法人格否認の法理により個別事案限りで認めるという解決方法を採るのではなく，これらの責任を一般的に定める立法的措置が必要になろう。

V　おわりに

本章の結論を，提言の形式で示す。
① 　従属的持分会社の社員保護の基本理念は，侵害禁止原則に求められるべきであり，従属的持分会社の利益を侵害した支配会社は従属的持分会社に対して民法709条に基づき損害賠償責任を負うと解すべきである。
② 　業務執行権を有しない社員も従属的持分会社の支配会社に対する損害賠償請求権を行使する代表訴訟を提起しうるための法整備を行うべきである。
③ 　株式会社とは異なり持分会社の注記表には支配会社との取引等に関する事項は記載されないため（会社計算規則98条2項5号），従属的持分会社の支配会社との取引等に関する開示規制は不十分である。持分会社の社員には業務財産状況の調査権（会社法592条1項）が認められており，従属的持分会社の社員は，この調査権を個別に行使することにより，従属的持分会社と支配会社との間の取引や指揮・命令の内容に関する情報を得ることができる。
④ 　従属的持分会社の社員による従属的持分会社の（支配会社に対する）個別的な損害賠償請求権の代位行使による従属的持分会社の社員の救済が期待できない状態が生じる場合，「やむを得ない事由」があるとして，従属会社の社員は

---

[74]　仙台地判昭和45年3月26日判時588号38頁。

退社できると解すべきである（会社法606条3項）。
⑤　従属的合同会社の債権者保護の必要性については，見解の相違があり得るが，より厚い従属的合同会社の債権者保護を実現するために従属的合同会社の倒産を惹起した支配会社の責任を定める立法を行う必要がある。

第10章　日本における閉鎖的資本会社の発展と法

I　はじめに

　2005（平成17）年，日本において有限会社法は廃止され，会社法は従来の有限会社に相当する会社形態を公開会社でない株式会社[1]（以下「閉鎖的株式会社」という）として株式会社法制の中に統合し，従来から設立されている有限会社については株式会社の一種である特例有限会社として存立することを許した（会社法の施行に伴う関係法律の整備等に関する法律2条）[2]。

　世界の有限会社法の母国であり有限会社に関する法実務の蓄積のあるドイツ法にとって，なぜ日本において有限会社法が廃止されなければならなかったのか，廃止された原因はドイツ法にとっても重要であるのか，有限会社の株式会社法への統合によって日本の株式会社法はどのように変化したのかという問題は，興味深いテーマである[3]。

　本章では，日本の閉鎖的資本会社の歴史を概観し（II），会社法制定の閉鎖的資本会社実務に対する影響を概観し（III），日本の改正はドイツ法にとって参考になるのか（VI），日本法はドイツ・ヨーロッパの有限会社法制から何を学ぶことがで

---

[1]　公開会社でない会社とは，定款の定めにより，その発行するすべての株式について譲渡制限が付された会社であり，非公開会社あるいは全株式譲渡制限会社とも呼ばれる（会社法2条5号参照）。2005（平成17）年会社法における公開会社でない会社の法実務につき，柴田和史『類型別中小企業のための会社法〔第2版〕』1頁以下（三省堂，2015年），鳥飼重和＝髙田剛＝小出一郎＝村瀬孝子『非公開会社のための新会社法〔新版〕』1頁以下（商事法務，2006年），大野正道監修『非公開会社実務ハンドブック』12頁以下（財経詳報社，2008年）。なお，本章において「資本会社」とは，株式会社と有限会社とを包括する概念である。

[2]　特例有限会社の法と実務につき，郡谷大輔編著『中小会社・有限会社の新・会社法』102頁以下（商事法務，2006年），小柿徳武「旧有限会社の法的地位」浜田道代＝岩原紳作編『会社法の争点』218頁以下（有斐閣，2009年）。

[3]　ルッターは，「有限会社は，ドイツ法にとって最も重要でありかつ最も成功した輸出品である」と論じる（Lutter, Die Entwicklung der GmbH in Europa und in der Welt, FS 100 Jahre GmbH-Gesetz, Köln 1992, S. 49）。

きるのか（Ⅳ2）について検討したい。

Ⅱ 日本における閉鎖的資本会社の歴史

2005（平成17）年会社法制定前の閉鎖的資本会社の代表的存在は有限会社であった。日本では，1938（昭和13）年，ドイツ法をモデルとして，有限会社法[4]という特別法が成立した[5]。ドイツ法が基礎とされた理由としては，第1に，有限会社制度が元来ドイツにより創造されたものであり，「立法技術の一大傑作」と賞賛されるほど優れた内容の法律であり，世界各国に大きな影響を及ぼしてきたこと，第2に，日本の商法がドイツ法を基礎としていたことが挙げられる[6]。有限会社法という特別法が制定されたのは，便宜上の理由からであった。すなわち，当時の日本では，商法の会社編の改正が特に急がれており，その改正案を完成した上で，その後に有限会社法の立案に着手した関係上，有限会社法に関する規定を商法の会社編に包含させることが困難であったという事情に加えて，有限会社は試験的制度でありこれを商法典の中に収容すると将来必ず必要となる改正において不便であるという理由から，特別法の形式が採られた[7]。

日本の有限会社法の法形式上の特徴としては，有限会社法が商法上の株式会社の規定を多く準用していたという点が挙げられる。たとえば，日本の有限会社法は，有限会社の必要的機関である取締役または社員総会に関し必要最小限の部分につい

---

4) 有限会社法の概観として，Kawamoto/Kishida/Morita/Kawaguchi, Übersetzung: Marutschke, Gesellschaftsrecht in Japan, München 2004, S. 250 ff.; Kawamoto, Handels- und Gesellschaftsrecht, in: Baum/Drobnig (Hrsg.), Japanisches Handels- und Wirtschftsrecht, Berlin 1994, S. 138 ff.; Yamauchi/Menkhaus, Die Gründung einer Tochtergesellschaft in Japan, in: Lutter (Hrsg.), Die Gründung einer Tochtergesellschaft im Ausland, 3. Aufl., ZGR Sonderheft 3, Berlin 1995, S. 352 ff.

5) Harald Baum/Eiji Takahashi, Commercial and Corporate Law in Japan: Legal and Economic Developments after 1868, in: HISTORY OF LAW IN JAPAN SINCE 1868, 377-381 (Brill, 2005); Baum, Entstehung, Strukturen und Bedeutung des Handelsgesetzes-eine Einführung, in: Kliesow/Eisele/Bälz, Das japanische Handelsgesetz, Köln 2002, S. 8 f.

6) 酒巻俊雄『閉鎖的会社の法理と立法』238頁（日本評論社，1973年）。

7) 佐々木良一＝奥野健一ほか『有限会社法釈義』7頁（厳松堂書店，1941年），松本烝治「商法改正要綱解説」同『私法論文集続編』48頁（厳松堂書店，1938年），田中耕太郎『改正商法及有限会社法概説』281頁（有斐閣，1939年），大森忠夫＝矢沢惇編集代表『注釈会社法（9）有限会社』12頁（有斐閣，1971年）〔矢沢惇〕。

て具体的条文の形で規定し，その細則については，商法の株式会社の株主総会や取締役の各規定を準用する条文（有限会社法 32 条，41 条）を置いていた。たとえば，有限会社法 32 条は有限会社の取締役の選任・権限等の基本事項につき，「商法第三十九条第二項，第七十八条，第二百五十四条第一項第三項，第二百五十四条ノ二，第二百五十四条ノ三，第二百五十七条第一項，第二百五十八条，第二百六十二条，第二百六十六条ノ二，第二百六十九条及第二百七十一条ノ規定ハ取締役ニ之ヲ準用ス」と定めた[8]。日本の有限会社法の内容は，株式会社法を背後に考えなければ容易に理解できないものとなっていたのであり，これは一般人における有限会社の認知を妨げる要因となっていた[9]。有限会社法を準用条文なしの一般的条文に書き換えた実務書[10]が刊行される状況にまであった。

　有限会社法が存在していた当時，一般市民が「有限会社」という名称によりこの会社の存続期間や権能等が有限であると誤解する例がしばしばみられた。有限会社の「有限」とは社員の責任が有限であるという意味であり，有限会社立法の初期において呼ばれたように，本来この会社は「有限責任会社」と呼ばれるべきであった。しかし，①長い名称は不便である，②会社の責任が有限であるわけではないため有限責任会社という名称も厳密にいえば不正確である，③外国でも „Limited company" というものが存在するのであり，これ以上よい名称がないという消極的理由から短縮した名称が採用された[11]。

　有限会社法の施行後も，多くの小規模会社は株式会社を選択した。特に戦後は，事実上の個人企業が株式会社形態を採るという現象がみられた。この現象は「個人企業の法人成り」と呼ばれた。神戸市を中心として 1961（昭和 36）年から 1963（昭和 38）年に実施された資本金 1 億円未満の株式会社 510 社を対象とした実態調査によると，個人企業から株式会社となったものは，全体の 48.2 パーセントを占めた[12]。株式会社を選択した理由の中で最も多かった理由は，「取引上株式会社にした方が有利（34.7 パーセント）」というものであり，次いで多かったのは「会計が

8）　ドイツ有限会社法も全 87 条からなり簡潔に有限会社の法律関係を規定するが，その内容を示すため，ドイツ商法典の合名会社に関する条文や株式法の条文を準用することはない。なお日本の昭和 56 年改正有限会社法の条文の独訳として，Ishikawa/Leetsch, Das japanische Handelsrecht in deutscher Übersetzung, Köln 1988, S. 217 ff.
9）　酒巻・前掲注 6) 241 頁。
10）　たとえば，服部榮三＝加藤勝郎『有限会社法全訳』（日本評論社，1992 年）。
11）　田中・前掲注 7) 293 頁以下。
12）　会社規模研究会「小規模株式会社の法的実態 (1)」神戸法学雑誌 13 巻 4 号 562 頁第 38 表（1964 年）。

はっきりする（20.6パーセント）」,「税金が安くなると思った（18.2パーセント）」であった[13]。法が本来予想していた大資本による経営を最も強い動機として設立された会社は全体の13パーセント弱にすぎなかった[14]。

株式会社を設立するに当たり有限会社にすることを考えた会社で,有限会社形態を選択しなかった理由の大多数は,有限会社は「社会的信用がうすい（70.9パーセント）」というものであった[15]。これを調査した研究グループは「有限会社制度によせる一般の関心ははなはだ稀薄」であると報告した[16]。

かかる実質個人企業の株式会社は会社法上の強行規定を遵守する能力もなく,また遵守する意欲もなかった。神戸市を中心に行われた前記実態調査によると,当時義務となっていた貸借対照表の公告（平成17年改正前商法283条4項）を行っていない会社は88.4パーセントに上った[17]。同調査では,計算書類等の承認のために必要な株主総会を定期的に開いていない会社は全体の53.3パーセントを占めた[18]。また,資本金1億円未満の株式会社の中で,当時株式会社の義務となっていた株券発行をしていない会社は33.5パーセントに上った[19]。かかる小規模な株式会社において,株主に支払われるべき配当金を社長など誰か一人が独占する例は,8.7パーセントもあった[20]。これは,小規模な株式会社では少数派株主の利益を軽視する経営が行われることもまれではなかったことを示す[21]。

なお,前記調査が行われた1963（昭和38）年当時,株式の自由譲渡性は,日刊新聞の発行を目的とする会社を除いて絶対的なものとされていたが（昭和41年改正前商法204条1項）,前記調査によると,資本金1億円未満の株式会社のうち何らかの形で株式譲渡制限を行っている会社は33.0パーセントに上った[22]。この点につ

---

13) 会社規模研究会・前掲注12) 553頁第19表。
14) 会社規模研究会・前掲注12) 553頁。
15) 会社規模研究会・前掲注12) 554頁第20表。株式会社を設立するに当たり有限会社にすることを考えた会社55社の中,39社がこの理由から株式会社形態を選択したと回答する。
16) 会社規模研究会・前掲注12) 554頁。
17) 会社規模研究会「小規模株式会社の法的実態（2）」神戸法学雑誌14巻1号179頁第71表C（1964年）。
18) 会社規模研究会・前掲注12) 543頁。
19) 会社規模研究会・前掲注12) 546頁第7表。
20) 会社規模研究会・前掲注17) 183頁第73表の2。
21) 野村修也「福岡市における閉鎖的株式会社の内部関係に関する実態調査（II）」西南学院大学法学論集27巻3号108頁以下（1995年）。
22) 会社規模研究会・前掲注12) 571頁第44表。

いては，1966 (昭和 41) 年に商法改正が行われ，定款の規定により株式の譲渡に際して取締役会の承認を要する旨定めることが認められた (昭和 41 年商法 204 条 1 項ただし書)。ここにおいて，1950 (昭和 25) 年改正により一時的に禁止されていた閉鎖的株式会社が日本の立法史上再び登場することとなった[23]。

相当数の株式会社法判例は，小規模閉鎖会社に関するものであり，同族間の内部紛争等が会社法上の争いの形式を採ったものであった[24]。国税庁の統計によると，1959 (昭和 34) 年度から 1961 (昭和 36) 年度までの間，同族会社[25]は株式会社全体のおよそ 90 パーセントに達していた[26]。1964 (昭和 39) 年に『裁判会社法』を著し裁判実務の観点から当時の会社法実務の実態を批判した長谷部茂吉判事は，「学者は会社をもって労力および資本の結合体といい，その基調を人と人との協力におくが，裁判を通してみる現実はむしろその結合された資本の争奪の場である」と論じ[27]，裁判所で問題とされる弱小会社は厳重な会社法の規定の負担に耐えられず，その潜脱をはかるのであり，「会社の正常な維持発展のために法の腐心した各種の厳重な規定は，法の意に反して逆に作用し，会社内部の権力闘争を助長する結果となっている」と論じた[28]。かかる議論を前提に，長谷部判事は，中小企業を営む株式会社のため，現行法の諸規定を極端に緩和した特別の規定を置くこと，たとえば，定時株主総会を不要とした中小会社のための株式会社の創設等を提案した[29]。

---

23) 上柳克郎＝鴻常夫＝竹内昭夫編集代表『新版注釈会社法 (3)』55 頁 (有斐閣，1986 年)〔上柳克郎〕。
24) 矢沢惇＝鴻常夫「会社法判例研究の意義」矢沢惇＝鴻常夫編『会社判例百選〔第 3 版〕』7 頁 (有斐閣，1979 年)。
25) 1960 (昭和 35) 年当時，法人税法上同族会社とは，以下の各号の 1 に該当する会社をいうと定義されていた (昭和 35 年法人税法 7 条の 2 第 1 項)。
　　一　株主または社員の三人以下およびこれらの親族その他これらと命令で定める特殊の関係のある個人および法人 (以下「同族関係者」という) が有する株式または出資の金額の合計額がその会社の株式金額または出資金額の百分の五十以上に相当する会社
　　二　株主または社員の四人およびこれらの同族関係者が有する株式または出資の金額の合計額がその会社の株式金額または出資金額の百分の六十以上に相当する会社
　　三　株主または社員の五人およびこれらの同族関係者が有する株式または出資の金額の合計額がその会社の株式金額または出資金額の百分の七十以上に相当する会社
26) 会社規模研究会・前掲注 12) 570 頁。
27) 長谷部茂吉『裁判会社法』14 頁以下 (一粒社，1964 年)。
28) 長谷部・前掲注 27) 15 頁。

しかし，その後の立法上の議論においては，株式会社の利用を大規模会社に限定し，小規模閉鎖会社を有限会社に，そして会社形態を採るまでもない小規模企業は個人商人に振り分けることが立法課題であると認識された。1990 (平成 2) 年改正は，最低資本金制度導入により，この振り分けを実現しようとした[30]。すなわち，同改正により，株式会社には 1,000 万円[31]，有限会社には 300 万円[32]の最低資本金の制度がそれぞれ導入された[33]。これにより有限会社の数は若干増えたが[34]，振り分けは十分には実現できなかった[35]。

　2005 (平成 17) 年会社法は，従来の規制の方針を 180 度反対のものとし，資本会社となり得る基準を厳格化する等の資本会社に関する規制強化という方向から，株式会社の最低資本金制度を撤廃する等の株式会社の規制を緩和するという方向を採った。かかる立法方針の転換の理由について，2005 (平成 17) 年会社法改正の基本方針を定めた法制審議会会社法 (現代化関係) 部会長として指導的役割を果たした江頭憲治郎教授は，1986 (昭和 61) 年の改正試案と 2003 (平成 15) 年の要綱試案の違いを生んだ主たる理由は，両者の時代環境の差違にあるとし，前者が中小企業も空前の好況を謳歌していたバブルの時代に提案されたのに対し，後者は，起業の奨励とベンチャー企業の育成が叫ばれるデフレ経済下で提案されたものであると論じた[36]。

　2005 (平成 17) 年会社法は，有限会社法を株式会社法の規定の中に取り込み，閉鎖的株式会社を株式会社の基本に据えた。この理由について，江頭憲治郎教授は，会社法が閉鎖会社を基本とする規制の立て方をした理由は，数の上では非公開会社のほうが圧倒的に多く，一国の経済力を決めるのはベンチャー企業である中小企業であり，英国の会社法改正におけるスローガンであった „Think small first" と同じ考えを採用したものであると説明した[37]。有限会社法を廃止した理由については，江頭憲治郎教授は，第 1 に，中小企業の多くは閉鎖的株式会社の形態を採っている

---

29) 長谷部・前掲注 27) 253 頁以下。
30) Hayakawa/Raidl-Macure, Japanische Gesellschaftsrechtsreform-Teilnovelle 1991 zum Aktien- und GmbH-Recht, RIW 1992, 283 f.
31) 1990 (平成 2) 年商法 168 条ノ 4。
32) 1990 (平成 2) 年有限会社法 9 条。
33) Förster, Die Dimension des Unternehmens, Tübingen 2003, S. 176.
34) Harald Baum/Eiji Takahashi, a. a. O. (Fn. 5), S. 401.
35) Baum, a. a. O. (Fn. 5), S. 15.
36) 江頭憲治郎「『現代化』の基本方針」ジュリスト 1267 号 8 頁 (2004 年)。
37) 江頭憲治郎「新会社法の意義と特徴」ジュリスト 1300 号 9 頁 (2005 年)。

が，閉鎖的株式会社の規制を実態に沿うものとしようとすると，それは有限会社規制に限りなく近づくこと，第2に，有限会社という名称に人気がないこと，第3に，既存の閉鎖的株式会社と有限会社とを併存させると，会社法の条文数が膨大なものとなることを挙げた[38]。有限会社法の廃止につき，江頭憲治郎教授は，「中小会社法制のあり方につき相当精力的な検討がなされた1990（平成2）年改正の審議の過程で，なぜ有限会社形態をとりたくないのかという問いに対し，中小企業関係者が『有限会社の商号では，新卒者の採用が難しい』と答えたのが，筆者には強い印象として残っている」と述べた[39]。このように，有限会社法の廃止は，「有限な会社」というその名称に原因があり，その株式会社法への統合は，日本の置かれた時代環境を主因としたものであった。

III 2005（平成17）年会社法が閉鎖的資本会社法制およびに実務に与えた影響

有限会社法制をその中に取り込んだことにより，2005（平成17）年会社法下の株式会社の規制は複雑化した。特に株式会社の機関構成は，取締役1人の場合もあれば，取締役，取締役会，監査役，監査役会，会計参与，会計監査人をすべて備える場合もあり[40]，また委員会設置会社（現在では「指名委員会等設置会社」と呼ばれる）の形態を採る場合もあり，きわめて多様なものとなった[41]。この日本の株式会社の機関構成はモジュラー・システムと呼ばれた[42]。2014（平成26）年会社法改正では，新たに「監査等委員会設置会社」が認められ，株式会社の機関構成の選択肢

---

38) 江頭憲治郎「『会社法制の現代化に関する要綱案』の解説」別冊商事法務編集部編『会社法現代化の概要』別冊商事法務288号3頁（2005年）。

39) 江頭・前掲注38) 5頁注3。

40) Meckel, Die Corporate Governance im neuen japanischen Gesellschaftsrecht—Unter besonderer Berücksichtigung der Aufgaben von Verwaltungs - und Prüferrat, Tübingen 2010, S. 41 ff.

41) Eiji Takahashi/Madoka Shimizu, The Future of Corporate Governance: The 2005 Reform, Zeitschrift für Japanisches Recht/Journal of Japanese Law Nr. /No. 19 (2005), 40 ff.; Kübler, Gesellschaftsrecht—Das Land des Lächelns zeigt die Zähne, ZHR 170 (2006), 214 f.

42) Kirchner, Comparative Corporate Governance: An Economic and Legal Analysis, Journal of Interdisciplinary Economics, Volume 17 No. 1 & 2 (2006), 18; Eiji Takahashi, Japanische Corporate Governance unter dem Gesellschaftsgesetz von 2005, AG 2007, 479.

はさらに拡がった[43]。

　会社法は，株式に関しても閉鎖的株式会社を対象とした特別規制を設ける。かつて有限会社では定款自治の原則が適用されると解され，有限会社持分に関し属人的な定めを置くことができるとされ，多数説は有限会社においては複数議決権の定めも原則として可能であると解していた[44]。会社法は，この有限会社の規制を受け継いで，公開会社でない株式会社では，株主平等原則（会社法109条1項）[45]が適用されず，定款により，株式の内容につき株主ごとに異なる取扱を行う旨を定めることができると定める（会社法109条2項）。したがって，日本では，閉鎖的株式会社につき複数議決権株式を導入することができると解されている[46]。これに対して，ドイツ法においては，1998年4月27日の「企業領域の統制と開示のための法律（KonTraG）」[47]以来，株式法上複数議決権は会社の上場・非上場にかかわらず一般的に禁止されているが（株式法12条2項）[48]，有限会社においては定款規定により複数議決権を導入することができると解されている[49]。日本の会社法が閉鎖的株

---

[43]　高橋英治『会社法概説〔第3版〕』106頁以下（中央経済社，2015年）参照。

[44]　川島いづみ「有限会社と定款」志村治美先生還暦記念論文集編集委員会編著『（志村治美先生還暦記念）現代有限会社法の判例と理論』（晃洋書房，1994年）117頁以下。ただし，北沢正啓博士は，複数議決権を定める定款は，原始定款または総社員の同意により変更した定款に限ると解していた（北沢正啓『会社法〔第6版〕』814頁（青林書院，2001年）参照）。

[45]　日本法における株主平等原則につき，Eiji Takahashi, Der Gleichbehandlungsgrundsatz im japanischen Aktienrecht als Aufgabe der Rechtswissenschaft, Zeitschrift für Vergleichende Rechtswissenschaft (ZVglRWiss) 108 (2009), 105 ff.; Eiji Takahashi, Gleichbehandlungsgrundsatz und Treuepflicht im japanischen Gesellschaftsrecht, in: Stürner (Hrsg.), Die Bedeutung der Rechtsdogmatik für die Rechtsentwicklung, Tübingen 2010, S. 261 ff.

[46]　高橋・前掲注43) 115頁参照。

[47]　Gesetz zur Kontrolle und Transparenz im Unternehmensbereich (KonTraG), vom 27. April 1998 (BGBl. I S. 786). この法律につき，早川勝「ドイツにおけるコーポレート・ガバナンスの改正――1998年コントラック法における監査役監査と会計監査人監査制度の改正を中心として」奥島孝康教授還暦記念論文集編集委員会編『（奥島孝康教授還暦記念第1巻）比較会社法研究』317頁以下（成文堂，1999年）参照。

[48]　Windbichler, Gesellschaftsrecht, 23. Aufl., München 2013, S. 395; Raiser/Veil, Recht der Kapitalgesellschaften, 6. Aufl., München 2015, S. 76. 日本語文献として，加藤貴仁『株主間の議決権配分』391頁以下（商事法務，2007年）参照。

[49]　Bayer, in: Lutter/Hommelhoff, GmbH-Gesetz, Kommentar, 18. Aufl., Köln 2013, § 47 Rdnr. 5; BayObLG Beschluss vom 21. 11. 1985, GmbHR 1986, 87; OLG Frankfurt/M Urteil vom 18. 1. 1989, GmbHR 1990, 80.

式会社につき複数議決権を認めていることは，ドイツの有限会社法実務と共通する。

また，日本の会社法は，ベンチャー・ビジネスにおける資金調達に関し，資金を提供するベンチャー・キャピタルが起業家の暴走を防ぎ自らの利益を守るため取締役または監査役の選任権を保持したいという要望があることも考慮し，閉鎖的株式会社では，取締役または監査役の選任に係る種類株式を発行することができると定める（会社法108条2項9号）[50]。かかる取締役・監査役選任種類株式が発行される場合，当該取締役・監査役の選任に関し株主総会の決議はなされず，当該種類株主を構成員とする種類株主総会によって当該取締役・監査役は選任される。ドイツ株式法においても，監査役会構成員を選任する種類株式が認められているが（株式法101条2項1文），かかる特別の監査役会構成員選任権を有する種類株式は譲渡制限付記名株式の保有者についてのみ認められている（株式法101条2項2文）。これは，かかる種類株式の制度が，主としてベンチャー・キャピタルが自らの利益を守るため監査役会構成員の選任権を保持したいという要望に配慮した制度であることを示す[51]。ドイツ有限会社法実務においても，定款の任意的記載により，個々の社員に監査役会構成員の選任に関する特別権を与えることができると解されている[52]。以上の機関構成員の選任に関する資本会社社員の特別の地位に関するドイツと日本の会社法実務には共通点が多い。

2008年のドイツ有限会社法改正[53]と2005年の日本の会社法との第2の共通点としては，両者がともに設立時において最低資本金制度を事実上撤廃していることが挙げられる。ドイツ法においては2008年ドイツ有限会社法改正により，有限会社に関して実質的には最低資本金制度は撤廃された。すなわち，有限会社の最低資本金の額として2万5000ユーロ（約300万円）が定められているが（ドイツ有限会社

---

[50] Oda, JAPANESE LAW, Third Edition, 233 (Oxford University Press, 2009). この種類株式は平成14年商法改正により導入された。平成14年商法改正による本制度導入の趣旨について，始関正光「平成14年改正商法の解説〔I〕」商事法務1636号13頁（2002年），阿多博文「種類株主による取締役・監査役の選任・解任権」取締役の法務100号74頁（2002年），大杉謙一「種類株式の取締役選解任権」法学教室265号10頁（2002年）。

[51] Vgl. Loges/Distler, Gestaltungsmöglichkeiten durch Aktiengattungen, ZIP 2002, 469.

[52] Bayer, in: Lutter/Hommelhoff, GmbH-Gesetz, Kommentar, 18. Aufl., §3 Rdnr. 70.

[53] 有限会社法の現代化と濫用をなくすための法律（MoMiG vom 23. 10. 2008, BGBl. I S. 2026）。邦訳として，早川勝「(試訳) 有限会社法の現代化と濫用をなくすための法律（MoMiG）（BGBl. I S. 2026）（2008年10月23日）による改正有限会社法」同志社法学338号1607頁以下（2009年）。

法5条1項），これを下回る資本金でも事業者会社（Unternehmergesellschaft）として設立可能である（ドイツ有限会社法5a条）。日本においても，2005（平成17）年会社法により，最低資本金制度が株式会社全体について廃止された。ただし，株式会社の純資産額が300万円を下回る場合には，会社は株主に対し剰余金の配当など財産分配をすることができない（会社法458条，会社計算規則158条6号）。この規制は，会社法制定以前に株式会社につき1000万円，有限会社につき300万円の最低資本金額の定めがあったところ，設立時からの最低資本金額の拠出を要求することは起業の妨げになるとの批判があったため，最低資本金制度は撤廃し，他方，会社債権者保護の観点から純資産額300万円未満の会社の剰余金配当等を制約したものである[54]。日本では，ドイツのように会社設立の局面では300万円の最低資本金は撤廃されたが，剰余金配当の局面では300万円の最低資本金が維持されているに等しい。

　ドイツ法の有限会社と日本法の閉鎖的株式会社との差違として，第1に，日本の閉鎖的株式会社はあくまでも株式会社であるので，人的会社の要素が捨象されているという点が挙げられる。ドイツ有限会社法において判例・通説上認められている重要な事由がある場合の社員の退社[55]または除名[56]等の人的会社としての要素は日本の閉鎖的株式会社には認められていない。やむを得ない事由がある場合の社員の退社（会社法606条3項）や法定退社事由としての除名（会社法607条1項8号）の制度は，全社員が有限責任の人的会社である合同会社において，法律上の制度として認められている[57]。

　ドイツ法の有限会社と日本法の閉鎖的株式会社との第2の差違としては，社員の情報上の地位が挙げられる。日本の閉鎖的株式会社では，個々の社員に単独株主権としてはドイツ有限会社法51a条が認めるような包括的情報請求権が認められていない。閉鎖的株式会社では，会計帳簿の閲覧等の請求権は少数株主権となっており，会社法上，3パーセントの議決権または株式を有する株主は，理由を明らかにして，

---

54)　江頭憲治郎『株式会社法〔第6版〕』38頁（有斐閣，2015年）。

55)　RGZ 128, 1; Windbichler, Gesellschaftsrecht, 23. Aufl., S. 252; Hirte, Kapitalgesellschaftsrecht, 6. Aufl., Köln 2016, S. 321 f. ドイツの有限会社社員の退社・除名につき，髙橋英治『ドイツ会社法概説』342頁以下（有斐閣，2012年）。

56)　RGZ 169, 330; BGHZ 9, 157; BGHZ 16, 317; BGHZ 80, 346; BGHZ 116, 359; Windbichler, Gesellschaftsrecht, 23. Aufl., S. 251; Hirte, Kapitalgesellschaftsrecht, 8. Aufl., S. 322.

57)　Dernauer, Die japanische Gesellschaftsrechtsreform 2005/2006, Zeitschrift für Japanisches Recht/Journal of Japanese Law Nr. /No. 20 (2005), 133 f.

会計帳簿またはこれに関する資料の閲覧等を裁判所に求めることができるとされている（会社法433条1項）。閉鎖的株式会社でも監査役を設置することはできるのであり，株主の手による監査よりも，この第三者の手による監査に期待するという法構造になっている。しかし，業務監査権限を有する監査役が存在しない場合，株主の情報獲得機能は強化されており，会社法は，かかる場合，濫用の可能性のある会計帳簿閲覧等請求権を単独株主に対しても与えるという方法ではなく，株主に対する取締役の報告義務の創設という方法で，株主の情報上の地位を強化した。すなわち，業務監査権限を有する監査役が存在しない場合，取締役は，株式会社に著しい損害を及ぼすおそれのある事実があることを発見したときは，当該事実を直接株主に対して報告しなければならない（会社法357条）。日本の会社法は，株主の情報上の地位強化について，株主権の濫用のおそれに配慮した内容となっている。これは，日本の過去の会社法判例では，親族間等の対立が会社法上の争いの形式を採ったものが相当多く，株主権の強化は経営者側と対立する少数派株主に強力な対抗手段を与えることにもなるからであった。

Ⅳ 将来の閉鎖的株式会社法制のあり方

1 日本の法制はドイツ・ヨーロッパ法にとって参考となるのか

現在ヨーロッパにおいてヨーロッパ私会社の法制が誕生しつつあり，閉鎖的資本会社に対して独自の法形態を認めようという動きが存在する。1892年にドイツで誕生した有限会社法制は世界各国法により継受されたばかりか[58]，今やヨーロッパ法上の制度となりつつある。

しかし，日本では，このヨーロッパの流れとは反対に，有限会社法を廃止し，閉鎖的資本会社に対する固有の法形態を認めないようにした。これは，日本独自の事情によるものである。日本の有限会社は，ドイツ法に倣って導入されたが，ドイツ法のような成功を収めることができなかった。日本社会では，有限会社という名前には，小規模で重要でない会社というマイナスイメージが常に伴っていた。すでにみたように，会社法の制定時，有限会社を存続させると会社法の条文が膨大なものとなる，あるいは，有限会社という名称では中小企業の新規従業員の募集は困難であるとして，有限会社法廃止の基本方針が決定された。これは日本固有の背景によ

---

[58] Lutter, FS 100 Jahre GmbH-Gesetz, S. 49 ff.

るものであり，日本における有限会社法廃止は，ドイツを含めたヨーロッパ諸国にとって参考となることが少ないであろう。

日本の会社法がドイツ・ヨーロッパに対して参考になる点としては，まず，第1に株式会社の機関構造の柔軟性が挙げられる。日本では，有限会社法の機関構成の法制を株式会社法と統合した関係で，株式会社の機関構成の法制が柔軟化された。この機関構造の柔軟化により，会社の取引相手において，会社の機関構造について誤解・混乱等が生ずる懸念も出されていたが，機関構造の詳細は登記されることもあり（会社法911条3項），会社法施行後，実務において混乱は生じなかった。ドイツ株式法が，株式会社の機関構造のさらなる柔軟化をはかる場合，この点での日本の実務の成功は，大いに参考になるであろう。また，ドイツ法の当面の課題としては，日本の株式会社およびヨーロッパ株式会社では一元型機関構成と二元型機関構成との選択が認められているが，機関構成の国際調和の観点から，ドイツの株式法も，株式会社の機関構造の選択制を認めるべきである[59]。

第2に，有限会社における社員の代表訴訟の立法化である。日本において，株式会社について取締役の責任追及のための株主代表訴訟が1950年改正により導入されて以来[60]，同様の制度は有限会社にも導入された（1951年有限会社法31条）。これに対して，ドイツ法では，2005年UMAGにより株式会社につき取締役責任追及のための株主代表訴訟が導入された後も（株式法148条4項），ドイツ有限会社法上，社員の代表訴訟を導入する動きはない。ドイツ有限会社法では，社員による代表訴

---

[59] Bayer, Empfehlen sich besondere Regelungen für börsennotierte und für geschlossene Gesellschaften?, Gutachten E für den 67. Deutschen Juristentag, München 2008, E 113; Eiji Takahashi/Oliver Kirchwehm, Corporate Governance in Deutschland und Japan: ein Vergleich von Vergangenheit, Gegenwart und Zukunft, Recht in Japan, Heft 14 (2006), S. 104. バイアーの鑑定意見につき，久保寛展「ドイツにおける会社区分立法案について——第67回ドイツ法曹大会における Walter Bayer 教授の鑑定意見を中心として」福岡大学法学論叢54巻4号1頁以下（2010年）参照。

[60] 日本の株主代表訴訟につき，Kliesow, Aktionärsrechte und Aktionärsklage in Japan, Tübingen 2001, S. 127 ff.; Hayakawa, Die Aktionärsklage im japanischen Gesellschaftsrecht, FS Mestmäcker, Baden-Baden 1996, S. 891 ff.; Kawamoto, Die Praxis der Aktionärsklage in Japan, FS Großfeld, Heidelberg 1999, S. 529 ff.; Milhaupt/West, Economic Organizations and Corporate Governance in Japan: The Impact of Formal and Informal Rules, Oxford 2004, S. 9 ff.; Eiji Takahashi, Aktionärsklage in der japanischen Rechtsprechung, Zeitschrift für Japanisches Recht, Heft 6 (1998), 101 ff.; Eiji Takahashi, Corporate Governance in Japan: Vorgriff auf künftige Reformen in Deutschland?, Leipold (Hrsg.), Verbände und Organisation im japanischen und deutschen Recht, Köln 2006, S. 81 ff.

訟は組合訴権（actio pro socio）の法理に委ねられている[61]。現在，組合訴権の法理は有限会社の社員に対する請求には及ぶが社員の地位を有しない業務執行者に対する請求には及ばないとする学説が伝統的に採られてきたが[62]，近時には，組合訴権の法理を社員の地位を有しない有限会社業務執行者に対しても拡張するべきであると解する説が有力に唱えられている[63]。今後，法律関係の明確性の観点から，ドイツ法において，有限会社における業務執行者の責任追及の局面での社員訴訟を法律上の制度として導入することが検討されてよい[64]。

ドイツ法にとって参考となる日本の制度として，第3に，合同会社がある。合同会社は，資本会社の特性である社員の有限責任の原理を導入した人的会社であり，会社法によって導入された本制度は，両者の特性を融合したハイブリッド会社として，画期的なものであるとドイツにおいて紹介された[65]。日本の合同会社のモデルは，米国法のLLC（Limited Liability Company）であり[66]，米国法ではLLC自身がパス・スルー課税方式を選択することができることもあり，ベンチャー・ビジネスの受け皿として大成功を収めた。今後ドイツにおける有限会社と人的会社（合名会社・合資会社）との折衷形態である有限責任社員のみから成る人的会社の導入は

---

[61] BGHZ 65, 15 „ITT".
[62] Zöllner, Die sogenannten Gesellschafterklagen im Kapitalgesellschaftsrecht, ZGR 1988, 435; Windbichler, Gesellschaftsrecht, 23. Aufl., S. 255; Lutter/Hommelhoff, in: Lutter/Hommelhoff, GmbH-Gesetz, Kommentar, 18. Aufl., § 13 Rdnr. 53; Kübler/Assmann, Gesellschaftsrecht, 6. Aufl., Heidelberg 2006, S. 283. 支配的学説は，有限会社社員と業務執行者の間に直接的な法律関係が存在しないという理由から，違法行為をなした業務執行者の会社に対する損害賠償責任につき社員訴訟を認めない（Thomas Raiser, in: Ulmer/Habersack/Winter（Hrsg.）, GmbHG, Großkommentar, Band 1, Tübingen 2005, § 14 Rdnr. 60）。
[63] Verse, in: Henssler/Strohn（Hrsg.）, Kommentar zum Gesellschaftsrecht, 1. Aufl., München 2011, § 14 GmbHG Rdnr. 124; Karsten Schmidt, in: Scholz, GmbHG, 10. Aufl., Köln 2006, § 46 Rdnr. 161; Wiedemann, Gesellschaftsrecht I, München 1980, S. 462. 1993年6月14日連邦通常裁判所判決も，社員総会の決議を経ていないという理由にのみにより，有限会社の社員でない業務執行者に対する組合訴権を棄却しているため（BGH DStR 1993, 1111），有限会社の社員でない業務執行者に対する組合訴権自体は認める立場に立つと解される。
[64] 高橋英治『ドイツと日本における株式会社法の改革──コーポレート・ガバナンスと企業結合法制』254頁以下（商事法務，2007）（以下「高橋・改革」と引用する）。
[65] Kaiser, Die Regelung der Hybridgesellschaft（gôdô kaisha）im japanischen Gesellschaftsgesetz, RIW 2007, 16 ff.
[66] Dernauer, Zeitschrift für Japanisches Recht/Journal of Japanese Law Nr./No. 20 (2005), 129.

検討に値する立法課題である。その際，日本のように，人的会社を統合して1つの会社類型として合名会社・合資会社・合同会社をそれぞれ会社の種類とする法制は採ることは推奨されない。日本は，合名会社・合資会社・合同会社を「持分会社」として統一的に規制する。そのため条文数は大幅に節約できた。しかし，各会社の規制の内容はきわめて複雑になり，特に外国人は，この条文を読んで，各会社の規制内容について，理解することが困難になっている。合同会社は新しい人的会社形態としてドイツ法にもその導入を検討する価値があるが，それは合名会社・合資会社と並ぶ，第3の人的会社類型として創設されるべきであろう。しかし，ドイツでは事業者会社が一ユーロでも設立可能であり，また有限責任の人的会社として有限合資会社（GmbH & Co. KG）が広まっているため[67]，合同会社のような有限責任社員のみから構成される人的会社の形態を認める必要性は大きくない。

2 ドイツ・ヨーロッパ法制から日本法が学びうる点

将来的には，機能比較の観点から，ドイツ有限会社法とヨーロッパ私会社法の長所を，日本の閉鎖的株式会社の法制に生かしていくべきであろう。そのために両法制から日本法が学び得る点について，最後に言及したい。

第1に，有限会社相互間の誠実義務の導入が参考になる。有限会社社員間の誠実義務は，戦後，ドイツの1975年のITT判決[68]によりコンツェルン関係において認められ，現在では，有限会社法の基本原則として，特に従属的有限会社の少数派社員保護のために大きな役割を果たしている。日本では，ドイツ株式法第3編「企業結合」のような制定法化されたコンツェルン法は未だ存在しない[69]。しかし，日本の非上場の大規模会社には従属会社が多い[70]。かかる現状では，日本の判例実

---

[67] 高橋・改革339頁以下参照。

[68] BGHZ 65, 15. 本判決の詳細について，早川勝「コンツェルンにおける有限会社の過半数社員の誠実義務について——ITT事件判決を手がかりとして」下関商経論集20巻2号63頁以下（1976年），マークス・ルッター＝木内宜彦編著『日独会社法の展開』184頁以下（中央大学出版部，1988年），高橋英治『企業結合法制の将来像』216頁以下（中央経済社，2008年）（以下「高橋・将来像」と引用する）参照。

[69] Eiji Takahashi, Japanese Corporate Groups under the New Legislation, ECFR 2006, 291 ff.; Eiji Takahashi, Konzern und Unternehmensgruppe in Japan—Regelung nach dem deutschen Modell?, Tübingen 1994, S. 1.

[70] 江頭・前掲注54）8頁。1983（昭和32）年の実態調査によると，資本金1億円以上の有限会社で，親会社や関連会社およびその役員・従業員が社員となっている会社は全体の42.1パーセントを占め，親会社から派遣された者が実権を握っている会社は，全体の31.6パーセントを占めた。この数値につき，志村治美＝竹濱修「大規模有限

務も，株式会社の株主相互間に誠実義務を認めて，従属的な閉鎖的株式会社の少数派株主の保護を実現するべきである[71]）。

　第2に，ドイツ有限会社法において，判例・通説上，重要な事由がある場合の社員の退社権が認められている。2008年6月25日ヨーロッパ私会社法案も，社員の退社制度を設ける（欧州私会社法に関する理事会規則案18条）。ドイツ法における有限会社社員の退社制度は，戦前からの学説と判例の長い対話の中から認められてきたものであり，日本の会社法も，かかるドイツの経験から学ぶ必要がある。日本の会社法の閉鎖的株式会社制度においては，株主の利害関係に重大な変動が生ずる場合等における株式買取請求権の制度は存在するが（会社法116条，192条，469条，785条，797条，806条），やむを得ない事由が存在する場合等における社員の一般的退社の制度は認められていない。今後，日本の会社法は，特に閉鎖的株式会社を対象にして人的会社の要素たる株主の退社制度を取り入れて少数派株主保護の一層の充実を図ることが求められている[72]）。株主の退社制度を導入する場合，立法論としては，株主のやむを得ない事由による退社は，これに伴う出資の払戻しが剰余金の分配可能額を超えない範囲でのみ可能であるとすべきであろう[73]）。

　第3に，ドイツ有限会社法上の社員の包括的情報請求権のような規定を，日本の公開会社でない株式会社の株主に対して認めるべきかについては，慎重な検討が必要である。1982（昭和57）年に名古屋市で実施された実態調査によると，経営者・家族・親戚・友人を株主とする株式会社98社のうち，貸借対照表を全株主にみせる会社は15.3パーセントにすぎなかった。対象会社のうち，貸借対照表を主な株主にみせる会社は43.9パーセントであり，まったくみせない会社は40.8パーセントに上った[74]）。1993（平成5）年に福岡市で実施された閉鎖株式会社を対象とした実態調査においては，貸借対照表を主な株主にだけみせるとする会社は全体の42.9パーセントに上り，全株主にみせるとする会社のほぼ同数に上っており，小規模閉鎖株式会社の株主は情報面でも弱い立場に立たされていることが示され

　　会社の法的実態」立命館法学169号（1983年）388頁以下。
[71]　この点につき，高橋英治「ドイツにおける株主および会社の誠実義務の発展――誠実義務の時代依存性と普遍性」吉原和志＝山本哲生編『(関俊彦先生古稀記念) 変革期の企業法』69頁（商事法務，2011年）参照。
[72]　高橋英治＝新津和典「ヨーロッパ私会社規則の現状――日本法への示唆」国際商事法務38巻11号1488頁（2010年）参照。
[73]　神田秀樹『会社法〔第17版〕』（弘文堂，2015) 307頁注5参照。
[74]　浜田道代「小規模閉鎖会社における経営・株主（社員）構成の実態」商事法務973号47頁（1983年）。

た[75])。日本においても,小規模閉鎖会社における株主保護の一環として,ドイツ有限会社法51a条のような社員の包括的情報請求権を導入すべきであるという議論は存在する[76])。末永敏和教授は,ドイツ有限会社法51a条にならい,閉鎖的株式会社の株主に対して包括的権利としての情報請求権を一般的に承認すべきであると論じる[77])。また,髙橋公忠教授も,閉鎖的株式会社については,現在少数株主権として構成されている会計帳簿閲覧請求権の持株要件を削除し,各株主にすべての記録類の閲覧請求を認める規制を設ける必要性を説く[78])。

　日本法では,小規模閉鎖会社における株主の情報請求権と類似した機能を果たす制度として,取締役の株主等に対する報告義務(会社法350条)が存在する[79])。株主に対し包括的情報請求権を与える場合,それは濫用されるおそれを伴う。日本においては,同族間の争いが会社法上の紛争の形態を採ることが多い。日本法においては,株主の情報請求権が,同族間の内紛において,会社の経営から除外された株主により,会社に対する嫌がらせの手段として用いられるおそれが高いことを考慮し,かかる濫用の防止の観点から,かかる株主の包括的情報請求権は導入することができず,これに代わり,かつてEU行動計画書によって支持されたように[80]),株主の請求により裁判所の任命する検査役による特別検査を拡充するべきであろう[81])。たとえば,現在3パーセントの議決権または株式数を有する少数株主に認められている株主の検査役選任請求権(会社法358条)を,ドイツ株式法142条2項を参考に,1パーセントを基準として認めることが考えられてよい。

　第4に,ドイツ有限会社法の債権者保護に関する議論から,日本法は学びうる。従属的有限会社の債権者保護の規制枠組みについて,ドイツ法は,大きな変遷を遂げた。ドイツ法では,従属的有限会社の債権者保護については,最初に,株式法上

---

75) 野村・前掲注21) 108頁以下。
76) 髙橋英治『従属会社における少数派株主の保護』244頁以下(有斐閣,1998年)参照。
77) 末永敏和『会社役員の説明義務』232頁以下(成文堂,1986年)。
78) 髙橋公忠「出資者の利益擁護の法構造と情報請求権規制の在り方――株主間ないしは社員間での利害調整について」髙橋公忠=若色敦子=牟田正人ほか『企業の利害調整機能に関する学際的研究』29頁(九州産業大学商学部,1994年)。
79) 江頭・前掲注37) 12頁。
80) Communication from the Commission to the Council and the European Parliament, Modernising Company Law and Enhancing Corporate Governance in the European Union—A Plan to Move Forward, 21. 5. 2003, COM (2003) 284 final, 3. 1. 3 Directors'responsibilities.
81) 髙橋・将来像267頁。

の契約コンツェルン規制の類推適用が認められ（"Autokran"; "Tiefbau"; "Video"）[82]，次に，法人格否認の法理の適用が認められ（"Bremer Vulkan"; "KBV"）[83]，現在では，ドイツ民法典826条の良俗違反の故意による不法行為責任として，社員の会社に対する責任が認められている（"Trihotel"）[84]。日本では株式会社につき最低資本金制度が撤廃されたため，法人格否認の法理の積極的活用による債権者保護の拡充は，判例法上の課題であると認識されている。日本でも支配的株主による会社財産奪取の事例が生じた場合，これが当該株主の会社に対する不法行為責任を基礎づけるとして，民法709条の適用により，支配的株主の会社に対する損害賠償責任が認められてよい[85]。それに加えて，法人格否認の法理の適用が認められるべきである。すなわち，支配的株主による会社の業務執行に関する包括的かつ統一的な指揮命令に従った会社が倒産した場合，これにより会社から支払を受けられなくなった債権者の関係では法人格否認が認められ，支配的株主が会社債権者に対して直接責任を負うとしてよいであろう[86]。

---

[82] BGHZ 95, 330 "Autokran"; BGHZ 107, 7 "Tiefbau"; BGHZ 115, 187 "Video". 本判決につき，早川勝「変態的事実上の有限会社コンツェルンについて」産大法学24巻3＝4号466頁以下（1991年），早川勝「変態的事実上の有限会社コンツェルンにおける支配企業の責任——近時における連邦通常裁判所の判例を中心として」同志社法学231号46頁以下（1993年），梶浦桂司「特殊な事実上の有限会社コンツェルンにおける支配企業の責任」丸山秀平編『ドイツ企業法判例の展開』235頁以下（中央大学出版部，1996年），高橋・将来像222頁以下参照。

[83] BGHZ 149, 10 "Bremer Vulkan"; BGHZ 151, 181 "KBV". 本判決につき，神作裕之「ドイツにおける『会社の存立を破壊する侵害』の法理」黒沼悦郎＝藤田友敬編『（江頭憲治郎先生還暦記念）企業法の理論〔上巻〕』（商事法務，2007年）88頁以下，高橋・改革101頁以下，高橋・将来像236頁以下参照。

[84] BGHZ 173, 246 "Trihotel". 本判決およびそれ以降の連邦通常裁判所判決につき，武田典浩「『会社の存立を破壊する侵害』法理の新動向」比較法雑誌43巻1号113頁以下（2009年）参照。トリホテル判決につき，高橋・将来像241頁以下参照。

[85] ただし，近年，ドイツ法上，かかる支配社員の会社に対する損害賠償義務は，支配社員と会社との法的関係，すなわち社員の会社の債務を支払う能力に対する配慮義務から生ずると議論されている（Verse, in: Henssler/Strohn (Hrsg.), Gesellschaftsrecht, 1. Aufl. § 13 GmbHG Rdnr. 46）。

[86] 仙台地判昭和45年3月26日判時588号38頁は，親会社が子会社の業務財産を一般的に支配しうるに足る株式を保有するとともに親会社が子会社を企業活動の面において現実的統一的に管理支配している場合，法人格否認の法理が適用され，子会社の受動的債権者との関係では，親会社が責任を負うと判示する。

第11章　会社法上の手段による労働者保護
――ドイツ法からの示唆

I　はじめに

　会社法は，株主と会社債権者の利益の公平な調整を目的とすると考えられてきた[1]。外国では労使共同決定の制度が導入されている国もあるが[2]，日本の会社法は，会社で働く労働者の保護や労使共同決定のための規定を置いてこなかった。日本法では，会社と労働者との関係は労働法が規律するものであると伝統的に考えられてきた[3]。

　本章では，会社法がいかなる方法で労働者を保護することができるのか，その可能性について考察する。本章では，まず，従来の会社法と労働者との関係に関する会社立法および会社法学の発展について検討する（II）。続いて，労働者利益に配慮した会社法の解釈論を展開する（III）。最後に，本章の考察が伝統的な株主の持分所有権の概念にいかなる示唆を与えるのかについて明らかにし（IV），本章の考察の結論を提言のかたちで示す（V）。

II　労働者利益を会社法はどのように取り扱ってきたのか

1　伝統的商法学の思考方法の確立

　日本において，労働者が会社法上登場したのは近年のことである。伝統的会社法学においては，会社と契約関係に立つ者を「第三者」または「債権者」と呼び，これらの概念に会社と賃労働関係に立つ者を包摂させていた[4]。ドイツ最初の近代的

---

1)　龍田節教授は，会社法の役割は出資者である社員と会社債権者の利益を公平に調整することにあるとし，「会社債権者の保護を図りつつ，社員の利益を増進させるよう，会社が運営される仕組みを用意するのが会社法である」と説く（龍田節『会社法大要』27頁（有斐閣，2007年））。

2)　ドイツの共同決定制度につき，高橋英治『ドイツ会社法概説』167頁注（400）の文献参照。

3)　高橋英治『会社法概説〔第3版〕』4頁（中央経済社，2015年）参照。

商法典である1861年ドイツ普通商法典では,「第三者」(同法231条) あるいは「債権者」(同法247条) という言葉は登場するが,「労働者」という言葉は存在しない。1861年ドイツ普通商法典を基礎として起草されたロェスレル草案も, 会社と契約関係に立つ者のことを「第三者」(同草案118条以下) あるいは「債権者」(同草案256条) と呼び, これらに会社と賃労働契約関係に立つ者を包摂していた。たとえば, ロェスレル草案256条は, 株式会社がその資本金を減少しようとする場合, この意図をすべての債権者に通知しかつその同意を得るように努めなければならないと規定していた[5]。本条文の「債権者」には会社に対して賃金支払請求権等を有する労働者が含まれていた。ロェスレルは, 日本の商法典を起草するに当たり, 1861年ドイツ普通商法典の思考図式に従い, 労働者としての特色は一切考慮せずに, 労働者と会社債権者とを同列に取り扱った。

かかる伝統的商法学の思考図式につき, 田中耕太郎博士は, 商法は経済人としての商人をその個人的特色を捨象して抽象的に規律するものであると総括した[6]。同氏は, 1928 (昭和3) 年, 法律秩序の極端な資本主義化あるいは法律人の経済人化の傾向に対し反省が加えられるべき時期が到来していると論じ, 労働法の発達による労働者保護のための契約制限等は個人主義的な契約自由の制限であるが, これは資本主義的抽象人の骸骨を一層具体的な社会人をもって置き換えようとする運動に他ならず, 今後は生ける社会人ないし具体的な人を法律学の対象とできないであろうかと問題提起をしていた[7]。これは, 労働法・社会法学者だけでなく, 商法・会社法学者も, 会社で現実に働く労働者を, 単なる会社債権者とみるのではなく, その具体的属性に着目して, 法律学上の把握ができないだろうかと考え始めていたことを示す。

2 企業自体の思想の日本の会社法学に対する影響

株主の利益を中心としたこれに保護を与える法としての会社法という伝統的思考

---

4) 龍田節教授は, 労働者 (従業員) は支配人等になり対外的な取引権限を与えられ (会社法11条, 14条, 15条), 会社との競業を禁止される点 (会社法12条) を除いては, 「従業員も会社債権者として (賃金・退職金等の請求権を持つ), 銀行や商社などと同列に扱われる」と説く (龍田・前掲注1) 28頁注)。

5) Roesler, Entwurf eines Handels-Gesetzbuches für Japan mit Commentar, Erster Band, Tokio 1884, S. 57.

6) 田中耕太郎「法律学における『経済人』としての商人」田中耕太郎編『松波先生還暦祝賀論文集』297頁以下 (岩波書店, 1928年)。

7) 田中・前掲注6) 332頁以下。

に対する批判は，ドイツの経営者から生じた。ヴァルター・ラーテナウ（1867-1922）は，ドイツの有名な家電会社 AEG の主席取締役であったが，1917 年に『株式会社論——実務的考察[8]』を著して，経営者の立場から，株式会社制度の改革を訴えた。同氏の主張の中心には，「基礎の交替（Substitution des Grundes）」という考えがあり，ある制度が時を経るに従いその目的や内的本質を変化させる現象をこう呼んだ[9]。同氏は，株式会社は大企業として共同経済的，国家的および政治的使命を課せられているが，株主は投資株主と投機株主とに分化しているのであり，大企業を株主総会の投機的動機による解体から保護しなければならないと主張した[10]。たとえば，同氏は，当時の優良上場会社の代表であるドイツ銀行（ドイチェバンク）の企業価値が株式相場の評価額を超えているという理由から株主総会において株主が出資の払戻しを受けるためその 4 分の 3 の多数を以て当銀行の清算を決議した場合，国家や政府は特別法を公布して決議を撤回させるほかないと主張した[11]。同氏は，少数派株主の保護を重視せず「良心なき多数者が会社外のまたは会社を害する利益において自己の利得を計ろうと稀に生ずる誠実義務違反のみを顧慮すべきである[12]」と説いた。かかるラーテナウの思想をフリッツ・ハウスマンは「企業自体の思想」と呼んだ[13]。

ラーテナウの思想は，1930（昭和 5）年に田中耕太郎博士により最初に紹介され[14]，当時の会社法学に衝撃を与えた[15]。戦前の日本のコーポレート・ガバナン

---

8) Rathenau, Vom Aktienwesen: Eine geschäftliche Betrachtung, 21. bis 23. Aufl., Berlin 1922. 以下 „Rathenau, Vom Aktienwesen" と引用する。
9) Rathenau, Vom Aktienwesen, S. 8.
10) Rathenau, Vom Aktienwesen, S. 41.
11) Rathenau, Vom Aktienwesen, S. 39.
12) Rathenau, Vom Aktienwesen, S. 30.
13) Haussmann, Vom Aktienwesen und vom Aktienrecht, Mannheim 1928, S. 23; Haussmann, Gesellschaftsinteresse und Interessenpolitik in der Aktiengesellschaft, Bank-Archiv 1930, 30. Jahrgang Nr. 4, 58.
14) 田中耕太郎「株式会社法改正の基本問題」法学協会雑誌 48 巻 1 号 85 頁以下（1930 年）。
15) 鈴木竹雄博士は，「会社企業は，内部では多数の労働者にとって労働の場となり，外部に対しては商品またはサービスを提供し，その意味において社員個人の営利目的を超えた社会的使命をもっている。ことに根幹的事業を営む会社はそれ自体が公共的性格をもっている。……企業のこのような社会的ないし公共的性格は，ドイツのラテナウ（Rathenau）が提唱した「企業自体（Unternehmen an sich）」の理論に如実にあらわれている」と論じる（鈴木竹雄『新版会社法〔全訂第 5 版〕』3 頁（弘文堂，1993 年））。企業自体の思想に関する日本の学説については，正井章筰『西ドイツ企

スにおいては、株主主権が貫かれており[16]、当時の会社法学は、固有権・株主平等原則等により、少数派株主保護を実現することをその中心的課題としていた[17]。株式会社が、労働者利益を含む公共的利益の担い手でもあり、その観点から株主の権利は制限されるべきであるという「企業自体の思想」は、日本の会社法学に影響を与え[18]、たとえば、高田源清教授は、戦時期、株主平等原則が企業利益のために一歩譲るべきであると主張した[19]。ラーテナウの企業自体の思想を本格的に日本に紹介した大隅健一郎博士[20]等も、1991（平成3）年、「株主平等の原則をつらぬくことが会社自体の利益を害するような場合には、会社はこれに反することをなしうるものと解しなければならない。少数株主の保護は、会社自体の利益の保護にその限界を見出すのが当然だからである」と論じている[21]。

3　会社立法と従業員──会社立法の発展過程と現状

日本の会社法の歴史において、労働者は、戦後になって初めて、監査役の資格要件として「使用人」という名称で登場した。すなわち、1950（昭和25）年改正法は、それ以前の監査役の兼任規制が取締役および支配人との兼任を禁止するのみであったのに対し（明治32年商法184条）、兼任禁止の範囲を支配人以外の使用人にまで拡大した（昭和25年商法276条）。本条における使用人とは、代理権を有する商業使用人のみならず、工場長・技師などの商業使用人以外の使用人も含まれると解されていた[22]。この「使用人」としては、商法典が規定する商業使用人（商法20条

業法の基本問題』147頁以下（成文堂、1989年）、新津和典「『企業自体』の理論と普遍的理念としての株主権の『私益性』(1)──ドイツとアメリカにおける株式会社の構造改革」法と政治（関西学院大学）59巻4号（2009年）117頁以下、受川環大「企業組織再編と労働者：会社法・金融商品取引法の視点から」毛塚勝利＝財団法人連合生活開発研究所編『企業組織再編における労働者保護』52頁以下（中央経済社、2010年）参照。

16) 岡崎哲二「企業システム」岡崎哲二＝奥野正寛編『現代日本経済システムの源流』98頁以下（日本経済新聞社、1995年）、高橋英治『ドイツと日本における株式会社法の改革──コーポレート・ガバナンスと企業結合法制』263頁以下（商事法務、2007年）（以下「高橋・改革」と引用する）。
17) Eiji Takahashi, Der Gleichbehandlungsgrundsatz im japanischen Aktienrecht als Aufgabe der Rechtswissenschaft, Zeitschrift für Vergleichende Rechtswissenschaft (ZVglRWiss) 108 (2009), 107 f.
18) Eiji Takahashi, ZVglRWiss 108 (2009), 108 f.
19) 高田源清『獨裁主義株式会社法論』145頁（同文館、1938年）。
20) 大隅健一郎『新版株式会社法変遷論』373頁以下（有斐閣、1987年）。
21) 大隅健一郎＝今井宏『会社法論上巻〔第3版〕』337頁（有斐閣、1991年）。

以下）に準ずる立場の者が元来念頭に置かれていたようであった。

しかし，1993（平成5）年改正により社外監査役の制度が設けられ，社外監査役はその就任の前5年間会社の使用人でなかった者でなければならないと定められた（平成5年商法特例法18条1項）。同改正の立案担当者によると，この社外要件における使用人とは，基本的には，会社と雇用契約を締結し，会社の事業目的遂行のために必要な業務に従事する者を指すとされた[23]。ここにおいて当時商法典の一部を構成していた会社法の条文上，使用人という概念の下，労働者一般が登場することになった。

1994（平成6）年改正により使用人に譲渡するための自己株式取得（ストック・オプション）が認められたが（平成6年商法210条の2），この条文における使用人も当該会社に雇用されているすべての従業員を指すと解され[24]，ストック・オプションの対象を会社の全従業員に広げる企業も出現した。

現行会社法では，社外監査役・社外取締役の要件においても，使用人という言葉が登場する（会社法2条15号・16号）。本条項における使用人は，業務執行機関に対し継続的従属性を有する者[25]，すなわち，従業員ないし労働者を指すと考えられている。また，会社法においては，いわゆる内部統制システムに関連して，「使用人」という概念が存在する。大会社である取締役会設置会社では内部統制システムの整備を決定しなければならず（会社法362条5項・4項6号），この内部統制システムにおいては，使用人がその担い手として重要視されている。すなわち，株式会社における業務の適正を確保するための体制として，使用人の職務の執行が法令および定款に適合することを確保する体制があり（会社法施行規則100条1項4号）[26]，監査役設置会社では，内部統制システムとして，①監査役がその職務を補

---

22) 上柳克郎＝鴻常夫＝竹内昭夫編集代表『新版注釈会社法 第6巻』477頁（有斐閣，1987年）〔加美和照〕，大森忠夫＝矢沢惇編集代表『注釈会社法 第4巻』592頁（有斐閣，1968年）〔山村忠平〕，大隅健一郎＝今井宏『会社法論中巻〔第3版〕』294頁（有斐閣，1992年）。

23) 吉戒修一＝大谷晃大「社外監査役制度の趣旨およびその適用」商事法務1332号12頁以下（1993年）。同旨，上柳克郎＝鴻常夫編集代表『新版注釈会社法 第2補巻 平成5年改正』82頁（有斐閣，1996年）〔神崎克郎〕。

24) 上柳克郎＝鴻常夫＝竹内昭夫編集代表『新版注釈会社法 第3補巻 平成6年改正』65頁（有斐閣，1997年）〔江頭憲治郎〕。

25) 江頭憲治郎編『会社法コンメンタール1 総則・設立（1）』41頁（商事法務，2008年）〔江頭憲治郎〕。

26) 指名委員会等設置会社・監査等委員会設置会社でも，同様の規定がある（会社法施行規則112条2項4号，110条の4第2項4号）。

助すべき使用人を置くことを求めた場合における当該使用人に関する事項，②監査役の職務を補助すべき使用人の取締役からの独立性に関する事項，③監査役を補助すべき使用人に対する監査役の指示の実効性の確保，④使用人の監査役への報告等に関する体制がある（会社法施行規則 100 条 3 項）[27]。会社法施行規則 100 条 1 項 4 号等の株式会社の内部統制システムの一翼を担う「使用人」は従業員一般を指すと解してよい。

会社法の使用人条項は，法務等を担当する使用人が会社機関による監査体制の重要な一部を構成している実態に鑑み，これを法律上の設置義務がある内部統制システムの一部として規制するものである。以上示したように，日本の会社法には，労働者を直接規制の対象とする条文は既に存在するが，労働者保護のための条文はない。そこで以下においては，会社法上の労働者保護がいかなる形で可能であるのかについて検討する。

III 会社法は労働者利益にどのように向き合っていくべきか

1 「企業の利益」の概念

ドイツ法では，かつて会社法を「企業法[28]」へと発展させようとする試みがあった。1972 年，ドイツ連邦司法省により「企業法委員会」が設置され，会社法を時代環境に適合させ，これをより包括的な企業法へと進化発展させることについての是非の検討が本委員会に委託された[29]。この企業法委員会の作業が開始されて

---

27) 同様の規定は監査等委員会設置会社の監査等委員会についても存在する（会社法施行規則 110 条の 4 第 1 項）。
28) ここにおける「企業法」は，商法＝企業法説における企業法とは全く異なる。商法＝企業法説における企業法が，ドイツ商法（HGB）の名宛人を企業とするべく立法論および商人を規範の本来的名宛人とするドイツ商法（ドイツ商法 1 条 1 項参照）の企業への類推適用を主張するのに対し，「企業法委員会」設置を契機として 1970 年代に議論された企業法論における企業法とは，会社法＝企業法説というべきものであり，会社法を企業法へと発展させるための立法論・解釈論を指す。ドイツで 1970 年代に議論された会社法を企業法へと進化発展させるという意味での企業法論に関する代表的邦語文献として，正井・前掲注 15) 参照。
29) Bundesministerium der Justiz (Hrsg.), Bericht über die Verhandlungen der Unternehmensrechtskommission, Köln 1980, S. 78. 企業法委員会報告書の分析検討として，菅原菊志『企業法発展論』143 頁以下（信山社，1993 年），加藤修「西独企業法委員会報告書における議決権代理行使制度の改善と代替方法」慶應義塾大学法学部

から，会社法を「企業法」として発展させることの当否が検討された。1976年に一定の要件を満たした大規模株式会社等が監査役会において労働者代表と株主代表とを原則として半数ずつその構成員として選任する共同決定法が成立したことを契機に，特に労使共同決定制度に関し，議論が集中した。会社法を企業法と考える説は，労働者も企業の構成員であると説き[30]，監査役会における労使共同決定制度を正当化しようと試みた。

企業法委員会を契機に主張された企業法論は，株式会社の取締役がその活動に際して「企業の利益」を指向すべきであるという解釈論として現在でも影響を与えている[31]。ここでいう企業の利益とは株主利益に還元し尽くされるものではなく，しばしば利害関係が対立する株主と労働者の利益の調和を図るものとして理解されている[32]。2014年6月24日に改訂されたドイツ・コーポレート・ガバナンス規準4.1.1は，「取締役が自己責任の下で企業の利益のため，すなわち株主，労働者およびその他の企業と結びつきのあるグループ（ステークホルダー）の利害を配慮しつつ，継続的に価値を創造する目的のため指揮しなければならない」と規定する。

編『慶應義塾創立125年記念論文集――法学部法律学関係』223頁以下（慶應義塾大学法学部，1983年）参照。ドイツにおける商法＝企業法説につき，Raisch, Geschichtliche Voraussetzungen, dogmatische Grundlagen und Sinnwandlung des Handelsrechts, Karlsruhe 1965, S. 34; Karsten Schmidt, Handelsrecht, Unternehmensrecht I, 6. Aufl., Köln 2014, S. 13 ff.; 正井章筰「商法とは何か」ジュリスト1155号65頁（1999年），高橋英治「ドイツ・オーストリア法における企業法論の発展――わが国商法典の現代化へ向けて」奥島孝康先生古稀記念論文集編集委員会編『奥島孝康先生古稀記念論文集第1巻《上篇》現代商法学の理論と動態』29頁以下（成文堂，2011年）参照。

30) トマス・ライザーがこの立場を代表する。Thomas Raiser, Das Unternehmen als Organisation, Berlin 1969, S. 153 ff. なお，ライザーの企業法論につき，西尾幸夫「システムとしての企業（論）――トーマス・ライザーの組織論に関する若干の検討」奥島孝康教授還暦記念論文集編集委員会編『奥島孝康教授還暦記念第1巻』比較会社法研究』343頁以下（成文堂，1999年），正井章筰『共同決定法と会社法の交錯』63頁以下（成文堂，1990年），正井・前掲注15) 172頁以下，庄子良男「企業法の現在と課題――T・ライザーの企業法論」月刊監査役159号42頁以下（1982年），163号43頁以下（1982年），木内宜彦『企業法学の理論〔木内宜彦論文集2〕』92頁（大学図書，1996年）参照。

31) Raiser/Veil, Recht der Kapitalgesellschaften, 6. Aufl., München 2015, S. 148. なお，取締役が「企業の利益」を基準として会社の指揮を行わなければならないとしている国としては，ドイツ以外に，オーストリア，オランダおよびスカンジナビア諸国が挙げられる（Hopt, Vergleichende Corporate Governance, ZHR 175 (2011), 476)。

32) Raiser/Veil, Recht der Kapitalgesellschaften, 6. Aufl., S. 148.

「企業の利益」の概念は，株主利益と労働者の利益とが対立する場合にどちらを優先するべきであるのかについて明確な基準を提示し得ないという問題点を有するが[33]，それにもかかわらず企業の利益を重視する考え方が今なお有力であることは，労働者と資本家との共存の場として株式会社を捉える企業観が，ドイツの経営および法制度の運用に影響を与えていることを示し，ドイツ会社法の特色となっている。企業の利益という基準は，一方において，曖昧であるという批判が向けられているが，他方では，ドイツ企業の柔軟性の源泉ともなっており，環境の変化に応じて，ドイツ企業がそのガバナンス形態を変遷させることを可能にしている。

　ドイツ会社法は，その解釈論において，株式会社における取締役の行為規準として企業（会社）の利益という解釈原理を導入し，これは株主価値に還元しきれないという立場をとり続けている。ドイツ会社法学では，株主の利益とともに，ステークホルダーの利益が重視されるのであり，この点がドイツ会社法学の特徴となっている。そもそも株主価値を重要視する経営が有利であるのか，それとも労働者等のステークホルダーの利益にもある程度の配慮を置いた経営が有利であるのかは，一概に決めることのできる事項ではなく，当該企業および法制度が置かれている環境に依存した問題である。ドイツ近代商法が成立した19世紀中頃から19世紀末にかけては，「モノ」や「カネ」等の物的資産が希少であったため，株式会社が多額の資金を一般大衆から吸引し，かつ銀行からも外部資金を獲得できるよう，株式会社の信用基盤を確立して出資者および債権者の保護を実現することに，ドイツ会社法の関心が向けられていた。しかし，株式会社の公共性が唱えられたナチス時代に，株式会社の取締役が労働者利益を含む公共の利益に配慮することを可能とする条項が設けられ，戦後，それが解釈論としても維持された。ここにおいて，ステークホルダーの利益を重視するドイツ型のコーポレート・ガバナンスの原型が形成された。1990年代に入り，米国経済は躍進し，ドイツ経済は逆に不況に苦しんだことにより，米国流の株主価値を重視する考えが台頭し，2000年代の初めに，共同決定制度の改革論が起こった[34]。2010年に入り，ドイツ経済は戦後の奇跡的復興に次ぐ

---

33) メーシェルは，労働者利益を含む一般公衆の利益と株主の利益とが対立する場合，いかなる利益も優越することができず，「いたわりのある，意味のある調和が見出されなければならない」と説く（ヴェルンハルト・メーシェル（小川浩三訳）『ドイツ株式法』39頁（信山社，2011年））。

34) ハンノ・メルクト（髙橋英治訳）「外国会社のための企業共同決定？」野田昌吾＝髙田昌宏＝守矢健一編『グローバル化と社会国家原則』157頁以下（信山社，2015年）参照。かかる改革論の1つとして，髙橋英治＝赤阪昇一郎訳「ベルリン・コーポレート・ガバナンス・ネットワーク：共同決定の現代化のための12のテーゼ」法学

好況を迎え，ドイツ型のコーポレート・ガバナンスは再び，かつてのドイツの原型を再構築する方向，すなわち企業に対する長期的信頼およびステークホルダーの利益を重視する方向へと揺れ戻しが起こりつつある。ドイツのコーポレート・ガバナンスは，株主価値を絶対的基準とする考えに収斂しないであろう。なぜなら，株主価値重視の経営が成果を上げるか，ステークホルダーの利益にも配慮する経営が成果を上げるかという問題は，その企業が置かれている環境に大きく依存するため，企業経営者，会社法の立法者および裁判所は，その時代環境に応じて，ドイツのコーポレート・ガバナンスの実際上の態様を変更し，または事実上変更するように仕向けるはずだからである。そしてドイツ企業が置かれている環境に応じたコーポレート・ガバナンスの柔軟な変更を可能にし，ドイツ企業の国際競争力の向上に貢献しているものが，取締役の行為規準としての「企業の利益」という概念である[35]。

かかる柔軟な取締役の行為規準の定め方は日本にとっても参考になる。日本においても，コーポレート・ガバナンスは，日本企業の置かれている経済環境の変化に応じて，従業員主権と株主主権との間を往復してきたからである[36]。

日本法においても，ドイツ法における「企業の利益」の概念のように，柔軟性があり，時代に応じた内容を変更することが可能なソフトロー上の概念として「企業価値」がある。不況下の2005（平成17）年5月27日の経済産業省・法務省の「企業価値・株主共同の利益の確保又は向上のための買収防衛策に関する指針」は，「企業価値」を会社の財産，収益力，安定性，効率性，成長力等株主の利益に資す

雑誌51巻4号1061頁以下（2005年）参照。

[35] Ulmer, Aktienrecht im Wandel, AcP 202 (2002), 155, 159. この点につき，高橋英治＝牧真理子「ドイツ企業買収法における労働者利益の地位」法学雑誌58巻1号12頁以下（2011年）参照。これに対して，2006年英国会社法は取締役に対して多元的利益への配慮をなお義務づけるが，会社の第一義的な目的を，株主のために価値を最大化することに置く（2006年英国会社法172条1項前段）。この点につき，坂本達也「支配会社の従属会社の労働者利益への配慮義務に関する考察」法学雑誌59巻1号49頁（2012年）参照。

[36] 髙橋英治「日本における敵対的企業買収と法の発展——資本市場・企業組織・法意識」法学雑誌55巻3＝4号1022頁以下（2009年），Eiji Takahashi, Unternehmensübernehmen in deutschem und japanischem Kontext: Betrachtung von Aktionärsstrukturen, externer Corporate Governance und Unternehmensverständnis in Japan, in: Assmann/Isomura/Kanasku/Kitagawa/Nettesheim (Hrsg.), Markt und Staat in einer globalisierten Wirtschaft, Tübingen 2010, S. 68 ff. 松井秀征教授は，「制度や理論というのは，『振り子』にように行きつ，戻りつ変化する」と説く（松井秀征『株主総会制度の基礎理論——なぜ株主総会は必要なのか』408頁（有斐閣，2010年））。

る会社の属性又はその程度をいうと定義し，買収防衛策が「企業価値・株主共同の利益の確保・向上の原則」に従わなければならないと説いていた[37]。しかし，アベノミクスが経済効果を持ち始めた 2014 (平成 26) 年末に発表された日本取引所自主規制法人の「エクイティ・ファイナンスのプリンシプル」は，「『企業価値』は，社会のニーズに沿った良質な財・サービスの提供を通じて実現される企業の収益力が，強靱であり将来にわたって持続的に成長することによって向上します。このためには株主に加え顧客・取引先・従業員・債権者・社会コミュニティなど多様なステークホルダーとの良好な関係の維持，という観点も重要です[38]」としている。米国のコーポレート・ガバナンスが理想化されていた時代においては「企業価値」という概念は米国流の株主価値という概念と近いものであったが，好景気に入り経済の持続的成長が重視される時代になると，企業価値も労働者等のステークホルダーの利益をも包含するものとして理解されるようになってくる。

　日本の会社法においても，ドイツ法の「企業の利益」およびエクイティ・ファイナンスのプリンシプルの「企業価値」の概念にならい，会社と準委任関係（会社法 330 条，民法 644 条）にある取締役による業務執行の目標はあくまでも委任者たる「会社の利益」の増大にあり，「会社の利益」には会社で働く労働者等の各種ステークホルダーの利益も含まれ，会社の取締役の経営目標は株主価値の増大のみに限定されないとする解釈は可能であろう[39]。

2　従業員株主の優遇と株主平等原則

(1)　従業員持株制度

　労働者が株主の地位を兼ねている場合（従業員株主），会社がかかる株主を労働者ではない通常の株主よりも優遇して取り扱う場合がある。かかる優遇取扱として

---

[37]　別冊商事法務編集部編『企業価値報告書・買収防衛策に関する指針』別冊商事法務 287 号 122 頁以下（商事法務，2005 年）。かかる「企業価値＝株主共同の利益」という考え方は，最判平成 19 年 8 月 7 日民集 61 巻 5 号 2215 頁〔ブルドックソース事件〕によって敵対的企業買収防衛策が正当か否かを決定する基準として用いられている。ただし，「企業価値」という基準が極めて抽象的で漠然としており，買収防衛策の合理性を検討する際の基準となりうるのかについては，疑問も提起されている（矢﨑淳司『敵対的買収防衛策をめぐる法規制』279 頁（多賀出版，2007 年））。

[38]　日本取引所自主規制法人上場管理部『エクイティ・ファイナンスのプリンシプル——事例と解説』1 頁注 1（日本取引所自主規制法人，2014 年）。

[39]　ただし，この解釈は，会社が営利社団法人であり，会社があげた利益を株主（社員）に分配することを目的とする団体であるという伝統的通説の理解（鈴木竹雄＝竹内昭夫『会社法〔第 3 版〕』15 頁（有斐閣，1994 年））と対立する。

は，まず財産上のものがある。従業員株主に対する財産上の給付が，下級審裁判例上問題になった事例としては，従業員持株制度に関する事件がある。従業員持株制度とは会社がその従業員に自社株を取得させるため，一定の奨励金を支給する等の便宜を提供する制度である[40]。福井地判昭和 60 年 3 月 29 日金融・商事判例 720 号 40 頁は，株式会社熊谷組の従業員持株制度につき，これが従業員に対する福利厚生の一環等の目的で設けられており，会社が持株会会員に対して株式取得のため奨励金を支給することは，株主たる地位に基づいて支給するものではなく，従業員としての地位に基づいて支給されるものであるから，株主平等原則に反しないと判示した。しかし，かかる論理からすると，持株会会員たる株主に対していかなる額の奨励金を与えても，これは従業員としての地位に基づいて支給されるものであるから許されるということになりかねない。従業員持株会会員に対する株式取得のために奨励金を支給することは，従業員株主に対する差別的優遇措置に該当するが，これが合理性基準（目的の正当性，手段の相当性）を満たした場合にのみ，会社法 109 条 1 項に違反しないと解すべきである。したがって，例えば，敵対的企業買収の防衛策として従業員が新株を引き受けることを奨励するために，株式会社が従業員持株会会員に対して新株引受のための奨励金を支出することは，目的が正当でなく，会社法 109 条 1 項に違反する。さらに過大な額の奨励金を従業員持株会会員に支出することも，相当性の見地から，会社法 109 条 1 項に違反する。

　従業員持株制度では，退職時の株式譲渡の合意の効力も問題となる。最判平成 21 年 2 月 21 日最高裁判所裁判集民事 230 号 117 頁は，株式会社の従業員がいわゆる持株会から譲り受けた株式を個人的理由により売却する必要が生じたときは持株会が額面でこれを買い戻す旨の合意は公序良俗等に反せず有効であるとする。多数説は，かかる合意もキャピタルゲインの取得を完全に否定するような売却価格設定になっていれば合理性がないと批判する[41]。かかる合意の効力を否定すれば多くの非公開会社が社会的に有用な従業員持株制度を導入しないインセンティブが形成されることになるため，従業員持株会から取得した株式につき額面による買取の合意が存在していたとしてもかかる合意は公序良俗（民法 90 条）に反する程度の強い反社会性はないと解すべきである[42]。

---

40)　高橋英治編『入門会社法』46 頁（中央経済社，2015 年）〔赤木真美〕。
41)　鳥山恭一「判批」金融・商事判例 1312 号 1 頁（2009 年），川島いづみ「判批」判例評論 612 号 178 頁（2010 年），山本爲三郎「判批」法学教室編集室編『判例セレクト 2009-2013 [II]』70 頁（有斐閣，2015 年），中村信男「判批」ジュリスト 1398 号 119 頁（2010 年）参照。

(2) 従業員株主の総会議場への優先入場

　従業員株主に対する優遇措置として裁判例上争われた措置としては，株主総会開催に当たり従業員株主を優先的に入場させるというものもあった。これは四国電力事件[43]において，株主平等原則との関係で問題になった。最高裁は，まず本件のような頭数平等原則が株主平等の原則に包摂されると理解し，「株式会社は，同じ株主総会に出席する株主に対しては合理的な理由のない限り，同一の取扱をするべきである」と判示し，前記優先入場措置が株主平等原則に照らし，「適切なものではなかった」と判示した。この判示は最高裁が株主平等原則には頭数平等原則が含まれ，前記優先入場措置につき株主平等原則違反となりうることを確認したものであるとみるべきである[44]。本判決は株主平等原則についての明文の規定が導入された 2005（平成 17）年以前の事件であった。本判決以降，株主総会開催に当たり従業員株主を優先的に入場させるという慣行はなくなったといわれるが[45]，現行法下で，同じような事件が発生した場合，裁判所は，通説[46]の見解に従い，かかる優先入場措置を，2005（平成 17）年会社法成立以前から妥当する不文の強行法規たる（頭数平等原則を含む）株主平等原則に違反すると判断し，当該総会決議を，決議方法の法令違反を理由として取り消しうると判示するであろうと予測される（会社法 831 条 1 項 1 号参照）。ただし，裁判所は，優先入場がなされた場合でも，従業員株主でない通常の株主も普通に発言でき，修正動議も提出できる等，その株主としての権利を完全に行使しうる状態が確保され決議がなされたのであれば，決議の瑕疵が軽微である等の理由で，総会決議取消訴訟を裁量棄却することができると解すべきである（会社法 831 条 2 項参照）。

　また，本件四国電力事件のように，従業員株主を株主総会に動員して会場の前列に前もって着席させる等の行動が，会社の代表取締役から発せられた業務命令の一環として行われた場合，これはそもそも法の見地から妥当な実務慣行とはいえない。株主総会は従業員株主といえども「株主」としての立場から自由に会社から独立して行動する場であり，そもそも従業員の労働義務の一環として株主総会への参加がなされるべきではないからである。従業員株主は，株主総会に出席するためには，

---

42)　品川仁美「判批」法学 74 巻 4 号 172 頁（2010 年）。
43)　最判平成 8 年 11 月 12 日判時 1598 号 152 頁〔四国電力事件最高裁判決〕。
44)　髙橋英治「判批」法学教室 377 号 107 頁以下（2012 年）。
45)　森本滋「最近の株主総会の運営に関する判決例について」商事法務 1401 号 4 頁以下（2000 年）。
46)　北村雅史「株主平等の原則」浜田道代＝岩原紳作編『会社法の争点』46 頁（有斐閣，2009 年）。

そのために SAP など一部のドイツ上場企業において行われているように，年次休暇を取得し，純粋に私的な「株主」として総会の議事に参加するべきである。

3 取締役の労働者類似の地位の保障

(1) 取締役の報酬請求権の保障

ドイツ法上，取締役は，その地位の独立性からして基本的には労働者でないと解されている[47]。しかし，ドイツ法上，取締役の労働者類似の地位を認め，かかる地位を保護しようとする解釈論上の試みが存在する。それが，以下に述べる分離説である。

ドイツ法は，取締役の選任（Bestellung）と任用（Anstellung）とを区別する（分離説；Trennungstheorie, 株式法 84 条 1 項 5 文参照）。ドイツ法上，「選任」とは，会社法上の行為であり，当該者の承認により当該者が取締役という機関に就任する行為を指し，「任用」とは会社との契約により個々の取締役が会社との債権債務関係を有することになる行為を指す。

日本法上の通説は，取締役の選任行為は，被選任者の承認を法定条件とする単独行為であって，総会の選任決議と被選任者の承諾により効力を生ずると解するが[48]，大隅健一郎博士および今井宏博士は，ドイツの分離説の影響の下で，取締役の選任には，被選任者を会社機関の構成員と定める社団法的な側面とともに，被選任者に取締役としての労務の給付をなす義務を負わせる個人法的な側面があり，通説の単独行為説では，個人法的な側面が説明できないと主張される[49]。

取締役は選任により株式会社の機関としての地位に就任し，任用により取締役は会社に対してサービスを提供しそれに対して報酬を得ると契約上定められる。取締役が重要な事由により解任された場合，解任により取締役の会社の機関としての法的地位は終了するが，任用契約は存続する。任用契約を終了させる場合には，特に任用契約を解除（以下「解雇」という）しなければならない[50]。この場合，期間の

---

[47] Spindler, in: Goette/Habersack (Hrsg.), Münchener Kommentar zum Aktiengesetz, 3. Aufl., München 2008, § 84 Rdnr. 51; Seibt, in: Karsten Schmidt/Marcus Lutter (Hrsg.), Aktiengesetz, Kommentar, 2. Aufl., Köln 2010, § 84 Rdnr. 84; Fleischer, in: Spindler/Stilz (Hrsg.), Kommentar zum Aktiengesetz, 3. Aufl., München 2015, § 84 Rdnr. 25.

[48] 鈴木 = 竹内・前掲注 **39**）270 頁注 9。

[49] 大隅健一郎 = 今井宏『会社法論中巻〔第 3 版〕』149 頁以下（有斐閣，1992 年）参照。

[50] BGHZ 79, 41.

定めを置かない解雇を行う場合には，ドイツ民法626条に従い重要な事由が存在しなければならないとされているが，この解雇の規準は，契約当事者双方の利益を考慮して高く設定されている。例えば，取締役の軽過失は，解任事由にはなるが，解雇の理由にはならない[51]。監査役会が株式法84条3項に基づき解任のための重要な事由があるとして取締役を任期途中で解任する場合でも，任用契約を解除するための重要な事由（ドイツ民法626条）が常に存在するとは限らない。このため，株式法84条3項の重要な事由は存するが，ドイツ民法626条の重要な事由が存在しない場合がありえ，その場合には，取締役の地位の終了にもかかわらず任用契約は存続するため，会社は解任された取締役に対し任用契約上合意された報酬を支払わなければならない。

　日本の会社法上，会社は取締役をいつでも解任しうる。ドイツの分離説の前提とは異なり，日本の会社法上，取締役が解任されると会社との任用契約も自動的に効力を失う。取締役は解任されると，「得べかりし報酬」等の解任によって生じた損害の賠償請求権を有する（会社法339条2項）。ただし，解任に正当事由がある場合には解任された取締役は損害賠償請求権を失う（会社法339条2項）[52]。日本法は，取締役の解任に際し，報酬請求権を「得べかりし利益の喪失」として損害賠償規制の中で保障しようとしている。しかし，この規制方法は，「得べかりし利益」の額の立証責任を取締役に課す点で，ドイツ型の分離説に比べて，取締役の報酬受給者としての保護に薄い。取締役がストック・オプション（会社法361条1項1号・3号）や業績連動型報酬のような不確定報酬（会社法361条1項2号）を受けていた場合[53]，取締役は解任により自己が被る損害（「得べかりし利益」）を立証しなければならないが，これは困難である。ドイツ法の考え方を受け継ぐ大隅健一郎博士および今井宏博士に従い，分離説を徹底するならば，会社法339条2項を改正して，取締役の地位を解任されても，任用契約はそれにより自動的に解除されるとはいえず，取締役は報酬請求権を失わないとすべきである。

---

51)　BGHZ 15, 75.
52)　会社法339条2項は，株主に解任の自由を保障する一方，取締役の任期に対する期待を保護し両者の利益の調和を図る趣旨で一種の法定責任を定めたものである（大阪高判昭和56年1月30日下民集32巻1～4号17頁）。したがって，賠償すべき利益の額は，取締役が解任されなければ在任中および任期満了時に得られた利益の額であると解されている（江頭憲治郎『株式会社法〔第6版〕』359頁注7（有斐閣，2015年））。
53)　酒巻俊雄＝龍田節編集代表『逐条解説会社法 第4巻 機関1』468頁以下（中央経済社，2008年）〔高橋英治〕参照。

(2) 労働者兼取締役の注意義務の厳格化の可否

日本では，労働者が，取締役就任後も，労働者兼取締役として就労にも従事するケースが多い。この労働者兼取締役は，労務・財務・税務等に特別の能力を有する者については，取締役就任以降も，取締役としての職務以外に特別の能力を生かした職務に従事させたいという会社の実務上の要請が反映した制度である。かかる特別の能力を有する取締役について，取締役としての善管注意義務（会社法330条，民法644条）を厳格化することはできるのであろうか。

江頭憲治郎教授は，その著作『株式会社法〔第6版〕』において，東京高判昭和58年8月28日判時1081号130頁を引用しつつ，専門的能力を買われて取締役に選任された者については，善管注意義務（会社法330条，民法644条）の水準は高くなると論じる[54]。

ドイツ法上の通説上，取締役の法律上定められている注意義務（株式法93条）は，軽減できなければ[55]，これを無過失責任に変更するといった厳格化もできないと解されている[56]。ただし，定款または任用契約により，新しい義務を取締役に課す[57]あるいはその義務の範囲を拡張する[58]ことはできると解されている。

日本法の下においては，どのように解するべきであろうか。日本法でも，会社との間で締結される任用契約で特に定めることにより，専門的能力を買われて取締役に就任した者の取締役としての義務を拡張し，新しい義務を課すことができると解すべきである。この場合，新しい義務を課すにつき，任用契約の締結をその条件として課すのは，取締役に対し法律で定められた義務以上の義務を不意打ち的に課す結果となることを防止するためであり，取締役に新たな義務を課すにつき，不利益を被る可能性のある当該取締役の承認が必要であるからである。定款規定により，特別の能力を買われた取締役に取締役としての新たな義務を課すことができるかは，

---

54) 江頭・前掲注52) 429頁。
55) Uwe H. Schneider, Haftung für Vorstandsmitglieder und Geschäftsführer bei fehlerhafter Geschäftsführung?, FS Winfried Werner, Berlin 1984, S. 815.
56) Hopt, in: Hopt/Wiedemann (Hrsg.), AktG: Großkommentar 4. Aufl., Berlin 1999, § 93 Rdnr. 25 f.; Spindler, in: Goette/Habersack (Hrsg.), Münchener Kommentar zum Aktiengesetz, 3. Aufl., München 2008, § 93 Rdnr. 27; Mertens, in: Zöllner (Hrsg.), Kölner Kommentar zum Aktiengesetz, 2. Aufl., Köln 1988, § 93 Rdnr. 4.
57) Hopt, in: Hopt/Wiedemann (Hrsg.), AktG: Großkommentar 4. Aufl., Berlin 1999, § 93 Rdnr. 26; Mertens, in: Zöllner (Hrsg.), Kölner Kommentar zum Aktiengesetz, 2. Aufl., § 93 Rdnr. 4.
58) Spindler, in: Goette/Habersack (Hrsg.), Münchener Kommentar zum Aktiengesetz, 3. Aufl., § 93 Rdnr. 27.

取締役の権利保護の要請と会社の定款自治の原則に関わる困難な問題であるが，会社が定款規定により機関形態を変更する自由を保障する要請を取締役の権利保護の要請に優先させ，これを肯定すべきである。ただし，原始定款によってではなく，定款変更により取締役に新たな義務を課す場合，当該定款変更以前に既に該当する取締役であった者は，辞任することができ，この辞任に際し，会社は，会社の一方的な契約変更により辞任取締役が被った損害（取締役の残余在任期間にかかる報酬等）を賠償する義務を信義則上負うと解すべきである。

　労働者兼務取締役は，払うべき注意義務の基準は，通常の取締役と，原則として異ならないが，労働者の地位を兼ねていることにより，会社法が予定する平均的取締役よりもより多くの会社の内部情報を得ることができる結果として，事実上より高度な義務を負うことになる場合がある。ノヴァ・あずさ監査法人等事件大阪高判平成26年2月27日金融・商事判例1441号19頁は，破産した株式会社ノヴァ（以下「ノヴァ」という）が経営していた外国語会話教室の元受講生がノヴァの役員等を訴えた事件であったが，ノヴァの平取締役についても対第三者責任（会社法429条1項）を認めた。大阪高裁は，ノヴァの平取締役が，ノヴァの幹部従業員として，外国語会話教室の運営に関わる業務に従事していたことを考慮し，これにより，ノヴァの破綻の原因となったノヴァの解約清算金を巡る顧客とのトラブル等を知りえたにもかかわらず，何らの是正措置もとらなかった点に監視義務の懈怠を認め，第三者に対する損害賠償責任を肯定した。かかる考察方法は，取締役に課される抽象的注意義務の原則は当該取締役が具体的に置かれている状況により修正を受け，その具体的状況下で課される注意義務へとその内容が変化するという理論的見地からしても妥当である。

　ただし，労働者兼取締役であっても，その注意義務を軽減することはできない。労働者兼取締役の責任を軽減するためには，既に法律上，責任限定契約が制度上導入されていることから（会社法427条），その利用により，責任軽減の目的を達成するべきであるといえるからである。労働者兼取締役の注意義務を軽減することが理論的に不可能であることは，名目的取締役が通常の取締役の注意義務を負い，その職務の全くの懈怠に対しては，通常の取締役と同様の責任を負う結果となることからも[59]，明白である。

---

59) 最判昭和55年3月18日判時971号101頁（取締役の対第三者責任の事例）。

4　企業買収法と労働者利益

　1990 (平成 2) 年 12 月 28 日のバブル崩壊以降，株主の利益の重視という新しい企業買収法の理念が提示されるようになり，その下で，メストメッカーの権限分配秩序論[60]が再評価され，現在では，取締役は株主の資本多数決によって選任される執行機関といわざるをえないから，被選任者たる取締役に，選任者たる株主の構成の変更を主要な目的とする新株等の発行を一般的に許容することは，会社法が機関権限の分配を定めた法意に明らかに反するものであり，支配権の争いがある状況下で経営支配権を維持・確保することを目的として取締役が新株予約権等を第三者に対し発行することは原則として不公正発行に当たると判示されるに至っている[61]。この決定は，グリーンメイリング等の 4 類型を例示し，これらに該当する場合には，支配権維持確保を目的とする新株予約権発行であってもこれを株主全体の利益の保護の見地から許容した[62]。しかし，これまでのところ，対象会社の労働者利益の観点からの敵対的買収防衛策の許容は，裁判所により正当化事由としては認められていない。近年，労働者利益を考慮した買収防衛策の許容を主張する学説[63]も現れているが，かかる買収防衛策の導入は，取締役が保身のためにこれを利用する可能性があるため，基本的には認められないと考えるべきである。しかし，例えば，従業員利益に対する明白かつ緊急の危険を及ぼす濫用的買収に対しては，対象会社の総会の承認決議があった場合，極めて例外的ではあるが，対象会社の取締役が新株予約権発行等による防衛策を採ることが許容されるべきであろう。例えば，違法解雇を繰り返した者が，ある会社に対して敵対的買収を試み，買収の交渉過程で，買収後の人員整理を宣言している場合が，これに該当すると思われるが，これも，労働法上の解雇権濫用法理によって対処すれば十分であるという考え方も

---

60)　メストメッカーは，会社の管理機関が自己または自己に近い人物に対して新株を発行して大株主をその地位から追いやることは，会社の管理機関が中立に業務執行を行うという株式会社の権限秩序（Zuständigkeitsordnung）に反すると論じた（Mestmäcker, Verwaltung, Konzerngewalt und Rechte der Aktionäre, Karlsruhe 1958, S. 146 ff.）。
61)　東京高決平成 17 年 3 月 23 日判時 1899 号 56 頁〔ニッポン放送事件〕。
62)　東京高決平成 17 年 3 月 23 日判時 1899 号 56 頁。
63)　田中亘教授は，従業員の行う企業特殊的な人的投資の保護という観点から，取締役会が従業員の信頼を守るために防衛策を行使することも，株主が事前に同意するならば認めてもよいのではないかと論じる（田中亘『企業買収と防衛策』84 頁以下（商事法務，2012 年），田中亘「敵対的買収に対する防衛策についての覚書」武井一宏＝中山龍太郎編『企業買収防衛戦略 II』290 頁以下（商事法務，2006 年））。

存在する[64]。

5 企業再編と労働者利益

(1) 組織再編と会社法

憲法秩序の下で，会社の組織再編の自由は，営業の自由（日本国憲法22条1項）の一内容として尊重されなければならない。会社法は，組織再編について法の定める手続に従えばこれをなしうるとするとともに，組織再編により利害関係の変更を余儀なくされる株主・債権者の利益を保護する。組織再編において株主および債権者の利益を適切に保護することは，憲法の財産権保障（日本国憲法29条1項）から生じる要請である。また，組織再編の自由も公共の福祉に従う必要がある以上（日本国憲法22条1項），組織再編により不利益を受ける労働者の利益も，法は配慮しなければならない。会社法と労働法は，これらの相対立する利益の調和を目指すべきである。

(2) 会社分割と労働者保護

2000（平成12）年改正法による会社分割制度の導入に際しては，労働者の保護が強く意識され，「会社の分割に伴う労働契約の承継に関する法律」が2000（平成12）年商法改正法と同時に制定された[65]。この法律は，会社分割に際しての労働契約の承継に関する特例等を定めることにより労働者の保護を図ることを目的とする（同法1条）。これによると，会社分割に際して分割会社の労働者に対し，各人の労働契約が承継の対象として予定されているか否かについて事前に通知がなされる（同法2条）。会社分割に際して承継会社に承継される事業に主として従事する労働者には，承継の対象として予定されていなくとも，異議を述べれば，その労働契約を承継会社等に承継させることができる（同法4条）。しかし，前記の労働者で，承継を予定されている者は，分割会社への残留を希望しても，それが保障されない。特に不採算部門を承継会社・設立会社に移す等，会社分割が不採算部門の切り捨てに利用される場合，かかる労働者の雇用は極めて不安定となる。これは転籍について労働者の個別同意を必要とする原則とは例外の関係にあり問題であるとして，立法的に解決すべきであると説かれている[66]。しかし，会社法的見地からすると，

---

64) 企業買収法と解雇権濫用法理との関係につき，原弘明「企業買収と対象会社従業員との関係（2）」京都学園法学64号104頁以下（2010年）参照。

65) この法律の概要につき，西谷敏『労働法〔第2版〕』242頁以下（日本評論社，2013年）（以下「西谷・労働法」と引用する），中東正文『企業結合法制の実践』17頁（信山社，2009年）。

会社分割に伴い，分割の対象となる「事業に関して有する権利義務の全部または一部」が——債務については原則として債権者の同意なく免責的に——承継会社に移転すると解されている（会社の分割に伴う労働契約の承継に関する法律3条参照)[67]。かかる会社法上の部分的包括承継の理論[68]からすると，承継事業を構成する労働関係は労働者の個別同意なく移転するのが会社法上の論理であることになり，ここに労働法と会社法の交錯がみられる。

　この点に関する，ドイツ法上の解決は，組織再編の自由に制約を設けずして承継された労働契約に対し分割会社の責任を拡大するというものであり，2つ存在する[69]。まず，労働法上，会社分割前に生じた労働契約上の義務につき，従来の雇用者たる分割会社は，承継会社とともに，連帯債務者として責任を負う（組織再編法324条，ドイツ民法613a条1条1項)[70]。この労働法上の規定によると，承継された労働者の会社分割後に発生した賃金債権については，前雇用者である分割会社には責任が及ばない[71]。また，会社分割に際しての自己の労働関係の承継に対して異議を唱える権利が認められる（組織再編法324条，ドイツ民法613a条6項)[72]。次に，組織再編法上，ドイツ商法26条（営業譲渡における営業譲受人の責任）およびドイツ商法160条（合名会社の退社員の責任）にならい，会社分割の効力発生から5

---

66)　西谷・労働法242頁。

67)　神田秀樹『会社法〔第17版〕』374頁（弘文堂，2015年）。江頭憲治郎教授は，会社分割は合併に類似する組織法的な行為であるから，債務移転に関し債権者の個別の同意は必要ないと説かれる（江頭・前掲注52）892頁）。

68)　会社分割では分割会社が存続するため，厳密な意味での包括承継の場合であるとは言えない（神田・前掲注67）374頁参照）。ドイツ法上も，会社分割における承継会社は「部分的包括承継者（partielle Gesamtrechtsnachfolge)」であると解されている（Windbichler, Gesellschaftsrecht, 23. Aufl., München 2013, S. 521）。

69)　ドイツ上の会社分割にかかる債権者保護一般につき，受川環大「分割会社における債権者保護——ドイツ組織再編法上の検討を中心として」上村達男ほか編『(正井章筰先生古稀祝賀）企業法の現代的課題』64頁以下（成文堂，2015年）。

70)　Joost, in: Lutter/Winter (Hrsg.), Umwandlungsgesetz, Kommentar, Band 2, 4. Aufl., Köln 2009, § 324 Rdnr. 53. ドイツ民法613a条について，正井章筰「2005年会社法のコーポレート・ガバナンス——基本的論点の検討」永井和之＝中島弘雅＝南保勝美編『会社法学の省察』90頁以下（中央経済社，2012年）参照。

71)　Weidenkaff, in: Palandt, BGB, 73. Aufl., München 2014, § 613a Rdnr. 24.

72)　Joost, in: Lutter/Winter (Hrsg.), Umwandlungsgesetz, Kommentar, Band 2, 4. Aufl., § 324 Rdnr. 65 ff. この異議権を行使した場合，分割会社の労働者は，会社分割後も，分割会社に留まることができる。この点につき，Willemens, in: Kallmeyer (Hrsg.), Umwandlungsgesetz, Kommentar, 4. Aufl., Köln 2010, § 324 Rdnr. 47.

年間，会社分割効力発生前に発生した債務に関し，分割会社と承継会社は連帯責任を負うものと規制されている[73]（組織再編法133条1項1文・3項，第6指令12条[74]）。これにより，分割会社の債権者は，会社分割の効力発生から5年間は，あたかも会社分割がなかったかの如き状態での保護を受ける[75]。ドイツ組織再編法上，分割会社の労働者は，承継を予定している者であるか否かにかかわらず，会社分割から5年間は，分割会社に対しても，労働契約上の権利を主張できるのである。

西谷敏博士は，日本の労働法の特色を比較法上明らかにしたドイツ語の著作において，ドイツ民法613a条6項の労働者が会社分割に際して自己の契約関係の承継に異議を唱える権利を日本においても認めるべきであるとする見解を紹介された[76]。これに対して，フランクフルト大学教授のモーリッツ・ベルツは，①ドイツ法上の解決は国際的にみると極端に労働者保護へと傾斜するものである，②ドイツ法では異議権が行使された場合でも雇用者が解雇される場合があり異議権の実際上の意義は限定されている，③企業再編における極端な労働者保護は危機的状況にある会社の倒産処理を困難にする，という理由から，会社分割に伴う労働契約の承継に関する法律の方がドイツ民法613a条6項の継受よりも，日本にとって適合的であると論じた[77]。これに対して西谷敏博士は，労働者には使用者選択の自由があるというべきであり，転籍について労働者の個別同意が必要であるという原則[78]からすると，会社分割に当たっての労働者の承継についてもやはり労働者の個別同意が必要であると解すべきであると論じる[79]。ドイツより労働力の外部市場の小さい日本では，本体となる会社から会社分割により切り捨てられる労働者を保護する必要性が高く，法人格否認の法理等の一般私法上の手段はこのための十分

---

[73] 牧真理子「ドイツ組織再編法における債権者保護規定――会社分割法制の考察」北村雅史＝高橋英治編『（藤田勝利先生古稀記念論文集）グローバル化の中の会社法改正』346頁以下（法律文化社，2014年）参照。

[74] 第6指令12条3項は，分割会社から承継会社に移行した債権者が承継会社から債務に対する満足を得ない場合，分割会社が当該債務につき連帯責任を負うと規定する。第6指令につき，Marcus Lutter/Walter Bayer/Jessica Schmidt, Europäisches Unternehmens- und Kapitalmarktrecht, 5. Aufl., Berlin 2012, S. 654 ff.

[75] Hirte, Kapitalgesellschaftsrecht, 8. Aufl., Köln 2016, S. 500.

[76] Nishitani, Vergleichende Einführung in das japanische Arbeitsrecht, Köln 2003, S. 176.

[77] Bälz, Die Spaltung im japanischen Gesellschaftsrecht, Tübingen 2005, S. 214 f.

[78] 西谷・労働法233頁。

[79] 平成21年8月27日，研究会「会社法と労働法の交錯領域」における西谷敏博士の発言。

な保護を提供するものではないから，西谷説に従い，会社分割に際し，承継会社等に承継された労働者に異議権を定めることを立法上検討すべきではないかと思われる[80]。

以上は分割承継会社に承継された労働者の保護の問題であるが，近時，債務超過会社において，残存債権者の関与を得ないまま，会社分割の手法を利用して，優良資産と恣意的に選別した一部の負債とをともに承継会社等に承継させる，いわゆる「濫用的会社分割」の事例が急増している[81]。日本では2014（平成26）年改正まで「会社の分割に伴う労働契約の承継に関する法律」以外に，濫用的会社分割から労働者保護を定める特例は設けられていなかった。会社法上の通説的見解によると，会社法施行規則183条6号，205条7号は会社分割に際し分割会社・承継会社・設立会社の債務の「履行の見込み」の開示を要求しており，これらいずれかの会社に債務の履行の見込みがないことが会社分割の無効事由であると解されている[82]。同号により不採算部門を承継会社・設立会社に移転する等してこれを切り捨てるための会社分割は一定程度制限される。

近時，分割会社に詐害の意思が認められるいわゆる濫用的会社分割があった場合，新設会社に対する財産承継に係る部分を詐害行為取消権（民法424条）により取消しうると判示する判例も出されている[83]。最判平成24年10月12日金融・商事判例1402号16頁は，かかる下級審判決の流れを承認し，株式会社を設立する新設分割がされた場合において，新設分割により新たに設立する株式会社にその債権に係

---

80) 受川環大教授は，債権者異議制度は分割の効力発生前に要求される事前規制であって，分割会社にとって非常に負担の重い制度であるから，責任限度額および時間的制限のみを課して，承継会社または設立会社が分割会社の債務に連帯責任を負う旨を法定することを提言する（受川環大「分割会社における債権者保護——ドイツ組織再編法上の検討を中心として」上村達男ほか編『（正井章筰先生古稀祝賀）企業法の現代的課題』77頁（成文堂，2015年））。受川教授の提案には，濫用的会社分割に対する歯止めの効果が期待でき，かつ債務超過会社も会社分割できると解するにつき障害が減少するという利点が認められる。

81) 全国倒産処理弁護士ネットワーク「濫用的会社分割についての意見書の提出」金融法務事情1914号10頁（2011年）参照。

82) 江頭・前掲注**52**) 905頁注3。

83) 最判平成24年10月12日判時2184号144頁，大阪高判平成21年12月22日金融法務事情1916号108頁，大阪地判平成21年8月26日金融法務事情1616号113頁，東京地判平成22年5月27日金融法務事情1902号144頁ほか。会社法学の視点から，濫用的会社分割の問題を考察するものとして，神作裕之「商法学者が考える濫用的会社分割問題——会社分割法制のなかで，できる限りの手当を望みたい」金融法務事情1924号36頁以下（2011年）参照。

る債務が承継されず，新設分割について異議を述べることもできない新設分割をする株式会社の債権者は，詐害行為取消権を行使して新設分割を取り消すことができると判示した。これにより分割会社に対して未払賃金支払請求権を有する分割会社の労働者は，濫用的会社分割に関し会社債権者としての自己の利益を直接的に害する会社財産譲渡に係る部分を取り消すこともできる。

濫用的会社分割が行われた場合，法人格否認の法理を適用して分割会社債権者を保護する下級審判例の展開もみられる[84]。

2014（平成 26）年改正会社法は，濫用的会社分割に対し次の規定を導入した。すなわち，分割会社が分割会社に残る債権者（承継会社に承継されない債務の債権者）を害することを知って会社分割した場合には，残存債権者は，承継会社に対して，承継した財産の価額を限度として，当該債務の履行を請求することができる（会社法 759 条 4 項本文，764 条 4 項等）。

私見としては，労働者保護の見地から，一定の場合，組織再編の自由が制限されてもよいのではないかと考える[85]。たとえば明らかに労働者切り捨てを意図した会社分割であり，消滅会社の労働者（承継を予定されている労働者であって承継会社に承継される事業に主として従事している者）を詐害する明白な意図の下に行われた場合については，かかる労働者が事後的な救済策により回復し難い自己の利益に対する明白かつ緊急の危険の存在を立証した場合，会社分割の事前の差止を求める権利を認めてもよいのではないか。既に会社法上，会社分割について承認をしなかった債権者に対しては会社分割無効の訴えを提起する道が開かれている（会社法 828 条 2 項 9 号，10 号）。本提案は，これを拡張し，労働者に事前の差止を認めるものである。法的安定性の見地から，会社分割の事後的無効の主張は，会社分割無効の訴えのみによってなされるべきであるという会社法学の基本は維持されるべきであるが，事前の差止については，詐害的な会社分割を阻止する目的から，柔軟な法規形成が認められてもよい。西谷敏博士が正当に指摘されるように，現行の労働法上，承継を予定されている労働者であって承継会社に承継される事業に主として従事している労働者について，会社分割による切り捨てに対する保護が十分に行われない状況下においては，以上の会社分割の事前の差止請求権により，これらの労働者を保護する必要性は高い。

---

84) 福岡地判平成 23 年 2 月 17 日判タ 1349 号 177 頁。
85) 上村達男教授は，企業再編に関し将来的には労働法上の要請に従って会社法理を変えるべき場合もあろうと提言する（上村達男「商法・会社法学からのコメント」日本労働法学会誌 113 号 94 頁（2009 年））。

2012 (平成24) 年8月1日の「会社法制の見直しに関する要綱案」では,「組織再編が法令又は定款に違反する場合であって,消滅会社等の株主が不利益を受けるおそれがあるとき」,株主に当該組織再編の差止請求権を認める案が提示された[86]。これを受けて,2014 (平成26) 年会社法改正では,簡易組織再編以外の組織再編が,法令または定款に違反し,株主が不利益を受けるおそれがある場合には,株主は会社に対して当該組織再編の差止を請求できるように改正された（会社法784条の2,796条の2,805条の2)[87]。株主と同様にあるいはそれ以上に重要な利害関係を有する会社の労働者に対しても,詐害的組織再編を差止める権利を認めても——これを労働法上の権利とすべきか,あるいは会社法によって差止権を定めるかという問題はあるが——私法の理念上,無理なものではないであろう。例えば,労働者を害する意図の下で新設分割制度を利用して,分割会社の労働者を設立会社に移転し,その直後,設立会社を解散する場合,分割会社のかつての労働者は,この新設分割を詐害的会社分割として,詐害行為取消権（民法424条）を行使して当該新設分割を取り消すこともできるが,これは事後的な労働者保護措置であり,労働者保護措置としては十分でない。これに加えて事前の労働者保護措置として,分割会社の労働者は,明らかに労働者を害する意図の下に行われた詐害的会社分割であり,事後的な救済策により回復し難い自己の利益に対する明白かつ緊急の危険の存在を立証した場合,かかる詐害的会社分割を差し止めることができると立法上規定すべきである。

近時の阪急交通社事件[88]は,分割会社が負っていた吸収分割により団体交渉にかかる不当労働責任が分割承継会社に承継されるかが争点となった。事案は次のとおりである。

株式会社阪急交通社（以下「旧会社」という）は,その100パーセント子会社である株式会社阪急トラベルサポート（以下「HTS」という）から添乗員の派遣を受け入れていたところ,補助参加人全国一般労働組合全国協議会東京東部労働組合（以下「参加人労組」という）および補助参加人全国一般労働組合全国協議会東京東部労働組合HTS支部（以下「参加人支部」といい,参加人労組と参加人支部をあわせ

---

86) ただし,略式組織再編以外の組織再編に限られる。会社法制部会資料27「会社法制の見直しに関する要綱案」24頁（2012年8月1日）。この立法案に対しては,パブリック・コメントおよび部会審議においてもほとんどが賛成したようである。立法案につき,岩原紳作『「会社法制の見直しに関する要綱案』の解説〔V〕」商事法務1979号10頁（2012年）。
87) 江頭・前掲注52) 915頁以下,神田・前掲注67) 369頁,高橋・前掲注3) 259頁。
88) 東京地判平成25年12月5日労判1091号3頁。

て以下「参加人ら」という）から，2008（平成20）年2月25日及び同年3月7日に，労働時間の管理等の事項に関する団体交渉を申し入れられたものの，これらをいずれも拒否した。また，参加人らは同年5月21日，旧会社の旅行事業に関する権利義務を吸収分割により承継した原告に対し，前記団体交渉事項と同じ事項に関する団体交渉を申し入れたものの，原告はこれを拒否した。

参加人らは，同年4月24日，東京都労働委員会に対し，前記旧会社の各団体交渉拒否が労働組合法7条2号の不当労働行為に当たるとして，救済命令の申立てをした上，同年8月6日，原告の団体交渉拒否を，不当労働行為該当事由として追加した。都労委は，2011（平成23）年9月20日，原告は，参加人らが原告に申し入れた団体交渉事項のうち，労働時間管理に関する団体交渉に誠実に応じなければならない旨等を命ずる救済命令を発した。これに対し，原告は，中央労働委員会に対し，初審命令に係る再審査申立てをしたものの，中労委は，2012（平成24）年11月7日，前記再審査申立てを棄却する旨の命令を発した。

東京地裁は以下のように判示し，分割承継会社たる原告の団体交渉応諾義務を認めた。

「原告は，会社法上，会社分割によって承継会社が承継するのは，吸収分割契約又は新設分割計画で明記されたものに限るのであって，労働者派遣契約上の地位や派遣就業関係なるものは承継対象として明記されていなかったのであるから，原告はそれらを承継していない旨を主張する。

しかしながら，会社分割において，吸収分割契約又は新設分割計画には，承継される権利義務等（会社分割により承継されるものが必ずしも権利義務に限られるものでないというべきことは，後に説示するとおりである）のすべてを個別に列挙しなければならないものではなく，承継されるべきものが合理的な解釈により特定することが可能な方法で記載されていれば足りるというべきであって，また，合理的な解釈により特定することが可能な限り，それらの権利義務等も承継対象となると解すべきである。」

「労組法7条の使用者たる地位も，一般に会社分割により承継することのできない法的地位とは解されないところ，団結権の侵害に当たる一定の行為を不当労働行為としてこれを排除し，是正して正常な労使関係を回復するという労組法7条の趣旨及び本件において問題となる不当労働行為が派遣就業関係における労働時間の管理に関する事項であることに照らせば，原告は，参加人支部組合員との派遣就業関係の承継に伴い，旧会社から，参加人支部組合員との関係での労組法7条の使用者たる地位を承継したと解するのが相当である。」

会社法学の視点からすると，会社の吸収分割制度が利用されることを促進するためには，原告が主張するように，会社法上，会社分割によって承継会社が承継するのは，吸収分割契約又は新設分割計画で明記されたものに限るということになる[89]。かかる観点からすると，分割会社に帰属していた団体交渉応諾義務は——吸収分割契約書においてその承継が明記されない限り——吸収分割により，分割承継会社に承継されないという結論になる。吸収分割契約等において明記されたものに限り，分割承継会社に承継されるとしないと，吸収分割等の制度が利用されないことになり企業の効率性を高める企業再編が妨げられることになるからである。これに対し，労働法学の視点からは，吸収分割の前後で労使関係を巡る客観的事情が変化していないため，吸収分割会社に不当労働行為責任を負わせることは団体交渉促進を目的とする不当労働行為救済制度のもとでは妥当であると主張されている[90]。

この問題は本件吸収分割契約における「旅行事業」の承継の客観的解釈にあると考えられる。ここで求められているのは，本件吸収分割契約を，分割会社と承継会社の意思を推定するというのではなく，信義誠実の原則（民法1条2項）に照らし，客観的かつ合理的に解釈するという作業である。日本国憲法は団結権・団体交渉権などの労働基本権（日本国憲法28条）を規定している。個別の吸収分割契約についても，この団結権・団体交渉権の保障が実質的に守られるように，解釈されるべきである。憲法適合的解釈の原則[91]は，法令の解釈だけでなく，私人間の契約の解釈にも及ぶと解すべきである。すなわち，日本において憲法の基本的人権は国家に対する私人の防御権であると位置づけられているが，私人相互に締結された契約が憲法に違反する場合には公序良俗条項（民法90条）を介した憲法の間接適用により無効になるのと同じように，契約解釈の原則である信義誠実原則（民法1条2項）を介して憲法規範は契約解釈の原則として間接適用されるというべきである。本件については，派遣労働者の団体交渉権（日本国憲法28条）を実質的に保障する見地から，吸収分割契約の客観的合理的解釈により，「旅行事業」の承継に伴い，労働組合法7条2号の使用者としての地位（団体交渉応諾義務）も分割承継会社たる原告に承継されたと解する立場が，憲法適合的解釈の原則の観点から，妥当である。

---

[89] 2015年4月11日中小科研研究会における山下眞弘教授（名古屋経済大学）および洪済植教授（島根大学）の発言。

[90] 地神亮佑「阪急交通社事件」中小科研研究会報告書9頁（2015年4月11日）。

[91] 小嶋和司『憲法概説』114頁（良書普及会，1987年）。

(3) 事業譲渡と労働者利益

事業譲渡に際しての労働者の承継に関し，労働者の同意が必要であるのかについては，争いがある[92]。かつての商法上の通説は，事業譲渡をもって支配人その他の商業使用人の終任事由と解し[93]，労働者の同意必要説を採っていた。田中耕太郎博士は，この結論が実際的ではないとして，商業使用人の法律関係の特質に鑑み，使用人に対する権利が当然譲受人に移転するものとした[94]。西原寛一博士は，田中耕太郎博士の議論を商法＝企業法説の立場から発展させ，労働契約関係は実質上独立化した企業そのものに属すると解し，事業譲渡に際しての労働者の承継に関し労働者の同意（民法625条1項）は必要ないと解した[95]。

しかし，現在の労働法上の通説によると，事業譲渡における権利義務の移転は，包括承継ではなく個別承継であるから，譲渡される事業に従事してきた労働者の雇用が譲受会社に承継されるか否かは，譲渡会社，譲受会社，労働者の合意によって決まるのであり，譲受会社または労働者のいずれかが雇用の承継を明確に拒否した場合には，雇用は譲受会社に承継されないと解されている[96]。

6 企業結合法と労働者利益

従属会社における債権者保護の問題は，かねてより会社立法上の重要課題であると認識されてきた[97]。しかし，近年の日本の代表的な企業結合法案は，従属会社の債権者に対しては少数派保護のための規制の枠組みの中で間接的に保護されれば足りるとして，特にこれに対して立法上の措置を設けることを予定していない[98]。また，近時のドイツ・コンツェルン法の発展においても，従属有限会社の債権者は，支配社員の会社に対する不法行為責任の枠内で間接的に保護されれば足りると

---

92) 学説の詳細につき，山下眞弘『会社営業譲渡の法理』302頁以下（信山社，1997年），金久保茂『企業買収と労働者保護法理』25頁以下（信山社，2012年）参照。
93) 松本烝治『商法総論』376頁（有斐閣，1931年）。
94) ただし，使用人側に解約権を留保することができる。田中耕太郎『改正商法総則概論』343頁（有斐閣，1938年）参照。
95) 西原寛一「会社の解散と不当労働行為」同『商事法研究 第3巻』366頁（有斐閣，1968年）。
96) 菅野和夫『労働法〔第10版〕』542頁（弘文堂，2012年）。
97) 龍田節「企業結合と法」矢沢惇編『岩波講座現代法9 現代法と企業』130頁（岩波書店，1966年），田中誠二「子会社の債権者保護の法理」金融・商事判例594号17頁以下（1980年），森本滋「企業結合」竹内昭夫＝龍田節編『現代企業法講座2 企業組織』109頁（東京大学出版会，1985年）。
98) 江頭憲治郎『企業結合法の立法と解釈』21頁（有斐閣，1995年）。

解され99),支配社員に対する従属会社債権者の直接的請求は認められていない。

しかし,従属会社の労働者の賃金債権につき,特別の法的保護は必要ないのであろうか。ドイツ法では,2000年代初頭に法人格否認の法理の適用により従属会社の債権者に対する支配会社の直接責任が認められていた100)。法人格否認の法理の適用により従属会社の債権者を保護することを最初に提唱したゲオルグ・ビッターは,会社債権者を任意的債権者と非任意的債権者とに分け,後者に対してだけ法人格否認の法理による直接保護を与えるという思考を示していた101)。同氏によると,かかる法的取り扱いの区別を設ける根拠は,前者が契約締結の際担保の設定等を要求して従属会社倒産リスクを回避することができるのに対し,後者はそれができない点に求められる。

昭和45年3月26日川岸工業事件判決102)は,従属会社である仙台工作株式会社の解散に伴って解雇された従業員111人が債権者となり,支配会社である川岸工業株式会社を相手どり,解雇直前1ヶ月分の賃金の仮支払を求めた事案であったが,その判決において,仙台地裁は,「子会社に対する親会社の法人格の独立性が一定の債権者に対する関係で限界を画され子会社の責任を親会社において自からの責任として負担すべきものとされるための条件としては,第一に親会社が子会社の業務財産を一般的に支配し得るに足る株式を所有すると共に親会社が子会社を企業活動の面において現実的統一的に管理支配していること,第二に株主たる親会社において右責任を負担しなければならないとするところの債権者は,親会社自から会社制度その他の制度の乱用を目的として子会社を設立し又は既存の子会社を利用するなどの事情がない限り子会社に対する関係で受動的立場にあるところの債権者に限ること,しかも親会社と子会社との間に右第一の支配関係があるときは子会社の受動的債権者に対する債務関係は常にしかも重畳的に親会社において引受けている法律関係にあると解するを相当とする。そして『支配あるところに責任あり』の法原則からしてもこのことは容易に肯首することができるであろう」と判示し,法人格が

---

99) 2007年7月16日連邦通常裁判所判決 (BGHZ 173, 246, „Trihotel")。この判決につき,高橋英治『企業結合法制の将来像』241頁以下 (中央経済社,2008年)。また,Trihotel判決以降の連邦通常裁判所判決につき,武田典浩「『会社の存立を破壊する侵害』法理の新動向」比較法雑誌43巻1号146頁以下 (2009年)。

100) BGHZ 149, 10 „Bremer Vulkan"; BGHZ 151, 181 „KBV"。

101) Bitter, Der Anfang vom Ende des „qualifiziert faktischen GmbH-Konzerns": Ansätze einer allgemeinen Missbrauchshaftung in der Rechtsprechung des BGH, WM 2001, 2140. 高橋・改革123頁以下参照。

102) 仙台地判昭和45年3月26日判時588号38頁。

形骸化しているとして法人格否認の法理を適用し，従属会社の従業員の有する賃金債権につき支配会社がその支払義務を負うとした。労働者が受動的債権者といえるか否かという問題について，本件川岸工業事件仙台地裁判決は，当該労働者が雇用者との力関係において自己の働き先を選択することができたか否かに依存すると考えているようである[103]。

　川岸工業事件における仙台地裁の法人格の形骸化の認定は従属会社に対する統一的指揮のみを根拠とするものである。かかる支配のみを基礎にする責任は「実質的支配論」と呼ばれるが[104]，かかる考え方によると日本におけるほとんどすべての会社の支配従属関係において支配会社は従属会社の労働者との関係では責任を負わされる結果となるとして批判が強い[105]。

　私見としては，ドイツ有限会社法64条が規定する業務執行者の倒産惹起責任の考え方を発展させて，支配会社が従属会社の業務執行に対し包括的かつ統一的に指揮命令を行い，これに従った結果として従属会社が倒産した場合，支配会社は従属会社の労働者を含む一般債権者に対し連帯して責任を負うとしてもよいのではないかと考える[106]。かかる支配会社の従属会社の一般債権者に対する倒産惹起責任については，法的明確性を実現する見地から包括的企業結合立法措置の枠組みの中で立法措置がなされることが望ましい。

　以上の法的措置に加えて，会社の支配従属関係を濫用した労働者の解雇が増えつ

---

103) 川岸工業事件において，仙台地裁は，子会社の債権者には「自ら任意積極的に子会社との取引を選択してこれに対し信用拡大を図った能動的債権者と消極的に因果の関係で債権者となった受動的債権者とがある」とし，子会社の従業員を「子会社の受動的債権者」とみる（仙台地判昭和45年3月26日判時588号51頁）。

104) 上柳克郎＝鴻常夫＝竹内昭夫編集代表『新版注釈会社法 第1巻』81頁（有斐閣，1985年）〔江頭憲治郎〕。

105) 上柳＝鴻＝竹内編集代表・前掲注104）87頁〔江頭憲治郎〕，森本滋「法人格の否認」江頭憲治郎＝岩原紳作＝神作裕之編『会社法判例百選〔第2版〕』11頁（有斐閣，2011年）。

106) 高橋英治「日本における閉鎖的資本会社の発展と法」商事法務1914号11頁（2010年）。2008年MoMiGは，ドイツ有限会社法64条として，社員に対する支払等が会社の支払不能を惹起した有限会社の「業務執行者」の責任を規定したが，これは支配的地位にある有限会社「社員」の責任を規定するものではなく，会社において支配的地位にある社員が，いかなる要件の下，いかなる内容の責任を負うのかについては明確でなく，その責任の根拠づけは，社員の誠実義務および良俗違反の不法行為（ドイツ民法826条）等の会社法・民法上の一般条項に委ねられている。かかる状況は法的安定性の見地から望ましくなく，この点について法律で確定することは，今後のドイツ有限会社法改正の課題であろう。

つある現状においては，支配会社の従属会社に対する包括的指揮により従属会社が倒産したとみられる場合，会社を選択できない地位にある従属会社の労働者につき，法人格否認の法理の適用により，自己の賃金債権の支配会社への直接的請求を認めてよい。会社を選択できなかった受動的債権者は保護の必要性が特に高いと考えられるからである。ただし，労働者は基準となる時点またはその属する業種および職種により当該労働者が属する労働力の外部市場の流動性の状況は変化ないし相違し，具体的にいかなる場合に特別に保護される「会社を選択することができなかった受動的債権者」となるかについて一律の基準を示すことは困難であるため，この不確定要件の存否については，裁判所が個別の事案に応じて判断することになろう。

7 会社の解散と労働者利益

会社の解散に対して最も重要な利害関係を有しているのは，おそらくその会社で働く労働者であろう。会社が解散すれば労働者は働く場を失う。一般的に株主が会社から退出しようと思う場合その株式を売却すればよいのに対し，労働者が会社から退出するのは労働力の外部市場が発達していない日本においては非常に困難である[107]。また労働者は会社解散に伴う退職に際して自己のスキルに見合った額の補償を受け取ることも困難である。それにもかかわらず，日本の会社法上，会社解散を決定するのは最終的には会社の経済的所有者である株主であり（会社法471条3号），労働者が会社解散に対して異議を唱えることができる仕組みは整えられていない。

学説上，不当労働行為意思による会社解散は無効であるとする見解が存在した[108]。しかし，現在では，会社解散の自由は，憲法の財産権の保障（日本国憲法29条1項），営業の自由・職業選択の自由（日本国憲法22条1項）から派生する現行法秩序の基本原則であり，真実解散である限り解散の動機に嫌悪している労働組合との関係を切断する意図が含まれていても，解散の効力には影響しないと解され

---

[107] 人本主義を主張する論者は，以上の点を挙げて，経営学者は株主よりも労働者の方が企業における主権者たるに相応しいと論じる（伊丹敬之「日本企業の『人本主義』システム」今井賢一＝小宮隆太郎編『日本の企業』61頁（東京大学出版会，1989年））。Kirchwehm, Reform der Corporporate Governance in Japan und Deutschland, Frankfurt a. M. 2010, S. 29; Clark, THE JAPANESE COMPANY, 221-222 (Yale University Press, 1979). ドイツにおいても，社会学的考察を基礎にして，労働者が組織としての企業の構成員であると考える見解がある（Thomas Raiser, Das Unternehmen als Organisation, Berlin 1969, S. 153 ff.）。

[108] 正田彬「会社解散と不当労働行為」季刊労働法46号46頁以下（1962年）。

ている109)。

　これを見直す方向として，上村達男教授は，正当の理由のない解散決議は労働者の基本権を侵害するものとして法令違反決議とみるべきであり，会社解散決議は無効となり，会社解散決議の無効は，合併無効の効果として消滅会社が復活するとの法理に準じて解散会社は将来に向かって復活する効果を伴うとする110)。ただし，判例・通説である憲法規範の間接適用説の考え方からすると，労働者の基本的人権を侵害する総会決議は，憲法に違反するとして無効となるのではなく，公序良俗違反に該当し，民法90条に従って無効となると解すべきである111)。

　以上のように解散決議の効力を否定する以外に，立法論としては，会社解散の決定過程に対する労働者の参加が考えられてよい。株式とは共同企業における持分所有権が社員の会社に対する法律上の地位として現れたものであり112)，会社の経済的所有者は株主であるという命題は否定できない。また，職業選択の自由が日本国憲法22条に保障された重要な基本的人権であり，その一環として企業廃止の自由が存在することは一般的に否定できない。しかし，日本国憲法22条が「公共の福祉」による制限を明記していることから理解できるように，企業廃止の自由も労働者の人権等他の基本的人権との調整が必要である113)。現在のような，株式会社の解散決定におけるリスクと意思決定権限の乖離は，経営学的に望ましくなく，会社経営の不効率を招くおそれが多分にある。すなわち，現行法のように，株主だけが会社の命運を決める決議に参加できるというのは，会社解散に関する不利益負担者と決定権限者の不一致という観点から，経済学的にみて不合理である。将来的には，会社解散決定過程に労働者を参加させる法制を実現すべきではないか。ドイツ法において，会社の解散決定は共同決定事項ではないが（株式法262条参照），会社解散が総会決議によってなされる場合で（株式法262条1項2号）監査役会が会社の解散の提案を株主総会に提出する場合（株式法124条3項），当該監査役会の構成に共

---

109)　菅野和夫「会社解散と雇用関係——事業廃止解散と事業譲渡解散」菅野和夫＝中嶋士元也＝渡辺章編集代表『(山口浩一郎先生古稀記念論集）友愛と法』132頁以下（信山社，2007年）。

110)　上村達男「会社法と労働の基礎理論——基本権をふまえて」布井千博＝野田博＝酒井太郎＝川口幸美編『（川村正幸先生退職記念論文集）会社法・金融法の新展開』9頁以下（中央経済社，2009年）。

111)　西谷・労働法21頁参照。

112)　大隅健一郎＝今井宏『会社法論 上巻〔第3版〕』292頁（有斐閣，1991年）。

113)　西谷敏「会社解散・解雇と法人格否認の法理」法学雑誌32巻1号161頁（1985年）。

同決定法は適用され，労働者が会社解散のイニシアチブをとることができる。

　解散手続に対する労働者の参加の制度が実現不可能である場合，組織再編手続における知れたる債権者に対する通知の規定を拡張して，会社が解散を行う際に，解散に伴う労働契約の帰結や解散の具体的内容・条件等について会社の労働者に事前開示する義務を課すことは，組織再編における合併条件等の事前開示の制度（会社法782条，会社法施行規則182条）があることに鑑み，必要でありかつ法体系の点からも無理なものではないであろう。ドイツ法においても，組織再編法上の労働者に対する情報義務を会社解散の場合に拡張するという議論は存在する。すなわち，組織再編法5条1項9号は，合併契約に労働者に対する合併の効果が記載されなければならないと定めており，また，組織再編法5条3項は，合併契約またはその草案が，合併を決する持分者集会（株主総会）の少なくとも1ヶ月前に所轄事業所委員会に対して送付されなければならないと定めているが，かかる規定を会社解散についても設けることが検討されてもよいとする見解が存在する[114]。

Ⅳ　会社法による労働者利益の保護と所有権概念の変遷

　最後に本章の考察が，私法のシステム全体にどのような影響を与えうるのかについて，論じる。

　ドイツのフンボルト大学教授のハンス゠ペーター・シュヴィントフスキは，本章が提示した会社法による労働者保護というテーマは，ドイツの私法における所有権概念の変遷に対応すると説く[115]。シュヴィントフスキは，1981年7月15日連邦憲法裁判所砂利採取決定[116]により，所有権概念には社会的利益も含まれるとされたが（包括的所有権概念 ganzheitlicher Eigentumsbegriff），本章で取り扱った会社の解散における労働者参加権あるいはドイツの共同決定法についても，この新しい社会的利益を包括した所有権概念を反映したものであると説く。

---

[114] マインツ大学法学部デルク・フェアゼ（Dirk A. Verse）教授の見解。ドイツ法上，合併の場合と同様の情報義務は，会社分割（組織再編法126条1項11号・同条3項），組織変更（組織再編法194条1項7号・同条2項），国際合併（組織再編法122c条2項4号・同項10号・122e条）についても設けられている。

[115] フンボルト大学法学部ハンス゠ペーター・シュヴィントフスキ（Hans-Peter Schwintowski）教授の2014年10月31日の電子メールでの返答。

[116] BVerfGE 58, 300 „Naßauskiesung". 本決定の評釈につき，西埜章「憲法上の所有権概念と地下水利用権——砂利採取事件」ドイツ憲法判例研究会編『ドイツの憲法判例〔第2版〕』313頁以下（信山社，2003年）。

連邦憲法裁判所砂利採取決定は，次のような事案を基礎とする。本件企業はある土地の砂利を採取する権利を有し地下水域まで砂利採取をしていたが，本件企業が砂利採取を継続すると，採掘で生じた湖沼の汚染が水源地域まで達して，その周辺地のすべての市民が良質な飲用水を享受できなくなるため，当局は公共の上水道を危険にするという理由で砂利採取継続申請を不許可にした。本決定の基礎となる事件は，この砂利採取継続のための許可を巡る争いが連邦憲法裁判所へ持ち込まれたものであった。この判示で，連邦憲法裁判所は，本件企業に砂利の採掘を認めず，「補償の義務づけの根拠となる所有権侵害はない[117]」として補償も与えなかった。本決定の判旨において連邦憲法裁判所は，「土地所有者の法的地位の確定に際して，民法と公法とは同列に共同で影響を与える[118]」と判示した。これは，土地の所有権概念が民法上の所有権の絶対性のみから導かれるのではなく，一般利益を考慮する公法上の規制も反映して，その内容が決定されるということを意味する[119]。

シュヴィントフスキは，連邦憲法裁判所砂利採取決定により，本件企業は一般利益からの拘束を伴う所有権を有するにすぎないことが明確になったと考える。本件企業は砂利の採取の不許可にもかかわらず，補償を受けられなかったからである[120]。

シュヴィントフスキは，この連邦憲法裁判所の提起した新しい包括的所有権概念は，会社の所有者の株主と従来会社のステークホルダーとのみ理解されてきた労働者の関係に関する考え方にも影響を与えると説く。同氏によると，株主の会社に対する共同所有権の変形物たる株主権も必然的に労働者利益を含む社会的諸利益の拘束を受ける。同氏によると，労働者も，長期的に会社に留まり，企業利益に人的に関係しているため，シェアホルダーとみることができる。シュヴィントフスキは，企業の解散に労働者の承認が必要であるという本章が提示した解釈論や労使共同決定の制度は，株主権を，労働者利益等の社会的利益をも含む包括的所有権とみることによって，より洗練したかたちで理由づけることができるはずであるとする。

---

[117]　BVerfGE 58, 353.
[118]　BVerfGE 58, 300 Leitsatz 3.
[119]　連邦憲法裁判所砂利採取決定に，「個人の所有権保障の相対化」をみる学説として，高橋寿一「所有権制限法理の展開――西ドイツにおける近年の所有権概念の変遷をふまえて」一橋研究9巻2号63頁（1984年）。
[120]　ドイツ法において，「所有権保障は保護される財貨が果たしている経済的社会的機能に応じてその程度を異にする」という学説が存在することにつき，角松生史「憲法上の所有権？――ドイツ連邦憲法裁判所の所有権観・砂利採取決定以後」社会科学研究（東京大学社会科学研究所紀要）45巻6号39頁（1994年）。

かかる見解に対しては，包括的所有権概念の承認については，成立過程より導かれる近代的所有権の存在根拠からの疑問が生じる。所有権の絶対性は，資本主義社会の形成とともに発生してきたが，それは領主と小作人との土地に対する二層の封建的土地所有（分割所有）が，土地の商品化およびそれを前提とした土地の流通化を妨げ，土地取引という経済発展の柱の成立を長期間にわたって妨げてきた[121]。ここで所有権の絶対性を原則として否定すると，市場経済機構はその根幹から揺らぐことになる。シュヴィントフスキが包括的所有権概念を基礎に支持する労使共同決定制度についても，株主の共同所有権の財産運営権を制限する。会社の株式を総て取得しても，会社の経営者を選任する機関である監査役会の半分の議席しか得られないという事実は，企業買収すなわち企業の取引を妨げる要因となりうる。労使共同決定制度は，直ちにヨーロッパ法が保障するEU域内での資本移動の自由[122]（ヨーロッパ連合運営条約65条）に抵触するとはいえないかもしれないが，資本移動の自由を制限する効果を有しており，EU域内市場の成立を妨げる方向へと導く一要因となり得る。包括的所有権概念が一般化すれば取引社会はその根幹から揺らぐことになる。

かかる疑問に対し，シュヴィントフスキは，所有権の絶対性を出発点とする近代的所有権が市場経済の基盤であることは認められるが，連邦憲法裁判所砂利採取決定において展開されている包括的所有権概念を会社法の領域に持ち込むことは，ドイツ会社法の理解に資すると主張する[123]。すなわち，株主が有する企業の所有権には労働者の利益も内在的に含まれると解することで，労使共同決定の制度を明確に説明できるだけでなく，会社の基本目的が株主の利益をも含んだ「企業の利益（Unternehmensinteresse）」の維持発展にあることが判明し，これによって株主の利益と労働者の利益とを企業の利益の追求という目標の中で調和させるというドイツ会社法の目標が明確になるという。

以上のシュヴィントフスキの議論は，会社法による労働者利益の保護という本章が提起した問題が，株主の持分所有権に関する新しい理解および会社の目的とは何かという日独両国の法制度の根幹に関わる問題であることを示している。

---

121) 川島武宜「所有権法の理論」同『川島武宜著作集 第7巻 所有権』72頁，154頁以下（岩波書店，1981年）参照。
122) 資本移動の自由につき，高橋英治「ヨーロッパ会社法の基礎としての資本移動の自由」国際商事法務42巻9号1327頁以下（2014年）参照。
123) 以下，筆者の照会に対するフンボルト大学法学部ハンス＝ペーター・シュヴィントフスキ（Hans-Peter Schwintowski）教授の2014年11月27日の電子メールでの回答。

V　おわりに

最後に本章の提言をまとめると次のようになる。

① 日本の会社法では当初労働者に関する規定を全く有していなかったが，現在では労働者は内部統制システムの担い手として位置づけられている。今後は，会社法上の手段を積極的に用いて労働者保護を実現できないかが検討されるべきである。

② 取締役の行為基準としての「企業の利益」という概念はドイツ企業がその置かれている環境に応じてそのコーポレート・ガバナンスを柔軟に変更することを可能にし，ドイツ企業の国際競争力の向上に貢献している。ドイツのコーポレート・ガバナンスは，株主価値を絶対的基準とする考えに収斂しないであろう。かかるドイツ法上の取締役についての柔軟な行為基準のあり方は，日本法にとっても参考になる。

③ 過去に敵対的買収後違法な整理解雇を繰り返していた者が，ある会社に対し敵対的買収を試み，買収の交渉過程で買収後の対象会社で手段を選ばないリストラを実行すると宣言している場合等，従業員利益に対する明白かつ緊急の危険を及ぼす濫用的買収に対しては，対象会社の総会の承認決議があった場合，対象会社の取締役が新株等発行等による防衛策を採ることが許容されるべきである。

④ 分割会社の労働者が，明らかに労働者を害する意図の下に行われた詐害的会社分割であり，事後的な救済策により回復し難い自己の利益に対する明白かつ緊急の危険の存在を立証した場合，かかる詐害的会社分割を差し止めることができると立法上規定がなされるべきである。

⑤ 自己の生活の基盤が会社にある労働者が，会社の解散に関し，株主よりも重大な利害関係を有していることに鑑みれば，会社の解散決定過程に対する労働者の参加が考えられてよい。また，会社が解散する際に，解散に伴う労働契約の帰結や解散の具体的内容・条件等について会社が労働者に事前開示する義務を課すべきである。

⑥ 会社法上の手段によって労働者利益を保護するという考え方は，労働者利益への配慮を含んだ包括的なものとして会社の持分所有権を理解するという立法・判例・学説上の転換をもたらす契機となりうる。

第12章　ドイツにおける民法上の組合の規制の現状と課題
　　──日本の債権法改正への示唆

I　はじめに

　ドイツの民法上の組合（以下「組合」という）の規制は，株式会社等の資本会社と比べてはるかに単純な構造をとっており，学問上，ドイツ会社法の基礎理論としての地位を得ているが，その重要部分が判例法によって形成されていて，制定法[1]によって規制の全体像を把握できないため，最も難解な規制領域の1つとなっている。

　本章は，ドイツ法における組合規制の全体像を示し，その発展過程から日本の債権法改正に対する示唆を得ることを目的とする。

　本章は，まず，ドイツにおける組合契約の利用の実態を明らかにする（II）。次に，ドイツ民法典（Bürgerliches Gesetzbuch; BGB. 以下「ドイツ民法」という）における組合の2つの原型を示した上で（III），ドイツの組合規制の成立過程を明らかにし（IV），その規制の概要を示す（V）。最後に，ドイツの法発展から，現在日本で行われている債権法改正への示唆を得る（VI）。

II　ドイツにおける組合契約の利用の実態

　ドイツにおいて，組合は頻繁に利用されている[2]。判例上，組合には，外的組合（Außengesellschaft）と内的組合（Innengesellschaft）の2つが存在するとされている[3]。判例上，内的組合のメルクマールは，組合が対外的に登場しないことにある[4]。たとえば，議決権拘束契約はドイツ民法上の内的組合の典型例である。その

---

1)　ドイツ民法典第2編第8章第16節「組合」705条〜740条。
2)　ドイツにおける民法上の組合の諸形態につき，Wiedemann, Gesellschaftsrecht II, München 2004, S. 605 ff. 参照。
3)　内的組合と外的組合の概念的相違についてのドイツの判例・学説の理解の相違につき，西内康人「団体論における契約性の意義と限界（5）──ドイツにおける民法上の組合の構成員責任論を契機として」法学論叢166巻1号3頁以下（2009年）参照。
4)　BGHZ 12, 314. カールステン・シュミットは，判例の定義に従い，内的組合とはそ

ほかに，匿名組合もその本質は内的組合である5)。外的組合は，組合が対外的に登場する組合である。たとえば，建設業上の共同事業体6)などの建設業を営むジョイントベンチャーは外的組合の形態を採る場合が多い。また，食堂7)もしくは自動車整備工場8)は，その規模からして商業（ドイツ商法1条2項）とはいえず，小事業にすぎないため合名会社とはなり得ず（ドイツ商法105条参照)9)，これを営む複数人によって構成される企業は外的組合となる。また，自由業者である複数の医師によって構成される医院や同じく自由業者である複数の弁護士によって構成される弁護士事務所も外的組合の形態を採る場合が多い10)。

ドイツでは，遠い目的地に向かう自動車の運転手が広告を出して同じ目的地を目指す相乗りの乗り手を募集し，ガソリン代等の費用を共同で出し合って目的地に向かうミットファー・ゲレーゲンハイトなるものが，1990年代まで流行していたが，これも，当座組合ではあるが，ドイツ民法上の組合である11)。同様に，複数人が賭け金を出し合って賭け事に興じ，当選した者に賞金を分配する集団も，ドイツ民法上の組合に当たる12)。

れ自体が法的取引の主体とはなり得ないが，その構成員が法的取引の主体となりうるものを指すと説く（Karsten Schmidt, Gesellschaftsrecht, 4. Aufl., Köln 2002, S. 1696)。

5) von Gerkan, in: Volker Röhricht/Graf von Westfahren (Hrsg.), HGB, Kommentar, 2. Aufl., Köln 2001, § 230 Rdnr. 5; Servatius, in: Henssler/Strohn (Hrsg.), Gesellschaftsrecht, 1. Aufl., München 2011, § 230 HGB Rdnr. 1.
6) BGHZ 146, 342.
7) BGHZ 8, 249.
8) BGHZ 45, 311.
9) ドイツ商法105条は，合名会社の要件として商業を（事業として）営むことを目的とすることを挙げる（高橋英治『ドイツ会社法概説』24頁（有斐閣，2012年）参照）。
10) もっとも，ドイツ法においては，自由業者のため合名会社をモデルとした「パートナーシャフト組合（Partnerschaftgesellschaft）」という法形態が認められている（高橋英治「ドイツにおけるパートナーシャフト組合法の現状」上村達男ほか編『（正井章筰先生古稀祝賀）企業法の現代的課題』367頁以下（成文堂，2015年）参照）。ドイツ法では，弁護士事務所が有限会社（企業者会社）や株式会社の形態を採ることも許される（丸山秀平「ドイツにおける弁護士会社・弁護士株式会社・弁護士有限責任事業会社」札幌法学24巻2号163頁以下（2013年）参照）。
11) BGHZ 46, 313
12) BGH WM 1974, 876; OLG Düsseldorf WM 1982, 969（宝くじ遊興共同体の事例）。

III　ドイツの組合の2つの原型

　ドイツにおける組合の起原は，2つ存在する。1つは，ローマ法上のソキエタスであり，ほかの1つは，ドイツ法上のゲザムトハント（合手体）である。

　ローマ法上のソキエタスは純粋な債務契約であった。すなわち，ローマ法上，ソキエタスとは，共通の手段により共通の目的を達成するための複数人の結合体であった[13]。交換契約とは異なり，ソキエタスにおいては，当事者の利益は対立しておらず，同一の方向を向いていた。ソキエタスの目的は，当座のものでも，継続的なものでもよく，ソキエタスへの出資は，財産上の出資も，労務の出資も許された[14]。ソキエタスにおいては，共通の目的を実現するための組合財産は存在しなかった。組合契約の実現のために取得された物は，組合員の共有に属した。組合員の債権者は，組合員の共有物の持分を攤取することができた。

　ゲザムトハント[15]は，伝統的ドイツ法上の制度であった。ゲザムトハントには固有の共同財産が存在し，ゲザムトハントの目的に捧げられていた[16]。構成員はゲザムトハントの財産を共同でのみ利用することができた。ゲザムトハントの財産を攤取するには，構成員全員に対する執行名義を取得しなければならなかった。ゲザムトハントの運命を決めるのはゲザムトハント全体の意思であった[17]。

　ドイツ民法上の組合に関する立法および判例・学説の発展過程は，組合の団体性強化の過程であった。すなわち，ドイツ民法は，その起草過程において組合をソキ

---

13)　Honsell/Mayer-Maly/Selb, Römisches Recht, 4. Aufl., Berlin 1987, S. 330; Honsell, Römisches Recht, 5. Aufl., Berlin 2002, S. 150; Kaser/Knütel, Römisches Privatrecht, 20. Aufl., München 2014, S. 267. 近時の邦語文献として，石川真衣「フランスにおける株式会社の成立と展開（1）——会社本質論への手がかりとして」早稲田大学大学院法研論集 149 号 27 頁以下（2014 年）参照。

14)　Honsell, Römisches Recht, 5. Aufl., S. 151.

15)　ゲザムトハントは，合手制とも呼ばれ，団体の構成員が手をつなぎあって財産を持っている状態を指す概念である。1972 年にフルーメは，ゲザムトハントの構成員はグループを構成して法主体となるという解釈論を提示し，ゲザムトハント論を現代に再生させた（Flume, Gesellschaft und Gesamthand, ZHR 136 (1972), 177 ff.）。この点につき，高橋英治『ドイツと日本における株式会社法の改革——コーポレート・ガバナンスと企業結合法制』327 頁（商事法務，2007 年）参照。

16)　Schücking, in: Gummert/Weipert (Hrsg.), Münchener Handbuch des Gesellschaftsrechts, Band 1, 3. Auf., München 2009, S. 12.

17)　Keßler, in: Staudinger BGB, 12. Aufl., Berlin 1980, Vorbem zu § 705 Rdnr. 5.

エタス契約と理解する考えから出発し，次にゲザムトハントを認める方向へと移行し，現在では，組合を法人として理解する考えが有力になりつつある[18]。

Ⅳ　ドイツの組合規制の成立過程

1874年9月，ドイツ民法起草のための委員会の最初の会議が開かれた[19]。1888年初頭に連邦参議院に提出されたドイツ民法第1草案（Motive）における組合の規定は，ドイツ普通法，すなわち中世中ごろから16世紀中旬にかけてドイツに継受されたローマ法を基礎として設計されていた[20]。第1草案の理由書は，「組合に関する草案の規定は，ゾチエテート（ローマ法上のソキエタスを基礎とするドイツ普通法上の組合契約形態を指す・引用者注）[21]の概念および本質に関するドイツ普通法の考えを基礎とする」と述べた[22]。ドイツ民法第1草案における組合は，純粋に債務法上の存在であった。

ドイツ民法制定に関する議事録（Protokolle）は，第1草案における組合の特徴につき次のように記している。「ドイツ民法第1草案における組合において，組合員は組合の目的を達成するために相互に一定の給付をなす債務を負っている。本来の意味での組合財産は存在しない。組合財産と呼ばれるものは，個々の組合員の財産が統合されたものにすぎない。各組合員は，組合財産の部分として統合されている自己の財産を利用する権利を有する。また，各組合員の債権者は，組合財産の部分として統合されている組合員の財産に対して強制執行することができる」[23]。

1890年12月，連邦参議院が設置したドイツ民法第2委員会は，ドイツ民法第2草案を提示した。ドイツ民法第2草案は，ゲザムトハントの原則を導入し，かかる組合の契約的構成に変更を加えた。個々の組合員が，組合財産における自己の持分を自由に利用して組合の目的の達成を妨害することは禁じられた。また，組合員の

---

18) 民法上の組合を法人とみるドイツ法上の学説につき，高橋・前掲注15) 329頁以下参照。
19) ドイツ民法の起草過程に関する概観として，石部雅亮「ドイツ民法典編纂史」石部雅亮編『ドイツ民法典の編纂と法学』3頁以下（九州大学出版会，1999年），Schröder, Rechtsgeschichte, 4. Aufl., Münster 1992, S. 115 ff. 参照。
20) 上谷均「ドイツ民法典の組合契約における合有制——717条・718条・738条の立法過程を中心に」石部編・前掲注19) 387頁以下参照。
21) 1794年プロイセン一般ラント法第2部第8章617条〜683条参照。
22) Motive II S. 591.
23) Protokolle II S. 989.

債権者は，組合員の財産に強制執行をかけて組合に不利益を与えることもできなくなった。しかし，かかるゲザムトハントの原則の導入により，組合が法取引の主体となるか否かについては，ドイツ民法第2委員会は明確にしなかった。ドイツ民法第2委員会は，「ゲザムトハントの法共同体をいかに理論的に構成すべきか，何をゲザムトハントの法共同体の特徴的なメルクマールとみるべきかについてはさまざまな考えが対立しまとまらなかった。……委員会はゲザムトハントの本質に関する学問上の争点に関しては意見を述べるべきではなく，むしろどの規定が客観的に優先するに値するか決定しなければならないだけである」[24]と議論を総括した。次に詳しくみるように，この点が，組合が負う契約責任あるいは不法行為責任をめぐって，組合を単なる債務契約とみるべきか，権利義務の主体とみるべきかについて，判例・学説上の争いを惹起する原因となった。

V ドイツの組合規制の内容

1 組合の概念と法的性質

組合とは，構成員が達成しようとする共通の目的を追求するための契約上の複数人の結合体である（ドイツ民法705条）。ドイツ民法上，組合は，契約の一形態であり，共通の目的および目的達成に向けられた組合員の義務を最小の構成要素とする[25]。

ドイツ法において，組合に権利能力を認めた2001年1月29日連邦通常裁判所判決[26]は，組合の責任規制の内容に大きな変化をもたらした。事案は，原告が，組

---

24) Protokolle II S. 429 f.
25) Ulmer/Schäfer, in: Ulmer/Schäfer, Gesellschaft bürgerlichen Rechts und Partnergesellschaftsrecht, Systematischer Kommentar, 6. Aufl., München 2013, Vor § 705 Rdnr. 5; Wiedemann, Gesellschaftsrecht, Band II, 593 ff.; Windbichler, Gesellschaftsrecht, 23, Aufl., München 2013, S. 48 ff. 内的組合をその規制対象に含めようとする立場に立つ場合，ドイツ民法705条の組合の定義規定を日本の民法典上の組合の定義規定のモデルとすべきであると主張するものとして，高橋英治「ドイツにおける匿名組合規制の発展と現状」早川勝＝正井章筰＝神作裕之＝高橋英治編『ドイツ会社法研究』（2016年，中央経済社より出版予定）。なお，ウルマーとシェーファーは，以上の2つの要素に加えて，組合員間の誠実義務および原則的な持分譲渡の禁止から生ずる結合の人的性質が，組合の第3の本質的要素であるとする（Ulmer/Schäfer, in: Ulmer/Schäfer, Gesellschaft bürgerlichen Rechts und Partnergesellschaftsrecht, 6. Aufl., Vor § 705 Rdnr. 7)。

合の法律形態を採った建設業上の共同事業体である被告に対し，小切手引受人の責任を追及する小切手訴訟を提起したものであった。本件で，連邦通常裁判所は，「組合は，法律関係への参加者として，権利および義務の担い手となることができる……組合は，その組合員のゲザムトハント共同体として，原則的に，すなわち特別の観点に反しない限り，あらゆる法的地位を占めることができる。組合はこの範囲で固有の権利と義務を基礎づける限りにおいて，（法人とはなり得ないが）権利能力を有する」[27]と判示した。組合が一定の法律関係において権利能力を有するという考えは，2002年2月18日連邦通常裁判所決定[28]においても支持されている。

組合が享受する権利能力として，たとえば次の能力が判例・学説上認められている。第1に，組合は憲法上の財産権の主体となり得る[29]。第2に，組合は訴訟上の当事者能力を有する[30]。第3に，組合は，民法上の組合，合名会社，合資会社，株式会社，有限会社，協同組合の構成員になれる[31]。第4に，組合は，手形能力および小切手能力を有する[32]。第5に，学説上，組合は商標権の主体となり得ると考えられている[33]。ただし，連邦通常裁判所は，組合は登録商標の所有者となり得ないと判示している[34]。第6に，組合は土地の登記の権利主体となり得る。

第6の点に関しては，従来，バイエルン最高裁判所が組合の土地登記能力を否定

---

26) BGHZ 146, 341. 本判決について，西内康人「団体論における契約性の意義と限界（1）——ドイツにおける民法上の組合の構成員責任論を契機として」法学論叢165巻3号23頁（2009年），青木哲「民法上の組合の債務と強制執行（1）——ドイツ民事訴訟法736条をめぐる学説の展開」法学協会雑誌121巻4号（2004年）466頁，福瀧博之「ドイツ法における民法上の組合の権利能力（1）——BGHの判決とKarsten Schmidtの見解」関西大学法學論集54巻1号5頁以下（2004年）参照。
27) BGHZ 146, 342 f.
28) BGH NJW 2002, 1207.
29) BVerfG, Beschluss vom 2. 9. 2002, NJW 2002, 3533.
30) BGH 146, 347 ff.
31) BGH NJW 1998, 376; BGHZ 118, 99 f.; BGHZ 78, 311; BGH ZIP 1992, 114.
32) BGHZ 136, 257 f. 本判決について，福瀧博之「民法上の組合の手形行為（序説）——ドイツの一判例の紹介」平出慶道先生・髙窪利一先生古稀記念論文集編集委員会編『(平出慶道先生・髙窪利一先生古稀記念論文集)現代企業・金融法の課題（下）』（信山社，2001年）777頁以下参照。
33) Grunewald, Gesellschaftsrecht, 8. Aufl., Tübingen 2011, S. 56.
34) BGH NJW-RR 2001, 116. 連邦通常裁判所は，商標権の主体となり得る者を示すドイツ商標法7条が組合を商標権の主体から排除している点を指摘し，ドイツ商標法の文言および政府草案理由書から，ドイツ商標法の立法者が意図的に組合を商標権の主体から排除したことは明白であると説く。

していたが[35]，学説上，これを肯定する見解が有力であった[36]。2008 年 12 月 4 日連邦通常裁判所決定は，有力学説に従い，組合が（部分的）権利能力を有することを根拠にして土地登記能力を認め，土地登記簿上，組合が，その組合員の氏名・名称を挙げて，「組合員○○および△△……からなる民法上の組合」と記載することを認め，ドイツ土地登記法（Grundbuchordnung; GBO）上，組合所有の土地に関して土地登記簿上いかなる記載がなされるべきか欠缺が生じていると判示した[37]。この決定に従い，ドイツ土地登記法は，2009 年 8 月 18 日に改正され，「民法上の組合の権利を登記すべき場合，組合員も登記されなければならない」（ドイツ土地登記法 47 条 2 項 1 文）と規定する[38]。本条により，組合の土地の登記が法律上明文で認められるとともに，組合の土地登記簿には，組合員も登記されなければならないとされている。本条は，合名会社等と異なり，組合員を公示する組合登記簿が欠けているため，組合員を明示することにより土地登記簿上の組合を他の組合から区別するための規制である[39]。2009 年，ドイツ土地登記法改正とほぼ同時期に，ドイツ民法も改正され，組合が土地登記簿に土地の所有者として登記された場合，ドイツ土地登記法 47 条 2 項 1 文に従って組合員として登記された者は当該組合の組

---

35) BayObLG, Beschluss vom 31. 10. 2002, NJW 2003, 71. バイエルン最高裁判所は，組合が土地登記能力を有するか否かの決め手がドイツ土地登記法の規定にあるところ，当時のドイツ土地登記法は，組合は法人ではないため所有権の主体になるのは組合自身ではなく，土地の所有権はゲザムトハント（合手体）の形態を採って組合員に帰属しているから，組合員が組合の名称で土地の登記をなしうるにすぎないことを前提とした規定ぶりになっていると判示する。

36) Kübler/Assmann, Gesellschaftsrecht, 6. Aufl., Heidelberg 2006, S. 53; Grunewald, Gesellschaftsrecht, 7. Aufl., Tübingen 2008, S. 55; Tavakoli/Fehrenbacher, Die Gesellschaft bürgerlichen Rechts ist grundbuchfähig!, DB 2007, 383. グルーネバルトは，2008 年，組合には土地登記能力が認められるため，組合員の変更があっても，組合所有の土地につき土地登記の変更を行う必要がないと説いていた（Grunewald, Gesellschaftsrecht, 7. Aufl., S. 55）。

37) BGHZ 179, 105 ff. 本連邦通常裁判所決定につき，Karsten Schmidt, Anmerkung, JuS 2009, 278 f.; Steffek, Die Gesellschaft bürgerlichen Rechts im Grundbuch, ZIP 2009, 1445 ff.

38) Bitter, Gesellschaftsrecht, 2. Aufl., München 2013, S. 159. 土地登記実務上は，ドイツ土地登記法 47 条 2 項 1 文により，組合自身に土地登記能力があっても，組合員の死亡等の事由が生じ，組合員の構成に変更が生じた場合，組合の土地登記も変更されなければならないと解されている（Wegmann, in: Bauer/von Oefele, Grundbuchordnung, Kommentar, 3. Aufl., München 2013, § 47 Rdnr. 193 ff.）。

39) Ulmer/Schäfer, in: Ulmer/Schäfer, Gesellschaft bürgerlichen Rechts und Partnergesellschaftsrecht, 6. Aufl., § 705 Rdnr. 312.

合員であり，かつ，当該組合は同項同文に従って組合員として登記された者のみをもって構成されるものと推定されるという規定も新設された（ドイツ民法899a条）。このドイツ民法改正は，2009年8月18日のドイツ土地登記法改正を補う趣旨の改正である[40]。

2 組合と法人

2001年1月29日連邦通常裁判所判決[41]によると，組合はゲザムトハント共同体として権利能力を有する。現在の会社法学説の多くは，同連邦通常裁判所判決の考えを受け入れて，組合の権利能力を認める[42]。多数説は，連邦通常裁判所が組合は法人ではないと明言したことを受けて，組合の法人性を否定している[43]。多数説は，法人と組合との差異を次の点に見いだす。第1に，法人は権利能力を登記によって獲得するのに対し（株式法41条1項1文等），組合は権利能力を一定の要件事実の充足により獲得する[44]。第2に，法人と組合では，債権者保護の形式が根本的に異なる[45]。法人の典型である株式会社では構成員有限責任の原則が採られ資本金の制度が導入されているのに対し（同法54条1項），組合では原則として債権者との個別の合意がなければ組合契約によって構成員を有限責任とすることができない[46]。かかる理由から現在の多数説は，連邦通常裁判所判決に従い，民法上の組合を法人とはみずに，その本質をゲザムトハントととらえる[47]。

---

40) Bassenge, in: Palandt, BGB, 73. Aufl., München 2014, §899a Rdnr. 1.
41) BGHZ 146, 341.
42) Karsten Schmidt, BGB-Außengesellschaft: rechts-und parteifähig, NJW 2001, 993 ff.; Ulmer, Die höchstrichterlich „enträtselte" Gesellschaft bürgerlichen Rechts, ZIP 2001, 585 ff.; Westermann, Erste Folgerungen aus der Anerkennung der Rechtsfähigkeit der BGB-Gesellschaft, NZG 2001, 289 ff.; Wiedemann, Gesellschaftsrecht II, S. 599: Wiedemann, Anmerkung, JZ 2001, 661 ff.
43) Grunewald, Gesellschaftsrecht, 8. Aufl., S. 54; Kübler/Assmann, Gesellschaftsrecht, 6. Aufl., Heidelberg 2006, S. 45; Gummert, in: Gummert/Rieger/Weipert (Hrsg.), Münchener Handbuch des Gesellschaftsrechts Bd. 1, BGB-Gesellschaft, Offene Handelsgesellschaft, Partnerschaftsgesellschaft, Partnerrederei, EWIV, München 2004, S. 328.
44) Hadding, Zum Erlangen von Rechtsfähigkeit nach deutschem Zivilrecht, FS Kraft, Neuwied 1998, S. 142.
45) Grunewald, Gesellschaftsrecht, 7. Aufl., S. 54.
46) BGH NZG 2011, 2001; BGH NZG 2011, 580.
47) Kübler/Assmann, Gesellschaftsrecht, 6. Aufl., S. 45; Hüffer/Koch, Gesellschaftsrecht, 8. Aufl., München 2011, S. 20; Grunewald, Gesellschaftsrecht, 8. Aufl., S. 54;

日本法では，法人と組合は複数の要素から相対的に区別されると考えられている[48]。すなわち，日本の会社法学では，典型的な法人である株式会社から，組合の要素が濃い合名会社まで多様な形態が存在し，両者の間には複数の段階があるとみられている[49]。マックス・プランク外国私法国際私法研究所所長ホルガー・フライシャーは，ドイツ法も，日本法のような相対的な法人概念を採る方向に発展するだろうとみている。すなわち，フライシャーによると，①法人では一人会社が認められるが，1人の組合員からなる組合は認められない，②法人では第三者機関制（構成員以外の者が機関となる）の原則が妥当するのに対して，組合は自己機関制（構成員が機関となる）の原則が妥当する等，法人と組合とでは小さな点においてはなお相違点は残るが，法律によって組合を法人として規律することも，理論的には可能であると考える[50]。

　組合をゲザムトハントではなく法人として位置づける考えは，1994年組織再編法191条により株式会社等の法人が同一性を保ったまま組合に組織変更できることになったことを契機としてトーマス・ライザーにより提唱され[51]，組合に権利能力を認めた2001年1月29日連邦通常裁判所判決後，立法論として有力になりつつある。たとえば，ドイツを代表する会社法学者であるカールステン・シュミットは，同判決後，組合を法人として位置づける可能性を示唆する[52]。すなわち，カールステン・シュミットは，2008年9月12日に開催された民法＝ゲザムトハント論の代表的論者であるフルーメの100歳誕生記念シンポジウムにおいて，フルーメから出発しフルーメを超える試みとして「フルーメ博士の賛成は得られないと思うが，ケルパーシャフト[53]と人的な外的組合[54]とがおそらくは別々に構成された法人で

　　Eisenhardt, Gesellschaftsrecht, 11. Aufl., München 2003, S. 39.
48)　上柳克郎「法人論研究序説」上柳克郎『会社法・手形法論集』1頁以下（有斐閣，1980年），竹内昭夫（弥永真生補訂）『株式会社法講義』45頁以下（有斐閣，2001年），神田秀樹『会社法〔第17版〕』4頁注1（弘文堂，2015年）。
49)　江頭憲治郎「企業の法人格」同『会社法の基本問題』105頁（有斐閣，2011年）参照。
50)　マックス・プランク外国私法国際私法研究所ホルガー・フライシャー（Holger Fleischer）教授の見解。
51)　高橋・前掲注15）329頁以下参照。
52)　Karsten Schmidt, Die Personengesellschaft als Rechtsfigur des „Allgemeinen Teils", AcP 209 (2009), 202.
53)　ケルパーシャフトとは，多数の構成員からなる団体を指し，①構成員の交代により団体が解散しない点，②定款の存在，③第三者機関制，④多数決原理の採用，⑤権利能力の存在，⑥構成員の関係の希薄等を特徴とし，株式会社や有限会社等の資本会

あると考え始めている」[55]と述べた。

　フェアゼは，2001年1月29日連邦通常裁判所判決の後，組合の規制が判例法によって大きく変化し，特にドイツ民事手続法736条が，外的組合については，個々の組合員に対する債務名義を取らなくとも，組合を相手方とした訴訟を提起すれば組合財産に対する強制執行が可能となったことで空文化しつつある点等をとらえて，かかる変更は妥当な結論を示しているが，そのための手続としては本来組合に関する法律の改正が行われるべきであり，今後，人的会社法の改正が新たな立法課題になってくると考えるべきであると説く[56]。フェアゼは，ドイツ民法14条が法人と権利能力のある人的会社とを概念上明確に区別している等，現行ドイツ法は，民法上の組合は法人ではないという考え方を出発点にしているが，この点は法律の改正により変更可能であり，権利能力のある民法上の組合を法人として定義することは可能であると論じる[57]。

　現在，カールステン・シュミットは，フルーメによって代表される組合＝ゲザムトハント説とトーマス・ライザーによって代表される組合＝法人説を対比して，後者がより説得的であると考えるが，人的会社法の改正という問題を考える際には，現行ドイツ民法14条2項[58]にすでに定義されている権利能力のある人的会社＝組合という考えを出発点とすべきであると説く[59]。カールステン・シュミットは，組合契約（ドイツ民法705条）は権利能力のある人的会社（同法14条2項）を基礎づけるという。同氏によると，組合財産は権利能力のある人的会社たる組合に直接帰属し，組合には，ドイツ商法124条1項（第三者が合名会社をその商号の下に訴えることができることを定める）および128条（合名会社社員の人的連帯責任を定める）等を準用する明文の規定がドイツ民法に置かれるべきである[60]。かかるカールステン・シュミットの立法提案[61]を受けて，ドイツ有数の会社法学の学会である

　　社がその代表例である（Kübler/Assmann, Gesellschaftsrecht, 6. Aufl., S. 24）。
54)　外的組合については，本章Ⅱ参照。
55)　Karsten Schmidt, AcP 209 (2009), 202.
56)　マインツ大学法学部デルク・フェアゼ（Dirk A. Verse）教授の見解。
57)　マインツ大学法学部デルク・フェアゼ（Dirk A. Verse）教授の見解。
58)　「権利能力のある人的会社とは，権利を取得しかつ義務を負う能力を与えられた人的会社をいう」（ドイツ民法14条2項）。
59)　Karsten Schmidt, Neuregelung der Personengesellschaften?-Vorüberlegungen für eine konsistente Reform, ZHR 177 (2013), 722.
60)　Karsten Schmidt, ZHR 177 (2013), 736 f.
61)　Karsten Schmidt, ZHR 177 (2013), 735 ff.

ZGR 会議が 2014 年 1 月に人的会社法改正をテーマに開催された (Vgl. ZGR 2014, 107-370)。

3 組合の内部関係

(1) 組合員の義務

組合の内部関係とは，組合員相互の関係すなわち組合員の権利義務および業務執行に関する事項である。特に重要であるのは，組合員の義務である。

組合員の出資義務は，組合員の合意により相互に自由にその内容を定めることができる。しかし，別段の合意がない場合には，組合員は平等の出資をなす義務を有する (ドイツ民法 706 条 1 項)。組合員は約定の出資を増額または損失により減少した出資を補充する義務を負わないが，組合員の全員の同意により組合契約を変更する場合，出資を増額することができる[62]。出資義務以外の組合員の義務としては，誠実義務と注意義務とが存在する。組合も債務関係の一種であるから，組合において組合員はドイツ民法 242 条に従い相互に信義誠実の義務を負う[63]。積極的誠実義務としては，業務執行組合員が，組合に危機が迫っている場合に，他の組合員にかかる事実を通知する義務等がある。消極的誠実義務は非業務執行組合員も負うものであり，たとえば，組合員以外の第三者に組合の内部情報を伝達して，組合の信用や名声を損なってはならないという義務がこれに当たる。組合員の注意義務に関して注目されるべきは，その基準が自己の事務における注意 (同法 277 条) で足り (同法 708 条)，他人の事務における注意という高い基準ではないという点である。組合員による業務執行に重大な過失が認められる場合，業務執行組合員は責任を免れない。

(2) 組 合 訴 権

組合員の義務は，組合に帰属するため，これを行使するのは原則として組合員全体である。ドイツの判例・学説上，主として少数派組合員の保護の見地から組合訴権 (actio pro socio)[64]が認められており，これにより個々の組合員が組合全体のために，組合に対する個別の組合員の給付義務を行使することが認められる[65]。組

---

62) Windbichler, Gesellschaftsrecht, 23. Aufl., S. 63.
63) Windbichler, Gesellschaftsrecht, 23. Aufl., S. 64.
64) ローマ法上の組合訴権につき，瀧澤栄治「ローマ法における組合訴訟の機能——組合存続中の組合訴権に関する一考察」法政研究 51 巻 2 号 139 頁以下 (1985 年) 参照。
65) 組合訴権の詳細につき，Karsten Schmidt, Gesellschaftsrecht, 4. Aufl., S. 629 ff.; Martin Schwab, Das Prozeßrecht gesellschaftsinterner Streitigkeiten, Tübingen 2005,

合訴権を行使するため満たすべき要件事実については，学説の見解は分かれている。現代ドイツを代表する会社法学者であるヴィンドビィヒラーによると，組合に帰属する債権を行使するのは，本来，代表権限を有する組合員の権限に属するから，かかる権限を有しない組合員による組合訴権は，組合に帰属する請求権（社会的請求権）につき，総社員の同意を得ることが期待できない場合に二次的に認められる[66]。

組合訴権の法的基礎づけについては，裁判例・学説上の争いがある。その中で最も有力な見解が，組合訴権の法的基礎を，組合契約により個々の組合員が定められた給付をなすことを相互に義務づけられていること（ドイツ民法705条）に求める見解である[67]。しかし，この見解は，ソキエタスとしての組合契約にはそのまま当てはまる説明であるが，高度に組織化された法人たる有限会社においても組合訴権が認められることの説明が困難であると批判されている[68]。組合訴権の法的基礎を共同体（Gemeinschaft）に関するドイツ民法744条2項（共同体の構成員は緊急時に保存行為を他の構成員の同意なく行うことができる）に求める見解もある[69]。この説は，組合訴権が，組合員保護のため他の手段が採り得ない場合に二次的に認められることをうまく説明できるが，組合訴権が組合の請求権（社会的請求権）に限り認められることを的確に説明できない。いずれにせよ，組合訴権の法的基礎づけについても，決め手に欠けるのが現状である[70]。

(3) 組合員の権利

組合員の権利としては，情報請求権や議決権等の「管理権」と利益配当請求権や

S. 45 ff.; Barmert, Die Gesellschafterklage im dualistischen System des Gesellschaftsrechts, Tübingen 2003, S. 57 ff.

[66] Bitter, Gesellschaftsrecht, 2. Aufl., S. 176;. Karsten Schmidt, Gesellschaftsrecht, 4. Aufl., S. 637; Windbichler, Gesellschaftsrecht, 23. Aufl., S. 67. これに対して，クラフトとクロイツは，組合側が，組合訴権を行使してきた組合員に対して，訴訟提起が誠実義務に違反するあるいは内的な権限秩序に違反するという理由で，訴訟を拒絶することができると説く（Kraft/Kreutz, Gesellschaftsrecht, 11. Aufl., Neuwied 2000, S. 127）。

[67] BGH NJW 1974, 1556（合名会社の事例）; Immenga, Die Minderheitsrechte des Kommanditisten, ZGR 1974, 412. これに対して，カールステン・シュミットは，組合訴権は法律により構成員に帰属すると説く（Karsten Schmidt, Gesellschaftsrecht, 4. Aufl., S. 637）。

[68] Vgl. Windbichler, Gesellschaftsrecht, 23. Aufl., S. 67.

[69] RGZ 112, 367; BGHZ 17, 183.

[70] 組合訴権が認められるための要件事実およびその法的基礎づけをめぐるライヒ裁判所および連邦通常裁判所の考えの対立は，組合訴権につき立法上の規定を欠いていることについてのドイツ法の欠陥を示す。

残余財産分配請求権等の「財産権」の2つに分類される[71]。

　組合員の権利は原則として譲渡が禁止されている。組合員としての地位は単一体であり，たとえば議決権のみを全体から分離して譲渡することはできない（ドイツ民法717条1項）[72]。組合員の権利の不可分の原則は，法人たる株式会社にも社員権不可分の原則として妥当する[73]。

4　組合の外部関係

(1)　組合代表・組合財産

　組合の外部関係は，組合の「代表」・「組合財産」・「責任」の問題に分けられる。組合には自己機関制の原則が妥当する以上，組合員が機関となる。組合の代表をどのように定めるかは，組合契約に委ねられている。組合契約に特別の定めがない場合，総組合員が業務執行および代表にあたる（ドイツ民法709条）。組合契約で特に定めれば，個々の組合員に代表権を与えることもできる[74]。

　組合には，組合員の私的財産とは区別された，組合財産が存在する。組合財産は，ゲザムトハント財産であり，組合員の出資や組合の名義で行った法律行為による反対給付等を財源とする。

(2)　組合・組合員の責任関係

①　組合・組合員の契約責任

　組合・組合員の責任に法的にいかなる構成を与えるべきかについては，1世紀近く争いがあった。1914年11月27日ライヒ裁判所判決[75]および通説[76]は，組合は権利義務の主体にはなり得ないのであるから，組合の債務は法律的には個々の組合

---

71)　Kübler/Assmann, Gesellschaftsrecht, 6. Aufl., S. 50; Götz Hueck, Gesellschaftsrecht, 18. Aufl., München 1983, S. 51.

72)　「組合員が組合関係に基づいて相互に有する請求権はこれを譲渡することができない。1組合員がその業務執行に基づいて有する請求権であって分割前に満足を請求できるもの，ならびに，利益の配当または分割に際して組合員に帰属すべきものに関する請求権はこの例外とする」（ドイツ民法717条）。

73)　Wiedemann, Die Übertragung und Vererbung von Mitgliedschaftsrechten bei Handelsgesellschaften, Berlin 1965, S. 276 ff.; Müller-Erzbach, Das private Recht der Mitgliedschaft als Prüfstein eines kausalen Rechtsdenkens, Weimar 1948, S. 241.

74)　BGH NZG 2005, 345.

75)　RGZ 86, 70. 本判決は合名会社についての事案であるが，本判決において，ライヒ裁判所は，合名会社も民法上の組合も，ゲザムトハントであり，法人ではないため，会社ないし組合自身が債務の主体となることはないと判示している。

76)　Götz Hueck, Gesellschaftsrecht, 18. Aufl., München 1983, S. 63.

員の債務と同一性を有するのであり，個々の組合員はその個人財産によって第一次的に責任を負うとともに，組合財産の持分によっても第二次的に責任を負うと説いた（個人債務論）。ドイツ民事手続法 736 条は「ドイツ民法 705 条により締結された組合の組合財産に対する強制執行のためには，組合員全員に対してなされた判決を必要とする」[77]と規定し，個人債務論に従った条文構成を採用している。個人債務論の下で，組合財産に強制執行するためには，全組合員の組合に対する持分に対し強制執行しなければならないことになる。個人債務論では組合は法律上の権利義務の主体になり得ないと解されていたため，組合員の責任のみによって組合債務の問題を解決しようとした。

これに対して，1979 年以降の連邦通常裁判所判決[78]およびウルマー[79]等は，組合の債務と組合員の債務とは，相互に独立して二重に発生すると説いた（二重の義務づけ論）[80]。リーディングケースである 1979 年 4 月 30 日連邦通常裁判所判決は，組合の債務関係について規定するドイツ民法 705 条以下が定める原則により，組合および組合員の債務は，独立した債務を基礎づける法律行為からの責任であることが示されており，合名会社社員の責任を規定するドイツ商法 128 条以下の原則に優越して適用されると判示した[81]。本判決は，組合債権者保護の見地からも，また，個別の事情による組合員の責任の区別が可能であるという取扱の柔軟性の観点からも，二重の義務づけ論を支持した[82]。続く 1980 年 12 月 15 日連邦通常裁判所判決は，代表権のある組合員により締結された売買契約の当事者が組合員と組合との両方であることを認めた[83]。二重の義務づけ論によると，組合債権者が組合財産を摑取するには，全組合員の持分に対して執行名義を得る必要がない。また，二重の義務づけ論によると，組合との取引相手は，取引後に組合持分を別の者に譲渡し，もはや組合員でなくなった者に対しても，当該旧組合員が本取引をなした当時組合

---

[77] 法務省大臣官房司法法制部「ドイツ民事訴訟法典（2011 年 12 月 22 日現在）」法務資料 462 号 202 頁（2012 年）参照。

[78] BGHZ 74, 242; BGHZ 79, 377 ff.

[79] Ulmer, Vertretung und Haftung bei der Gesellschaft bürgerlichen Rechts, FS Fischer, Berlin 1979, S. 790 ff.

[80] 二重の義務づけ論の詳細について，後藤元伸「法人における有限責任と組合型団体における無限責任——ドイツにおける民法上の組合の組合員責任論」政策創造研究（関西大学）6 号 201 頁以下（2013 年）参照。

[81] BGHZ 74, 242 f.

[82] BGHZ 74, 243.

[83] BGHZ 79, 378 f.

員であり当該組合員と組合の取引相手には人的な債権債務関係が形成されていたことを理由にして当該旧組合員に対して本取引債務を履行する責任を追及できる[84]。

現在の判例・通説の立場は，個人債務論も二重の義務づけ論も採らない。すなわち，組合に権利能力を認めた 2001 年 1 月 29 日連邦通常裁判所判決[85]およびその後続判決である 2003 年 2 月 24 日連邦通常裁判所判決によると，民法上の組合の組合員の債務は，民法上の組合の債務に附随して発生すると解されている（附随責任論)[86]。2013 年 6 月 20 日連邦通常裁判所判決は，合名会社の社員の責任について定めるドイツ商法 128 条の類推適用により，組合員は組合債務に対して人的・無限責任を負うという[87]。連邦通常裁判所は，組合の代表権を持つ組合員による契約締結行為は，統一的な 1 つの義務づけの行為であるが，組合財産と組合員の財産とに対して（合名会社の債務負担と同様の）効果を生じさせると説く[88]。連邦通常裁判所判例および現在の通説の附随責任論の下では，組合は第三者との取引によって生じた債務の主体でありかつ全組合員にゲザムトハント的に帰属する組合財産の主体であるから，ドイツ民事手続法 736 条の存在にもかかわらず，組合債権者が組合財産に強制執行するには，組合に対する判決で十分である（ドイツ商法 124 条 2 項参照)[89]。二重の義務づけ論の下では，新たに組合員になったものは，過去の組合の債務についてこれを引き受ける意思表示をなしていないため，組合員になる前に組合がなした取引については責任を負わないのに対し，合名会社法をモデルとした附随責任論によると，組合と第三者が取引をなした後に新たに組合員になった者に対し，当該第三者は当該取引上の債務について組合員としての責任を追及しうる（ドイツ商法 130 条類推適用)[90]。

附随責任論は，組合の債務の額の減少に従って各組合員の債務の額の減少も附随的に生ずること，および，組合が組合債権者に対して有する抗弁権を各組合員も行

---

84) Müller-Laube, 20 Probleme aus dem Handels- und Gesellschaftsrecht, 3. Aufl., Neuwied 2001, S. 73.
85) BGHZ 146, 341.
86) BGHZ 154, 95.
87) BGH DB 2013, 2205.
88) BGHZ 146, 345.
89) BGH 146, 356; BGH NJW 2007, 1813 Leitsatz; Karsten Schmidt, Schwierigkeiten mit dem Prozessrecht der GbR, oder: Steine statt Brot?, NJW 2008, 1844; Baumbach/Lauterbach/Albers/Hartmann, Zivilprozessordnung, 74. Aufl., München 2016, § 736 Rdnr. 1; Hadding/Kießling, in: Soergel, BGB, 13. Aufl., Stuttgart 2012, § 714 Rdnr. 56.
90) Bitter, Gesellschaftsrecht, 2. Aufl., S. 162; Müller-Laube, 20 Probleme aus dem Handels-und Gesellschaftsrecht, 3. Aufl., S. 73 f.

使しうること等を無理なく説明できる。これに対して，二重の義務づけ論によると，組合と合名会社が，相互に組織変更する場合につき構成員の責任に質的な変化が生じてしまう。すなわち，合名会社が営んでいた商業がその規模からして商業としての要件（ドイツ商法1条2項）を失い，小事業となる場合，当該合名会社は自動的に組合に組織変更するが（ドイツ商法105条1項，ドイツ民法705条参照）[91]，附随責任論が解するように合名会社と組合の構成員の責任の法的形式が一致していないと，不都合が生ずる。これらの点が，前記連邦通常裁判所判決が附随責任論を支持する理由の1つになっている[92]。

② 組合・組合員の不法行為責任

組合員がその業務執行の過程で不法行為を行った場合にも，組合および他の組合員は不法行為責任を負うか否かについて，争いがあった。

かつての判例と民法学説は，社団の機関が職務執行につき第三者に対して損害を加えた場合の社団の責任を規定したドイツ民法31条の適用により，組合員の不法行為に対し組合が責任を負うという結論に当初反対であった。すなわち，1966年6月30日連邦通常裁判所判決は，組合は合名会社あるいは合資会社とは異なりケルパーシャフトとして組織されていないため，業務執行組合員を組合の「機関」とみることができないと判示し，ドイツ民法31条の適用による組合の不法行為責任を否定した[93]。ケスラーも，1980年，シュタウディンガーのドイツ民法コンメンタール第12版において，「組合の業務執行者はドイツ民法31条における『機関』ではない」[94]として同条の適用による民法上の組合の不法行為責任を否定した。この説によると，組合自身の不法行為責任（ドイツ民法31条）は否定されるのであるから，存在し得ない組合の不法行為責任をその他の組合員へ帰属させることも当然に否定される。

組合の不法行為責任についても，組合に権利能力を認めた2001年1月29日連邦通常裁判所判決[95]が，連邦通常裁判所の判例変更の契機となった。すなわち，後続判例である2003年2月24日連邦通常裁判所判決は，組合に権利能力を認めた以上，社団の機関が職務執行につき第三者に対して損害を加えた場合の社団の責任を規定したドイツ民法31条の適用により組合自身が不法行為責任を負い，組合員は

---

91) Karsten Schmidt, Handelsrecht, Unternehmensrecht I, 6. Aufl., Köln 2014, S. 318 ff.
92) BGHZ 154, 95.
93) BGHZ 45, 312.
94) Kessler, in: Staudinger, BGB 12. Aufl., Berlin 1980, §713 Rdnr. 17.
95) BGHZ 146, 341.

組合の不法行為債務につき，同額の連帯責任を負うと解することに何らの障害はないと説く[96]。本判決は，この帰結を債権者保護の見地から理由づけるとともに[97]，次のように論じる。すなわち，組合員の不法行為に対して権利能力を有する組合自身が同条により不法行為責任を負い，かつ，通常の場合，他の組合員もかかる不法行為を行った業務執行機関としての組合員の選任に対して，決定的な影響を与えているのだから，附随責任論のモデルに従い，他の組合員も組合の不法行為債務に対して附随的な責任を負う[98]。

5 組合員の脱退・除名・交替

(1) 組合員の自由意思による脱退

組合からの組合員の自由意思による脱退は，組合契約が脱退の権限を組合員に与えている場合（ドイツ民法736条），あるいは，他のすべての組合員から当該組合員の脱退の承認を得ている場合に可能である。組合員の脱退にもかかわらず，組合は同一性を保ったまま存続する。

(2) 組合員の除名

組合員の意思に反した強制的な脱退は，組合契約に定められた事由が発生した場合，あるいは，他の組合員の決議によって行われる。後者の場合をここでは除名による脱退という。

ドイツ民法736条は，契約による強制的な脱退の事由として，組合員の死亡またはその財産に倒産手続が開始された場合を挙げる。その他の解釈論上の除名事由としては，組合員の債権者が組合員の組合持分を同法725条に基づき差し押さえた場合，組合員に後見人が付された場合（ドイツ民法1896条以下），組合員が外国に居所を移した場合，組合員が高齢になった場合，組合員となる期間が組合契約等により決まっていて当該期間が満了した場合等が挙げられる。

ドイツ民法737条は除名による脱退のための2つの条件について規定する。すなわち，第1に，組合契約において組合員の除名があっても残りの組合員によって組合が存続することが定められており，かつ，第2に，組合員個人に他の組合員による特別の組合契約の解約を正当化させる事由が存在することである（ドイツ民法737条1文）。同法737条の規定によると，これら2つの要件が同時に満たされる場合に，他の組合員の全員の同意により，組合員の除名による脱退が認められる（同

---

[96] BGHZ 154, 94.
[97] BGHZ 154, 94.
[98] BGHZ 154, 94 f.

条2文)。同条は任意規定である。たとえば他の総組合員の同意に代えて，残余組合員による多数決によって，除名決議をなすことができる[99]。

(3) 組合員の交替

組合員の交替は，組合の脱退および新組合員の加入という二重契約によって成立する場合と，当事者間で組合員の地位の譲渡として行われる場合との2つのタイプがある[100]。両タイプともに，全組合員が同意することが必要である。

6 組合の終了

組合契約は継続的法関係であり，通常の場合には組織を形成する。組合には組合債務が存在し，組合財産も存在する。このため，組合の終了は瞬時に1つの行為によって行われるのではなく，組合の終了手続の開始から組合の終了まで一定の期間を必要とする。かかる期間の開始を組合の解散といい，期間の終了を組合の終了という。

組合の解散原因としては次のものが挙げられる。

第1に，期間の終了がある。組合契約に組合が一定の期間のみ存続すると定められている場合，かかる期間の満了により組合は終了する。

第2に，組合の目的が実現された場合あるいは不可能となった場合，組合は解散する（ドイツ民法726条）。

第3に，組合は，組合員全員の決議により解散する。ただし，組合契約により多数決による解散を定めてもよい。

第4に，組合は，組合員のうちの1人でも死亡すれば解散する（ドイツ民法727条1項）。組合契約で，組合員が死亡しても，その相続人が組合員になるあるいは相続人に対して持分が払い戻されることによって組合が存続することが定められている場合，組合は当該組合員の死亡にかかわらず，存続する。

第5に，組合は，組合または組合員の財産に対する倒産手続の開始により解散する（ドイツ民法728条1項1文）。

第6に，組合は，解除により解散する。かかる組合の解散につながる解除は，組合員による解約および組合員の債権者による解除がある。組合に存続期間が設けられていない場合，組合員は原則としていつでも解除することができる（通常の解除）。この「通常の解除」については，解除期間を設けることができる。また，重要な事由がある場合，組合員はいつでも解除することができる（特別の解除）。か

---

99) Windbichler, Gesellschaftsrecht, 23. Aufl., S. 86.
100) Windbichler, Gesellschaftsrecht, 23. Aufl., S. 89 f.

かる組合員の特別解除権を制限しあるいは剥奪することは許されない（ドイツ民法237条3項）。さらに，組合員の債権者が，組合員の解除に伴う代償から債権を回収するため，当該組合員の組合関係を解除することもできる（同法725条1項）。

VI おわりに
—— どのようにして日本の改正にドイツ法の経験を生かすことができるのか

1 日本の民法上の組合に権利能力を認める必要性

ドイツの学説は，組合と組合員の責任について，1世紀以上争い，判例法は，この論争を受けて，組合および組合員責任の考え方を変遷させてきた。2001年1月29日連邦通常裁判所判決[101]は，組合が法人ではないと明言したものの，組合に対して権利能力を認めた。法人の本質を契約関係において権利義務の主体となる能力が与えられた自然人以外の存在と理解すると，ドイツ法上組合はすでに法人であるとみることができる。組合に関する法規制の発展過程は，債務契約モデルから始まり，ゲザムトハント論を経て，現在組合を法人と位置づける考えが学説上有力になりつつあるものと総括することができる。日本の民法学説は日本民法668条の規定の文言（「共有」）にもかかわらず，組合の財産関係を「合有」と解するが，この「合有」の概念はドイツ民法学のゲザムトハント論の影響を受けてきた[102]。ここで注目すべきは，ドイツ法はすでにゲザムトハント論を進化させ，組合に権利義務の主体となる能力を認めているという点である。

日本の「民法（債権関係）の改正に関する中間試案」（平成25年2月26日決定。以下「中間試案」という）は，組合員の責任について明確化を図ろうとしている点で（中間試案第44組合3(2)），ドイツの判例法上の難問とされている問題を立法上解決しようとしたものとして評価できる。しかし，中間試案は，組合について，複数の企業からなる共同事業体として利用されることを前提としながら，組合はあくまでも契約であり，組合自身には権利能力が認められないという日本の民法典制定以来の立場を変化させていない[103]。中間試案が，組合自身の不法行為責任につい

---

101) BGHZ 146, 341.
102) 福田清明「日独における社団と組合の峻別論の発展——民法上の組合の権利主体性を中心に」明治学院論叢667号16頁（2001年）。
103) 法制審議会民法（債権関係）部会第59回会議議事録3頁以下（平成24年10月16日）参照。

て規定を置いていないことからすると，組合自身が権利義務の主体となり，不法行為責任を負う能力を有することは否定されていると解される。

　日本法では，組合を債務契約であるとみるローマ法のソキエタス・モデルが採用されている。今後，中間試案が想定しているように，組合が企業体（たとえば建設共同事業）として利用されるならば[104]，かかる債務契約モデルを放棄し，現在のドイツ法と同じく，組合自身に権利義務の主体となる能力を認め，組合の本質に関し，この意味での「法人」モデルを採用してもよいのではないか。中間試案は，「組合の債権者は，組合財産に属する財産に対し，その権利を行使できるものとする」と規定することにより，組合のソキエタス・モデルを維持しつつ，組合自身の契約責任を認めるのと事実上同じ効果を有する規制方式を採用した。これにより，日本法においても，組合に関し第三者との間で契約が締結され，組合側が本契約の履行を拒んでいるような場合，組合に関する取引契約の当事者が組合財産に対して強制執行する場合には，強制執行の前提として組合員全員に対して訴訟を提起し債務名義をとることは規定上必要でなくなった。

　2015（平成27）年3月31日に国会に提出された「民法の一部を改正する法律案[105]」（以下「民法改正法案」という）では，組合員および組合の責任について民法675条として「組合の債権者は，組合財産についてその権利を行使することができる（民法改正草案675条1項）。組合の債権者は，その選択に従い，各組合員に対して損失分担の割合又は等しい割合でその権利を行使することができる。ただし，組合の債権者がその債権の発生の時に各組合員の損失分担の割合を知っていたときは，その割合による（同条2項）。」と定める明文規定を設けた。特に，本条1項は，組合の債権者が，事前に組合員全員に対して訴訟を提起し債務名義をとる必要なくして，その債権の満足のため，組合財産に対して直接に強制執行することを可能としたものとして評価できる。ただし，かかる立法の方向を徹底するならば，（外的）組合の権利能力を正面から認める明文規定を置いてもよかったのではないか。

　組合に権利能力を認めることは，会社の設立過程を明快に説明するのに資する。すなわち，設立中の会社という概念は，発起人が会社の設立登記前に将来設立される会社のために行った行為を設立登記後会社が引き継ぐという結論を導くために会社法学が創造した概念であるが，日本の会社法学の通説的説明によると，会社の設

---

[104]　最判昭和45年11月11日民集24巻12号1854頁は，建設業における共同企業体を民法上の組合と認める。

[105]　民法改正法案における組合の規定につき，潮見佳男『民法（債権関係）改正法案の概要』305頁以下（金融財政事情研究会，2015年）参照。

立登記前，発起人組合と設立中の会社が併存している[106]。発起人組合は会社の設立を目的とする民法上の組合である[107]。発起人組合が民法上の組合として権利能力を有することになると，設立登記前の発起人による会社のための行為は発起人組合に直接帰属すると考えることができ，設立中の会社という概念はこの限りにおいて不必要になる[108]。

民法典の立法過程においてゲザムトハントの存在を認識していたドイツ法とは異なり，日本では，解釈論で組合に権利能力を認めることは困難である。組合に権利能力を認めることは，組合を債務契約の一形態とみる日本民法の立場を根本から変更することにつながり，かかる変更は立法府の権限に属することであるため，日本では民法改正により，組合に権利能力を認める条項を置くことが望ましい[109]。

日本の私法学説においても，かかる立法論の萌芽ともいうべき説が生じている。すなわち，日本の民法学説で，ドイツ法の影響下で，「1つの団体債務としての組合債務の存在を承認すべきものと思う」[110]と主張するものがある。来栖三郎博士は，1974年，「民法上の組合は個人とも，また社団（法人）とも異なる1つの権利主体といってよいであろう」[111]というドイツ法の発展方向を先取りしたともいうべき卓越した見解を発表している。

日本の民事訴訟法学においても，組合の当事者能力を認める説が有力である。日本の民事訴訟法29条は「法人でない社団又は財団で代表者又は管理人の定めがあるものは，その名において訴え，又は訴えられることができる。」と定める。判例は，法人格なき社団すなわち権利能力のない社団が成立するためには，団体としての組織を具え，多数決の原理が行われ，構成員の変更にかかわらず団体そのものが存続し，その組織において代表の方法，総会の運営，財産の管理等団体としての主要な点が確立することを要すると判示し，かかる権利能力なき社団には，同条により当事者能力が認められるとする一方[112]，民法上の組合についても当事者能力を

---

[106] 鈴木竹雄＝竹内昭夫『会社法〔第3版〕』56頁注1（有斐閣，1994年）。
[107] 青竹正一「発起人組合」鴻常夫＝竹内昭夫＝江頭憲治郎編『会社判例百選〔第5版〕』15頁（有斐閣，1992年）。
[108] 高橋英治『会社法概説〔第3版〕』44頁（中央経済社，2015年）。
[109] 組合の権利能力を認めると，組合自身が組合員の地位を離れて，それ自体，独立して法主体となるということを意味するから，民法上の組合は，日本民法の体系上，もはや単なる債権法上の契約としては規定できなくなるであろう。
[110] 鈴木祿彌編『新版注釈民法17巻』83頁（有斐閣，1993年）〔品川孝次〕。
[111] 来栖三郎『契約法』661頁（有斐閣，1974年）。
[112] 最判昭和39年10月15日民集18巻8号1671頁，最判昭和42年10月19日民集

肯定している113)。学説では，前記最高裁判決を踏まえ，4つの観点から当事者能力の有無を判断する傾向が有力になっているが，民法上の組合に同条により当事者能力が認められるか否かについては見解が対立している114)。とはいえ，前記の観点から独立した存在として認められるものについては，当事者能力が肯定される余地は十分にある115)。

日本の商法学においても，服部榮三博士は「組合もまた権利主体であり，組合の名において手形行為をなしうる」116)と論じた。森本滋教授も，組合に部分的権利能力を認め，組合代表者が組合代表名義でなした手形行為は組合自体の手形行為であると解する学説が存在すると説く117)。

組合の業務執行者による不法行為の被害者救済の観点から，組合の不法行為責任に関する立法上の規定も設ける必要がある。かかる立法が実現しない場合でも，一般社団法人の代表機関の不法行為についての一般社団法人の損害賠償責任を定める一般社団法人及び一般財団法人に関する法律78条が組合に類推適用され，少なくとも組合の代表機関とみなしうる業務執行者の不法行為については組合自身の損害賠償責任が認められるという解釈論を採る必要がある。これら社団の規定の組合への類推適用の基礎を築くためにも，組合の権利能力を民法改正により認める必要がある。

民法改正法案675条1項に基づき組合財産に対して権利行使できる債権者は，契約上の債権者だけではなく，組合の不法行為債権者もこれに含まれうる。本条項により，組合自身の不法行為責任は未だ認めたことにはならないが，本条項はその端初となるものとして評価できる。

21巻8号2078頁。
113) 最判昭和37年12月18民集16巻12号2422頁。
114) 松本博之＝上野㤗男『民事訴訟法〔第8版〕』249頁以下（弘文堂，2015年），三宅省三＝塩崎勤＝小林秀之編集代表『注解民事訴訟法 第1巻』295頁（青林書院，2002年）〔藪口康夫〕，新堂幸司＝小島武司編『注釈民事訴訟法 第1巻』432頁以下（有斐閣，1991年）〔髙見進〕参照。
115) 伊藤眞『民事訴訟法〔第4版補正版〕』122頁（有斐閣，2014年），中野貞一郎＝松浦馨＝鈴木正裕編『新民事訴訟法講義〔第2版補訂2版〕』95頁（有斐閣，2008年）〔本間靖規〕。
116) 服部榮三「組合の手形行為」手形研究56号12頁（1962年）。
117) 森本滋「組合の手形署名」落合誠一＝神田秀樹編『手形小切手判例百選〔第6版〕』9頁（有斐閣，2004年）参照。

2 組合訴権の欠如の問題——今後の民法改正の課題

民法改正法案が組合訴権の規定を欠いている点も，その問題点として挙げられる。組合訴権は少数派保護のためのマグナ・カルタであるといわれる[118]。組合訴権の規定を欠いているということは，業務執行につき組合員の持分による多数決原理が組合契約により導入されている組合で，少数派組合員の救済が十分になされないことを意味する。すなわち，ある過半数の持分を有する組合員が出資義務を果たさない場合，組合のために訴訟を提起する組合員の決議を得ることは，組合員の持分による多数決原理により阻まれて事実上不可能である。

業務執行組合員のような組合を代表する者が，組合に属する権利の訴求を拒絶している場合に，組合員が訴求することができるかという問題については，最判昭和33年7月22日民集12巻12号1805頁が参考になる。本判決は，組合財産についての積極訴訟を組合財産の保存行為を理由に認めている。具体的には，被上告人が上告人らとともに組合契約を結び，本件建物を建築したが，その後上告人は組合を脱退したという事実関係のもと，共有者の1人である被上告人は控訴人に対し保存行為（民法252条ただし書）として共有不動産登記の抹消を求めることができるとした原判決を支持した事例であり，本章が取り上げる，組合財産の組合員が，他の組合員が出資の履行義務を怠っている場合等に，組合を代表して訴訟を提起できるかという問題を取り扱うものではない。そもそも組合財産は法文上共有であるから，共有財産についての訴訟と同じ扱いになる。保存行為（同条ただし書）ということであれば，組合財産に属する権利の訴求は，組合員単独で行えると考える余地がある。しかし，組合員の出資義務の未履行等に関する組合訴権の日本法への継受の問題は，明文化されておらず，また，学説も正面から取り上げていないため，この問題は未解決となっている。

すべての組合員に，給付訴訟および損害賠償責任追及訴訟（民法669条）を，代表組合員により訴訟提起が期待できない場合等につき，組合を代表して提起する権限（組合訴権）を立法上認めるべきである。過半数の持分を有する組合員が組合財産を使い込む等の違法行為を行った場合についても同様である。一般社団法人の社員の代表訴訟を定める一般社団法人及び一般財団法人に関する法律278条4項あるいは株主代表訴訟を定める会社法847条3項は，権利能力のある団体の役員等に対する訴訟であり，権利能力が認められていない組合に対して類推適用することは法

---

118) Flume, Allgemeiner Teil des Bürgerlichen Rechts, Erster Band, Erster Teil Die Personengesellschaft, Berlin 1977, S. 144.

技術的に容易ではない[119]。この意味で組合員の債務不履行あるいは損害賠償責任に対して，代表組合員による訴訟提起が期待できない場合に他の組合員が組合を代表して訴訟を提起する純粋の組合訴権を，日本の民法も今後の債権法改正により導入するべきである。

民法改正案667条の2第2項は「組合員は，他の組合員が組合契約に基づく債務の履行をしないことを理由として，組合契約を解除することができない」と定める。これにより，他の組合が組合契約上定められた債務を履行しないことにより，組合契約を解除できないことが明確となった。しかし，民法改正案は，その670条の2第1項において，組合の代理につき組合員の過半数の同意を原則とする規定を設けたが，組合員単独でなしうる純粋の組合訴権について規定を設けなかった。民法改正案667条の2第2項の新設により，組合員が単独で提起できる純粋の組合訴権の導入の必要性は高まっている。日本法における組合訴権の導入の可否の検討は，将来の債権法改正の課題である。

---

[119] 仙台高判平成24年12月27日判時2195号130頁は，株式会社の株主が当該会社から株式を譲渡された者に対して株式譲渡の取消の訴え（民法424条1項）を，株主代表訴訟（会社法847条3項）として提起した事案につき，訴えを却下した原審判決を支持し，「会社法847条3項が規定する責任追及等の訴えにおいて，その被告とすべき者（被告適格を有する者）は，同条が明示的に規定する者，すなわち，責任追及の対象である役員等のほかは，株主権の行使に関して利益の供与を受けた者，著しく不公正な払込金額で株式を引き受けた者又は著しく不公正な条件で新株予約権を引き受けてこれを行使した者のみに限られているものと解するのが相当であって，制度の趣旨をより拡充するという名の下にこれを拡張して解釈することは許されない」と判示し，株主代表訴訟を定める会社法847条3項の拡張解釈に反対した。

第3部　会社法の収斂

第1章 ドイツと日本における経営判断原則の発展と課題

I はじめに

　20世紀において最も影響力のある経済学者の1人であったヨーゼフ・アドルフ・シュンペーターは、経済発展の担い手は「企業家（Entrepreneur; Unternehmer）」であるとみた。シュンペーターは、その主著『経済発展の理論』[1] 発表後、1927年、国家学小辞典の「企業家」の項目を執筆し、企業家が経済発展において果たす役割について次のように解説した。

　「国民経済の状況は、3種類の要素により、1つの状況から次の状況へと変化し……『経済の発展』がもたらされる。……その最も重要な要素が、個人の多くが経済的経験および実証済みの慣れたルーテイン以上のものを求め、それぞれの現状の経済生活の中で新しい可能性を認識し、その実現を要求することから生ずる推移である。……経済の分野における新しい可能性の認識とその要求の実現は、企業家の本質的機能の一部である」[2]。

　シュンペーターは、企業家の中心課題を、国内生産力を従来とは違う仕方で活用すること、具体的には、①新しい生産物の創出等、②新しい生産方法の導入、③新しい工場組織の創出、④新しい販売市場の開拓、⑤新しい買付先の開拓にあるとした。シュンペーターは、これらの5つの機能を「新結合（neue Kombination）」と呼び [3]、企業家が「新結合」を達成する場合、旧来のデータは役に立たず、誤算の可能性は質的に大きく、また企業家を取り巻く法律等の環境は、抵抗を示すと論じ

---

1) Schumpeter, Theorie der wirtschaftlichen Entwicklung, Leipzig 1912. 邦訳として、シュムペーター（塩野谷祐一＝中山伊知郎＝東畑精一訳）『経済発展の理論：企業者利潤・資本・信用・利子および景気の回転に関する一研究――上，下』（岩波書店、1977年）。

2) Schumpeter, in: Ludwig Elster/Adolf Weber/Friedrich Wieser (Hrsg.), Handwörterbuch der Staatswissenschaft, Jena 1927, S. 483. 邦訳として、J・A・シュンペーター（清成忠男訳）『企業家とは何か』30頁以下（東洋経済新報社、1998年）。

3) Schumpeter, in: Ludwig Elster/Adolf Weber/Friedrich Wieser (Hrsg.), Handwörterbuch der Staatswissenschaft, S. 483.

た[4]。1935年,米国・ハーバード大学に活動拠点を移していたシュンペーターは,企業家による経済発展の原動力を「革新（innovation）」という言葉で表現した[5]。

シュンペーターが活動していた米国では,企業家による「革新」のための活動を会社法が積極的に支援した。すなわち,米国は古くから経営判断原則を導入し[6],企業家が革新を行いやすい法環境を整えた。ドイツと日本も,1990年代以降,本格的に経営判断原則を導入した。ドイツと日本における経営判断原則の導入は,それぞれの国が当時経済的に成功していた米国の会社法を継受した結果,両国において会社法の内容が近接したという現象,すなわち「会社法の収斂」に属する[7]。

本章は,ドイツの経営判断原則の発展・法解釈の現状・最新判例を分析・検討することにより,日本法への示唆を得ることを目的とする。

本章は,まず,ドイツにおける経営判断原則の発展過程を概観し（Ⅱ）,現行法で経営判断原則を定める株式法93条1項2文を構成する各要件事実を検討し（Ⅲ）,経営判断原則が適用される取締役の注意義務違反が問題となる局面を類型として示し（Ⅳ）,経営判断原則に関する最新の裁判例を紹介する（Ⅴ）。続いて,日本法の取締役の義務に関する立法上の枠組みの変遷を示した上で（Ⅵ*1*）,日本における経営判断原則の判例上の発展と展望を示す（Ⅵ*2*）。最後に,日本法がドイツ法のように経営判断原則を立法化する可能性について検討する（Ⅶ）。

Ⅱ　ドイツにおける経営判断原則の発展過程

ドイツにおいて,経営判断原則は,かつては判例法理であったが,現在では立法上の規定が設けられている（株式法93条1項2文）。以下においては,その発展過程を概観する。

---

4) Schumpeter, in: Ludwig Elster/Adolf Weber/Friedrich Wieser (Hrsg.), Handwörterbuch der Staatswissenschaft, S. 483.
5) Schumpeter, The Analysis of Economic Change, Reprinted from Review of Economic Statistics, May 1935, 2-10, in: Clemence (Edit.), ESSAYS ON ENTREPRENEURS, INNOVATIONS, BUSINESS CYCLES, AND THE EVOLUTION OF CAPITALISM, 138 (Tansaction Publishers, 1989).
6) 米国では19世紀末から取締役会の経営判断を尊重する裁判例が存在することにつき, Samuel, The Business Judgment Rule Revisited, 8 Hofstra Law Review Vol. 8, Iss. 1 (1979), 93; 近藤光男『会社支配と株主の権利』116頁以下（有斐閣,1993年）参照。
7) 髙橋英治「日本とドイツの会社法の『継受』と『収斂』」商事法務1984号28頁以下（2012年）参照。本書第*1*部収録。

1 判例法理確立前の状況

ドイツ法における株式会社の取締役の責任規定の原型は，1861年ドイツ普通商法典（ADHGB）[8]241条2項にある。本条項では「委任の限界を超えてまたは本法律もしくは会社契約に反して行為する取締役は，発生した損害に対して人的かつ連帯的責任を負う」と規定されていた。

1884年改正ドイツ普通商法典[9]241条2項は，取締役の注意義務の基準を明文によって定め，「取締役は通常の事業者（ordentlicher Geschäftsmann）の注意義務をもって業務執行を行わなければならない」と規定した[10]。1884年改正法の草案理由書は，本規定が置かれた理由につき，取締役の義務を正確に表現し，取締役の責任の範囲に関する疑問を解消するためであると説明した[11]。

ドイツで取締役の経営上の判断が争点になった裁判例は19世紀後半から存在するが，それらは協同組合の取締役に関するものであった[12]。商事会社の業務執行者の経営上の裁量が本格的に問題となったはじめての連邦通常裁判所判決は，1986年11月10日連邦通常裁判所判決[13]であった。本判決の事案は次のとおりであっ

---

8) 1861年ドイツ普通商法典のテキストとしては，Allgemeines Deutsches Handelsgesetzbuch und Allgemeine Deutsche Wechselordnung nebst den dazu gehörigen Einführungsgesetzen und Vollzugsverordnungen und den übrigen auf das Handelsrecht bezüglichen Gesetzen für das Großherzogthum Baden, Karlsruhe 1862 を参照した。

9) RGBl. 1884, S. 123. この資料は，Schubert/Hommelhoff, Hundert Jahre modernes Aktienrecht, ZGR-Sonderheft 4, Berlin 1985, S. 560 ff.; Schubert/Schmiedel/Krampe (Hrsg.), Quellen zum Handelsgesetzbuch, Band 1 Gesetze und Entwürfe, Frankfurt a. M. 1986 にも収録されている。

10) 取締役の注意義務の基準は，1937年株式法により，「通常のかつ誠実な事業指揮者（ordentlicher und gewissenhafter Geschäftsleiter）」の注意義務と変更された（1937年株式法84条1項1文）。1965年株式法は，1937年株式法の表現をそのまま受け継ぎ，取締役は「通常のかつ誠実な事業指揮者」の注意義務を負うと定め（1965年株式法93条1項1文），現在に至っている。現行ドイツ法では，この取締役の注意義務に関する株式法93条1項1文を基本原則とし，例外的に義務違反が生じない特則として経営判断原則が設けられている（同項2文）。

11) Allgemeine Begründung zum Entwurf eines Gesetzes, betreffend die Kommanditgesellschaften auf Aktien und die Aktiengesellschaften vom 7. März 1884 (Aktenstück Nr. 21), bei: Schubert/Hommelhoff, Hundert Jahre modernes Aktienrecht, ZGR-Sonderheft 4, Berlin 1985, S. 462.

12) 高橋英治『ドイツと日本における株式会社法の改革——コーポレート・ガバナンスと企業結合法制』216頁以下（商事法務，2007年）参照。

た。被告（Y）は，有限会社である原告（X社）の業務執行者であり，同時にX社の子会社であるパナマ法上の株式会社（A社）の取締役でもあった。A社の取締役であったBは，Bが資本参加している別会社が所有しているヨットと飛行機の維持費を勝手にA社に負担させていた。Yは，その事実を知っており，かつ，これによって生じたA社に対するBの損害賠償債務をBが履行できない状態にあることを知りつつ，これを放置していた。後にBは支払不能になり，A社とその親会社であるX社に損害が生じた。YはA社の親会社であるX社から損害賠償を求められた。

　連邦通常裁判所は，YはBの支払不能が明らかになった時点から，A社のBに対する損害賠償請求権が生じることを防がなければならず，「これを怠った場合，許される企業家のリスク（zulässiges unternehmerisches Risiko）の枠を明らかに蹂越している」[14]と判示して，X社の業務執行者としてのYの注意義務違反を認めた。本判決において，有限会社の業務執行者に認められる経営上の裁量は，「許される企業家のリスクの枠」という言葉で表現されていた。

　メストメッカーは，1958年に発表した教授資格論文において，取締役の裁量決定は事後的にその経済的結果という尺度によってはかられるべきものではなく，この意味で，米国法上の経営判断原則が，ドイツ法においても参考にされるべきであると論じた[15]。ホプトは，1996年，米国法律協会（American Law Institute）が1992年に採択した『コーポレート・ガバナンスの原理・分析と勧告』[16]の経営判断原則の定式につき，ここで示されている米国法の考え方が，ドイツ法よりも，会社実務に近く，経済的観点からも正しいと論じた[17]。

　ドイツ連邦司法省は，1996年に公表したKonTraG[18]参事官草案において，ホプ

---

13) BGH AG 1987, 126.

14) BGH AG 1987, 127.

15) Mestmäcker, Verwaltung, Konzerngewalt und Rechte der Aktionäre, Karlsruhe 1958, S. 213.

16) American Law Institute (ALI), PRINCIPLES OF CORPORATE GOVERNANCE: ANALYSIS AND RECOMMENDATIONS (American Law Institute Publischers, 1994). なお，邦訳および共同研究として，証券取引法研究会国際部会訳編『コーポレート・ガバナンス――アメリカ法律協会「コーポレート・ガバナンスの原理：分析と勧告」の研究』（日本証券経済研究所，1994年）がある。

17) Hopt, Die Haftung von Vorstand und Aufsichtsrat-Zugleich ein Beitrag zur corporate governance-Debatte, FS Mestmäcker, Baden-Baden 1996, S. 920.

18) 「企業領域におけるコントロールと透明化に関する法律（Gesetz zur Kontrolle und Transparenz im Unternehmensbereich vom 27. 4. 1998-KonTraG）」。

トの論文を引用しつつ,「企業決定の領域においては,企業管理者に広い裁量の余地が与えられなければならない」[19]とした。

2 判例法理としての経営判断原則の確立

1997年4月21日連邦通常裁判所アラーグ・ガルメンベック判決[20]は,ドイツ法史上はじめて経営判断原則を正面から認めた判決であった。本件は,取締役がなした信用取引につき,これを注意義務違反と判断した監査役会構成員が当該取締役の責任を追及しようと監査役会決議にかけたが,責任追及が否決されたため,かかる監査役会決議の違法を理由とする無効確認を裁判所に求めた事案である。連邦通常裁判所は,原告である監査役会構成員の訴えを斥けた原判決を破棄し,事件を控訴審裁判所に差し戻したが,本判決において,経営判断原則の定式を示した。すなわち,連邦通常裁判所は,「取締役の損害賠償義務が考慮されるのは,責任意識を持って,企業利益のみに沿って,決定をするに際して注意深く調査したことに基づいてなされた企業行為が活動上の限界を明白に超え,もしくは企業家リスクを負担する覚悟が無責任な態様で度を超えたものとなり,もしくは取締役の行為がその他の理由から義務違反とならざるを得ない場合である」[21]と判示した。

連邦通常裁判所判事ヘンツェは,アラーグ・ガルメンベック判決を解説し,本判決が米国法の経営判断原則を採用したと主張した[22]。すなわち,ヘンツェは,本章で引用したアラーグ・ガルメンベック判決の判断は,米国法律協会の経営判断原則,すなわち,①決定の前に十分に情報を得(「決定をするに際して注意深く調査した」こと),かつ②取締役の措置が会社利益と利益相反関係に立たず(「責任意識を持った行為である」こと)かつ③会社の最良の利益に沿った(「企業利益のみに沿った」)決定であるという3つの要件に,④企業家リスクを負担する覚悟が無責任な態様で度を超えたものとなってはならない,⑤取締役の行為がその他の理由から義

---

19) Referentenentwurf zur Änderung des Aktiengesetzes („KonTraG"), ZIP 1996, 2136.
20) BGHZ 135, 244 „ARAG/Garmenbeck". 本判決につき,内藤裕貴「経営判断原則の再考(1)——ドイツにおける経営判断原則の立法化を中心として」早稲田大学大学院法研論集153号232頁以下(2015年),布井千博「取締役に対する民事責任の追及と監査役の提訴義務——ARAG/Garmenbeck事件を素材として」奥島孝康教授還暦記念論文集編集委員会編『奥島孝康教授還暦記念 第1巻 比較会社法研究』381頁(成文堂,1999年)参照。
21) BGHZ 135, 253 f.
22) Henze, Prüfungs- und Kontrollaufgaben des Aufsichtsrates in der Aktiengesellschaft, NJW 1998, 3309.

務違反となってはならないという2つの要件を加え，これら5つの要件事実を充足した場合に，取締役は責任を負わないとするものであると解説した。

ドイツの多数説は，アラーグ・ガルメンベック判決が企業家的裁量原則を米国の経営判断原則の影響の下に定式化したと考え[23]，本判決を支持した[24]。ホプトは，1999年，株式会社の取締役の責任規定の解釈に，米国法の考え方を積極的にとり入れ，株式会社の取締役の義務を，注意義務（duty of care; Sorgfaltspflicht）と忠実義務（duty of loyalty; Treuepflicht）とに大別して，注意義務の範囲を画する原理として経営判断原則を位置づけた。ホプトは，①事案について個人的な重要な利害関係を有さない，②事案について十分に情報を得ている，③企業の最大の利益に沿って行動していると追体験可能なかたちで信じたという3つの要件を満たした場合，米国法では取締役は裁判所の審査を免れるが，これらの要件はドイツ株式法93条の取締役の免責基準としても通用すると主張し[25]，アラーグ・ガルメンベック判決が，米国法上認められている経営判断原則を別の表現で認めたとした。

3 経営判断原則の立法化

経営判断原則の立法化を最初に提唱したのはウルマーであった。ウルマーは，1999年，「適切な情報を基礎に会社の利益のための企業家的行為によって損害が生じた場合，かかる行為が後の発展ないし認識により会社のために不利益となる場合でも，義務違反はない」[26]という規定を新設すべきことを主張した。2000年のドイツ法律家会議経済法部会決議では，経営判断原則を立法化すべきことが，賛成46票・反対10票で可決された[27]。

2004年1月に公表された「企業の誠実性及び取消権の現代化のための法律（UMAG）」の参事官草案[28]は，株式会社における経営判断原則を定める次の規定

---

23) Schneider, in: Scholz, GmbHG, 9. Aufl., Köln 2000, § 43 Rdnr. 45a.

24) Ulmer, Die Aktionärsklage als Instrument zur Kontrolle des Vorstands- und Aufsichtsratshandelns: Vor dem Hintergrund der US-Erfahrungen mit der shareholders' derivative action, ZHR 163 (1999), 300; Kindler, Unternehmerisches Ermessen und Pflichtenbindung, ZHR 162 (1998), 106 f.

25) Hopt, in: Hopt/Wiedemann (Hrsg.), AktG: Großkommentar, 4. Aufl., Berlin 1999, § 93 Rdnr. 83.

26) Ulmer, Die Aktionärsklage als Instrument zur Kontrolle des Vorstands- und Aufsichtsratshandelns, ZHR 163 (1999), 299.

27) Verhandlungen des dreiundsechzigsten Deutschen Juristentages, Band II/2 (Sitzungsberichte-Diskussion und Beschlussfassung), München 2000, S. 226 ff.

28) Referentenentwurf Gesetz zur Unternehmensintegrität und Modernisierung des

を設けることを提案した。

「取締役が企業家的決定において重過失なく適切な情報をもとに会社の福利のために行為すると認めることが許される場合，義務違反はない」。

この経営判断の定式における「重過失なく」という表現は，デラウェア州裁判所の経営判断原則の定式——「取締役の決定は，合理的に取得可能なすべての事実を考慮し重過失ない手続で決定が下された場合，裁判所により尊重される」[29]——をモデルとしたものであった。これに対して，米国法律協会は，経営判断原則の情報面での要素を「取締役や役員が所与の状況下で適切であると合理的に信じる程度で経営判断にかかわる事項につき情報を得ていること」[30]と定式化していた。

UMAG 参事官草案の経営判断原則の定式に対し，フライシャーは，「重過失」という主観的責任の要素が客観的義務違反の有無の判断で問題にされていることは理論上問題があるとして，重過失で義務違反をなした取締役に責任を課すのではなく，「不合理に」義務違反をなした取締役に責任を課すという方向で明文化するべきであるとした[31]。ウルマーも，フライシャーに賛同し，UMAG 参事官草案の経営判断原則が重過失を規準として免責を決定することに対して，ドイツ民法は若干の例外を除いて責任規準を重過失に軽減していないと批判し[32]，UMAG 参事官草案の経営判断原則の定式から「重過失なく」という文言を削除することを提案した。

2005 年 9 月 22 日に成立した UMAG により導入された株式法 93 条 1 項 2 文は，ウルマーとフライシャーの批判を受け入れ，経営判断原則につき，「重過失なく」という要件を削除し，米国法律協会の経営判断原則の定式をモデルとして[33]，「取締役が企業家的決定において適切な情報を基礎として会社の福利のために行為したと合理的に認めることが許される場合，義務違反はない」と規定した[34]。

Anfechtungsrechts-UMAG.

29) *Brehm v. Eisner* 746 A. 2d 244, 246 (Del. 2000).
30) American Law Institute (ALI), PRINCIPLES OF CORPORATE GOVERNANCE: ANALYSIS AND RECOMMENDATIONS (American Law Institute Publishers, 1944) (S. 139) §4. 01 (c).
31) Fleischer, Die „Business Judgement Rule": Vom Richterrecht zur Kodifizierung, ZIP 2004, 689.
32) Ulmer, Haftungsfreistellung bis zur Grenze grober Fahrlässigkeit bei unternehmerischen Fehlentscheidungen von Vorstand und Aufsichtsrat?, DB 2004, 862.
33) Hopt/M. Roth, in: Hopt/Wiedemann, AktG: Großkommentar, 4. Aufl., §93 Abs 1 Satz 2, 4 nF Rdnr. 44.
34) UMAG における経営判断原則につき，マルクス・ロート（早川勝訳）「ドイツの経営判断原則と取締役の責任の追及——ドイツ株式法の近時の改正」同志社大学ワー

2014年9月ハノーバーで開催された第70回ドイツ法律家会議経済法部会では，株式会社の役員の責任規制の改革が主題となったが，議論の基礎となる鑑定意見[35]を作成したベルリン自由大学教授のゲオルグ・バッハマンは，そもそも経営判断原則を定める株式法93条1項2文の文言の改正の必要性はないという認識を示していた[36]。2014年9月18日第70回ドイツ法律家会議経済法部会決議においては，株式法93条1項2文の経営判断原則の定式そのものを変更するべきであるという決議事項はなかった。第70回ドイツ法律家会議経済法部会決議においては，株式会社の機関が法律上の責任を負う場合を重過失ある場合に限定すべきではないという提案は可決された（賛成81票，反対票なし，棄権4票）。また，経営判断原則の適用領域を法的な不明確性がある場合にも拡げるという決議事項は，否決された（賛成29票，反対41票，棄権12票）[37]。

ただし，第70回ドイツ法律家会議経済法部会決議において，取締役は，他の取締役が当該取締役の管轄事項を適切に執行したものとして信頼してよいことを明確にするべきであるという決議事項が可決された（賛成46票，反対28票，棄権7票）[38]。この「信頼の原則」の導入の提案が，株式法93条1項の文言にいかなる影響を与えるのかについては未だ明確にはなっていない。

III　ドイツ法上の経営判断原則の内容

株式法93条1項2文が規定する経営判断原則は，①企業家的決定，②会社の福利のために行為したと合理的に認めることが許されること，③特別な利益や外部の影響を受けた行為でないこと，④適切な情報を基礎とした行為であると合理的に認めることが許されること，⑤善意なる行為という5つの要件事実によって構成され

ルドワイドビジネスレビュー7巻2号105頁（2006年）以下。

35) Bachmann, Reform der Organhaftung? Materielles Haftungsrecht und seine Durchsetzung in privaten und öffentlichen Unternehmen, Ständige Deputation des Deutschen Juristentages, Verhandlungen des 70. Deutschen Juristentages, Band 1 Gutachten Teil E, München 2014.

36) Bachmann, Reformbedarf bei der Business Judgement Rule?, ZHR 177 (2013), 11; Bachmann, Verhandlungen des 70. Deutschen Juristentages, Band 1 Gutachten E. 43 ff.

37) Deutscher Juristentag e. V, 70. Deutscher Juristentag 2014 Hannover-Beschlüsse, S. 17.

38) Deutscher Juristentag e. V, 70. Deutscher Juristentag 2014 Hannover-Beschlüsse, S. 18.

ている[39]。以下においては、これらの各要件事実が、判例・学説上、どのように理解されているかについて検討する。

1 企業家的決定

「企業家的決定」において重要な要素は「決定」という点である。これは情報を十分に得た上でさまざまなリスク要因を比較考量して複数の行為の選択肢から会社ないし企業の利益のために最善となる行為を選びとるという行為を指す[40]。善管注意義務および忠実義務から要請される行為は、経営判断原則の適用の対象外となる[41]。適法な行為のみが経営判断原則の保護の対象となり、法律・定款違反の行為は経営判断原則の対象外である[42]。たとえば、定款に記載された事業目的に従った行為をなすことは取締役の義務であり、これに違反する行為すなわち目的外の行為を行った場合については、経営判断原則が及ばない[43]。また、取締役がカルテル契約を締結するように申し込まれた場合にも、カルテル契約締結は贈賄やマネーロンダリングと同じく明白な違法行為であるから経営判断原則が及ばず、取締役はカルテル契約締結を拒否する以外に選択肢はない[44]。これは、当該カルテルが摘発される可能性が低く、かつカルテルによって会社にもたらされる利益が莫大なものとなる場合でも同じである[45]。

法律に違反したほうが会社の利益になる場合でも、かかる行為が法律違反である以上、経営判断原則の適用はない。たとえば、荷物運送会社 (United Parcel Service of America, Inc.) が、1994 年、ニューヨーク市で駐停車禁止の標識に従わずに荷物運送事業を行った結果、荷物運送会社がニューヨーク市に対して支払った罰金が 150 万ドルに上った事件[46]はドイツでも知られている[47]。会社は道路交通に関する

---

39) Fleischer, in: Spindler/Stilz (Hrsg.), Kommentar zum Aktiengesetz, Band 1, 3. Aufl., München 2015, § 93 Rdnr. 66; Hüffer, Aktiengesetz, 10. Aufl., München 2014, § 93 Rdnr. 15 ff.

40) Hüffer, Aktiengesetz, 11. Aufl., § 93 Rdnr. 16.

41) Fleischer, in: Spindler/Stilz (Hrsg.), Kommentar zum Aktiengesetz, Band 1, 3. Aufl., § 93 Rdnr. 67.

42) Hüffer, Aktiengesetz, 11. Aufl., § 93 Rdnr. 16.

43) Krieger/Sailer-Coceani, in: Karsten Schmidt/Marcus Lutter (Hrsg.), Aktiengesetz, Kommentar, Band 1, 3. Aufl., Köln 2015, § 93 Rdnr. 15.

44) Lutter, Die Business Judgement Rule und ihre praktische Anwendung, ZIP 2007, 843.

45) Schäfer, Die Binnenhaftung von Vorstand und Aufsichtsrat nach Renovierung durch das UMAG, ZIP 2005, 1256

法律上の一般法規に従う義務を負っているのであり，この点について取締役には法律に従わないという裁量が存在しないのであるから，ドイツで，同様の違法駐車に対する罰金を荷物運送会社が支払った場合，当該会社の株主が罰金額相当の損害の賠償を求めて代表訴訟を提起すれば，かかる訴えはドイツ法上認容されるはずであると解釈されている[48]。

UMAG政府草案理由書は，「一定の行為をとるように決定が法律によって決められている場合，すなわち忠実義務，情報提供義務その他の法律定款に違反する行為」は，企業家的決定とは区別されるべきであり，「一般的な法律・定款違法行為にはセーフ・ハーバーを与えるべきではない」[49]と明言している。たとえば，取締役が新株の発行価格を決定する場合，あるいは複数の企業買収の申込から１つの申込を選ぶ場合，株式法53a条が定める株主平等取扱原則に違反しない範囲で裁量が認められる[50]。

会社が第三者と契約を締結した場合，契約上の債務を履行するかあるいは債務をあえて履行せずに損害賠償義務を負うべきかについても，経営判断原則が及ぶ[51]。なぜなら，この場合，会社が第三者と締結する契約から生じる義務は会社のみを拘束し，取締役を拘束する法律上の義務ではないからである。すなわち，取締役は契約を履行するメリットを選ぶか契約を履行しない場合の損害賠償を選ぶのかを選択する自由を持つといわれる[52]。

ヘファーは，取締役の裁量的決定を保護するという株式法93条1項2文の趣旨からすると，「不確実性のある決定」のみが経営判断原則の保護の対象となると論じる[53]。これに対し，ホプトとマークス・ロートは，将来の不確実な事象の展開

---

46) Robert Frank, Urban Scourge Of Delivery-Truck Drivers Is "No Parking", Wall Street Journal, 21 June, 1995 at B1; Dean Chang, Daily News (New York), 25. June, 1995 at. Pg. 3.

47) Fleischer, Aktienrechtliche Legalitätspflicht und „nützliche" Pflichtverletzungen von Vorstandsmitgliedern, ZIP 2005, 149.

48) Lutter, ZIP 2007, 844.

49) Begründung Regierungsentwurf UMAG, BT-Drucks. 3/05, S. 17.

50) Vgl. BGHZ 21, 357; Goette, Leitung, Aufsicht, Haftung-zur Rolle der Rechtsprechung bei der Sicherung einer modernen Unternehmensführung, FS 50 Jahre BGH, Köln 2000, S. 134; Fleischer, Börsenführung von Tochtergesellschaften, ZHR 165 (2001), 528 ff., 533 f.

51) Lutter, ZIP 2007, 843.

52) Lutter, ZIP 2007, 843.

53) Hüffer, Aktiengesetz, 11. Aufl., § 93 Rdnr. 18.

とは無関係の事柄についても経営判断原則が認められてもよいと論じる[54]。両氏によると, たとえば, 監査役会による取締役の報酬決定や取締役による計算に関する事項についても, 経営判断原則が適用され, それぞれ監査役会, 取締役の裁量が認められるべきである[55]。すなわち, 監査役会は, 報酬の相当性の要請等（株式法87条）の法律で定められた枠内で取締役の報酬を決定する裁量を有する。また, 会社に利益が発生した場合, これを株主に配当するべきか, あるいは, 会社の長期的発展のために内部留保するのかは, 取締役の経営判断に属する事項である。

ホプトとマークス・ロートは, 監督は, 企業的決定ではないが, 経営判断原則の適用が認められてもよいはずであると論じる[56]。両氏は, 取締役や監査役会による監督は, 仮に法律上規定されている経営判断原則の中に包摂できなくとも, 経営判断原則の立法化以前から認められている「企業家的裁量」の中に包摂できるはずであるとする[57]。

2 会社の福利のための行為

「会社の福利のために行為したと合理的に認めることが許される」という要件における「会社の福利」とは「企業の利益」とほとんど同義であり, 株主の利益だけではなく, 会社債権者の利益, 労働者の利益, あるいは公的利益も含まれる[58]。同要件の中の「行為したと合理的に認めることが許される」は主観的要素である。会社の利益のために冒険的行為をすることも国民経済的見地から認められるべきであるから, かかる主観的免責事由も認められていると解説されている[59]。この要件の本質は無責任な行為ではなかったという点にある[60]。

---

54) Hopt/M. Roth, in: Hopt/Wiedemann (Hrsg.), AktG: Großkommentar, 4. Aufl., § 93 Abs 1 Satz 2, 4 nF Rdnr. 18 f.
55) Hopt/M. Roth, in: Hopt/Wiedemann (Hrsg.), AktG: Großkommentar, 4. Aufl., § 93 Abs 1 Satz 2, 4 nF Rdnr. 18 f.
56) Hopt/M. Roth, in: Hopt/Wiedemann (Hrsg.), AktG: Großkommentar, 4. Aufl., § 93 Abs 1 Satz 2, 4 nF Rdnr. 19.
57) Hopt/M. Roth, in: Hopt/Wiedemann (Hrsg.), AktG: Großkommentar, 4. Aufl., § 93 Abs 1 Satz 2, 4 nF Rdnr. 51.
58) Henze, Leitungsverantwortung des Vorstands-Überwachungspflicht des Aufsichtsrats, BB 2000, 212.
59) Hopt/M. Roth, in: Hopt/Wiedemann (Hrsg.), AktG: Großkommentar, 4. Aufl., § 93 Abs 1 Satz 2, 4 nF Rdnr. 30.
60) Hopt/M. Roth, in: Hopt/Wiedemann (Hrsg.), AktG: Großkommentar, 4. Aufl., § 93 Abs 1 Satz 2, 4 nF Rdnr. 32 ff.

3 利益相反のないこと

「特別な利益や外部の影響を受けた行為でないこと」とは，株式法93条1項2文の条文には書かれていないが，UMAG政府草案理由書から，この要件は導かれる[61]。すなわち，UMAG政府草案理由書は，「取締役がその決定において企業利益以外の特別な利益の影響を受けるとは，影響を受けて取締役の個人的利益のため，または，取締役と近しい関係にある個人や会社のために行為した場合を指す」[62]と解説する。この要件は取締役が自己ないしその他の者との間に「利益相反のない状態」を指す。たとえば，会社が取締役の妻からその所有する企業を買収する場合，当該取締役の買収決定には経営判断原則の適用がない[63]。取締役が個人的利益のために行った決定は，取締役のその個人的利益の追求が同時に会社の利益の追求となるというような並行関係にあるきわめて例外的な場合を除き，この要件を充足しない。

外部の特別な利益に導かれずに取締役が独立に決定した場合，取締役は会社の福利のために決定したと認められる。UMAG政府草案理由書によると，「特別な利益や外部の影響を受けた行為でないこと」は「会社の福利のために行為したと合理的に認めることが許される」という要件に包摂しうると考えたため，明文でこの要件について定めなかった[64]。このUMAG政府草案理由書の説明は理論的には正しいが，「特別な利益や外部の影響を受けた行為でないこと」は，経営判断原則の要件の1つとして実際上重要な地位を占めているから，株式法93条1項2文において明文で示すべきであったという批判がなされている[65]。

4 適切な情報を基礎とした行為

「適切な情報を基礎とした行為であると合理的に認めることが許されること」の要件事実においては，考えられる限りすべての情報を収集する抽象的義務が定められているのではなく，「注意深い決定」（＝決定の準備を徹底的に行い具体的状況において適切なリスク算定を行うのに必要な情報の収集を事前に十分に行った上での決定）

---

[61] Begründung Regierungsentwurf UMAG BR-Drucks. 3/05, S. 20.
[62] Begründung Regierungsentwurf UMAG BR-Drucks. 3/05, S. 20.
[63] Brömmelmeyer, Neue Regeln für die Binnenhaftung des Vorstands-Ein Beitrag zur Konkretisierung der Business Judgement Rule, WM 2005, 2068.
[64] Begründung Regierungsentwurf UMAG BR-Drucks. 3/05, S. 20.
[65] Brömmelmeyer, WM 2005, 2068.

が求められている。「注意深い決定」に必要とされる情報は，個々の具体的状況に依存する。すなわち，「注意深い決定」に必要な情報は，①決定に至るまでの時間的経緯，②決定の性質や意味，③情報にアクセスするための事実上・法律上の可能性，④収集された情報の有用性と情報収集のための費用との関係等の諸要因によって決定される[66]。

外部の専門家の鑑定書が必要か否かは，会社経営上の必要性や会社自身の情報収集能力等によって決定される。ドイツ法においては，外部の専門家の鑑定意見を得たというだけでは，「適切な情報を基礎とした行為であると合理的に認めることが許されること」という要件を満たすには十分でない[67]。連邦通常裁判所判例[68]・通説[69]は，外部専門家につき「信頼の原則」を認めており，取締役に専門知識がない場合，取締役が，状況判断のために必要な情報を与えるため助言者に適切に事情を説明した上で，専門知識を有するその会社の信頼性テストをクリアした独立した当該助言者の意見を信頼してもよいとする。

2008年7月14日連邦通常裁判所決定は，迂回融資に関与した有限会社の業務執行者がドイツ有限会社法43条2項に基づき会社に対する損害賠償責任を負うか否かが争われた事案であったが，有限会社の業務執行者が株式法93条1項2文の経営判断原則を享受できる条件として「有限会社の業務執行者が事実上および法律上獲得できる情報源をすべて調べ尽くしたこと」[70]を挙げた。フライシャーは，この判示は，①株式法93条1項2文が，「適切な」情報の獲得義務について言及しているという点，②同項2文が適切な情報に基づく決定であると「合理的に認めることが許される」としている点で，情報獲得に大きな裁量の幅を設けている同項2文に反すると批判する[71]。すなわち，フライシャーは，連邦通常裁判所といえども，UMAGの立法者が同項2文によって企業家的決定のための情報収集につき企業家的裁量を認めたことを，判例法によって否定することはできないはずであるとい

---

66) Fleischer, in: Spindler/Stilz (Hrsg.), Kommentar zum Aktiengesetz, Band 1, 3. Aufl., §93 Rdnr. 70.
67) Fleischer, in: Spindler/Stilz (Hrsg.), Kommentar zum Aktiengesetz, Band 1, 3. Aufl., §93 Rdnr. 70.
68) BGH NZG 2007, 547.
69) Fleischer, in: Spindler/Stilz (Hrsg.), Kommentar zum Aktiengesetz, Band 1, 3. Aufl., §93 Rdnr. 70.
70) BGH NJW 2008, 3362.
71) Fleischer, in: Spindler/Stilz (Hrsg.), Kommentar zum Aktiengesetz, Band 1, 3. Aufl., §93 Rdnr. 71.

う[72]。ホプトも，同連邦通常裁判所決定の判示が，（取締役が個人責任を追及されない）セーフ・ハーバーを破壊するものであり，かつての連邦通常裁判所の判例に基づいて立法された同項2文に反すると批判する[73]。

5　善意なる行為

学説上，経営判断原則における善意なる行為とは，会社の利益のため最善を尽くしたこと，言い換えれば英米法の "good faith effort"（誠実努力）を意味すると解説されている[74]。しかし，経営判断原則上，取締役は会社の福利のために行動することを要請され，会社の福利のための行動は通常善意で行われるから，この「善意なる行為」という要件事実は大きな意味を有しないといわれている[75]。

Ⅳ　ドイツ法上の経営判断原則と取締役の注意義務違反の類型

ドイツ法上，経営判断原則の適用が問題となり得る局面としては，①投機取引，②無担保融資，③企業買収，④会社に帰属する請求権の行使，⑤会社財産の浪費，⑥金融危機があり，各局面につき判例・学説上の議論が蓄積されている。

1　投機取引

株式会社の取締役が投機的な取引を行うことは，禁じられているというわけではない。判例・学説上，投機取引には，株式会社の取締役が行うことのできる「許されたリスク」がある取引と株式会社の取締役が行うことのできない「許されないリスク」がある取引とがあり，個々の投機取引のすべての状況に鑑みて，当該取引が，どちらに該当するのかを区別することが重要であると考えられている[76]。アラー

---

72) Fleischer, in: Spindler/Stilz (Hrsg.), Kommentar zum Aktiengesetz, Band 1, 3. Aufl., § 93 Rdnr. 71a.

73) Hopt, Die Verantwortlichkeit von Vorstand und Aufsichtsrat: Grundsatz und Praxisprobleme — unter besonderer Berücksichtigung der Banken, ZIP 2013, 1801.

74) Hopt/M. Roth, in: Hopt/Wiedemann (Hrsg.), AktG: Großkommentar, 4. Aufl., § 93 Abs 1 Satz 2, 4 nF Rdnr. 42 f.

75) Spindler, in: Goette/Habersack (Hrsg.), Münchener Kommentar zum Aktiengesetz, 3. Aufl., München 2008, § 93 Rdnr. 56; Hopt/M. Roth, in: Hopt/Wiedemann (Hrsg.), AktG: Großkommentar, 4. Aufl., § 93 Abs 1 Satz 2, 4 nF Rdnr. 42; Fleischer, in: Spindler/Stilz (Hrsg.), Kommentar zum Aktiengesetz, Band 1, 3. Aufl., § 93 Rdnr. 76.

76) Vgl. OLG Düsseldorf ZIP 2010, 28, 32; BGHZ 69, 207, 213 ff.; OLG Jena NZG 2001, 86, 87; Krieger/Sailer-Coceani, in: Karsten Schmidt/Marcus Lutter, Aktiengesetz, Kom-

グ・ガルメンベック判決の定式は「許されないリスク」の意味に関する先例とみなされており,「企業家リスクを負担する覚悟が無責任な態様で度を超えたものとなる場合」[77],かかる取引を行うことは義務違反になると解されている。下級審裁判例では,たとえば,ある取引が失敗に帰する可能性が明らかに高い場合[78],あるいは,事業のリスクが利益をあげる見込みと比較して過度に大きい場合[79],かかる取引を行うことは取締役の義務違反を構成すると判示されている。

2 無担保融資

取締役が無担保・無保証で会社の金銭を融資することは原則として義務違反を構成すると解されている。1885年4月28日ライヒ裁判所判決は,協同組合の事例につき,返済能力が十分にない借手に対して危険な与信行為を行うことを注意義務違反であると判示した[80]。1975年2月27日連邦通常裁判所判決は,前記ライヒ裁判所判決を受け継ぎ発展させ,同じく協同組合の事例につき,無担保で融資を行うことは注意義務違反を構成すると判示した[81]。連邦通常裁判所は,1997年のアラーグ・ガルメンベック判決においても,担保を取り付ける前に,財務担当取締役が郵便受けがあるにすぎない会社に5,500万マルクを貸し付けたことが,当該取締役の注意義務違反を構成するとした。下級審裁判例上,注意義務違反を構成すると判断されているのは,30万マルク超の無担保・無保証貸付け[82],保証なく危険な融資をなすように監査役会が取締役に対して仕向けること[83],企業の経営状態が悪いことを知りつつ無担保・無保証で金銭を貸し付けること[84]等がある。これらに対し,業務提携契約に基づき,設立して間もない資金力のない会社に無担保・無保証で貸し付けることは,注意義務違反を構成しないと解されている[85]。

---

    mentar, Band 1, 3. Aufl., § 93 Rdnr. 18, 20; Lutter, Bankenkrise und Organhaftung, ZIP 2009, 199.
- 77) BGHZ 135, 253 f.
- 78) OLG Jena NZG 2001, 87.
- 79) Wiesner, in: Hoffmann-Becking (Hrsg.), Münchener Handbuch des Gesellschaftsrechts, Band 4 Aktiengesellschaft, 3. Aufl., München 2007, § 25 Rdnr. 8; Fleischer, in: Fleischer (Hrsg.), Handbuch des Vorstandsrechts, 1. Aufl., München 2006, § 7 Rdnr. 64.
- 80) RGZ 13, 46 ff.
- 81) BGH WM 1975, 468.
- 82) OLG München ZIP 1998, 24 f.
- 83) BGH NJW 1980, 1629 f.
- 84) LG Hamburg AG 1982, 52 f.
- 85) OLG Celle AG 2008, 713.

下級審裁判例では，株式会社の取締役ないし有限会社の業務執行者と近しい立場にある者に，無担保・無保証で融資をすることが問題となっている。たとえば，有限会社の業務執行者が，その妻（当該会社の労働者ではない）に，市場金利より低利での労働者貸付け[86]を無担保・無保証で行うことは，業務執行者の注意義務違反を構成すると解されている[87]。また，会社の取締役が，間接的な大株主に対して無担保・無保証で融資をすることは，取締役の注意義務違反を構成すると解されている[88]。

3 企業買収

　会社が他の会社の持分あるいは事業を買収する場合にも，買収を行う取締役に株式法93条1項の注意義務の規定が適用される。1977年7月4日連邦通常裁判所判決は，公開合資会社[89]の事案につき，当該会社の業務執行決定機関である役員会（Verwaltungsrat）が，当該会社が，損失を出しているコーヒー豆焙煎の事業を行っている別会社への資本参加を決定したことにつき，役員である無限責任社員の注意義務違反を認めなかった[90]。

　現在，学説は，企業買収に際して取締役はデュー・ディリジェンスを義務づけられるか否かについて議論している。多数説は，企業買収を入念に準備しリスクを減少させるために企業を買収するに際して取締役は原則として常にデュー・ディリジェンスを実行しなければならないと説く[91]。2006年6月22日オルデンブルク上級地方裁判所判決も，有限会社が経済的に疲弊した病院を清算して買収する際に，買収対象会社につき存在する情報に不明確な点がある等の場合につき，買収する側で

---

86) 労働者貸付けとは雇用者が労働者に対して行う貸付けを指し，かかる労働者貸付けは，通常，銀行からの融資よりも有利な条件でなされる。
87) OLG Düsseldorf GmbHR 1995, 227 f.
88) OLG Hamm ZIP 1995, 1266 ff.
89) 合資会社にその有限責任社員として多数の出資者が参加している法形態である（高橋英治『ドイツ会社法概説』75頁以下（有斐閣，2012年）参照）。
90) BGHZ 69, 213 f.
91) Böttcher, Verpflichtung des Vorstands einer AG zur Durchführung einer Due Diligence, NZG 2005, 52; Fleischer, Der Zusammenschluss von Unternehmen im Aktienrecht, ZHR 172 (2008), 543; Hüffer, Aktiengesetz, 11. Aufl. § 93 Rdnr. 32; Kiehte, NZG 1999, 983; Spindler, in: Goette/Habersack (Hrsg.), Münchener Kommentar zum Aktiengesetz, 3. Aufl., München 2008, § 93 Rdnr. 59; Werner, Haftungsrisiken bei Unternehmensakquisition: die Pflicht des Vorstands zur Due Diligence, ZIP 2000, 990 ff.

ある当該有限会社の業務執行者にデュー・ディリジェンスを実行する義務を認めた[92]。ただし，本判決は，企業を買収する際取締役が常にデュー・ディリジェンスを実行する義務を負うとまでは判示していない[93]。

4 会社に帰属する請求権の行使

通説上，取締役は，原則として会社が第三者に対して有する請求権を行使するよう配慮しなければならないと解されている[94]。すなわち，取締役は会社の請求権を請求期間内に行使し，その消滅時効の成立を妨げる措置をとらなければならない[95]。また取締役は，会社が有する債権につき債務者の財産状態が悪化した場合，適切に対応しなければならない[96]。しかし，取締役は，会社に帰属する請求権を行使しないことに合理的理由が存在する場合，その義務的裁量の下で，個別に，請求権行使を断念してよい[97]。たとえば，訴訟手続に時間がかかる，あるいは債務者の経済状態に疑問があり実際に債務者から債権を回収できるかどうか不確実である場合がこれに該当する[98]。会社がある債務者との取引関係を維持するために当該債務者への請求権を放棄することを認める学説も存在する[99]。

かかる通説的見解に対し，メルテンスとカーンらの説は，会社が有する請求権を行使するのは取締役の義務でなく，その企業家的裁量の領域に属するとする[100]。この説によると，会社の取締役は，会社が有する請求権を行使する費用あるいは行

---

92) OLG Oldenburg NZG 2007, 436.
93) OLG Oldenburg NZG 2007, 436.
94) Fleischer, in: Spindler/Stilz (Hrsg.), Kommentar zum Aktiengesetz, Band 1, 3. Aufl., § 93 Rdnr. 88.
95) KG GmbHR 1959, 257; RZG 156, 297. 前者の1959年5月5日ベルリン上級地方裁判所判決は，「被告は，有限会社の業務執行者として，連帯債務者に対する請求権を適時に行使して，適切な措置により当該請求権の時効の成立を阻止する義務があった」と判示している（KG GmbHR 1959, 257）。
96) BGHZ 94, 58.
97) Fleischer, in: Spindler/Stilz (Hrsg.), Kommentar zum Aktiengesetz, Band 1, 3. Aufl., § 93 Rdnr. 88.
98) Fleischer, in: Spindler/Stilz (Hrsg.), Kommentar zum Aktiengesetz, Band 1, 3. Aufl., § 93 Rdnr. 88.
99) Wiesner, in: Hoffmann-Becking (Hrsg.), Münchener Handbuch des Gesellschaftsrechts, Band 4: Aktiengesellschaft, 3. Aufl., München 2007, § 25 Rdnr. 8.
100) Mertens/Cahn, in: Zöllner/Noack (Hrsg.), Kölner Kommentar zum Aktiengesetz, 3. Aufl., Köln 2010, § 93 Rdnr. 89. Krieger/Sailer-Coceani, in: Karsten Schmidt/Marcus Lutter, Aktiengesetz, Kommentar, Band 1, 3. Aufl., § 93 Rdnr. 15; Lutter, ZIP 2007, 843.

使した場合の企業イメージの低下等のデメリットが行使した場合のメリットを上回る場合，これを行使しないことも許される。

5 会社財産の浪費

取締役は会社財産を浪費してはならないと解されている[101]。判例・学説上，会社財産の浪費が注意義務違反を構成するとされている事例は，会社にとってまったく無意味な助言契約の締結[102]，無価値なパテントの取得[103]，コンピュータのハードウェアを26万マルクで購入できるにもかかわらず76万マルクでリースすること[104]等である。1996年12月19日連邦通常裁判所判決は，助言者である司法修習生がマーケティング等につき十分な資格や知識を有していないため，その助言がまったく会社にとって意味を持たないにもかかわらず，1時間当たり125マルクの謝礼が支払われ，会社に総額で9万1,999マルク25ペニヒの損失を与えた事例につき，有限会社の業務執行者の義務違反（ドイツ有限会社法43条1項）の可能性を認めた[105]。一般的には，会社が行う取引が市場の条件と合致せず，不当に高いものあるいは安いものである場合に，会社財産の浪費が疑われる。

会社による寄付は原則として取締役の裁量に属する。しかし，寄付の額が，会社の財産，財政および収益状況から不相応であり，会社が支払いきれないものである場合，当該寄付は例外的に会社財産の浪費に該当する[106]。

6 金融危機

金融危機に際して，ドイツでも，数多くの銀行が会社の事業目的を逸脱して有価証券取引を行い，十分な情報を得ずに投資活動を行ったという疑いが向けられた[107]。また多くの銀行が十分なリスクマネージメントを行わずに，銀行自体の存

---

101) Fleischer, Die „Business Judgement Rule" im Spiegel von Rechtsvergleichung und Rechtsökonomie, FS Wiedemann, München 2002, S. 845 f.
102) BGH NJW 1997, 742.
103) Fleischer, in: Fleischer (Hrsg.), Handbuch des Vorstandsrechts, 1. Aufl., §7 Rdnr. 71.
104) BGH NZG 1998, 727. 本件ではリース契約にかかわった株式会社の取締役の監査役会での解任決議の無効確認訴訟および当該取締役の損害賠償責任追及訴訟の事案である。
105) BGH NJW 1997, 742.
106) Fleischer, FS Wiedemann, S. 845 f.
107) Vgl. OLG Düsseldorf ZIP 2010, 30 f.

在を危うくする危険な取引を行ったという疑いも向けられた[108]。この場合にも，これらの疑惑が正しいか否かは，個別に検討する必要があると考えられている。格付会社の助言のみを信じて投資活動を行うことは，注意義務に違反すると解されている[109]。フライシャーは，格付会社は，助言に当たり十分な独立性が確保されていないため，銀行の取締役は格付会社の助言の信頼性を検査する義務を負っているというべきであり，ここには信頼の原則は適用されないと論じる[110]。その根拠として，フライシャーは，2007年5月14日連邦通常裁判所判決[111]によると，信頼の原則が適用されるのは，助言者に独立性が確保されている場合に限られるが，格付会社の独立性には疑問があると指摘する[112]。

フライシャーは，会社の存続を危険に晒す与信集中リスク（concentration risk）の引受けは禁じられているというわけではないが，これには正当化事由が必要であると解し[113]，正当化事由として，リスクに見合ったプレミアムが得られること等を挙げる[114]。しかし，下級審裁判例には，企業の存続を危険に晒すような与信集中リスクを引き受けること自体が禁じられているという立場に立つものもある[115]。また，実務家の見解として，企業の存続を危険に晒す行為が許されていると考えることから出発することは誤りであり，経営者はかかる危険が実現する可能性も慎重に考慮した上で決定しなければならず，欧州の金融危機においては，金融市場崩壊の原因となった投機的金融商品を取り扱っていた銀行の取締役が，金融市場の崩壊を予測することも決して不可能ではなかったはずであると説くものがある[116]。

---

108) Vgl. OLG Düsseldorf ZIP 2010, 31 f.
109) Lutter, Bankenkrise und Organhaftung, ZIP 2009, 199; Spindler, Sonderprüfung und Pflichten eines Bankvorstands in der Finanzkrise, NZG 2010, 284; Fleischer, Aktuelle Entwicklungen der Managerhaftung, NJW 2009, 2342; Fleischer, Verantwortlichkeit von Bankgeschäftsleitern und Finanzkrise, NJW 2010, 1505.
110) Fleischer, NJW 2009, 2342.
111) BGH NJW 2007, 2120. 本判決では，経済検査人の助言に対する信頼が争点になり，連邦通常裁判所は，会社が債務超過の状態にあるか知りたいと思っている株式会社の取締役が，有資格の独立の助言者に助言を求めることは許されると判示している。
112) Fleischer, NJW 2010, 1505.
113) Fleischer, in: Spindler/Stilz (Hrsg.), Kommentar zum Aktiengesetz, Band 1, 3. Aufl., § 93 Rdnr. 92.
114) Fleischer, in: Spindler/Stilz (Hrsg.), Kommentar zum Aktiengesetz, Band 1, 3. Aufl., § 93 Rdnr. 83.
115) OLG Düsseldorf WM 2009, 1656.
116) Balthasar/Hamelmann, Finanzkrise und Vorstandshaftung nach § 93 Abs. 2 AktG: Grenzen der Justiziabilität unternehmerischer Entscheidungen, WM 2010, 589, 590.

V ドイツの経営判断原則に関する近時の判例

　日本法とは異なり，ドイツ法上の株主代表訴訟（株式法 148 条 4 項）では，濫訴防止の観点から裁判所の許可が前置されており（同条 1 項），また，提訴要件として持株要件等の定めも存在するため（同項 1 文），経営判断原則に関する多数の裁判例を形成する契機とはなり得ていない[117]。近時，株主代表訴訟以外の法的手段を契機として，経営判断原則に関し，以下のような裁判例が形成された。

1　2012 年 2 月 7 日連邦通常裁判所決定

　本事案は，コメルツバンクが複数の手続を経てドレスナー銀行の全株式を取得し，組織再編法 62 条[118]に基づき，コメルツバンクの株主総会を経ずに，完全子会社であるドレスナー銀行を合併したこと（以下「本件組織再編」という）に対して，コメルツバンクの株主が，ホルツミュラー・ジェラティーネ原則[119]からすると，吸収合併の前段階に行われたドレスナー銀行の株式取得による完全子会社化につき，コメルツバンクの株主総会決議が必要であったのではないかとして，訴えたというものである。

　コメルツバンクによるドレスナー銀行を完全子会社化した上での吸収合併は，2008 年 8 月 31 日から始まり合併が登記された 2009 年 5 月 11 日に終了した。その間，2008 年 9 月に米国大手証券業者リーマン・ブラザーズの破綻を契機とした世界的金融危機があり，ドレスナー銀行は多額の損失をこうむった。コメルツバンクは，経営破綻寸前のドレスナー銀行を完全子会社化した上で吸収合併したことによ

---

[117]　高橋・前掲注 89）160 頁。

[118]　組織再編法 62 条 1 項は，吸収合併する会社が吸収合併される会社の株式の 90% 以上を保有する場合，吸収合併する側の会社の株主総会は必要なく吸収合併することができると規定する。

[119]　ホルツミュラー・ジェラティーネ原則とは，株主の影響力を希釈化する組織再編行為等は株主総会の承認を経なければならないというものであるが，連邦通常裁判所は，いかなる場合にこの要件事実を満たすことになるのかについて数量的基準を示していなかった（高橋・前掲注 12）148 頁）。ホルツミュラー判決につき，神作裕之「純粋持株会社における株主保護〔中〕――ドイツ法を中心として」商事法務 1430 号 13 頁以下（1996 年），伊藤靖史「子会社の基礎的変更への親会社株主の関与――ドイツにおけるコンツェルン形成・指揮規制に関する議論を参考に」同志社法学 51 巻 2 号 59 頁以下（1999 年）参照。ジェラティーネ判決につき，舩津浩司『「グループ経営」の義務と責任』20 頁以下（商事法務，2010 年）参照。

り莫大な負債を負うことになった。コメルツバンクの株主は，これらの複数の手続を経た吸収合併等が，コメルツバンクの2008年事業年度に行われたことをとらえて，2009年5月15日・16日に行われたコメルツバンクの株主総会において，合併を主導したコメルツバンクの取締役および監査役会構成員の責任解除決議の無効確認等を求めた。

第1審の2009年12月15日フランクフルト地方裁判所判決[120]は，本件組織再編にはコメルツバンクの株主総会決議が必要であったとし，原告たるコメルツバンクの株主の訴えを認めた。しかし，第2審の2010年12月7日フランクフルト上級地方裁判所判決[121]は，本件組織再編に際してコメルツバンクの株主総会決議が必要ではなかったとし，その理由として経営判断原則を援用した。すなわち，フランクフルト上級地方裁判所は，株式法93条1項2文が定める経営判断原則によると，経営判断を行った時点において合理的な判断をすれば足りるのであり，2008年8月31日当時，米国大手証券業者リーマン・ブラザーズの破綻を契機とした世界的金融危機の影響はなく，ここからすると，当時のドレスナー銀行の完全子会社化の判断は合理的であったといえるとした[122]。また，ドレスナー銀行の買収価格も，同項2文が定める経営判断原則によると，適切な情報を基礎としていなければならないといえるが，本買収価格は十分な情報に基づいて決められており，明白に不適切であるとはいえないとした[123]。フランクフルト上級地方裁判所は，責任解除決議は明白かつ重大な法律・定款違反がないと無効とはならないが，かかる明白かつ重大な法律・定款違反は認められないと結論づけた[124]。

2012年2月7日連邦通常裁判所決定[125]は，コメルツバンクの株主である原告の訴えを斥けた。その理由は，次のとおりであった。

「責任解除は基本的には株主総会の裁量権に属する。取締役および監査役会の明白かつ重大な法律または定款違反があってはじめて総会決議は決議内容の瑕疵を理由としてその裁量を逸脱することになる。持分の取得が裁判官による法発展に委ねられている不文の総会権限に属するか否かあるいはいかなる程度の持分取得が不文の総会権限に属するのかについては，争いがあり，明確でない。したがって，ドレ

---

[120] LG Frankfurt/M., ZIP 2010, 429.
[121] OLG Frankfurt/M., ZIP 2011, 75.
[122] OLG Frankfurt/M., ZIP 2011, 80.
[123] OLG Frankfurt/M., ZIP 2011, 82.
[124] OLG Frankfurt/M., ZIP 2011, 76.
[125] BGH ZIP 2012, 515.

スナー銀行の買収について，被告であるコメルツバンクの総会による承認を得ていなかった場合，取締役と監査役会が疑問のない法律状態からわざと目をそらしていることにはならない」[126]。

　連邦通常裁判所は，コメルツバンクの株主が，取締役が必要な株主総会を経ていないことを理由として訴訟を提起しようと望むならば，より直截に総会決議を得ていないことに対して無効確認訴訟を提起するべきであったとした。

　2012年2月7日連邦通常裁判所決定の趣旨は，株主総会による取締役の責任解除は株主総会の裁量に属し，取締役に重大な法律違反が存在した場合でなければ，責任解除を認めた株主総会決議が無効であるということにはならないが，コメルツバンクが，一度も株主総会を開催せずに，ドレスナー銀行を完全子会社化した上で吸収合併しても，ホルツミュラー・ジェラティーネ原則に従ってこれらの組織再編につきコメルツバンクの株主総会の承認決議が必要であるか否かが判例法上明らかでない以上，重大な法律違反はなく，総会を開催しなかった取締役および監査役会には有責性が認められず，責任解除決議は無効とはならないという点にある。

　この判決の後，法状態が不明確なために正しい判断を下し得なかった場合，経営判断原則が適用され，取締役は責任を問われないという学説が唱えられるようになった[127]。

2 2013年1月15日連邦通常裁判所判決

　本件は，株式会社が原告（X社）となって被告（Y）である取締役に対して損害賠償を求めた事件である。X社は，抵当銀行（Hypothekenbank）[128]であり，合併により2001年1月1日に成立した。Yは当該合併後，X社の取締役となった。Yは，その就任以後，X社のために，抵当銀行業務以外に，デリバティブ取引（以下「本件デリバティブ取引」という）を行い，その量はX社の計算上取引可能となる範囲を大きく超過した。連邦金融監視局が作成させた特別報告書によると，デリバティブ取引によりX社に100万ユーロ単位の損失が生じる危険があったが，その損失可能性のために準備金が積み立てられた事実もなかった。X社は，Yが行ったデリバティブ取引によって2億5,040万3,491ユーロ70セントの損害をこうむった

---

126) BGH ZIP 2012, 515.
127) Hasselbach/Ebbinghaus, Anwendung der Business Judgement Rule bei unklarer Rechtslage, AG 2014, 874 ff.
128) 抵当銀行とは土地を抵当として貸付けを行いあるいは債券等を発行する等を事業目的とする株式会社等を指す（ドイツ抵当銀行法1条）。

として，その賠償をYに請求した。第1審では，訴えは認容されなかった。

　第2審の2011年6月7日フランクフルト上級地方裁判所決定[129]では，取締役が義務に違反する場合には会社に対する損害賠償義務を負うが（株式法93条2項1文），取締役が会社に与えた損害および取締役が義務違反行為をなした可能性が大であることについては会社が立証責任を負うとされた。しかし，本件デリバティブ取引の違法性はX社により示されておらず，これによりYが違法にX社に損害を与えた可能性が大であるということが十分に立証されているとはいえず，訴えの主要部分が十分に根拠づけられていないとして，X社の訴えを認めなかった[130]。

　2013年1月15日連邦通常裁判所判決[131]は，取締役は，自己が義務に違反した可能性が大であることを会社が立証した場合，自己が義務違反をしていないこと，あるいは過失のないこと，あるいは損害は別の行動をとったとしても生じていたことを証明する責任を負うとした。かかる取締役の立証責任の領域には，取締役が原則的には広い企業家的裁量の幅を超えなかったという立証も含まれると判示し，被告により立証されるべき新たな要件として企業家的裁量すなわち経営判断原則を挙げた。

　その上で，連邦通常裁判所は，「金利デリバティブ取引は，抵当銀行の主要な業務から生じる金利リスクを保全するものとはいえず，かつ，抵当銀行の許された附随的業務ともいえず，X社の事業目的すなわちX社の事業によってカバーされるものとはいえない。事業目的によってカバーされない業務を営んだ機関は義務違反を行ったといえる」[132]と判示した。

　連邦通常裁判所は，かかる金利デリバティブ取引は，金利リスクを保全するためのミクロヘッジ取引といえない場合には，マクロヘッジ取引となるが，マクロヘッジ取引でも，金利リスクを保全するための取引でありかつ営利目的でない許された附随的行為となっている場合には，定款所定の事業目的附随の行為かつ定款目的を補助する行為として許されるとした[133]。その上で，連邦通常裁判所は，本件の個々のデリバティブ取引が，ミクロヘッジ取引であるのか，あるいは，マクロヘッジ取引でも許されない投機取引となっているのか，あるいはマクロヘッジ取引でありながら許された定款所定の事業目的附随の行為かつ定款目的を補助する行為とな

---

129) OLG Frankfurt/M., AG 2011, 595.
130) OLG Frankfurt/M., AG 2011, 599.
131) BGH AG 2013, 259.
132) BGH AG 2013, 259-Rz. 16.
133) BGH AG 2013, 260-Rz. 19.

っているのかについては，原審によって確認されていないとした[134]。

連邦通常裁判所は，判決を下すには審理が成熟していないとして，事件につき新しい審理と決定を求めて，原審へ差し戻した[135]。その上で，連邦通常裁判所は，経営判断原則の適用可能性についても言及し，本件は企業家的決定の事案であるから，Yが適切な情報をもとに会社の福利のために行為したと認めることが許される事案であった場合には免責されるべきことも付言した[136]。

3　2014年7月8日連邦通常裁判所判決

2013年1月15日連邦通常裁判所判決以降，経営判断原則に関する重要な連邦通常裁判所判決は出ていないが，判例法理として経営判断原則を確立した1997年のアラーグ・ガルメンベック判決の示した原則が適用可能であるかについて実務上議論されている[137]。すなわち，2014年7月8日連邦通常裁判所判決[138]は，アラーグ・ガルメンベック判決が示した原則（取締役が科せられた罰金等を当該取締役に代わり会社が支払うことは企業利益の重要な理由がある場合に許される）によって決せられるべきであるという学説[139]を引用して[140]，刑事責任を訴追等されている取締役が会社に対して義務違反行為を行った場合，当該取締役が支払うべき罰金・過料等を会社が当該取締役に代わってその支払いを引き受けることは，株主総会の承認決議がある場合にのみ許される旨判示した。

---

134) BGH AG 2013, 260-Rz. 20.
135) BGH AG 2013, 261-Rz. 34.
136) BGH AG 2013, 261-Rz. 35.
137) Talaska, Übernahme einer Geldsanktion gegen ein Vorstandsmitglied durch die Aktiengesellschaft aus strafrechtlicher Perspektive, AG 2015, 118 ff.; Hasselbach/Ebbinghaus, Anwendung der Business Judgement Rule bei unklarer Rechtslage, AG 2014, 875; Mayer, Die aktienrechtliche Organhaftung-Reform durch juristische Methodik oder gesetzgeberisches Handeln?, NZG 2014, 1210.
138) BGH ZIP 2014, 1728.
139) Krieger, Zahlungen der Aktiengesellschaft im Strafverfahren gegen Vorstandsmitglieder, FS Bezzenberger, Berlin 2000, S. 217 ff.; Hüffer, Aktiengesetz, 11. Aufl., München 2014, § 84 Rdnr. 23; Hasselbach/Seibel, Die Freistellung von Vorstandsmitgliedern und leitenden Angestellten von der Haftung für Kartellrechtsverstöße, AG 2008, 776 f.
140) BGH ZIP 2014, 1729.

VI 日本法における経営判断原則の発展過程

日本において，経営判断原則は判例法理の形態をとる。その発展過程を検討する前に，日本において取締役の義務に関する一般規定はどのように発展してきたのか，また，米国法の影響下で経営判断原則の考え方が裁判例によって採用される前には，取締役が個人責任を追及されない「裁量の領域（＝セーフ・ハーバー）」を認めるべきであるという議論はどのような発展段階にあったのかを示したい（*1*）。続いて，日本の裁判例における経営判断原則の発展を概観し（*2*(1)），将来の展望を示す（*2*(2)）。

1 立法上の枠組みの変遷

(1) ロェスレル草案

日本の会社法の基礎を形成した1884（明治17）年のロェスレル草案は，取締役の義務について次のように規定した。

「取締役は，その職務義務を果たし，定款および会社の決議を遵守する人的な義務を負う」（ロェスレル草案227条)[141]。

ロェスレル草案の理由書は，取締役が職務を果たす場合に用いるべき注意義務につき，次のように解説する。

「取締役はその職務を行うに際して，通常の商人（ordentlicher Handelsmann）の勤勉さと注意を用い，その機能を果たすに際して必要な知識を有し，かつ会社の利益を自己の利益のように追求する義務を負う」（ロェスレル草案227条理由書)[142]。

ロェスレルは，取締役の対会社および対第三者責任について論じた箇所で，経営判断原則につながる考え方を次のように示した。

「取締役が職務義務に違反した結果会社あるいは第三者に損害が生じた場合，責任を負う。たとえば，違法配当の場合，あるいは取締役が法の定める手続に従わなかった結果として会社の行為が無効になる場合がある等の法律違反の場合に，取締役は責任を負う。

取締役が適法に職務を執行した結果として会社が債務を負う場合，取締役は責任を負わない。すべての商業行為に結びつく危険は，会社のみが負担するのであり，

---

[141] Roesler, Entwurf eines Handels-Gesetzbuches für Japan mit Commentar, Band 1, Tokio 1884, S. 51.

[142] Roesler, a. a. O. (Fn. 141), S. 325.

取締役が個人財産によって負担するものではない」(ロェスレル草案228条理由書)〔傍点引用者〕143)。

本理由書は，一般的な商業リスクが実現した場合には，取締役の職務義務違反に基づく損害賠償責任は発生しないとしており，その職務義務違反を免れるためには，取締役が情報収集等に努めなければならないとまでは説明しておらず，この点では，経営判断原則そのものを説明したものでない。すなわち，本理由書は，取締役の職務を果たすに際して用いるべき注意義務の基準（通常の商人の勤勉さと注意）を事業リスクの観点から説明したものである。しかし，本理由書の説明には，取締役の責任が結果責任ではなく，取締役には，その個人的責任を追及されない領域が認められるべきであるとしている点で，経営判断原則の端緒となる考え方がすでに現れていた。

(2) 1890 (明治23) 年旧商法

1890 (明治23) 年旧商法は，ロェスレル草案227条を受け継いで，同法188条として次の規定を置いた。

「取締役ハ其職分上ノ責務ヲ尽クスコト及ヒ定款並会社ノ決議ヲ遵守スルコトニ付キ会社ニ対シテ自己ニ其責任ヲ負フ」。

しかし，取締役がその職務を行うに際して用いるべき注意義務の程度に関する基準は明確になっていなかった。このため，学説においても次のように見解が分かれた。

法制局参事官・法律取調報告委員でありロェスレル草案の下調べを分担した岸本辰雄は144)，1890 (明治23) 年旧商法立案担当者解説書において，ロェスレル草案の理由書を基に，1890 (明治23) 年旧商法188条の解説をした。すなわち，岸本は，1890 (明治23) 年旧商法188条が要求する注意義務につき「取締役ハ先ツ会社ニ対シテ正整ナル商人カ自己ノ事務ニ於テヲスト同シキ勤勉注意ヲ為スノ責務アリ」145)と説明した。これは，司法省翻訳のロェスレル草案とは表現こそ異なるが，その意味を岸本なりに表現した注釈であり，ロェスレル草案理由書に忠実な解釈であった。井上操も，1890 (明治23) 年刊の『日本商法講義』において，若干ニュアンスこそ異なるが大体において岸本と同じ見解をとり，取締役の注意義務を「確実なる商人の為すべき勤勉注意」146)と表現した。

---

143) Roesler, a. a. O. (Fn. 141), S. 325.
144) 志田鉀太郎『日本商法典の編纂と其改正』43頁（明治大学出版部，1933年）。
145) 岸本辰雄著述『商法正義 第弐巻』440頁（新法注釈会出版，出版年不明〔信山社（復刻版），1995年〕）。

これに対し，梅謙次郎博士は，『日本商法講義』において，「取締役ハ法定代理人ナリ（幾分カ合意ニ依ルト雖トモ先ツ法定ナリ）既ニ代理人ナルヲ以テ普通代理人ノ責任ヲ負ハサルヘカラス而シテ普通代理人ナル者ハ其委任ノ事項ニ就テハ善良ナル管理人ノ注意ヲナスコトヲ要ス所謂善良ナル管理人ノ注意トハ第一，越権行為ヲ許サス第二，権限内ノ行為ニ属スルモ充分会社ノ利益ヲ計ラサルヘカラス過失，悪意アルトキハ固ヨリ損害賠償ヲ為スコトヲ免レス」[147]と説いた。梅博士は，取締役の注意義務につきこれを善良なる管理人の注意義務であると説いた。梅博士は，取締役は会社との関係では法定代理人であるから，代理人の義務について規定する1890（明治23）年旧民法239条（「代理人ハ委任事件ヲ成就セシムルコトニ付テハ善良ナル管理人タルノ注意ヲ為ス責ニ任ス」）に従って，かかる解釈を提示したと推測される。

(3) 1899（明治32）年新商法

1899（明治32）年新商法は，1890（明治23）年旧商法188条を無用の規定とみた。1898（明治31）年商法修正案理由書は，1890（明治23）年旧商法188条に相当する規定を置かなかった理由につき，「取締役カ会社ニ対シテ職務上ノ義務ヲ尽クシ定款並ニ株主総会ノ遵守スルノ責任アルハ当然言フヲ俟タサルナリ従テ別ニ明文ヲ以テ之ヲ規定スルノ必要アルヲ見ス」（明治32年商法177条理由書）[148]と説明した。1898（明治31）年商法修正案理由書は，取締役が法令または定款に違反した場合には会社または第三者に対して責任を負うことは当然であるから規定を置く必要がないが，取締役が株主総会決議に基づいて法令または定款違反の行為をなした場合，第三者に対して責任を負うのか否かについては，明確ではないから，このような場合に取締役の対第三者責任は消滅しないことを明確に示す必要があるという。かかる経緯から，1899（明治32）年新商法は，1890（明治23）年旧商法188条に相当する規定に代わり，新たに177条1文として，「取締役カ法令又ハ定款ニ反スル行為ヲ為シタルトキハ株主総会ノ決議ニ依リタル場合ト雖モ第三者ニ対シテ損害賠償ノ責ヲ免ルルコトヲ得ス」という規定を新設した。

1899（明治32）年新商法制定当初の注釈書は，取締役と会社との法律関係の性質につき，取締役が法律行為を行うときは委任としてよいが，事実上の労務に服する

---

146) 井上操『日本商法講義』131頁（大阪国文社，1890年〔信山社（復刻版），2002年〕）。

147) 梅謙次郎講述『日本商法講義』656頁以下（和仏法律学校，1896年〔信山社（復刻版），2005年〕）。

148) 『商法修正案理由書』154頁（博文館，1898年）。

場合には雇用というべきであり,「取締役ノ会社ニ対スル法律関係ノ性質ハ此委任,雇用両者ノ関係ヲ具備スルモノト云フヲ得ヘシ」[149]と解説した。これに対し,明治期に日本の商法学の基礎を築いた岡野敬次郎博士は,明治 32 年新商法下での取締役と会社との法律関係につき「委任ニ非ス雇用ニ非ス一種特別ノ契約ナリ」[150]と論じた。これらの学説は,梅博士の解釈論とは異なり,取締役が負う注意義務の内容についてはまったく言及しなかった。

1890(明治 23)年旧商法および 1899(明治 32)年新商法の立法過程においては,取締役の職務義務違反の判断に際して,一定の裁量を認めるべきであるという議論はなされなかった。この意味において,これらの立法下で,経営判断原則に関する議論は,ロェスレル草案の時点に比べて後退した。

(4) 1911(明治 44)年改正——善管注意義務論の確立

1911(明治 44)年改正商法は,「会社ト取締役トノ関係ハ委任ニ関スル規定ニ従フ」(同法 164 条 2 項)と定めた。1911(明治 44)年の『改正商法理由』は,本条項の趣旨につき「本条改正ノ要点ハ取締役ト会社トノ間ノ法律関係ハ委任ニ関スル民法ノ規定ニ従ヒテ之ヲ定ムベキモノナルコトヲ明カニシ以テ其法律関係ノ性質ノ不明ナリシガ為メニ生ジタル疑義ヲ解カンコトヲ図リタルニ在リ」[151]と説明した。ここにおいて,取締役の注意義務については,受任者の注意義務に関する規定が適用される結果として,取締役はその業務執行に際し「善良なる管理者」の注意義務を負うことにつき条文上の疑義がなくなった。

同時に 1911(明治 44)年改正商法は,「取締役カ其任務ヲ怠リタルトキハ其取締役ハ会社ニ対シ連帯シテ損害賠償ノ責ニ任ス」(同法 177 条 1 項)と定めた。この規定の趣旨につき,立案担当者は,取締役が任務懈怠した結果,会社に損害を与えた場合には民法の規定に従い会社に対して損害賠償を負うと解釈されていたが,この規定によると取締役の連帯責任という結論を導くことができなかったため,本条を設け,取締役に任務懈怠があった場合,各取締役は連帯責任を負うと定めたと説明した[152]。

この改正を受けて,松本烝治博士は,「取締役は会社と委任関係を有するを以て,

---

149) 丸山長渡著述,西川一男参助『改正商法要義』248 頁(同文舘,1899 年〔信山社(復刻版),2005 年〕)。

150) 岡野敬次郎『会社法』404 頁以下(有斐閣,1929 年)。

151) 法律新聞社編纂『改正商法理由』168 頁(法律新聞社,1911 年)。

152) 法律新聞社編纂・前掲注 151)194 頁。同様の説明をするものとして,柳川勝二『改正商法正解』265 頁以下(法令審議会,1914 年〔信山社(復刻版),2002 年〕)。

善良なる管理者の注意を欠き其任務を怠りたる場合に於て会社に対して損害賠償の責めに任ずる[153]」と説明した。

1938 (昭和13) 年改正商法266条1項は，1911 (明治44) 年改正商法177条1項を文言上の変更なく受け継いだ。田中耕太郎博士は，1938 (昭和13) 年改正商法266条1項につき，「取締役が会社の業務を執行するには……積極的に会社企業の為めに合目的的考慮を怠らず，善良なる管理者の注意を以て之れを為すことを要する (民法644条独株84条1項参照)。……取締役が其の任務を怠りたるときは取締役は会社に対して損害賠償を任ずる (商266条1項)。是れ委任契約の不履行により生ずる損害賠償責任に関する一般私法の原則に対する特則である」〔頭点引用者〕[154]と論じた。

戦前の日本の商法学を代表する両学者の見解においては，取締役の違法行為を防止するため，取締役の任務懈怠責任の適用を明確にするという問題意識は顕著であったが，取締役が個人として損害賠償責任を問われない「裁量の領域（＝セーフ・ハーバー）」を積極的に認めて，取締役を通じて革新の役割を果たさせ，もって国民経済の発展に資するという意識は希薄であった。1930 (昭和5) 年，当時の日本を代表するエコノミストであった高橋亀吉は『株式会社亡国論』を著して，「破綻を暴露するに至つた銀行会社の殆んど総ては，重役の汚職，腐敗の暗影を宿さざるはなし[155]」と戦前期の日本の株式会社におけるコーポレート・ガバナンスの欠如を厳しく批判した。高橋亀吉が指摘したように戦前期の日本の株式会社においては，取締役が私欲の充足のためには違法行為も辞さないという態度が顕著であった。かかる日本のコーポレート・ガバナンスの状況認識も反映して，当時の日本の会社法学の取締役に対する規制の考え方は，取締役に経営上の裁量を与えて企業家精神を発揮しやすい法的環境を整えるということよりも，むしろ違法意識に欠ける取締役の違法行為をどのようにして抑止するのかということに向けられていた。

(5) 1950 (昭和25) 年改正以降の展開
　　——取締役の忠実義務の規定の新設から2005 (平成17) 年会社法まで

1945 (昭和20) 年，日本は敗戦を迎えた。法務総裁・法務調査意見長官の下に，商法改正準備会が設置され，GHQおよびGHQ経済科学局反トラストカルテル課との交渉を行い，日本の戦後の商法の基礎を築く草案が起草された[156]。

---

153) 松本烝治『日本会社法論』305頁（厳松堂書店，1929年）。
154) 田中耕太郎『改正会社法概論』578頁以下（岩波書店，1939年）。
155) 高橋亀吉『株式会社亡国論』221頁（萬里閣書房，1930年）。
156) 中東正文『商法改正 [昭和25年・26年] GHQ／SCAP文書 日本立法資料全集

そもそも，取締役の責任規定の改正は，日本側の改正予定には盛り込まれていなかった。1948（昭和 23）年 10 月 7 日，商法改正準備会での検討を踏まえて，法務庁から「株式会社法改正の根本方針」[157]が示されたが，そこでの中心は米国の授権資本制度（authorized capital stock system）および無額面株式（non par value stock）を導入し，経済界の要請に応え，外資導入の一助とするという点にあった。同年 11 月 15 日，GHQ 経済科学局反トラストカルテル課との協議において，商法改正の目的は，当初，①会社構造の民主化，②外国からの投資の容易化に置かれた[158]。当時，取締役が善意で行った行為が結果として会社に損害をもたらした場合につき取締役が免責されるべきとする法理は知られていたが[159]，取締役の法令定款違反行為の責任を条文上過失責任と明示して導入することは 1950（昭和 25）年商法改正の目標とはならなかった。むしろ GHQ 側は日本の会社経営が無責任に行われていないか不信感を抱いていたのであり，1949（昭和 24）年の初頭から，株主の権利の強化を改正の目標とした。その一環として米国から要請された商法改正事項は取締役の責任の厳格化であった。GHQ 経済科学局反トラストカルテル課との協議においては，模範として，受託者責任としての性格を有する 1947 年イリノイ事業会社法の取締役の責任規定が示された[160]。

1949（昭和 24）年 5 月 12 日法務調査意見長官「商法の一部を改正する法律案」[161]では，「取締役ハ法律若ハ定款ノ規定又ハ総会ノ決議ヲ遵守シ且会社ノ為誠実ニ業務ヲ執行スル義務ヲ負フ此ノ場合ニ於テハ株主及債権者ノ利益ヲモ考慮スルコトヲ要ス[162]」という，現在の取締役の忠実義務に相当する条文の草案が示された。

本巻 91』解 8（信山社，2003 年）。
[157]　鈴木竹雄＝竹内昭夫『商法とともに歩む』605 頁以下（商事法務研究会，1977 年）。
[158]　中東・前掲注 156) 解 16。
[159]　バランタインは，1927 年，米国の代表的な会社法の概説書において，「通常の注意深い人が，同様の状況下で払ったであろう注意の程度を払った場合でも注意義務違反を免れなかったであろう善意の過誤または善意の誤判断については，取締役もまた役員も責任を負わない」と論じていた（Ballantine, BALLANTINE ON CORPORATIONS, 362 (Callaghan and company, 1927)）。同様に，グランジェは，1940 年，取締役と役員向けの会社法ハンドブックにおいて，「取締役は『善意で行った過誤（honest mistake)』については責任を負わない。たとえば，誠実に契約に入ったが，後にその結果が会社に不利益をもたらした場合等である」と論じていた（Grange, CORPORATION LAW FOR OFFICERS AND DIRECTORS, 410 (The Ronald press company, 1940)）。
[160]　中東・前掲注 156) 解 17。
[161]　中東・前掲注 156) 資 90。

1950 (昭和25) 年改正商法254条ノ2は,「取締役ハ法令及定款ノ定並ニ総会ノ決議ヲ遵守シ会社ノ為忠実ニ其ノ職務ヲ遂行スル義務ヲ負フ」と規定し,現在の取締役の忠実義務の規定(会社法355条)の原型が成立した。改正に関与した鈴木竹雄博士と石井照久博士は,取締役が会社の利益を積極的に追求する義務を負っていることを強調し,本規定は「取締役は,……積極的に会社のため合目的的考慮を怠ら・ず,忠実に職務を執行しなければならない163)」〔傍点引用者〕ことを定めたものであると説明した。また鈴木,石井両博士は,かかる一般的忠実義務は取締役が会社と委任関係に立つ以上当然であって,従来から認められていたが,新法は取締役の権限を強化した反面として,この規定を新設し,この点を明確化したと説明した。大隅健一郎博士と大森忠夫博士は,この規定は,受任者の義務と内容的な差異はないとしつつ,米国法では取締役は法律的にも受託者的地位を有するものと解されているが,この規定がかかる米国法の法理の導入を予想しているといえるかもしれないとした。さらに,取締役は会社財産の処理につき最大の善意を行使しなければならず,その地位を自己の私的利益を促進するために使用してはならないという解釈論上の結論を導き出しうることを示唆した164)。大隅,大森両博士のこの最後の提言は,後の米国法の影響を受けた解釈学説である善管注意義務と忠実義務の二分説を基礎づけるものとなった。

1950 (昭和25) 年商法改正は,取締役の対会社損害賠償責任についての規定の形式を一変させた。すなわち,1950 (昭和25) 年改正商法266条1項は,「左ノ場合ニ於テハ其ノ行為ヲ為シタル取締役ハ会社ニ対シ連帯シテ……第五号ニ在リテハ会社ガ蒙リタル損害額ニ付……賠償ノ責ニ任ズ……五　法令又ハ定款ニ違反スル行為ヲ為シタルトキ」と規定した。鈴木,石井両博士は,本項5号は「概括条項」であり,本号にいう「法令」には「具体的な職務を定める規定のほか,忠実義務(254ノ2)ないし受任者の善管義務(254Ⅲ・民655)を定める規定をも包含するものと解しなければならないから」165),1911 (明治44) 年改正商法の任務懈怠責任は本条項に包含されると説明した。

大隅,大森両博士は,1950 (昭和25)年改正商法266条1項5号につき「法令又は定款に違反する行為とは,故意又は過失により右のような法令又は定款の規定に

---

162)　英文草案では「誠実ニ」という訳語に „with integrity" が当てられている (中東・前掲注156) 資79参照)。

163)　鈴木竹雄＝石井照久『改正株式会社法解説』163頁 (日本評論社,1950年)。

164)　大隅健一郎＝大森忠夫『逐条改正会社法解説』235頁以下 (有斐閣,1951年)。

165)　鈴木＝石井・前掲注163) 171頁。

違反する場合をいう166)」と解説し，取締役の法令定款違反の責任は過失責任であることを明らかにした。

GHQ 側の要請で取締役の責任の厳格化のために制定されたと推測される取締役の忠実義務の規定が判例167)・通説168)上，受任者としての取締役の善管注意義務と同質であると解釈されることにより，米国法の法理の導入による取締役の責任の厳格化は実現しなかった。

その後，2005（平成 17）年会社法の下で，取締役の対会社損害賠償責任は，その規定ぶりからすると，1911（明治 44）年商法改正時の表現に戻り，「取締役……は，その任務を怠ったときは，株式会社に対し，これによって生じた損害を賠償する責任を負う」と規定された（会社法 423 条 1 項）。この規定をめぐって，過失を前提とする責任とみるべきかあるいは注意義務違反のみが任務懈怠を構成するとみるべきか（いわゆる二元説・一元説の対立）および経営判断原則の要件事実上の位置づけが，新たな法解釈上の問題となっている169)。

2 経営判断原則に関する判例の展開

(1) 判例の発展過程

株主代表訴訟の制度が存在しなかった戦前期においては，取締役の経営判断が会社に損失をもたらしたことにつき，当該取締役の善管注意義務違反の有無が争われた事例は存在しなかった。

日本において経営判断原則に言及した裁判例170)は，取締役の忠実義務違反を理由とした取締役の解任が争われた神戸地判昭和 51 年 6 月 18 日下民集 5～8 号 378 頁を嚆矢とする171)。本判決は，取締役の忠実義務は「全智全能な経済人の能力」を要求するものではないとして取締役の解任請求を認めなかった。経営判断原則が本格的に下級審裁判例として登場するのは，株主代表訴訟の提訴手数料を一律 8,200 円とした平成 5 年の商法改正以降であった。初期の経営判断原則の下級審裁判

---

166) 大隅＝大森・前掲注 164) 286 頁。
167) 最大判昭和 45 年 6 月 24 日民集 24 巻 6 号 625 頁。
168) 鈴木竹雄＝竹内昭夫『会社法〔第 3 版〕』289 頁注 1（有斐閣，1994 年），大隅健一郎＝今井宏『会社法論 中巻〔第 3 版〕』164 頁以下（有斐閣，1992 年）。
169) 高橋英治「取締役の任務懈怠責任」法学教室 362 号 26 頁以下（2010 年）参照。
170) 日本の経営判断原則に関する裁判例の発展状況を包括的に網羅し，判例の流れを示す優れた著作として，近藤光男編『判例法理・経営判断原則』（中央経済社，2012 年）がある。
171) 近藤編・前掲注 170) 27 頁以下〔坂野真一〕参照。

例は，米国法の影響から経営判断の過程を重視して取締役の責任の存否について判断していた。証券会社による大口顧客に対する損失補塡の独占禁止法違反が問題になった野村證券損失補塡株主代表訴訟事件東京地裁判決（東京地判平成5年9月16日判時1469号25頁）は，経営判断原則を明確に念頭に置いて[172]，次のように判示した。

「取締役は会社の経営に関し善良な管理者の注意をもって忠実にその任務を果たすべきものであるが，企業の経営に関する判断は，不確実かつ流動的で複雑多様な諸要素を対象にした専門的，予測的，政策的な判断能力を必要とする総合的判断であるから，その裁量の幅はおのずと広いものとなり，取締役の経営判断が結果的に会社に損失をもたらしたとしても，それだけで取締役が必要な注意を怠ったと断定することはできない。会社は，株主総会で選任された取締役に経営を委ねて利益を追及（ママ）しようとするのであるから，適法に選任された取締役がその権限の範囲内で会社のために最良であると判断した場合には，基本的にはその判断を尊重して結果を受容すべきであり，このように考えることによって，初めて，取締役を萎縮させることなく経営に専念させることができ，その結果，会社は利益を得ることが期待できるのである。

このような経営判断の性質に照らすと，取締役の経営判断の当否が問題となった場合，取締役であればそのときどのような経営判断をすべきであったかをまず考えたうえ，これとの対比によって実際に行われた取締役の判断の当否を決定することは相当でない。むしろ，裁判所としては，実際に行われた取締役の経営判断そのものを対象として，その前提となった事実の認識について不注意な誤りがなかったかどうか，また，その事実に基づく意思決定の過程が通常の企業人として著しく不合理なものでなかったかどうかという観点から審査を行うべきであり，その結果，前提となった事実認識に不注意な誤りがあり，又は意思決定の過程が著しく不合理であったと認められる場合には，取締役の経営判断は許容される裁量の範囲を逸脱したものとなり，取締役の善管注意義務又は忠実義務に違反するものとなると解するのが相当である」〔傍点引用者〕。

本判決は，経営判断原則という言葉こそ用いなかったが，経営判断原則の制度趣旨を明らかにし，取締役の経営判断の過程が著しく不合理であるか否かを問題とする経営判断原則に従って判断し，結論として取締役の善管注意義務違反・独占禁止法違反を認めなかった。

---

172) 東京地方裁判所商事研究会編『類型別会社訴訟Ⅰ〔第3版〕』239頁（判例タイムズ社，2011年）。

その後，系列ノンバンクに対する支援にかかる株主代表訴訟につき担保提供が命じられた事例である名古屋地決平成7年9月22日金融法務事情1437号47頁は，「経営判断の前提となった事実認識に不注意な誤りがあったとか，その事実に基づく意思決定過程が著しく不合理であったという事情は認められず，取締役の経営判断に許容される裁量を逸脱したとは言えない」として，取締役の経営判断過程の著しい不合理のみを問題とする野村證券損失補塡株主代表訴訟事件東京地裁判決で展開された経営判断原則を踏襲した。その直後のセメダイン事件東京地裁判決（東京地判平成8年2月8日資料版／商事法務144号115頁）は，業績の悪化した合弁事業を買収した会社の取締役の義務違反が認められなかった事例であるが，「その前提となった事実の認識に重要かつ不注意な誤りがなく，意思決定の過程・内容が企業経営者としてとくに不合理・不適切なものといえない限り」，注意義務・忠実義務違反はないと判示した。ここにおいて，経営判断の過程だけではなく，内容の合理性も審査の対象とする日本型経営判断原則が出現した[173]。

東京地判平成14年4月25日判時1793号140頁（長銀初島事件）において，東京地裁商事部は，①経営判断の前提となる事実認識の過程（情報収集とその分析・検討）における不注意な誤りに起因する不合理の有無，②事実認識に基づく意思決定の推論過程および内容の著しい不合理の存否の2点を審査の対象とする新しい判断枠組みを提示したが，大阪地裁商事部は，セメダイン事件東京地裁判決を踏襲していた[174]。

最高裁は経営判断の過程も問題にする下級審判例の考え方とは一線を画した。すなわち，取締役による支援融資の義務違反が争点になった事例では，融資の判断内容の合理性のみを問題とした。すなわち，東京都観光汽船事件（東京高判平成8年12月11日金融・商事判例1105号23頁）は，役員構成等が類似する赤字続きの会社への金融支援を行った代表取締役等に損害賠償を求める代表訴訟が提起された事案であったが，東京高裁は，経営判断に至る過程をほとんど問題にせず，損害発生の予測可能性や経営判断の内容のみを検討し，取締役としての裁量の範囲を逸脱しており，会社に対する善管注意義務・忠実義務に違反すると判示したが[175]，最判平

---

173) 近藤編・前掲注170) 70頁以下〔古川朋雄〕参照。
174) 大阪地判平成11年5月26日判時1710号153頁（朝日新聞社株主代表訴訟事件），大阪地判平成12年9月20日判時1721号3頁（大和銀行代表訴訟事件）。この点につき，齋藤毅「関連会社の救済・整理と取締役の善管注意義務・忠実義務」判タ1176号77頁（2005年）参照。
175) 北村雅史教授は，東京高判平成8年12月11日金融・商事判例1105号23頁を，経営判断原則を適用していない事例と位置づける（北村雅史「最近の判例に見る株主

成12年9月28日金融・商事判例1105号16頁は，この原審判決を支持し，上告を棄却した。銀行の支店が行った過振りによって生じた損失塡補を目的に行った取引先（A不動産）への追加融資につき取締役の責任を認めた北海道拓殖銀行栄木不動産事件最高裁判決（最判平成20年1月28日判時1997号143頁）は，「A不動産に対し本件不動産を担保とすることを条件に本件追加融資を行うことを決定した被上告人らの判断は，本件過振りが判明してから短期間のうちにその対処方針及び本件追加融資に応じるか否かを決定しなければならないという時間的制約があったことを考慮しても，著しく不合理なものといわざるを得ず，被上告人らには取締役としての忠実義務，善管注意義務違反があったというべきである」〔傍点引用者〕と判示した。経営破綻した銀行への追加融資の善管注意義務・忠実義務違反を認めた北海道拓殖銀行カブトデコム事件最高裁判決（最判平成20年1月28日判時1997号148頁）は「〔融資を決定した〕被上告人らの判断は，……当時の状況下において，銀行の取締役に一般的に期待される水準に照らし，著しく不合理なものといわざるを得ず，被上告人らには銀行の取締役としての忠実義務，善管注意義務違反があったというべきである」〔傍点引用者〕と判示した。これらの支援融資の善管注意義務・忠実義務違反に関する最高裁の裁判例は，①判断内容の著しい不合理のみを取締役の善管注意義務違反の存否にかかる唯一の基準としている，②経営判断原則についてまったく言及していないという点で，同時期の下級審裁判例とは傾向を異にしていた。

しかし，最高裁においても，まず刑事事件において「経営判断の原則」という語をはじめて用いた裁判例が出現した。すなわち，回収可能性がないことを知りながら財政難の取引先に無担保融資を行った銀行の取締役に特別背任罪の成立を認めた北海道拓殖銀行特別背任事件最高裁決定（最決平成21年11月9日刑集63巻9号1117頁）は次のように判示した。

「銀行の取締役が負うべき注意義務については，一般の株式会社取締役と同様に，受任者の善管注意義務（民法644条）及び忠実義務（平成17年法律第87号による改正前の商法254条の3，会社法355条）を基本としつつも，いわゆる経営判断の原則が適用される余地がある。しかし，銀行業が広く預金者から資金を集め，これを原資として企業等に融資することを本質とする免許事業であること，銀行の取締役は金融取引の専門家であり，その知識経験を活用して融資業務を行うことが期待されていること，万一銀行経営が破たんし，あるいは危機にひんした場合には預金者及

代表訴訟」小林秀之＝近藤光男編『新しい株主代表訴訟』85頁（弘文堂，2003年））。
高橋英治「判批」商事法務1747号56頁（2005年）参照。

び融資先を始めとして社会一般に広範かつ深刻な混乱を生じさせること等を考慮すれば，融資業務に際して要求される銀行の取締役の注意義務の程度は一般の株式会社取締役の場合に比べ高い水準のものであると解され，所論がいう経営判断の原則が適用される余地はそれだけ限定的なものにとどまるといわざるを得ない」〔頭点引用者〕。

続いて，非上場会社である子会社の株式を買い取る決定を行った取締役の善管注意義務違反を否定したアパマンショップHD事件（最判平成22年7月15日判時2091号90頁）において，最高裁は，次のように判示して「決定の過程，内容に著しく不合理な点がない限り取締役の善管注意義務違反はない」とする経営判断原則の定式を示した。

「本件取引は，A社をB社に合併して不動産賃貸管理等の事業を担わせるという参加人のグループの事業再編計画の一環として，A社を参加人の完全子会社とする目的で行われたものであるところ，このような事業再編計画の策定は，完全子会社とすることのメリットの評価を含め，将来予測にわたる経営上の専門的判断にゆだねられていると解される。そして，この場合における株式取得の方法や価格についても，取締役において，株式の評価額のほか，取得の必要性，参加人の財務上の負担，株式の取得を円滑に進める必要性の程度等をも総合考慮して決定することができ，その決定の過程，内容に著しく不合理な点がない限り，取締役としての善管注意義務に違反するものではないと解すべきである。

……買取価格を1株当たり5万円と決定したことが著しく不合理であるとはいい難い。そして，本件決定に至る過程においては，参加人及びその傘下のグループ企業各社の全般的な経営方針等を協議する機関である経営会議において検討され，弁護士の意見も聴取されるなどの手続が履践されているのであって，その決定過程にも，何ら不合理な点は見当たらない。

以上によれば，本件決定についての上告人らの判断は，参加人の取締役の判断として著しく不合理なものということはできないから，上告人らが，参加人の取締役としての善管注意義務に違反したということはできない」〔頭点引用者〕。

本判決が，善管注意義務違反の存否を決する重要な要素である「決定の過程」と「内容」との関係を，「および」あるいは「または」という明確な表現を用いずに，あえて「，」でつなぐ曖昧な判示をしたのかが問題となる。最高裁は，あえて，かかる曖昧な判示方法をとることにより，従来の下級審裁判例が判示してきたように，両要素の総合的判断により取締役の義務違反の存否は決定されることを示そうとしたとも考えられる。このため，学説上，アパマンショップHD事件最高裁判決が，

従来の下級審裁判所の経営判断原則の審査基準[176]を導入したとみる見解が有力に主張された[177]。本判決以降の下級審裁判例においては，アパマンショップ HD 事件最高裁判決の経営判断原則の定式を踏襲するものが多数を占めるが[178]，本判決以前に下級審裁判例で主流であった経営判断原則の定式を採用するものも存在する。すなわち，さいたま地判平成 23 年 9 月 2 日金融・商事判例 1376 号 54 頁は，前掲東京地判平成 8 年 2 月 8 日の判示を踏襲し，「株式会社における取締役の判断が善管注意義務及び忠実義務に違反するかどうかは，取締役の経営上の判断が，その性質上，将来の企業経営や経済情勢についての予測等，不確実な事情を前提とする判断とならざるを得ないことからすれば，その判断の前提となった事実の調査及び検討について特に不注意な点がなく，その意思決定の過程及び内容がその業界における通常の経営者の経営上の判断として特に不合理又は不適切な点がなかったかどうかという点を基準として判断すべきである」〔頭点引用者〕と判示した[179]。

近時，アパマンショップ HD 事件最高裁判決の経営判断原則の定式をそのまま採用する下級審裁判例も現れている。すなわち，ノヴァ・あずさ監査法人等事件（大阪高判平成 26 年 2 月 27 日金融・商事判例 1441 号 19 頁）では，破産した英会話学校（上場会社）の元役員（Y_1 ら）の不法行為責任および会社役員としての対第三者責任の存否が争点となったが，大阪高裁は，Y_1 の取締役としての資金流失回避義

---

[176] 東京地方裁判所商事研究会編『類型別会社訴訟 I〔第 2 版〕』242 頁（判例タイムズ社，2008 年）。

[177] 落合誠一「アパマンショップ株主代表訴訟最高裁判決の意義」商事法務 1913 号 7 頁（2010 年），北村雅史「非上場会社の株式の買取りと経営判断の原則」ジュリスト 1420 号 139 頁（2011 年）。

[178] 東京地判平成 23 年 1 月 27 日 LEX/DB 文献番号 25470380，大阪高判平成 26 年 2 月 27 日金融・商事判例 1441 号 19 頁，東京高判平成 26 年 5 月 29 日 LEX/DB 文献番号 25504541，東京地判平成 25 年 3 月 6 日 LEX/DB 文献番号 25511483，東京地判平成 24 年 8 月 30 日 LEX/DB 文献番号 25495970。

[179] 同様に東京地判平成 23 年 9 月 29 日判時 2138 号 134 頁は，「取締役の判断が善管注意義務に違反するというためには，その判断の前提となった事実を認識する過程における情報収集やその分析に誤りがあるか，あるいは，その意思決定の過程や内容に企業経営者として明らかに不合理な点があることを要するものというべきである」と判示する。東京地判平成 24 年 2 月 27 日 LEX/DB 文献番号 25491803 は「被告の判断には，その前提となった事実認識に不注意な誤りはなく，その事実認識に基づく判断の過程・内容が原告の取締役として著しく不合理なものということもできないから，被告が，原告の取締役としての善管注意義務に違反したということはできない」と判示する。東京地判平成 24 年 6 月 25 日 LEX/DB 文献番号 25494794 も，これとほぼ同じ判断公式を採用する。

務違反についてはこれを認めず,「新規店舗の開設による事業の拡大というような経営計画の基本方針の策定については,将来予測にわたる取締役の経営上の専門的判断にゆだねられているというべきであり,その判断の過程,内容に著しく不合理な点がない限り,取締役としての善管注意義務に違反するものではないと解される。……被控訴人 Y_1 が平成 16 年以降事業の拡大を加速させようとした経営判断については,その過程や内容に著しく不合理な点があるとはいえず,そのような経営判断をしたことにつき取締役としての善管注意義務違反があるとはいえない」〔傍点引用者〕と判示した。

アパマンショップ HD 事件最高裁判決以降,下級審裁判例において,本判決の経営判断原則の定式を採用するものと,本判決以前の下級審裁判例の定式を踏襲するものが混在している点に,最高裁による経営判断原則のより踏み込んだ定式化の必要性がみてとれる。

(2) 今後の判例の展望――株式会社の政治献金と経営判断原則

将来の日本の経営判断原則の判例の展望として,判決が出された時点においては経営判断原則に関する判例であると意識されていなかった日本の会社法上の重要判例について,ドイツ法からの示唆を受けて考察する。

八幡製鉄株式会社の代表取締役が同社を代表して時の政権与党であった自由民主党に対して 350 万円の政治献金を行ったことにつき,同社の株主が取締役の忠実義務に違反するとして株主代表訴訟を提起した事件に対する判決である八幡製鉄政治献金事件最高裁判決(最大判昭和 45 年 6 月 24 日民集 24 巻 6 号 625 頁)は,結論的には政治献金を行った代表取締役の責任を認めなかったが,会社の政治献金に際しての取締役の義務違反の存否を決する定式を次のように示した。

「取締役が,その職務上の地位を利用し,自己または第三者の利益のために,政治資金を寄附した場合には,いうまでもなく忠実義務に反する……取締役が会社を代表して政治資金の寄附をなすにあたつては,その会社の規模,経営実績その他社会的経済的地位および寄附の相手方など諸般の事情を考慮して,合理的な範囲内において,その金額等を決すべきであり,右の範囲を越え,不相応な寄附をなすがごときは取締役の忠実義務に違反する」。

この日本の最高裁の定式は,寄付の額が,会社の財産,財政および収益状況から不相応であり,会社が支払いきれないものである場合,当該寄付は例外的に会社財産の浪費に該当し,取締役の注意義務違反を構成するというドイツの通説の見解に一致する[180]。

ドイツの通説上,会社の政治献金は取締役の経営上の裁量に委ねられた事項,す

なわち取締役の経営判断事項であるとする[181]。利益相反がある場合，経営判断原則は適用されない。今後の会社の政治献金に対する最高裁の判例の発展方向として，経営判断原則の活用という方向が考えられる。すなわち，最高裁が，①利益相反性のある政治献金は忠実義務違反となる，および②会社の政治献金は「合理的な範囲内」においては許されるとした判示部分に当時認められていなかった経営判断原則の萌芽を認め，会社の規模・経営実績等に照らし著しく不相応な寄付がなされた場合，あるいは取締役が自己の政治的欲求を実現するため，換言すれば個人的利益追求のための利益相反が認められる政治献金に限り，取締役の善管注意義務違反を認めるという方向である。同じく自由民主党に対して政治献金を行った代表取締役らに関する株主代表訴訟事件である熊谷組政治献金事件では，第2審の名古屋高裁金沢支判平成18年1月11日判時1937号143頁が，八幡製鉄政治献金事件の最高裁定式を採用するとともに，「仮に政治献金について経営判断原則が適用されるとしても取締役らは注意義務を怠った」とする株主の主張に対して，取締役らに「前提事実の認識における不注意な誤りやその判断に至る過程に著しい不合理があるとはいえない」と判示し，政治献金を行うか否かの判断に経営判断の原則の適用を認めている[182]。この判決については，上告および上告受理申立がなされているが，最高裁は，上告を棄却し，上告受理申立を受理しない決定をしている[183]。今後，最高裁は，株式会社の政治献金につき，アパマンショップHD事件最高裁判決の経営判断原則の定式に従い，会社による政治献金の決定の過程，内容に著しく不合理な点がない限り，政治献金を決定した取締役の善管注意義務違反を認めないと判断する可能性がある。

Ⅶ おわりに——日本法における経営判断原則の立法化の可能性

ドイツ法と日本法においては，経営判断原則の存在形態に大きな違いがみられる。すなわち，ドイツ法では経営判断原則は立法化されたのに対し，日本法では，経営判断原則は判例法理の形態をとっている。

ドイツ法が米国法の経営判断原則の継受へと向かった背景としては，当時のドイツの株式法において取締役の一般的責任を追及する株主代表訴訟が認められていな

---

180) Fleischer, FS Wiedemann, S. 845 f.
181) Fleischer, FS Wiedemann, S. 845 f.
182) 近藤編・前掲注170) 283頁以下〔加藤真朗〕。
183) 最決平成18年11月14日資料版／商事法務274号192頁。

かったという事情も大きく働いた。ドイツ法では，取締役の責任追及の事例が極端に少なかったため，裁判実務の経験の少なさを補うために，外国法の原理を参照せざるを得なかった。連邦通常裁判所民事第2部の当時の主席裁判官であったレーレヒトは，アラーグ・ガルメンベック判決を下す前に，ハンブルクのマックスプランク外国私法国際私法研究所に対して米国の経営判断原則に関する資料の提供を求めた[184)]。これは，ドイツの裁判官が，経営判断原則を導入する際に，米国法上のそれを参考にしたという事実を示す。

　ドイツ法において経営判断原則が立法化された背景としては，すでに連邦通常裁判所により経営判断原則が定式化され，判例法として確立していた事実が注目されるべきである。

　日本法において経営判断原則を定式化したといわれる[185)]アパマンショップHD事件最高裁判決は，子会社株式の買取りという特定の判断に特化した書きぶりになっているため，本判決をもって「経営判断の一般的な審査基準を最高裁が定立したと断言することはできない」[186)]とする見解が有力に主張されている。最高裁も，本判決を最高裁民事判例集（民集）登載判例としていないことからしても，少なくとも判決が出された当初は本判決を民事事件で経営判断原則の定式をはじめて示した先例として重要な意義を有するものとは認めていなかったものと推察される。現在の日本の最高裁の経営判断原則の定式は，その精密さの点から，ドイツや米国の経営判断原則の定式と比較して，大きく見劣りする。また，経営判断原則の定式であると最高裁自身が明らかにしていないため，その判決の趣旨が不明である。将来，最高裁は，経営判断原則につき，アパマンショップHD事件最高裁判決より踏み込んだ判決を下すべきである。

　アパマンショップHD事件最高裁判決が示す経営判断原則の定式は，取締役が経営上の措置をとった時点において，「その決定の過程，内容に著しく不合理な点がない限り，取締役としての善管注意義務に違反するものではない」というもので

---

184)　Hopt/M. Roth, in: Hopt/Wiedemann (Hrsg.), AktG: Großkommentar, 4. Aufl., § 93 Abs 1 Satz 2, 4 nF Rdnr. 6.
185)　「本判決〔アパマンショップHD事件最高裁判決を指す・引用者注〕は，最高裁が，民事事件において初めて，取締役の経営判断について善管注意義務違反があったか否かを裁判所が審査する際の基準として，いわゆる経営判断原則を明確に位置づけた判決である」（吉原和志「取締役の注意義務と経営判断原則」江頭憲治郎＝岩原紳作＝神作裕之＝藤田友敬編『会社法判例百選〔第2版〕』108頁（有斐閣，2011年））。
186)　田中亘「経営判断と取締役の責任——アパマンショップHD株主代表訴訟事件」ジュリスト1442号103頁（2012年）。

あるが，決定の過程の合理性に関する判断と決定の内容の合理性に関する判断とが，いかなる関係に立つのかが明確でない[187]。両者の関係を単純に「および」で結ぶと次の問題が生じる[188]。すなわち，最高裁は過去の判例において著しく不合理な内容の判断は取締役の善管注意義務・忠実義務に違反するという前提に立っているにもかかわらず[189]，この「および」の基準によると，著しく不合理な内容の判断がなされた場合でも，決定過程については合理的に判断されていれば，取締役の善管注意義務違反が否定されることになってしまう。そこで，アパマンショップHD事件最高裁判決の示す経営判断原則の定式は，決定の過程「または」その内容が著しく不合理である場合について，取締役の善管注意義務違反を肯定する趣旨であると考える余地が生じる。しかし，かかる解釈をとると，内容は合理的であるのに，決定過程が著しく不合理である場合，その経営判断が善管注意義務違反に該当してしまう。このように考えていくと，決定過程の過誤がいかなるものであったかを問わず，判断内容が著しく不合理であれば，取締役の善管注意義務は肯定されるべきであるという従来の最高裁判例の立場が基本的には維持されるのが適当である。

　結局，取締役の善管注意義務違反の存否の認定につき，最高裁は，決定内容の著しい不合理に，決定過程における何らかの不手際の要素を総合して判断するという立場に立っていると解すべきことになる。それでは，経営判断の過程における不手際を，どのような形式で，取締役の義務違反の判断にかかわらせるべきであろうか。

　そもそも，経営判断原則は，取締役が経営判断に至る過程で情報収集等，必要な手段を尽くした場合，当該判断の内容については，義務違反を問われないとすることで，裁判官に後に経営判断の内容についての非常に困難な判断をさせる負担を軽減するとともに，取締役に対しては，経営判断の内容によって取締役の個人責任を

---

[187]　伊藤靖史「アパマンショップ株主代表訴訟上告審判決」商事法務 2009 号 53 頁以下（2013 年）参照。

[188]　東京地判平成 26 年 4 月 10 日金融・商事判例 1443 号 22 頁は，「外国に設立した完全子会社に対し，果たして又どの程度の信用を供与して事業展開を図るか等は……将来予測に係る経営上の専門的判断に委ねられていると解される。このような場合，取締役は……その判断の過程及び内容が著しく不合理なものであった場合に，善管注意義務違反の責任を負う」〔傍点引用者〕と判示する。「本判決〔アパマンショップHD 事件最高裁判決を指す・引用者注〕が過程と内容の双方について『著しく不合理』という緩やかな基準で審査したことは適切であり，今後とも，経営判断の事例は一般的にこの基準によって審査することが適切である」と主張する学説として，田中・前掲注 186）ジュリスト 1442 号 103 頁。

[189]　最判平成 20 年 1 月 28 日判時 1997 号 143 頁〔北海道拓殖銀行栄木不動産事件〕，最判平成 20 年 1 月 28 日判時 1997 号 148 頁〔北海道拓殖銀行カブトデコム事件〕。

第1章 ドイツと日本における経営判断原則の発展と課題

問われないとすることで，経営判断に広範な裁量領域を与え，リスクを恐れず革新に対して果敢に挑戦する企業家精神を育てる制度である。従来の最高裁判例では，取締役の判断内容が著しく不合理である場合には，善管注意義務違反を認めるという立場がとられてきた。判断内容の合理性について主張・立証があった場合に裁判官はそれについて判断すべきであると考える場合，以上の最高裁の立場は堅持されるべきことになる。一定の手続を踏んだ場合には，取締役の義務違反を否定するというドイツ法の考え方を生かしつつ，経営判断原則が本来有する裁判官の思考の節約およびその合理化と取締役の経営の自由の確保という2つの機能を果たさせるためには，取締役の経営判断において，利益相反がなく，誠実に会社の利益を追求するために，情報収集等当該判断が出された時点において適切であると合理的に認められる措置をとった場合，当該経営判断は合理的であり注意義務違反は存在しないと推定されるというルールを判例法上確立するべきである。この立証責任転換により，責任追及者側（原告）が取締役の経営判断について，その過程および内容においても，著しく不合理であるという主張をしてきた場合，被告の取締役側が，経営判断に至る情報収集等の手続を十分にとったことを主張立証すれば，その経営判断の合理性が推定される。取締役の責任追及者が経営判断の内容が著しく不合理であったということを立証できない限り，裁判官は，取締役個人の損害賠償責任を免責する判決を下すことができるとすべきである。

　経営判断原則がその根底に有する企業の「革新」を促進する思想は国民経済の発展にとってプラスとなる。会社が新事業を立ち上げる際，企業人が，新事業の失敗を無用に恐れれば，やがて挑戦する心を忘れ，革新は行われなくなる。シュンペーターも論じたように，革新の志を持つ経営者がいない社会は，経済発展の担い手が存在しないことを意味し，かかる社会はやがては停滞・没落へと向かう。日本の最高裁も，下級裁判所に対して積極的に法律解釈の指針を示していくという役割を果たすべく，経営判断原則とは，経営者が誠実に違法でなくかつ利益相反のない状態で会社の利益を追求した結果，会社に損失をもたらしても，経営者個人の責任を追及されないという内容の法理であり，取締役に，個人責任までは追及されることのない「裁量の領域（＝セーフ・ハーバー）」を認めたものであるというその趣旨を判決文中で示すべきである。そして，この法理の定式を――ドイツおよび米国等の諸外国における同法理の発展を参考にしながら――より精密に展開するべきである。かかる経営判断原則に関するリーディングケースが出された後に，諸外国の経営判断原則の内容を参考にした上で，日本法が経営判断原則の立法化に向かうことが推奨される[190]。日本において経営判断原則が立法化される場合，複数の判決例によ

って微妙に変遷しうる経営判断原則の定式の個々の要素のあり方についての論争は収束し，法律で定められた経営判断原則を構成する各要件事実に関する判例・学説が蓄積されることにより，その適用基準が明確化するであろう[191]。

---

[190] 森田章教授は，「不定量の財産増加のためには，ドイツで立法されたように経営裁量権を確立する立法こそが有益である」と論じる（森田章『日本の資本主義と会社法――グローバルな基準への提言』84頁（中央経済社，2014年））。福瀧博之教授は，「経営判断原則を認めるためには，ドイツ法と同様の何らかの立法（あるいは，新たな判例法理）を要すると考えるべきではないか」と論じる（福瀧博之「経営判断原則についての覚書――ドイツ法における法解釈的な位置付け」関西大学法学論集64巻5号47頁（2015年））。

[191] ドイツにおける経営判断原則の立法化についての長所・短所の分析として，内藤裕貴「経営判断原則の再考（2）――ドイツにおける経営判断原則の立法化を中心として」早稲田大学大学院法研論集154号199頁以下（2015年）参照。ドイツにおける経営判断原則の立法化後の学説上の議論につき，福瀧博之「ドイツ法における法典化後の経営判断の原則について」関西大学法学論集65巻4号18頁以下（2015年）参照。

第 2 章　ヨーロッパにおける開業の自由の発展
——ヨーロッパ連合における基本的自由の相互作用

I　はじめに

　ヨーロッパ連合（EU）は，ヨーロッパ連合条約およびヨーロッパ連合運営条約を基盤とし，ヨーロッパ共同体（EC）に代わるものである[1]（ヨーロッパ連合条約1条）。ヨーロッパ連合は，平和，自由移動，市民の福祉の促進を目的とし（ヨーロッパ連合条約3条）。そのために域内市場を設ける（ヨーロッパ連合条約3条3項）。ヨーロッパ連合は，域内市場創設のための法的基盤として，4つの基本的自由を定める[2]。すなわち，物・人・サービス・資本の自由である（ヨーロッパ連合運営条約26条2項）[3]。これを実現するため，物品移動の自由（ヨーロッパ連合運営条約28条），サービスの自由（ヨーロッパ連合運営条約56条），開業の自由[4]（ヨーロッパ連合運営条約49条，54条）および資本移動の自由（ヨーロッパ連合運営条約63条，64条）が保障されている[5]。
　ヨーロッパ連合運営条約49条・54条は，開業の自由につき次のように定める。
　「ヨーロッパ連合運営条約49条　次に定める規定の枠内で，いずれかの加盟国の国民の他の加盟国の領域における開業の自由に対する制限は禁止する。この禁止は，いずれかの加盟国の領域に居住しているいずれかの国民による代理店，支店または

---

1) 岡村堯『新ヨーロッパ法——リスボン条約体制下の法構造』27頁（三省堂，2010年）（以下「岡村・新ヨーロッパ法」と引用する）参照。
2) ヨーロッパ連合における基本的自由に関する優れた基礎研究として，Körber, Grundfreiheiten und Privatrecht, Tübingen 2004, S. 56 ff.
3) M. ヘルデーゲン（中村匡志訳）『EU 法』216頁（ミネルヴァ書房，2013年），庄司克宏『新 EU 法　政策編』4頁以下（岩波書店，2014年），中西優美子『EU 法』256頁（サイエンス社，2012年）参照。
4) 居住・営業の自由とも訳される（岡村・新ヨーロッパ法382頁参照）。開業の自由の概念につき，Wulf-Henning Roth, in: Dauses, EU-Wirtschaftsrecht, 30. Ergänzungslieferung 2012, E. I. Grundregeln, Rn. 52 ff.
5) ヨーロッパ連合における資本移動の自由につき，正井章筰「EU における資本移動の自由とその制限——その法的枠組み」福田耕治編『EU とグローバル・ガバナンス』35頁以下（早稲田大学出版部，2009年）参照。

子会社の設立に対する制限にも及ぶ。

開業の自由は，自営業を開始しおよび遂行する権利ならびに企業，特に第54条後段にいう会社を設立しおよび経営する権利を含む。ただし，開業の行われる国の法律によってその国の国民のために定められる条件に従うものとし，かつ資本に関する章の規定に留保される。」

「ヨーロッパ連合運営条約54条　加盟国の法律に基づいて設立され，かつ定款上の本店・管理の中心または主たる営業所を共同体内に有する会社は，この章（ヨーロッパ連合運営条約第3部第4編第2章「開業の権利」を指す・引用者注）の規定の適用上，加盟国の国民たる自然人と同じ待遇を受ける。

会社とは，協同組合を含む民法または商法に基づく会社，および公法または私法に基づくその他の法人をいう。ただし，営利目的を追求しないものは除く。」

EU域内における会社の設立の自由は，ヨーロッパ連合運営条約49条・54条により開業の自由に包摂される。したがって，ヨーロッパ会社法の基礎は，開業の自由に存するといってよい。本章は，ヨーロッパの基本的自由の変遷の中で，開業の自由がその内容・効果においてどのような変遷を遂げたのかについて総括することを目的とする。

開業の自由は，その概念の変遷の結果，ヨーロッパにおける会社法の競争を生み出した。米国においては州間での会社法の競争が米国における会社設立のデラウェア州への集中という現象を生じさせた。ヨーロッパにおける会社法の競争が，会社の設立の会社法の規制の緩い加盟国への一極集中という現象を生み出すとすると，これは望ましくない。本章は，その結論において，ヨーロッパ法はかかるヨーロッパにおける「デラウェア効果」（米国において会社の設立がデラウェア州に集中している現象を指す）を防止するために，どのような手段を行使しうるのかについて考察する。

II　ヨーロッパにおける基本的自由の発展

1　ヨーロッパ法の効力強化の過程

(1)　ヨーロッパの基本的自由の直接的第三者効力の確立
　　からヨーロッパ法の優位へ

ヨーロッパ連合条約およびヨーロッパ連合運営条約の前身であるヨーロッパ経済共同体条約（以下「EEC条約」という）が国際法上の条約にすぎないとする見解[6]

は古典的国際法学において存在したが，EEC条約につき国家を拘束する単なる条約にすぎないとすると，EEC条約加盟国の私人は，EEC条約の規定を権利として裁判において援用することはできないという結論が導かれる。ヨーロッパ会社法の発展のためには，まず，かかる伝統的国際法学の理解を越える必要があった。

　EEC条約の規定を私人が国内裁判所で権利として援用できること，すなわち，EEC条約の規定がいわゆる直接的効力を有することを最初に認めたヨーロッパ裁判所の判決が，1963年2月5日ヨーロッパ裁判所ファン・ヘント&ロース判決[7]であった。これはオランダの運送会社が輸入した物品に対して課税されたことに対し異議を唱え，ヨーロッパ裁判所に付託された事件であった。本判決では，加盟国に新しい輸入関税を課することを禁じる当時のEEC条約12条が，いわゆる直接的効力を有し，加盟国の私人に対し直接権利を与えるか否かが争点となった。ヨーロッパ裁判所は，その先行判決において，「EEC条約12条の禁止はその本質からして，加盟国とその法に服する個人との法律関係において直接的効力を生じるというべきである[8]」と判示した。

　ヨーロッパの基本的自由の第三者に対する直接的効力[9]は，労働者移動の自由，サービスの自由および一般的差別禁止の局面で認められた。ヨーロッパの基本的自由の直接的第三者効力を最初に認めた判決は，1974年12月12日ヨーロッパ裁判所ヴァルラーフェ判決[10]であった。事案は次のとおりである。ヴァルラーフェとコッホはオランダ国籍を有し，オートバイのペースメーカーを職業としていた。国際オートバイ連盟は，1970年11月，規則を改正して，1973年から，ペースメーカ

---

6) Berber, Lehrbuch des Völkerrechts, 2. Aufl., Bd. 3, München 1977, S. 318; Jaunicke, in: Schlochauer/Strupp (Hrsg.), Wörterbuch des Völkerrechts, 2. Aufl., Berlin 1962, S. 426.

7) EuGH, Urteil vom 5. 2. 1963, Rs. C-26/62, Slg. 1963, 3 „van Gend & Loos". 以下におけるヨーロッパ裁判所判決名の邦訳は，M. ヘルデーゲン・前掲注3) に基本的に従う。

8) EuGH, Slg. 1963, 25.

9) 第三者に対する効力（Drittwirkung）とは，基本権ないし基本的自由が及ぶ範囲に関する概念であるのに対し，直接的効力とは，基本権ないし基本的自由の規範の名宛人に関する概念である。基本権ないし基本的自由の規範の名宛人が私権の主体である場合には，その基本権ないし基本的自由は「直接的（unmittelbar）効力」を有するとされる。基本権ないし基本的自由の規範の名宛人が加盟国である場合にはその基本権ないし基本的自由は「間接的（mittelbar）効力」を有するとされる。

10) EuGH, Urteil vom 12. 12. 1974, Rs. C-36/74, Slg. 1974, 1405 „Walrave". 本判決につき，岡村堯『ヨーロッパ法』605頁以下（三省堂，2001年）（以下「岡村・ヨーロッパ法」と引用する）参照。

ーは主力選手と同じ国籍の者でなければならないと定めた。改正の理由は，国際選手権大会を国別対抗にしたいということであった。ヴァルラーフェとコッホは，これまでオランダ以外の国の有力選手のペースメーカーとして実績をあげてきたこともあり，国際オートバイ連盟規則改正により，他国の有力選手のペースメーカーになることができないとして，同連盟に対し，改正の撤回を求めたが，同連盟がこれを拒否したため，その取消を求めてユトレヒト地方裁判所に提訴し，同裁判所がヨーロッパ裁判所に先行判決を求めた。ヨーロッパ裁判所は，差別の禁止（EEC 条約7条，現行ヨーロッパ連合運営条約18条），労働者の自由な移動（EEC 条約48条，現行ヨーロッパ連合運営条約45条）およびサービスの自由（EEC 条約56条，現行ヨーロッパ連合運営条約56条）は，私人間の合意等にも及ぶと判示した。このヨーロッパ裁判所判決により，加盟国の私人に対する差別の禁止，労働者の自由な移動およびサービスの自由の直接的第三者効力が認められ，加盟国の私人は国内裁判所において，これらのヨーロッパ基本的自由を自己の権利として主張することができ，加盟国の国内裁判所は，これらのヨーロッパの基本的自由——差別の禁止，労働者の自由な移動およびサービスの自由——から生じる個人の権利を保護する義務を負うことになった。

1964年7月15日ヨーロッパ裁判所コスタ対 E. N. E. L. 判決[11]は，「EEC 条約は通常の国際条約とは異なり固有の秩序を形成する[12]」と判示し，EEC 条約が加盟国の国内法に優位すると判示した[13]。

(2) ヨーロッパの基本的自由の直接的第三者効力の認容とドイツ国法学

ドイツを代表する国法学者であるイプセンは，1972年，EC 法の古典的概説書において，ヨーロッパ共同体の設立を，単なる条約の締結ではなく，複数の国家による「国家的統合権力の共同行為（Der Gesamtakt staatlicher Integrationsgewalt）」であると特徴づけた[14]。

ドイツの伝統的国法学の立場を代表するフライブルク大学のヴュルテンベルガーは，現在のヨーロッパ連合を「国家結合（Staatenverbund）」であると理解する[15]。

---

11) EuGH, Urteil vom 15. 7. 1964, Rs. C-6/64, Slg. 1964, 1253 „Costa/ENEL".
12) EuGH, Slg. 1964, 1269.
13) EuGH, Slg. 1964, 1270.
14) Ipsen, Europäisches Gemeinschaftsrecht, Tübingen 1972, S. 60.
15) Würtenberger, Die Wissenschaft des Öffentlichen Rechts angesichts des Wandels der Rolle des Staates, S. 3. 本論文の邦訳として，トーマス・ヴュルテンベルガー（松戸浩訳）「国家の役割の変化に直面した公法学」髙田昌宏＝野田昌吾＝守矢健一編『グローバル化と社会国家原則——日独シンポジウム』3頁以下（信山社，2015年）。

この概念は、ドイツの連邦憲法裁判所がヨーロッパ連合の法的性質を表現するために用いた概念である。すなわち、ドイツの連邦憲法裁判所は、1993年10月12日判決において、「マーストリヒト条約は加盟国により担われ、加盟国の国民的アイデンティティーが配慮されるべきであるヨーロッパ国家結合を基礎づける[16]。……ヨーロッパ連合条約発効以降、ドイツ連邦共和国は国家結合の一員となる。この国家結合の共同体的権力は加盟国から派生し、ドイツの主権領域においては、ドイツの法適用命令により拘束力を有する[17]」と判示する。この「国家結合」という概念は、従来のドイツ国法学において存在していなかった概念であり、「国家連合（Staatenbund[18]）」すなわち「国家がその役割の一部を共同の機関に委ねその構成員と並んで対外的には統一体として現れるが、それ自身は決して国家とはいえない国家の結合体[19]」を越えた、より統合が緊密な存在であると認識されている[20][21]。オッパーマンは、「国家連合」という言葉は歴史上の概念であり、ここから国家による国際法上または外交上の共同作業というイメージが生ずるため、ヨーロッパ連合の新機軸や共同作業の緊密性を示す言葉としては適当でないと論じる[22]。同氏は、50年以上にもわたる補充変更および緊密な共同体の実務からみて、ヨーロッパ連合の基本となる条約は、ヨーロッパ連合の「憲法（Verfassung）」とでもいうべき存在になっていると論じる[23]。ハベーレは、ヨーロッパにおいてヨーロッパ連合固有の憲法秩序なるものが生成過程にあり、EEC条約の加盟国の国内法に対する優位は、「連邦法は州法を破る」という原則によって説明可能である

　　同旨, Herdegen, Europarecht, 11. Aufl., München 2009, S. 81.
16)　BVerfG 89, 181.
17)　BVerfG 89, 190.
18)　この概念につき, Isensee, Idee und Gestalt des Föderalismus im Grundgesetz, in: Handbuch des Staatsrechts der Bundesrepublik Deutschland, Band IV Bundesstaat, Heidelberg 2008, S. 6; Stein/Frank, Staatsrecht, 19. Aufl., Tübingen 2004, S. 108 f.
19)　Zipperius/Würtenberger, Deutsches Staatsrecht, 31. Aufl., München 2005, S. 126.
20)　Herdegen, Europarecht, 11. Aufl., S. 81.
21)　ただし、連邦憲法裁判所は、2009年6月30日の判決において、ヨーロッパ連合を国家結合であるとするが、「国家結合」を「国の結合体であり、加盟国はその主権を維持しつつ、条約を基礎にして公権を行使するが、あくまでも行使される公権の基礎は加盟国が定め、その中で加盟国の国民は民主的正当性の主体となる」ものであると定義する（BVerfGE 123, 267, 348)。この判示のみからは、ヨーロッパ連合の本質たる「国家結合」が、国家連合を越えた、より国家の連携が緊密な存在であると認めることができない。
22)　Oppermann, Europarecht, 3. Aufl., München 2005, S. 278.
23)　Oppermann, Europarecht, 3. Aufl., S. 274.

と説く[24]。

　ヨーロッパ連合の発展という新現象に対し，ドイツ国法学は主としてドイツの連邦憲法裁判所が用いた「国家結合」という概念によって説明を試みているが，ヨーロッパ裁判所の判決を指導するような理論的新機軸を用いたヨーロッパ連合の法的性質に関する概念規定は現在のところ行われず，ヨーロッパ裁判所によって判示されたヨーロッパ法の効力の強化等の新現象を後から説明するという消極的役割を担うに止まっている。

2 概念の変遷——物品移動の自由の発展と後退

　ヨーロッパにおける基本的自由の発展の中心にあり，他の基本的自由の概念の形成に大きな影響を与えてきた自由が，物品移動の自由であった[25]。ヨーロッパ連合運営条約は，域内市場における物品移動の自由（同条約 28 条以下）を実現するために，関税同盟を定めるだけでなく（同条約 30 条以下），加盟国間における輸入に関する数量制限を禁止する。すなわち，ヨーロッパ連合運営条約 34 条は「輸入に関する数量制限およびこれと同等の効果を有するすべての措置は，構成国の間で禁止する」と規定する。この文言における数量制限と同等の効果を有するすべての措置が何を指すのかについては，争いがあった。すなわち，輸入制限的効果を有する措置は，これが差別的な取扱に該当しなくとも，禁止されると解されるか否かについて，ヨーロッパ委員会は，これは禁止されないと解したのに対し，ヨーロッパ裁判所は，この差別禁止説を退け，制限禁止説に立つことを明らかにした。すなわち，1974 年 7 月 11 日ヨーロッパ裁判所ダッソンヴィル判決[26]は，輸入の数量制限と同じ効果を有する措置とは「直接または間接に，あるいは現実的にまたは潜在的に共同体内の取引を妨げる効果のあるすべての取引[27]」であると判示して，物品移動の自由の基本理念を，差別禁止から制限禁止へと転換させた。

　しかし，その後，1979 年 2 月 20 日ヨーロッパ裁判所カシス・デ・ディジョン判決[28]は，基本的にはダッソンヴィル判決の制限禁止説を支持したが，例外的に非関税障壁を加盟国の国内法が設けることができる場合を，次のように定式化した

---

24) Haberle, Europäische Verfassungslehre, 3. Aufl., Baden-Baden 2005, S. 208 ff.
25) 高橋英治「判例による EC 経済法の発展とその方法」法学研究（慶應義塾大学）67 巻 6 号 52 頁以下（1994 年）参照。
26) EuGH, Urteil vom 20. 2. 1979, Rs. C-120/78, Slg. 1974, 837 „Dassonville".
27) EuGH, Slg. 1974, 837, Tz. 5.
28) EuGH, Urteil vom 11. 6. 1974, Rs. C-8/74, Slg. 1978, 649 „Cassis de Dijion".

（カシス公式）。すなわち，同判決は，共同体内での物品移動を制限する国内法規制であっても，①国内品と輸入品を差別するものでなく，②保護すべき一般的利益が存在し，③これを保護するために絶対に必要であり（zwingendes Erfordernis），かつ④手段として相当である場合，物品移動の自由に反しないと判示した。

制限禁止説の後退を決定づけたのが，1993年11月24日のヨーロッパ裁判所ケック判決[29]であった。本判決は，「特定の販売形態（Verkaufsmodalität）を制限または禁止する国内法の規定が，国内で経済活動を行うすべての事業者に妥当し，かつ国内品の販売行為と他加盟国の産品の販売行為とを法律上かつ事実上平等に取り扱う場合，ダッソンヴィル判決のいう，『加盟国間取引に対する直接的または間接的，現実的または潜在的な制限』に該当せず[30]」，物品移動の自由の制限に該当しないとした。ケック判決は，加盟国による物品移動の規制を，生産物に関するものであるのか，あるいは販売形態に関するものであるのかによって区別し，後者については，市場参入にとって重要性がないとして，差別禁止説の考えで規制するべきであるとした。

以上のように，ヨーロッパにおける物品移動の自由の解釈は，第1段階として差別禁止に始まり，第2段階として制限禁止説という物品移動の自由に対する制限の原則禁止という共同市場創設の実現を重視する考えに向かって発展を続け，第3段階である現在では，生産物に関する分野では加盟国の物品移動の自由に対する制限を原則禁止するが，市場参入に影響を及ぼさない販売形態に関する分野では差別禁止によって規制するという原則をとり，共同市場の創設と販売形態に関する加盟国の自律的決定権との調和に解決の方向を見いだしている。以下でみるように，かかるヨーロッパの物品移動の自由の解決方法は，開業の自由の発展に大きな影響を与えることになる。

III　開業の自由の発展

1　効力の強化
――直接的第三者効力を巡るヨーロッパ裁判所と学説の対立

(1)　開業の自由の直接的第三者効力

ヨーロッパの基本的自由は，加盟国における私人に対して直接的効力を有し，加

---

[29]　EuGH, Urteil vom 24. 11. 1993, Rs. C-267/91 und C-268/91, Slg. 1993, 6027 „Keck".
[30]　EuGH, Slg. 1993, 6027, Tz. 16.

盟国の私人が国内裁判所においてヨーロッパの基本的自由を権利として主張しうるのかについては，既に1974年12月12日ヨーロッパ裁判所ヴァルラーフェ判決がヨーロッパの基本的自由の1つであるサービスの自由についてその直接的第三者効力を認めていたが，開業の自由についても，同様の直接的第三者効力を認めるべきであるのかについては，ヨーロッパ裁判所の裁判例上，これを明らかにしたものはなかった。2002年2月19日ヨーロッパ裁判所ヴーテルス判決[31]は，これを認めた最初の判決である。事案は，以下のとおりである。

オランダ弁護士会は強制入会制の公的団体であった。オランダ弁護士会は弁護士と会計士とのMDP[32]は認められないとしていた。1991年，アムステルダム弁護士会所属のヴーテルスは，税理士事務所であるArthur Anderson & Co. Advocanten Belastingadviseursのパートナーとなり，1994年に „Arthur Anderson & Co. Advocanten Belastingadviseurs" という名称での登録および開業を希望したが，オランダ弁護士会は弁護士と会計士とのMDPは認められないとしていた1993年規則に違反するとして，同登録および開業を認めなかった。そこで，ヴーテルスらは，オランダ弁護士会の前記否認決定が当時のEC条約に反するとして，その取消を求めてアムステルダム地裁に提訴した。しかしアムステルダム地裁は，オランダ弁護士会が当時のEC条約85条（現行ヨーロッパ連合運営条約101条）が規定する事業者団体でないことを理由として本件にはEC条約は適用されないとしてArthur Anderson & Co. Advocanten Belastingadviseursらの訴えを却下し，その他，原告らの訴えを棄却した。そこで原告らは，オランダ国務院に上訴した。オランダ国務院は，EC条約の解釈について先行判決を求め，ヨーロッパ裁判所に事件を付託した。

本事件では，弁護士会による弁護士の開業の自由の制限が争点となった。ヨーロッパ裁判所は，1974年12月12日ヨーロッパ裁判所ヴァルラーフェ判決を引用し，開業の自由を定めていた当時のEC条約52条を援用しつつ，加盟国間の移動の障害の除去の要請は，加盟国間の移動の障害となる私人間の合意にも及ぶとし，当時

---

[31] EuGH, Urteil vom 19. 2. 2002, Rs. C-309/99, Slg. 2002, I 1577 „Wouters". 本判決につき，村田淑子「専門職業団体の自主規制とEC競争法——弁護士と会計士とのパートナーシップ（異業種間共同事業）の禁止」公正取引637号105頁以下（2003年），山岸和彦「EU法の最前線（24）——弁護士と会計士とのパートナーシップの禁止とEU競争法」貿易と関税50巻1号87頁以下（2002年）参照。

[32] MDPは「損益を共同し，または，その目的のため，支配あるいは最終責任を共有して，参加者がそれぞれの専門職業に従事するすべての専門活動」と定義されている。

の EC 条約 52 条が定める開業の自由を，私人が権利として国内裁判所において主張しうることを前提とした判決を下した。

EC 条約 43 条 (現行ヨーロッパ連合運営条約 49 条) が規定していた開業の自由を加盟国の私人が労働組合等の他の私人に対して権利として主張できること (いわゆる開業の自由の水平的第三者効力) は，2007 年 12 月 17 日ヨーロッパ裁判所ヴァイキング・ライン判決[33]により，正面から認められた。事案は，以下のとおりであった。フィンランドの会社であるヴァイキング社は，運送会社であり，エストニアのタリンとフィンランドのヘルシンキの間を往復するフィンランド国籍の 7 隻の船を運航させており，その中に，ロゼラ号があった。ロゼラ号はフィンランド国籍の船であるため，フィンランド法に基づいた賃金水準でその船員に賃金を支払わなければならず，これが同じ航路をエストニア国籍の船で運行している他社との競争上の不利な点となっており，ロゼラ号を運行させているヴァイキング社に損失をもたらしていた。そこでヴァイキング社は，ロゼラ号の国籍をフィンランドからエストニアかノルウェーに変更しようとして，フィンランド船員組合および国際労働組合連盟と対立した。ヴァイキング社は，ヘルシンキ地裁にフィンランド船員労働組合が通告しているストライキを止めさせるための訴訟を提起した。争点の 1 つは，国際労働組合連盟とフィンランド船員組合が行おうとしているストライキ等の威嚇措置が開業の自由に反するか否かにあった。ロゼラ号の国籍変更を巡る争いは，イングランド・ウェールズの高等裁判所に持ち込まれ，同裁判所はヨーロッパ裁判所にヨーロッパ法の解釈問題を付託した。その問題の 1 つとして，開業の自由を定めていた当時の EC 条約 43 条が水平的第三者効力[34]を有するのか，すなわち私企業が他の私人とりわけ労働組合やその連合体に主張しうる権利を与えるか否かというのがあった。ヨーロッパ裁判所は，開業の自由を定めていた当時の EC 条約 43 条 (現行ヨーロッパ連合運営条約 49 条) から「私的企業が労働組合やその連合体に対して直接的に主張する権利が導かれると解すべきである[35]」と判示し開業の自由の水平的第三者効力を認めた。

(2) 開業の自由の影響——資本移動の自由の直接的第三者効力？

ヨーロッパ裁判所は，開業の自由に関しては，その直接的第三者効力——私人が国内の裁判所においてヨーロッパ連合運営条約の定める開業の自由を自己の権利と

---

33) EuGH, Urteil vom 11. 12. 2007, Rs. C-438/05, Slg. 2007, I 10779 „Viking Line".
34) ここでは私人が EC 条約規定から生ずる権利を他の私人に対して主張できることを，この規定が「水平的第三者効力」を有すると表現する。
35) EuGH, Slg. 2007, I 10779. Tz. 60.

して援用できること——を認めるに至ったが，ヨーロッパ会社法を支えるヨーロッパの基本的自由のもう1つの柱である資本移動の自由については，未だ，それが直接的第三者効力を有するか否かについて，その立場を明確にしていない。

資本移動の自由に関する1995年2月28日ヨーロッパ裁判所ボルデッサ判決[36]についても，この判決が資本取引の自由を定めるEEC条約67条（現行ヨーロッパ連合運営条約63条）の直接的第三者効力を認めたものとみることができるのかについて，争いがある。ボルデッサ判決の基礎となる事案は，イタリア国籍のボルデッサが車でスペインを経由してフランスに向かった途中で，同氏が車中で約5,000万ペセタに相当する銀行券を隠し持っていることが発覚し，同氏は拘束され，銀行券が没収されたというものである。スペインの法律では500万ペセタを超える銀行券の輸出は事前に承認を得なければならなかった。この事件を取り扱ったスペインの裁判所は，物品の自由移動（当時のEEC条約30条）の事例であるのか，あるいはサービスの自由（当時のEEC条約59条）の事例であるのか判断がつきかねて，ヨーロッパ裁判所に先行判決を求めた。ヨーロッパ裁判所は，この争点につき，EEC条約30条・59条（現行ヨーロッパ連合運営条約34条，56条）いずれの事案でもなく，「財産価値の実質的移動は……（当時資本移動の自由を定めていた・引用者注）EEC条約67条および指令に服する[37]」と判示した。

ボルデッサ判決のこの判示からは，EEC条約67条が直接的第三者効力を有すると判示したのか，あるいは資本移動に関する指令の効果であるのか，判然としていなかった。李艶紅は，この判決につき「直接的効力」を認めたとする[38]。これに対して，グレスナーは，ボルデッサ判決は資本移動に関する指令の直接的効力を認めたにすぎないと説く[39]。

1995年12月14日ヨーロッパ裁判所Sanz de Lera判決[40]は，ボルデッサ判決よりも，より踏み込んだ表現をとる。事案は，スペイン国籍のSanz de Leraがスイスのジュネーブへ向けて車を運転中にフランスで拘束されたところ，車内から19,600ペセタの銀行券が見つかったというものであった。この事前の届出のないスペ

---

36) EuGH, Urteil vom 23. 2. 1995, Rs. C-358/93 und C-416/93, Slg. 1995, I 361.
37) EuGH Slg. 1995, I 361, Tz. 13.
38) 李艶紅「EUにおける資本移動の自由原則の確立とその適用」早稲田大学大学院法研論集141号405頁（2012年）。
39) Glaesner, in: Schwarze (Hrsg.), EU-Kommentar, Baden-Baden 2000, Artikel 56 EGV Rdnr. 4.
40) EuGH, Urteil vom 14. 12. 1995, Rs. C-163/94, C165/94 und C-250/94, Slg. 1995, I 4821.

インの銀行券の外国への持ち出しを理由に，Sanz de Lera に対してスペインの法律に基づいて刑事手続が開始された。ボルデッサ判決でヨーロッパ裁判所は，加盟国の国内法が当該加盟国の銀行券の外国への持ち出しに際して加盟国の承認を要するとすることが，当時資本移動の自由を規定していた EEC 条約 67 条に違反すると判示していたが，当該銀行券の国外持ち出しにつき，事前の届出を必要とすることが資本移動の自由に違反するのかについては，判示していなかった。そこで，スペインの裁判所は，ヨーロッパ裁判所に新たにこの点の解釈につき，先行判決を求めた。

ヨーロッパ裁判所は，結論的には，EC 条約が定める資本移動の自由は，加盟国が自国の銀行券を他の加盟国へ持ち出すことにつき，加盟国の承認を要するとすることは禁止しているが，事前の届出を要求することまでを禁止してはいないとして，次のように判示した。

「(加盟国間および加盟国と第三国との資本移動の自由に対する制限を禁止する・引用者注)EC 条約 73b 条 1 項は究極的なものであり，条件付の禁止ではなく，そのための実行措置を必要としない[41]」。

「EC 条約 73b 条 1 項は，……国内裁判所に対して主張することができる。EC 条約 73b 条 1 項に反する国内法は不適用となる[42]」。

グレスナーは，Sanz de Lera 判決を根拠として，資本移動の自由を定めていた EC 条約 56 条（現行ヨーロッパ連合運営条約 63 条）につき，この規定が直接的に適用されると注釈する[43]。ネッテスハイムもこれを支持する[44]。また，ヘルデーゲンも，ドイツにおけるヨーロッパ法の標準的教科書において，「資本移動のすべての障害を撤廃する加盟国の義務に対して直接的効力を賦与している[45]」と論じる。しかし，ヨーロッパ裁判所が資本移動の自由の直接的第三者効力を認めたというヨーロッパ法学上の通説的見解はドイツにおいて会社法学上の通説であるとはいい難い状況にある。ドイツ・フォルクスワーゲン社を規制するフォルクスワーゲン法が，当時 EC 条約が定めていた資本移動の自由に反するとした 2007 年 10 月 23 日ヨーロッパ裁判所 VW 判決[46]が，資本移動の自由の直接的第三者効力を念頭に置いて

---

41) EuGH, Slg. 1995, I 4821, Tz. 41.
42) EuGH, Slg. 1995, I 4821, Tz. 48.
43) Glaesner, in: Schwarze (Hrsg.), EU-Kommentar, Baden-Baden 2000, Artikel 56 EGV Rdnr. 4.
44) Nettesheim, in: Oppermann/Clausen/Nettesheim, Europarecht, 5. Aufl., München 2011, S. 509.
45) Herdegen, Europarecht, 11. Aufl., S. 310.

いたと評する見解もあるが[47]，フェアゼは，ヨーロッパ裁判所 VW 判決はあくまでフォルクスワーゲン法という国内法の EC 条約違反が問題となったに過ぎず，同判決から資本移動の自由の直接的第三者効力を導くことはできないと解する[48]。

(3) 学説の批判

ドイツの代表的な私法学者であるカナーリスは，ヨーロッパの基本的自由が直接的第三者効力を有するとするヨーロッパ裁判所の見解を批判して，ヨーロッパの基本的自由は「間接的第三者効力」を有するにすぎない――EC 条約はヨーロッパ連合加盟国の私人間関係を規律の対象とするが，ヨーロッパの基本的自由は加盟国の国民に直接権利を与えるものではなく，加盟国を拘束するにすぎない――と解すべきであると論じる。同氏によると，ヨーロッパの基本的自由が直接的第三者効力を有するとする解釈に対する批判の根拠は，①EC 条約は同条約が直接的第三者効力を有すると文言上定めているわけではない，②ヨーロッパの基本的自由が直接的第三者効力を有するとする見解は私法の根幹をなす私的自治を侵害する危険がある，③ヨーロッパの基本的自由が直接的第三者効力を有すると一律に断定することは私的自治の目的とヨーロッパの基本的自由との実質的利益衡量を不可能にする，という点にある[49]。

カナーリスによると，ヨーロッパの基本的自由は間接的第三者効力を有するにすぎないと解する見解の根拠は，①ヨーロッパの基本的自由は国家に対する保護命令

---

46) 本判決につき，正井章筰「フォルクスワーゲン法をめぐる諸問題――ヨーロッパ裁判所の判決とその影響」早稲田法学 84 巻 1 号 1 頁以下（2008 年）。

47) Pläster, Nach VW und Golden Shares VII: Eine Krake namens Kapitalverkehrsfreiheit?, Europäisches Wirtschafts- & Steuerrecht (EWS) 2008, 174. 2007 年 10 月 23 日ヨーロッパ裁判所 VW 判決が資本移動の自由の直接的第三者効力を念頭に置いていたとする本論文の根拠は必ずしも明解に展開されているわけではないが，プレスターは，ヨーロッパ裁判所 VW 判決につき，資本移動の自由が直接的第三者効力を有することを念頭に置いて，（私人間において資本移動の自由の制限があった場合にも EC 条約 56 条違反の有無が確認されなければならないことを当然の前提として），加盟国の立法による資本移動の自由の制限があった場合には，当該立法の資本移動の自由を定めていた EC 条約 56 条違反の有無が確認されなければならないと判示したと読む。

48) Verse, Aktienrechtliche Entsendungsrechte am Maßstab des Gleichbehandlungsgrundsatzes und der Kapitalverkehrsfreiheit, ZIP 2008, 1759. Vgl. Teichmann/Heise, Das VW-Urteil des EuGH und seine Folgen, BB 2007, 2581.

49) Canaris, Drittwirkung der gemeinschaftsrechtlichen Grundfreiheiten, in: Bauer u. a. (Hrsg.), Umwelt, Wirtschaft und Recht: Wissenschaftliches Symposium aus Anlaß des 65. Geburtstages von Reiner Schmidt, 16. /17. November 2001, Tübingen 2002, S. 42 ff.

であると解するのが解釈論的に正当である，②ヨーロッパの基本的自由は加盟国の国民に直接に権利を与えると解さなくとも，加盟国の裁判所は，ヨーロッパの基本的自由を援用することにより，ヨーロッパの基本的自由の保護義務に基づいたヨーロッパ共同体調和的（gemeinschaftskonform）解釈により妥当な判決を下すことができる，③ヨーロッパの基本的自由は間接的第三者効力を有するにすぎないと解することにより，当該自由を侵害された者を保護する要請と侵害した者の利益との利害調整を適切に行うことができる，という点にある[50]。

かかるカナーリスの見解は，ドイツにおいて，近時，会社法学者によって支持されている。すなわち，ハバーザックとフェアゼは，ヨーロッパ会社法の代表的概説書において，カナーリスの見解を支持し，開業の自由および資本移動の自由は原則として間接的第三者効力を有するにすぎないと解すべきであり，私人が開業の自由および資本移動の自由の制限を争える場合は，株式の譲渡制限（株式法68条2項，ドイツ有限会社法15条5項），最高議決権制度[51]あるいは複数議決権[52]など例外的場合に限定されると論じる[53]。

2　概念の変遷

ヨーロッパ裁判所は，1980年代まで，ヨーロッパ連合運営条約49条の定める開業の自由は，ヨーロッパ連合運営条約18条1項の定める差別禁止を具体化した規範にすぎず，平等取扱の権利を与えるものにすぎないと解していた[54]。すなわち，1974年6月21日ヨーロッパ裁判所Rainers判決[55]は，開業の自由につき差別禁止説に立つことを明らかにした。事案は以下のとおりである。1967年10月10日ベルギー裁判法はベルギー国籍を持つ者のみが弁護士として活動するための許可を受けることができると規定していた。1970年8月24日の勅令は，外国人については，当該外国人の母国でベルギー人が弁護士活動を行うことが許されている場合にのみ，ベルギーで弁護士活動を行うことができると定めていた。オランダ人を両親として

---

50)　Canaris, a. a. O. (Fn. 49), S. 49 ff.
51)　ドイツ法では，最高議決権株式は上場株式会社においてのみ禁止されているにすぎない（株式法134条1項2文）。
52)　ドイツ法では，複数議決権は株式会社においてのみ禁止されており（株式法12条2項），有限会社では禁止されていない（ドイツ有限会社法45条1項）。
53)　Habersack/Verse, Europäisches Gesellschaftsrecht, 4. Aufl., München 2011, S. 15 f.
54)　EuGH, Urteil vom 21. 6. 1974, Rs. C-2/74, Slg. 1974, 631 „Rainers"; EuGH, Urteil vom 28. 1. 1986, Rs. C-270/83, Slg. 1986, 273 „Kommission/Frankreich".
55)　EuGH, Urteil vom 21. 6. 1974, Rs. C-2/74, Slg. 1974, 631 „Rainers".

ベルギーで生まれた Rainers がベルギーで育ち，ベルギーで法学教育を受け，法学博士号を取得したが，オランダ国籍は保有し続けた。Rainers が，弁護士としてベルギーで開業しようとしたが，ベルギーの弁護士法が開業の要件としてベルギーの国籍を有することを要求していて，開業が認められなかったため，Rainers は 1970 年 8 月 24 日の勅令が開業の自由に抵触し無効であることを確認する訴えをベルギーの憲法裁判所に提起した。ベルギーの憲法裁判所は，この問題につき，ヨーロッパ裁判所に先行判決を求めた。ヨーロッパ裁判所は，弁護士の典型的活動は公権力の行使に該当しないとし，原告である Rainers の請求を認めたが，その判決の中で，ヨーロッパ裁判所は，EEC 条約 7 条は国籍を理由とするあらゆる差別を禁止するものであり，当時開業の自由について定めていた EEC 条約 52 条（現行ヨーロッパ連合運営条約 49 条）はこの一般原則を特別領域で規定するものであると解すべきであると判示した[56]。

1986 年 1 月 28 日ヨーロッパ裁判所ヨーロッパ委員会対フランス判決[57]は，「（当時開業の自由について定めていた・引用者注）EEC 条約 52 条は，……国籍を理由とした差別を禁止する[58]」と明確に判示した。

しかし，1993 年 3 月 31 日ヨーロッパ裁判所クラウス判決[59]および 1995 年 11 月 30 日ヨーロッパ裁判所ゲプハルト判決[60]は，物品移動の自由の概念の変遷に影響を受け，開業の自由の概念に関しても制限禁止説に移行し，いわゆる四基準説を確立した。クラウス判決は，イギリスのある大学で修士号を取得したドイツ人・ディター・クラウスが，ドイツで雇用あるいは独立して事業を行う場合に，当該イギリスの学位を活用しようと考えたが，そのためには州の官庁の特別の承認が必要となったため，これを不服としてドイツのシュトゥットガルト行政裁判所に提訴し，当該裁判所がヨーロッパ裁判所に先行判決を求めたものであるが，ヨーロッパ裁判所は，外国の大学で取得した学位のドイツでの使用につき州の官庁の特別の承認を要求する制度について，外国学位の濫用を防止するという一般利益および目的からして適切であり正当化されると判示した。ゲプハルト判決では，ドイツ人弁護士であるゲプハルトが，主としてコンサルタントとなるため弁護士としての開業を望んだ

---

[56] EuGH Slg. 1974, 631, Tz. 15 ff.
[57] EuGH, Urteil vom 28. 1. 1986, Rs. C-270/83, Slg. 1986, 273 „Kommission/Frankreich".
[58] EuGH Slg. 1986, 273, Tz. 14.
[59] EuGH, Urteil vom 31. 3. 1993, Rs. C-19/92, Slg. 1993, I 1663 „Kraus".
[60] EuGH, Urteil vom 30. 11. 1995, Rs. C-55/94, Slg. 1995, I 4165.

が，イタリアでは弁護士会への入会を認められた者だけが弁護士として開業することができた。これにより弁護士としての開業ができなかったゲプハルトは，かかる制度は開業の自由を定める EEC 条約 52 条（現行ヨーロッパ連合運営条約 49 条）に違反しているとして，ミラノ地裁に弁護士会の拒否決定の取消を求めたが，ヨーロッパ裁判所は，ある構成国において，ある職業に従事しようと思うならば，一般的利益から正当化される諸規定に従わなければならないとし，かかる諸規定は，①非差別的方法によって適用されなければならず，②一般的利益の絶対に必要な理由（zwingende Gründe）によって正当化されなければならず，③それらが達成しようとする目的の到達を保障するために適していなければならず，④その目的達成のために必要な限度を超えてはならないという 4 つの条件を満たしていなければならないと判示した[61]（ゲプハルト公式）。

クラウス判決およびゲプハルト判決によって，開業の自由を制約する国内法措置が正当化されるためには，①非差別的な適用がなされること，②一般的利益の絶対的に必要な理由が存在すること，③それらが達成しようとする目的の実現の確保に適切であること，④当該措置が目的達成に必要な限度を超えていないことという 4 条件を満たしていなければならないという法理が確立した[62]。この四基準説（ゲプハルト公式）は，物品移動の自由に関するカシス公式の影響を受けている。

1993 年 11 月 24 日のヨーロッパ裁判所ケック判決は，ヨーロッパ連合における物品移動の自由の規制対象を，生産物に関するもの，および，販売形態に関するものに区分し，後者については，市場参入にとって重要性がないとして，差別禁止説の考えで規制すべきであるとした。ケック判決は，市場参入にとって重要性のない販売形態に関する規制を差別禁止説に基づいて規制する点で，制限禁止説を後退させる意味を有したが，ヨーロッパ裁判所によるヨーロッパの基本的自由の解釈に指導的役割を常に果たしてきた物品移動の自由に関する従来の制限禁止説の後退が，開業の自由に関する解釈に影響を及ぼすことになった。ドイツの下級審判例・多数説上，自由な市場参入が保障される限り開業の自由は原則として差別禁止と解釈されるべきであると主張されるに至った[63]。2009 年 9 月 24 日ベルリン上級地方裁判

---

[61]　EuGH, Slg. 1995, I 4165, Tz. 37.

[62]　Habersack/Verse, Europäisches Gesellschaftsrecht, 4. Aufl., S. 11.

[63]　Körber, a. a. O. (Fn. 2), S. 306; Habersack/Verse, Europäisches Gesellschaftsrecht, 4. Aufl., S. 13, Fn. 19; Eidenmüller, in: Ausländische Kapitalgesellschaften im deutschen Recht, München 2004, S. 52, Fn. 21; Eidenmüller, Geschäftsleiter- und Gesellschafterhaftung bei europäischen Auslandsgesellschaften mit tatsächlichem Inlandssitz, NJW 2005, 1619 ff.

所判決64)は「この考え方(ケック判決の国内品と輸入品の販売形態に関する国内法の規制は両販売形態の平等取扱の確保を実現すべきであるという考え方を指す・引用者注)は開業の自由にも持ち込まれるべきである65)」と明言する66)。ハバーザックとフェアゼは，開業の自由の保護範囲は，販売形態に関するものであり，開業の自由は差別禁止を基本として理解されるべきであると論じる67)。

3　会社設立に関するヨーロッパ裁判所判例の発展

(1)　デイリー・メイル判決

ヨーロッパ連合域内における会社の移転について，ヨーロッパ裁判所の判例の立場は変遷した。

1988年9月28日ヨーロッパ裁判所デイリー・メイル判決68)は，会社の管理支配地を外国に移転することにつき，管理支配地の存在する加盟国が制限を加えることにつき，開業の自由に反しないことを明言した。事案は次のとおりであった。英国で設立された投資持株会社であるデイリー・メイル社は，英国法上課されるキャピタル・ゲイン課税を避けるため，英国にあるデイリー・メイル社の管理支配地を，オランダへ移転することを計画し，英国課税当局に対して，同意の申請を行った。英国課税当局は，管理支配地の移転前に，少なくとも資産の一部を売却してキャピ

---

64)　KG, Urteil vom 24. 9. 2009, NZG 2010, 71.
65)　KG NZG 2010, 72 f.
66)　ただし，2009年9月24日ベルリン上級地方裁判所判決は，第1に，ドイツ国内会社法の規定が，外国会社を差別している場合開業の自由を侵害するが，第2に，開業の自由を侵害する規定であっても，一般的利益において，絶対に必要な要件によって正当化されており，それらが達成しようとする目的の到達を保障するために適しており，その目的達成のために必要な限度を超えていない場合には，開業の自由の侵害は正当化されると判示する (KG NZG 2010, 71, 73)。この意味では，2009年9月24日ベルリン上級地方裁判所判決の開業の自由に関する判断枠組みは，ゲブハルト判決により確立した四基準説（ゲブハルト公式）と何ら異なるところがない点は注目されるべきである。
67)　Habersack/Verse, Europäisches Gesellschaftsrecht, 4. Aufl., S. 13 f.
68)　EuGH, Urteil vom 27. 9. 1988, Rs. C-81/87, Slg. 1988, 5505 „Daily Mail". 本判決の詳細につき，森田果「ヨーロッパ国際会社法の行方 (1)」民商法雑誌130巻45号777頁以下 (2004年)，鳥山恭一「Daily Mail 事件の欧州裁判所判決――EU の市場統合と国内会社法」酒巻俊雄＝奥島孝康著者代表『(長濱洋一教授還暦記念) 現代英米会社法の諸相』61頁以下 (成文堂，1996年)，山根裕子編著『ケースブック EC 法』230頁以下 (東京大学出版会，1996年)，山内惟介「デイリー・メイル社事件」同『国際会社法研究　第1巻』267頁以下 (中央大学出版部，2003年) 参照。

タル・ゲインを実現することを求めた。これに対して，デイリー・メイル社は，開業の自由を定めていた当時のEEC条約51，58条（現行ヨーロッパ連合運営条約49条，54条）は，会社の管理支配地を他の加盟国へ移転することを無制限に認めていると主張して，英国の裁判所に訴訟を提起した。英国の裁判所は，本件のような租税回避行為がある場合に管理移転地への移転を行う前に当局の同意を要求することが開業の自由等に違反するのかについての先行判決を求めて，ヨーロッパ裁判所に付託した。

ヨーロッパ裁判所は，EEC条約の開業の自由は会社が他の加盟国に子会社や支店等を設置すること等を保証しているが，加盟国の会社がその管理支配地を他の加盟国に移転することの可否については，開業の自由の問題ではなく，その問題解決を加盟国の立法あるいは条約の締結に委ねているとし，「EEC条約51条，58条（現行ヨーロッパ連合運営条約49条，54条）は国内法上の会社に，設立地の加盟国の会社としての属性を保持しながら，その会社の管理支配地を，他の加盟国に移転する権利を与えたものでない」と判示した[69]。

デイリー・メイル判決は，会社がその管理支配地を他の加盟国に移す際に，管理支配地が存在していた国が退出に対して制限的措置をとることが開業の自由に反しないことを認めるとともに，受け入れ先の国が制限的措置をとることも開業の自由に反しないということを認めるものであった[70]。前者の国内法の観点から退出規制を認める点はヨーロッパ裁判所の判例として今日もなお認められているが，後者の国内法による転入制限措置の認容については，その後のヨーロッパ裁判所の判例により，変更されることとなった。

(2) ツェントロス判決

1999年3月9日ヨーロッパ裁判所ツェントロス判決[71]は，一組のデンマーク人夫妻が，英国でロンドン在住の友人の住所地においてCentros Ltd.（以下「ツェントロス社」という）という英国法上の会社（PLC）を設立した。これは，デンマーク法上の資本会社の最低資本金の要求が高いため，これを回避する目的で行われた。

---

69) EuGH, Slg. 1988, 5505, Tz. 20 ff.
70) Habersack/Verse, Europäisches Gesellschaftsrecht, 4. Aufl., S. 18.
71) EuGH, Urteil vom 9. 3. 1999, Rs. C-212/97, Slg. 1999, I 1459 „Centros". 本判決の詳細につき，森田・前掲注68) 782頁以下，中村民雄＝須網隆夫編著『EU法基本判例集〔第2版〕』261頁以下（日本評論社，2010年）〔布節子〕，今野裕之「ECにおける移動の自由の原則とペーパーカンパニーの二次的開業権」国際商事法務29巻6号741頁以下（2001年），山内惟介「セントロス事件」同『国際会社法研究 第1巻』331頁以下（中央大学出版部，2003年）参照。

ツェントロス社は，デンマークで活動するために，ツェントロス社のデンマーク支店の登録をデンマーク通産省に申請した。デンマーク通産省は，ツェントロス社の英国での設立がデンマーク法の最低資本金規制を回避するための設立であったとして登録を拒絶したため，ツェントロス社が，デンマークの国内裁判所に，デンマーク通産省を相手方として支店の登録を求めて提訴した。デンマーク最高裁は，ある加盟国で適法に設立された会社が，別の加盟国で支店を開設して活動することが行われ，これが当該別加盟国の最低資本金規制を回避するためになされている場合，別加盟国が支店の登録申請を拒絶することが開業の自由を保障していたEC条約52条，58条（現行ヨーロッパ連合運営条約49条，54条）等に抵触するのかについての先行判決を求めて，ヨーロッパ裁判所に付託した。

既にみたように，ゲプハルト判決によって，開業の自由を制約する国内法措置が正当化されるためには，①非差別的な適用がなされること，②一般的利益の絶対的に必要な理由が存在すること，③それらが達成しようとする目的の実現の確保に適切であること，④当該措置が目的達成に必要な限度を超えていないことという4つの条件を満たしていなければならないという法理が確立していた。

ヨーロッパ裁判所は，ツェントロス判決においても，この四基準説（ゲプハルト公式）を適用し，①ツェントロス社の支店登録の拒絶は，デンマークの債権者保護という目的実現のために適切なものではない，②デンマークの債権者は，ツェントロス社の準拠法がデンマーク法でないことを知りうるし，債権者保護を目的とする共同体法による保護も期待できるため，支店登録拒絶措置等がとられるべき必要性は低いとして，ヨーロッパ裁判所は，デンマーク政府がとった本件措置はEC条約に違反すると判示した。

(3) ユーバーゼーリング判決

開業の自由を根拠として，ドイツ法上の本拠地準拠法主義に従った加盟国国内裁判所の事件処理を否定した判決が，2002年11月5日ヨーロッパ裁判所ユーバーゼーリング判決[72]であった。事案の概要は次のとおりである。1990年10月，オランダで設立され，アムステルダムで登録されていたドイツ法上の有限会社に相当するオランダ法上の会社形態（Besloten Vennootscap; BV）を採っていたUberseering BV（以下「ユーバーゼーリング社」という）が，ドイツの建設会社であるNCC社との間で改装契約を締結した。改装契約は履行されたものの，ユーバーゼーリング社は，塗装工事に欠陥があるとしてNCC社に対して補償を求めた。1994年12月デ

---

[72] EuGH, Urteil vom 5. 11. 2002, Rs. C-208/00, Slg. 2002, I 9919 „Überseering". 本判決の詳細につき，森田・前掲注68）785頁以下参照。

ュッセルドルフ在住の2人のドイツ人がユーバーゼーリング社の全持分を取得した。1996年，ユーバーゼーリング社は，NCC社に対して，損害賠償を求めてデュッセルドルフ地裁に提訴したが，地裁・上級地方裁判所はともに，ユーバーゼーリング社の訴えを却下した。その理由は，当時までドイツで支配的であった本拠地準拠法主義によると，ドイツ法上権利能力および当事者能力を有する会社は，ドイツ法に従いドイツ国内にその本拠地が存在しドイツにおいて管理される会社でなければならないところ，オランダ法によって設立された法人であるユーバーゼーリング社は，ドイツ法に従い再設立されない限りドイツにおいて法人格を持たず，訴訟当事者になれないというものであった。ユーバーゼーリング社が，かかる上級地方裁判所判決に対して上告したところ，連邦通常裁判所は，第1に，ある加盟国で設立された法人が後に別の加盟国に事実上の管理支配地を移転し，移転先の法律によると当該法人が契約上の請求権について当事者能力を有しない場合，移転先の法律によって，法人格および訴訟当事者能力を決定することは，開業の自由を保障していたEC条約43・48条（現行ヨーロッパ連合運営条約49条，54条）に抵触するか，第2に，抵触するとした場合，開業の自由は，法人の法人格・訴訟当事者能力が，設立準拠法によって決せられるべきことを要求するか，についての判断を求めて，ヨーロッパ裁判所に付託した。

ヨーロッパ裁判所は，第1の問題については，開業の自由との抵触を認めた。すなわち，デイリー・メイル事件が転出の事案であったのに対し，本件は転入の事案であり，事案が異なり，デイリー・メイル判決の射程は本件には及ばない。ドイツにおける再設立の要求は開業の自由の否定に等しいから，本件では開業の自由に対する制約が存在する。また，ゲプハルト判決によって確立した四基準説によっても，本件で，法人格・訴訟当事者能力を否定することは正当化されない。

第2の問題に対しては，ヨーロッパ裁判所は，開業の自由を保障していたEC条約43条，48条（現行ヨーロッパ連合運営条約49条，54条）は，加盟国が法人の設立準拠法に従い，その法人格・訴訟当事者能力を承認するべきであることを要求していると解すべきであると判示した。

この判決により，法人が事実上の本拠地を他の加盟国に移転した場合でも，その法人格・訴訟当事者能力は欠如しないことが明らかになった[73]。

(4) インスパイア・アート判決

オランダ法上疑似外国会社に課せられる特別の取扱につき開業の自由に違反する

---

73) ダニエル・チマー（高橋英治訳）「ヨーロッパにおける会社法の競争」同志社法学 59巻4号218頁（2007年）。

とした判決が，2003年9月30日ヨーロッパ裁判所インスパイア・アート判決[74]であった。事案の概要はつぎのとおりである。Inspire Art Ltd.（以下「インスパイア・アート社」という）は，英国でPLCとして設立された会社であったが，単独代表権をもつ唯一の取締役をハーグに置き，アムステルダムに支店を開いて取引を行っていた。インスパイア・アート社は，商業登記上，疑似外国会社であるとの表示なしに登録されていたところ，オランダ商工会議所は，インスパイア・アート社に対し，疑似外国会社としての登録をするように求める命令を求めて提訴した。オランダ疑似外国会社法（WFBV）によると，疑似外国会社は，疑似外国会社としての商業登記が必要であった（オランダ疑似外国会社法2条）。また，疑似外国会社が作成する書類のすべてに当該会社が疑似外国会社である旨の表示がなされ（オランダ疑似外国会社法3条），かつ，疑似外国会社はオランダ有限会社（BV）に要求される最低資本金を有していなければならなかった（オランダ疑似外国会社法4条1項）。このようなWFBVの規制を嫌ったインスパイア・アート社は，自らはWFBV上の疑似外国会社には該当しない，仮に該当するとしてもWFBVはEU法に違反すると主張した。オランダの裁判所はインスパイア・アート社が疑似外国会社であると認定した上で，WFBV規定のEU法との適合性について先行判決を求めヨーロッパ裁判所に付託した。

ヨーロッパ裁判所は，国内の業務活動のために外国法に基づき設立された会社についてのかかるオランダ法上の取り扱いをEU法違反であると判示した。すなわち，ヨーロッパ裁判所は，国内の業務活動のために外国法に基づき設立された会社につき，疑似外国会社としての特別の名称を付すことを要求しかつ資本調達等に関する特別の要求をなすことは，開業の自由を直接に侵害すると判示した。

(5) ゼービック判決

2005年12月13日ヨーロッパ裁判所ゼービック判決[75]は，ヨーロッパ連合加盟国内における組織再編に関するヨーロッパ裁判所のリーディングケースであった。この事件はドイツに本店を置くゼービックシステム株式会社とルクセンブルクに籍

---

74) EuGH, Urteil vom 30. 9. 2003 Rs. C-167/01, Slg. 2002, I 607 „Inspire Art". 本判決の詳細につき，森田果「ヨーロッパ国際会社法の行方（二・完）」民商法雑誌130巻6号1098頁以下（2004年），上田廣美「EUにおける『開業の自由』の原則に関する判例の変遷――インスパイア・アート事件を中心に」奥島孝康＝宮島司編『（倉澤康一郎先生古稀記念）商法の歴史と論理』59頁以下（新青出版，2005年）参照。

75) EuGH, Urteil vom 5. 11. 2002, Rs. C-411/03, Slg. 2005, I 10805 „Sevic". 本判決につき，丸山秀平「ドイツにおける企業法・会社法（7）欧州司法裁判所ゼービックシステムス判決」比較法雑誌40巻2号187頁以下（2006年）参照。

を置く会社との合併につき，ドイツの登記裁判所が，組織再編法1条1項を援用して，ドイツの組織再編法が定めているのはドイツに本店を置く企業同士の合併に限られるという理由で，合併の登記（組織再編法19条）を拒絶したというものであった。ヨーロッパ裁判所は，かかる国際合併の登記の拒絶は，ヨーロッパ連合域内での国際合併を妨げるものであり[76]，当時のEC条約43条，48条（現行ヨーロッパ連合運営条約49条，54条）が規定していた開業の自由に反し，かつ当該措置が一般利益による絶対に必要な理由により正当化される余地はない，と判示した。ドイツでは，2007年4月19日，組織再編法の改正が行われ[77]，現在では，ドイツ法は，ヨーロッパ連合域内における国境を越えた資本会社の合併について，組織再編法122a条以下において，その手続を定めている[78]。

(6) カステジオ判決

2008年12月16日ヨーロッパ裁判所カステジオ判決[79]は，会社の本拠地を他の加盟国に移動することに対して，加盟国の国内法がこれを制限することができるのかについて判示した。事案の概要は次のとおりである。カステジオは，ハンガリーで設立された，ハンガリー法上のリミテッド・パートナーシップであったが，その本拠地をイタリアに移転しようと登記申請したところ，登記変更を管轄するハンガリーの地方裁判所は，申請会社の従属法はハンガリー法であるところ，既存のハンガリー法は，会社の本拠地をハンガリーから移転することを認めていないという理由から，カステジオの登記申請を却下した。控訴裁判所は，デイリー・メイル判決

---

[76] クールマンとアーニスは，かかるドイツの登記裁判所による国際合併の登記拒絶が，登記裁判所そして間接的にはドイツ連邦共和国がルクセンブルクの会社および株主がヨーロッパにおける加盟国のどの法律に服するかについて自己決定することを妨げることを意味し，ヨーロッパ連合運営条約49条，54条が定める開業の自由を制限することになると論じる（Kuhlmann/Ahnis, Konzern- und Umwandlungsrecht, 3. Aufl., Heidelberg 2010, S. 387）。

[77] Art. 1 des Zweiten Gesetzes zur Änderung des Umwandlungsgesetzes vom 19. 4. 2007, BGBl. I S. 542. 本改正につき，Semler/Stengel, in: Semler/Stengel (Hrsg.), Umwandlungsgesetz: UmwG, 3. Aufl., München 2012, Einleitung A Rdnr. 42.

[78] Kuhlmann/Ahnis, Konzern-und Umwandlungsrecht, 3. Aufl., S. 387. 高橋英治『ドイツ会社法概説』460頁以下（有斐閣，2012年）参照。

[79] EuGH, Urteil vom 16. 12. 2008, Rs. C-210/06, Slg. 2008, I 9641 „Cartesio". 本判決の詳細について，上田純子「欧州における開業の自由——欧州司法裁判所 Cartesio 大法廷判決の検討」国際商事法務37巻7号885頁以下（2009年），上田廣美「EC法における『開業の自由』と会社法の交錯——カステジオ判決の波紋」亜細亜法学44巻1号254頁以下（2009年）参照。

を引用しつつ，EC条約43条，48条（現行ヨーロッパ連合運営条約49条・54条）は，国内法上の会社に，その会社の管理支配地を他の加盟国に移転する権利を与えたものでないが，ヨーロッパ裁判所は，その後のゼービック判決により，合併当事会社が別々の加盟国に存在する国際合併において，一方の加盟国において一般的に合併登記を拒絶することは，EC条約43条，48条（現行ヨーロッパ連合運営条約49条，54条）に反すると判示していることから，ハンガリーの会社はEC条約43条，48条（現行ヨーロッパ連合運営条約49条，54条）に直接依拠して，その本拠地をハンガリーから他の加盟国に移転できるか否かという問題等につき，ヨーロッパ裁判所に先行判決を求めて付託した。ヨーロッパ裁判所は，ゼービック判決は国際合併の事案であり本件にはその射程は及ばず，むしろ本件に射程が及ぶのはデイリー・メイル判決等であり，当該加盟国法を準拠法としつつ本拠地の国外移転を認めない加盟国法を排除するものではないと判示した[80]。本判決により，会社の管理支配地または本拠地の国外移転について，加盟国はその国内法によりこれを制限する規制を設けることができ，これに対して開業の自由は及ばないというデイリー・メイル判決の法理が再確認された[81]。

(7) ヴァーレ判決

2012年7月12日ヨーロッパ裁判所ヴァーレ判決[82]は開業の自由が国境を越えて行われる組織変更にまで認められているのかが争われた事案であった。事案の概要は次のとおりである。ヴァーレConstruzioni Srl有限会社は，ローマに設立されたが，ハンガリーに同社の本店と事業のすべてを移転するため，ローマ商業登記所に会社登記を抹消する申請を行い，会社登記は抹消された。同時に，ハンガリー法を準拠法とするヴァーレÉpítési kfr有限会社の定款が作成され，資本金の払込もなされた。ヴァーレÉpítési kfr有限会社の代表者は商業登記を管轄するブタペスト裁判所に，ヴァーレConstruzioni Srl有限会社を先行会社とする組織変更がなされた会社としてヴァーレÉpítési kfr有限会社の商業登記簿への登記を申請したが，先行会社たるヴァーレConstruzioni Srl有限会社がハンガリーの会社ではないとい

---

80) EuGH, Slg. 2008, I 9641, Tz. 105 ff.
81) Vgl. Habersack/Verse, Europäisches Gesellschaftsrecht, 4. Aufl., S. 25.
82) EuGH, Urteil vom 12. 7. 2012, Rs. C-378/10, DB 2012, 1612 „Vale". 本判決の意義，射程および課題を分析したドイツ語の評釈として，Walter Bayer/Jessica Schmidt, Das Vale-Urteil des EuGH: Die eundgültige Bestätigung der Niederlassungsfreiheit als „Formwechselfreiheit", ZIP 2012, 1481 ff. 本判決を分析・検討する先行業績として，上田廣美「EU法における『開業の自由』と国境を越える組織変更——カステジオからヴァーレへ，新たな展開」亜細亜法学48巻2号132頁以下（2014年）参照。

う理由で却下された。事件はヨーロッパ裁判所まで持ち込まれ、先行判決が求められた。

　ヨーロッパ裁判所は、開業の自由を定めるヨーロッパ連合運営条約49条、54条の解釈として、他の加盟国の法に準拠する会社が当該国内法に準拠する会社に組織変更することを、国内法によって設立された会社に組織変更を認める国内法が認めないことは許されないと判示し[83]、加盟国を超えて行われる組織変更が開業の自由の保護の対象となることを明らかにした。すなわち、ヴァーレ判決は、国境を越えて行われる組織変更についても、ゲプハルト公式が適用されることを明らかにし[84]、一般的利益による絶対に必要な理由による開業の自由の制限の正当化は、制限を行う目的の実現が適切で、かつそれを達成するために必要な場合に限定されると判示し、本件はゲプハルト公式によっても正当化されず、「国内法によって設立された会社には組織変更を認めるが、原則として、他の加盟国の国内法に準拠する会社に組織変更することを認めない国内法規定は、EU 運営条約 49 条および 54 条に違反する[85]」と判示した。

　ヨーロッパ裁判所は、国境を越える組織変更が通常の組織変更よりも不利益に取り扱われてはならない（同等性の原則）および国境を越える組織変更が事実上不可能になることがあってはならない（実効性の原則）という 2 つの原則を、EU 運営条約 49 条および 54 条から導き、これを適用して、ハンガリーの商業登記所がハンガリーの会社ではないヴァーレ Construzioni Srl 有限会社を組織変更上の先行会社として登記することを拒絶することは同等性の原則に違反し、実効性の原則からは、国境を越える組織変更において、転入国の当局は先行会社の属する加盟国の発行する書類を審査する義務がある旨判示した[86]。

　ヴァーレ判決は、国境を越えて行われる組織変更に関するドイツの法実務に対して多大な影響を与えた。ニュルンベルク上級地方裁判所は、ヴァーレ判決直前の 2012 年 2 月 13 日の決定[87]において、ルクセンブルクの会社がドイツの有限会社に組織変更することを認めていなかったが、ヴァーレ判決直後の 2013 年 6 月 19 日の決定[88]において、ルクセンブルクの会社が国境を越えてドイツの有限会社に組織

---

[83] EuGH, Urteil vom 12. 7. 2012, Rs. C-378/10, DB 2012, 1616.
[84] Walter Bayer/Jessica Schmidt, Aktuelle Rechtsprechung des EuGH zum Europäischen Unternehmensrecht—2012 bis Anfang 2014, KSzW 2014, 69.
[85] EuGH, Urteil vom 12. 7. 2012, Rs. C-378/10, DB 2012, 1616.
[86] EuGH, Urteil vom 12. 7. 2012, Rs. C-378/10, DB 2012, 1617 f.
[87] OLG Nürnberg, Beschluss vom 13. 2. 2012, BB 2012, 988.
[88] OLG Nürnberg, Beschluss vom 19. 7. 2013, ZIP 2014, 128.

変更することを認めた。ドイツの多数説は，ヴァーレ判決が出される以前から，国境を越えて行われる組織変更を認めるべきであるという立場に立っていたため[89]，これを正面から認めたヴァーレ判決は歓迎された[90]。安価で容易に英国会社を設立し，その管理費用が予想以上に高いことに気がついた企業家は，ヴァーレ判決を契機に，かかる英国会社を今度はドイツの有限会社へ組織変更するであろうと予測されている[91]。

4 会社設立に関するヨーロッパ裁判所判例の発展の帰結

チマーは，ツェントロス判決，ユーバーゼーリング判決およびインスパイア・アート判決から，ヨーロッパ連合における会社設立者は外国会社を含めすべてのヨーロッパ連合加盟国の会社形態の中から，自己に最も適した会社形態を選択できるようになったと論じる[92]。ルッターは，これら3つのヨーロッパ裁判所判決により，ヨーロッパ連合域内では，EC条約43条，48条（現行ヨーロッパ連合運営条約49条，54条）を根拠として設立地準拠法主義（Gründungstheorie）に従うべきであると説く[93]。

いずれにせよ，これら3つのヨーロッパ裁判所判決によって，ヨーロッパ連合加盟国の会社法立法担当者における「会社法の競争」が生じた。ドイツでは，これら3つのヨーロッパ裁判所判決以降，ドイツで活動する英国会社の設立が急激に増加した。ドイツでは，1997年には258社しか存在していなかった英国会社は，2005年には12019社にまで増加した[94]。その背景としては当時のドイツでは最低資本金制度等の有限会社の設立に際しての規制が厳格であったのに比べて，英国では会

---

89) Walter Bayer/Jessica Schmidt, Grenzüberschreitende Sitzverlegung und grenzüberschreitende Restrukturierungen nach MoMiG, Cartesio und Trabrennbahn, ZHR 173 (2009), 759 f.; Teichmann, Gesellschaftsrecht im System der Europäischen Niederlassungsfreiheit, ZGR 2011, 689; Zimmer/Naendrup, Das Cartesio-Urteil des EuGH: Rück-oder Fortschritt für das internationales Gesellschaftsrecht, NJW 2009, 548 f.

90) Teichmann, Der grenzüberschreitende Formwechsel ist spruchreif: das Urteil des EuGH in der Rs. Vale, DB 2012, 2085.

91) Messenzahl/Schwarzfischer, Der EuGH macht den Weg frei für den grenzüberschreitenden Formwechsel, BB 2012, 2073.

92) チマー・前掲注 **73**) 219 頁。

93) Lutter, in: Lutter/Winter (Hrsg.), Umwandlungsgesetz, Kommentar, Band 1, 4. Aufl., Köln 2009, Einl. I Rdnr. 45.

94) チマー・前掲注 **73**) 221 頁。

社設立に当たり最低資本金制度も存在せず，英国では社員有限責任の会社が非常に簡便に設立できると信じられていたことが挙げられる。ドイツの立法者は，2008年，ドイツ有限会社法の国際競争力を高めるために，有限会社の最低資本金規制の事実上の撤廃等の規制緩和を主内容とする改正を行った（MoMiG[95]）。この改正によりドイツ法上の有限会社の設立数は再び増加し，2010年9月2日，ドイツ連邦司法省国家書記であったビルギット・グルンドマンは，MoMiGによりドイツ有限会社法が英国会社法との競争に勝利したと宣言した[96]。

Ⅳ　おわりに──開業の自由の発展の意義

1　ヨーロッパの基本的自由の相互作用

ヨーロッパの基本的自由は，相互に影響を及ぼしながら，その内容を変化させている。その変遷過程は，次のように総括することができる。

ヨーロッパの基本的自由の概念においては，物品移動の自由が，その規制理念をリードする役割を果たした。物品移動の自由は，当初差別禁止を基本理念としていたが，これが制限禁止すなわちすべての非関税障壁の原則撤廃へと代わった。そして非関税障壁が認められる条件として四基準説，すなわち差別的でなく，保護すべき利益が存在し，その保護のために必要かつ相当であるといういわゆる合理性基準を導入した（ゲプハルト公式）。しかし，その後，ヨーロッパ裁判所は，ケック判決により市場参入に関係のある生産物に関する国内法規制に対しては制限禁止の考え方に基づき規制するが，市場参入に関係のない販売形態に関する国内法規制には差別禁止の考えをとるようになり，あくまでも共同市場の創設は尊重するが，市場参入に影響を及ぼさない領域においては，加盟国は差別をしなければヨーロッパの基本的自由に反しないという考えをとるようになった。

ヨーロッパ裁判所は，1974年 Rainers 判決において，開業の自由につき差別禁止を基本に解釈していたが，1995年ゲプハルト判決により，物品移動の自由の概

---

[95]　Gesetz zur Modernisierung des GmbH-Rechts und zur Bekämpfung von Missbräuchen vom 23. 10. 2008, BGBl. I S. 2026. 本法律の邦訳として，早川勝「有限会社法の現代化と濫用をなくすための法律（MoMiG）(BGBl. I S. 2026)（2008年10月23日）による改正有限会社法」同志社法学61巻5号261頁以下（2009年）。

[96]　2010年9月2日フランクフルト・アム・マインにおける日独シンポジウム「知的財産保護と企業法の現代的問題」における Dr. Birgit Grundmann, Staatssekretärin im Bundesministerium der Justiz の講演。

念(カシス公式)の影響を受けた四基準説に基づく正当化事由を伴う制限禁止説をとった[97]。その後,会社設立に関する1999年ツェントロス判決および2002年ユーバーゼーリング判決も,四基準説(ゲプハルト公式)に基づく正当化事由を伴う制限禁止説を採っているが,ドイツの下級審判例および学説上,ケック判決の考え方は開業の自由にも適用されるべきであり,開業の自由は販売形態に関する規制に関連するものであるから,差別禁止を基本に解釈するべきであると解されている。今後,開業の自由につきケック判決を基本に解釈するという学説の立場が,ヨーロッパ裁判所によって受容されるのか否かについて,ヨーロッパ裁判所の裁判例の展開が待たれる。

　ヨーロッパ連合条約およびヨーロッパ連合運営条約の前身たるEEC条約は,かつてその法的性質が条約であり,加盟国のみを拘束し,加盟国の私人は,条約が保障するヨーロッパの基本的自由を権利として国内裁判所において主張することはできないと解されていた。しかし,1974年ヴァルラーフェ判決により,労働者移動の自由およびサービスの自由に直接的第三者効力が認められ,2002年ヴーテルス判決は,開業の自由に直接的第三者効力を認めるに至った。ヨーロッパの基本的自由が直接的第三者効力を有するとする見解に対してはカナーリスが批判を展開している。また,開業の自由の効力の変遷が資本移動の自由にも影響を及ぼし,資本移動の自由も直接的第三者効力を有すると解すべきかについては,これを肯定する学説も存在するが,ドイツの会社法学上の通説は,資本移動の自由は加盟国のみを拘束し,私人は資本移動の自由を権利として国内裁判所で援用することができないという立場をとる。

2 ヨーロッパにおける開業の自由と会社法の競争

(1) 有限会社法の競争

　会社の設立の自由に関する判例は,本拠地準拠法主義をとるドイツの裁判実務がヨーロッパ裁判所によりEU法違反と判示され,現在では,設立地準拠法主義がヨーロッパの国際会社法の標準であるといわれるようになってきている[98]。かかる

---

97) Hoppe, Niederlassungsfreiheit, in: Bergmann (Hrsg.), Handlexikon der Europäischen Union, 4. Aufl., Baden-Baden 2012; Altmeppen/Ego, in: Goette/Habersack (Hrsg.), Münchener Kommentar zum Aktiengesetz, 3. Aufl., München 2012, B. Europäische Niederlassungsfreiheit, Rdnr. 6 ff.

98) Günter H. Roth, in: Roth/Altmeppen, Gesetz betreffend die Gesellschaften mit beschränkter Haftung (GmbHG), Kommentar, 7. Aufl., München 2012, 4a, Rdnr. 29; Marc-Philippe Weller, in: Fleischer/Goette (Hrsg.), Münchener Kommentar zum

状況の下で，いったんある加盟国で会社を設立した場合，この会社は他の加盟国でも会社として運営することができるようになった。これにより，ヨーロッパ連合加盟国は，自国に会社の設立を呼び込むため，自己の会社法の規制緩和の競争をするようになり，とりわけ有限会社については，最低資本金の撤廃・会社設立に要する手続の簡略化および会社設立のために要する期間の短縮化が各加盟国で相次いで立法化されるようになった。会社法上の株主および債権者保護は，その国に設立された会社の信用を増大させ，競争上優位に立てるという要素であることは否定できないが，株主および債権者保護はこれを実行する会社にとって一定のコストを意味するという面は否定できない。「ヨーロッパにおける会社法の競争」の結果として，一加盟国への会社設立の集中が生じ，その結果として会社法の株主および債権者保護のヨーロッパ全体での弱体化が生じる場合，ヨーロッパ委員会は指令等を出して，加盟国の国内法による株主および債権者保護の水準を均一化するため，各加盟国の会社法の内容を相互に近づける措置をとらざるをえないであろう。特に，有限会社法の領域における会社法の競争は，各加盟国における有限会社の最低資本金制度の撤廃をもたらしたが（会社法の収斂），これによる債権者保護の弱体化が，過少資本の場合の法人格否認の法理（透視責任）等の事後的規制によっては十分に解決できないと判断される場合，過小資本会社の債権者保護のため，指令等によるヨーロッパレベルでの調整の必要が生じよう[99]。

(2)　「管理された」会社法の競争

　ヨーロッパにおける会社法の競争は，「規制なき競争」ではなく，「管理された競争」である。会社法の競争により，各加盟国の立法者が規制緩和の方向で立法を行う傾向にあることは，有限会社法の最低資本金を巡る競争が示したところである。しかし，規制を強化する形で，ヨーロッパにおける会社法の競争を管理する必要がある場合，ヨーロッパ委員会は指令等により各加盟国の国内会社法の規制を強化する必要が生じる。

　株式会社において「会社法の競争」はヨーロッパレベルでは生じていない。その理由は，各加盟国の株式会社法の主要な内容が指令によって，相互に近づけられているからである。例えば，第2指令6条は，ヨーロッパ連合加盟国の株式会社につ

　　Gesetz betreffend die Gesellschaften mit beschränkter Haftung-GmbHG, 1. Aufl., München 2010, Einleitung Rdnr. 350.

99)　2014年4月9日，ヨーロッパ委員会はEU加盟国の一人有限会社規制調整のための指令案を出している。この指令案には一人有限会社の一人社員の責任に関する規定が盛り込まれている。この点につき，本章第3部第3章V参照。

き,その最低資本金の額を2万5,000ユーロと定める[100]。これに対して,有限会社を対象とした会社法指令はほとんど存在せず,このため各加盟国の有限会社法の内容における相違が生じ,ここに「有限会社法の競争」が生じた原因があった。この競争において,各加盟国は特に最低資本金制度を撤廃し,有限会社法の「収斂」という現象が生じた。今後,最低資本金以外の規制要素が,企業家による会社法選択を決定する重要な要素となり,当該規制要素が存在するためにヨーロッパ連合における有限会社設立の一加盟国への集中という現象が生じ,かつ,この問題の解決のため各加盟国の有限会社法の規制強化が必要とされ,各加盟国の有限会社法の収斂により問題の解決ができない場合,当該規制要素に関わる各加盟国の有限会社法の規定を指令等により調整し,その内容を相互に近づける措置をヨーロッパ委員会がとることはありうるであろう[101]。

たしかに,デラウェア効果を防止するための手段として,ヨーロッパ委員会が出す指令等の果たしうる機能は限定されており,各加盟国の会社法の最低限の内容を決める程度のことしかなしえない。しかし,株式会社法においては,1950年代からの詳細な指令の蓄積により,ヨーロッパにおけるデラウェア効果が明白なかたちでは発生していないことが示すように,有限会社法においても,必要に応じて各種の指令が出され,それが蓄積されるならば,ヨーロッパ連合における有限会社設立の一加盟国への集中という現象は事前にかつ適切に防止できるであろう。

---

100) Marcus Lutter/Walter Bayer/Jessica Schmidt, Europäisches Unternehmens- und Kapitalmarktrecht, 5. Aufl., Berlin 2012, S. 477.
101) 2007年,ヨーロッパにおけるモデル会社法としてのヨーロッパ模範会社法の制定に向けられたプロジェクトが始まった。この点につき,久保寛展「ヨーロッパ模範会社法プロジェクトの基本構想」福岡大学法学論叢57巻1号1頁以下(2012年)参照。

第3章　企業結合法と開業の自由
　　　——2013年6月20日ヨーロッパ裁判所
　　　　インパクト・アズール判決を中心に

I　はじめに

　ある国が企業結合法を立法化すると，その企業結合法は，その国と他国との経済関係に影響を与える。特に，ヨーロッパ連合（EU）のように，域内市場の確立のため，会社等の設立の自由（以下「開業の自由」という）を定めている法域においては，企業結合立法がEU域内における開業の自由を妨げるものとならないか否かが問題となる。例えば，ドイツ法上，従属会社の本拠地がドイツである限り，「コンツェルン法」と呼ばれるドイツの企業結合法は外国の支配企業に対しても適用されるが，ドイツは体系的な従属会社保護のためのコンツェルン法を立法化しているため（1965年株式法第4編「結合企業」[1]，以下「株式コンツェルン法」という[2]），他国籍企業がドイツを本拠地とした従属会社をドイツに設立すると，例えば支配的影響力を行使して従属会社の利益を侵害した支配企業の従属会社に対する損害賠償責任（株式法311条以下，特に317条1項[3]）の規定が適用され，ドイツに本拠地を有する従属会社を有する外国支配企業は，従属会社の利益を侵害したという理由で損害賠償責任を追及される可能性が生じる。この結果は，EU域内で経済活動を展開する多国籍企業からドイツに従属会社を設立する意欲を削ぐことになりかねない。ドイツの株式コンツェルン法は，契約コンツェルンの制度を有し，支配企業が従属会社との間で支配契約を締結するならば，支配企業に従属会社を指揮する権限——コンツェルン全体の利益になるならば，従属会社の利益を害する支配企業の指図にも従う従属会社の義務——を認めているため（株式法308条参照），ドイツの株式コンツェルン法がEU域内で保障されている「開業の自由[4]」に違反するか否かは，

---

1) 株式法の邦訳として，早川勝「1965年ドイツ株式法の改正と展開」同志社法学63巻6号200頁以下（2012年）参照。
2) ドイツの株式コンツェルン法の概要につき，高橋英治『ドイツ会社法概説』422頁以下（有斐閣，2012年）参照。
3) 株式法311条と同法317条との関係につき，高橋英治『企業結合法制の将来像』51頁以下（中央経済社，2008年）参照。
4) EUにおける開業の自由の内容および発展につき，Habersack/Verse, Europäisches

複雑な様相を呈する問題となっている。株式法317条1項が規制する事実上のコンツェルンの責任規制にだけ着目してその開業の自由に及ぼす効果をみるならば、コンツェルン法が包含する支配企業の責任規制はEU域内での開業の自由を制限すると判断されうる。すなわち、EU加盟国の国内法として定められた企業結合法は、その域外適用を認める規定を有している場合、開業の自由に違反する可能性を有する。

2013年6月20日ヨーロッパ裁判所インパクト・アズール判決[5]では、ポルトガルのコンツェルン法[6]上の親会社の子会社債権者に対する責任規制が、外国の親会社には適用されないことが、外国企業に対する差別的取扱となり、ヨーロッパ連合運営条約49条が定める開業の自由に抵触するか否かが争われた。

本章では、インパクト・アズール判決を分析・検討し（Ⅱ）、ポルトガルと同様に体系的なコンツェルン法を有するドイツの学説の反応を解明する（Ⅲ）。最後に、企業結合法と開業の自由に関する将来の展望を示す（Ⅳ）。

Ⅱ　インパクト・アズール判決

1　事実の概要

ポルトガルの会社であるインパクト・アズール有限会社（Impacto Azul LdA）は、多国籍コンツェルンであるブイグ・コンツェルンのポルトガルの子会社と売買契約を締結した。しかし、経済危機を理由に、このブイグ・コンツェルンのポルトガルの子会社がプロジェクトから撤退した。インパクト・アズール有限会社は、この売買契約の債務不履行責任を、契約の相手方たるブイグ・コンツェルンのポルトガルの子会社に対してだけでなく、そのフランスの親会社（ブイグ・イモビリエ株式会

　　Gesellschaftsrecht, 4. Aufl., München 2011, S. 7 ff.; Marcus Lutter/Walter Bayer/Jessica Schmidt, Europäisches Unternehmens- und Kapitalmarktrecht, 5. Aufl., ZGR-Sonderheft 1, Teil 1, Berlin 2012, S. 54 ff.; 庄司克宏『新EU法 政策篇』112頁以下（岩波書店、2014年）、髙橋英治「ヨーロッパにおける開業の自由の発展——ヨーロッパ連合における基本的自由の相互作用」法学雑誌59巻1号2頁以下（2012年）参照。
5)　EuGH, Urteil vom 20. 6. 2013, Rs. C-186/12, Juris, Tz. 33.
6)　ポルトガルの企業結合規制については、Riberio, Die verbundenen Gesellschaften im neuen portugiesischen Handelsgesetzbuch, in: Ernst-Joachim Mestmäcker/Peter Behrens, Das Gesellschaftsrecht der Konzerne im internationalen Vergleich, Baden-Baden 1991, S. 203 ff.

社, Bouygues Immobilier SA) に対しても追及する訴訟を提起した。

ポルトガル商事会社法典 501 条 1 項は, 支配契約を締結した親会社は当該契約締結の前後に生じた子会社債務を引き受ける責任を負う旨を規定していた。ポルトガル商事会社法典 491 条は, ポルトガル商事会社法典 501 条 1 項が規定する子会社債務に対し親会社が連帯責任を負う旨の規定が, 支配契約がなくとも株式の 100 パーセント保有等の完全なる支配がある場合には, かかる完全親会社に対しても適用される旨規定していた。

しかし, ポルトガル商事会社法典 481 条 2 項は, 本法における有限会社, 株式会社および株式合資会社の規定が, ポルトガルを本拠地とする会社にのみ適用されることを定めていた。この規定によると, ポルトガル商事会社法典 501 条 1 項, 491 条を含むポルトガル商事会社法典のコンツェルン規制のポルトガル域外への適用はなく, ブイグ・コンツェルンのポルトガルの子会社に対して債務を有するインパクト・アズール有限会社が同法 501 条 1 項, 491 条に基づきフランスの親会社に対する責任追及訴訟を提起することは認められないことになる。この結果, ポルトガルの会社を子会社とする外国に本拠地を有する親会社は, ポルトガルの会社を子会社とするポルトガルに本拠地を有する親会社と同じ取扱を受けないという結果になる。この事件の審理を担当したポルトガルの裁判所は, かかる不平等取扱がヨーロッパ連合運営条約 49 条[7]の定める開業の自由に違反するか否かについて, 先行判決をヨーロッパ裁判所に求めた。

2 判決の要旨

ヨーロッパ裁判所は, 先行判決で取り上げられている外国会社について親会社の子会社債務に対する責任を定めるポルトガル国内法の規定との関連で, ヨーロッパ連合運営条約 49 条の開業の自由の概念には, 定款上の本拠地, 主たる営業所あるいは本店が EU 内に存在し加盟国の法律に基づいて設立された会社が他の加盟国において子会社, 支店あるいは営業所を設立する権利が含まれると判示した。その上

---

[7] 「次に定める規定の枠内で, いずれかの加盟国の国民の, 他の加盟国の領域における開業の自由に対する制限は, 禁止する。この禁止は, いずれかの加盟国の領域に居住しているいずれの国民による代理店, 支店または子会社の設立に対する制限にも及ぶ。

開業の自由は, 自営業を開始しおよび遂行する権利ならびに企業, 特に第 54 条後段にいう会社を設立しおよび経営する権利を含む。ただし, 開業の行われる国の法律によってその国の国民のために定められる条件に従うものとし, かつ資本に関する章の規定は留保される」(ヨーロッパ連合運営条約 49 条)。

で，ヨーロッパ裁判所は，ヨーロッパ連合運営条約 49 条が定める開業の自由の目的が，差別禁止に止まるのではなく，開業の自由に対する制限の禁止にあるとした。ヨーロッパ裁判所は，国籍を理由として差別的に適用される国内法規定ではなくとも，「ヨーロッパ連合運営条約が保障する開業の自由の行使を妨害しあるいはその魅力を減殺する EU 帰属者による国内法規制はヨーロッパ連合運営条約 49 条に反する[8]」と判示して，ヨーロッパ裁判所判例法上の開業の自由違反の判断基準を示した。

ヨーロッパ裁判所は，「ポルトガルの子会社の債務につき親会社が連帯して責任を負うとするポルトガルの国内法の規定が，その本拠地が他の加盟国に存在する外国親会社に対しては適用されないことが開業の自由の制限に該当するか」と先行判決の問題を要約した[9]。

本問題につき，ヨーロッパ裁判所は，EU において企業グループ規制の調整が行われていないことを指摘し，結合企業の債務に関する規制については，原則的には，加盟国が規制権限を有するとした。かかる前提に立って，ポルトガル法は，子会社の債務につき，ポルトガルに本拠地を有する親会社が連帯責任を負うと定めていたが，ヨーロッパ裁判所は，「加盟国が自己の主権領域に存在するグループの債権を許された仕方でより良く取り扱うことをヨーロッパ連合運営条約 49 条は禁止していない」と判示した[10]。

また，ヨーロッパ裁判所は，外国親会社がもし望めばそのポルトガルの子会社に対して個別に契約で子会社債務に対して連帯責任を負うと合意することは可能であることも付言した[11]。

ヨーロッパ裁判所は，ポルトガル商事会社法典 501 条の規定する子会社債務に対する親会社の連帯責任についての規定が，ポルトガル商事会社法典 481 条により，外国の親会社には適用されないことは，他の加盟国に本拠地を有する親会社に保障する開業の自由の権利行使の魅力を減殺するものではないと判示し[12]，ヨーロッパ連合運営条約 49 条が規定する開業の自由に対する制限とはならないと結論づけた[13]。

---

8) EuGH, Urteil vom 20. 6. 2013, Rs. C-186/12, Juris, Tz. 33.
9) EuGH, Urteil vom 20. 6. 2013, Rs. C-186/12, Juris, Tz. 34.
10) EuGH, Urteil vom 20. 6. 2013, Rs. C-186/12, Juris, Tz. 35.
11) EuGH, Urteil vom 20. 6. 2013, Rs. C-186/12, Juris, Tz. 37.
12) EuGH, Urteil vom 20. 6. 2013, Rs. C-186/12, Juris, Tz. 36.
13) EuGH, Urteil vom 20. 6. 2013, Rs. C-186/12, Juris, Tz. 38.

Ⅲ　ドイツの学説の反応

1 インパクト・アズール判決の評価

　前述したように，ドイツは，ポルトガルと同様に企業結合に関する体系的な立法を有しているが，ここでは，ドイツの学説が，インパクト・アズール判決をどのように評価し，企業結合法と開業の自由についてどのような議論を展開したのかについて検討する。

　まず，ドイツの学説はインパクト・アズール判決につき基本的には妥当な判決であると評価する[14]。ヨーロッパではドイツ法をモデルとした企業結合法の調整（第9指令[15]）が失敗してからは，企業結合法上の責任規制を設けることが——当面，ヨーロッパ法上の規制モデルを強要されることなく——加盟国の立法者に委ねられた。EU加盟国は，ヨーロッパ連合運営条約49条・54条が保障する開業の自由に配慮しつつ，コンツェルンを対象とした法律（いわゆるコンツェルン法）を定立する権限を有する。ヨーロッパ裁判所判例によると，開業の自由は単なる差別の禁止に止まらず，開業の自由を制限することに対する一般的禁止を含む[16]。しかし，外国人を優遇すること，別の表現では，内国人を不利に扱うこと（いわゆる内国人差別）は，ヨーロッパ裁判所の確立した判例によると，許される[17]。加盟国がそのコンツェルン法の適用対象を内国会社に限定し，その結果として外国の親会社がコンツェルン法の適用を免れるのに対し，内国の親会社にはコンツェルン法が適用され子会社の負う債務に対して連帯責任を負う結果として，外国の親会社を内国の親会社よりもコンツェルン責任法の局面では優遇する結果となったとしても，これは

---

14)　Jessica Schmidt, Die EuGH-Entscheidung „Impacto Azul" —Der Impact der Niederlassungsfreiheit auf das nationale Konzernrecht, GPR 2014, 40; Mathias Lehmann, Anmerkung, LMK 2013, 352735.

15)　第9指令の最終案は，Entwurf einer neunten Richtlinie von 1984 (Konzernrechtsrichtlinie), bei: Lutter, Europäisches Unternehmensrecht, 3. Aufl., Berlin 1991, S. 279 ff. に掲載されている。その邦訳として，早川勝「企業結合に関するEC第九ディレクティブ草案（試訳）」1頁以下（1989年）参照。

16)　EuGH, Urteil vom 31. 3. 1993, Rs. C-19/92, Slg. 1993, I 1663 „Klaus"; EuGH, Urteil vom 30. 11. 1995, Rs. C-55/94, Slg. 1995, I 4165 „Gebhard". 高橋・前掲注4) 15頁参照。

17)　物品移動の自由につき，EuGH, Urteil vom 13. 3. 1979, Rs. C-119/78, Slg. 1979, 975, Tz. p. 32; EuGH, Urteil vom 7. 2. 1984, Rs. p. C-434/09, Slg. 1984, 483, Tz. 45. サービスの自由につき，EuGH, Urteil vom 5. 5. 2011, Slg. 2011, I 3393, Tz. 45.

外国会社を内国会社よりも不利に取り扱うものではないから，開業の自由に反しない。かかる理由から，ドイツの学説は，インパクト・アズール判決につき，結論としては妥当であると評価する[18]。

しかし，ヨーロッパ裁判所が本件につき内国人差別にすぎないから許されるという理由づけとして，「加盟国が自己の主権領域に存在するグループの債権を許された仕方でより良く取り扱うことをヨーロッパ連合運営条約49条は禁止していない」と判示したことについては，ドイツの学説は，理由づけの仕方に不備があると批判する。すなわち，学説によると，ヨーロッパ裁判所は，本件の争点を内国の「債権」の有利な取扱にあるとみているが，本来争点とされるべきは，「債権」の取扱の問題ではなく，債権に対する親会社の「責任」の問題である。内国の債権を有利に取り扱うことは，同時にコンツェルン法の規定により子会社債務について内国の親会社に連帯責任を負わせることを意味し，これにより内国の親会社は不利に取り扱われることになるが，ドイツの学説によると，これこそが内国人への不利な差別的取扱の本質である。ドイツの学説は，ヨーロッパ裁判所が，この意味での内国人差別を，正面から，理由づけにおいて取り上げるべきであったという[19]。また，ヨーロッパ裁判所は，外国親会社は，もし望めば，ポルトガルの子会社と契約して，その債務につき連帯責任を負うことを合意することができると論じている。かかる議論は，コンツェルン法上の親会社の子会社債務に対する連帯責任が親会社の信用を高めるため，取引相手からみれば，市場において有利な立場に立てるという議論に対する反論としてなされたものであると推定される。これに対し，ドイツの学説は，親会社がもし望めば個別に契約により子会社債務につき連帯責任を負うことが可能であるため，間接差別ないし開業の自由に対する制限とはなりえないとヨーロッパ裁判所は正面から論じるべきであったという[20]。

2 ドイツの株式コンツェルン法は開業の自由に反するのか？

ドイツの株式法に定められた企業結合規制（株式法291条以下）は，従属会社の本拠地がドイツ国内に存在する場合に適用される。したがって，親会社が外国会社であっても，その子会社がドイツをその事実上の本拠地とする限り，ドイツの株式コンツェルン法（株式法291条以下）が適用されるのである[21]。これによると，ド

---

18) Jessica Schmidt, GPR 2014, 40; Mathias Lehmann, LMK 2013, 352735.
19) Jessica Schmidt, GPR 2014, 41.
20) Jessica Schmidt, GPR 2014, 41.
21) Emmerich/Habersack, Aktien- und GmbH-Konzernrecht, Kommentar, 7. Aufl.,

イツの株式コンツェルン法における事実上のコンツェルンの支配企業の責任を定めた規定（株式法311条・317条）は，外国の会社に対して適用されることになる。かかる支配企業の責任規定の域外適用により，EU域内で活動しようとする多国籍コンツェルンは，株式法311条以下の適用により親会社が子会社に対し損害賠償責任を負うことになることを恐れ，子会社を設立するのに際し，その子会社の本拠地をドイツ国内に置くことを躊躇するため，ドイツの株式法311条以下は，正当化事由がない限り，ヨーロッパ連合運営条約49条が保障する開業の自由の制限になりかねないことになる[22]。しかし，ドイツの学説は次の理由から，ドイツ株式法上の企業結合規制（株式法291条以下）は，開業の自由に抵触しないと考える。すなわち，EUにおける基本的自由の発展を主導してきた物品移動の自由のリーディングケースは，現在，1993年11月24日ヨーロッパ裁判所ケック判決[23]であるが，この判決は，販売形態（Verkaufsmodalität）を制限または禁止する国内法の規定は差別的でない限り物品移動の自由に違反しないと判示した。ドイツの株式コンツェルン法の親会社の責任規制は，開業の形態（Modalität）に関する規定であり，ケック判決の趣旨から，その内容が差別的でない限り開業の自由に反しないというべきところ，ドイツの株式コンツェルン法の親会社の責任規制の内容は，外国の親会社に対して差別的ではないため，開業の自由に反しないというのである[24]。しかし，ケック判決の法理が開業の自由にも適用されるかについて，ヨーロッパ裁判所は，その立場を明確にしていないため，かかる論理構成によって，ヨーロッパ裁判所がドイツの株式コンツェルン法がEU運営条約49条の定める開業の自由に抵触しないと判断するのか否かについては，不明である。

Ⅳ　ヨーロッパコンツェルン法の将来像

インパクト・アズール判決では，完全子会社の負う債務に対し完全親会社が連帯

　　　München 2013, § 291 Rdnr. 35, § 311 Rdnr. 21; Veil, in: Spindler/Stilz (Hrsg.), Kommentar zum Aktiengesetz, Band 2, 3. Aufl., München 2015, Vor § 291 Rdnr. 45; Altmeppen, in: Goette/Habersack (Hrsg.), Münchener Kommentar zum Aktiengesetz, 3. Aufl., München 2010, Einl. §§ 291 ff. Rdnr. 36; Mathias Lehmann, LMK 2013, 352735.
22)　Mathias Lehmann, LMK 2013, 352735.
23)　EuGH, Urteil vom 24. 11. 1993, Rs. C-267/91 und C-268/91, Slg. 1993, 6027 „Keck". 同判決につき，高橋英治「判例によるEC経済法の発展とその方法」法学研究（慶應義塾大学）67巻6号56頁以下（1994年）参照。
24)　Jessica Schmidt, GPR 2014, 41.

責任を負う規定がポルトガルの親会社にだけ適用され，フランスの親会社には適用されないことが，ヨーロッパ連合運営条約49条が規定する開業の自由に抵触するか否かが問題となった。ヨーロッパ裁判所は，かかるポルトガルのコンツェルン法上の規定につき，ヨーロッパ連合運営条約49条違反を認めなかった。しかし，もしも，同様の規定が外国親会社にも適用されるとポルトガル法上定められていたならば，かかる規定は（本判決の基準に従うならば）ヨーロッパ連合運営条約49条違反と判断されたと考えられている[25]。

従属会社の少数派株主・債権者の保護という会社法的観点からすると，コンツェルン責任規制の方針としては，外国親会社等をコンツェルン責任から免責することは妥当でない。しかし，ドイツ国内法としての例えば株式法311条・317条（支配企業等の従属会社に対する損害賠償責任等）を域外適用すると，開業の自由に抵触するとされるおそれがある。なぜなら，かかるコンンツェルン責任法の域外適用は，EU域内で活動する多国籍コンツェルンがドイツ国内に子会社を設立することを躊躇させ，EU域内での子会社設立を制限する効果を有するからである（EU域内での二次的開業の自由の制限）。

コンツェルン法は，従属会社の少数派株主・債権者の保護のみを目的とするわけではない。例えば，ドイツの株式法308条は，支配契約が締結される場合，コンツェルン全体の利益に資するという条件の下で，支配企業は従属会社の利益を害する指図を行うことができると規定する。これは，前記条件が満たされた場合において従属会社に支配企業の指図に従う義務を課すものであり，コンツェルンの親会社等に運営上のメリットを与えるものである。ドイツ法では，株式法308条はドイツを本拠地とする従属会社と支配契約を締結した支配企業に適用されると解されている[26]。ヨーロッパ連合運営条約49条が規定する開業の自由は，かかる「指揮力の付与」というメリットを，ドイツを本拠地とする子会社の親会社だけではなく，コンツェルン法を有しないドイツ以外のEU加盟国をその本拠地とする子会社の親会社も享受できることを要求する[27]。

インパクト・アズール判決を契機として，ヨーロッパ連合運営条約49条が規定

---

25) Teichmann, Konzernrecht und Niederlassungsfreiheit, ZGR 2014, 74.
26) Hüffer, Aktiengesetz, 11. Aufl., München 2014, § 291 Rdnr. 8; Altmeppen, in: Goette/Habersack (Hrsg.), Münchener Kommentar zum Aktiengesetz, 3. Aufl., § 291 Rdnr. 24 ff.; Emmerich/Habersack, Aktien- und GmbH-Konzernrecht, Kommentar, 7. Aufl., § 291 Rdnr. 35.
27) Vgl. Teichmann, ZGR 2014, 75.

する開業の自由との関係で，EUにおけるコンツェルン法の調整は，2つの領域——コンツェルンにおける親会社等の責任規制とコンツェルンの指揮力の認容——において必要であることが明らかになった。しかし，EUが，2011年12月12日のEU行動計画書において「グループ利益」を認める措置を2014年にとるとし[28]，主として後者の領域でのコンツェルン法の調整が当面の課題となることが明らかにされている。将来，EUは，コンツェルン法の調整を，現在行われているように「グループ利益」の容認だけを対象として行うだけでなく，これと併せて，コンツェルンにおける親会社の子会社等に対する責任規制も，その法調整の対象とするべきであろう。

V 一人有限会社指令案

2014年4月9日，ヨーロッパ委員会は，国境を越えた中小企業の活動を活性化させるため，「単独社員の有限会社に関する指令案[29]」（以下「指令案」という）を採択した[30]。この指令案は，一人有限会社（Societas Unius Personae; SUP）の導入により，前記目的のため，各加盟国の国内法を調整し，各加盟国における子会社設立のための要件を緩和するとともに子会社指揮を容易にし，開業の自由に関する制約を打破することを意図したものである。本指令案において注目されるべきは，一人社員の業務執行者に対する指図権が法定されていることである（指令案23条）。一人有限会社の社員による業務執行者に対する指図は原則として拘束力を有する。ただし，指図が一人有限会社の所在する国内法に違反する場合には，拘束力はなく，業務執行者にはかかる指図に従う義務はない（指令案23条2文）。かかる指図権を

---

28) European Commission, Action Plan: European company law and corporate governance—a modern legal framework for more engaged shareholders and sustainable companies, COM (2012) 740/2, 15.

29) Vorschlag für eine Richtlinie des europäischen Parlaments und des Rates über Gesellschaften mit beschränkter Haftung mit einem einzigen Gesellschafter, COM/2014/0212 final-2014/0120 (COD).

30) 本指令案につき，新津和典「ヨーロッパにおける一人会社（Societas Unius Personae, SUP）指令案の現状——EU理事会決議を受けて」国際商事法務43巻9号1317頁以下（2015年），久保寛展「EUにおける一人有限責任会社（Societas Unius Personae）指令案の行方」福岡大学法学論叢59巻4号661頁以下（2015年）参照。2015年5月28日のヨーロッパ理事会の提案では，「一人社員の指図権の法定化」および「影の取締役制度の導入」は一人有限会社指令には盛り込まないことが提案されている。

法定化した意味は、企業結合関係において指図権の明文化により法的安定性を実現するためである[31]。ただし、定款の規定により、この指図権を排除することは可能である（指令案23条3文）。

かかる背後で会社を指揮する一人社員については「影の取締役」の制度がある。ある者の指示あるいは指図に従うことが常態化している場合、その者は「影の取締役」とみなされ（指令案22条7号）、形式的に業務執行者としての選任手続を経ていなくとも、業務執行者のすべての義務を負担する。

かかるヨーロッパ委員会の指令案における「一人社員の指図権の法定化」および「影の取締役制度の導入」は、日本の全株式譲渡制限会社法制に対して示唆を与える。日本の全株式譲渡制限会社においても、取締役に対する一人株主の指図権を認めた方が、経営の実態に適合する。この場合、常態として会社の取締役に指図を与えている一人株主は「影の取締役」として、会社との関係で（会社法423条1項）また第三者との関係で（会社法429条1項）責任を負うとすべきであろう。

Ⅵ 2015年2月3日ヨーロッパ裁判所判決
―― ヨーロッパ委員会対連合王国および北アイルランド

インパクト・アズール判決後の2015年2月3日ヨーロッパ裁判所判決（ヨーロッパ委員会対連合王国および北アイルランド）[32]において、ヨーロッパ委員会は、連合王国と北アイルランドが、連合王国と北アイルランドに本拠地を有する親会社が連合王国と北アイルランド以外に本拠地を有する外国子会社から損失を移転することを禁止することが、かかるコンツェルンにおける外国子会社の損失の移転による租税の節約を不可能にすることになり、ヨーロッパ連合運営条約49条が規定する開業の自由に違反すると訴えたが、この訴えは、ヨーロッパ裁判所により却下された。

ヨーロッパ裁判所によると、英国の会社課税法（Corporation Taxation Act; CTA）の条項では、課税期間の終了前に連合王国および北アイルランド以外の領域の子会社に発生した損失を、連合王国および北アイルランドの親会社に移転し、これを親会社の収益と相殺することで租税を回避することを禁止する。EUの一加盟国に本拠地を有する親会社が他加盟国に本拠地を有する外国子会社の損失を移転すること

---

31) Marc-Phillippe Weller/Johanna Bauer, Europäisches Konzernrecht: vom Gläubigerschutz zur Konzernleitungsbefugnis via Societas Unius Personae, ZEuP 2015, 28 f.
32) EuGH, Urteil vom 3. 2. 2015, Rs. C-172/13, NZG 2015, 307.

を認めたマークスとスペンサー事件判決[33]からは、課税期間終了時直ちに子会社の損失が評価されるべきであるということが導かれるが、CTA の条項は損失移転の対象となる外国子会社の清算手続が課税期間終了時までに開始されていない場合に、外国子会社の損失の国境を越えた移転が認められないとまでは規定していない[34]。これを理由として、ヨーロッパ裁判所は、連合王国と北アイルランドの措置が EU 域内の一加盟国の親会社の外国子会社からの損失の移転を不可能にするものでありヨーロッパ連合運営条約 49 条が規定する開業の自由に違反するという旨のヨーロッパ連合委員会の訴えを却下した。

　ドイツの株式コンツェルン法の契約コンツェルン規制（株式法 291 条以下）は、契約コンツェルンの類型として、利益供与契約なるものを認めている（株式法 291 条 1 項）。かかる契約は、子会社の利益または損失を親会社に移転し親会社のそれらと相殺してコンツェルン全体で節税を行っていたという租税法上の契約慣行を会社法上の契約類型として定めたものである[35]。本件ヨーロッパ委員会対連合王国および北アイルランド事件では、ヨーロッパ裁判所は、かかる子会社の損失を親会社に移転して全体で親会社のそれと相殺してコンツェルンが節税するという契約慣行を、EU 域内の外国会社との間で行うことを認めた。これは、例えばドイツ、ポルトガル、スロベニアのような契約コンツェルン制度を有する加盟国のコンツェルンが、EU 域内で、契約コンツェルンの制度を用いて、あたかも当該加盟国内において行うように、コンツェルンとしての企業活動を行うことを可能にするものである。本件ヨーロッパ委員会対連合王国および北アイルランド事件判決は、開業の自由の観点から、多国籍企業の活動の障壁を撤廃し、親子会社間の損益の自由な移転を保障するものであり、妥当である。

---

[33] EuGH, Urteil vom 13. 12. 2005, Rs. C-446/03, NZG 2006, 109 „Marks & Spencer".
[34] EuGH, Urteil vom 3. 2. 2015, Rs. C-172/13, NZG 2015, 309, Tz. 35.
[35] 高橋英治『ドイツと日本における株式会社法の改革――コーポレート・ガバナンスと企業結合法制』90 頁（商事法務、2007 年）。

人名索引

あ行

アイデンミュラー……107
アルフレッド・フック……97
石井照久……43, 368
イプセン……384
今井宏……10, 11, 290
ヴァルター・ラーテナウ……279
ヴィースナー……125
ヴィンドビィヒラー……323
ヴィンフリード・ヴェルナー……152
ウヴェ・シュナイダー……129
上村達男……307
梅謙次郎……364
ヴュルディンガー……146
ヴュルテンベルガー……384
ウルマー……325, 343
江頭憲治郎……163, 179, 187, 266, 266
エメリッヒ……149, 247
エルンスト・ハイマン……199
大隅健一郎……10, 11, 12, 44, 281, 290, 368
大森忠夫……368
岡野敬次郎……3, 4, 365
オットー・フォン・ギールケ……3, 5, 50
オッパーマン……385
オッペンホフ……98

か行

カナーリス……33, 392, 406
カール・ヴィーラント……26, 28, 53, 199
カールステン・シュミット……9, 31, 125, 320
カール・レーマン……3, 53
川濱昇……15
カーン……354
神田秀樹……5, 174
岸本辰雄……363
北沢正啓……16

クラウゼ……30
来栖三郎……332
クレイチ……37
黒沼悦郎……192
ゲオルグ・ビーター……246, 304
ゲッツ・フック……67, 80
小町谷操三……42
近藤光男……16, 19

さ行

シェルンブラント……129
宍戸善一……180
シュレーゲルベルガー……94
ショルツ……54
鈴木竹雄……3, 12, 50, 78, 368
須藤正彦……177

た行

高田源清……79, 281
高橋亀吉……366
竹田省……78
田中耕太郎……8, 11, 44, 50, 78, 280, 303, 366
チマー……404
ツァーン……94
ツェルナー……63, 126
ディルク・フェアゼ……40, 44, 80, 107, 111, 321, 392, 393
ディンクホーフ……126, 129
出口正義……79
トーマス・ライザー……65, 320
鳥山恭一……175

な行

中野貞一郎……16
西谷敏……297, 299
西原寛一……29, 45, 303
ネッテスハイム……391

ノアック……………………………………126

は 行

バウムバッハ………………………………58
パウルセン…………………………………149
パウル・ラーバント……………………7, 49
長谷部茂吉…………………………………265
服部榮三……………………………………333
ハベーレ……………………………………385
ハンス＝ペーター・シュヴィントフスキ
　　…………………………………44, 308
ビルギット・グルンドマン……………405
ヒルテ………………………………………149
ファイネ……………………………………54
ファストリッヒ……………………………65
フォン・ビューロー………………………50
藤田友敬……………………………………174
ブラウロック……………………34, 39, 42
フランツ・ビドゥリンスキ………………35
フリッツ・ハウスマン…………………280
フルーメ…………………………………9, 125
ヘファー………………………61, 125, 347
ヘルマン・ロェスレル…………2, 75, 279
ベルンハルト・グロースフェルト……147
ヘンツェ……………………………………342
ホプト…………………………20, 33, 343, 347
ホメルホフ……………………………13, 223
ホルガー・フライシャー…44, 153, 320, 344, 350

ボンブライト………………………………145

ま 行

マークス・ロート…………………20, 347
マックス・ハッヒェンブルク…………196
松本烝治…………………………………4, 6, 79
マティアス・ハバーザック……45, 247, 393
ミュラー＝エルツバッハ………………4, 58
ミュルベルト………………………232, 248
メストメッカー……………………294, 341
メルテンス…………………………………354
モーリッツ・ベルツ……………………297
森本滋………………………………………80, 83

や 行

弥永真生……………………………………174
ヤン・ヴィルヘルム……………………126
ヨーゼフ・アドルフ・シュンペーター
　　…………………………………379, 338

ら 行

ライシュ……………………………………30
李艶紅………………………………………390
ルッター…………………………………61, 404
ルードヴィッヒ・ライザー……………66
ルノー………………………………………53
レーゲルスベルガー………………………6
レーレヒト…………………………………377

事項索引

A〜Z

appraisal remedy……158
Autokran 判決……276
BMW 判決……66, 99
Bremer Vulkan判決……277
DAT/Altana 決定……142
DCF 方式……147, 165
EU 行動計画書……21
GHQ 経済科学局反トラストカルテル課……366
good faith effort……351
Hartmann & Braun 決定……143
IDW 標準……186
ITT 判決……98, 242, 274
iura singulorum……78
KBV 判決……245, 277
KonTraG……268, 341
Limited company……263
LLC (Limited Liability Company)……273
MBO……179
MDP……388
MoMiG……118, 405, 405
Motive……315
PLC……397
Protokolle……315
race to the bottom……21
Rainers 判決……393
reformatio in peius……155
Sanz de Lera 判決……390
Think small first……266
Tiefbau 判決……276
Trihotel 判決……277
Ultra Vires の法理……21
UMAG……19, 272
UMAG 政府草案理由書……349
Video 判決……276
VW 判決……391

WFBV……400

あ 行

頭数平等原則……289
アパマンショップHD事件最高裁判決…18, 375
アラーグ・ガルメンベック判決……342, 377
安定株主……210
一元型……272
一元説……369
一物一価の法則……159
一括方式 (Pauschalmethode)……147
一般社団法人及び一般財団法人に関する法律……334
一般条項……66, 112, 195
一般的人格権……116
インカムアプローチ……166
インスパイア・アート判決……399
インテリジェンス事件最高裁決定……175
インパクト・アズール判決……410
ヴァイキング・ライン判決……389
ヴァルラーフェ判決……383, 388, 406
ヴァーレ判決……402
ヴェルテンベルク王国商法典草案……27
ヴーテルス判決……388
得べかりし利益……11, 291
運動家株主……83
営業 (Gewerbe)……32
営業意思……45
営業的商行為……41
営業による商人……29
営業の自由……306
営業秘密……236
影響力行使者の責任……13, 207
エクイティ・ファイナンス……287
閲覧権……255
オーストリア企業法典……37
オーストリア企業法典草案……38

オーストリア商法典……………………36
親子会社に関する規律に関する残された論点
　の検討………………………………225
オランダ擬似外国会社法（WFBV）………400
オールド・リベラリズム…………………130

か 行

開業の自由……………………381, 409
外国人投資家………………………209
カイ・ザルツ判決…………………63, 64
会社解散の自由……………………306
会社課税法（Corporation Taxation Act；CTA）
　………………………………………418
会社財産の浪費……………………355
会社産業再生機構…………………233
会社による寄付……………………355
会社の誠実義務…………………99, 111
会社の分割に伴う労働契約の承継に関する
　法律…………………………………295
会社法制の見直しに関する中間試案……13, 200
会社法の競争……………………20, 75, 382
会社法の継受…………………………2
会社法の収斂……………………15, 407
会社法ハイレベルグループ………………21
会社法ハイレベルグループ報告書………75
外的組合………………………312, 313
革新（innovation）…………………339
学説継受（Theorie-Rezeption）………2, 15
影の取締役…………………………90, 128
カシス公式……………………387, 405
カシス・デ・ディジョン判決……………386
カステジオ判決……………………401
カネボウ株式買取価格申立事件東京地裁決定
　………………………………………165
株式会社
　――の人格化………………………95
　――の政治献金……………………375
　――の本質…………………………3
株式会社法改正の根本方針……………367
株式価格評価ガイドライン………………190

株式合資会社………………………121
株式の平等……………………………86
株式評価の基準時…………………156
株式分布状況調査…………………209
株式持合……………………………210
株式持合規制………………………217
株主代表訴訟…………………………16
株主の誠実義務………………11, 82, 90, 233
株主平等原則…………………………46
株主有限責任の原則……………12, 88, 108
カルテル契約………………………346
カルドア＝ヒックスの補償原理……………201
川岸工業事件……………227, 246, 304
韓国商法……………………137, 206
監査等委員会設置会社………………267
間接的第三者効力………………392, 393
完全補償の原則……………………145
管理権（Verwaltungsrechte）…………7, 323
企業（Unternehmen）………………28
　――の利益……………285, 310, 348
企業概念………………………………38
企業価値………………………………287
企業価値・株主共同の利益の確保又は向上
　のための買収防衛策に関する指針………286
企業家的裁量………………………360
企業自体の思想……………………280
企業者…………………………………27
企業集団………………………………212
企業集団規制………………………218
企業集団内部統制システム……………237
企業清算手続緩和法…………………107
企業買収……………………………47, 353
企業法…………………………………283
企業法委員会………………………283
企業法論………………………………29
危険責任……………………………135
擬似外国会社………………………400
基準時………………………………172
議事録………………………………115
擬制商人………………………………40

偽装解散 228	ゲザムトハント 9, 314
基礎の交替（Substitution des Grundes） 280	結果の平等 81
機能比較 82	ケック判決 387, 395, 415
基本的自由 381	ゲプハルト公式 395
――の保護義務 393	ゲプハルト判決 394, 395, 405
客観価格 179	ケルパーシャフト 9
客観主義 42	ゲルマン法 8
共益権（gemeinnützige Rechte） 7	限界価格（Grenzpreis） 145
教会法 48	限界価値（Grenzwert） 152
競業禁止 104	現金代償 149
強制的登記による商人 29	権限分配 294
共生のルール 107	限定列挙説 42
共同決定制度 285	現場の知識（on-the-spot knowledge） 215
共同決定法 284, 308	憲法適合的解釈の原則 302
業務執行指図人 137	行為責任論 230, 245
ギルメス判決 101	公開人的会社 106
銀行コンソーシアム 95	交換的正義（iustitia commutativa） 67
近代的所有権 310	合資会社 33
金融緩和政策 209	厚生経済学 201
金融危機 355	公正な価格 172
金融商品取引法 108	構造責任論 230, 245
金利デリバティブ取引 360	公認会計士 44
金利リスク 360	衡平（Billigkeit） 46
熊谷組政治献金事件 376	合名会社 33
組合員の権利の不可分の原則 324	合理性基準 72, 288
組合員の除名 328	効率的市場仮説 187
組合財産 329	子会社業務監督義務 225
組合訴権 243, 273, 322, 334, 335	国際合併 401
組合の解散 329	国際資本市場 75
組み合わせ方式（Kombinationsmethode） 147	小商人 30
クラウス判決 394	個人企業の法人成り 263
グリーンメイリング 294	個人債務論 325
グルグル回し取引 224	コスタ対 E. N. E. L. 判決 384
グローバル化 75	国家結合（Staatenverbund） 384
経営判断原則 15	国家連合（Staatenbund） 385
――の立法化 343	ゴードンモデル 158
経済産業省 200	コーポレート・ガバナンス 22, 255, 366
形式商人 29	コーポレートガバナンス・コード 211
形式的平等 55, 113	固有権論 77
契約コンツェルン 140	コンツェルン化決議 250

コンツェルン形成規制……………………104
コンツェルン・コンプライアンス責任……226
コンツェルン指揮義務………………13, 222
コンツェルン法……………………………69
コンツェルン法上の契約主義………………141
コンツェルン利益…………………………197

さ　行

最高議決権制度…………………………62, 393
財産権………………………………………7, 324
財産権保障…………………………………295
最低資本金………………………266, 407, 408
裁判手続（Spruchstellenverfahren）………154
裁判手続法（SpruchG）……………………155
債務不履行責任……………………………120
裁量の領域………………………………362, 366
サービスの自由……………………………381
差別禁止説…………………………386, 387, 395
差別的行使条件……………………………113
差別的条項…………………………………70
残余財産分配請求権………………………324
自益権（selbtnützige Rechte）………………7
時価会計主義………………………………210
事業（Unternehmung）……………………27
事業者会社（Unternehmergesellschaft）…270
事業譲渡……………………………………303
自己機関制………………………………255, 320
四国電力事件最高裁判決……………………83
事実行為……………………………………203
事実上の機関（faktisches Organ）…………118
事実上の業務執行者………………………122
事実上のコンツェルン規制………………102
事実上の代表取締役………………………133
事実上の取締役……………………132, 233, 234
市場価格……………………………………149
市場価格絶対主義…………………………159
自然の衡平（Billigkeit）……………………49
実効性の原則………………………………403
実質的支配論………………………………305
実質的平等………………………………62, 70

シナジー効果……………………………152, 154
シナジーの分配…………………………139, 171
支配会社の誠実義務………………………111
支配契約……………………………………146
支配権プレミアム………………………149, 193
支配と責任の一致………………………130, 136
資本移動の自由…………………………310, 381
資本会社……………………………………9
資本三原則…………………………………5
締め出し（Squeeze-out）…………………144
社員権不可分の原則………………………324
社員権論……………………………………5
社会的請求権………………………………323
社　団………………………………………91
社長会………………………………………212
砂利採取決定……………………………308, 309
収益価値方式（Ertragswertmethode）……146
収益還元方式………………………………164
従業員株主…………………………………83
従業員持株制度…………………………287, 288
自由業者…………………………………38, 44
自由職業の商化……………………………45
主観主義…………………………………40, 42
主観的免責事由……………………………348
主観的濫用論………………………………199
授権資本制度……………………………157, 367
出資の返還…………………………………239
受動的債権者………………………………259
主要目的ルール……………………………219
純資産方式…………………………………162
商業使用人…………………………………281
消極的誠実義務……………………………322
商行為法主義………………………………28
商事消滅時効………………………………41
商事法定利息………………………………41
使用人………………………………………281
商人法主義………………………………28, 29
消費者………………………………………40
商法改正準備会……………………………366
商法＝企業法説……………………………45

事項索引　427

情報請求権……………………………323
商法典現代化に関する保守主義………41
職業選択の自由………………………306
除　名……………………………………270
所有権の絶対性………………………310
侵害禁止（Schädigungsverbot）……242
侵害禁止原則…………………………252
新株予約権……………………………84
信義誠実の原則……………………86, 109
新結合（neue Kombination）………338
真実解散………………………………306
人的会社………………………………9
水平的第三者効力……………………389
ズッセン判決…………………………102
ステークホルダー……………………284
ストック・オプション…………282, 291
スペイン資本会社法…………………137
制限禁止説…………………386, 387, 395
「清算せよ，さもなければ退出せよ」判決…105
誠実義務（Treuepflicht）……………242
正当な理由の理論………………………63
積極的誠実義務………………………322
絶対的商行為の廃止……………………41
折衷主義………………………………28, 40
折衷評価方式…………………………162
設立地準拠法主義（Gründungstheorie）……404
設立中の会社………………………8, 332
ゼービック判決………………………400
セーフ・ハーバー……………347, 362, 366
セメダイン事件………………………371
1930年株式法草案……………………92
1911（明治44）年商法改正……………365
1947年イリノイ事業会社法……………367
先行判決………………………………411
全体主義的国家観………………………79
選任（Bestellung）……………………10, 290
1899（明治32）年新商法………………364
1898（明治31）年商法修正案理由書…364
1890（明治23）年旧商法………………363
1856年プロイセン商法典草案…………27

1807年フランス商法典…………………27
相続財産評価基本通達………………162
贈　賄…………………………………346
ソキエタス……………………………314
組織（Organisation）…………………37
組織再編法………………………………9
ゾチエテート…………………………315
速記録…………………………………115
ソフトロー……………………………286

た　行

第一交通事件控訴審判決……………228
第三者機関制…………………………320
退　社………………………256, 270, 275
貸借対照表……………………………275
　──の公告…………………………264
代　價…………………………………140
第二次世界大戦…………………68, 197
第2指令…………………………………60
大量保有報告書………………………108
多重代表訴訟……………………14, 225
多数決による編入……………………142
多数決濫用法理…………………………12
多層構造（ピラミッド構造）…………198
多層的コンツェルン…………………249
ダッソンヴィル判決……………386, 387
段階方式（Phasenmethode）…………147
団結権…………………………………302
団体交渉応諾義務……………………302
団体交渉権……………………………302
団体の自治（Verbandsautonomie）……57, 79
注意義務………………………………343
中央集権型コンツェルン……………225
注記表……………………………236, 254
中国会社法…………………………206, 207
忠実義務………………………………343
長銀初島事件…………………………371
直接損害………………………………199
直接的第三者効力………387, 390, 391
通常の解除……………………………329

ツェプリン決定……………………………103
ツェントロス判決…………………………397
デイリー・メイル判決……………………396
テクモ株式買取事件最高裁決定………177, 184
デフレ経済…………………………………266
デュー・デリジェンス……………………353
デラウェア効果……………………382, 408
デラウェア州裁判所………………………344
デラウエアブロック方式…………………162
ドイツ企業買収法（WpÜG）……………144
ドイツ協同組合法…………………………119
ドイツ経済検査人研究所（Institut der Wirtschaftsprüfer；IDW）……………147
ドイツ・コーポレート・ガバナンス規準……284
ドイツ帝国商法典（HGB）…………………3
ドイツ倒産法………………………118, 124
ドイツ土地登記法（Grundbuchordnung；GBO）
　…………………………………………318
ドイツ破産法………………………………119
ドイツ普通商法典（ADHGB）………2, 77, 279
ドイツ法アカデミー株式法委員会報告書……94
ドイツ法律家会議…………………………196
ドイツ民事手続法…………………………321
ドイツ連邦司法省………………………283, 341
投機取引……………………………………351
東京都観光汽船事件………………………371
透視責任……………………………245, 246, 407
同族会社……………………………………265
同等性の原則………………………………403
独占禁止法…………………………………210
特別検査……………………………………276
独立当事者間取引……………………………82
　──の原則…………………………………89
特例有限会社………………………………261
取締役・監査役選任種類株式……………269
「取締役の解任＝単独行為」説……………10
取締役の個別報酬の開示……………………21
トリホテル判決……………………………246

な　行

内的組合（Innengesellschaft）……………312
内部組織……………………………………239
内部統制システム…………………………282
ナカリセバ価格……………………139, 171
ナチス…………………………………………94
　──の共同体思想…………………………97
ナチス法学……………………………………11
二元型………………………………………272
二元説………………………………………369
二重の義務づけ論…………………………325
日米構造協議………………………………16, 16
日本型経営判断原則………………………371
二分説………………………………………368
任意的登記による商人………………………29
任用（Anstellung）……………………10, 290
ノヴァ・あずさ監査法人等事件………293, 374
野村證券損失補塡株主代表訴訟事件
　東京地裁判決……………………222, 370, 371

は　行

バイエルン最高裁…………………………138
背後取締役…………………………………137
配当還元方式………………………158, 163
ハイブリット会社…………………………273
配分的正義……………………………66, 239
パス・スルー課税…………………………273
バーゼル委員会……………………………211
バブル崩壊…………………………………210
払込担保責任…………………………………5
阪急交通社事件……………………………300
非営利組織（Non-Profit-Organisation）……38
光通信事件…………………………………219
非財産的争訟…………………………………16
ビジネスチャンス…………………………243
一株一議決権の原則……………………67, 77
一人有限会社指令案………………………417
評価はサイエンスというよりアートである
　…………………………………………139

事項索引　429

評価方法は評価目的に依存する……………145
非流動性ディスカウント………151, 181, 193
ファン・ヘイト＆ロース判決……………383
フェルティヒハウス判決……………………244
フェルトミューレ判決………………………140
フォルクスワーゲン法………………………391
不完全契約……………………………………66
福岡魚市場事件………………………………224
複数議決権……………………………………268
附随責任論……………………………………326
物品移動の自由………………………381, 386
不当取引（wrongful trading）……………128
普仏戦争………………………………………76
不法行為責任……………………………90, 245
ブルドックソース事件最高裁決定……70, 84
ブルドックソース事件東京高裁判決………71
プレミアム……………………………………242
プロイセン一般ラント法………………27, 48
分権型構造……………………………………225
分析方式（analytische Methode）…………147
分離説……………………………………10, 290
米国法律協会（American Law Institute）…341
閉鎖的株式会社………………………………261
ベルリン法律家協会…………………………35
弁護士…………………………………………44
変態的事実上のコンツェルン………………126
ベンチャー企業………………………………266
ベンチャー・キャピタル……………………269
ベンチャー・ビジネス………………………269
編入（Eingliederung）………………………141
ホイマン・オギルビー判決…………………102
包括的情報請求権………………………270, 275
包括的所有権概念……………………………308
法人格…………………………………………9
　　――の形骸化論…………………………230
法人格否認の法理……………226, 246, 277
法人資本主義論………………………………210
法制審議会会社法部会………………………13
法治国家原則……………………………155, 188
保護すべき利益………………………………197

補充性の原則…………………………………257
北海道拓殖銀行カブトデコム事件最高裁判決
　…………………………………………372
北海道拓殖銀行栄木不動産事件最高裁判決
　…………………………………………372
北海道拓殖銀行特別背任事件最高裁決定…372
発起人組合…………………………………8, 332
ホルツミュラー・ジェラティーネ原則……357
ボルデッサ判決………………………………390
ポルトガル商事会社法典……………………411
本拠地準拠法主義……………………20, 398, 406

ま　行

マイノリティー・ディスカウント……150, 180
マグナ・カルタ………………………………334
マクロヘッジ取引……………………………360
マーストリヒト条約…………………………385
マックスプランク外国私法国際私法研究所
　…………………………………………377
マネーロンダリング…………………………346
マンネスマン事件……………………………61
三井鉱山事件…………………………………109
ミットファー・ゲレーゲンハント…………313
ミニマックスII判決………………………58, 63
民法（債権関係）の改正に関する中間試案
　…………………………………………330
民法上の外部組織……………………………9
民法の一部を改正する法律案………………331
無額面株式……………………………………367
無償のプット・オプション…………………173
無担保融資……………………………………352
持分会社………………………………………241

や　行

やむを得ない事由……………………………256
八幡製鉄政治献金事件………………………376
有限会社法……………………………………262
有限合資会社（GmbH & Co. KG）……247, 274
ユーバーゼーリング判決……………………398
与信集中リスク………………………………356

ヨーロッパ委員会対フランス判決............ 394
ヨーロッパ共同体................................ 381
ヨーロッパ共同体調和的解釈................ 393
ヨーロッパ私会社................................ 271
ヨーロッパ私会社法案........................... 275
ヨーロッパ連合（EU）........................ 381
　――の法的性質................................ 385
ヨーロッパ連合運営条約....................... 381
ヨーロッパ連合条約............................. 381
ヨーロッパ労働法................................. 55
四基準説.. 395

ら　行

ライノタイプ判決............................ 12, 98
楽天対TBS事件最高裁決定............ 139, 170
濫用的会社分割............................. 298, 299

利益獲得意図................................. 38, 43
利益供与契約.................................... 146
離脱価値... 151
リミテッド・パートナーシップ............... 401
良俗違反.. 57
類型概念.................................... 130, 138
類似業種比準方式......................... 162, 164
連邦法は州法を破る........................... 385
労働基本権...................................... 302
労働者兼取締役................................. 293
労働者の基本権................................. 307
労働者の参加.................................... 307
労働力の外部市場.............................. 306
ロェスレル草案............................. 77, 279
ローゼンブルーム原則......................... 202
ローマ法.. 8

(大阪市立大学法学叢書 63)

会社法の継受と収斂
Reception and Convergence of Corporate Law

2016年4月30日 初版第1刷発行

著 者	高 橋 英 治
編 者	大阪市立大学大学院 法学研究科 代表者 金澤真理
発行者	江 草 貞 治
発行所	株式会社 有 斐 閣

郵便番号 101-0051
東京都千代田区神田神保町 2-17
電話　(03)3264-1314〔編集〕
　　　(03)3265-6811〔営業〕
http://www.yuhikaku.co.jp/

印刷・株式会社三陽社／製本・大口製本印刷株式会社
© 2016, Eiji Takahashi. Printed in Japan
落丁・乱丁本はお取替えいたします。
★定価はカバーに表示してあります。
ISBN 978-4-641-13739-4

 本書の無断複写(コピー)は、著作権法上での例外を除き、禁じられています。複写される場合は、そのつど事前に、(社)出版者著作権管理機構(電話03-3513-6969、FAX03-3513-6979、e-mail：info@jcopy.or.jp)の許諾を得てください。

● 大阪市立大学法学叢書 ●

原　竜之助著	地方行政改革の基本問題
水島蜜之亮著	アメリカ最低賃金法
山崎時彦著	名誉革命の人間像
本多淳亮著	米国不当労働行為制度
高田卓爾著	公訴事実の同一性に関する研究
吉富重夫著	政治的統一の理論
谷口知平著	親子法の研究
松本三之介著	国学政治思想の研究
西原寛一著	商事法研究　第一巻
下山瑛二著	国の不法行為責任の研究
石本泰雄著	中立制度の史的研究
谷川　久著	海事私法の構造と特異性
鈴木禄弥著	居住権論
南　博方著	行政裁判制度
阿南成一著	現代の法哲学
小室直人著	上訴制度の研究
牧　英正著	日本法史における人身売買の研究
池田　清著	政治家の未来像
植林　弘著	慰籍料算定論
高橋敏雄著	違法性の研究
内藤乾吉著	中国法制史考証
三浦正人著	国際私法における適応問題の研究
黒田了一著	比較憲法論序説
栗城寿夫著	ドイツ初期立憲主義の研究
神谷不二著	現代国際政治の視角
甲斐道太郎著	土地所有権の近代化
南　博方著	行政訴訟の制度と理論
石部雅亮著	啓蒙的絶対主義の法構造
岩崎　稜著	保険料支払義務論
種谷春洋著	アメリカ人権宣言史論
吉野　悟著	ローマ所有権法史論
光藤景皎著	刑事訴訟行為論

山口　定著	現代ファシズム論の諸潮流
小高　剛著	住民参加手続の法理
毛利敏彦著	明治六年政変の研究
田島　裕著	議会主権と法の支配
伊藤昌司著	相続法の基礎的諸問題
遠田新一著	代理法理論の研究
藤田勝利著	航空賠償責任法論
本間輝雄著	英米会社法の基礎理論
松本博之著	証明責任の分配
米沢広一著	子ども・家族・憲法
平井友義著	三〇年代ソビエト外交の研究
浅田和茂著	科学捜査と刑事鑑定
平岡　久著	行政立法と行政基準
佐々木雅寿著	現代における違憲審査権の性格
木下秀雄著	ビスマルク労働者保険法成立史
高橋英治著	従属会社における少数派株主の保護
野田昌吾著	ドイツ戦後政治経済秩序の形成
王　　晨著	社会主義市場経済と中国契約法
北村雅史著	取締役の競業避止義務
桐山孝信著	民主主義の国際法
国友明彦著	国際私法上の当事者利益による性質決定
生熊長幸著	物上代位と収益管理
稲継裕昭著	公務員給与序説
髙橋　眞著	損害概念論序説
髙田昌宏著	自由証明の研究
三島　聡著	性表現の刑事規制
北村　亘著	地方財政の行政学的分析
勝田卓也著	アメリカ南部の法と連邦最高裁
高田賢治著	破産管財人制度論
宇羽野明子著	政治的寛容

別冊

商法研究室編	改正株式会社法施行の実態調査
H・ロンメン著 阿南成一訳	自然法の歴史と理論